二十世纪

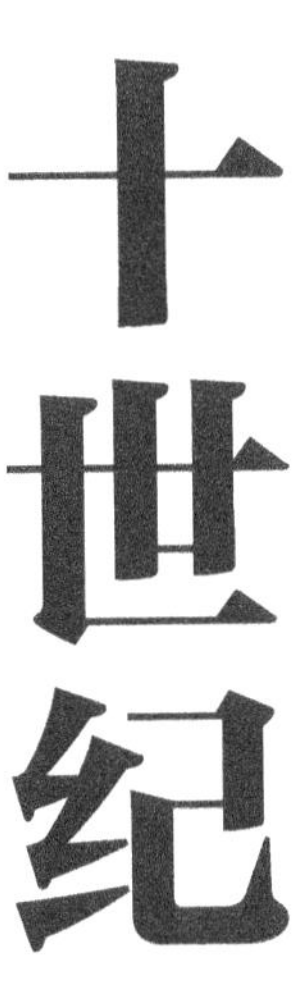

主　编◎刘洪涛

编　委◎刘洪涛　陶淑琴　朱艳阳　谢江南　杨　帆

北京师范大学出版集团
BEIJING NORMAL UNIVERSITY PUBLISHING GROUP
北京师范大学出版社

图书在版编目(CIP)数据

二十世纪西方文学作品选/刘洪涛主编. —北京:北京师范大学出版社,2013.7(2022.2 重印)

ISBN 978-7-303-15584-2

Ⅰ.①二… Ⅱ.①刘… Ⅲ.①外国文学-作品-20 世纪-高等学校-教材 Ⅳ.①I11

中国版本图书馆 CIP 数据核字(2012)第 255089 号

营 销 中 心 电 话 010-58807651
北师大出版社高等教育分社微信公众号 新外大街拾玖号

出版发行:北京师范大学出版社 www.bnupg.com
北京市西城区新街口外大街 12-3 号
邮政编码:100088
印 刷:北京虎彩文化传播有限公司
经 销:全国新华书店
开 本:787 mm×1092 mm 1/16
印 张:32
字 数:670 千字
版 次:2013 年 7 月第 1 版
印 次:2022 年 2 月第 2 次印刷
定 价:56.00 元

策划编辑:赵月华 杨 帆 责任编辑:杨 帆
美术编辑:李向昕 装帧设计:李向昕
责任校对:李 菡 责任印制:马 洁

前　言

英国著名文学批评家布雷德伯里（Malcolm Bradury）把文学史上经常发生的变革、运动或思潮分为三个级度：第一级“是那些时尚的震动，它们似乎有规律地随着时代的更迭而稍纵即逝”；第二级是“较大的转移，其影响更深，更久，形成长时期的风格和感情”；第三级“则是那些剧烈的脱节，那些文化上灾变性的大动乱，亦即人类创造精神的基本震动，这些震动颠覆了我们最坚实、最重要的信念和设想，把过去时代的广大领域化为一片废墟……使整个文明或文化受到怀疑，同时也激励人们进行疯狂的重建工作”①。布雷德伯里是在分析20世纪现代主义文学的性质时作出这一判断的，他认为现代主义文学属于级度最高的一场“灾变性的大动乱”。他所言“灾变性的大动乱”，未必是负面的评价，意思只是说，现代主义文学与从文艺复兴时期至19世纪晚期数百年间欧洲发生的文学运动、思潮，存在着本质的区别。这种区别之大，犹如中世纪文学之于古代文学，近代文学之于中世纪文学，因为它彻底颠覆了西方近代文学的思想基础和艺术形态。其实不仅是现代主义文学，20世纪出现的其他类型的文学，都是以质疑整个西方文明的合法性为前提的。

20世纪西方文学不仅在内涵上发生了巨变，外延上也有了极大的拓展，并与其他区域文学实现了真正意义上的相互连通。在19世纪之前，世界文学的发展基本上是区域性的，如欧洲文学、东亚文学、南亚文学、中东文学等。区域内的文学间相互影响、交流、互动的情形非常普遍，但跨区域文学的互动是缺失的。尽管东西方文学之间，自古以来就不乏相互影响，但那是单向度的，没有互动和联通。到了20世纪，局面有了根本改观。由于交通和交流带来的便利，全世界文学的交流也有了前所未有的发展，来自全世界各个地域、各个国家的作家，把各自的文化带入，融会贯通，引发了一场又一场世界范围内的文学运动。与此同时，文学的疆域也变得前所未有的广大，非洲文学、拉丁美洲文学、东亚文学，都经历了各自的繁荣发展，且对其他区域的文学发生影响。而在此过程中，西方文学扮演了关键性角色。

20世纪西方文学发生巨变，是以西方社会经历的前所未有的巨变为前提的。20世纪是人类社会取得无与伦比的进步的世纪，又是经历了史无前例的灾难和动荡的世纪。以量子力学、相对论和黑洞理论为代表的自然科学研究成果，改变了人类对于宇观世界和微观世界的认识。人造卫星升空和登月成功，标志着人类活动开始从

① ［英］马·布雷德伯里、詹·麦克法兰编：《现代主义》，胡家峦等译，3页，上海，上海外语教育出版社，1992。

地球拓展到宇宙空间。飞机、汽车、电话的广泛使用，使得旅行和交流变得前所未有地便捷。空调、电影和多媒体的出现，极大地提高了人的生活质量。电脑及互联网的使用，把个人、政府和全世界互相连通，极大地改变了人类的思维方式、行为方式和生活方式。但与此同时，人类又经历了两次世界大战，数千万人失去生命，无数城市化为废墟。苏维埃政权在俄国的建立，对西方资本主义社会带来巨大冲击，并改变了世界力量的格局。第二次世界大战刚一结束，冷战就拉开了序幕。80 年代末冷战结束，人们还没有来得及撤去欢宴上的残羹冷炙，新的威胁又接踵而至：恐怖主义盛行，环境污染和全球变暖加剧，贫富分化愈演愈烈，宗教、民族冲突此起彼伏。因而，人类在对未来充满希望的同时，危机感也不断加深，面临的问题和挑战也比以往更加严峻。这一切，是 20 世纪西方文学发生巨变的物质基础。

动荡与变革交错、发展与危机并存的 20 世纪，却是西方文学大发展、大繁荣的世纪。与这个世纪发生的重大历史事件相呼应，西方文学出现了许多新的形态和流派，呈现一派生机勃勃的景象。其中有四种新形态的文学最为引人瞩目：

其一是现代主义文学。现代主义文学产生于 19 世纪末，20 世纪前半期在欧美蓬勃发展，是思想上具有强烈反传统倾向，艺术上刻意创新的各种先锋文学流派和倾向的总称，主要包括后期象征主义、未来主义、表现主义、超现实主义、意识流、存在主义等先锋文学流派，也包括一些不属于任何特定流派的现代主义作家，产生了一批如卡夫卡、乔伊斯、普鲁斯特、叶芝、T. S. 艾略特、里尔克、福克纳、奥尼尔这样的文学巨匠。现代主义文学是 20 世纪上半叶西方动荡不安的社会现实的反映，其哲学基础是以叔本华的生存意志论、尼采的权力意志论、柏格森的生命直觉说、弗洛伊德的精神分析理论等为代表的非理性主义。现代主义文学将表现的重心从外部的客观物质世界转向内在的主观精神世界。其人物的内在自我不是由稳定的性格因素构成的，而是汇聚了更多的直觉、本能、潜意识等非理性成分。这个自我是投射和过滤外部世界的镜子，观察和感受客观世界的途径，承载现代社会种种罪恶的渊薮；同时，现代主义作家热衷于表现的人的异化、物化、机械化，以及精神危机，也都在人物的内在自我中得到反映。现代主义作家认为人类处在一个危机的时代，现代文明走到了尽头。他们以具有强烈启悟色彩的语言，描画出现代文明崩溃的整体图景，同时也在急切地探索着人类走出荒原的途径。这种探索主要有两个向度：一是转向内心，通过激活其中被现代文明压抑的人的直觉、本能和欲望等生命能量，使人类获得拯救；二是转向异国异域，在基督教文明之外的异文明，尤其是在东方文明或原始文明中寻求西方现代文明的拯救之路。

其二是在革命背景下产生的俄罗斯新文学。俄国苏维埃革命是人类历史上的一次伟大创举，它造就了世界上第一个社会主义国家，也带动了其文学的繁荣。20 世纪上半叶俄罗斯新文学的发展是从多元复杂到定于一尊的过程。在 19、20 世纪转折时期，现实主义杰出代表契诃夫的戏剧创作中已经出现了明显的现代因素，如淡化外部情节，烘托诗意气氛，使用象征手法等。这种被称为“静态剧”的戏剧新形式，对 20 世纪西方戏剧产生了重要影响。以高尔基为代表的无产阶级作家继承了 19 世纪俄罗斯现实主义文学的批判传统，以阶级的眼光和高昂的乐观主义精神，描绘了俄罗斯觉醒的工农大众。20世纪前20年的俄罗斯文坛受到西欧崛起的现代主义文学的影响，涌现出象征主义、未来主义、阿克梅派等众多诗人和作家群体，呈现“山头”林立、众声喧哗的局面。从20世纪20年代起，随着苏维埃社会主义国家的建立，社会主义现实主义创作方法逐渐成为苏联作家必须遵守的纪律和法则。20世纪俄罗斯新文学，既奉献了高尔基这样的文学巨匠，也造就了马雅可夫斯基、勃洛克、阿赫玛托娃、肖洛霍夫、布尔加科夫、阿·托尔斯泰、帕斯捷尔纳克等一大批杰出的作家，这些作家将艺术实验与革命激情相结合，在激情幻灭之后又从俄罗斯独特的宗教文化传统中寻找救赎，其创作成为20世纪世界文学史上的一枝奇葩。

其三是后现代主义文学。后现代主义文学兴起于“二战”之后，产生了诸多流派和类型，像荒诞派戏剧、新小说、黑色幽默小说、魔幻现实主义、元小说等。一大批后现代主义作家在战后崛起，如博尔赫斯、罗布一格里耶、贝克特、尤奈斯库、马尔克斯、卡尔维诺、海勒、昆德拉、福尔斯、多丽丝·莱辛、巴塞尔姆等。后现代主义文学受到存在主义、解构主义等哲学思想的深刻影响。它对人类和世界持悲观、虚无的看法，认为人类生活在一个颠倒混乱的世界上，处在无望和迷惑的状态之中，彼此间的思想感情无法沟通，缺乏真正行动的自由和能力，而试图寻求其生存目的并掌握自己命运的努力也都是徒劳的。这种否定人类理性、质疑存在之意义和目的的荒诞意识构成后现代主义文学表现的思想核心。但当这种思想用以挖掘国家机器、社会制度、文化传统背后隐藏的意识形态和权力机制，以此质疑和消解现存体制的合法性时，后现代主义文学也显示出深刻的批判性和认识价值。后现代主义作家笔下的人物在很大程度上具有“非人”特质，即主体消散、身份成疑、感知力贫乏，思维的深度被抹平，有时甚至突破了生命的具象形态。后现代主义作家强调文学的虚构性质，否认现实的客观性，认为其不过是话语建构的结果。后现代主义文学经常通过对已经存在的文化文本进行戏仿、引证、改写等叙述策略，借此在历史与现实之间实现对话和交流，完成对历史的重新建构和重新呈现；还设计了各种策略，把读者纳入到文本的再创造和对文本意义的建构中去。后现代主义作家推崇叙述的随意性、零散性和片断性，故意取消文类特征，让各类体裁结合渗透，使各类体裁之间的分界线模糊，从而实现文体的互渗与拼贴。

其四是20世纪后半期，尤其是20世纪90年代以来兴盛的后殖民文学、少数族裔文学、流散文学等文学群体或类型。这三个群体或类型的文学有密切联系，又有所区分。它们的共同特点是跨文化，在不同文化之间穿梭，在主流文化和边缘文化之间寻求对话与认同。差异在于，后殖民文学主要指曾有过被殖民历史的国家和地区，在对以宗主国为代表的政治、文化霸权进行抗争中产生的文学。后殖民作家可以在曾为殖民地的国家创作，也可能成为原宗主国的臣民。这方面的创作，以原大英帝国殖民地出现的英语作家成就最为突出，如加勒比地区英语文学、非洲英语文学，产生了德里克·沃尔科特、内丁·戈迪默、库切等获过诺贝尔文学奖的大作家。少数族裔文学是指来自后发国家、地区和民族的作家在主体或优势民族、国家环境中创作，以探索主体民族文化与少数族裔文化关系和文化认同为主要内容的文学。著名的少数族裔文学有美国的黑人文学、犹太裔文学、华裔文学、印第安人文学，西班牙的加泰罗尼亚文学，新西兰的毛利人文学等。而流散文学是指离开母语文化环境或祖国，在世界不同国家、地区和语言之间穿梭，往往用多种语言进行创作，文化上失去根系的作家创作的作品。如出生在俄国，后来加入美国国籍的纳博科夫，印度裔英国作家奈保尔等。进入 21 世纪之后，上述三种文学呈现出更加迅猛的发展势头。

上述对 20 世纪西方文学的四种分类，是本教材选文的重要依据，也是帮助读者学习这部教材的内在线索。这样的分类，将本教材中按照文类区隔开的作品，又从思想和艺术上统一起来。这里还要提醒读者注意，学习本教材，除了把握 20 世纪西方文学的总体特征和类别特征，还应该把具体的作品视为独特的“这一个”，将其看成有丰富内涵的个体，从具体文本出发，加以细心领会。此外，由于篇幅限制，很多小说和戏剧作品只能是节选，我们期望这些节选能够引起读者阅读作品全本的兴趣。

目　录

诗　歌

小　说

戏　剧

诗　　歌

【英】哈代

托马斯·哈代(1840—1928)，英国小说家、诗人，出生于英国西南部多塞特郡。早年当过建筑师，后专事写作。他的前期创作以小说为主，共出版长篇小说14部、中短篇小说近50篇。代表作有长篇小说《还乡》《德伯家的苔丝》《无名的裘德》等。哈代的小说以19世纪晚期的英国乡村为背景，通过对农民及小生产者悲剧命运的描写，展现了现代文明与农村宗法社会的尖锐冲突，其成就达到了英国19世纪晚期现实主义文学的最高峰。

1895年，因小说《无名的裘德》受到保守势力的攻击，哈代转向诗歌创作。在之后的30年里，出版了8部诗集(共计900余首短诗)——《威塞克斯诗集》《今昔之歌》《时间的笑柄》《环境的讽刺》《瞬间一瞥》《晚期和早期杼情诗》《众生相》《冬日诗话》及诗剧《列王》。哈代的诗歌取材广泛，涉及爱情、战争、宗教、自然、生存与死亡等。哈代诗歌在艺术上采取传统形式，但在思想内容上已经显示出现代特征，具体体现在对人类生存矛盾的表现、对人与社会关系的探讨等方面。正如《哥伦比亚英国诗歌史》中评价的："哈代1898年的诗集《威塞克斯诗集》可以说标志了诗歌的现代阶段的开始。"

本书所选的三首哈代诗歌具有较明显的现代特征。

《啊，你在我坟上松土?》由坟墓中的亡灵与小狗的六段对话构成。亡灵听到坟上土动，执着地问询是否是情郎、亲人甚或是情敌来看望自己，在得到三次否定的回答后，才得知是自己的小狗。亡灵稍感安慰之时，却听到小狗说它早已忘了主人的安息之地，现在只是想在坟地埋下一块排骨而已。最后一段的情节逆转营造出强烈的反讽意味，表达了哈代对于人与人之间关系的悲观主义认识：在这个无序的自然世界中，任何关系都不能永存，人与人之间的关系更是短暂、脆弱的。

《灰暗的色调》在题材上是一首写男女分手的传统诗歌，但诗中对于人与自然关系的处理，一反浪漫派诗人华兹华斯"人的激情与自然的美丽形式合而为一"的看法，而把自然放在与人对立的位置上，通过阴郁萧瑟的景象表现自然对人的无情。

《戴面具的脸》主要是从人与社会的关系来表现诗人的现代意识。在全诗诡异奇幻的氛围里，通过我与"戴面具的脸"的对话，表现了"令人眩晕"的世界的不可理解，以及"鹅毛笔"般的人难以掌控自己命运的卑微地位。

(李慧娟　撰稿)

啊，你在我坟上松土?①

“啊，你在我坟上松土——
　我的情郎，想栽棵芸香?”
“不，你的情郎昨天结了婚，
新娘是美丽富有的女人。
他说：‘即使我对她不忠贞，
　如今也不会使她悲伤。’”

“那么，谁在我坟上松土?
　是我最亲最近的家人?”
“不，他们坐着想，‘没用处!
栽种花草有什么好处?
总不会因为拾掇她的墓，
　她就从死的罗网里脱身。”

“可有人在我坟上松土?
　我的情敌?狡猾地戳戳?”
“不，她听说你已经跨进
每个人迟早要跨的大门，
她认为你不再值得她妒恨，
　就不问你在哪里安卧。”

“那么，谁在我坟上松土?
　　我没猜着，就请告诉我。”
“哦，是我，亲爱的女主人，
您的小狗，还住在附近，
我希望我这些动作不曾
　把您宁静的休憩打破?”

“是你呀!在我的坟上松土……
　我怎么没想到如今
还有颗忠诚的心在闪熠!
要是跟世上的人们相比，

① 选自屠岸选译：《英国历代诗歌选》(下册)，南京，译林出版社，2007。

会有什么感觉呀，看这里
　一只小狗，忠心耿耿！”

“女主人，我在您坟上松土，
　是为了埋藏一块排骨，
我每天都在这地方溜达，
万一饿了，就不会没办法。
对不起，我忘了这堆土坷垃
　是您永远安息的坟墓。”

灰暗的色调①

那个冬日我俩站在小池边，
太阳脸色苍白，像挨了上帝呵责，
枯干的草地上几片落叶泛灰色；
　那是一棵白蜡树落下的叶片。

你双眼看着我，游移的眼神
闪过多年前那些乏味的谜；
你我敷衍着言语，话不投机，
　更减损我们已残的情。

你嘴角的微笑凛若冰霜，
那份活力足以了结生命，
一丝尖利的冷笑掠过你的唇
　像一只不祥之鸟在飞翔……

这辛酸的一课：爱会背弃盟誓，
从此为我活画出你的面目，
画出上帝诅咒的太阳，一棵树，
　和灰色落叶镶边的一汪小池。

① 选自[英]哈代：《哈代文集·诗选》，刘新民译，北京，人民文学出版社，2004。

戴面具的脸①

我发觉自己在一颠簸不停的大房间，
　　两头各设有一道门，
我说："这令人眩晕的是什么地点？
　　地板居然也不稳定，
　　实在是我前所未闻。"
　　"这是生活，"回答的是张戴面具的脸。

我问："我怎么会来到这里，
　　我可从未盼望上这儿来；
能否让这空气更清澈，光线更明晰，
　　地面安定不摇摆，
　　两边门儿也敞开？
　　它们麻木，紧锁，又充满恐惧。"

那面具随即冷冷一笑，
　　说道，"哦，你这卑微的下人，
从前曾有支鹅毛笔也爱发牢骚，
　　对文书抱怨它得抄个不停，
　　文字一页页无穷无尽，
　　超出它的认知范围不知多少。"

① 选自[英]哈代：《哈代文集·诗选》，刘新民译，北京，人民文学出版社，2004。

【爱尔兰】叶芝

威廉·巴特勒·叶芝(1865—1939)，爱尔兰诗人、剧作家。他毕生致力于爱尔兰民族文学的伟大复兴，主张以精神的爱尔兰对抗物质主义的英国。在20世纪世界文学史上，叶芝也以其丰富多元的创作为现代主义文学的发展做出了重要贡献，被艾略特誉为“当代最伟大的诗人”。1923年获得诺贝尔文学奖。

叶芝的诗歌创作大致可以分为三个阶段。第一阶段(1889—1903)，其诗歌多取材于爱尔兰神话和民间传说，多以爱情或神秘事物为主题，具有浪漫主义和唯美主义风格，如《玫瑰》《芦苇中的风》《当你老了》。第二阶段(1904—1925)，在爱尔兰民族独立运动和意象派诗人埃兹拉·庞德的影响下，叶芝常常直接触及与政治相关的题材，诗歌具有鲜明的民族性和现实性特征，由早期的朦胧虚幻走向坚实硬朗，具有现代主义品格。这一时期出版了《绿盔及其他》《责任》《库勒的野天鹅》《麦克尔·罗巴蒂斯与舞者》等诗集。第三阶段(1926—1939)，叶芝的诗多表达自己关于时间流逝、走向衰老的体验和心绪，有丰富的哲理内涵，风格趋向多元化，有诗集《塔》《旋梯及其他》等。

本书所选《当你老了》，是叶芝早期创作中脍炙人口的诗作。他在诗中表达了自己对爱尔兰民族主义者毛德·冈圣洁真挚的爱情。朴实平淡的语言背后蕴藏着炽热的情感。中期的《一九一六年复活节》是诗人为纪念1916年爱尔兰复活节起义而写的，表达了诗人对暴力革命的复杂态度。《丽达与天鹅》(1923)取材于希腊神话中关于化身天鹅的宙斯与丽达结合的故事，表达了对人类文明毁灭的忧思。后期代表作《拜占庭》反映了诗人力图通过艺术的净化使灵魂不朽的信念，及其想要离开现实世界、前往永恒世界的愿望。拜占庭是完美艺术、灵魂归宿的象征，暗喻叶芝心目中理想的文明形态和对爱尔兰未来文化走向的期许。

(薛英杰　撰稿)

当你老了①

当你老了，头白了，睡思昏沉，
炉火旁打盹，请取下这部诗歌，
慢慢读，回想你过去眼神的柔和，
回想它们昔日浓重的阴影；

多少人爱你青春欢畅的时辰，
爱慕你的美丽，假意或真心，
只有一个人爱你那朝圣者的灵魂，
爱你衰老了的脸上痛苦的皱纹；

垂下头来，在红光闪耀的炉子旁，
凄然地轻轻诉说那爱情的消逝，
在头顶的山上它缓缓踱着步子，
在一群星星中间隐藏着脸庞。

一九一六年复活节②

我在日暮时遇见过他们，
他们带着活泼的神采，
从十八世纪的灰色房子，
从柜台或写字台走出来。
我走过他们时曾点点头
或做着无意义的寒暄，
或曾在他们中间呆一下，
有过礼貌而无意义的交谈，
在谈话未完时就已想到
一个讽刺故事或笑话，
为了坐在俱乐部的火边，
说给一个伙伴开心一下，
因为我相信，我们不过是
在扮演丑角的场所讨营生：

---

① 选自[爱尔兰]嘉可嘉、董衡巽、郑克鲁选编：《外国现代派作品选》(A 卷)，袁可嘉译，北京，燕山出版社，2006。

② 选自查良铮编译：《英国现代诗选》，长沙，湖南人民出版社，1985。

但一切变了，彻底变了：
一种可怕的美已经诞生。

那个女人的白天花在
天真无知的善意中，
她的夜晚却花在争论上，
直争得她声嘶脸红。
她年轻、秀丽，哪有声音
比她的声音更美好，
当她追逐着兔子行猎？
这个男人办了一所学校，
还会驾御我们的飞马；
这另一个，他的助手和朋友，
也加入了他的行列，
他的思想大胆而优秀，
又有敏感的天性，也许
他会终于获得声望。
这另一个人是粗陋的、
好虚荣的酒鬼，我曾想象。
他曾对接近我心灵的人
有过一些最无理的行动，
但在这支歌里我要提他：
他也从荒诞的喜剧中
辞去了他扮演的角色，
他也和其他人相同，
变了，彻底地变了：
一种可怕的美已经诞生。

许多心只有一个宗旨，
经过夏天，经过冬天，
好像中了魔变为岩石，
要把生命的流泉搅乱。
从大路上走来的马，
骑马的人，和从云端
飞向翻腾的云端的鸟，
一分钟又一分钟地改变；
飘落在溪水上流云的影

一分钟又一分钟地变化；
一只马蹄在水边滑跌，
一只马在水里拍打；
长腿的母松鸡俯冲下去，
对着公松鸡咯咯地叫唤，
它们一分钟又一分钟地活着，
石头是在这一切中间。

太长久的牺牲
能把心变为一块岩石，
呵，什么时候才算个够？
那是天的事，我们的事
是喃喃念着一串名字，
好像母亲念叨她的孩子
当睡眠终于笼罩着
野跑了一天的四肢。
那还不是夜的降临？
但这不是夜而是死；
这死亡是否必要呢？
因为英国可能恪守信义，
不管已说了、做了什么。
我们知道了他们的梦；
知道他们梦想过和已死去
就够了；何必管过多的爱
在死以前困惑着他们？
我用诗把它写出来——
麦克多纳和康诺利
皮尔斯和麦克布莱
现在和将来，无论在哪里，
只要有绿色做标识，
是变了，彻底地变了：
一种可怕的美已经诞生。

丽达与天鹅①

猝然猛袭：硕大的翅膀拍击
那摇摇晃晃的姑娘，黑色的蹼爱抚
她的大腿，他的嘴咬住她的脖子，
他把她无力的胸脯紧贴他的胸脯。

她受惊的、意念模糊的手指又怎能
从她松开的大腿中推开毛茸茸的光荣？
躺在洁白的灯心草丛，她的身体怎能
不感觉卧倒处那奇特的心的跳动？

腰肢猛一颤动，于是那里就产生
残破的墙垣、燃烧的屋顶和塔颠，
阿伽门农死去。
　　　　　　　因为这样被征服，
这样被天空中野性的血液所欺凌，
在那一意孤行的嘴放她下来之前，
她是否用他的力量骗得了他的知识？

拜占庭②

白天的种种不洁的形象隐退；
皇帝的酒醉的士兵们上床沉睡；
夜籁沉寂：大教堂的锣鸣，
接着是夜行者的歌声；
星辉或月光下的圆屋顶蔑视
人类的一切，
不过是聚合的一切，
人类血脉的怒气和淤泥。

一个幻影、人或鬼在我眼前浮动，
说是人更像鬼，说是鬼更像幻影；
因为裹在尸布里的哈得斯的线轴

① 选自[爱尔兰]叶芝：《丽达与天鹅》，裘小龙译，桂林，漓江出版社，1987。
② 选自[爱尔兰]叶芝：《叶芝诗集》(中)，傅浩译，石家庄，河北教育出版社，2003。

也许会解开那缠绕的道路；
一张没有水分也没有气息的嘴，
可能把众多没有气息的嘴召集；
我向那超人者欢呼致意：
我称它为死中之生、生中之死。

奇迹、鸟或金制的玩艺，
说是鸟或玩艺不如说是奇迹，
栖止在星光照耀的金枝上，
能像哈得斯的晨鸡一样啼唱，
或者被月亮所激怒，身披
不朽金属的光华，高声轻贱
平凡的飞鸟或花瓣，
以及一切淤泥或血液的聚合体。

夜半，皇帝的铺石街道上飘闪
不假柴薪和钢镰燃点，
狂风不扰，生自火焰的火焰，
血生的鬼魂来到其间，
一切怒气的聚合体于是撤离，
消逝在一个舞，
一阵失神的痛苦，
一种烧不焦衣袖的火焰的痛苦里。

跨骑着海豚的泥血之躯，
鬼魂鱼贯而来！工匠们截断那洪流，
皇帝御用的金匠们！
舞场铺地的大理石
截断聚合的强烈怒气，
那些仍在孳生
新幻影的幻影，
那被海豚划破、锣声折磨的大海。

【法】瓦雷里

保尔·瓦雷里(1871—1945)是法国后期象征主义诗人的代表，杰出的文学批评家。他一生兴趣广泛，不仅在诗歌及诗论上影响深远，在数学、哲学等方面也颇有造诣。出版有《旧诗集》《幻美集》等诗集，另写有长诗《年轻的命运女神》。本书所选《海滨墓园》收入《幻美集》中。

瓦雷里在青年时期崇拜爱伦·坡和马拉美，并深受他们的影响。他在诗论《纯诗》中提出，诗的极致是思想而不是物象。他的诗歌常常表达生与死、灵与肉、存在与幻灭等哲理性主题。在艺术手法上，他继承了前期象征主义的特点，重暗示，多象征，善于捕捉灵感；也继承了老师马拉美重视音乐性的传统，常常在跳跃的节奏中表现语言的音乐性。但在表达情感方面，瓦雷里提出，诗歌应该排除个人感情，纯诗不是诗人个性的延续，这一点与马拉美认为诗人是“孤独者”，“文学完全是个人的”不同。他力图在诗歌中营造人类共同的审美境界，往往将哲理沉思融入其中，把感性的印象与抽象的思维结合起来，以实现其“纯诗”理论。

《海滨墓园》是瓦雷里一生的巅峰之作，写诗人在海滨墓园思考有关存在与幻灭、生与死的问题，最后得出生命的意义在于把握现在、面对未来的结论。全诗共有24节，可以分为4个部分。第一部分(1—4节)，描写墓园的独特景色。屋顶、鸽群、中午、瓦片，象征着大海、白帆、太阳、海浪。诗人的灵魂随着这些意象跳跃、思考，并“登上顶端”，对上帝献上敬意。第二部分(5—8节)，描述严酷的现实，抒发诗人对人生无常的感叹。这一部分已看不到诗人与神明的融合，而是表现出人与天的对立。第三部分(9—18节)，诗人思索着生与死，终于领悟到，没有生命的不朽，死亡也不是痛苦的终结，而是回归“大地的温暖”。第四部分(19—24节)，诗人否认古希腊哲学家芝诺的诡辩，肯定运动和生命。最后，诗人以狂放的姿态跳入生活的大海之中，大海的清新使他的灵魂苏醒。纵观全诗，意象众多，模糊多义。其中，大海、太阳是贯穿全诗的主要意象，但这些意象的对应物不是单一的，如诗人先用屋顶象征大海，后来又使用了神殿、海蛇怪等意象象征大海的丰富形态。

(刘亚萍　撰稿)

海滨墓园[①]

亲爱的灵魂，别去追求
不死的生命，尽量去做可行的事情。
——品达《庇捷亚颂》第三首

这片平静的屋顶上白色的鸽群在游荡，
在松林和荒冢间瑟缩闪光。
公正的中午将大海变成一片烈火，
大海总是从这里扬起长涛短浪！
放眼眺望这神圣的宁静，
该是对你沉思后多美的报偿！

要使这缤纷的电闪收敛需要怎样纯粹的劳动，
粼粼的浪花泛起宝石的微光千重，
怎样神奇的平静正在这里酝酿，
夕阳正在那深渊的上空倚下它疲倦的面庞，
这是不朽伟业的赫赫巨著，
时光正闪烁，梦思正圆通。

海呵，你是稳定的宝库，素朴的米奈芙神殿[②]
静浪如山，有节制的威严，
高傲的水呵，你水皮下藏着多少慧眼，
火纱下隐伏着多少昏倦，
我的沉默呵，你是灵魂中的大厦，
而那辉煌的金色正镀满你顶上千万块瓦片！

仅一声长叹即能概括这时光的神殿，
我登上顶端并习惯于如此俯瞰，
整个大海都逃不过我这水手的眼睛，
那安详静穆的波光向长天
掷出这神圣高傲的一瞥，
仿佛是我向上帝奉上的崇高贡献。

---

① 选自[法]瓦雷里：《瓦雷里诗歌全集》，葛雷、梁栋译，北京，中国文学出版社，1996。
② 智慧和艺术之神的神殿。

正如果实消融而化成美味，
正如它由有形的果而化成无形的快慰，
我用毁掉它形体的嘴，
在这里吮吸我未来的灵魂，
长天正向着我枯竭的灵魂歌唱，
歌唱那宁静的海滨漾起了一片喧豗。

美的天，真的天呵，注视变化无常的我吧！
我曾多么傲岸，我曾多么狂诞，
但那时我多么精力充沛，
而今我徒倚这片寂寥长天，
我的孤影掠过死者的屋脊，
脚步儿踉跄，孤影儿零乱。

灵魂被骄阳的火把照彻，
我昂然将你迎视，带着无情利箭的光呵，
——正义凛凛的可敬勇士！
我不折不扣地把你送还原来的位子：
你看一看自己吧！……但归还并非徒劳，
我已窥见黑暗的一半奥妙。

啊，为了我自己，属于我自己，就在我心里，
在心灵一旁，诗泉之畔，
在空白和纯粹的创造之间，
我倾听我内心伟大的回声，
苦涩、阴郁、清脆的水池，
未来的空壳永远在灵魂中震响！

海湾呵，你知道吗？你像群叶间虚假的囚徒，
正用利齿将囚你的瘦栅啃啮，
我闭上眼秘密依然眩目，
什么样的躯体把我拖来看这懒洋洋的收场，
又是什么样的头脑把躯体诱到这丧葬的地方？
一道闪光正在这额头遐思着我的退场。

这片充满无形烈火的圣洁含蓄的大地
是献给光明的赠礼，

我喜欢这里，它由高擎火把的翠柏荫庇，
树影幢幢，金光闪闪，片石林立，
有多少颤抖的纹石，就有多少阴魂埋地，
忠实的大海困睡着将我这坟丛斜倚！

我壮丽的犬①呵，快把那偶像崇拜者赶走！
让我在孤独中带着牧人的微笑，
仔细地将这神秘的羊群
——闪着白光的宁静墓丘欣赏观瞧，
快把那拘谨的群鸽赶走，
快将那徒然的梦思与好奇的天使驱跑！

来此的生者也终会有那懒洋洋的终结。②
鸣蝉用嘶哑的声音刮擦大地的干涸，
一切都化为灰烬化入大气，
不知变成了怎样精严的东西……
既然存留都属一梦，那么生自然无比广阔，
酸辛即是甘甜，达观常有欢乐。

死者已安然睡入这大地，
大地将他们温暖，烤干他们的秘密，
正午，凝滞不动的正午呵，
正对自身沉思，这也正是你的脾气，
你是全能的头脑，完美的冠冕，
我是你里面一种秘密的变幻。

你把你的恐惧只交给了我一人！
我的悔恨，我的怀疑，我的拘谨，
是你巨大宝石上的瑕疵……
而在那沉沉墓石下的茫茫夜里，
那死去的幽魂就睡在你的树根，
并渐渐地接受了你的成命。

死者已化为冥冥的虚无，

① 指大海。

② 指如死者一样躺在这里，指死去。

森森白骨融进了红色的黏土，
生命的才具变成了墓地的鲜花，
当年他们的谈笑风生安在？
又哪里去了，他们个人的风采和荦荦的秉性？
当年那多情的眼里而今只有蛆虫的蠕动。

那些少女尖声细气的呼喊，
明眸皓齿，秋波的浮艳，
那撩人欲火的艳冶酥胸，
朱唇的热吻桃腮泛起的红晕，
那最后的礼赠那护卫这礼品的玉葱
全都付与了泥土复归为一场春梦！

而你，伟大的灵魂，难道你向往
不再有这碧波金阳浮幻之色的
淡雅憨朴的幽梦？
当你化为轻烟的时候你还会轻歌漫吟？
去吧！一切都只是浮影！我的存在也不属于我，
神圣的耐性也已消耗殆尽！

阴森而又堂皇的不朽呵，
你是戴着桂冠骗人的女妖，
你把死亡变成慈母的怀抱，
变成华美的谎言，虔诚的圈套，
谁看不破你的把戏谁就会上当，
这为不朽而死的骷髅，只是一场不朽的玩笑！

长眠九泉的父老，不再有诸多的烦恼，
厚厚的黄土对你们已轻如鸿毛，
你们变成了泥土，再听不到我们的脚步，
蛆虫真正咬啮的不是你们长眠地底的人，
而是我们这些生者，
它们以生命为生，永远将我折磨！

爱情或许就是对自我的仇恨？
它伸着神秘的牙齿向我靠近，
给它起什么名字对它都恰如其分！

名字有什么关系！它在看，在要，在想，在摸索，
它喜欢我的肉体，甚至爬上我的床，
正因为我属于这个活生生的爱才有生命！

芝诺①，残忍的芝诺！伊利亚芝诺！
你用飞矢刺穿我的心窝，
那飞矢震颤着飞动着却又没有飞动！
弦响使我生，飞矢使我死！
啊，太阳……乌龟可怕的影子
压抑着我的灵魂，大步飞奔的阿基里斯②却原地不动！

不，不！……站起来吧！投入那奔涌而来的世纪！
我的躯体呵，快粉碎这思虑重重的形式！
襟怀呵，畅饮这长风的生机！
大海飘逸的清新
给了我灵魂的苏醒……咸味的力呵！
让我们奔向海涛，勃发不尽的生力！

是的，秉性狂烈的大海，
展开你的豹皮和披风吧，
让千万道神奇的阳光将它穿碎

---

① 芝诺，古希腊伊利亚学派的著名哲学家和雄辩家，被亚里士多德称为“雄辩术的发明者”。芝诺在同毕达哥拉斯派的信徒的论战中发展了他的哲学，扩大了影响。芝诺对运动的“四种反驳”成为其哲学思辨的极为重要的命题和贡献，他认为：“向一目的地运动的东西，首先必须经过到达目的地的路程的一半。然而要经过这路程的一半，又必须是经过这一半的一半，如此类推，以至无穷。”(《黑格尔哲学史讲演录》，转引自列宁《哲学笔记》中译本，第 282 页)因而在相应的时间里可以将这种运动看作在相对点上的静止，由此，他得出“飞矢不动”的机敏的结论。芝诺哲学曾对瓦雷里产生过极大的诱惑力，他曾于 1917 年专门对芝诺运动论题进行研究，他写道：“想到飞矢，就是想到第一：飞矢不飞；第二是无矢之飞，一种具有这种走向的运动，运动就是运而不动，它是不可分割的，人们只是将它分割成有限的运动——搏动性的——而且这种分割是外加的，而不是其自身的繁衍……”(《瓦雷里笔记》，上册，法文版，第 556 页)

② 阿基里斯(又译阿喀琉斯)：古希腊神话中的英雄，据说他能追上飞跑的梅花鹿。在芝诺哲学里“运动”的第二命题是“阿基里斯追不上乌龟”。因为当阿基里斯在向前进时，乌龟也向前进，而在被绝对设定的状态中，运动意味着物体在一个地方又同时不在一个地方，因而这两种状态下，均处于静止状态，乌龟始终在其所在又不在的地方；阿基里斯亦在其原位，既在又不在的地方。因而阿基里斯永远处于乌龟的背后。柏格森认为这是伊利亚派的“哲学错觉”，是“按照专断的选择规律而结构的人为的”绝对运动。(柏格森《论创造演化》)

“绝对”之蛇正为你的躯体陶醉，
它咬着你那熠烁的光尾，
掀起一片类似沉寂的喧豗，

风起了！……必须去走人生之路！
浩浩长风开合着我的书页，
轰然巨浪肆无忌惮地在山岩纷崩！
快把这些令人目眩的书页卷走！
劈裂吧，海浪！用你欣喜若狂的巨澜
将这白帆啄食的平静屋顶劈散！

【美】弗罗斯特

罗伯特·弗罗斯特(1874—1963)，美国著名现代诗人。1874年出生于加利福尼亚。11岁丧父，随母亲居住到新英格兰地区的马萨诸塞州。中学毕业后，在哈佛大学学习两年。之后，迁往新罕布什尔州的德瑞，开始经营祖父赠予的农场，同时坚持诗歌写作。1912年，前往英国专事诗歌创作。1915年，返回美国，在新罕布什尔州经营农场，并在几所大学任教。于1924、1931、1937、1943年四次获得普利策奖，享誉诗坛。

弗罗斯特16岁开始写诗，20岁时正式发表第一首诗歌。他勤奋笔耕，一生出版诗集10多部，主要有《少年的意志》《波士顿以北》《山间》《新罕布什尔》《西流的小溪》《见证树》《林间空地》等。弗罗斯特的诗可以分为两大类：抒情短诗和戏剧性较强的叙事诗。抒情诗主要描写新英格兰乡村的自然景色和农民的日常生活，充满乡土气息和田园风趣，因而他被称为"新英格兰的农民诗人"。他的叙事诗主要表达自己对自然和人生的反思，一般都格调低沉，体现出诗人复杂的思想和他性格中的阴郁面。

弗罗斯特的诗歌多取材于乡村和自然，质朴无华。但在这种朴素的表面下，往往又蕴含着丰富的人生哲理。寓深刻的思考和哲理于平淡无奇的内容之中，从而呈现出一种含蓄隽永的艺术风格。此外，弗罗斯特很注重诗歌的格律，同时将新英格兰通俗随和、鲜活自然的日常口语融入传统的诗歌格律之中，创造出许多具有现代气息的诗歌体式。

《补墙》是一首朴实无华、细腻含蓄、耐人寻味的诗，描写两个农人围绕"补墙"这一日常活动而产生的分歧。"墙"既象征着人与人之间的阻碍和隔阂，又象征着生活中必要的边界和约束，唤起的情感体验也是双重的。

《雪夜林边》写主人公"我"在雪夜赶路，途经一片树林时，被树林的静谧所吸引，暂时忘记了行程，但最后还是催促自己继续赶路。诗中的"树林"是一种幽静、神秘、充满各种可能性的存在，它不是某一种思想的符号，更多的是一种含义不确定的隐喻。

《一条没有走的路》表面上写自然界的道路，但实际上象征着人生之路。诗人告诫我们，人生有千万条道路，千万种可能，必须慎重对待，务必经过自己的独立思考，做出适合自己的抉择。

（邱雯　撰稿）

补　墙[①]

是有一种什么东西不喜欢墙，
让墙脚下的冻土膨胀、隆起
使垒墙的石块在阳光下坍塌，
造成了可以并排走人的豁口。
行猎者的作为又是另外一种，
我常跟在他们的背后去修补
他们不让石块压石块的处所，
但他们要兔子从藏身处跑出
取悦狂吠的猎狗。那些豁口
形成时，没人看见或是听到，
但是春天修补时已经在那里。
我通知山梁那一边我的邻居，
在约好的日子一同查看边界，
再一次把墙在我们之间砌好，
我们边走边修补我们的墙壁，
落在谁那边的石块由谁处理。
有些是条块，有些圆如球体，
得用点魔法才能使他们坐稳，
“老实呆着吧，直到我们转身!”
搬弄他们，磨得手指头粗糙。
哦，不过是又一种户外运动。
一边一个人，比运动强不了。
砌墙的地方，其实毫无必要
那边是松树，这边是苹果园，
我的苹果树，绝不会跑过去，
我说，去吃他松树下的松果。
他只说：好篱笆成全好邻居。
是春天在心里作祟，想知道
能不能够让他明白一点道理
“为什么这样说？这是不是指
养牛人家？可是这里没有牛。”
在我们砌墙之前，倒要请教，

① 选自[美]弗罗斯特：《弗罗斯特诗选》，江枫译，北京，外语教学与研究出版社，2012。

这墙圈进了什么圈出了什么，
我又有可能使得谁家不开心。
是有一种什么东西不喜欢墙，
总要它倒塌。可以说是精灵，
然而，确实不是，我宁愿他
自己说。我眼看着他在那里，
搬动石头，一只手抓紧一块，
就像旧石器时代人手执武器。
我觉得他似乎是在暗中行动，
不完全是由于树木投下阴影，
他不想深究父辈话语的真义，
能想起那句话他就十分欣慰，
又说句：好篱笆成全好邻居。

雪夜林边①

这是谁的树林我想我清楚，
他家就在那边村子里边住；
他不会看见我在这里停下来，
观赏白雪覆盖住他的林木。

我的小马，一定觉得奇怪，
在这一年最黑的一个黑夜，
在这树林和封冻的湖泊之间，
停在近处不见农舍的野外。

他抖了一抖挽具上的铃串，
像问，是否有了差错出现。
此外的音响，只是轻风一阵，
和白絮般飘飘落下的雪片。

这树林可爱，阴暗，幽深，
但是我还有许诺的事要完成，
临睡前还要再赶几哩路程，
临睡前还要再赶几哩路程。

① 选自[美]弗罗斯特：《弗罗斯特诗选》，江枫译，北京，外语教学与研究出版社，2012。

一条没有走的路[1]

金黄色林中有两条路各奔一方，
可惜，我是一个人独自旅行
不能两条都走，我站在岔道上
向其中一条，长时间凝神眺望
直到它弯进灌木丛失去踪影。

然后走上丝毫也不差的另一条，
也许，曾有更好的理由走它，
因为杳无人迹，而且长遍萋草，
虽然经我走后，过往行人的脚，
已践踏得两条道路难分上下。

而在那一天早晨，那两条道路
曾同样覆盖落叶，未经步履，
哦，我曾想留一条以待来日涉足！
如今我懂得了路是怎样连接着路，
已不相信还有可能重新回去。

我将会在很久很久以后的某处，
一声叹息，重把这往事提起。
树林中曾经有两条歧路，当初——
我选择了其中人迹稀少的一途，
这就造成了此后的全部差异。

① 选自[美]弗罗斯特：《弗罗斯特诗选》，江枫译，北京，外语教学与研究出版社，2012。

【奥】里尔克

莱纳·马丽亚·里尔克(1875—1926)，出生于奥匈帝国统治时期的布拉格，被誉为20世纪最伟大的德语诗人，同时也是20世纪最杰出的现代主义诗人之一。他一生创作诗集14部，长篇小说1部，还写有大量其他作品。代表作有诗集《图像集》《新诗集》《新诗续集》以及组诗《杜伊诺哀歌》和《致俄尔浦斯十四行》等。

里尔克的创作与其生平有着密切的关系。不得志的父亲和爱慕虚荣的母亲使他始终相信自己有贵族血统；母亲那种性别倒错的培养方式更形成了他脆弱、敏感的个性特征。他的早期创作常常表现自己的贵族血统，重视直觉与灵感，强调主观性，具有浪漫主义的音乐性和抒情性特质，并且隐约显示出其后期创作中更为明显的雕像性和神秘性因素。1902年，里尔克拜会了雕塑大师罗丹。罗丹的雕塑使他摒弃了先前“诗意地描写诗意的题材”的创作理念，转向细致观察外物和对外物进行客观描写，以外化内在情感，并且增强了诗歌的意象性、雕塑性与象征性。在后期创作中，里尔克不再满足于客观描写，又转向对人的存在本质的探索，诗歌的象征性、神秘性特征得到进一步加强，诗风愈加朦胧晦涩。

《严重的时刻》选自《图像集》，展示出哀伤、欢乐、行走、死亡这四个人生中的严重时刻。诗中反复出现的词语“无缘无故”表现了人生的动荡和宿命的无常。全诗结构体现出音乐重章复沓的特点。这是一首兼具音乐性与神秘主义的名诗。

《西班牙女舞蹈家》出自《新诗集》，主要对舞蹈者的几个电光火石般的跳舞瞬间进行了描述，并以火焰象征舞者的高超舞技以及观者被舞者所激起的高昂情绪，是一首兼有雕像性与象征性特点的咏物诗。

《火烈鸟》出自《新诗续集》。全诗有多处写到了火烈鸟的颜色，并对其动作进行了描述，展现出一种真实、静谧的自然之美。结尾以火烈鸟的惊呼打破了前面的实写，使诗歌陡然由实转虚。以火烈鸟走入人的想象，象征人的内在情感融汇于自然、人类对自然之美的不可言传的体验。

《杜伊诺哀歌》第十首，是诗人自己最钟爱的作品。它对组诗生命与死亡的主题做出了总结。此外，寓言式的叙述手法使其具有了浓郁的现代主义气息。

《致俄尔浦斯十四行》第二部中的第26首，从被杀死的俄尔浦斯的视角传达出诗人对死亡主题以及诗歌创作的一些思考。

(包安若、张莼　撰稿)

严重的时刻①

此刻有谁在世上某处哭，
无缘无故在世上哭，
在哭我。

此刻有谁夜间在某处笑，
无缘无故在夜间笑，
在笑我。

此刻有谁在世上某处走，
无缘无故在世上走，
走向我。

此刻有谁在世上某处死，
无缘无故在世上死，
望着我。

西班牙女舞蹈家②

像手里一根硫磺火柴，燃烧以前
白晃晃地，向四面八方伸出
闪动的舌头——：近观者围成圈，
她在圈内疾速、明亮而炽烈地震颤
展开了她的圆舞。
突然间圆舞化为火焰。

她以目光点燃了她的发辫，
立刻以大胆的技艺
在这场大火中旋转全部外衣，
赤裸的手臂如惊蛇十分警悟
沙沙作响地从火中伸出。

---

① 选自陈敬容编译：《图象与花朵》，长沙，湖南人民出版社，1984。

② 选自[奥地利]里尔克：《里尔克集》，绿原译，林笳主编，广州，花城出版社，2010。本篇的创作可能有两个动机：(1)西班牙画家朱卢加于1906年4月16日为其子的诞辰举行庆祝会，并邀请里尔克参加，当时出席的还有一位名叫卡尔美拉的西班牙女舞蹈家。(2)画家戈雅的一幅《女舞蹈家卡尔曼》于1902年在巴黎、1904年在杜塞尔多夫和不来梅展出，里尔克显然也见过这幅画。

然后：她似乎觉得火还不够，
便把它全部集中起来，高傲地挥挥手
盛气凌人地把它扔到一旁
并且望着：它狂怒地躺在地上
仍在燃烧，不肯投降——。
但她胜利地自信地以甜蜜
的祝福的微笑抬起面庞
并用坚定的小脚把它踩熄。

1906 年 6 月

火烈鸟①

在弗拉戈纳尔②的镜像里，
再见不着他们的红白羽衣，
除了向你呈现的一只，当他谈及
他的女友，说她正安谧

于睡眠。因为他们变成了碧绿
又轻轻旋动在蔷薇色的花梗上
站在一起，盛开着，如在一片苗床，
他们像夫赖尼③一样诱人而又

引诱自身；直到把眼睛的灰白
偎依着掩护在自己的腰侧
其中隐藏着黑色和果红。

突然一声嫉妒的尖叫响彻大鸟房；
他们却惊讶地把肢体松了一松
便一个个迈步走进了想象。

1907 年秋或 1908 年春

---

① 选自[奥地利]里尔克：《里尔克集》，绿原译，林笳主编，广州，花城出版社，2010。火烈鸟，又名红鹳。本篇与《豹》同为作者“物诗”中的名篇。

② 让·昂·弗拉戈纳尔(1732—1806)，法国画家，画风轻佻，但在植物描绘方面显示青春艺术风格。

③ 夫赖尼，公元 4 世纪雅典名妓，希腊雕刻家普拉克西泰利斯的模特儿。

杜伊诺哀歌(节选)[①]

第十首

愿有朝一日[②]我在严酷审察的终结处
欢呼着颂扬着首肯的天使们。
愿敲得脆响的心之槌没有一只
不是落在柔和的、怀疑的或者
急速的琴弦上。愿我的潸然泪下的颜面
使我容光焕发；愿不引人注目的哭泣
辉耀起来。哦忧伤的夜夜，那时你们于我
何等亲切。愿我没有更卑屈地跪着，无可慰藉的姊妹，
来接纳你们，没有更松散地委身于
你们松散的头发。我们，挥霍悲痛的人。
我们怎样努力看透那凄惨的时限，试图预见
悲痛是否会结束。可它们竟是
我们用以过冬的叶簇，我们浓暗的常春花。
隐秘岁月的时序之一——，不仅是
时序——，还是地点，居留地，营房，土地，寓所。

然而，悲哉，苦难之城[③]的街巷是何等陌生，
在那虚假的、由于小声为大声淹没而形成的
寂静中，有镀金的喧哗，爆裂的纪念碑，
从铸模空处的铸型[④]中虚张声势而出。

---

① 选自[奥地利]里尔克：《里尔克诗选》，绿原译，北京，人民文学出版社，1996。

② 前一首《哀歌》已将人生的倏忽无常作为人对于“整体”的特殊功能和行动的条件加以接受和颂扬。在本篇即最后一首《哀歌》中，作者试图进行最艰难的肯定，即对普遍的忧伤和苦难的肯定：头几行作为全篇的提纲，颂扬了苦难的最后胜利，或者毋宁说颂扬了对于苦难性质的洞察力的最后胜利。第一首《哀歌》曾经暗示过，对夭亡者的命运的思考，有助于我们直觉到生与死的统一，直觉到忧与乐的互补性——这个题旨在本篇中得到进一步的发挥。

③ 作者以“苦难之城”这个像喻搜集并讽刺了那种半心半意的生活最使他厌恶的一切，那是一种只是没有死亡而已、没有任何神秘或不可解事物的半生活，它只是由传统宗教来提供慰藉，它的活动就是追求幸福和赚钱，凭借精神恍惚来排除恐怖和神秘，它把苦难只视为不幸的事件。作者拿这种半生活、这种封闭的局限的“苦难之城”来同宽广的“苦难国土”相对照，那片“国土”意味着死亡，或者包括生与死在内的伟大的统一，在那儿才可理解忧郁的真正意义，在那儿才可不凭借恍惚而永远逃避现实，却凭借痛苦获致的洞察力而永远在现实中前进，在那儿才可最终发现“喜悦之泉”。

④ “铸模空处的铸型”，不是指空洞无物，而是指“苦难之城”的虚假内容。

哦，一个天使怎样不留痕迹地践踏着他们的抚慰市场①，
市场旁边有现成买到的教堂：干净，
封闭，幻灭，有如星期日的邮局。
但是外面，年市的边缘不断泛着涟漪。
自由的摆荡！热情的潜水人和魔术师！
以及俗艳幸福的人形射击场，那儿
靶子来回摆动发出白铁皮的声响，
如果一个更伶俐者射中了它。被喝彩声弄昏了头，
他蹒跚前行；因为货摊在击鼓怪叫，
招徕每个好奇的人。但是对于成年人，
特别值得一看的是，金钱如何繁殖，按照解剖学方式
不仅仅是为了娱乐：金钱的生殖器，
一切，整个，全过程——，富于教育意义，而且
保证丰饶…………

　　　　　……哦，可是就在外面，
在最后的板壁后面，贴着“不朽者”的广告，
就是那种苦味的啤酒，只要饮者同时咀嚼出
新鲜的乐趣，它就会对他显出甜味来……，
而在板壁的背面，就在它们后面，一切都是真实的。
孩子们在游戏，情人们拥抱着，——在旁边，
诚挚地，在稀疏的草地上，还有狗群在撒欢。
青年人被招引得更远；也许他爱上了一个年轻的
悲伤②……他跟着她来到了牧场。她说：
远得很。我们住在外面，那一边……

　　　　　　　　　　　　　　哪儿？于是青年人
跟随着。他为她的风度所动。肩膀，颈项——，也许
她出身于名门望族。但他离开了她，转过身来，
回首，点头……又有什么意思？她是一个悲伤。

只有年轻的死者，在永久宁静的、
断绝尘缘③的最初状态中，

---

① “抚慰市场”，指当前流行的传统宗教，它们只为信徒们提供对于死亡的抚慰和粉饰，而不鼓励他们与死亡相和解以至融洽。

② “悲伤”是一种寓意性的人格化，指苦难景色的导游者。

③ “断绝尘缘”：参阅第一首《哀歌》中“说也奇怪，不再希望自己的希望”等句。

爱慕地追随着她。她等待
少女们，并和她们交朋友。轻轻向她们展示
她穿戴些什么。痛苦的珍珠和忍耐的
细面纱。——她跟青年人一起走了
沉默地。

可是在她们所居住的那边，在山谷里，一个较老的悲伤
眷顾着青年人，当他发问时：——她便说，我们曾是
一个大家族，我们是悲伤。父辈们
在大山那边经营着采矿；在人们中间
你有时会发现一块精致的原始哀愁
或者，从古老的火山发现含矿渣的石化的愤怒。
是的，它是从那里来的。我们一度很富有。
于是她轻盈地将他引过悲伤的宽广景色，
向他指示庙堂的圆柱或者那些城堡的
废墟，当年悲伤王侯曾从那里贤明地
统治过国土。向他指示高大的
泪之树和盛开忧愁之花的田野，
（活人把它们只认作温柔的簇叶）；
向他指示正在吃草的悲哀的动物，① ——有时候
一只鸟惊恐地飞走了，笔直飞过它们仰望的视野，
远处是它的孤独叫喊的文字形象。② ——
晚间她将他引向悲伤家族长辈们的
坟墓，引向神巫们和先知们。
可夜临近了，她们更轻柔地徘徊着，不久
月亮上升了，那警戒着一切的
墓碑浮现出来。对尼罗河畔的那一个有如兄弟，
那巍峨的斯芬克斯——：沉默房室的
面容。

① 本行以下的形象描写主要来自作者 1910 至 1911 年冬季埃及之行的回忆和他对埃及学的研究。

② 里尔克 1919 年发表过一篇文章，题名为《原始声音》，表达了这样一个观点，即诗人应当尽可能利用五官来理解每一种事物，而不能仅只满足于视觉。换言之，一个永恒不变的“内容”是可以通过各种不同的“形式”来理解，例如人们可以听到一种“刺耳”的红色，一种“尖叫”的绿色，或者一种管弦乐式的“颜色”，尝到一个曲调是“甜蜜”的或“腻人”的，等等。因此，这里“孤独叫喊”可以有“文字形象”。

于是他们惊愕于加冕的头颅，它永远
沉默地将人脸置于
星斗的天平之上。

他的目光，由于早夭而眩晕，
竟看不见它。但她的凝视
从双冠①边缘后面出现，吓走了枭鸟。而枭鸟
以缓慢的下滑姿势沿着脸颊掠过，
那具有最成熟弧形的脸颊，
在两面打开的书页上，以新的
死者听觉微弱地描绘着
不可言述的轮廓。
而更高处是星群。新的星群。苦难国土的星群。②
她缓慢地称呼悲伤："这里，
看哪，看骑士，手杖，而更完满的星象③
他们称之为：果实冠冕。然后，更远处，靠近极地：
是摇篮，道路，燃烧的书，玩偶，窗户。
但在南方的天空，纯净得如在一只被祝福的
手掌中，是光辉灿烂的队④
它意味着母亲们……"

但死者必须前行，沉默地将他带到
更古老的悲伤，直至浴照在
月光中的峡谷：
那喜悦之泉。她充满敬畏地

---

① "双冠"，指埃及狮身人面兽和所有统一上下埃及的统治者所戴的复式皇冠。他们自称南北双王。作者为了暗示死者的扩大的意识，使青年人能够听见枭鸟的叫声，并利用"沿着脸颊掠过"的枭鸟的无声飞翔，听见斯芬克斯的脸颊轮廓。参阅前注。

② "星群"是"新的"，是说它们只存在于诗篇中的寓意性的景色。"苦难国土"，参阅前注。

③ 参阅《致俄尔浦斯十四行》第一部第11首，其中以一匹马象征人生，以"骑兵"象征利用和驾驭这匹马的看不见的力量。据专家们研究，"手杖"和"果实冠冕"象征生活的艰辛与沉重；"摇篮"象征生与死；"道路"经常被寻找，却很少找到，或根本找不到，系指人生的道路；"燃烧的书"象征启示；"玩偶"意味着准备儿童去过真正的生活(参阅第四首《哀歌》中"世界和玩具之间的空隙"及注)；"窗户"象征渴望与期待，失望与离别(参阅第二首《哀歌》中"窗前的眷恋")。

④ M.，即德语的Muner(母亲)。

称呼它，说道："在人们中间
它是一条运载的河流。"

站在山脚下。
于是她拥抱着他，哭泣起来。
他孤单地爬上去、爬到原始苦难之山。
而他的步伐一次也没有从无声的命运发出回响。

但是，如果她在我们、无尽的死者身上唤醒一个比喻，
那么请看，她或许是指空榛树上
下垂的柔荑花，或许意味着
早春时节落在幽暗土壤上的雨水。——

而我们，思考着
上升的幸运①，会感受到
当一个幸运降临时
几乎使我们手足无措的情绪。

致俄尔浦斯十四行(节选)②

第二部第26首

鸟的呼喊使我们惊心动魄……
任何一旦被创造出来的呼喊。
可连孩子们，在露天里游玩，
也从真实的呼喊旁边呼喊而过。

呼喊偶然。在这个世界的空间
缝隙里，(完好无损的鸟的呼喊进入
其中，如人之进入梦幻——)
它们把它们绝叫的尖劈楔了进去。

① "上升的幸运"，系由前二段"他孤单地爬上去"一句而来。这是指死者的幸运，它是被动的，在于对普遍规律的全盘服从，在于让自己坠入存在的深渊，坠入我们生者永远转身而避的"空旷"，参阅第四首和第八首有关注释。

② 选自[奥地利]里尔克：《里尔克诗选》，绿原译，北京，人民文学出版社，1996。

悲哉，吾人置身何处？越来越逍遥。
像断了线的风筝
我们追逐在半空，四周镶着哄笑。
被风撕成碎片。——请把呼喊者加以安排，
歌唱的神！好让它们呼呼作响地苏醒
带着头颅和竖琴如潮水般涌来。①

① 与赞美春天和人们的相应活动的前一首有别，这一首充满秋季的肃杀气息，反映了诗人对于噪音的敏感，对于宁静的渴望。“头颅和竖琴”指俄耳浦斯被“狂风”撕碎后的残迹，参阅第一部第 26 首及注。

【美】史蒂文斯

华莱士·史蒂文斯(1879—1955)是美国重要的现代主义诗人。他一生不以写诗为专门职业，所作诗歌多深奥晦涩，虽然普通读者不多，却获得了评论界的广泛好评，对20世纪西方诗歌产生了重要影响。他创作的诗集有《簧风琴》《弹蓝色吉他的人》《一个世界的各部分》《转向夏天》《秋日阳光》《诗选》等，还写有长诗《最高虚构笔记》。他的理论文章以及1942年至1951年间的讲稿都收在《必要的天使：现实与想象论文集》中。

史蒂文斯生活在一个信仰危机的时代。在对传统和宗教充满怀疑的时代氛围中，他有别于艾略特、奥登等现代诗人的重归基督教，而是将诗歌摆到了宗教的位置上，认为诗歌作为一种“最高虚构”(supreme fiction)，能使人获得满足，还能赋予现实世界、精神世界以美学关照和秩序。他还提出，现实是诗歌的中心参照(central reference)，想象力是现实的组织者，想象力可以复原混乱不堪的现实，二者相互作用，诗歌便得以产生。值得注意的是，史蒂文斯的这种理论明显受到了英国浪漫主义诗人、理论批评家柯尔律治的想象理论的影响，并在其基础上有进一步的发展。

史蒂文斯的诗歌取材广泛，想象丰富，富于哲理，但也晦涩难懂，有的甚至介于可解与不可解之间。

《冰淇淋皇帝》描写为一位老妇人守灵的故事。一位大汉在厨房里制作冰淇淋，一群前来守灵的男女在享受着冰淇淋的美味；而老妇人的尸体躺在床上，无比凄凉。这里没有传统葬礼的凝重、忧伤和尊重，有的只是厨房里的调情和享乐。这首诗歌没有越出史蒂文斯所擅长的通过复杂、隐晦的意象，曲折表达主题的风格。全诗意象生僻，隐喻深刻，且诗行与诗行之间缺乏逻辑理解链条，诗义解读空间较大，表达了诗人对生与死、私欲与责任、艺术与宗教关系等问题的哲学思考。

《坛子轶事》一诗以描写坛子及其摆放位置开头，为无中心的荒野赋予生命，一切向坛子涌去，秩序形成。坛子为荒野带来形式、秩序和意义。它充分地体现了史蒂文斯的想象理论及其追求秩序的诗学主张。

《雪人》显示出史蒂文斯受象征主义和意象派诗歌影响的痕迹。全诗并无雪人形象出现。诗人采用白描手法塑造了几个视觉意象，勾勒出一幅冬雪图，将主体意识隐匿在具体、洗练的意象之中。这样，诗歌意象既具体鲜明又非实指，与现实隐隐拉开距离，使全诗呈现出一种禅意。

（李梦文　撰稿）

冰淇淋皇帝①

喊那个卷大雪茄的人过来，
肌肉发达的那个，叫他打些
淫欲的奶冻在厨房的杯子里。
让女佣们闲荡，身上的衣服
就是她们平时穿的那种，让男孩们
用上月的报纸包一些花来。
让是成为似乎的终曲。
唯一的皇帝是冰淇淋皇帝。

从那松木的梳妆柜里，
它少了三个玻璃把手，取出那条床单
他曾经在上面绣过扇尾鸽
把它铺开遮住她的脸。
如果她粗硬的双脚伸出，它们只是
要显出她多么冷，多沉默。
让灯粘贴它的光线。
唯一的皇帝是冰淇淋皇帝。

坛子轶事②

我把一只坛放在田纳西，
它是圆的，置在山巅。
它使凌乱的荒野，
围着山峰排列。

于是荒野向坛子涌起，
匍匐在四周，再不荒莽。
坛子圆圆地置在地上，
高高屹立，巍峨庄严。

它君临着四面八方，

---

① 选自[美]华莱士·史蒂文斯：《最高虚构笔记——史蒂文斯诗文集》，陈东飚、张枣译，上海，华东师范大学出版社，2009。

② 选自赵毅衡编译：《美国现代诗选》，北京，外国文学出版社，1985。

坛是灰色的，未施彩妆。
它无法产生鸟或树丛，
不像田纳西别的东西。

雪　人①

人必须用冬天的心境
去注视冰霜和覆着白雪的
松树的枝桠；

必须冻过很久
才能看到挂满冰的刺柏，
和远处一月的阳光里

粗糙的云杉，才能不因为风声
以及这片土地上
叶子的声音，想到

任何悲惨的际遇，
同样的风在同样的
荒凉的地方，也为倾听者

而吹，他在雪中倾听，
完全不是他自己，看见
一切，以及一切存在中的空无。

① 选自灵石：《灵石译诗集》，Grand Wisdom Publisher Inc.，2009。

【美】庞德

埃兹拉·庞德(1885—1972)是杰出的英美现代诗人，意象派诗歌的主要发起人和领袖。他学识渊博，善于旁征博引，萃取各国文明之长为己所用。他的诗作突出体现了古希腊诗歌、古英诗以及法国中世纪普罗旺斯诗歌传统的影响。他还是中国古代文明的歌颂者，他从中国古典诗歌、日本俳句中生发出“诗歌意象”的理论，为东西方诗歌的互相借鉴做出了卓越贡献。主要诗歌作品有诗集《面具》、组诗《休·赛尔温·毛伯利》、长诗《向塞克斯图斯·普罗佩提乌斯致敬》和《诗章》等，另有中国古诗英译集《华夏集》等。

庞德一方面崇尚古典，试图把“古代幽灵的真意”转达到现代社会，给现代社会中的人以启迪；另一方面，他反对陈腐的旧形式，以复兴诗歌为己任，致力于开拓创新。他认为，诗歌应具体，避免抽象，要以准确鲜明而又高度凝练的意象直接表达外界事物或诗人的感受；要删除一切无助于“表现”的词汇；还要避免运用生硬的格律。他的意象派诗歌在语言、节奏、韵律、象征技巧等方面都有巨大的创新。

《刘彻》收录在《华夏集》中，原诗《落叶哀蝉曲》是后人伪托汉武帝刘彻思念李夫人而作。庞德的译诗既传达了原诗的神韵，又从其中提炼出“落叶”这个主导意象，以表达人去楼空的哀怨凄切之感，深得意象派诗歌的真意。

《地铁站台》的灵感源于庞德走出巴黎地铁站时，一张张匆匆闪现的漂亮脸孔给他留下的奇特印象。全诗仅两行，没有动词，通过名词的叠加描绘出美的画面，生动贴切地传达了诗人对美好生活的向往之情，呈现出一种简洁、精确、直接的口语化风格，其中的“脸庞”“花瓣”都是具体可感的意象，被认为是意象派诗歌的典范之作。

《诗章第四十九》又称《七湖诗章》，生发自中国的“潇湘八景”诗画意境，是长诗《诗章》的一部分。此诗创造性地表现了诗人所理解的中国古代文学和文化观念，体现出中国传统的诗画结合的特征，又带有庞德翻译与创作相结合的跨文化特点，为历来研究者所推重，是庞德的代表作之一。

（张敏、张青梅　撰稿）

刘 彻[1]

绸裙的窸窣再不复闻，
灰尘飘落在宫院里，
听不到脚步声，乱叶
飞旋着，静静地堆积，
她，我心中的欢乐，睡在下面。

一片潮湿的树叶粘在门槛上。

地铁站台[2]

人群中出现的那些脸庞：
潮湿黝黑树枝上的花瓣。

诗章第四十九[3]

献给七湖，不知是谁写的诗：
雨；空阔的河；远行，
冻结的云里的火，暮色中的大雨
茅屋檐下有一盏灯。
芦苇沉重，垂首；
竹林细语，如哭泣。

秋月，山从湖中升起
背倚着落日，
夜晚像一幅云幕，

---

① 选自赵毅衡编译：《美国现代诗选》，北京，外国文学出版社，1985。庞德这首名诗是伪托汉武帝（刘彻）思怀李夫人所作《落叶哀蝉曲》的改作。原诗是："罗袂兮无声，玉墀兮尘生。虚房冷而寂寞，落叶依于重扃。望彼美女兮安得，感余心之未宁。"

② 选自赵毅衡编译：《美国现代诗选》，北京，外国文学出版社，1985。这是意象派最著名的一首诗。据庞德自述，1911年某一天，他在巴黎协和广场走出地铁，突然在人丛中看到一些姣美的脸庞。晚上写了一首三十行的诗；六个月后，他改成十五行，仍未能满意；一年之后，他写成了目前的形式：只有两行。

③ 选自赵毅衡编译：《美国现代诗选》，北京，外国文学出版社，1985。《诗章第四十九》常被称作《七湖诗章》。这是庞德以一本题为"潇湘八景"的诗画册为素材写成的。此画册每诗附有一幅中国画和一幅日本画，诗无作者署名，据考可能是日本汉学家所作。

抹去了轻波；而桂树
枝干尖细，刺穿夜幕，
芦荻丛中一支凄凉的曲调。
风从山背后
吹来钟声。
帆船四月过去，十月可能归来
船消失于银光中；缓缓地；
只有太阳在河上燃烧。

在秋旗抓住落日的地方
只有几缕炊烟与阳光交叉。
然后，雪急落于河上
整个世界盖上白玉
小船像一盏灯在河上漂
流水似乎冻住了，而在山阴①
却有人自在悠闲

雁扑向沙洲
云聚集在窗口
水面空阔；雁字与秋天并排
乌鸦在渔灯上喧噪
光亮移动于北方天际；
那是孩子们在翻石头抓虾。
一千七百年清②来到这些山间
光亮移动于南方天际。

生产财富的国家却因此而负债？
这是丑事，是盖利翁③。
这条河静静地流向 Ten Shi④
虽然老国王建造运河是为取乐

① 原文为 San Yin。
② 原文为 Tsing，可能指康熙(1662—1723)皇帝南巡一事。
③ 盖利翁(Geryon)，希腊神话中守卫地狱第八层的怪兽，欺骗的象征，人首，兽身，蛇尾。
④ 原文如此，看来是地名，未能考实。

卿云烂兮
纠缦缦兮
日月出兮
旦复旦兮[①]

日出；工作
日落；休息
掘井而饮水
耕田而吃粮
帝王的力量？对我们它又有什么意义？[②]
第四度[③]；静止度。
降服野兽的力量。

① 原文是汉字日语读法的拉丁字母拼音。这是《尚书》所载据说是舜时的民歌《卿云歌》。

② 这一段诗据称是尧时的《击壤歌》的相当忠实的翻译。

③ 庞德对爱因斯坦的四度空间理论相当反感，认为它“没有哲学意义”。

【英】艾略特

T. S. 艾略特(1888—1965)，出生于美国密苏里州圣路易斯，后加入英国国籍。他是英国现代主义诗歌运动的领袖人物，也是20世纪英语世界最重要的批评家之一，同时还是一名戏剧作家。诗歌代表作有《J. 阿尔弗瑞德·普鲁弗洛克的情歌》《荒原》《空心人》《三贤哲的旅程》《四首四重奏》等，另有诗剧《大教堂凶杀案》《合家团圆》，批评文集《圣林：论诗歌与批评文集》《向约翰·德莱顿致敬》等。

艾略特曾受到新人文主义批评家白璧德反浪漫主义态度以及柏格森哲学、法国象征主义诗歌的影响。他摒弃了华兹华斯一路浪漫主义诗歌传统，但又不像未来主义诗人那样取与传统彻底决裂的姿态，而是选择性地接受。他从英诗中清理出一条以玄学派诗人多恩、德莱顿、蒲柏等为代表的“智性”诗歌传统，在此基础上，提炼和总结了现代主义诗论，在创新与传统之间架起了一座桥梁。他说：“诗人不是放纵情感，而是逃避情感；不是表现个性，而是逃避个性。”诗歌不可能不表现诗人的情感和个性，但表现的方式不应该直抒胸臆，这才是他这段看起来违背常理的名言之真意。他推崇的表现方式是找到一个“客观对应物”，这就是隐喻或意象象征的模式。在诗歌创作中，艾略特常常通过塑造具体坚实的形象和运用象征手法，揭示现代西方人的虚无感和没落感，表达出力图通过宗教来求得救赎的愿望。

长诗《J. 阿尔弗瑞德·普鲁弗洛克的情歌》中，主人公普鲁弗洛克是一位羞怯、懦弱的中年男子，犹豫着是否要去向一位女子求婚。他担心女士会嘲笑他，误解他，拒绝他，又害怕流言蜚语。他越想越自卑，越害怕，想尽量把解决这个“压倒一切的问题”的时间向后推延。普鲁弗洛克萎靡、倦怠，无力追求个人幸福的形象，是现代西方人精神空虚，对人生乃至文明充满幻灭感的真实写照。诗歌中出现的戏剧性独白、意象叠加、反讽、奇喻等手法，都给人耳目一新之感。

《荒原》是艾略特诗歌的代表作，也是现代主义诗歌的典范作品。全诗共343行，分五章。全诗以都市生活场景为主干，同时连缀、叠加了大量取自神话历史典故、自然景观及超自然幻象的片段，虽然没有一个连贯的故事线索，但“荒原—拯救”的运思框架将这些场景和片段组合成一个整体。

《三贤哲的旅程》体现出艾略特受洗成为英国国教徒、加入英国国籍后思想和信仰的转变。它借《圣经》中东方三贤赴伯利恒朝觐的故事，记录了诗人皈依基督教国教的心路历程。诗歌平缓、倦怠的语气与坚定的信仰之间构成张力，写实的朝圣之旅与耶稣从诞生到死亡，再到复活的幻象描写相叠加，意识流手法的应用，使得这首诗歌独树一帜。

（刘洪涛　撰稿）

J. 阿尔弗瑞德·普鲁弗洛克的情歌[①]

如果我认为我是在回答一个
随时能回到阳世的人，
这火焰就不应再摇摆；
但是既然从未有过从这个深渊里
生还的人，如果我听说的属实，
我回答你就不怕丢人现眼了。[②]

让我们走吧，你和我，
此时黄昏正朝天铺开
像手术台上一个麻醉过去的病人；
走吧，穿过某些行人稀少的街道，
那些人声嗡嗡然的投宿处
不眠夜在只住一宿的旅舍里度过
还有到处牡蛎壳的那些满地锯木屑的小饭馆：
街道一条接一条就像用意险恶的
一场冗长辩论
把你引向一个压倒一切的问题……
啊，不要问，“指的是什么？”
走吧，我们去拜访。
在屋里妇女们来来去去
谈论着米开朗琪罗。[③]

那黄雾的背脊磨擦着窗玻璃，
那黄雾的口鼻磨擦着窗玻璃，
它用舌尖舐黄昏的各个角落，
在排水沟的潭潭上徘徊不去

① 选自[英]艾略特：《艾略特诗选》，赵萝蕤译，济南，山东大学出版社，1997。这首诗是用韵的，但译者偏重于保持原文的句法与辞藻，只好牺牲了韵。

② 见但丁《神曲》地狱篇，第27章，61～67行。参看田德望译：那团火焰以自己的方式咆哮了一会儿后，尖端就晃来晃去，然后发出这样的气息：“假如我相信我的话是回答一个终究会返回世上的人，这团火焰就会静止不摇曳了；但是，既然，果真像我听到的那样，从来没有人从这深渊中生还，我就不怕名誉扫地来回答你。”

③ 米开朗琪罗（1475—1564），意大利文艺复兴时期的伟大画家、雕塑家、建筑家、诗人。这句的意思是，这里的妇女们都附庸风雅。

让烟囱里掉下的煤灰落在它背脊上
偷偷溜过阳台，突然纵身一跃，
又注意到这是个柔和的十月夜晚，
在房子附近蜷起身子睡着了。

而且实在还有时间
让沿着街道滑行的黄烟
用背脊磨擦窗玻璃；
还有时间，还有时间
为接待你将要照面的脸孔准备好一副脸；
还有时间去扼杀与创造，
还有时间用手完成所有事业
在你的盘子上拾起并丢下一个问题；
你有时间我也有时间，
还有时间犹疑一百遍，
看见并修改一百种想象中的景象；
在取用一片烤面包和茶水之前。
在屋里妇女们来来去去，
谈论着米开朗琪罗。

而且实在还有时间
再考虑一下，“我有无勇气?”又是，“我有无勇气?”
还有时间转身走下楼梯，
带着我头发中心的那个秃顶——
[她们会说：“他的头发真是愈来愈稀薄了!”]
我早上穿的外套，我的硬领笔挺地托住下巴，
我的领带华丽又绝不刺眼，但为一支朴素的别针固定住——
[她们会说：“他的胳膊腿真的瘦了!”]
我有无勇气
打扰这个宇宙?
一分钟之内还有时间
做出决定与修改也可在一分钟内转向反面。

因为我已经熟悉这一切，熟悉这一切；——
熟悉了那些黄昏，早晨，下午，
我曾用咖啡勺衡量过我的生活；
我从远远那房间的音乐掩盖下面

熟悉了那些微弱下去的人声逐渐消失。
　因此我该怎样大胆行动？
而且我已经熟悉这些眼睛，都熟悉了——
那些用公式化了的片语盯住你看的眼睛，
而我在被公式化时，狼狈地趴伏在一支别针上，
我被别针别住，在墙上挣扎，
那我又该怎样开始
吐尽我生活与举止的全部烟蒂头？
　我又该怎样大胆行动？

我已经熟悉这些胳膊，都熟悉了——
戴镯子的，雪白的，赤裸的胳膊，
[但是在灯光下，一层浅褐色的茸毛！]
是衣裙上的香味
使我说走了题？
放在桌上或是裹在披肩里的胳膊。
　我就该大胆行动了吗？
　我又该怎样开始呢？
……
该不该说我在薄暮时经过狭窄的街道
望着寂寞的只穿着衬衫的男人们在探身窗外时
他们烟斗里往上冒的那烟？……

我应该是一对褴褛的钳子
慌张地爬过沉寂的海洋那样的地板。
……
而下午，黄昏，睡得又是多么安详！
被纤长的手指安抚过，
睡着了……困倦地……或者它在装病，
卧倒在地板上，在你我身旁。
我该不该在饮过茶吃过蛋糕与冰点之后，
鼓起勇气把当前硬逼到紧要关头？
但是我虽曾又哭泣又禁食，又哭泣又祈祷，
虽然我见过我的头颅[稍有点秃顶]被放在盘里端了进来，

我不是先知①——这也没有什么了不起；
我曾见我成为伟大的那一时刻一闪而灭，
我也曾见过那永远站着的侍者，举着我的大衣，吃吃而笑，
一句话，我害怕。

而且到底这是不是值得，
在这些杯子，桔子酱，茶水之后，
在动用这些磁器，在议论有关你我的同时，
这是不是就值得，
用微笑来接受下这桩事情，
把宇宙压缩成一个球
让它朝某个压倒一切的问题滚去，
并且说："我是拉撒路②，从死人那里来，
我回来把一切都告诉你们，我会把一切都告诉你们"——
如果这个人在她身边把枕头枕好，
　并且说："我完全不是这个意思。
　不是，完全不是。"

而且到底这是不是值得，
这是不是值得，
在多少次日落，多少次前院和那些洒过水的街道之后，
在读过这些小说之后，饮过茶之后，在扫过地板的这些长裙之后——
这，还有许多许多别的？
不可能说清我究竟是什么意思！
但正像一盏幻灯把神经的图案投射在银幕上：
这是不是值得
假如这人把枕头枕好或脱掉披肩，
然后把头对着窗子那边，而且说，
"完全不是这样，
那完全不是我的用意。"

---

① 先知施洗约翰拒绝了莎乐美的爱情，莎乐美的舞姿博得了她继父犹太国王希律的极大赞赏，他答应满足莎乐美的任何要求，莎为了报复要求施洗约翰的首级装在盘里交给她。希律王照办了。见"马太福音"第 14 章。

② 拉撒路是耶稣热爱的信徒玛利妹妹的兄弟。他死了 4 天，耶稣使他复活了，见"约翰福音"。另一个拉撒路是个乞丐，见"路加福音"。他死后被抱在先祖亚伯拉罕怀里，而财主死后却受着地狱里的煎熬。

……

不！我不是王子哈姆雷特，天生就不够格；
我是个侍臣，一个能在需要推一把时
起点作用，创造一个两个新局面，
给王子出点主意，无疑是个顺从的工具，
毕恭毕敬，甘心供人使用，
机敏，谨慎，而且小心翼翼；
卓有高见，但有点不痛不痒；
其实有时，有点儿可笑——
有时几乎是个“丑角”。

我越发见老了……我见老了……
我将把我的裤边卷起。

我要不要把头发朝后分开？我有没有勇气吃一个桃子？
我将穿上白色法兰绒裤子，在海滩上漫步。
我听见美人鱼们在彼此面对面歌唱
我想她们不会是为我而歌唱。

我曾见她们乘着浪头驶向海洋
梳理着吹回海岸的波浪的白发，
在风儿把海水吹得又黑又白的时候。

我们在大海的一间间房间里徘徊
是海娃们用红色褐色的海草打扮起来的
直到人声把我们唤醒，于是我们淹死。

荒原(节选)[①]

“我亲眼看见古迈的西比尔
吊在一个瓶子里，孩子们问她，
‘西比尔，你要什么?’
她回答说，‘我要死。’”

献给埃兹拉·庞德
最卓越的匠人

一　死者葬仪

四月是最残忍的月份，在死去的
土地里哺育着丁香，混合着
记忆和欲望，又让春雨
拨动着沉闷的根芽。
冬天使我们温暖，把大地
覆盖在健忘的雪里，用干枯的球茎
喂养着一个小小的生命。
夏天令人吃惊，从施坦博格西吹来
一场阵雨；我们在柱廊下暂避，
太阳出来继续赶路，走进霍夫加登，
喝咖啡，闲聊了一个小时。
我根本不是俄国人，生在立陶宛，纯德国血统。
我们幼年时，住在大公爵那里——
我表兄家，他带我出去滑雪橇，
我很害怕。他说，玛丽
玛丽，紧紧抓住。于是我们滑下去。
在山上，你感到自由自在。
大半个夜里，我读书，冬天到南方去。
什么树根牢牢抓着大地，什么树枝
从这片乱石的垃圾堆中长出？人子呵，
你说不出，也猜不到，因为你只知道
一堆破碎的意象，那儿阳光灼热，
枯树没有阴凉，蟋蟀的叫声也不让人宽心，

① 选自陈敬容主编：《中外现代抒情名诗鉴赏辞典》，刘象愚译，北京，学苑出版社，1989。

干石间没有流水的声音。只是
在这块红岩下有影子，
（走进这块红岩的影子中吧），
我要让你看一样东西，既不同于
早晨你身后迈着大步的影子，
又不同于黄昏你身前迎你而来的影子；
我要让你在一把尘土中看到恐惧。
　　清新的风啊
　　吹回故乡，
　　我的爱尔兰小孩
　　你留连在何方？
“一年前你先赠给我风信子；
他们叫我风信子女郎。”
——可是当我们从风信子花园，回来晚了，
你双臂抱满，头发打湿，我张不开
口，我的眼睛也不管用，我不死
也不活，什么都不知道，
注视着光亮的中心那一片寂静
空虚而荒凉是那大海。
索索斯特利斯夫人，著名女相士
患了重感冒，可仍然是
欧洲人所尽知的最有智慧的女人，
她带着一副邪恶的纸牌。这里，她说，
是你的牌，那淹死的腓尼基水手，
（这些珍珠曾是他的眼睛，看！）
这是贝拉多纳，岩石的夫人，
一个机敏善变的夫人。
这是带着三根杖的人，这是“转轮”，
这是那独眼的商人，这张牌
上面一片空白，是他藏在背上
不许我看见的东西。我找不到
“那被绞死的人”。害怕水里的死亡。
我看见一群人，绕着圈子行走。
谢谢你，如果你看到埃奎通夫人，
告诉她我自己带着那张占星天宫图：
这年头人就得这么小心。
没有实体的城，

在冬日拂晓的黄雾下，
一群人流过伦敦桥，那么多人
我没想到死亡毁了那么多人。
叹息，又短又稀，吐了出来，
每个人的目光都固定在自己脚前。
流上山，流下威廉王大街，
直到圣玛丽沃尔诺斯教堂，那里报时的钟声
敲响九点的最后一下那阴惨的一声。
在那儿我看见一个熟人，我叫住他："斯坦森！"
你曾同我一起在迈里的船上！
去年你在花园里种下的尸体
抽芽了吗？今年它会开花吗？
还是突来的寒霜扰乱了它的苗床？
呵，把这"狗"赶远些，它是人的朋友，
不然它会用爪子再把它刨出来！
你！虚伪的读者！——我的同类，——我的弟兄！

三贤哲的旅程①

"这一路可真冷
正是一年中最不便
旅行之时，而且旅程这么长
道路泥泞，冬气凛冽，
正是岁晚寒深。"
那些骆驼皮肉擦伤，脚掌疼痛，倔强难制，
躺倒在融化的雪中。
有时我们真想念
山坡上的夏宫，那凉台，
穿丝绸衣服的女郎送来果汁酒。
然而赶骆驼的人咒骂着，抱怨着，
离队逃走，去寻找酒和女人，
篝火也灭了，无处蔽身，
城市敌视外人，小镇板起面孔
村庄肮脏不堪，又漫天要价：

---

① 选自[英]艾略特：《艾略特诗选》，赵萝蕤译，济南，山东大学出版社，1999。据《新约·马太福音》第2章，耶稣降生时，有三贤哲自东方来朝见。

这一路真够受的。
最后我们情愿整夜赶路
断断续续打盹，
有一个声音在耳边唱，说是
这实在是一桩蠢事。

黎明时我们走进一个温暖的山谷
雪线以下气候湿润，充满花草的芬芳，
涧水涓涓，水磨捶打着黑暗
低垂的夜空中有三棵树，
一匹白色的老马奔过草地。
然后我们走到一个旅店，葡萄长满窗楣，
六个汉子坐在开着的门前，掷骰赌钱，
脚踢着倒空的酒囊。
问不出什么情况，我们再往前走，
晚上才到达，正赶上，
找到这里；可以说总算不错。

这都是很久以前的事了，我记得，
我愿意重走一次，但先记下来，
先把这些记下来：
我们一路而来，是为了
诞生还是死亡？曾经有过诞生，当然，
我们有证据，无可怀疑。我见过诞生和
　死亡，
但以前总认为它们不相像；而这次诞生
刀剜肺腑地痛，像死，像我们自己死一样。
我们回到家乡，回到这些王国，
但心境再难安宁，全套的古旧习俗，
已成陌路的人们死守着他们的神祇。
我情愿再死一次。

【俄】阿赫玛托娃

安娜·阿赫玛托娃(1889—1966)是20世纪初俄国“白银时代”的著名女诗人。她是以古米廖夫为首的阿克梅派诗人中的一员，被誉为“俄罗斯的萨福”。还被称为“俄罗斯诗歌的月亮”，与有“俄罗斯诗歌的太阳”之称的普希金相并列。代表作有短诗《最后会晤的歌》《灰眼睛的君王》，组诗《安魂曲》，长诗《没有主人公的长诗》等。

阿赫玛托娃的早期创作题材以爱情为主。对爱情的渴求、热恋的美妙、失恋时的惆怅，都成为了她诗歌的表现内容。这些爱情诗，篇幅短小精悍，情感刻画委婉细腻，往往以巧妙的转折收尾；其中的许多细节，因凝结了人类心灵深处微妙的情思而被认为是表现内心情感的最佳范式。阿赫玛托娃经历了动荡的时代和坎坷的人生，其后期诗歌以沉郁的诗句表达主人公在苦难中的坚定信念以及对于自我尊严的追求，超越了前期诗歌的爱情主题。在艺术风格方面，阿赫玛托娃的诗作体现了阿克梅派诗人所主张的形象生动、具体、可感，语言质朴，词义清晰等特点。她对生活细节的巧妙选用，克服了象征主义的朦胧晦涩，恢复了俄国现代主义诗歌澄明的形象。此外，诗人也从托尔斯泰等俄国作家那里借鉴了长篇小说的表现手法，使其诗歌具有了心理小说的特点；还广泛吸纳了戏剧元素，如简短精练的对白、内心独白、旁白，以及戏剧紧张感和高潮等。

《灰眼睛的君王》表现灰眼睛君主被杀引发的不同人物的不同反应：丈夫是漠不相关的叙述者，他对此十分“平静”；王后悲痛得一夜之间头发全白了；而“我”呢，开始故作镇静，但丈夫一走，便按捺不住内心的思绪，想马上叫醒女儿，看看她的灰色眼睛。这个在丈夫面前强抑悲痛的女子，唯有在私生女那双传奇般的灰色眼睛中寻找对往日情人的慰藉。诗歌具有丰富的心理内涵，充满了错综复杂的情感关系，短短的十四行文字却包含了长篇小说所承载的内容。

《最后会晤的歌》被誉为阿赫玛托娃爱情诗的经典。全诗分为四节，仅十六行，但有情节、情境和心理描写。第一节的前两句写青春激情与理智的矛盾，后两句戴错手套的情节暗示出主人公慌乱的心绪。第二节的一、二句透露出抒情主人公的情绪在进一步攀升，紧张而又迷茫。接下来的两个诗行同第三节以内心独白的方式展现了抒情主人公被冷酷无常的命运欺骗之后甘愿赴死的绝望心情。结尾的烛光描写更加渲染出主人公在“最后一次会晤”时的凄凉心境。

《安魂曲》是女诗人根据自己的亲身经历写下的抒情组诗。在诗中，她既以母亲的身份哀诉了儿子在肃反扩大化过程中所遭受的残酷而不公正的监禁时的那种极度痛苦，表达了对千百万受难者的权利与尊严以及俄罗斯祖国乃至整个人类命运的忧虑之情；同时，她又以诗人的名义为所有受难的母亲代言，说出她们所经受的压迫与凌辱。母亲和诗人的双重视角，赋予了诗歌为所有苦难生命安魂的主题思想。

（刘彦　撰稿）

灰眼睛的君王[①]

光荣属于你，无穷的悲痛！
昨天灰眼睛的君王已驾崩。

秋暮真闷热，红光在闪烁，
我的丈夫归来平静地说：

“你知道，是从猎苑运回他的，
在那老橡树下找到遗体。

王后那么年轻，她真可怜！
一夜之间头发就花斑斑。”

在壁炉上找出他的烟管，
丈夫便离家外出上夜班。

我这就去把女儿给叫醒，
好端倪端倪她的灰眼睛。

窗外的白杨树哗哗作响：
“你的君主不复活在世上。”

(1910)

最后会晤的歌[②]

我的脚步是那样飘摇，
心房变得紧张又冰凉。
我竟把左手的手套，
给套到了右手的指上。

数着台阶，我变得迷惘
我分明知道只有三级！
秋风吹得槭叶簌簌直响，

① 选自[俄]阿赫玛托娃：《阿赫玛托娃诗文集》，马海甸译，合肥，安徽文艺出版社，1999。
② 同上。

它恳求：随我一道永逝。

命运欺骗了我，那无底、
阴郁、充满怨恨的命运。
我回答："亲爱的，我也悲戚，
我将在今夜与你长殒。"

这就是我最后的会晤，
房子像羞辱一般晦暗。
只有房间摇曳的蜡烛，
送出一缕昏黄的光辉。

(1911)

安魂曲①

1935—1940

不，我不躲在异国的天空下，
也不求他人翅膀的保护，——
那时我和我的人民共命运，
和我的不幸的人民在一处。

1916 年

代　序

叶若夫迫害②猖獗的年代，我在列宁格勒的监狱外排过十七个月的队。有一次，有个人把我"认了出来"。当时，一位站在我身后的嘴唇发青的女人，她当然从来没有听说过我的名字，从我们习以为常的麻木状态中惊醒，扒在我耳边(那里每个人都是小声讲话的)问道：

"您能描写这个场面吗?"

我说：

"能。"

当时，像是一丝微笑掠过曾经是她的那张脸庞。

1957 年 4 月 1 日
列宁格勒

---

① 选自[俄]阿赫马托娃：《爱：阿赫马托娃诗选》，乌兰汗译，北京，外国文学出版社，1991。《安魂曲》——苏联《十月》杂志 1987 年第 3 期和《涅瓦》杂志同年第 6 期根据诗人生前的手抄本正式公开发表。

② 叶若夫(1895—1940)，1936 年至 1938 年间在苏联担任内务人民委员，残酷镇压人民，民间对他的所作所为称为"叶若夫迫害"。

献　词

面对眼前这种悲痛，
群山也得折腰，
大河流水也得停住，
可是，狱门锁得坚牢，
门后是“犯人的洞穴”条条，
还有死人般的戚楚。
夕阳为哪些人献媚，
清风为哪些人吹拂——
我们不知道，我们在哪儿都无所谓，
我们只听到厌恶的钥匙声碎，
还有士兵沉重的脚步。
我们早起像是去做晨祷，
穿行在野蛮化了的故都的街巷，
到了那儿见面，还不如死人有力量，
太阳下沉，涅瓦河上浓雾笼罩，
而希望之歌还荡漾在远方。
一声判决……泪水顿时喷涌，
从此便和所有的人分开，
仿佛从心窝里狠狠地挖走了生命，
仿佛被人打翻在地毫不留情，
可是她走着……一个人……东倒西歪。
在我发疯的两个年头的岁月，
那些丧失自由的姐妹去了何地？
她们会有什么幻想，冒着西伯利亚风雪，
她们会有什么错觉，望着圆圆的明月？
我现在给她们寄去告别的敬意。

1940 年 3 月

前　奏

这事发生在只有死人微笑的时候，
他为安宁而感到欣喜。
列宁格勒像个无用的累赘，
在自己的监狱前晃来晃去。
被判处有罪的人行进在一起，
他们已被折磨得失掉智力，
一声声火车的汽笛，

在唱着别离的短曲。
死亡之星在我们头上高悬，
无辜的俄罗斯全身痉挛——
她被踩在血淋淋的皮靴下，
她在黑色马露霞①的车轮下辗转。

一

拂晓时他们把你带走，
我像是送殡跟在你身后，
孩子们躲在小屋里哭泣，
蜡烛在神龛前溶流。
你双唇上还有小圣像的冷气，
额角上渗出冰凉的汗滴……这怎能忘掉！——
我要像古代近卫兵②的妻子们那样，
在克里姆林宫的塔楼下哭号。

1935 年。秋。
莫斯科

二

静静的顿河静静地流，
黄色的月亮跨进门楼。

月亮歪戴着帽子一顶，
走进屋来看见一个人影。
这是个女人，身患疾病，
这是个女人，孤苦伶仃。

丈夫在坟里，儿子坐监牢，
请你们都为我祈祷。

三

不，这不是我，是另外一人在悲哀。
我做不到这样，至于已经发生的事，
请用黑布把它覆盖，
再有，把灯盏拿开……
夜已到来。

---

① 民间给囚车起的别名。

② 俄皇伊凡四世于 1550 年所建立的特殊军队。1698 年，近卫兵部队发生数起暴乱，彼得一世把他们处死于红场，他们的妻子在刑场上号啕大哭。

四

爱嘲笑人的女人，
众多朋友的宠儿，
皇村愉快的罪女，
应当让你知道自己的生平境遇——
你是第三百名，前来给犯人送东西，
站在克列斯泰监狱①门口，
用自己的热泪
溶解寒冷的冰层，在那新年之际。
像监狱里的杨树在摇动，
没有声息——可是有多少无辜的生灵
在那里结束了一生……

五

我呼喊了十七个月，
召唤你回家，
我曾给刽子手下过跪，
我的儿子，我的冤家。
一切永远都乱了套，
我再也分不清
谁是野兽，谁是人，
判处死刑的日子
还得等候多久才能来临。
只有手提的香炉的声音，
还有不知去向的脚印，
和盛开的花。
一颗偌大的星，
直盯着我的眼睛，
以近日的死亡相威吓。

1939 年

六

淡淡的日子一周又一周飞逝，
我无从理解，发生了什么事，
一个又一个白夜望着监狱，

① 1892 年在彼得堡修建的监狱，1905—1907 年革命后，在那里主要关押政治犯。“克列斯泰”是“十字”的意思，监狱形状如十字，故得名。

你怎样了啊，我的儿子，
他们还用山鹰的
火辣辣的眼睛观望，
他们在议论你那高高的十字架，
还有……死亡。

1939 年

七

判　决

一句话像石头落地，
压住我尚在呼吸的胸脯。
没关系，我早已有所准备，
对此事——我也能够应付。

今天，我有许多事情要办：
必须把记忆彻底泯没，
必须让心灵变成顽石，
必须重新学会生活。

否则……盛夏的绿荫如办喜事
在我窗外热情地低声喧哗。
我早已预见到了这一天：
明朗的日子和空空的家。

1939 年。夏
喷泉楼

八

致死亡

反正你要来——为什么不现在？
我在等你——我太痛苦。
我熄了灯，我为你开了门，
你那么奇异，又那么质朴。
要完成此事，任你选用各种办法，
可以像颗毒弹射进屋来，
或者像个惯匪提着铁锤潜入，
或者用伤寒病菌把我陷害。
用你编造的、人人听厌的
童话也行，——不过我得看一眼

吓得脸色苍白的居委会主任
和淡蓝色的帽顶①。
现在，我已经无所谓了。
叶尼塞波涛滚滚，
北极星光辉熠熠。
一双心爱的眼睛的蓝光
将最后的恐怖场面遮蔽。

1939 年 8 月 19 日

九

疯狂张开了翅膀，
盖住了半个灵魂，
它倾注火辣的酒浆，
往黑色的峡谷招引。

我明白了，我应当
把胜利让给它。
我谛听自己的声音，
如同听别人的梦话。

它不允许我随身
把任何物品带走，
（不管我怎样向他央告，
还是向他苦苦地乞求）：

无论是儿子那双可怕的眼睛——
那悲痛变得像石头一般沉默，
无论是雷雨袭击的日子，
无论是牢房探监的时刻，

无论是手臂温柔的凉爽，
无论是菩提不安的阴影，
无论是远方微弱的声音——
那最后的安慰的寄情。

1940 年 5 月 4 日

① 指苏联公安人员制帽的颜色。

十

钉死在十字架上

“妈妈。不要为棺中的我
号啕痛哭。”

（一）

天使们齐声颂扬伟大的时刻，
烈火熔化了万里长空。
我对父亲说：“为什么把我撇下！”
我对母亲说：“啊，不要为我痛哭……”

（二）

马格达丽娜在颤抖在哭泣，
得意的门生变成石人一具，
可是没人敢把视线转向
母亲默默伫立的地方。

尾　声

一

我知道了人的脸是如何在消瘦，
恐惧是怎样从眼皮下偷视，
苦难是怎样在脸颊上刻出
一篇篇无情的楔形文字。
我知道了，灰的、黑的鬈发
怎样突然间变得银白，
老实人的嘴角上微笑怎么枯萎，
胆怯怎样在苦笑中战栗起来。
我不是为自己祈祷，而是为
和我一起排过队的所有人家——
在寒冬腊月，在七月酷暑，
他们曾伫立在阴森森的红色大墙下。

二

祭奠的日子又已经临近，
我看见了，听见了，感觉到了你们：
她，勉勉强强被拖向窗口，
还有她，已不能在故乡的土地上行走，

还有她，把美丽的头颅摆了一下，
说："我来这里，如同回家。"

我真想提到每一个人的姓名，
可惜名单被抢走，我已无处去打听。

我用我从她们那儿偷听到的可怜的哭诉，
为她们编织了一面宽大的遮布。

我无时无刻无处不把她们回忆，
新灾新难临头时，我也不会把她们忘记，

千万人用我苦难的嘴在呐喊狂呼，
如果我的嘴被人堵住，

希望到了埋葬我的前一天，
她们也能把我这个人怀念。

倘若有朝一日，在这个国家里
有人想为我把纪念碑树立，

我庄重地表示同意，此外
有一个条件——不要把它建在

我诞生的大海之边：
我跟大海已经绝缘，

也不要建立在皇村公园中心爱的树桩旁，
伤心已极的影子在那儿正把我寻访，

在这里：在我伫立三百个钟点的地方建起来，
当时他们就是不肯为我把门闩打开。

再有，我害怕在死后的安宁中
忘记黑色马露霞的怒吼声。

忘记那可恶的牢门怎样砰一声关闭，
一个老妇像受伤的野兽在哭泣。

让融化的积雪像滚滚的泪珠
从那不眨动的青铜眼皮下流出。

让狱中的鸽子在远方啼鸣，
让轮船在涅瓦河上悠悠航行。

1940 年 3 月
喷泉楼

【苏】帕斯捷尔纳克

鲍里斯·列昂尼德维奇·帕斯捷尔纳克(1890—1960)是20世纪俄国文学史上声名显赫的文学家。他出生于一个艺术精英家庭，父亲是知名的画家，曾为列夫·托尔斯泰的《复活》配图插画，母亲则是一位钢琴家。正是在绘画和音乐的熏陶中，帕斯捷尔纳克开始了自己的创作道路。此外，他的写作还从著名的作曲家斯克里亚宾、小说家托尔斯泰和诗人里尔克、勃洛克等的创作中受益。其代表作有小说《日瓦戈医生》、诗集《生活——我的姊妹》《主题与变奏》. 他还翻译了《浮士德》等作品。1958年，帕斯捷尔纳克因“在现代抒情诗和伟大的俄国小说的传统领域所获得的巨大成就”被授予诺贝尔文学奖，但迫于各方压力，他不得不发表声明放弃该奖。

帕斯捷尔纳克所取得的诗歌成就斐然。他的诗多以大自然的意象来表现人类丰富而微妙的情感世界，力图实现人与自然的同一。他也擅长运用独特而意味深长的比喻，在一定程度上，他的诗歌世界是通过隐喻而变化成形的“第二现实”。他的诗歌语言融汇了绘画和音乐的元素，因而显得别具特色。

本书选取了帕斯捷尔纳克的三首诗歌。《生活——我的姊妹》体现了他早期抒情诗的创作特点，自然意象鲜明多样，表现出对人与自然同一的追求。《哈姆雷特》是诗人借“日瓦戈医生”的名义为小说《日瓦戈医生》而写作的一部分，犹如内心独白一般吐露了诗人对人性与现实矛盾冲突的永恒思索，是诗人在个人能力与责任、行动与思想、个人使命与生命意义之间进行的一次哲学探索。《仅存的岁月》是诗人生命临近终结前的吟咏，是他仿佛预见到了自己的生命即将结束而对人生进行的一次回首。

（刘彦　撰稿）

生活——我的姊妹①

生活——我的姊妹。今天，在春潮中，
生活摔碎了，像滋润众生的春雨。
但穿金戴银的人们，高雅地怨尤，
像燕麦地里的毒蛇客气地吐着芯子。

老年人怨天尤人有他们的道理。
而你的说法显得荒谬滑稽：
雷雨天眼睛和草坪是一片雪青色，
地平线会吹来湿润的木犀草的香气。

又说五月在驶往卡梅申的路上，
你在车厢把火车时刻表翻阅，
这火车时刻表比圣经还要浩繁，
比尘土和风暴弄黑的沙发更宽阔。

遇到刹车时，火车一阵狂吼，
车旁是满身酒味的安分农民。
有人从座位上向外瞧：我是否到站？
而落日给我投来同情的余晖。

铃响三遍，十分遗憾地离去：
我感到惋惜，不是这个地方。
窗帘下一幅边沿烧焦的夜幕，
荒野从门梯塌向灿烂的星光。

乘客眨着眼，甜蜜地进入了梦乡，
爱人像蜃景中的仙女也沉沉安眠。
此刻，好像有一颗心叩击着平台，
把一扇扇车门抛撒在漠漠荒原。

（1917 年夏）

① 选自[苏]帕斯捷尔纳克：《帕斯捷尔纳克未来主义诗选》，杨开显译，成都，四川文艺出版社，1996。

哈姆雷特①

喧嚷沉寂，我登上舞台。
趁着斜靠在门框的时刻，
在那悠远的回声中捕捉，
看我一生将要发生什么。

夜的昏黑像无数望远镜，
架在夜的轴心把我对准。
若蒙恩准，在天之父啊，
请从我身边端走这酒瓶。

我欣赏你的执拗的构思，
同意把这个角色扮演好。
可现在却让别的戏上演，
那么这一次就把我免掉。

但是演出的日程已拟定，
不得不照行程走到终点，
度过人生不像走过田野，
我孤独，一切都是伪善。

(1946)

仅存的岁月②

我在无数个冬天的岁月，
记起夏至冬至的时日，
每一天都那么独具魅力，
却又重复得难以估计。

它们完整而圆满地交替，
循序渐进地逐步完成——
当我们感到时间僵立了，

---

① 选自[苏]帕斯捷尔纳克：《帕斯捷尔纳克未来主义诗选》，杨开显译，成都，四川文艺出版社，1996。

② 同上。

仅有的岁月就被变更。

我记住了所有这些时日：
冬天走到旅程的一半，
道路浸湿，屋顶在漏水，
太阳正在冰块上取暖。

相恋的人们恍若在梦中，
彼此急切地探身拥抱，
欧椋鸟正热得大汗淋漓，
既在云端，也在树梢。

表盘上的指针昏昏欲睡，
懒怠得不愿继续运行，
一天比一个世纪更漫长，
胸怀的宽广无穷无尽。

(1959)

【英】奥登

W. H. 奥登(1907—1973)，继叶芝和艾略特之后英国最重要的诗人，也是一位出色的文学评论家。奥登的生平经历较为复杂，他的诗歌创作通常被划分为四个时期。早期(1927—1932)，奥登受马克思和弗洛伊德思想影响，成为英国“新诗”的代表，与戴·刘易斯、斯彭德、麦克尼斯等人被称为“奥登一代”。代表作有诗集《雄辩家》。第二时期(1933—1938)，奥登参与了西班牙人民的反法西斯斗争，并和英国小说家伊修伍德于 1938 年到战时的中国采访。两人合作，写下作品集《战地行》(1939)，表达了对中国抗战的同情与支持。这一时期，他的作品反映当代重大政治和社会问题，带有鲜明的左翼色彩。奥登皈依基督教后，开启了他诗歌创作的第三个时期(1939—1946)。代表作有短诗《悼念叶芝》(1939)、《美术馆》(1940)，长诗《海与镜》(1944)、《暂时》(1945)、《忧虑的时代》(1948)等，反映出他的宗教信仰和政治态度。第四时期从 20 世纪 40 年代后期至去世。这一阶段的奥登诗歌带有浓厚的宗教色彩，同时也流露了他对日益堕落的现代西方文明以及日趋严重的政治、社会问题的悲观失望情绪。主要诗作有《阿基琉斯的盾牌》(1955)、《无墙的城市》(1969)等。

奥登诗歌最大的特色是擅于运用丰富、新奇的象喻。此外，在遣词造句方面，常常采用简洁的笔法，省略冠词、形容词、代名词，甚至句子的主词。在诗歌形式上，往往运用极为复杂的诗节，也追求格律的严谨。

《美术馆》源于诗人在比利时布鲁塞尔皇家美术馆观看文艺复兴时期画家布鲁盖尔作品《伊卡鲁斯的坠落》时的感兴。诗中充斥着基督教意象，是一首富含宗教意味的诗歌。但它的主旨不是写神，而是写人、人性和人的处境，即人世间的种种苦难以及身处其中的人们对于苦难的漠视与麻木。

《悼念叶芝》是奥登最优秀的作品之一，也是一篇现代主义诗歌杰作。全诗分三个部分。第一部分由 5 节诗构成，描述叶芝之死及其时的天气。冰冻的小溪、积雪、寒冷融入冷漠的城市意象，渲染出一种悲戚的气氛。第二部分仅 1 节诗，对叶芝及其诗歌做出评价和反思，同时流露出对时局和人类前景的担忧、焦虑。第三部分共 6 节，对诗人盖棺定论，同时探讨诗的本质和诗人的职责。全诗意象绵密，而诗人采用其擅长的大跨度比拟，在看似毫无关联的本体和喻体之间建立类比关系，巧妙地显示出机智和反讽，造成强烈的陌生化效果。诗人采取俯瞰视角，画面宏大，视野开阔。风格上，全诗没有泛滥的悲伤，没有无节制的赞美，情感沉郁、冷峻，但看似冰山的外表下是奔涌的岩浆，深厚的情感和深邃的思想隐藏其中。

（叶帆子　撰稿）

美术馆[①]

关于痛苦他们总是很清楚的，
这些古典画家：他们深知它在
人心中的地位；深知痛苦会产生，
当别人在吃，在开窗，或正做着
　无聊的散步的时候；
深知当老年人热烈地、虔敬地等候
神异的降生时，总会有些孩子
并不特别想要它出现，而却在
树林边沿的池塘上溜着冰。
他们从不忘记：
即使悲惨的殉道也终归会完结
在一个角落，乱糟糟的地方，
在那里狗继续着狗的生涯，
　而迫害者的马
把无知的臀部在树上摩擦。

在布鲁盖尔的“伊卡鲁斯”里，比如说；
一切是多么安闲地从那桩灾难转过脸：
农夫或许听到了堕水的声音
　和那绝望的呼喊，
但对于他，那不是了不得的失败；
太阳依旧照着白腿落进绿波里；
那华贵而精巧的船必曾看见
一件怪事，从天上掉下一个男童，
但它有某地要去，仍静静地航行。

① 选自《穆旦译文集》(第4卷)，查良铮译，北京，人民文学出版社，2005。

悼念叶芝①

（死于 1939 年 1 月）

1

他在严寒的冬天消失了：
小溪已冻结，飞机场几无人迹，
积雪模糊了露天的塑像；
水银柱跌进垂死一天的口腔。
呵，所有的仪表都同意
他死的那天是寒冷而又阴暗。

远远离开他的疾病
狼群奔跑过常青的树林，
农家的河没受到时髦码头的诱导；
哀悼的文辞
把诗人的死同他的诗隔开。

但对他说，那不仅是他自己结束，
那也是他最后一个下午，
呵，走动着护士和传言的下午；
他的躯体的各省都叛变了，
他的头脑的广场逃散一空，
寂静侵入到近郊，
他的感觉之流中断：他成了他的爱读者。
如今他被播散到一百个城市，
完全移交给了陌生的友情；
他要在另一种林中寻求快乐，
并且在迥异的良心法典下受惩处。
一个死者的文字
要在活人的肺腑间被润色。

但在来日的重大和喧嚣中，
当交易所的掮客像野兽一般咆哮，

① 选自《穆旦译文集》（第 4 卷），查良铮译，北京，人民文学出版社，2005。

当穷人承受着他们相当习惯的苦痛，
当每人在自我的囚室里几乎自信是自由的，
有个千把人会想到这一天，
仿佛在这天曾做了稍稍不寻常的事情。
呵，所有的仪表都同意
他死的那天是寒冷而又阴暗。

2

你像我们一样蠢；可是你的才赋
却超越这一切：贵妇的教堂，肉体的
衰颓，你自己；爱尔兰刺伤你发为诗歌，
但爱尔兰的疯狂和气候依旧，
因为诗无济于事：它永生于
它的辞句的谷中，而官吏绝不到
那里去干预；“孤立”和热闹的“悲伤”
本是我们信赖并死守的粗野的城，
它就从这片牧场流向南方；它存在着，
是现象的一种方式，是一个出口。

3

泥土呵，请接纳一个贵宾，
威廉·叶芝已永远安寝：
让这爱尔兰的器皿歇下，
既然它的诗已尽倾洒。

时间对勇敢和天真的人
可以表示不能容忍，
也可以在一个星期里，
漠然对待一个美的躯体，

却崇拜语言，把每个
使语言常活的人都宽赦，
还宽赦懦弱和自负，
把荣耀都向他们献出。

时间以这样奇怪的诡辩

原谅了吉卜林和他的观点，
还将原谅保尔·克劳德，
原谅他写得比较出色。

黑暗的噩梦把一切笼罩，
欧洲所有的恶犬在吠叫，
尚存的国家在等待，
各为自己的恨所隔开；

智能所受的耻辱
从每个人的脸上透露，
而怜悯底海洋已歇，
在每只眼里锁住和冻结。

跟去吧，诗人，跟在后面，
直到黑夜之深渊，
用你无拘束的声音
仍旧劝我们要欢欣；

靠耕耘一片诗田
把诅咒变为葡萄园，
在苦难的欢腾中
歌唱着人的不成功；

从心灵的一片沙漠
让治疗的泉水喷射，
在他的岁月的监狱里
教给自由人如何赞誉。

【英】休斯

泰德·休斯(1930—1998)是“二战”后英国文坛涌现的最杰出的诗人之一。他一生著作等身，在长达40余年的创作生涯中，写有90多部作品。除了诗作外，还有散文、评论、戏剧和翻译等。他的代表性诗集有《雨中鹰》《牧神》《乌鸦》《穴鸟》《沼泽地小镇》《埃尔梅废墟》等。

英美新批评、中国道家思想对休斯的诗歌创作产生过重要影响。他的诗歌突破了传统诗歌平板、呆滞的修辞传统与现代主义晦涩、难懂的词句表达，力图用直白、强烈的语调表现深刻的内在情绪；有些诗歌还有道家悟道的意味。此外，作为一名继承了凯尔特文化传统的诗人，他在诗歌中始终保持了对自然的关注与热爱。

休斯的诗歌主题几乎全部集中在动物身上，展现了其执着的动物本体关照情怀。他的动物诗塑造了狂放激越、张扬着生命强力甚至是暴力的动物形象，又凸现出多重动物象征意蕴，既是对英国传统动物诗歌的继承，又表现出了新的时代特色。休斯以风格独具的动物诗，为英国诗歌的发展注入了新的活力，被称为“动物诗人”。

休斯有不少诗歌以鹰为主角，展现它们狂野不羁、无与伦比的生命激情。如《栖息着的鹰》中，鹰察看着地球、掌控着天地，自负又狂妄；它恣意妄为，任意捕杀，强悍又凶狠。其雄霸一切的宣言和“分配死亡”的不可置疑的绝对权力，令读者悚然。鹰的残酷与暴戾一方面是现实生活中鹰之本体的写照，另一方面，它隐喻着人类强权与世界暴力。诗歌采用第一人称的视角，通过鹰的戏剧化独白淋漓尽致地表露出其内心世界。

《雨中鹰》充分表现了雨中鹰坚韧顽强的活力，以大地、风雨为象征的自然界的残酷强大以及人类在蹒跚前行中的渺小无助。三者在诗歌中紧密交织，围绕“上帝的暴力支点”展开力量的角逐。鹰在风雨之中的自由翱翔反衬着人类活力的丧失，而鹰的坠落却又将诗歌引入一个更加深刻的主题，即鹰与人一样，最终都逃脱不了死亡的命运。

休斯曾说，在某种意义上，他把诗歌看作是一种动物，诗歌有它自己的生活，就像动物一样。《思想的狐狸》恰恰是这样一首可以阐释作者对于诗歌创作与动物关系的诗。它写某个寂静的雪夜，诗人独自坐忘，灵感不期而至，如同林间的狐狸，闯入大脑，留下了如脚印一般零碎的诗歌。这首诗歌的创作灵感来源于休斯某次清晨登山过程中与一只狐狸的不期而遇，他巧妙地以狐狸为意象，诗意地展示了自己从灵感涌现到诗之完成的内在体验。狐狸活动的过程即是诗歌形成的过程，是作者“思想”留下“脚步”的过程。它像狐狸一样，充满着变幻和不定。这种自然生发的诗歌创作过程与道家体道、悟道的方式颇为相似，值得反复品味。

（孙燕峰、李妍青　撰稿）

栖息着的鹰[①]

我坐在树的顶端，把眼睛闭上。
一动也不动，在我弯弯的脑袋
和弯弯的脚爪间没有弄虚作假的梦：
也不在睡眠中排演完美的捕杀或吃什么。

高高的树真够方便的！
空气的畅通，太阳的光芒
都对我有利；
地球的脸朝上，任我察看。

我的双脚钉在粗糙的树皮上。
真得用整个造化之力
才能生我这只脚、我的每根羽毛：
如今我的脚控制着天地

或者飞上去，慢悠悠地旋转它——
我高兴时就捕杀，因为一切都是我的。
我躯体里并无奥秘：
我的举止就是把别个的脑袋撕下来——

分配死亡。
因为我飞翔的一条路线是直接
穿过生物的骨骼。
我的权力无须论证：

太阳就在我背后。
我开始以来，什么也不曾改变。
我的眼睛不允许我改变。
我打算让世界就这样子下去。

① 选自《世界文学》编辑部选编：《外国诗歌百年精华》，袁可嘉译，北京，人民文学出版社，2002。

雨中鹰[1]

我陷入了雨中的耕地，一步一步
艰难地从大地的口中拔出脚跟，
每一步，黏土都淹没到我的脚踝，
带着顽固的坟墓的气息。而鹰

在高空毫不费力地垂下平静的眼睛。
他的双翅将万物控制在轻盈的寂静之中，
如此平稳，如同流动的空气中的幻觉。
砰砰作响的风撞击着顽固的篱笆，

拨弄我的双眼，攫走我的呼吸，攥紧我的心脏，
雨击打着我的头骨，而那鹰高悬起
金刚石般的意志，如北极星一般指引着
溺海者继续忍耐：而我，

被大地在最后关头死死咬住的
一口食物，向着上帝的暴力支点，
那鹰的静悬之处拼死迈进。
那鹰也许在悠闲的某时遭遇了

不测的风雨，遭遇气流，从高空被抛下，
从他的眼中跌落，沉重的云撞击着他，
地面将他捕获；天使的圆眼睛
碎裂了，他心脏的血与地上的泥泞混在一起。

思想的狐狸[2]

我想象着午夜时分的森林：
除了孤独的钟表
和我翻起的空白书页
还有别的东西在活动。

---

① 白元宝译，载《诗歌月刊》，2007(8)。
② 同上。

从窗口望去，我看不见星星：
在黑暗的更深处
更近的事物
正在加入此刻的孤独。

一只狐狸的鼻子触摸着小树枝、书页，
如黑暗中的雪一样冰凉而鲜美的鼻子：
两只眼睛转动着，不时地转动着，
一下又一下

将整齐的印记钉入林间的
雪地，一个跛足的身影
拖着脚步小心翼翼地走着，
在空洞的体内，

那勇敢地穿过空地的体内，一只眼睛，
一团不断扩展、不断加深的绿色，
绚丽夺目，专注地
经营着自己的事情

最后，它带着一股强烈而辛辣的狐臭
突然进入脑中那黑色的洞穴。
窗外依然没有星星；闹钟摆动着，
书页已经印上了文字。

【美】斯奈德

加里·斯奈德(1930—　)，20世纪后半期美国著名诗人、散文家和翻译家，禅宗信徒以及环保主义者。共出版16卷诗文集，代表作有《神话与文本》《砌石与寒山诗》《龟岛》等。

斯奈德曾在加利福尼亚大学攻读东方语言文学，并在此期间参加垮掉派诗歌运动，接触并翻译了寒山诗。寒山诗的翻译对他以后的生活与创作产生了很大影响。他曾东渡日本(1956—1968)，出家为僧三年，醉心于研习禅宗。他对禅宗的热衷也影响到了"垮掉派"的其他作家。1969年回到美国后，与他的日本妻子定居于加利福尼亚北部山区，过着非常简朴的生活。1984年，作为美国作家代表团的成员，斯奈德来中国访问，终于实现了他想要亲临"中央王国"的近30年的梦想。他说，中国文化、文学对他的影响，在五六十年代是百分之八十。1985年，斯奈德成为加利福尼亚大学戴维斯分校的教授，同时，继续广泛地游历、阅读和讲学，并致力于环境保护。

斯奈德是"垮掉派"目前少数仅存的硕果之一，也被称为"没有垮掉的垮掉派诗人"。与"垮掉派"其他诗人的张狂相比，他显得比较内敛，其作品风格也有所不同。他的很多诗歌创作，从立意到取材，从文法到修辞，都透露出浓浓的"中国风味"，可以说是一位具有中国文学"文心"的文学巨匠。他的诗歌创作多以大自然为题材，涉及人与自然的亲密无间的关系，显得宁静、沉着、冲淡，极具中国古典诗歌之神韵。在大自然中，他既是劳动者也是思考者，因此，他的诗"更加接近于事物的本色以对抗我们时代的失衡、紊乱及愚昧无知"。

本书所选四首诗歌体现了斯奈德整体风格的不同侧面。《松树的树冠》是诗人颇为得意的作品，主要描写夜色中的松树，表达了诗人天人合一的直觉体验，质朴、纯粹，具有强劲的感性穿透力。《石砌的马道》里，诗人借用比喻，将词汇比作石头，表现了诗人对诗歌结构、技巧、语言的自觉意识。《皮由特涧》更是集中体现了斯奈德的认识论，他观察、凝视世界的方式与中国道、禅两家"目击而道存"的直观认知方式可谓遥相呼应。《基岩》让我们在微小岩层中领略了诗人心中饱满的大千世界，蕴含了作者深深的禅意。

（常茜薇　撰稿）

松树的树冠①

蓝色的夜
有霜雾，天空中
明月朗照。
松树的树冠
变成霜一般蓝，淡淡地
没入天空，霜，星光。
靴子的吱嘎声。
兔的足迹，鹿的足迹
我们知道什么。

石砌的马道②

把这些词儿像石头一样
放在你的思想前面
　　　　安放结实，用手
选好位置，放在
有意识的身体前
　　　　放在时间和空间里
树皮、树叶、墙那样结实
　　　　这石砌的马道
有银河里的圆石
　　　　有迷路的行星
这些诗，这些人
　　　　这些无主的马匹
拖着鞍具——
　　　　岩石般脚步稳扎。
这些星球，就像在无限的
　　　　四维空间中
下着围棋。
　　　　在薄薄的土层中
有蚂蚁，有卵石，每块石头都是一个词
　　　　一块溪水冲圆的石头

① 黎华主编：《外国流派诗荟萃》，赵毅衡译，天津，百花文艺出版社，1992。

② 同上。

花岗岩，遍体渗透了
　　　　火和重量的痛苦
沉晶体和沉积层火烫地联结起
　　　　所有的变化，在事物中
也在思想里。

皮由特涧①

一条花岗岩山脊
一棵树，这就够了，
甚至只要一块石，一条溪
池塘里的一块树皮，也就足够。
山叠山，重叠，扭结
粗壮的树挤在
细微的石缝间
巨大的月亮照亮一切，这未免过分。
思想在游荡。一百万个
夏天过去，依然是
风静石暖。天罩在无边群山上
人类带来的一切废物
消失了，坚固的岩石在摇晃
甚至沉重的现时也好像无法应付
这颗心的沸腾。
文词和书
就像从高崖流下的小溪
在干燥的空气中消失
一个清醒的，敏感的心灵
并没有意图
心灵见到的，就是真见到的。
没人喜欢岩石，但我们在这儿。
夜寒砭骨。月光中
一星闪光
滑进雪杉的阴影里：
在那复，在看不见的地方

① 黎华主编：《外国流派诗荟萃》，赵毅衡译，天津，百花文艺出版社，1992。皮由特：加里福尼亚州一山峰。

狮或豹的眼睛
冰冷而骄傲的眼睛
看着我们升起，离开。

基　岩①

——给玛莎

雪水积成池塘，温暖的花岗岩
我们设下营盘
没去顾虑更多的发现。
瞌睡
随风飘离了我们的灵魂

在基岩上，渐渐倾斜，
天空和石头
教我成为投标，

几乎错过这种接触——
掠过视线的几瞥
微小的足迹——
最后覆盖了
坚硬岩层的多元世界。
云片缩成一团，薄雾氤氲
聚结灰蓝
夏日之雨挣脱雷电的缰绳
山茶树密集在布满星星的紫色夜晚
新月不久就绽开了唇瓣；
它为什么要挥霍大量的时间
去学
谈情说爱，
我们伤心地
笑了。

① 选自王家新、唐晓渡编选：《外国二十世纪纯抒情诗精华》，赵琼、岛子译，北京，作家出版社，1992。

【美】普拉斯

西尔维亚·普拉斯(1932—1963)是20世纪美国著名女诗人、作家。普拉斯短暂的一生创作颇丰，生前出版了诗集《巨人像及其他》(1960)，去世后，她的诗稿经过整理，先后结成诗集《爱丽尔》(1965)、《渡湖》(1971)、《冬树》(1971)等出版，诗剧《三个女人》于1978年发表。1963年，她以笔名维多利亚·卢卡斯发表半自传小说《钟形罩》。1982年获得美国普利策诗歌奖。

普拉斯的早期诗歌沿袭学院派风格，20世纪50年代后期开始“自白诗歌”创作，成为美国后现代主义诗歌重要流派“自白派”的代表诗人。诗人、妻子和母亲的三重角色使普拉斯将个人表达与家庭角色、社会角色之间的矛盾体验融入诗歌创作中。她的诗歌多以日常生活体验为题材，用非理性、非逻辑、戏剧化的方法表现女性心理和生理上承受的折磨和痛苦，面临的矛盾和冲突，以及由此产生的焦虑、压抑与不满情绪。她试图从个体感受出发表现普遍经验，因而，在她的创作中，生活琐事和个人情感常常被赋予新的意义。她的诗歌语言简洁、明晰、富于变化、节奏感强，诗歌意象跳跃、奇特。

《晨歌》选自诗集《爱丽尔》。这首诗以女性独特的视角再现了诗人初为人母的复杂内心体验。诗人截取生活片段，着力描述了母亲孕育孩子时的幸福与期盼，分娩时的惊异与焦虑，哺育时的艰辛与无私，还表现了女性在自我与母亲两种角色之间的挣扎。诗人通过刻画主人公微妙的心理变化真实地展现出母爱的伟大无私。胖乎乎的金表、飞蛾、小猫、气球等柔弱可爱的意象也为全诗增添了温情。

在《印度闺幔》中，诗人凭借女性特有的敏感，运用对立的意象与戏剧化的场景描述两性紧张、对立的关系。她将自己作为女性在生活中的压抑体验移植到异域的形象中，表达女性处于被动地位的无奈与压抑；另一方面，通过跳动、硬朗的意象表现出女性的奋力抗争。帷幔横在女性与外部世界之间，是两性沟通的障碍，象征着两性的对立。翡翠与亚当的对立，太阳与月亮的对立也都是两性对立的象征。

（但凝洁　撰稿）

晨　歌[1]

爱发动你，像个胖乎乎的金表。
助产士拍拍你的脚掌，你无头发的叫喊
在世界万物中占定一席之地。

我们的声音呼应，放大了你的到来。新的雕像。
在多风的博物馆里，你的赤裸
使我的安全蒙上阴影。我们围站着，墙一般空白。

云滲下一面镜子，映出他自己
在风的手中慢慢消失的形象，
我比云更不像你的母亲。

整夜，你飞蛾般的呼吸
在单调的红玫瑰间闪动。我醒来静听：
我耳中有个远方的大海。

一声哭，我从床上滚下，母牛般笨重，
穿着维多利亚式睡衣满身花纹。
你嘴张开，干净得像猫的嘴。方形的窗

变白，吞没了暗淡的星。而你现在
试唱你满手的音符
清脆的元音像气球般升起。

印度闺幔[2]

翡翠——
肋骨的宝石，
即绿色的亚当

疼痛的肋骨，我
微笑，盘腿而坐，

① 选自赵毅衡编译：《美国现代诗选》，北京，外国文学出版社，1985。
② 选自张曼仪主编：《现代英美诗一百首》，郑敏译，北京，对外翻译出版社，1993。

谜样的，

变换着我的透明部分。
如此珍贵！
太阳如何地磨光这肩膀！

若是月光，
我那
不知疲倦的堂妹

升起，用那癌症者的苍白，
拖着树群——
小小水螅丛，

小网，
我的视线被遮。
我像一面镜子发光。

那新郎来到这一截面
众镜之王！
他引导自我

进入这些丝帐中，
这些窸窣的财产权。
我呼吸着，嘴

吹动面网
眼睛
之网是

一片彩虹联成。
我是他的。
甚至在他

不在时，我
转动在
我的不可能之玉套中，

无价而安静
在这些小翠鹦鹉和大鹦鹉之间!
这些嚼舌者

睫毛的侍者们!
我将展开
一根羽毛，像孔雀。

嘴唇的侍者们!
我将吐出
一个乐符

震碎空中
那盏吊灯
它终日投射

它的晶体
一万万个傻瓜们。
侍者们!

侍者们!
在他迈出下一步时
我将松开

我将放出——
从这座镶有珍宝的，
这他爱如心肝的娃娃——

一只母狮，
那浴室中的尖叫，
那百孔千疮的斗篷①。

① 阿佳米侬出征特洛依十年，回国后被妻子克丽泰耐丝特所杀。

小　说

【法】普鲁斯特

马塞尔·普鲁斯特(1871—1922)是法国意识流小说家，也是西方现代主义文学的代表作家之一。他自幼体质孱弱，患有哮喘病，由于受不得外界刺激，曾有15年时间足不出户，回忆成为他消磨时光的方式之一，也由此形成了他的创作风格。他出版有作品集《欢乐与时日》、自传体小说《让·桑特伊》、论著《驳圣伯夫》等。代表作是意识流小说巨著《追忆似水年华》。

受弗洛伊德精神分析理论以及柏格森直觉主义的影响，普鲁斯特强调作家要表现"心理真实"，即回忆、思维活动、意识的变化、梦幻和通感等。他认为，作家只有"返回隐藏着存在过却为我们所不知的事物的深处"，才能"辨认出所感事物的面貌"；人的真正的生命是回忆中的生活，这种生活比当下的生活更真实。基于这种认识，他在写作中借助主人公的无意识回忆来折射自己生活年代的社会图景。他的艺术风格突出地表现在两个方面：一是通过时序颠倒、由某一细节引出大量回忆、多角度描写、梦等多种意识流手法挖掘人物丰富多彩的心理世界；二是采用复杂的长句与丰富句型相结合的语言表达方式。

《追忆似水年华》带有明显的自传性质。它采用第一人称叙述，写叙述人马塞尔对自己青春年华的回忆。故事先后从斯万家和盖尔芒特家展开，叙述人对斯万的女儿希尔贝特产生初恋情感，关系破裂后又重新追求阿尔贝蒂娜，阿尔贝蒂娜答应与他同居却不辞而别。他到处寻找，后来获知她已死于一次意外事故。绝望之余，他认识到只有艺术才能找回被忘却了的真正生活，决定通过写作记下往事，从而把握住人生的真谛。作品以叙述人的生活经历为中心，穿插了大量事件以及形形色色的人物，展示出19世纪末20世纪初法国社会的景象，尤其是上层阶级的变迁。

本书节选内容都来自小说第一部第一卷的第一章。

第一段是故事的开端。写叙述者躺在床上，半梦半醒中出现的一些场景和感觉。他认为梦境比现实更有价值。第一句话统领了整部小说。其实，这就是作者本人特殊生活方式的体现。

第二段写叙述者品尝玛德莱娜小点心时的心理感受。有一天，当他尝到母亲给的茶和点心时，浑身一震……回忆出现了，他想起了小时候在姑妈家的生活情形，以及曾经居住过的贡布雷小镇。由此引出了叙述者的身世和个人经历、斯万和盖尔芒特两大家族、各色人物和事件。这是理解作者独特的意识流手法的经典片段。

（朱艳阳　撰稿）

追忆似水年华(节选)①

第一卷　贡布雷

一

在很长一段时期里，我都是早早就躺下了。有时候，蜡烛才灭，我的眼皮儿随即合上，都来不及咕哝一句："我要睡着了。"半小时之后，我才想到应该睡觉，这一想，我反倒清醒过来。我打算把自以为还捏在手里的书放好，吹灭灯火。睡着的那会儿，我一直在思考刚才读的那本书，只是思路有点特别；我总觉得书里说的事儿，什么教堂呀，四重奏呀，弗朗索瓦二世和查理五世争强斗胜呀，全都同我直接有关。这种念头直到我醒来之后还延续了好几秒钟；它倒与我的理性不很相悖，只是像眼罩似的蒙住我的眼睛，使我一时觉察不到烛火早已熄灭。后来，它开始变得令人费解，好像是上一辈子的思想，经过还魂转世来到我的面前；于是书里的内容同我脱节，愿不愿意再挂上钩，全凭我自己决定；这一来，我的视力得到恢复，我惊讶地发现周围原来漆黑一片，这黑暗固然使我的眼睛十分受用，但也许更使我的心情感到亲切而安详；它简直像是没有来由、莫名其妙的东西，名副其实地让人摸不到头脑。我不知道那时几点钟了；我听到火车鸣笛的声音，忽远忽近，就像林中鸟儿的啭鸣，标明距离的远近。汽笛声中，我仿佛看到一片空旷的田野，匆匆的旅人赶往附近的车站；他走过的小路将在他的心头留下难以磨灭的回忆，因为陌生的环境，不寻常的行止，不久前的交谈，以及在这静谧之夜仍萦绕在他耳畔的异乡灯下的话别，还有回家后即将享受到的温暖，这一切使他心绪激荡。

我情意绵绵地把腮帮贴在枕头的鼓溜溜的面颊上，它像我们童年的脸庞，那么饱满、娇嫩、清新。我划亮一根火柴看了看表。时近子夜。这正是病羁异乡的游子独宿在陌生的客舍，被一阵疼痛惊醒的时刻。看到门下透进一丝光芒，他感到宽慰。谢天谢地，总算天亮了！旅馆的听差就要起床了；呆一会儿，他只要拉铃，就有人会来支应。偏偏这时他还仿佛听到了脚步声，自远而近，旋而又渐渐远去。门下的那一线光亮也随之又消失。正是午夜时分。来人把煤气灯捻灭了；最后值班的听差都走了。他只得独自煎熬整整一宿，别无他法。

我又睡着了，有时偶尔醒来片刻，听到木器家具的纤维格格地开裂，睁眼凝望黑暗中光影的变幻，凭着一闪而过的意识的微光，我消受着笼罩在家具、卧室，乃至于一切之上的朦胧睡意，我只是这一切之中的小小的一部分，很快又重新同这一切融合在一起，同它们一样变得昏昏无觉。还有的时候，我在梦中毫不费力地又回到了我生命之初的往昔，重新体验到我幼时的恐惧，例如我最怕我的姨公拽我的鬈曲的头发。有一天，我的头发全都给剃掉了，那一天简直成了我的新纪元。可是梦

---

① 选自[法]普鲁斯特：《追忆似水年华》(1)，李恒基、徐继曾译，南京，译林出版社，1989。

里的我居然忘记了这样一件大事，直到为了躲开姨公的手，我一偏脑袋，醒了过来，才又想起这件往事。不过，为谨慎起见，我用枕头严严实实地捂住了自己的脑袋，然后才安心地返回梦乡。

有几次，就像从亚当的肋叉里生出夏娃似的，有一个女人趁我熟睡之际从我摆错了位置的大腿里钻了出来。其实，她是我即将品尝到的快感的产物，但是，我偏偏想象是她给我送来了快感。我在她的怀抱中感到自己的体温，我正打算同她肌肤相亲，正巧这时我醒了。同我刚才分手的那位女子相比，普天之下无论是谁都似乎不及她更可亲，我的脸上还感到她的热吻的余温，我的身子还感到她的肢体的重量。假如有时候也确有这种情况，梦里的女子赶巧同我在生活中认识的哪位女士相貌一样，那么我必全力以赴地达到目的：非同她梦里再聚不可，就像有些人那样，走遍天下也要亲眼见见他们心目里的洞天仙府，总以为现实生活中能消受到梦境里的迷人景象。她的音容笑貌在我的记忆中逐渐淡漠；我已忘却梦中人的倩影。

一个人睡着时，周围萦绕着时间的游丝，岁岁年年，日月星辰，有序地排列在他的身边。醒来时他本能地从中寻问，须臾间便能得知他在地球上占据了什么地点，醒来前流逝过多长的时间；但是时空的序列也可能发生混乱，甚至断裂，例如他失眠之后天亮前忽然睡意袭来，偏偏那时他正在看书，身体的姿势同平日的睡态大相径庭，他一抬手便能让太阳停止运行，甚至后退，那么，待他再醒时，他就会不知道什么钟点，只以为自己刚躺下不久。倘若他打瞌睡，例如饭后靠在扶手椅上打盹儿，那姿势同睡眠时的姿势相去更远，日月星辰的序列便完全乱了套，那把椅子就成了魔椅，带他在时空中飞速地遨游，待他睁开眼睛，会以为自己躺在别处，躺在他几个月前去过的地方。但是，我只要躺在自己的床上，又睡得很踏实，精神处于完全松弛的状态，我就会忘记自己身在何处，等我半夜梦回，我不仅忘记是在哪里睡着的，甚至在乍醒过来的那一瞬间，连自己是谁都弄不清了；当时只有最原始的一种存在感，可能一切生灵在冥冥中都萌动着这种感觉；我比穴居时代的人类更无牵挂。可是，随后，记忆像从天而降的救星，把我从虚空中解救出来：起先我倒还没有想起自己身在何处，只忆及我以前住过的地方，或是我可能在什么地方；如没有记忆助我一臂之力，我独自万万不能从冥冥中脱身；在一秒钟之间，我飞越过人类文明的十几个世纪，首先是煤油灯的模糊形象，然后是翻领衬衫的隐约的轮廓，它们逐渐一点一画地重新勾绘出我的五官特征。

……

这已经是很多很多年前的事了，除了同我上床睡觉有关的一些情节和环境外，贡布雷的其他往事对我来说早已化为乌有。可是有一年冬天，我回到家里，母亲见我冷成那样，便劝我喝点茶暖暖身子。而我平时是不喝茶的，所以我先说不喝，后来不知怎么又改变了主意。母亲着人拿来一块点心，是那种又矮又胖名叫“小玛德莱娜”的点心，看来像是用扇贝壳那样的点心模子做的。那天天色阴沉，而且第二天也不见得会晴朗，我的心情很压抑，无意中舀了一勺茶送到嘴边。起先我已掰了一块“小玛德莱娜”放进茶水准备泡软后食用。带着点心渣的那一勺茶碰到我的上颚，顿时使我浑身一震，我注意到我身上发生了非同小可的变化。一种舒坦的快感传遍全身，我感到超尘脱俗，却不知出自何因。我只觉得人生一世，荣辱得失都清淡如水，背时遭劫亦无甚大碍，所谓人生短促，不过是一时幻觉；那情形好比恋爱发生的作用，它以一种可贵的精神充实了我。也许，这感觉并非来自外界，它本来就是我自己。我不再感到平庸、猥琐、凡俗。这股强烈的快感是从哪里涌出来的？我感到它同茶水和点心的滋味有关，但它又远远超出滋味，肯定同味觉的性质不一样。那么，它从何而来？又意味着什么？哪里才能领受到它？我喝第二口时感觉比第一口要淡薄，第三口比第二口更微乎其微。该到此为止了，饮茶的功效看来每况愈下。显然我所追求的真实并不在于茶水之中，而在于我的内心。茶味唤醒了我心中的真实，但并不认识它，所以只能泛泛地重复几次，而且其力道一次比一次减弱。我无法说清这种感觉究竟证明什么，但是我只求能够让它再次出现，原封不动地供我受用，使我最终彻悟。我放下茶杯，转向我的内心。只有我的心才能发现事实真相。可是如何寻找？我毫无把握，总觉得心力不逮；这颗心既是探索者，又是它应该探索的场地，而它使尽全身解数都将无济于事。探索吗？又不仅仅是探索：还得创造。这颗心灵面临着某些还不存在的东西，只有它才能使这些东西成为现实，并把它们引进光明中来。

我又回过头来苦思冥想：那种陌生的情境究竟是什么？它那样令人心醉，又那样实实在在，然而却没有任何合乎逻辑的证据，只有明白无误的感受，其他感受同它相比都失去了明显的迹象。我要设法让它再现风姿，我通过思索又追忆喝第一口茶时的感觉。我又体会到同样的感觉，但没有进一步领悟它的真相。我要思想再做努力，召回逝去的感受。为了不让要捕捉的感受在折返时受到破坏，我排除了一切障碍，一切与此无关的杂念。我闭目塞听，不让自己的感官受附近声音的影响而分散注意。可是我的思想却枉费力气，毫无收获。我于是强迫它暂做我本来不许它做的松弛，逼它想点别的事情，让它在做最后一次拼搏前休养生息。尔后，我先给它腾出场地，再把第一口茶的滋味送到它的跟前。这时我感到内心深处有什么东西在颤抖，而且有所活动，像是要浮上来，好似有人从深深的海底打捞起什么东西，我不知道那是什么，只觉得它在慢慢升起；我感到它遇到阻力，我听到它浮升时一路发出汩汩的声响。

不用说，在我的内心深处搏动着的，一定是形象，一定是视觉的回忆，它同味觉联系在一起，试图随味觉而来到我的面前。只是它太遥远、太模糊；我勉强才看到一点不阴不阳的反光，其中混杂着一股杂色斑驳、捉摸不定的漩涡；但是我无法分辨它的形状，我无法像询问唯一能做出解释的知情人那样，求它阐明它的同龄伙伴、亲密朋友——味觉——所表示的含义，我无法请它告诉我这一感觉同哪种特殊场合有关，与从前的哪一个时期相连。

这渺茫的回忆，这由同样的瞬间的吸引力从遥遥远方来到我的内心深处，触动、震撼和撩拨起来的往昔的瞬间，最终能不能浮升到我清醒的意识的表面？我不知道。现在我什么感觉都没有了，它不再往上升，也许又沉下去了；谁知道它还会不会再从混沌的黑暗中飘浮起来？我得十次、八次地再做努力，我得俯身寻问。懦怯总是让我们知难而退，避开丰功伟业的建树，如今它又劝我半途而废，劝我喝茶时干脆只想想今天的烦恼，只想想不难消受的明天的期望。

然而，回忆却突然出现了：那点心的滋味就是我在贡布雷时某一个星期天早晨吃到过的“小玛德莱娜”的滋味（因为那天我在做弥撒前没有出门），我到莱奥妮姨妈的房内去请安，她把一块“小玛德莱娜”放到不知是茶叶泡的还是椴花泡的茶水中去浸过之后送给我吃。见到那种点心，我还想不起这件往事，等我尝到味道，往事才浮上心头；也许因为那种点心我常在点心盘中见过，并没有拿来尝尝，它们的形象早已与贡布雷的日日夜夜脱离，倒是与眼下的日子更关系密切；也许因为贡布雷的往事被抛却在记忆之外太久，已经陈迹依稀，影消形散；凡形状，一旦消褪或者一旦黯然，便失去足以与意识会合的扩张能力，连扇贝形的小点心也不例外，虽然它的模样丰满肥腴，令人垂涎，虽然点心的四周还有那么规整、那么一丝不苟的皱褶。但是气味和滋味却会在形销之后长期存在，即使人亡物毁，久远的往事了无陈迹，唯独气味和滋味虽说更脆弱却更有生命力；虽说更虚幻却更经久不散，更忠贞不矢，它们仍然对依稀往事寄托着回忆、期待和希望，它们以几乎无从辨认的蛛丝马迹，坚强不屈地支撑起整座回忆的巨厦。

虽然我当时并不知道——得等到以后才发现——为什么那件往事竟使我那么高兴，但是我一旦品出那点心的滋味同我的姨妈给我吃过的点心的滋味一样，她住过的那幢面临大街的灰楼便像舞台布景一样呈现在我的眼前，而且同另一幢面对花园的小楼贴在一起，那小楼是专为我的父母盖的，位于灰楼的后面（在这以前，我历历在目的只有父母的小楼）；随着灰楼而来的是城里的景象，从早到晚每时每刻的情状，午饭前他们让我去玩的那个广场，我奔走过的街巷以及晴天我们散步经过的地方。就像日本人爱玩的那种游戏一样：他们抓一把起先没有明显区别的碎纸片，扔进一只盛满清水的大碗里，碎纸片着水之后便伸展开来，出现不同的轮廓，泛起不同的颜色，千姿百态，变成花，变成楼阁，变成人物，而且人物都五官可辨，须眉毕现；同样，那时我们家花园里的各色鲜花，还有斯万先生家花园里的姹紫嫣红，还有维福纳河塘里漂浮的睡莲，还有善良的村民和他们的小屋，还有教堂，还有贡布雷的一切和市镇周围的景物，全都显出形迹，并且逼真而实在，大街小巷和花园都从我的茶杯中脱颖而出。

【德】托马斯·曼

托马斯·曼(1875—1955)是德国现代小说家，重要作品有长篇小说《布登勃洛克一家》《魔山》《约瑟夫和他的兄弟们》《绿蒂在魏玛》《浮士德博士》等。其中，《布登勃洛克一家》被公认为“当代文学经典之一”，托马斯·曼因之于1929年获诺贝尔文学奖。

托马斯·曼既继承了19世纪的人道主义思想，又受到叔本华、尼采哲学和弗洛伊德精神分析学的影响，在他的世界观中，现实主义的批判意识与20世纪的现代主义因子相融合。他小说内涵丰富，包括表现艺术与生活的冲突，反映德国贵族的没落，描述资产阶级家族的兴盛衰亡，叙写整个资产阶级在世纪交替时期的精神发展历程，其基调是现实主义的；他小说的结构安排、情节设计和人物塑造也都沿袭了19世纪现实主义文学传统；但同时，也吸纳了现代主义的写作手法，如象征、意识流、精神分析、超现实主义等。现实主义与现代主义的结合，使托马斯·曼作品具有了独特的艺术美感。

《魔山》以第一次世界大战为背景，集中反映了当时欧洲的精神和思想。主要情节写汉斯·卡斯托普大学毕业后在瑞士阿尔卑斯山一所名叫“山庄”的国际疗养院住了7年。疗养院终日笼罩着病态和死亡的气氛。这里住着来自世界各国的病人，他们有着不同的宗教信仰、民族文化传统和政治立场。他们中，有崇尚理性的人道主义者，有享乐至上主义者，有耶稣会教士，还有迷恋精神分析的医生。他们以各自的方式充当着卡斯托普的教员。卡斯托普冷静地观察、思索着身边的人与事，思想和性格迅速地发展、成熟，最后领悟到“人为了善和爱就不应该让死亡统治自己”。于是，他离开疗养院，力图干一番事业，但最终也没能逃脱死神的魔爪，死于“一战”的炮火声中。

本书选文出自小说的第六章。主要写卡斯托普和表兄倾听两位思想者，意大利作家塞特姆布里尼和奥地利耶稣会教士纳夫塔的一次激烈的争论。塞特姆布里尼宣扬资产阶级人道主义、进步和理性的传统，幻想一个世界大同的资产阶级共和国的到来。纳夫塔则信奉非理性和精神至上主义，妄想回到教会享有绝对权力的上帝之国的时代，实际上是在宣扬军国主义和法西斯国家社会主义。前者是过时的资产阶级理想和价值观的化身，后者是进入了帝国主义阶段的晚期资本主义的精神象征。

（朱艳阳　撰稿）

魔山(节选)[①]

第六章　变迁

关于上帝之国和恶的解脱

汉斯·卡斯托普在他的朝阳小房间里鉴定一种植物；眼下，天文学家规定的夏季开始了，日子变得越来越短，这种植物便在许多地方茂盛地生长开来。它名叫楼斗菜，属毛茛科，从生高茎，花有蓝色、紫色以及红褐色数种，叶宽似草状。这种植物到处都有，可长得最茂密的地方却要数差不多一年前他第一次发现它们的那个幽静所在——那道与世隔绝的溪水潺潺的林间幽谷，那儿有小路，有长凳。自那次他过早地散步去到那儿引起身体不适以来，他又不止一次去造访过。

去那地方原本不太远，要是他不像当初似的性急乱闯的话。从"村"望雪橇跑道的终点出发，往山脊方向走不多会儿，就上了风景如画的林间小路，再跨过几座与"阿尔卑斯之宝"通下来的雪橇滑道互相交叉的木桥，不绕弯子，二十分钟后就到了曾让卡斯托普仿佛听见美妙的歌声和精疲力竭地休息的地方。最近，只要约阿希姆不得不留在家里"执行勤务"，即去体检、透视、验血、注射和称体重等等，汉斯·卡斯托普就会趁着好天气，再进去第二次。有时甚至才进完第一次早餐，他就一个人漫步前往。还有喝下午茶和进晚餐之间的几个钟头，他同样常利用去踏访那个心爱的所在，到它的长凳上去坐一坐。在这儿，他曾突然很厉害地流起鼻血来，曾歪着脑袋，倾听潺潺的溪水絮语，曾细细观赏周围这个美丽的小天地，观赏眼下又怒放在幽谷中的一片片一丛丛的蓝色花儿。

他仅仅为此而来吗？不，他坐在那儿，为了独自待一会儿，为了回忆，为了重温整理这么多个月来的印象和冒险经历，为了好好地考虑一切。印象和经历又多又杂，整理起来很不容易，加之它们还相互纠缠和渗透，几乎没法把实在可捉摸的与仅仅想到的、梦见的和想象中的加以区别。只不过一切全带着冒险的性质，而且程度相当严重，一想起它们来，卡斯托普从上山第一天就激动难平的心要么不跳了，要么跳得怦怦响。或者只需要冷静理智地想一下，在这个他曾于恍惚迷蒙状态下活生生地见到了普希毕斯拉夫·希培的地方，并非蓝色的楼斗菜花常开不败，而是重新又开放啦，也就是说再过"三个星期"，他已经上山整整一年了，这不也足以使他激动得怦然心动吗？

他坐在溪水旁的老位子上，不过，没再流鼻血。一开始约阿希姆就断言他适应气候有困难，困难也确实出现了。不过，他还是取得了进步，过了十一个月已完全适应，也看不出将来还会有什么问题。他胃里的化学反应已经协调和适应，玛利亚·曼齐尼又抽出滋味来，他干枯的黏膜神经早已重新敏感地品出了这种价廉物美的产品的芬芳。跟往常一样，当雪茄所剩无多，他就每每带着一种近乎虔敬的心情，

① 选自[德]托马斯·曼：《魔山》，杨武能译，北京，国际文化出版公司，2006。

写信到不来梅去订购新货，尽管在国际疗养地的商店橱窗中，也有很富诱惑力的牌子陈列着。玛利亚不是代表着他与平原之间，一个游子与故乡之间的某种联系吗？举例说，比起他时不时地寄给自己舅父们的那些明信片来，它不是将这样的联系维持和保护得更有效吗？在他接受此地的时间概念，学会更加大度地掌握运用时间以后，他写明信片的次数渐渐地少了。为了更讨人喜欢，明信片上多半印着山谷中美丽的雪景或者夏天的景致，留着写字的空白仅仅够报告医生的最新诊断，报告一月一次的或者总的体检结果而已，诸如什么从听诊和透视两方面都有了明显好转，但身上病毒尚未完全清除，他还有些发低热，造成这种情况的原因是还有一些小病灶存在，不过它们会彻底消失，只要他耐心疗养，就绝对不需要再回医院来，等等。他有把握，人家也不要求和指望他在信里写更多的内容；他与之通信的不是一个富于文学修养的家庭；他所收到的回信同样也是干巴巴的。在收到信的同时往往也收到家里汇来的生活费，那是他父亲留下的遗产的利息，与本地货币兑换起来非常合算；他从来都是旧的还未花光，新的已经寄来。信本身只是打的几行字，由雅默斯·迪纳倍尔舅舅签名，并附带转达着舅公以及有时也包括常在海上航行的彼得舅舅的问候和祝愿。

汉斯·卡斯托普最近向家里报告，贝伦斯顾问停止了给他打针。注射对这位年轻病人没有效，反而引起他头痛、食欲不振、体重下降和周身乏力，使他的体温升高了下不来。他的脸颊一直烧得红彤彤的，像是提醒人们，这棵从平原上温暖湿润的气候条件下生长出来的苗苗儿，他想服山上的水土气候就必须慢慢习惯，而目前尚未习惯——连贝伦斯顾问本人不是都还没有习惯，都一张脸老是发青嘛。“有些人永远习惯不了。”约阿希姆早就说过，而汉斯·卡斯托普看来正是这种人。还有那脖子打战的毛病，他一上山就犯了，再也没有好过。不论走路也好，谈话也好，甚至眼下他在这遍地开满蓝色小花的地方沉思默想，回顾着几个月来的冒险经历，都免不了突然发作起来，以致他差不多像祖父汉斯·洛伦茨·卡斯托普一样，也养成了戴讲究的硬衬领的习惯——每当使用它，卡斯托普总不免想起祖父的那些名叫“杀父者”的花边硬领圈，想起那个泛着金光的圆形洗礼钵，想起那一大串神圣的“曾……曾……曾……”以及类似的神秘血统关系，并且进而想到自己近一年来的生存状态。

普希毕斯拉夫·希培不再有血有肉地出现在他眼前，像十二个月以前那样。他已适应环境，不再产生幻觉，不再身子麻木无感觉地躺在长凳上，自我却滞留在遥远的过去——再没有那样的偶然遇合了。即便希培的模样还清晰生动地浮现在他眼前，也不会越出正常和健康的规范。在这之后，他多半会从胸前的口袋里拽出那块珍藏在钱包里并且用一个软信封裹着的信物来：一块薄薄的玻璃片，你要将它与地面平行地拿着，便黑黝黝的不透明；可是举起来对着阳光，它就会变得明亮起来，让你看见一个人影。那是一张人体透视片：肋骨、心脏、弧形的横膈膜和肺泡，还有肩胛骨和上臂骨，全裹在白色烟雾似的肉中；汉斯·卡斯托普曾经品过这肉的滋味，在那个失去理智的狂欢之夜。他端详着这件信物，然后把身子倚在那简单粗糙的长凳的扶手上，双臂交叉在胸前，头垂在肩上，耳里响着潺潺的溪水声，眼前盛开着蓝花一片，回味思想着过去的“一切”。这当儿，他敏感的心像突然停止跳动，突然向下沉落，又有什么奇怪呢？

在他眼前，浮现着有机生命的最高创造——人的形体，就像那个繁星满天的夜里，他在钻研深奥的学问后一个样。对于年轻的卡斯托普来说，与人体的内部观察相联系，还存在一些个问题和差异；好心的约阿希姆可以认为自己没必要管它们，他作为一个平民却感到有责任搞清楚。即使他在平原上从来不曾碰见过它们，将来也不会再碰见，但是在这儿都碰见了，不得不加以正视。因为在这海拔五千英尺的与世隔绝的山上，他可以俯视大千世界、芸芸众生，可以沉思默想——还有浸润性的病毒使他的生命处于一种亢奋状态，脸上的燥热发烧正是这亢奋的表现。这么思索着，他想起了塞特姆布里尼，想起了这位像街头摇风琴的穷艺人似的教育家。他的父亲出生在希腊，他把对人类之爱解释为政治、造反和争论，在人性的圣坛上为市民祭祀戈矛。他还想起了克洛司夫斯基“病友”，想起了近来博士在那暗室里为他做的事，思考着精神分析的两重性，想弄清它是更加靠近真理、有助于科学进步呢，还是与坟墓及其发臭的解剖学更加亲密。他把祖父和外祖父的形象从记忆里召唤出来，将他们摆在一起进行对比：他们一个富于反叛精神，一个忠于皇帝，出于不同的原因，两人都穿着黑衣服；汉斯·卡斯托普掂量着他们各自的尊严。接着，他又开始思索那些涵盖广泛的概念群，诸如形式与自由，精神与肉体，荣誉与耻辱，时间与永恒——然而，当想到耧斗菜又已经开花，一年快过去了，他突然感觉头晕得很厉害，虽然持续时间不长。

汉斯·卡斯托普想出一个很特别的词儿，来称呼他在这风景优雅的隐退之所进行的严肃的思维活动：他管它叫“执政”——这个男孩子们在游戏时使用的词儿，他用来称呼他所喜欢的一种消遣，虽然在进行这样的消遣时，总有恐惧、晕眩以及种种内心的骚动随之产生，而且使他面孔更加火烧火燎的。由此还造成了他必须戴硬衬领的后果，他同样不以为然，相反倒觉得这挺适合他“执政”的身份；“执政”这个词儿使他面对生命的最高创造在内心深处生出了荣誉感。

丑陋的纳夫塔在驳斥英国的经济社会学时，称生命的最高创造为“主的人”。有什么奇怪呢，汉斯·卡斯托普拖着约阿希姆去拜访这位小个子，并认为这样做是在履行自己平民的职责，符合他“执政”的利益？塞特姆布里尼不乐意见到这个情况——汉斯·卡斯托普够机灵敏锐的，能清楚地感觉出来。第一次见面已令作家不舒服，他明明白白地力图阻止；出于教育的考虑，他不想让年轻人，具体地讲特别是他卡斯托普——狡猾的“问题儿童”自忖——与纳夫塔结识，尽管他自己却和此人打交道，谈问题。那些教育者正是如此。他们允许自己接触有趣的事物，自称已具备承受能力，对年轻人却禁之唯恐不严，并要求他们自己感到没有承受能力。幸运的是，摇风琴的街头艺人并不当真拥有禁止年轻的卡斯托普干什么的权利，也不曾试图这样做。“问题儿童”只需将自己的机敏掩饰起来，佯装天真无邪，就不会有任何障碍阻挡他友好地接受矮小的纳夫塔的邀请——事实上，第一次见面后不几天，他就好歹拖着约阿希姆一道这么做了，那是在一个礼拜日的下午，于主要的静卧结束以后。

顺着大路从“山庄”疗养院往下走，没几分钟就到了那幢篱门上缠绕着野葡萄藤的小屋前。他们走进院子，避开右边通小商店的入口，爬上一道窄窄的褐色楼梯，来到楼上的一扇门前，在门铃旁边只钉着女装裁缝卢卡切克的名牌。来替他们开门的是一个穿着挺像号衣的半大男孩；他的上衣带着条饰，脚上打着绑腿，头发剪得短短的，红扑扑的面孔，一个标准小听差。他们问纳夫塔教授先生可在府上，并再三告诉小听差他们叫什么——因为他们没有名片——让他去向纳夫塔先生——他自己不爱用头衔——通报。与楼门正对着的房门敞开着，可以看见裁缝作坊里边。只见卢卡切克盘腿坐在一张台子上，礼拜天还在那儿赶工。他面色苍白，头顶光秃，长着一个特大的塌鼻子，黑色的八字胡一直拖到两边的嘴角底下，给人一个有苦难言的印象。

“您好！”汉斯·卡斯托普招呼道。

“好咧。”裁缝带着瑞士当地口音回答，虽然这跟他的名字和外表都不相称，听起来只觉得做作和怪异。

“这么勤快！”汉斯·卡斯托普边点头，边往下说，“今儿个可是星期天呀！”

“一件急活儿。”卢卡切克没多余话，手仍不停地飞针走线。

“准是什么高贵行头吧，”汉斯·卡斯托普推测，“舞会上急等着穿还是怎么的？”

裁缝半天没回答，用嘴咬断线头，穿上新的线，然后才点了点脑袋。

“准会很漂亮？”汉斯·卡斯托普仍不住口，“您在上衣袖么？”

“是的，上衣袖，替一位老夫人赶的。”卢卡切克说，带着浓重的波希米亚口音。这时候，小听差回来打断了门里门外的对话，说纳夫塔先生有请，并为年轻的先生推开右边两三步之外的另一道房门，同时托起了垂在他们面前的门帘。一进去，他们就看见纳夫塔穿着拖鞋，站在苔藓绿的地毯上迎候客人。

表兄弟对这间两扇窗户的工作室的豪华装修和陈设深感意外，或者说大吃一惊；整幢房子及其楼梯、过道是如此简陋、寒碜，让人万万估计不到里边会是这种景象。强烈的反差使纳夫塔室内的华丽装修带上一些原本不具有的童话色彩，在表兄弟俩眼中同样如此。总之，他的房间很讲究，甚至辉煌耀眼，只不过里边尽管有办公桌和不少书橱，却缺少男人的工作室的气质。房里绸子太多，桃红的，紫红的，比比皆是：用来替破门遮丑的门帘是绸子的，窗帷和整套软家具的罩子也是绸子的；这些家具分散在房内较窄的一头，正对着第二扇门，在一块几乎占据整堵墙壁的挂毯前面。它们是一些巴洛克式的靠背椅，旁边的扶手上也装了小小的软衬；椅子围着一张镶嵌了金属饰件的圆桌摆成一圈；桌子背后还有一张同样款式的沙发，沙发上配了丝绒靠枕。书柜占据了两扇门旁边的墙面。它们和办公桌，或者确切地讲和那个摆在两扇窗户之间、装着拱形滑动顶盖的老式写字台，都是用硬质桃花心木精制而成的；柜门镶着玻璃，玻璃里边绷着绿绸子。可是在沙发左边的屋角里，在一个蒙着红绸的基座上，可以看见一件艺术品，一件彩绘木雕——一座震撼人心的圣母马利亚怀抱耶稣尸体的雕像，造型单纯、强烈以至于夸张：圣母披着盖头巾，紧皱双眉，嘴悲苦地微微张着，嘴角下斜，怀中抱着受难者，一个在比例掌握上原始蹩脚、在解剖学方面则显出无知牵强的男人形象，他那低垂的头上戴着刺冠，脸和身上血迹斑斑，在肋骨的伤口和手脚被钉子洞穿的地方，鲜血更像葡萄般大颗大颗地挂着。这件可怖的装饰，自然给纳夫塔裹在绸子里的房间平添了一份特殊情调。还有挂在书柜顶头靠窗那面墙上的壁毯，也显然是佃户的功劳：它的纵向的条纹也是绿的，跟铺在红漆木头地板上的柔软的地毯完全一样。只有那低矮的天花板他毫无办法，光秃秃的，已开了一道道裂口，不过仍垂下来一盏威尼斯枝形吊灯。窗户被落地的淡黄色纱幔虚掩着。

“我们这就来赴约会啦。”汉斯·卡斯托普高声说，一双眼睛却紧紧盯住屋角里可怕的雕像，而不是望着这间出人意料的屋子的主人。纳夫塔称赞哥儿俩说话算话，客气地伸出小小的右手来，意思是请他们在罩着绸套子的靠椅上就座。可汉斯·卡斯托普却着了迷似的一径朝那木头雕像走去，双手叉腰．歪着脑袋，站在像前。

“瞧：您这是什么!”他低声嘀咕着，“太棒啦！从来没见过更生动的苦难！一件老古董，自然啦!”

“十四世纪，”纳夫塔回答，“显然产生于莱茵河地区。给您留下很深的印象?”

“太深啦，”汉斯·卡斯托普说，“这样的作品不会不给观看的人留下印象的。我从未想到，有什么东西能像这样既如此丑——请原谅——又如此美。”

“一个心灵与表象的世界的作品，”纳夫塔说，“总是在美的面前显得丑，在丑的面前显得美，规律如此。它表现的是精神美，而非肉体美；肉体美是绝对愚蠢的。而且它也抽象，”纳夫塔补充道，“肉体之美是抽象的。只有内在的美，虔诚的表现之美，才是实际存在。”

“您的区分与归类非常正确，谢谢。”汉斯·卡斯托普说，“十四世纪?”他希望证实一下……“13××年？不错，照书本里讲那还是中世纪；在一定程度上，这座像也印证了我最近取得的对中世纪的认识。我本来对此全然无知，从本质上讲，我是个搞技术的人。但到了山上，中世纪由于各式各样的原因在我脑子里变得形象了，不再遥远了。那时候还没有经济社会学，很显然。他叫什么来着，那位雕刻家?”

纳夫塔耸了耸肩。

“这有什么要紧?”他反问，“我们用不着提这样的问题，因为当初在它产生的时候，人家也不曾问过。回答只能是作者是某位先生，如此而已，于是就成了佚名的和大家共同的作品。此外可以断定是中世纪后期的风格，哥特式，富于苦行主义的特征。您再不会发现有丝毫的掩饰和美化，而罗马时代在表现钉上十字架的耶稣时，还相信必须那样；没有王冠，没有对于尘世和殉道之死的庄严肃穆的胜利。只剩下苦难和肉体软弱的强烈表现。只有哥特式的趣味，才是地道的悲观和苦行主义的。您大概不知道伊诺曾三世那篇叫作《人生的苦难》的文章吧——一篇极其富于睿智的杰作，产生于十二世纪末叶，但直到出现这样的艺术作品，才算获得了形象的阐发。”

“纳夫塔先生，”卡斯托普舒了一口气说，“您刚才强调的每一句话都令我感兴趣。

‘富于苦行主义的特征’，您说？我一定将它牢牢记住。先前您还讲什么‘佚名的和大家共同的’，看来也值得好好考虑。您猜得对，很遗憾，我确实不知道那位教皇的著作——我猜想，伊诺曾三世是位教皇。他那作品是苦行主义和充满睿智的，我理解得对吗？我必须承认，我从来不曾想象，这两者可以并行不悖。但是，一旦认真审视，我马上豁然开朗，当然了，一篇探讨人间苦难的论文，它已为表现睿智提供了机会，以牺牲肉体为代价。这篇文章还找得着吗？我将我的拉丁文拼拼凑凑，没准儿也还啃得动的。”

“这本书我有，”纳夫塔回答，同时脑袋冲书柜那边歪了歪，“您想读就拿去。不过，让咱们坐下来好不好？从沙发上您一样看得见雕像。再说咱们的茶点也正好送来了……”

送茶点的是那个小听差。他端着个包银的漂亮筐儿，里边盛着切成一片一片的蛋糕。可跟在身后穿过敞开的门敏捷地闪进来的是谁啊？那么文雅地微笑着，那么连声地高叫着：“天哪！天哪！”原来是住在楼上的塞特姆布里尼先生，他是准备来陪陪客人的。他说他从小窗户看见表兄弟来了，便赶紧写完正在写的那一页百科全书的稿子，以便也下来坐一坐。他来是再自然不过的事。与表兄弟在“山庄”的老交情使他有权这样做，再加上他与纳夫塔的过从和交流显然也挺来劲儿，虽说他们俩之间存在着深刻的意见分歧——纳夫塔呢也漫不经心地招呼他，毫不感到意外的样子，把他当作理所当然的与会者。可尽管如此，他的到来仍清清楚楚地使卡斯托普产生了两个印象。第一，他感觉，塞特姆布里尼插进来是为了不让他和约阿希姆，或者干脆讲是为了不让他跟那个小丑八怪单独待在一块儿，是为了以其自身的存在来达到某种教育作用的平衡；第二，显而易见，他也完全不反对，而是十分乐意利用这个机会离开自己的小阁楼，到纳夫塔用绸子包裹着的雅室中来待一待，并且共进那精美的茶点。这时他搓了搓自己那双皮色发黄、手背靠小指一侧长着黑毛的手掌，然后便取过一片蛋糕吃起来。在这切得窄窄的卷曲的蛋糕片上，布满了网络状的巧克力馅；塞特姆布里尼赞不绝口，显然十分受用。

谈话继续以那组雕像为内容，因为汉斯·卡斯托普一直望着它，不断提起它，而且是冲着塞特姆布里尼，显然想让他也参加关于这件艺术品的讨论。塞特姆布里尼却背冲那个屋角坐着，在转过身去看木雕的时候，脸上露出的鄙夷之情再清楚不过。出于礼貌，他不便把想法和盘托出，只限于指出作品在人物造型和比例方面的缺点，指出其违反自然真实因而也就根本不能感动他的种种失当之处；须知它们并非产生于早期艺术的能力低下，而是产生于一种恶意的与艺术为敌的基本原则——在这一点上，纳夫塔狡黠地表示支持他的意见。纳夫塔说，可以肯定，远远谈不上什么技巧低下的问题。倒是精神自觉地摆脱自然的束缚，以拒绝对自然的任何屈就遵从，将其蔑视之情虔诚地表现了出来。可塞特姆布里尼却宣称蔑视自然和对自然的研究对于人类来说是错误的，并开始言词激烈地批判起中世纪及追随其后的时代所沉溺的否定形式的谬见来，同时还抬出希腊罗马的艺术遗产、古典主义、美、形式、理性和唯一能促进人类事业的崇尚自然的乐观精神等等，与之对抗。这当口，汉斯·卡斯托普抢过话头，质问他柏拉图蔑视自己身体的说法有根有据，伏尔泰以理性的名义对里斯本丑恶的地震表示愤怒抗议，这些情况又作何解释？荒谬吗？也可以说荒谬，但将一切仔细考虑考虑，依他的看法也完全可以将荒谬的称之为精神卓越的，因此，哥特艺术反自然的荒谬，到头来也和柏拉图、伏尔泰的行为一样，也是卓越的，也表现了精神的解放，表现了人不向愚顽的强力、不向自然俯首称臣的自尊……

纳夫塔大笑起来，笑得让人以为是在敲打盘子，临了儿又让咳嗽取而代之。塞特姆布里尼正色道：

“您害苦了咱们的主人家，您的话太可笑啦；您这样子真对不起那美味的蛋糕。难道您全然不知感激吗？我设想，感激应表现在对馈赠之物好好地享用上……”

汉斯·卡斯托普面露羞愧之色，意大利人又殷勤地往下讲：

“我知道您是个机灵鬼，工程师。您友善地嘲弄善良的方式，一点也不使我怀疑您对善良的爱。您不用问也知道，只有那种珍视人的尊严和美的精神对自然的反抗，才称得上卓越；反之，那种虽不以贬低和侮辱人类为目的，但却必然引出这种后果的精神对自然的抗拒，却不是如此。您还知道，产生我背后这个东西的时代，它曾经造成何等样的消灭人类尊严的恐怖和嗜杀成性的仇恨吧。我只需请您想想那些可怕的异教徒审判官，想想那个双手沾满鲜血的马尔堡的康拉德，想想他对一切敢于与超自然力量的统治相抗衡者所怀抱的祭师式的怨毒和仇恨吧。您远不至于承认剑和火刑堆是维护人类之爱的工具吧……”

“但修士团用来清除世界上的害群之马的机构，”纳夫塔说，“却服务于人类之爱啊。教会的一切惩罚，包括火刑堆，也包括逐出教门，它们的施行都是为了拯救灵魂免遭永劫；而对于雅各宾党人的酷好斩尽杀绝，能够这样讲吗？请容我指出，一切并非源于对彼岸世界信仰的酷刑和血腥司法，都是兽性的胡来。至于说到贬低人类的尊严，它的历史恰恰与资产阶级的精神思想史同步。文艺复兴、启蒙运动以及十九世纪的自然科学和经济学，用尽了而且不放过任何机会教人用一切只要有点用处的手段，来贬低人类的尊严；从现代天文学开始，它就把宇宙的中心，把上帝与魔鬼这争夺的双方都渴望占有的生物的庄严格斗场，变成一个微不足道的小小星球，从而也就暂时结束了人在宇宙中的崇高地位，而古代的星象学却是以人的这种地位为基础建立起来的。”

“暂时？”塞特姆布里尼先生心怀叵测地诘问，表情与一个等待着被审判者露出破绽、自投法网的异教徒审判官和宗教裁判所的所长不无相似。

“可以这么讲。几百年吧。”纳夫塔冷冷地做了肯定，“只要并非一切都是假象，经院哲学也将在这个过程中重新发扬光大，势所必然，势在必行。哥白尼将被托勒密①打倒。日心说将终于遭到精神的抗拒，后者的事业无疑将获得成功。科学将在

① 托勒密(100—160)，古埃及天文学家，地心说倡导者。

哲学的逼迫下恢复教义曾经想要维护的地球的所有荣誉。”

“什么？什么？精神的抗拒？在哲学的逼迫下，获得成功？好个唯意志论！研究能不要前提？认识能够纯粹是精神？真理，真理与自由有着紧密的内在联系，我说先生，您企图把它们的殉道者打成地球的侮辱者，可事实上他们不恰恰成了我们这个星球永远的光荣么？”

塞特姆布里尼先生提问的样子挺吓人的。他昂首挺胸，义正词严，对矮小的纳夫塔大有居高临下之势，结尾时更猛地拔高调门儿，让人听出来他是蛮有把握的，相信对手必然无言以对，只好羞愧地闭起嘴巴了事。说话时，他把在两个指头之间的蛋糕放回到盘子上，因为他在提问以后不便马上就吃。

纳夫塔却回答得异常平静：

“我说朋友，没有纯粹的知识。宗教学说的合理性就包含在圣·奥古斯丁的‘我信即我知’这句名言中，是完全驳不倒的。信是知的器官，知解力乃第二性的。您的没有前提的科学是一个神话。信仰、世界观、观念，简言之，意志是正常的存在，理性当以讨论它、证明它为己任。无论何时，在任何情况下，结论都只会是‘被表示的东西’。从心理学上看，证明的含义本身已包含着很强的唯意志论因素。十二三世纪的伟大经院学者一致坚信，在神学面前错误的东西，在哲学中不可能是真理。要是您愿意，我们可以把神学放到一边。可是，一种人道主义，它要是不承认在哲学面前错误的东西在自然科学中也不可能正确，就不是真正的人道主义。最高主教会议批驳伽利略的论据就着眼于他的观点在哲学上实属荒谬。比这更有力的论据. 根本不会有了。”

“得，得，咱们那既可怜又伟大的伽利略的论点却更站得住脚！行啦，让咱们认认真真地来谈一谈吧，教授先生！请您当着这两位洗耳恭听的年轻人的面，回答我这个问题：您相信一种真理，一种客观的科学的真理吗？追寻它，乃是一切道德的最高准则；它对权威的一次次胜利将构成人类精神的光荣历史！”

汉斯·卡斯托普和约阿希姆都把头从塞特姆布里尼转向纳夫塔，只是表弟比表兄转得快一些。纳夫塔回答：

“这样的胜利不可能，因为权威就是人本身，就是他的利益，他的尊严，他的幸福；在权威和真理之间不可能存在不和。它们将合而为一。”

“这么讲，真理不就……”

“真理就是对人有用的东西。在人身上集中着自然，在一切自然中都只创造了人，一切自然只为人而创造。人是万物的尺度，人的幸福即真理的标准。要是缺少与为人谋幸福的思想的实际联系，理论认识只会索然寡味，以致失去任何一点真理价值，活该被取缔。基督的世纪在轻视自然科学对于人的价值这点上，是完全一致的。曾被君士坦丁大帝选作他儿子太傅的拉克坦提乌斯直截了当地问过，就算他知道尼罗河发源于何处，知道物理学家们关于天空胡诌些什么，他又会得到什么益处呢？现在请您来回答回答他这个问题吧！如果说我们重视柏拉图哲学超过了其他任何哲学，那就因为它不以认识自然，而以认识上帝为务。我向您担保，人类正准备回归这种观点，正在认清真正的科学其任务并不在于追求那些无益的知识，而在于根除那些有害的东西或者在思想上无意义的东西，并且一句话，显示出直觉、分寸和选择力来。认为教会维护黑暗、反对光明的看法是幼稚的。它只是一而再再而三地宣告过，那种对于认识的'缺少前提的'追求，也就是不顾及精神、不顾及争取幸福的目标的追求，应该受到惩罚；而真正将人类引向了黑暗，并将越来越深地引向黑暗的，恰恰是那'缺少前提的'、直接违反哲学真理的自然科学。"

"您这是在宣传实用主义。"塞特姆布里尼反驳道，"您只需将它运用到政治中去，就可以看出它的全部危害性。只要有益于国家，就好，就正确，就合理。国家的利益，国家的尊严，国家的权力，就是道德的准绳。太美啦！这一来，对任何罪行都大开了方便之门；至于人间的真理，还有正义、民主——它们只好自找存身之处……"

"请容我为咱们的讨论增添一点逻辑性吧。"纳夫塔道，"一种可能是：托勒密和经院学者们所言不虚，世界在时空两个方面都有穷尽。这样，神便是超验的，上帝与世界的矛盾将永远保持，而人也同样是二元的存在。他的灵魂的问题在于感性与超感性的矛盾，一切社会性的问题都远远地落在后面，沦为第二等的了。但也存在着另一种可能：您那些文艺复兴的天文学家们找到了真理，宇宙是无限的。这样，就不存在超验的世界，不存在二元论；彼岸被此岸所容纳，上帝与自然的矛盾将会消失，因为在这种情况下人格也不再是两种敌对原则的战场，而将和谐与统一；于是乎人间的矛盾只会产生于个人或大众的利害冲突，国家的目的，按纯粹的异教观点，就会成为道德的准则。要么是这种可能，要么是那种可能。"

"我抗议！"塞特姆布里尼大声疾呼，同时胳膊一伸，把他的茶杯塞到了纳夫塔面前，"我抗议您肆意诋毁现代国家，把它说成是对个人的奴役！我还要抗议，抗议您企图置我们于进退维谷的境地，在普鲁士主义与哥特式反动思想之间做出选择！民主除去以个人主义修正国家专制主义之外，别无其他含义。真理和正义是个人德性的王冠宝石；在与国家利益发生冲突的情况下，它们甚至可能看上去变成与国家敌对的力量，实际上呢，它们注意的却是国家更高的、让我们说是超现世的福祉。说什么文艺复兴是神化国家之源！好一个放屁逻辑！文艺复兴和启蒙运动的功绩——我要强调这个词的本来意义：功——绩——那就是个性，人权，自由！"

两位旁听者在塞特姆布里尼先生据理力争时都屏住呼吸，这时才舒了一口气。汉斯·卡斯托普甚至忍不住在桌子边上击了一掌，虽然相当节制。"太棒啦！"他透过牙齿缝轻声叫起来；连约阿希姆也露出极为满意的神色，尽管塞特姆布里尼顺带抨击了普鲁士主义。可随后两人又都把脸转向刚刚被打退的玄学大师，汉斯·卡斯托普更显得急不可耐，竟像狂欢节晚上看人家玩瞎子画猪那样，用胳膊肘撑着桌面，用拳头托着下巴，紧盯着纳夫塔先生的脸，神情异常紧张。

纳夫塔却双手垂在怀中，静静地、不露锋芒地坐在那里。他说：

"我试图给咱们的讨论引进一点逻辑，您却以慷慨激昂的大道理作为问答。文艺复兴使世界上产生了自由主义、个人主义和资产阶级人道主义等等诸如此类的玩意儿，这事实鄙人多少有些了解。不过，您那'本来意义的'强调我却不以为然，因为您理想中的‘战斗的’、英雄的世纪已成为过去；这些理想早就死了，充其量今天还在做最后挣扎，将最后给予它们致命打击的拳头已经攥起。您自称革命者，如果我理解不错的话。可是，如果您相信未来革命的结果是——自由，那您就错啦。自由的原则早在十五世纪已经实现和过时。今天，一种教育学如果仍以启蒙的女儿自居，仍视自我的批判、解放、修养以及某些特定生活方式的瓦解为其教育手段，这样的教育学即使还能暂时取得论争的胜利，它的落后于时代则是明眼人不会有任何怀疑的。一切真正的教育团体历来都清楚，任何教育学实际上追求的无论何时都只有一个东西，那就是绝对命令，就是铁一般的约束，就是纪律、牺牲、自我否定，就是个性的泯灭。归根到底，以为青年喜欢自由意味着对青年缺少爱心，意味着对他们不理解。实际上，青年内心深处渴望着服从。”

约阿希姆听得挺直了身板。汉斯·卡斯托普面孔绯红。塞特姆布里尼先生激动得直捻他那漂亮的八字胡。

“不!”纳夫塔接着说，“时代的秘密和要求并非自我的解放和张扬。时代需要的、要求的和即将为自己创造的是——恐怖。”

最后这个词儿，他说得比先前的所有词儿都轻，身子也一动不动；只有他的眼镜片闪闪发光。三位听者全都打了个寒噤，塞特姆布里尼也不例外，只不过他很快就镇定下来，脸上露出了微笑。

“可我得请教请教，”他问，“有谁或者什么——您瞧瞧，我疑问太多，简直不晓得如何问起啦——您想让谁或者什么——我很不乐意说出您这个词儿——来支撑您的恐怖呢?”

“鄙人乐意效劳。我想我不会错吧，如果我假定咱们俩都一致认为，人类曾经有过一个理想的原始状态，一个不存在国家和强权、人人都直接做上帝的孩子的状态；那儿不存在统治者和服役者，不存在法律和刑罚，没有不义，没有肉欲的结合，没有阶级差别，没有劳动，没有财产，只有平等、友爱和道德的完美。”

“太好啦。我完全赞成，”塞特姆布里尼宣布，“我完全同意只除去‘肉欲的结合’那一点；它显然任何时候都会有的，因为人是最发达的脊椎动物，不可能与其他生物有什么两样，也……”

“说得对。不过，我这儿是想肯定咱们对那个原始乐园，对那种不存在司法和直接受上帝控制的状态的原则一致的意见；这种状态因为出现原罪才消失了。我相信咱们俩还能肩并肩地再往前走一段，因为咱们俩都认为国家归根到底只是一个为了防止罪孽、反对不义而缔结的社会契约，并且视它为暴力统治的根源。”

“太好了，”塞特姆布里尼叫起来，“社会契约……这是启蒙思想，这是卢梭。没想到……”

“请别急。咱们在这儿也就要分道扬镳了。统治权和强权原本在民众手中，民众把立法权和整个强权委托给了国家，给了君主，从这个事实，您的学派得出的结论首先是民众有对君权革命的权利。而我们相反……”

“‘我们’?”汉斯·卡斯托普紧张地思索起来……“谁是‘我们’？待会儿我一定得

找塞特姆布里尼问清楚，他这‘我们’是指谁。”

“我们这方面也许革命性并不比您差，”纳夫塔说，“我们得出的结论首先是给教会比世俗国家优先的地位。即使国家的反上帝性质不曾明摆着写在它的额头上，但只要指出一个历史事实，即国家乃顺应民众的意志所建立，而不像教会是神的创造，就足以表明它尽管还不完全属于作孽之举，却也是为了应急和弥补罪恶的缺陷才有的措施。”

“国家，我的先生……”

“我清楚，您对民族的想法是什么。‘祖国之爱和无限地追求荣誉高于一切。’维吉尔说过。您只不过用一点自由个人主义来修正他，这就叫民主；可您对国家的根本态度完全没变。它的灵魂——金钱，您显然不愿触动。或者您想否认，是吗？古代社会是资本主义性质的，因为它也笃信国家权力。基督的中世纪清楚地认识到了世俗国家固有的资本主义性质。‘金钱将成为帝王’——这是十一世纪的一则预言。您能否认它字字应验了，生活也随之彻底遭到了败坏吗？”

“朋友，请说下去。我等着您告诉我什么是那人所不知的伟力，是那恐怖的实施者，已经等得不耐烦了。”

“一位资产阶级代言人的大胆好奇。若要问，就问问那已将世界置于绝境的自由的实施者，是不是这个阶级吧。出于无奈，我只能拒绝对你做出回答，因为对资产阶级的政治观念我不熟悉。您的目标是建立一个民主帝国，是民族国家原则的自行提高，实现全球化，成为一个世界国家。这个帝国的帝王呢？我们知道他是谁。你们的空想令人害怕，然而——在这一点上咱们之间又达到了某种一致。因为你们的资产阶级共和国有某些超验的性质，真的，世界国家确实是世俗国家的超越，而咱们俩在相信与人类完美的初期状态相对应，在遥远的未来有一个完美的终结状态这点上，又一致起来了。自从上帝之国的创建者格里高利大帝①时代起，教会就以使人类重新回到上帝的领导下为己任。教皇并非为他自己要求得到统治权；他所代行的专制，只是达到拯救目的的手段和途径，只是从世俗国家到天堂之国的过渡形式。您对这里的两位好学青年讲过教会的血腥暴行，讲过它残忍无情的刑罚——真是太愚蠢，须知上帝的激情自然不会是和平温婉的，格里高利就说过这样的话：‘那个在血面前收回宝剑的人，应该遭到诅咒！’权力是邪恶的，我们知道。可一当天国到来，善与恶、彼岸与此岸、精神与权力的二元论，就必然暂时化解为一个将苦行与统治统一起来的原则。这就是我所说的恐怖的必然性。”

“实施者呢？实施者呢？”

“您一定要问吗？从您那自由贸易主义中，是不是产生了一种社会学说，它意味着人类克服了经济主义，它的原则和宗旨跟基督的上帝之国的原则和宗旨恰好吻合呢？教会的长老们早已称‘我的’和‘你的’为堕落的词语，称财产私有为篡夺和盗窃。

---

① 格里高利大帝，罗马教皇，公元590—604年在位，死后被尊为圣者。

他们谴责土地占有，因为根据上帝的天赋人权，地球属于全人类公有，生产的果实也就应该为所有人共同享用。他们教人懂得，只有贪欲这个原罪之果代表着占有权，制造出了特殊的财产所有制。他们富于人道，坚决反对贸易主义，干脆称经济活动是对灵魂得救的威胁，是对人性的威胁。他们仇恨金钱和敛财的活动，称资本主义的财富是炼狱之火的助燃剂。他们打整个心眼儿里鄙视经济主义那个供求关系决定价格的根本法则，谴责利用繁荣时期是乘人之危的疯狂剥削行径。在他们看来，还有一种剥削更加罪孽深重：剥削时间，让人仅仅因为时光的流逝付给自己钱财也就是利息，这样，就把时间这上帝的创造滥用来使这个人得益，使另一个人受害。”

“好极啦!”汉斯·卡斯托普情不自禁地喊了起来，而且用的是塞特姆布里尼惯用的词儿，“时间……上帝的创造……这太重要啦！……”

“确实如此，”纳夫塔继续说，“人类的这些智者，他们对让金钱自行增值的思想深感厌恶，把一切取息和投机的营生统称为盘剥，并且宣布，每一个富人都要么自己是贼，要么是贼的后代。他们还不罢休。跟托马斯·封·阿奎诺[①]一样：他们视整个商业，视不对产品加工、完善而纯粹靠买和卖牟利为一种该诅咒的行业。他们对劳动本身也不倾向于做很高的评价，因为劳动只是一种伦理行为，而非信仰行为，只服务于生存，不服务于上帝。要是只讨论生存，只讨论经济，他们便要求以生产性劳动作为谋取经济利益的前提，作为衡量可敬可鄙的标尺。他们敬重的是农夫，是工匠，而非商贾和工厂主。因为他们希望生产适应需要，讨厌大规模地成批制造。说到底——所有这些经济原则和标尺，在经受了几个世纪的埋没之后，今天又在现代共产主义运动中复活了。两者完全一致，就连国际劳动阶级向国际商业投机阶级夺取统治权这一点也毫无差别。今天，世界无产阶级已提出人道和上帝之国的准则来与资产阶级资本主义的腐朽没落相对抗。无产阶级专政是拯救时代的政治和经济需要，专政本身并非目的也不会永恒，而只是为了在十字架的引领下暂时地消除精神与权力的矛盾，为了以统治世界为手段来战胜世界，为了过渡，为了超越，为了重建天国。无产阶级继承了格里高利的事业，他对上帝的热诚已附于无产者体内；和他一样，他们也绝不容许一见着血就缩回手去。他们的任务是以恐怖医治世界，争取获得拯救，重创一个没有国家、没有阶级、人人都是上帝的孩子的完美境界。”

纳夫塔的一席话就是如此尖锐。小小的聚会沉默下来。年轻人都望着塞特姆布里尼先生。不管怎样，他总该表个态才对。终于，他说了：

“惊人之谈。是的，我承认我感到震惊，连做梦也想不到。众所周知的罗马。真叫说得——说得太绝啦！他让我们眼睁睁看着他翻了三个富于宗教精神的大筋斗——如果在前边的形容词中包含着矛盾，那么，他也将它‘暂时化解’啦，嗯，是不是？我重申一下：惊人之谈。您认为还可能提出异议吗，教授？——仅仅从前后一贯的角度提出的异议？您先是煞费苦心，帮助我们理解一种建立在上帝与世界二

① 阿奎诺(1225—1274)，经院哲学最重要的代表人物之一。

元论基础上的基督教的个人主义，并对我们证明，它是优越于一切为政治所决定的伦理观的。可几分钟之后，您又逼着社会主义去实行专政和恐怖统治。这怎么对得起头呢？”

“矛盾，”纳夫塔回答，“会得到协调。不协调的只是半拉子货而已。我想我已斗胆指出过，您的个人主义就是半拉子货，就是勉强妥协。为了弥补其国家伦理观的不足，它采用了一些基督精神，一些‘个人权利’，一些所谓自由，全部就这么多。反之，那种以承认个体在宇宙和星象学中的重要地位为出发点的个人主义，那种非社会意义而是宗教意义的个人主义——它不是从自我与社会的矛盾中体验到人性，而是从自我与上帝、肉体与灵魂的矛盾中体验到人性——这样一种真正的个人主义，它与最富约束力的集体也会是十分协调的……”

“它是无名的和属于大众的。”汉斯·卡斯托普说。

塞特姆布里尼睁大眼睛瞪着他。

“您别搭腔，工程师！”他口气严厉地喝道。由此可见，他已非常神经质，已非常紧张，“您只管了解情况，可别发明创造！——那是一个回答，”他又把脸转向纳夫塔说，“它不令我信服，可仍算一个回答。让咱们来仔细研究一下所有的结论吧……您那基督教共产主义在否定工业的同时，就否定了科学技术，否定了机器，否定了进步；在否定您所谓的商业的同时，在否定金钱和古时候远比农业、手工业受重视的金融业的同时，就否定了自由。因为很明显，明显到了触目惊心：那样一来，正如在中世纪所有公私关系都依附于土地一样，包括人格在内——这话我很难出口——人格也曾依附于土地。只有土地能养活你，因此也唯有它可以赋予你自由。工匠和农民，不管他们如何受尊重，反正不占有土地，便只能是土地占有者的农奴。事实上，直到中世纪后期，甚至连城市的大部分居民也仍然由农奴组成。在辩解的过程中您是说过这样那样标榜人类尊严的话，可与此同时，您却维护一种必将使个人丧失自由和尊严的经济道德。”

“尊严和失去尊严的问题是可以谈清楚的，”纳夫塔应道，“可暂时我会感到满足，要是在这个地方您能够不把自由当作一种非常美好的姿态，而是作为一个问题来理解的话。您刚才断言，基督教的经济道德美固然美，人道固然人道，却造就了失去人身自由的农奴。我相反却要指出，自由问题，更确切地说城市的问题——这个问题总是极富于伦理性质，从历史发展看则是与经济道德的非人化蜕变，与现代商业和投机业的种种恶行，与金钱的魔鬼统治紧紧纠缠在一起的。”

“我必须始终坚持一点，就是请您别老是模棱两可，闪烁其词；我请您清楚地、明白无误地表明一下您对那个最黑暗反动的学说的态度！”

“走向真正的自由和人道的第一步，应该是克服在‘反动’这个词面前感到的胆战心惊的恐惧。”

“得，这就够了。”塞特姆布里尼声音微微有些颤抖地宣布，同时把本来已经空了的杯盘从面前推开，从套着绸罩子的沙发中站起身，“今天就算够了，对于一天来说我看够了。谢谢您美味可口的款待，教授，谢谢您富于启迪的谈话。我这两位‘山庄'的朋友该回去接受治疗啦。我希望，在他们走之前能再领他们上去看看寒舍。请吧，先生们！再见，神甫！”

现在他甚至管纳夫塔叫“神甫”！汉斯·卡斯托普眉毛一扬，注意到了这个插曲。塞特姆布里尼提出散会，想拉走表兄弟俩，根本不问一问纳夫塔是否也乐意跟着大伙儿上楼去——对这一切谁都未提出异议。年轻人同样向纳夫塔告别和表示感谢，接受了再来的邀请，随后便跟着意大利人走去；但在此之前，汉斯·卡斯托普还得到了那本他准备借回去看的书，已有些朽烂的硬面精装的《人生的苦难》。长着两撇给人一种酸楚印象的八字胡的卢卡切克仍然坐在工作台前，为那位老太太赶制带袖的裙子。塞特姆布里尼一行经过他敞开的门前，攀着简易的梯子向顶楼爬去。仔细一瞧，这哪儿算什么楼，简直就是个屋顶架；房盖内侧的下边，立着光秃秃的撑子，弥漫着夏天库房中的气息和木料晒热后发出的味儿。不过面积倒容得下两间小斗室，咱们共和主义的资本家便住在这里。小斗室一间作为《痛苦的社会学》撰稿者从事精神活动的场所，一间供他栖息。他兴致勃勃地向客人介绍着它们，称这个套房自成格局，清静舒适，为的是把恰当的词汇送到来客嘴边，以免他们在称赞起来时词不达意——两位年轻人异口同声地这么做了。真不错哩，哥儿俩赞叹道，自成格局，清静舒适，完全跟他讲的一样。他们先去瞅了瞅卧室，只见在阁楼角上摆着一张又窄又短的小床，床前铺着块拼镶小地毯；随后他们回到工作室，那儿的陈设同样寒碜，但却像接受检阅似的整整齐齐，甚至使人产生一种冷冰冰的感觉。笨重的老古董式样的椅子，数一下一共四把，坐垫是用草织的，对称整齐地摆在门的两边；还有一张长沙发也紧贴着墙，使得铺着绿台布的小圆桌独自占据房间中央的位置，显得孤零零的；桌上放着一个在颈口处点缀着玻璃卷花的水瓶，要么当作装饰，要么提供饮水，反正挺实际的。一些书籍，精装的和简装的，倾斜地彼此倚着靠着，在一个小小的挂在墙上的书架里。临着小窗，放着一个台面可折叠的写字儿，儿腿又细又长；儿前铺着一块小而厚的地毯，刚好够一个人站上去。汉斯·卡斯托普真站在上面试了试——这就是塞特姆布里尼先生的办公桌，就是他从研究人类苦难的角度撰写和润饰他的百科全书的地方——还将胳膊肘支在倾斜的儿面上，得出结论说，站在这儿还真是自成格局，清静舒适。他相信，当年塞特姆布里尼先生的父亲在帕图亚可能就这么站在他的写字儿前工作过，鼻子也如此长，如此美——他得到回答，这确实是已故老学者的遗物，他确实在那面前站过。是的，还有那草垫、那圆桌连同桌上的水瓶，全都属于他的财产，而且还不止于此：那些带草垫的椅子甚至曾经为他的祖父卡尔波纳洛所拥有，曾经装饰过他在米兰的律师事务所的墙壁哩。真太了不起啦！在两位年轻客人的眼里，那些椅子的造型开始显出某种令人不安的政治意味来；本来还漫不经心地架着腿坐在上面的约阿希姆赶紧站起身，用怀疑的目光打量他坐过的那把椅子，再没有坐上去。汉斯·卡斯托普则仍留在老塞特姆布里尼写字儿前，考虑着如今他的儿子怎样继续在那上面写作，怎样将乃祖的政治和乃父的人文主义结合起来，变成优美动人的文学。后来，三人一起离开了阁楼。作家主动提出送表兄弟俩回去。

他们默不作声地走了一段，不过沉默的原因却在纳夫塔。汉斯·卡斯托普可以等待：肯定，塞特姆布里尼先生一定会谈他那位邻居，是的，他正是为了这个目的才来送他们的。卡斯托普想得不错。在像助跑似的长长吁了一口气之后，意大利人开腔了：

“先生们——我想给你们一个警告。”

说完，他有意停住了，于是汉斯·卡斯托普自然地故作惊讶，问：“警告我们提防什么？”他原本可以问“提防谁？”可他下意识地忍住了，以便表现得单纯无知，事实上连约阿希姆都心中有数。

“提防刚才我们拜访的那个人。”塞特姆布里尼回答，“我本来没打算也不希望介绍你们和他认识的。你们知道，事出偶然，我没有办法；可我仍觉得有责任，责任很重。我不能不向你们青年人指出与这个人接近所冒的精神风险，并且请你们把与他的交往控制在明智的范围内。他貌似一位逻辑专家，骨子里却要使人头脑混乱。”

嗯，不过嘛，汉斯·卡斯托普认为，这个纳夫塔未必真就这么危险，他讲的话某些时候听上去确实有点儿古怪，仿佛他真的相信太阳围着地球旋转似的。可是话又说回来，他们哥儿俩又怎么想得到与他的、即塞特姆布里尼的一位朋友交往，会有不妥呢？他自己说了，他们是通过他认识纳夫塔的；他们曾碰见他与他在一起，他跟他一块儿散步，他无所拘束地到他房里去喝茶。这些不都证明……

“不错，工程师，不错。”塞特姆布里尼的语气温和、克制，但嗓音却微微有点战抖，“可以这么反问我，因此您也反问了。好的，我乐意做出解释。我与这位先生生活在同一屋顶下．碰头难以避免，说了一句话就有第二句话，于是认识了。纳夫塔先生是个聪明人——聪明人不多。他生来好争论问题——我也一样。随人家怎么批评我吧，我反正利用与一位水平相当的对手交锋的机会，磨砺自己的思维之剑。在这远近一带，我找不到其他人……总之，是真的，我常去找他，他也常来找我，我们还一块儿散步。我们争论，争论得你死我活．几乎天天如此；可我承认，他思想的不一致和敌意，对我有着更多的魅力，使我去找他。我需要摩擦激励。思想观念没有机会战斗，就会失去生命力，而我——思想观念已经坚定。你们又怎么能这样讲呢——您，少尉，还有您，工程师？对于惑人心智的玩意儿，你们缺少武装，你们有受到他那既狂热又险恶的诡辩影响的危险，在精神和心灵方面招致损害。”

是啊，是啊，汉斯·卡斯托普说，可能真是这样，他的表兄和他，他们生来就可能比较容易受坏影响。生活中的问题儿童呗，他懂。不过，在这儿倒可以恰到好处地引用彼得拉卡的那句名言，塞特姆布里尼先生肯定清楚；而且，在任何情况下，纳夫塔所讲的话也值得一听。必须公正地说，他关于共产主义时代的论述——他认为这个时代过去后就又会人人平等——是很精辟的。再者，那些除了从纳夫塔口中恐怕永远也听不见的对于教育的看法，也令他卡斯托普很感兴趣……

塞特姆布里尼紧闭双唇。汉斯·卡斯托普赶紧补充道，他本人当然是超脱于任何党派和立场的；他只不过认为，纳夫塔讲的有关青年的喜好的一席话，确实有些意思。“请您先给我解释一个问题，好吧！”他继续说，“刚才这位纳夫塔先生——我称他‘这位先生’，就为了暗示，我并非绝对无条件地同情他的观点，而是相反，内心深处对他怀着极大的保留……”

“您这样做很对!”塞特姆布里尼嚷起来，语气带着感激。

“……刚才他讲了一大堆反对金钱的话，称金钱是现代国家的灵魂；他反对私有制，视它为盗窃；总之，他反对资本主义的财富，说它是炼狱之火的助燃剂——我想我没记错，他差不多就是这么说的，并且对中世纪禁止放贷取息大唱赞歌。可另一方面，他自己却……请原谅，他自己必定……当你跨进他的房间，简直惊讶极啦。什么都是绸子……”

“嗨，可不，”塞特姆布里尼微微笑一笑，“那是一种特殊爱好啊。”

“……那些精美的老古董家具，”汉斯·卡斯托普继续回忆着，“那尊十四世纪的木雕像……那威尼斯枝形吊灯……那个穿漂亮号衣的小听差……还有巧克力蛋糕，要多少有多少……他本人想必……”

“纳夫塔先生本人并非资本家?”塞特姆布里尼回答，“跟我一样。”

“可是?”汉斯·卡斯托普问……“在您的话里包含着一个‘可是’哩，塞特姆布里尼先生。”

“噢，那帮家伙才不会让他们中的任何人饿着呐。”

“谁，‘那帮家伙’?”

“那些神甫。”

“神甫? 神甫?!”

“不过我指的是那些耶稣会教士，工程师!”

接着是片刻的沉默。表兄弟俩看上去十分惊愕。汉斯·卡斯托普大呼：

“什么，老天，十字架，见他的鬼——这家伙是个耶稣会教士?!”

“您猜着了。”塞特姆布里尼文质彬彬地说。

“不，我一辈子也不会……谁能想得到呢！怪不得您刚才管他叫神甫?”

“那只是一点点过分的礼貌，”塞特姆布里尼回答，“纳夫塔先生还没当上神甫。他的病暂时挡住了他的前程。但他已完成了试修阶段，已许过头几个愿。疾病迫使他中断了神学的学习。后来，他在他那所教会学校里还当过几年级长，也就是当年幼的学生的监督、辅导员和见习教师。这很符合他对教育的爱好。眼下在山上，他到腓特烈文科中学教授拉丁文，也出于同样的考虑。五年前，他来到了山上。他失去了信心，不知什么时候或者压根儿还能不能再离开这个地方。不过，他肯定是耶稣会的会员；尽管他与教团本身联系不十分紧密，却到哪儿也不会改变观念。我告诉过你们，他本人是贫穷的，我是说，没有财产。当然了，规定就得这样。但是，耶稣会却拥有数不清的财富，会关心它会中的人，这你们看见了。”

“真叫见鬼，”汉斯·卡斯托普嘟囔着，“真的压根儿不知道，也想不到，天底下确确实实有这样的事！耶稣会分子。可不是吗！……可有一点请您告诉我：既然那帮神甫如此关心他，照顾他，他干吗发了疯还住在……我自然不想对府上说这道那；您在卢卡切克那儿是住得挺美的，那么自成格局，外加清静舒适。我只是讲：纳夫塔他既然那么肥——用我习惯的说法——干吗他不另外找个住处? 舒服一点儿的，楼梯像样子的，房间更大，房子外观更雅致? 他让那么个小窝里到处是绸子，真有些神秘蹊跷的味道……”

塞特姆布里尼耸了耸肩。

“他之所以这样,”意大利人说，“想必自有分寸和口味方面的原因。我猜想，他企图安抚一下自己那因反资本主义而负疚的良心吧，方法是住进一个穷人才会住的房间，但又为了不亏待自己，便采取那样的居住方式。也有掩人耳目的考虑。一个人在暗中得到魔鬼多大的好处，不会拿到人前去吹嘘。所以他给人看的门面很不起眼，背后却兴致勃勃，追求他那酷爱绸子的教士趣味……”

“太奇怪啦!”汉斯·卡斯托普说，“对我真是绝对新鲜，甚至激动人心，我得承认。不，我们真的该感谢您才对，塞特姆布里尼先生，感谢您使我们认识了这样一个人。您乐意相信吗，我们还会不时地去拜访他？这已说定了。与这样一个人交往将在意想不到的程度上扩大我们的眼界，让我们窥见一个做梦也不相信其存在的世界。一个真正的耶稣会教士！我说‘真正的’只是因为脑子里刚好闪过这个词儿，我必须说明。我脑子里问：他可是真的吗？我清楚，您认为一个暗中受魔鬼支持的人，绝无什么真正可言。不过，我提出问题的意向是：他作为一名耶稣会教士，可谓真正吗？——这问题老在我心里打转。他说了一些话——您知道我指哪些——谈到了现代共产主义和虔信上帝的无产阶级，说这个阶级面对鲜血不会将自己的手缩回去——总之，说了一些我不愿再重复哪怕一点点的话，而您那位执着资产者戈矛的先祖父，与之相比只不过是只纯善的小羊羔而已——原谅我打这个比方。他这样对吗？他的上司会同意他如此讲吗？这与罗马的说教协调一致吗？据我所知，全世界的教会都应宣传罗马的主张才是。这叫不叫——怎么讲来着——异端邪说，离经叛道呢？对纳夫塔的言论我这么考虑，并且很乐于听听您的想法。”

塞特姆布里尼莞尔一笑。

“很简单。纳夫塔首先肯定是耶稣会教士，地地道道，百分之百。其次，他可也是个聪明人——否则我就不会和他打交道——而作为聪明人，他总力求有新的联想，适应新的形势，提出新的问题，做到随时代的变化而变换说法。你们看见我自己也常对他的理论感到意外。在此以前，他还没向我这么彻底地亮过自己的观点。你们在场显然使他很兴奋，我就利用这个机会挑逗他，让他把话兜底儿倒出来。听起来够古怪的，够吓人的……”

“可不，正是，但他干吗没当上神甫？他年龄不是挺合适吗?”

“我已经对您说过：疾病暂时妨碍了他。”

“对。可您是否认为，如果第一他是个耶稣会士，第二他是位富于想象力的聪明人——那么这第二点，这加上的一点，是否跟疾病有关系呢?”

“您这话什么意思?”

“不，不，塞特姆布里尼先生。我只是想说：他有一个浸润性病灶，这妨碍他当上神甫。但他那些联想力恐怕同样也妨碍了他，在一定程度上，因为联想力和病灶原本就有些关系。他差不多同样是个生活中的问题儿童，特殊类型的，一个(肺上)有小浸润点的病弱的耶稣会教士。”

他们已经走到疗养院。在大楼前的平台上，他们在分手之前还站在一块儿聊了一会儿；几个在大门口无所事事地东张西望的疗养客都好奇地望着他们。塞特姆布里尼先生说：

“我再次警告你们，我年轻的朋友。我阻止不了你们与这个刚结识的人交往，要是好奇心驱使着你们非去不可的话！不过要心存戒备，任何时候也不可不加分析批判就听信他的话。这个人我要用一句话给你们讲清楚：他是个放荡家伙。”

表兄弟的脸变了样子。过了一会儿，卡斯托普问：

“一个……怎么会？对不起，他不是个教士么？当教士必须起誓，据我所知，再加上他又那么皮包骨头，身体虚弱……”

“您说傻话，工程师，”塞特姆布里尼打断他，“这跟是否体弱多病完全没有关系；至于说到起誓嘛，那也有保留。不过，我是在更广和更高的意义上那样讲，相信您具有必需的理解力。还记得起来吧，有一天我上您房间看您——很久以前，很久很久以前——您刚照过片子，在房里静卧……”

“当然记得！您在黄昏时分走进我的房里来，拧开了灯，我记得清楚的像今天……”

“好。当时我们聊到一些较高深的话题，感谢上帝，我们经常如此。我甚至相信，我们谈到死与生，谈到作为生的条件和附属的死的尊严，谈到死会变得丑恶，如果精神厌弃它，将它作为原则孤立起来了的话。我的先生！”塞特姆布里尼先生继续滔滔不绝，同时朝两个年轻人跟前逼进一步，并将左手的拇指和中指伸直成叉子状对准他们，像是想以此钳制住他们俩的注意力，还举起右手的食指发出告诫……“请牢牢记住，精神是独立的，有着自由的意志，道德世界由它来决定。如果它将死孤立起来，分裂开去，死就会通过精神的自由意志变成实在，事实上——你们懂我的意思，就会变成一股与生抗衡的自在力量，变成一个敌对原则，变成巨大的诱惑，而它的王国就是淫欲之国。你们问我：为什么正好是淫欲？我回答你们：因为淫欲能使人获得解脱，因为它也是一种拯救，只不过不是将人从恶中解脱拯救出来，而是一种恶的解脱。它瓦解道德和伦理，使人摆脱礼仪与自持，变得放荡而无拘束。我现在警告你们提防我本不愿意介绍你们认识的这个人，要求你们在与他交往和谈话时心存戒备，戒备再戒备，就是因为他所有的想法都有淫荡的性质，都受着死的庇护——死是一种极为放荡的力量，我当时对您讲过，工程师——我还清楚记得我用过的这个词儿；那些我有机会发表的中肯而精辟的意见，我始终保存在我的记忆里——是一种对抗道德、进步、工作和生的力量；保护年轻的心灵不受这种力量毒害侵蚀，是一个教育者最崇高的责任。”

塞特姆布里尼先生讲得再好不过了，再清楚、再周到不过了。汉斯·卡斯托普和约阿希姆·齐姆逊对他表示衷心感谢，然后向他道别，走进了“山庄”的大门。他呢，又回到纳夫塔那绸子小窝顶上的阁楼中，站在写字儿前做他的作家去了。

这儿记录了表兄弟俩第一次造访纳夫塔的经过。接下来他们又去过两三次，有一次甚至塞特姆布里尼先生不在场。这几次访问同样引起年轻的卡斯托普许多思考。当他独自坐在那开满蓝色小花的隐退之所“执政”时，眼前又浮现出那个叫作“Homo Dei”的崇高形象。

【英】伍尔夫

弗吉尼亚·伍尔夫(1882—1941)，英国现代小说家、评论家、散文家，女权主义运动的先驱人物。她一生共创作了9部长篇小说、1部短篇小说集和350多篇文艺随笔。代表作有长篇小说《达洛维太太》《到灯塔去》《海浪》《奥兰多》等，短篇小说《邱园记事》《墙上的斑点》，随笔散文《自己的一间屋》《三个基尼》等。

伍尔夫深受弗洛伊德精神分析学说和柏格森非理性哲学的影响。她认为，现代生活的内容是由一大堆心灵的印象构成的，小说家的职责，就是描述这种内在的真实而剔除外部的杂质；传统小说的规范已不能反映现代生活的真实。因而，她致力于探求现代小说艺术的革新，在多部小说创作中运用意识流技巧，来表现现代西方人错综复杂的内心世界以及现代西方社会不确定性的时代特征，从而成为意识流小说的重要代表作家。同时，伍尔夫终其一生都在为争取女性的平等、独立，寻求一种新型的两性关系而努力，在她几乎所有的小说作品中，都贯穿着一种日趋强烈的女性主义思想。

《墙上的斑点》是一篇纯正的意识流小说。它没有传统小说的故事情节与人物塑造，而着重于人物瞬间的印象感觉与沉思冥想。写叙述者看到墙上的斑点，思绪飞扬，产生出种种联想，最后回到现实的日常情景中去看斑点，原来是一只爬在墙上的蜗牛。通过叙述者的意识流动，女作者表达出自己对自然、世界、社会和人生的领悟与认识。

《奥兰多》的内容，在时间上延续了四百年，始于16世纪伊丽莎白时代，终于1928年作者搁笔之时。作品开篇，奥兰多是一位16岁的贵族美少年，且喜好文学，受伊丽莎白女王宠幸而进入宫廷。詹姆斯一世继位后，在一次狂欢节上，奥兰多邂逅俄国公主，坠入爱河，结果却失恋又失宠。查理一世统治时期，奥兰多正写作长诗《橡树》，罗马尼亚女大公慕名来访，为了摆脱她的纠缠，他请求出使土耳其。在君士坦丁堡，他变为女子，离开官场，加入吉卜赛人的部落。安女王时代，奥兰多返回英国，进入社交界，结识了许多著名文人。在维多利亚时代，为了继续写作，她与时代精神相妥协，并嫁给了一位富有的乡绅。进入20世纪，奥兰多完成了她的长诗并获奖，还生下一子。她在乡间住宅，在大橡树下，回顾往事。

本书选段出自作品第三章，是全书中最富于传奇性的场景。记叙奥兰多昏睡了7天，一觉醒来，发现自己变成了一个美妙的女子的经过。这一情节生动形象地体现出伍尔夫双性融合的性别理想。

(朱艳阳　撰稿)

墙上的斑点①

大约是在今年一月中旬，我抬起头来，第一次看见了墙上的那个斑点。为了要确定是在哪一天，就得回忆当时我看见了些什么。现在我记起了炉子里的火，一片黄色的火光一动不动地照射在我的书页上；壁炉上圆形玻璃缸里插着三朵菊花。对啦，一定是冬天，我们刚喝完茶，因为我记得当时我正在吸烟，我抬起头来，第一次看见了墙上那个斑点。我透过香烟的烟雾望过去，眼光在火红的炭块上停留了一下，过去关于在城堡塔楼上飘扬着一面鲜红的旗帜的幻觉又浮现在我脑际，我想到无数红色骑士潮水般地骑马跃上黑色岩壁的侧坡。这个斑点打断了这个幻觉，使我觉得松了一口气，因为这是过去的幻觉，是一种无意识的幻觉，可能是在孩童时期产生的。墙上的斑点是一块圆形的小迹印，在雪白的墙壁上呈暗黑色，在壁炉上方大约六七英寸的地方。

我们的思绪是多么容易一哄而上，簇拥着一件新鲜事物，像一群蚂蚁狂热地抬一根稻草一样，抬了一会儿，又把它扔在那里……如果这个斑点是一只钉子留下的痕迹，那一定不是为了挂一幅油画，而是为了挂一幅小肖像画——一幅鬈发上扑着白粉、脸上抹着脂粉、嘴唇像红石竹花的贵妇人肖像。它当然是一件赝品，这所房子以前的房客只会选那一类的画——老房子得有老式画像来配它。他们就是这种人家——很有意思的人家，我常常想到他们，都是在一些奇怪的地方，因为谁都不会再见到他们，也不会知道他们后来的遭遇了。据他说，那家人搬出这所房子是因为他们想换一套别种式样的家具，他正在说，按他的想法，艺术品背后应该包含着思想的时候，我们两人就一下子分了手，这种情形就像坐火车一样，我们在火车里看见路旁郊外别墅里有个老太太正准备倒茶，有个年轻人正举起球拍打网球，火车一晃而过，我们就和老太太以及年轻人分了手，把他们抛在火车后面。

但是，我还是弄不清那个斑点到底是什么；我又想，它不像是钉子留下的痕迹。它太大、太圆了。我本来可以站起来，但是，即使我站起身来瞧瞧它，十之八九我也说不出它到底是什么；因为一旦一件事发生以后，就没有人能知道它是怎么发生的了。唉！天哪，生命是多么神秘！思想是多么不准确！人类是多么无知！为了证明我们对自己的私有物品是多么无法加以控制——和我们的文明相比，人的生活带有多少偶然性啊——我只要列举少数几件我们一生中遗失的物件就够了。就从三只装着订书工具的浅蓝色罐子说起吧，这永远是遗失的东西当中丢失得最神秘的几件——哪只猫会去咬它们，哪只老鼠会去啃它们呢？再数下去，还有那几个鸟笼子、铁裙箍、钢滑冰鞋、安女王时代的煤斗子、弹子戏球台、手摇风琴——全都丢失了，还有一些珠宝，也遗失了。有乳白宝石、绿宝石，它们都散失在芜菁的根部旁边。它们是花了多少心血节衣缩食积蓄起来的啊！此刻我四周全是挺有分量的家具，身

① 选自黄梅编选：《吴尔夫精选集》，文美惠译，济南，山东文艺出版社，2000。

上还穿着几件衣服，简直是奇迹。要是拿什么来和生活相比的话，就只能比作一个人以一小时五十英里的速度被射出地下铁道，从地道口出来的时候头发上一根发针也不剩。光着身子被射到上帝脚下！头朝下脚朝天地摔倒在开满水仙花的草原上，就像一捆捆棕色纸袋被扔进邮局的输物管道一样！头发飞扬，就像一匹赛马会上的跑马尾巴。对了，这些比拟可以表达生活的飞快速度，表达那永不休止的消耗和修理；一切都那么偶然，那么碰巧。

那么来世呢？粗大的绿色茎条慢慢地被拉得弯曲下来，杯盏形的花倾翻了。它那紫色和红色的光芒笼罩着人们。到底为什么人要投生在这里，而不投生到那里，不会行动，不会说话，无法集中目光，在青草脚下，在巨人的脚趾间摸索呢？至于什么是树，什么是男人和女人，或者是不是存在这样的东西，人们再过五十年也是无法说清楚的。别的什么都不会有，只有充塞着光亮和黑暗的空间，中间隔着一条条粗大的茎干，也许在更高处还有一些色彩不很清晰的——淡淡的粉红色或蓝色的——玫瑰花形状的斑块，随着时光的流逝，它会越来越清楚，越——我也不知道怎样……

可是墙上的斑点不是一个小孔。它很可能是什么暗黑色的圆形物体，比如说，一片夏天残留下来的玫瑰花瓣造成的，因为我不是一个警惕心很高的管家——只要瞧瞧壁炉上的尘土就知道了，据说就是这样的尘土把特洛伊城严严实实地埋了三层，只有一些罐子的碎片是它们没法毁灭的，这一点完全能叫人相信。

窗外树枝轻柔地敲打着玻璃……我希望能静静地、安稳地、从容不迫地思考，没有谁来打扰，一点也用不着从椅子里站起来，可以轻松地从这件事想到那件事，不感觉敌意，也不觉得有阻碍。我希望深深地、更深地沉下去，离开表面，离开表面的生硬的个别事实。让我稳住自己，抓住第一个一瞬即逝的念头……莎士比亚……对啦，不管是他还是别人，都行。这个人稳稳地坐在扶手椅里，凝视着炉火，就这样——一阵骤雨似的念头源源不断地从某个非常高的天国倾泻而下，进入他的头脑。他把前额倚在自己的手上，于是人们站在敞开的大门外面向里张望——我们假设这个景象发生在夏天的傍晚——可是，所有这一切历史的虚构是多么沉闷啊！它丝毫引不起我的兴趣。我希望能碰上一条使人愉快的思路，同时这条思路也能间接地给我增添几分光彩，这样的想法是最令人愉快的了。连那些真诚地相信自己不爱听别人赞扬的谦虚而灰色的人们头脑里，也经常会产生这种想法。它们不是直接恭维自己，妙就妙在这里；这些想法是这样的：

“于是我走进屋子。他们在谈植物学。我说我曾经看见金斯威一座老房子的地基上的尘土堆里开了一朵花。我说那粒花籽多半是查理一世在位的时候种下的。查理一世在位的时候人们种些什么花呢？”我问道——（但是我不记得回答是什么）也许是高大的、带着紫色花穗的花吧。于是就这样想下去。同时，我一直在头脑里把自己的形象打扮起来，是爱抚地、偷偷地，而不是公开地崇拜自己的形象。因为，我如果当真公开地这么干了，就会马上被自己抓住，我就会马上伸出手去拿过一本书来掩盖自己。说来也真奇怪，人们总是本能地保护自己的形象，不让偶像崇拜或是什么别的处理方式使它显得可笑，或者使它变得和原型太不相像以至于人们不相信它。但是，这个事实也可能并不那么奇怪？这个问题极其重要。假定镜子打碎了，形象消失了，那个浪漫的形象和周围一片绿色的茂密森林也不复存在，只有其他的人看见的那个人的外壳——世界会变得多么闷人、多么肤浅、多么光秃、多么凸出啊！在这样的世界里是不能生活的。当我们面对面坐在公共汽车和地下铁道里的时候，我们就是在照镜子；这就说明为什么我们的眼神都那么呆滞而朦胧。未来的小说家们会越来越认识到这些想法的重要性，因为这不只是一个想法，而是无限多的想法；它们探索深处，追逐幻影，越来越把现实的描绘排除在他们的故事之外，认为这类知识是天生具有的，希腊人就是这样想的，或许莎士比亚也是这样想的——但是这种概括毫无价值。只要听听概括这个词的音调就够了。它使人想起社论，想起内阁大臣——想起一整套事物，人们在儿童时期就认为这些事物是正统，是标准的、真正的事物，人人都必须遵循，否则就得冒打入十八层地狱的危险。提起概括，不知怎么使人想起伦敦的星期日，星期日午后的散步，星期日的午餐，也使人想起已经去世的人的说话方式、衣着打扮、习惯——例如大家一起坐在一间屋子里直到某一个钟点的习惯，尽管谁都不喜欢这么做。每件事都有一定的规矩。在那个特定时期，桌布的规矩就是一定要用花毯做成，上面印着黄色的小方格子，就像你在照片里看见的皇宫走廊里铺的地毯那样。另外一种花样的桌布就不能算真正的桌布。当我们发现这些真实的事物、星期天的午餐、星期天的散步、庄园宅第和桌布等并不全是真实的，确实带着些幻影的味道，而不相信它们的人所得到的处罚只不过是一种非法的自由感时，事情是多么使人惊奇，又是多么奇妙啊！我奇怪现在到底是什么代替了它们，代替了那些真正的、标准的东西？也许是男人，如果你是个女人的话；男性的观点支配着我们的生活，是它制定了标准，订出惠特克①的尊卑序列表；据我猜想，大战后它对于许多男人和女人已经带上幻影的味道，并且我们希望很快它就会像幻影、红木碗橱、兰西尔版画、上帝、魔鬼和地狱之类东西一样遭到讥笑，被送进垃圾箱，给我们大家留下一种令人陶醉的非法的自由感——如果真存在自由的话……

在某种光线下面看墙上那个斑点，它竟像是凸出在墙上的。它也不完全是圆形的。我不敢肯定，不过它似乎投下一点淡淡的影子，使我觉得如果我用手指顺着墙壁摸过去，在某一点上会摸着一个起伏的小小的古冢，一个平滑的古冢，就像南部丘陵草原地带上的那些古冢，据说，它们不是坟墓，就是宿营地。在两者之中，我倒宁愿它们是坟墓，我像多数英国人一样偏爱忧伤，并且认为在散步结束时想到草地下埋着白骨是很自然的事情……一定有一部书写到过它。一定有哪位古物收藏家把这些白骨发掘出来，给它们起了名字……我想知道古物收藏家会是什么样的人？多半准是些退役的上校，领着一伙上了年纪的工人爬到这儿的顶上，检查泥块和石

---

① 约瑟夫·惠特克(1820—1895)，英国出版商，创办过《书商》杂志，于1868年开始编纂惠特克年鉴。

头，和附近的牧师互相通信。牧师在早餐的时候拆开信件来看，觉得自己颇为重要。为了比较不同的箭镞，还需要做多次乡间旅行，到本州的首府去，这种旅行对于牧师和他们的老伴都是一种愉快的职责，他们的老伴正想做樱桃酱，或者正想收拾一下书房。他们完全有理由希望那个关于营地或者坟墓的重大问题长期悬而不决。而上校本人对于就这个问题的两方面能否搜集到证据却感到愉快而达观。的确，他最后终于倾向于营地说；由于受到反对，他便写了一篇文章，准备拿到当地会社的季度例会上宣读，恰好在这时他中风病倒，他的最后一个清醒的念头不是想到妻子和儿女，而是想到营地和箭镞，这个箭镞已经被收藏进当地博物馆的橱柜，和一只中国女杀人犯的脚、一把伊丽莎白时代的铁钉、一大堆都铎王朝时代的土制烟斗、一件罗马时代的陶器，以及纳尔逊用来喝酒的酒杯放在一起——我真的不知道它到底证明了什么。

不，不，什么也没有证明，什么也没有发现。假如我在此时此刻站起身来，弄明白墙上的斑点果真是——我们怎么说才好呢？——一只巨大的旧钉子的钉头，钉进墙里已经有两百年，直到现在，由于一代又一代女仆耐心的擦拭，钉子的顶端得以露出到油漆外面，正在一间墙壁雪白、炉火熊熊的房间里第一次看见现代的生活，我这样做又能得到些什么呢？——知识吗？还是可供进一步思考的题材？不论是静坐着还是站起来我都一样能思考。什么是知识？我们的学者除了是蹲在洞穴和森林里熬药草、盘问地老鼠、记载星辰的语言的巫婆和隐士们的后代，还能是什么呢？我们的迷信逐渐消失，我们对美和健康的思想越来越尊重，我们也就不那么崇敬他们了……是的，人们能够想象出一个十分可爱的世界。这个世界安宁而广阔，在旷野里盛开着鲜红和湛蓝色的花朵。这个世界里没有教授，没有专家，没有警察面孔的管家，在这里人们可以像鱼儿用鳍翅划开水面一般，用自己的思想划开世界，轻轻地掠过荷花的梗条，在装满白色的海鸟卵的鸟窠上空盘旋……在世界的中心扎下根，透过灰黯的海水和水里瞬间的闪光以及倒影向上看去，这里是多么宁静啊——假如没有惠特克年鉴——假如没有尊卑序列表！

我一定要跳起来亲眼看看墙上的斑点到底是什么？——是只钉子？一片玫瑰花瓣？还是木块上的裂纹？

大自然又在这里玩弄她保存自己的老把戏了。她认为这条思路至多不过白白浪费一些精力，或许会和现实发生一点冲突，因为谁又能对惠特克的尊卑序列表妄加非议呢？排在坎特伯雷大主教后面的是大法官；而大法官后面又是约克大主教。每一个人都必须排在某人的后面，这是惠特克的哲学。最要紧的是知道谁该排在谁的后面。惠特克是知道的。大自然忠告你说，不要为此感到恼怒，而要从中得到安慰；假如你无法得到安慰，假如你一定要破坏这一小时的平静，那就去想想墙上的斑点吧。

我懂得大自然要的什么把戏——她在暗中怂恿我们采取行动以便结束那些容易令人兴奋或痛苦的思想。我想，正因如此，我们对实干家总不免稍有一点轻视——我们认为这类人不爱思索。不过，我们也不妨注视墙上的斑点，来打断那些不愉快的思想。

真的，现在我越加仔细地看着它，就越发觉得好似在大海中抓住了一块木板。我体会到一种令人心满意足的现实感，把那两位大主教和那位大法官统统逐入了虚无的幻境。这里，是一件具体的东西，是一件真实的东西。我们半夜从一场噩梦中惊醒，也往往这样，急忙扭亮电灯，静静地躺一会儿，赞赏着衣柜，赞赏着实在的物体，赞赏着现实，赞赏着身外的世界，它证明除了我们自身以外还存在着其他的事物。我们想弄清楚的也就是这个问题。木头是一件值得加以思索的愉快的事物。它产生于一棵树；树木会生长，我们并不知道它们是怎么样生长起来的。它们长在草地上、森林里、小河边——这些全是我们喜欢去想的事物——它们长着、长着，长了许多年，一点也没有注意到我们。炎热的午后，母牛在树下挥动着尾巴；树木把小河点染得这样翠绿一片，以至于使我们觉得当一只雌的红松鸡一头扎进水里去的时候，它应该带着绿色的羽毛冒出水面来。我喜欢去想那些像被风吹得鼓起来的旗帜一样逆流而上的鱼群；我还喜欢去想那些在河床上一点点地垒起一座座圆顶土堆的水甲虫。我喜欢想象那棵树本身的情景：首先是它自身木质的紧密干燥的感觉，然后感受到雷雨的摧残；接下去就感到树液缓慢地、舒畅地一滴滴流出来。我还喜欢去想这棵树怎样在冬天的夜晚独自屹立在空旷的田野上，树叶紧紧地合拢起来，对着月亮射出的铁弹，什么弱点也不暴露，像一根空荡荡的桅杆竖立在整夜不停地流动着的大地上。六月里鸟儿的鸣啭听起来一定很震耳，很不习惯；小昆虫在树皮的褶皱上吃力地爬过去，或者在树叶搭成的薄薄的绿色天棚上面晒太阳，它们红宝石般的眼睛直盯着前方，这时候它们的脚会感觉多么寒冷啊……大地的寒气凛冽逼人，压得树木的纤维一根根地断裂开来。最后的一场暴风雨袭来，树倒了下去，树梢的枝条重新深深地陷进泥土。即使到了这种地步，生命也并没有结束。这棵树还有一百万条坚毅而清醒的生命分散在世界上。有的在卧室里，有的在船上，有的在人行道上，还有的变成了房间的护壁板，男人和女人们在喝过茶以后就坐在这间屋里抽烟。这棵树勾起了许许多多平静的、幸福的联想。我很愿意挨个儿去思索它们——可是遇到了阻碍……我想到什么地方啦？是怎么样想到这里的呢？一棵树？一条河？丘陵草原地带？惠特克年鉴？盛开水仙花的原野？我什么也记不起啦。一切在转动，在下沉，在滑开去，在消失……事物陷进了大动荡之中。有人正在俯身对我说：

“我要出去买份报纸。”

“是吗？”

“不过买报纸也没有什么意思……什么新闻都没有。该死的战争，让这次战争见鬼去吧！……然而不论怎么说，我认为我们也不应该让一只蜗牛爬在墙壁上。”

哦，墙上的斑点！那是一只蜗牛。

奥兰多(节选)[①]

第三章

……

到此为止，我们还有确凿的根据说明事实真相，即使这根据还有些褊狭。但那天夜里后来发生了什么事，迄今无人确切知晓。不过，哨兵和其他人的证词似乎都证明，人群散去后，到夜里两点，使馆像往常一样关闭了大门。有人看到，大使依然佩戴着勋章，走进自己的房间，关上房门。有人说他锁上了房门，但这有悖他的习惯。有人坚称，那个深夜，听到院子里奥兰多的窗下，响起一阵乡间风味的音乐，好像牧人的音乐。有个洗衣妇，因牙疼一直无法入睡，说看到一个男人的身影，裹着披风或睡袍，走出来站在阳台上。然后，据她说，一个女人，裹得严严实实，但显然是个农妇，那男人放下绳子，把她拉上了阳台。据洗衣妇说，在阳台上，他们"恋人"般紧紧拥抱，然后一起走进房间，拉上窗帘，最后就什么也看不见了。

翌日早晨，秘书们发现公爵——我们现在必须这样称呼他——生气全无地沉睡着，身上的睡衣皱皱巴巴。房间里一片狼藉，小冠冕滚落到地板上，披风和袜带儿在椅子上堆成一团，桌上散落着纸片。开始并没有人疑心，以为他前一夜确实太累了。但到了下午，他依然没有醒来。他们召来医生，使用了以前出现这类情况惯用的办法，膏药、荨麻、催吐剂等等，都不见效验。奥兰多继续昏睡。他的秘书们这时才想到应该检查桌上的纸片。他们看到，许多纸片上潦草地涂写着诗句，大多提到一棵大橡树。还有各种国书和私人性质的文件，涉及他在英格兰的庄园的管理。不过最后，他们看到了一份至关重要的文件。它实际上相当于一份结婚契约，一份由荣膺嘉德骑士等称号的奥兰多爵爷与罗莎娜·皮佩塔起草、签署并经人做证的结婚契约。这罗莎娜·皮佩塔是个舞女，身世不明，据说她父亲是吉卜赛人，母亲则为盖勒塔桥下市场卖废铁的小贩。秘书们面面相觑，惊愕万分。奥兰多依然在沉睡。他们日夜守着他，但除了呼吸正常，两颊依旧红润外，他浑身没有一丝生气。为唤醒他，他们真可谓用尽了一切科学的办法和手段，但他依然在沉睡。

到他昏睡的第七天(五月十日，星期四)，布里格中尉察觉出征兆的那场恐怖、血腥的暴动打响了第一枪。土耳其人揭竿而起，要推翻苏丹的统治。他们放火焚城，凡落入他们之手的外国人，或死在剑下，或遭受笞刑。有几个英国人逃脱了，但正如人们所料，英国使馆的先生们誓死护卫红盒子，万不得已，他们宁可吞下钥匙串，也不让它们落入异教徒之手。暴民冲进了奥兰多的房间，但看到他直挺挺地躺在那里，一副死人模样，就没有碰他，只抢走了他的冠冕和嘉德袍。

此处，再次出现含糊不清的情况，顶好它能再含糊一点，我们几乎已在心中呼喊，顶好它能含糊不清到我们根本无法穿透这重重迷雾，把事情弄个水落石出！我们此时

---

① 选自[英]弗吉尼亚·吴尔夫：《奥兰多》，林燕译，北京，人民文学出版社，2003。

是否就应拿起笔，给我们的作品划上句号！我们是否可以干脆告诉读者，奥兰多死了，下葬了，省得他担个心事。然而此时，唉，事实、坦率和诚实这三位守在传记作者墨水瓶旁的神祇，厉声喊道“不行！”他们举起银号，放在唇边，吹响了“真相”！这是他们所要求的。他们又呼喊“真相”，并第三次齐鸣“真相，真相，只要真相！”

此时，赞美上苍给了我们一个喘息的机会，门轻轻敞开一条缝儿，仿佛吹来一阵神圣无比的轻风，三个身影走了进来。最前面的是“纯洁”小姐，她额上束一条洁白无比的羊羔毛发带，长发如崩塌的积雪，手中拿一根白色的鹅仔毛笔。她身后跟着“贞操”小姐，步态更加庄重，头上戴一顶冰溜王冠，状如燃烧未尽的塔楼，她的双目如晶莹的星星，她的手指触到你，会冻彻你的肌骨。紧跟其后的，是三姊妹中最柔弱也最秀丽的“谦恭”小姐。她其实是躲在两位庄重的姐姐的庇护下，只露出窄窄的一条脸，如镰刀状的新月，一半藏在云后。三人都走向屋子中央，奥兰多仍躺在那里沉睡。“纯洁”小姐姿态迷人而威严，她第一个说：

“我是这沉睡的小鹿的守护神；白雪是我的宝贝，还有初升的月亮、银色的海面。我用袍子遮盖有斑点的鸡蛋和深色斑纹的灰色贝壳；我遮盖邪恶和贫穷。我的面纱降下，遮盖一切脆弱、阴暗或可疑之物。因此，不要说话，不要泄漏。宽恕，啊，宽恕！”

此时号角声大作。

“纯洁走开！纯洁滚开！”

贞操小姐言道：

“我的触摸让人变为冰块，我的注视让人变为石头。我让闪烁的星星和汹涌的波涛凝结不动。高耸入云的阿尔卑斯山是我的居所；我行走时，闪电在我的头发上闪光，我的目光飘落之处，万物凋敝。与其让奥兰多醒来，不如把他冻透。宽恕，啊，宽恕！”

号角声又鸣响起来。

“贞操走开！贞操滚开！”

谦恭小姐开口了，声音低得几乎听不清：

“我是男人称为谦恭的女子。我是处女，永远是处女。我不喜欢硕果累累的田野和丰饶的葡萄园，我厌恶增产。苹果迅速生长、羊群繁殖时，我逃跑，我逃跑；我让斗篷掉落在地，头发遮住眼睛。我看不见。宽恕，啊，宽恕！”

号角再次高声鸣响。

“谦恭走开！谦恭滚开！”

三姊妹现出悲伤惋惜的样子，手拉手，缓缓起舞。她们掀开面纱，边走边唱：

“真相你勿要跑出可怕的洞穴。藏得更隐蔽吧，可怕的真相。你在光天化日之下，炫耀最好未知和未做的事情；你揭示耻辱，让真相大白。藏起来！藏起来！藏起来吧！”

她们好似要用自己多褶的长袍，把奥兰多蒙起来。同时，号角仍在高声吹奏。

“真相，只要真相。”

三姊妹听到，想用面纱捂住号嘴，不让它们发出声响，但这些努力并没有奏效，却招来号角齐鸣。

“可怕的三姊妹，滚开！”

三姊妹发狂似的齐声尖叫，依然旋转不停，把面纱掀开又拉上。

“情况变了！男人不再需要我们；女人憎恶我们。我们走，我们走。（‘纯洁’说）我去鸡窝。（‘贞操’说）我去未被霸占的萨里高地。（‘谦恭’说）我去长满常春藤和有许多窗帘保护的舒适角落。”

“那里，不是此处(三姊妹齐声说，手拉手对躺在床上昏睡的奥兰多绝望地打手势告别)，在安乐窝和闺房、公事房和法院，仍有人爱我们，尊重我们，那些处女和市民，律师和医生，那些禁止别人、拒绝别人的人，那些无缘无故敬畏、莫名其妙赞美的人，那些为数依然众多(赞美上苍)的可尊敬的人，那些宁愿视而不见、孤陋寡闻的人，喜爱阴暗的人，毫无来由仍然崇拜我们的人，因为我们给了他们财富、成功、舒适和悠闲。我们干脆离开你们，去找他们好了。来吧，姐妹们，来！此处不是我们久留之处。”

她们匆匆退下，举动带褶的装饰物在头上挥舞，仿佛要遮挡住什么她们不想看到的东西，同时，她们关上了身后的房门。

现在只有我们与沉睡的奥兰多和号手们留在屋里。号手们站成一排，齐声吹奏可怕的一声：

“真相！”

奥兰多应声醒了过来。

他伸伸懒腰，起身笔挺地站在我们面前，全身赤裸，号角齐鸣“真相！真相！真相！”我们别无选择，只能承认：他是个女人。

号角声渐渐远去，奥兰多赤身裸体站在那里。开天辟地，从未有人看上去如此令人销魂。他的形体融合了男子的力量与女子的妩媚。他站在那里，银号拖长了乐音，好似不愿离开它们的齐鸣所唤醒的美丽景象。贞操、纯洁和谦恭无疑受到好奇心的驱使，透过门缝窥视，像扔毛巾似的向那裸体扔去一件衣裳，遗憾的是，它却落在了离奥兰多几英寸远的地方。奥兰多面对一面长穿衣镜，上下打量自己，没有现出丝毫慌乱的样子，然后径直向浴室走去。

我们可借叙述中的这一暂停，来做某些说明。奥兰多已经变为女子，这一点确定无疑，但在其他所有方面，奥兰多均与过去别无二致。性别的改变，改变了他的前途，却丝毫没有改变他的特性。他的脸庞实际上还是原样，这一点有他的画像为证。他的记忆——但是今后为方便起见，我们必须用“她的”来代表“他的”，“她”来代表“他”。那么是她的记忆，毫无障碍地重温了她过去生活的所有事件。偶尔有些朦胧之处，好似几滴浑水落入一池清澈见底的记忆之水；某些事情变得有些模糊不清；仅此而已。这一变化好像是在毫无痛苦的情况下完成的，而且完成得很彻底，以致奥兰多本人对此未流露出丝毫惊异。许多人考虑到这一点，并且认为这种变性违背常情，于是费尽心机要证明(1)奥兰多向来是女子，(2)奥兰多此刻是男子。这一点还是让生理学家和心理学家来决定吧。我们则只须陈述简单的事实：奥兰多三十岁以前是男子，后来变为女子，此后一直是女子。

……

【英】乔伊斯

詹姆斯·乔伊斯(1882—1941)，杰出的意识流小说家。生于爱尔兰首都都柏林一个天主教中产阶级家庭。乔伊斯在大学时期开始文学创作，一生创作有短篇小说集《都柏林人》，自传体长篇小说《青年艺术家的画像》，长篇小说《尤利西斯》《芬尼根守灵夜》等作品。

乔伊斯生活在一个爱尔兰民族解放运动风起云涌的时代，见证了爱尔兰脱离英国获得独立的全过程。在这种浓厚的民族解放运动氛围的熏陶下，乔伊斯产生了强烈的民族情绪。但另一方面，他又不满民族解放运动中出现的倒退、内讧，不满现实中的爱尔兰人猥琐、麻木、悲观消沉的精神状态。而且，他日渐成熟的思想，青春的激情，也与都柏林的闭塞风气发生冲突，他渴望到一个自由、辽阔的天地去发展自己。这种复杂的心理状态，构成了他许多作品中对爱尔兰又爱又恨，矛盾纠结的感情的基础。他所揭示的爱尔兰社会麻痹、瘫痪的精神状态，实际上是整个西方社会精神沦落、文明危机的反映。乔伊斯的小说通过内心独白、自由联想、梦境、幻觉、蒙太奇等艺术手法，展现现代人精神世界的丰富性和复杂性，揭示现代社会深刻的危机。他对小说的结构、语言和文体也进行了大胆的实验和创新。

《伊芙琳》是短篇小说集《都柏林人》中有代表性的一篇。女主人公伊芙琳无法忍受生活的沉闷和单调，要与相爱的外国水手乘船逃向远方。但在轮船起航的时刻，伊芙琳退缩了。小说以小见大，揭开都柏林人麻痹、瘫痪的情态，还从主人公尝试摆脱麻痹、走出瘫痪的冲动中展现麻痹与瘫痪的深度及其影响。

《尤利西斯》是一部意识流小说，与艾略特的《荒原》同属现代主义文学里程碑式的作品。小说叙述 1904 年 6 月 16 日早晨八点到次日凌晨两点多 18 个多小时中，三个爱尔兰都柏林人斯蒂芬·代达罗斯、布鲁姆和莫莉的生活经历与内心活动。全书分三部。第一部(前三章)以斯蒂芬的活动为主线，写他从早上离开海边到晚上去妓院鬼混的整整一天的生活。第二部共 12 章，以布鲁姆的活动为主线。他一早起来，为妻子莫莉准备好早餐。走出家门后，他去过肉店、邮局、墓地、报社、图书馆、酒吧和海边等地方。晚上十点，与斯蒂芬相遇，斯蒂芬已经喝醉。恍惚中，布鲁姆觉得他就像自己夭折了的儿子。第三部(最后三章)，时间已是午夜，布鲁姆搀扶着斯蒂芬回到自己的家，并留他过夜。但斯蒂芬小坐片刻后，起身告辞。布鲁姆来到卧室，发现妻子莫莉的情人来过的痕迹，但他没有在意，与莫莉交谈了几句，酣然入睡。最后一章写莫莉躺在床上，在似睡非睡的状态中，自由涌动、奔泻不止的意识活动。

本书节选了小说的结尾部分。两点一刻，时钟敲响。莫莉在似睡非睡的状态中联想到许多事物，最后又回忆起与布鲁姆初恋时的场景和众多的情人。这段内心独白，淋漓尽致地展现出莫莉的生活经历和性格特征。

（刘洪涛　撰稿）

伊芙琳[1]

她坐在窗口，凝视着夜幕渐渐笼罩在林荫道上。她的头依在窗帘上，鼻孔里嗅到沾满灰尘的窗帘布的味儿。她累了。

路上人迹稀少。有个男子从最后一幢屋子里出来，经过窗前，回家去。她听见他的脚步踏在混凝土人行道上，发出橐橐声；尔后，又踩在那些新造的红房子前的煤屑路上，嘎吱嘎吱地响着。以前，那里是一片旷地。每天傍晚，他们常在那儿同邻居的孩子们玩耍。后来，一个从贝尔法斯特[2]来的人买下这块地，造了房屋——全是明亮的砖房，屋顶闪闪发光，不像他们那种褐色的小屋。过去，街坊的孩子们常在那块地里玩耍——迪瓦因家的，沃特家的，邓恩家的，还有小瘸子基奥，以及她和兄弟姐妹们。可是，欧内斯特从不玩，那时他已经挺大了。她的父亲常常跑到地里来，提着一根刺李木拐杖，想把他们撵回去。幸亏小基奥常替他们望风，一瞧见她父亲来了，便大声呼喊，通风报信。不管怎样，那时他们似乎很快活。父亲的脾气不像现在这么坏，何况妈妈还在世呢。那是好久以前了。光阴荏苒，如今她和兄弟姐妹都长大了。母亲已经过世。蒂西·邓恩也死了。沃特一家回英格兰去了。时过境迁，现在，她和别人一样，也要离乡背井了。

家！她环顾四周，望着房间里所有那些熟悉的物件，多少年来她每周打扫一次，心里老是纳罕：究竟哪儿来的这么多灰尘?！或许，再也见不到这些熟悉的东西了，她连做梦都没想到跟它们分手呐。屋里有一张向圣女玛格丽特·玛丽·阿尔柯克[3]许愿的彩色画片，旁边是一架破风琴，上面的墙上挂着一张泛黄的神父的照片。好多年来，她从未打听出这位神父的名字。他是父亲年轻时的一个同学。每逢家里来客，父亲总让客人看这幅照片，一面随意地说：

"眼下他呆在墨尔本[4]。"

她已经同意出走，要离家了。这样做妥当吗？她试着从各个角度权衡这一问题。无论怎么说，在家里她有安顿之处，有吃的，四周是从小朝夕相处的亲人。自然，不管在家里还是在店里，都得拼命干活。一旦店里的伙伴发现她跟一个汉子私奔了，会怎么议论呢？也许会说她是个傻瓜吧。很可能会登广告，招人补她的缺。这下子，加万小姐该高兴啦。平时她总要炫耀自己比伊芙琳高明，特别在旁边有人的时候：

"哎，希尔小姐，难道你没瞧见这些女士在等着吗?"

"希尔小姐，请你提起精神来!"

伊芙琳离开这百货店是不会痛哭流涕的。

可是，在新的家，在那遥远的陌生的地方，情况会多么不同啊！她将结婚——

---

① 选自[爱尔兰]詹姆斯·乔伊斯：《都柏林人》，宗白译，上海，上海译文出版社，1984。

② 贝尔法斯特：爱尔兰东北部重要港市。

③ 圣女玛格丽特·玛丽·阿尔柯克(1647—1690)：法国修女，主张崇拜耶稣圣心。

④ 墨尔本：澳大利亚南部重要港市。

正是她，伊芙琳，人们将尊重她。她不会像妈妈生前那样遭到虐待。她已经十九岁出头了，但即使现在，她有时还会觉得受着父亲暴虐的威胁。她晓得，正是这种感觉使自己心惊胆战的。在孩子们长大的时候，父亲常常对哈利和欧内斯特很粗暴，对她却不这样，因为她是女孩子。可是近来，他竟吓唬说：要不是看在死去的娘面上，就要教训教训她。如今，再没有人来保护她了。欧内斯特早已夭折，哈利干的是装饰教堂的活儿，几乎成天在乡下奔波。此外，每逢礼拜六晚上，为了钱，总免不了一场争吵，这使她说不出地厌倦。她总是把挣来的工资——七个先令——都给家里，哈利也尽量寄些钱来。但最棘手的是向父亲要钱。他说她老是乱花钱，骂她糊里糊涂，还说，他不会把辛辛苦苦赚来的钱给她滥用；他唠唠叨叨讲个没完，周末晚上，他总是不像样的。但最后，他还是把钱给她，边挖苦地问她，是否打算去买礼拜天的饭菜。她只好尽快奔出家门，到菜场去。她手里捏紧黑皮夹子，在熙熙攘攘的人群中挤过去。当她提着沉甸甸的菜篮，回到家时，已经深夜了。她管这个家是很辛劳的。妈妈去世后，就得她来照料两个弟弟，务必让他们准时吃饭，准时上学。真是辛苦的家务——艰难的生活——不过，此刻就要离别了，她却有些依依不舍了。

她将和弗兰克一起去开辟新的生活。弗兰克心地善良、性格开朗，又有男子汉气概。她将乘夜班船随他私奔，做他的妻子，同他到布宜诺斯艾利斯①住下来——他已在那里为她准备好一个家了。她十分清晰地记得他俩初会的情景。那时他寄宿在大街上一户人家里，她以前常去那儿。算来不过是几星期以前的事呢。他独自站在大门口，后脑勺上戴着尖顶帽，蓬松的鬈发披垂在前额，衬出一张古铜色的脸。不久，他们相识了。每晚，两人在百货店外面约会，尔后，他送她回家。他曾带她去看《波希米亚女郎》。他俩坐在剧院里前排座位上，她不禁心花怒放，因为她难得坐在这种雅座上的。他热爱音乐，还能哼上几句。人们都知道他俩在谈恋爱。每当他哼起一支姑娘爱上水手的歌儿时，她总有一种莫名其妙的陶醉的感觉。他常开玩笑似的管她叫“小宝贝”。起先，她为有了个亲密的伙伴很激动，随后，渐渐喜欢他了。他会讲许多遥远的异邦的故事。他原先在艾伦公司驶往加拿大的一艘船上，当一名舱面水手，每月挣一个英镑。他告诉她在哪几条船上呆过，干过哪些活儿。他曾渡过麦哲伦海峡②，因而能给她讲南美那些可怕的巴塔哥尼亚人的故事。他说，在布宜诺斯艾利斯，他走运了，这次回祖国度假来的。自然而然，父亲窥破了他俩的秘密，不许她再跟弗兰克讲一句话了。

“我知道那些水手是什么货色。”他说。

有一天，父亲同弗兰克吵了一场，从此，她只得偷着去会情郎了。

大街上暮色渐浓。搁在她膝盖上的两只白信封变得模糊不清。一封是给哈利的，另一封给父亲。她最喜欢欧内斯特，但也爱哈利。她注意到近来父亲一天天见老了，

---

① 布宜诺斯艾利斯：阿根廷首都。

② 麦哲伦海峡：位于智利南端。

他会想念她的。有时，他会显得很慈爱。不久前，她身子不好，睡了一天。他特意为女儿念了一篇鬼故事，还亲自在炉上替她烘面包片呢。还有一次，那时妈妈还在世，一家人到荷厄斯山去野餐。她还记得，那一回父亲为了逗孩子们发笑，故意戴上了妈妈的女帽呐。

出走的时刻迫在眉睫了，她仍然坐在窗口，头依着窗帘，闻着沾满灰尘的窗帘布的气味。窗下，从大街远处飘来街头艺人拉风琴的乐声。她很熟悉那曲调。不过，奇怪的是，偏偏今夜晚传来了这乐声——使她想起了自己对妈妈许下的诺言：保证尽力支撑这个家。她记得妈妈临终前的情景：她又呆在客厅那边黑幽幽的小屋里，户外，传来一支凄凉的意大利乐曲的琴声。父亲给了那拉风琴的艺人六便士，打发他走开。她还记得，父亲昂首阔步踏进病房，骂道：

"该死的意大利佬！闹到这儿来啦！"

当她沉思的时候，妈妈一生悲惨的景象历历在目，震慑了她的灵魂深处——妈妈在平凡的生活中牺牲了一切，结果竟发疯而死。此刻，她浑身战栗，仿佛又听见母亲疯疯癫癫地不断呓语：

"小乖乖！小乖乖！"①

她吓得惊跳起来。逃！非逃不可！弗兰克会救她的。他会给她美好的生活，也许，还会给她爱情。她渴望生活。为什么她应该受苦?！她有得到幸福的权利。弗兰克会把她搂在怀里，抱住她。弗兰克会救她的。

北墙码头，一片喧嚣，她挤在摩肩接踵的人群里。他握住她的手，她觉得他在跟自己说话，一遍遍讲着漂洋过海的事儿。码头上挤满了掮着棕色行李的士兵。透过码头棚屋宽敞的大门，她瞥见那黑黝黝的庞然大物，停泊在码头墙边，船舷两侧的舱口闪晃着。她不吭一声，只觉得脸上冰冷发白。她感到痛苦而迷惘，不由得祷告上帝，祈求他老人家指点。迷雾中悠然响起呜咽似的汽笛声，不绝如缕。要是真的走了，明天就会在海上，跟弗兰克一起，向布宜诺斯艾利斯驶去。船票已经预订了。事到如今，他为她尽心出力之后，还能反悔吗?！她悼恐得直想吐，不停地嗡动嘴唇，默默地、虔诚地向上帝祝祷。

突然，起航铃噹的一声，她的心怦的一怔。她觉得他抓紧自己的手。

"来！"

刹那间，人间所有的惊涛骇浪在她心头激荡。他在把她拉进波涛中，要把她给淹没了。她双手攥紧铁栅栏。

"来呀！"

不！不！不！决不！她的手狂乱地攫住铁栏。在风涛中，她凄绝地尖叫一声。

---

① 这句原文是"Derevaun Seraun! Derevaun Seraun!"爱尔兰方言，是对亲友等(尤其小辈)亲昵的称呼，意为"我的亲爱的(小宝贝)"。

“伊芙琳！伊薇①！”

他冲出栅栏，一面喊她紧跟。有人对他吆喝，催他快上船，但他仍在喊她。于是，她对他板起一张惨白的脸，无可奈何地，恰如一只走投无路的动物。她茫然瞅着他，目光中既没有恋情，也无惜别之意，仿佛望着一个陌路人。

尤利西斯(节选)②

第三部第十八章

……一刻了什么缺德钟点哟我琢磨中国那边人们现在正起床梳辫子准备开始一天的生活了吧我们这里修女们快敲晨祷钟了她们睡觉倒没有人进去打扰除非偶然有一两个教士去做夜课要不鸡叫时候隔壁的闹钟当啷啷啷的简直要把它自己的脑袋都震破了我来试一试看是不是还能睡一会儿一二三四五他们发明的这些像星星的东西算是什么花哟隆巴德街的壁纸好看多了他给我的围裙也是那种花样只是我不过我只用了两次最好把灯弄低一些再试一试好早点起床我要到芬勒特食品店旁边的兰姆花店去一下叫他们送些花来好把屋子布置布置要是他明天带他来呢不是明天是今天不好不好星期五不吉利首先我要把屋子收拾好灰尘不知道怎么回事自己就长出来了大约是在我睡觉的时候长的吧然后我们可以来点音乐抽抽香烟我可以给他伴奏先得用牛奶擦洗钢琴的键盘我穿什么衣服好呢要不要佩戴一朵白玫瑰不然的话来点儿利普顿公司那种神仙蛋糕吧我喜欢货色齐全的大商店里那种香味七个半便士一磅的要不然另外那种带樱桃和粉色糖层的十一便士的来两磅桌子中央得来一盆好花哪儿的盆花便宜些呢别着急我不久前在哪儿看见来着我爱花恨不得这屋子整个儿都漂在玫瑰花海里才痛快呢天上的天主呀大自然真是没有比的崇山峻岭还有海洋白浪翻滚还有田野真美一片片的燕麦小麦各种各样的东西一群群肥牛悠然自得你看着只觉得心里舒畅河流呀湖泊呀鲜花呀各种各样的形状香味颜色连小沟里也冒出了报春花和紫罗兰这就是大自然要说那些人说什么天主不存在别看他们学问大我说还不值我两个手指打的一个响榧子呢他们为什么不自己试试创造出点什么东西来呢我常和他说那些无神论者还是什么论者的还是先把自己身上那些疙疙瘩瘩的洗净了再说吧再说他们临死他们鬼哭神嚎地找牧师又是为什么呢为什么呢因为他们怕地狱他们做了亏心事可不是吗我可知道这号人谁是宇宙中间比别人都早的第一个人呢谁是开天辟地的人呢究竟是谁呢他们可说不上来我也说不上来这不就结了吗他们还不如去试试挡住太阳让它明天别升起来呢他说太阳是为你放光的那是我们在豪思山头上躺在杜鹃花丛中的那一天他穿的是灰色花呢套服戴着那顶草帽我就是那天弄到他求婚的真的我先还嘴对嘴给了他一点儿茴蒿籽蛋糕那是一个闰年和今年一样真的十六年过去了我的

---

① 伊薇是伊芙琳的昵称。

② 选自[爱尔兰]乔伊斯：《尤利西斯》，金隄译，北京，人民文学出版社，1994。

天主呀那一吻可真是长差点儿把我憋死过去真的他说我是一朵山花真的我们就是花朵女人的身体全都是花朵真的他这辈子总算说出了一个真理还有太阳今天是为你放光真的我就是因为这个才喜欢他的因为我看得出他理解或是感觉到女人是怎么一回事儿而且我知道我总能让他听我的那天我尽给他甜头引他开口求我答应可是我先还不马上回答一个劲儿地眺望海面仰望天空心里想到许许多多他不知道的事情想到马尔维想到斯坦厄普先生想到荷丝特想到父亲想到老格罗夫斯上尉想到那些水手在码头上玩鸟儿飞我说弯腰还有他们叫作洗碟子的游戏总督府门前站岗的头上戴个白色头盔有一道箍可怜的家伙晒得半死不活的还有西班牙姑娘们披着披肩头上插着高高的梳子嘻嘻哈哈的还有清早赶集拍卖什么人都来了有希腊人有犹太人有阿拉伯人整个欧洲还加一条公爵大街什么犄角旮旯儿里的稀奇古怪的人都来了还有家禽市场在拉比沙伦外面一片嘈杂鸡鸭乱叫驴子可怜瞌睡懵懂的尽打滑阴暗处影影绰绰常有人裹着斗篷躺在台阶上睡觉还有运公牛的大车轮子真大还有几千年的古堡真的还有英俊的摩尔人穿一身白衣服脑袋上缠着头巾国王似的气派小不点儿的铺子还请你坐下还有朗达①西班牙客栈古老的窗户两只窥视的眼睛在格子窗后隐匿情人只好吻铁条②夜间酒店都是半开门的还有响板那天晚上我们在阿尔赫西拉斯没有赶上渡轮打更的提着灯笼转悠平安无事哎唷深处的潜流可怕哎唷还有海洋深红的海洋有时候真像火一样的红夕阳西下太壮观了还有阿拉梅达那些花园里的无花果树真的那些别致的小街还有一幢幢桃红的蓝的黄的房子还有一座座玫瑰花园还有茉莉花天竺葵仙人掌少女时代的直布罗陀我在那儿确是一朵山花真的我常像安达卢西亚姑娘们那样在头上插一朵玫瑰花要不我佩戴一朵红的吧好的还想到他在摩尔墙下吻我的情形我想好吧他比别人也不差呀于是我用眼神叫他再求一次真的于是他又问我愿意不愿意真的你就说愿意吧我的山花我呢先伸出两手搂住了他真的然后拉他俯身下来让他的胸膛贴住我的乳房芳香扑鼻真的他的心在狂跳然后真的我才开口答应愿意我愿意真的。

① 朗达为西班牙城市，在直布罗陀东北方向四十余英里处。

② “两只窥视的眼睛在格子窗后隐匿”为上文所提歌词，而西班牙房屋格子窗外往往另有铁栅。

【奥】卡夫卡

弗兰兹·卡夫卡(1883—1924)，奥地利小说家，表现主义文学的代表，对20世纪西方文学有重大影响，被尊为现代派文学的鼻祖。他的重要作品有中短篇小说《判决》《变形记》《乡村医生》《饥饿艺术家》《地洞》《煤桶骑士》等，以及长篇小说《美国》《诉讼》《城堡》。

卡夫卡早在上中学时，就对文学怀有浓厚兴趣，研读过歌德、福楼拜、易卜生的作品，还涉猎了斯宾诺莎、尼采、克尔凯郭尔等人的哲学著作，并深受影响。他的小说具有复杂深邃的内涵，常常传达现代西方社会焦虑、苦闷、绝望、孤独、恐惧的普遍情绪，激发读者对资本主义制度压迫下人的社会存在进行深刻反思。他惯于采用开放式的情节构架，运用寓言、象征、直觉、梦幻、怪诞、悖谬、神秘等艺术手段，其叙述语言鲜明生动、幽默诙谐，形成"卡夫卡式"的独特的写作风格。

《煤桶骑士》写的是一个充满奇幻色彩，又令人心酸的故事。一个天寒地冻的日子，穷人"煤桶骑士"骑着煤桶来到煤店上空，一再恳求煤老板赊给他一铲煤。住在温暖房子里的煤老板只听到含混不清的声音，不明其意。老板妻子不堪其扰，来到屋外，围裙一甩，"煤桶骑士"便被扇到冰山深处，不知所终。小说采用第一人称叙事，表现了人与人之间的不可通融性。

《城堡》写主人公K来到城堡管辖下的一个村庄，力图进入城堡，可怎么也进不去。他想晋见人人皆知的城堡长官C伯爵，可谁也没有见过。他想找城堡当局的负责人克拉姆面谈，想尽办法，如勾引克拉姆的情妇，找村长，给学校当门卫，也没能如愿。最后，K力图与城堡取得联系的一切可能性全都消失了。小说未写完。据作者好友勃洛德说，卡夫卡曾谈到小说的结尾：主人公为进城堡奋斗不息，弥留之际，终于得到城堡谕令，准许他在村子里居住，但不准进入城堡。

本书所选《城堡》的第1章，主要讲述K企图靠近城堡的过程。他投宿在城堡所辖村子的一家酒店里，被要求出示在酒店过夜的证明。他声称自己是城堡雇请的土地测量员，要向上司述职，终于勉强被同意在酒店过夜。第二天一早，他走出酒店，朝城堡方向走去。城堡就位于眼前的小山丘上，不管远看还是近看都"清晰可辨"，但道路迂回曲折，怎么走也走不到城堡所在地，反而离它越来越远。作品开头就制造出悬念，促使读者思考：城堡究竟是一个什么样的地方？它象征着什么？

（朱艳阳　撰稿）

煤桶骑士[①]

煤全用完了，桶里空空如也，铲子毫无用处，炉子呼吸着寒冷，房间里满是寒气。窗前的树木僵在霜冻中，天空像一面银盾，挡住向它求助的人，我一定得有煤，我不能冻死。我后面是冰冷无情的炉子，前面是同样冰冷无情的天空，因为这个缘故，我必须在它们之间快快地骑着煤桶跑，在中间地带找煤炭行老板帮忙。对我一般的求助他已经无动于衷了，我必得向他证明，证明我连一粒煤灰也没有了，因而他对我而言就如同穹苍下的太阳，我到那里的时候，必须像个行将饿死在大户人家门坎上的乞丐，喉头喘着气，使得他家的厨娘肯把最后一点咖啡渣灌进他的嘴里，煤炭行老板也定会这样忿忿然，但在“你不可杀人”这戒律的光芒下，给我的桶铲上满满一铲煤。

这事结果如何就看我的升天之行了，因此我骑着煤桶去，作为煤桶骑士，我的手抓住桶把手这最简陋的辔具，很困难地转着下楼梯到了底下，我的桶就升起来了，真是壮丽无比。趴在地上的骆驼，在主人的棍棒下战栗着站起来的样子，也没有如此壮观。它不慌不忙快步走过冰冻的巷子；我常被托到二楼那么高，从未降到大门那么低。在那煤炭行的地窖穹隆前我就飘得出奇的高，在这地窖里，他正蹲伏在小桌前书写着，屋里过热，他开着门好让热气散掉。

“煤店老板!”我用被寒冷掏空了的声音叫他。哈出的气包围着我。“老板，请给我一点煤。我的煤桶整个儿空了，我都可以骑它了，行行好吧，我一有钱立刻就还你。”

煤炭商把手搁到耳朵上，“我没听错吧?”他回头顺过肩膀问他的妻子，她坐在炉旁的长凳上织毛衣。“我没听错吧？有顾客。”

“我什么也没听见,”他的妻子说。她很舒服地背靠炉火，安安静静地打着毛线活儿。

“对呀,”我喊道，“是我呀，一个忠心的老顾客，十分忠心，只不过目前不名一文。”

“老婆,”煤炭商说，“是的，是有人，我不至于错得那么离谱的，一定是个老顾客，非常老的顾客，他知道用话打动我的心。”

“你是怎么了？老公,”妻子说，她停了一会儿，把毛线活儿搂在胸前，“没有人来，巷子是空的，我们所有的顾客都备好煤了，我们大可关几天门休息休息。”

“可我是在这儿的呀，我坐在桶上。”我喊道，寒气把我弄得泪眼模糊。“请往上看看，你们立刻就会发现我的，我想求你们给我一铲煤。如果肯给两铲，那我可就喜出望外了。所有其他顾客都已有煤了。啊！如果能听到煤劈劈啪啪倒入桶的声音该有多好啊!”

① 选自[奥]弗朗茨·卡夫卡：《卡夫卡小说全集》(3)，谢莹莹译，北京，人民文学出版社，2003。

“我就来。”煤炭商说着就抬起他那短短的腿要上地窖楼梯，可是他的妻子已经到了他身旁，拉住他的手臂说：“你留在这儿，如果你一定要固执到底，那我就上去。自己想想，你昨晚咳得多厉害。可是，为了一笔生意，即使是一笔想象的生意，你就忘记老婆孩子，连自己的肺也不顾。我去。”“那你就把我们有些什么存货都告诉他，我在底下把价格喊给你听。”“行。”妻子说着就上到巷子里来。她自然一下子就看到我了。“煤炭嫂，”我喊道，“致以忠诚的问候，就一铲煤，直接装进这桶里，我自己送回家去，一铲最次的煤，钱我自然会照数全付的，只不过不能立刻付，不能立刻。”这两句“不能立刻”是什么样的钟声啊，和近处教堂传来的晚钟声搅在一起又是多么扰人心绪啊！

“他要的是什么呀？”煤炭商喊着问。“没要什么，”妇人喊着回答，“根本没人，我看不到什么，听不到什么，只不过是响了六点钟，我们可以关门了。天冷得要死，明天我们肯定事情少不了。”

她看不到什么，听不到什么，然而，她还是解下围裙，想用它把我赶走，要命的是她如愿了。我的煤桶具备良好坐骑的一切长处。只是，它没有抵抗力，它太轻了，被一条女人的围裙一赶它就站不住脚了。

“你这恶毒的女人，”当她一边转身回店，一边不屑而又满意地向空中挥打着时，我对她喊道，“你这恶毒的女人！我请求你给一铲最次的煤，而你就是不给我。”就此我升入冰山之域，永远消失于其中。

城堡(节选)①

第一章

K到达时，已经入夜了。村子被厚厚的积雪覆盖着。城堡所在的山冈连影子也不见，浓雾和黑暗包围着它，也没有丝毫光亮让人能约略猜出那巨大城堡的方位。K久久伫立在从大路通往村子的木桥上，举目凝视着眼前似乎是空荡荡的一片夜色。

然后他去找过夜的地方；酒店里人们还都没有睡，店老板虽然无房出租，但在对这位晚客的突然到来感到极度惊讶和惶乱之余，还是愿意让他在店堂里一个装稻草的口袋上睡觉，K同意这一安排。有几个农民还在喝啤酒，但他无意同任何人交谈，便自己去阁楼上把草袋搬下来，在炉子附近躺下了。屋里很暖和，那几个农民说话声音很低，他用困倦的双眼打量了他们一番便倒头睡下了。

然而没有多久他便被吵醒了。这时只见一个城里人装束、长着一副演员似的面孔、浓眉细眼的年轻人同店老板一起站在他身边。那些农民也都还没有走，其中几个把椅子转过来对着他们，以便看得更清、听得更真些。年轻人为吵醒了K而十分客气地向他道歉，自我介绍说，他是城堡主事的儿子，然后说道：“这村子是城堡的

① 选自[奥地利]弗朗茨·卡夫卡：《城堡》，赵蓉恒译，上海，上海译文出版社，2010。

产业，凡是在这里居住或过夜的，从某种意义上讲也算是在城堡居住或过夜，没有伯爵大人的许可，谁也不能在此居留。可是您并没有得到这样的许可，至少您并没有出示这样的证明嘛。”

K 半坐起身子，捋了捋头发，仰头看着众人说道：“我迷了路，这是摸到哪个村子来了？这里是有一座城堡吗？”

“那还用问，”年轻人慢条斯理地说，这时店堂各处都有人大惑不解地冲着 K 摇头，“这里是伯爵大人威斯特威斯的城堡。”

“一定要得到许可才能在这儿过夜吗？”K 问道，似乎想弄清刚才他听到的那些话是不是在做梦。

答话是：“是必须得到许可才行。”紧接着这个年轻人伸出胳臂，向店老板和酒客们问道：“难道竟有什么人可以不必得到许可吗？”那话音和神态里，包含着对 K 的强烈嘲笑。

“那么我只好现在去讨要许可了。”K 打着哈欠说，一面推开被子，似乎想站起来。

“向谁去讨要？”年轻人问。

“向伯爵大人，”K 答道，“恐怕没有什么别的法子了吧。”

“现在，半夜三更去向伯爵大人讨要许可？”年轻人叫道，后退了一步。

“这不行吗？”K 神色泰然地说，“那么您为什么叫醒我？”

这时年轻人憋不住火了。“真是活脱脱一副盲流口吻！”他喊叫起来，“伯爵衙门的尊严必须维护！我叫醒您是想告诉您：您必须立即离开伯爵领地！”

“好了，戏做够了吧。”K 用异常轻的声音说，接着又躺下去，拉过被子盖在身上，“年轻人，您太过分了点，我明天还要再考虑考虑您今天的表现的。如果一定要见证的话，酒店老板和这里的各位先生就可以做证。现在请您听清楚：我是伯爵招聘来的土地测量员，明天我的助手就要带着仪器乘车随后跟来。我因为不想失去这个踏雪觅途的好机会，所以步行前来，可惜几次迷路，才到得这样晚。现在到城堡去报到时间已经太迟，这一点我自己很清楚，用不着您来赐教。正因为这样我才勉强在这草袋上凑合过夜，而您竟然——客气点说吧——举止失礼，打搅我休息。好了，我的话说完了，晚安，诸位先生！”说到这里 K 翻了一个身，转向炉子去了。“土地测量员？”他听见背后有人将信将疑地发问，过后又无人作声。然而不久那位年轻人便克制住自己，用压低了的——低到可以被看作是为了照顾 K 的睡眠，然而又大到能让他听清楚的声音对老板说道：“我现在就打电话去问一下。”怎么，在这个乡村小酒店里居然还有电话？唔，设备还真够齐全的。这些事，一件一件地听来也使 K 感到惊奇，不过总起来却又在他的意料之中。他发现，电话差不多正好摆在他的头顶上方，刚才他睡眼惺忪，没有注意到。现在，如果年轻人一定要打电话，那么他无论如何不能不打搅 K 的睡眠，问题只在于 K 让不让他打这个电话，K 决定还是让他打。可是这样一来，在底下装睡便没有什么意思了，于是 K 又恢复了仰卧的姿式。他看见农民们怯怯地聚到一起，嘁嘁喳喳议论，看来土地测量员的到来不是一件小事。这时厨房的门早已打开，膀大腰圆的老板娘站在那里几乎把门框塞满，店老板踮着脚尖走到她跟前去告诉她刚才发生的一切。现在，电话接通，开始通话了，城堡主事已经就寝，是一位副主事——数位副主事当中某位名叫弗里茨的老爷——在那边接电话。年轻人自报姓名，说是叫施瓦尔策，接着便说他发现有一个名叫 K 的三十多岁的男子，衣冠不整，心安理得地在酒店里一个草袋上睡觉，枕着一个小得可怜的背囊，手边放着一根拐杖。他施瓦尔策自然觉得此人形迹可疑，而因为店主在这件事上显然失职，他施瓦尔策当然就责无旁贷地要过问此事，查明情况了。对于被叫醒盘问，对于他施瓦尔策按职责惯例做出的要将 K 逐出伯爵领地的警告，K 的反应是很不耐烦，总之看起来火气不小，然而也许不无道理，因为他自称是伯爵大人聘来的土地测量员。在这种情况下，当然至少从例行手续上看有必要对他的话进行核实，因此，他施瓦尔策恳请弗里茨老爷向城堡总办公厅询问一下是否确有这样一位土地测量员应聘前来，并请将答复立即电话告知。

电话打完店堂里便安静下来，弗里茨在那边询问，这边在等着回话。K 的神态一如既往，连头也不回，看样子一点也不急于知道结果如何，两眼茫然直视前方。施瓦尔策对事情的描述是一种不怀好意和谨小慎微的混合物，这番话给了 K 一种印象：城堡里连施瓦尔策这样的小人物也能很容易得到可说是外交手腕方面的训练。另外，看起来那里的人也绝不偷懒；你看，总办公厅有人上夜班呢。而且显然很快就做出回答，因为这时弗里茨打电话来了。不过，好像这个回话太简短，因为施瓦尔策马上又气呼呼地把听筒挂上。“我早就说了嘛!”他大声叫道，“土地测量员，连影子也没有！这人真是个卑鄙的、信口雌黄的流浪汉，说不定还更坏呢!”此时 K 脑子里闪过一个念头，他想：所有的人，就是施瓦尔策、那些农民，还有店老板、老板娘，眼看就要向他猛扑过来。为了至少避一避这个凶猛的势头，他从头到脚，整个儿蜷缩到被窝里面去了。这时电话铃又响起来，而且，K 觉得声音特别急促响亮。于是他又把头从被子里慢慢伸出来。虽然电话几乎不可能仍是涉及 K 的事情，但所有的人还是一下子突然肃静下来，施瓦尔策则回到电话机旁去。他站在那儿耐心地听完了一番较长的解释之后，低声说道：“那么是弄错了？我实在是太难为情。办公厅主任亲自打来了电话？真是怪事，真是怪事。我该怎么向土地测量员先生解释才好呢?”

K 听了这些话精神为之一振。这么说，城堡已经任命他为土地测量员了。这个情况一方面对他不利，因为它表明，城堡已经了解他的底细，在反复掂量了双方的力量对比之后，决定成竹在胸地开始同他较量。可是另一方面，情况又对他有利，因为在他看来这同时也证明对方低估了他，他将会有兴许比他自己起初敢于希冀的还要更多的一些自由。并且，如果以为通过这从心理战来看不能不说是高明的一着，即公开承认他的土地测量员身份，就能使他经常处于诚惶诚恐、心惊胆战的状态的话，那他们就错了；这一官方认可使他吃了一惊，但也就只此而已。

对于羞怯地向他走来的施瓦尔策，K 摆手示意他不必过来了；此刻人们忙不迭地恳求他赶快搬到古板的房里去住，他也拒绝了，只是接受了老板递给他的一杯催眠饮料，又从老板娘手里接过一盆水、肥皂和毛巾。现在根本用不着他开口叫人离开店堂，原来这时所有的人都把脸背过去使劲往外挤，可能是怕明天被他认出来吧。关灯之后，他终于可以休息了。他睡得很香，除了一两次被跑过的老鼠惊醒之外，一直睡到第二天早晨。

早饭后——这顿早餐以及他的全部膳食，据老板说都将由城堡支付——他打算马上就到村里去。但由于老板带着乞求的目光不断围着他转——想到他昨天的表现，K到目前为止只同这位老板说了几句非说不可的话，他觉得这人挺可怜的，就让他在自己身边小坐一会儿。

“我还不认识伯爵，”K说道，“据说他对于工作好的人给的报酬是很高的，对吗？谁要是像我这样扔下妻子儿女远走他乡，总是想带点什么东西回去的吧。”

“在这方面，大人可以不必担心，这里还没有听到谁抱怨报酬低呢。”——“唔，”K说，“我这个人可不是那种胆小怕事的，就是对一位伯爵，我也有什么说什么，不过同这里的老爷们当然还是心平气和地打交道要好得多。”

老板坐在K对面窗台的边沿上，他不敢坐得更舒服些，这段时间一直瞪大他那双褐色的眼睛战战兢兢地紧盯住K，先前他是唯恐挤不到K的身边，现在呢，看来恨不得马上就溜之大吉。他是害怕被详细诘问关于伯爵的情况呢，还是怕他心目中的“大人”K靠不住？K必须给他打打岔。他看了看钟说道：“我的助手们很快就要到了，你这里有地方给他们住吗？”

“当然有，大人，”他说，“可是他们不跟你一块儿住在城堡里吗？”

难道他就是这么轻松愉快地放弃顾客，特别是放弃K，非要提醒他到城堡里去住不成？

“这还不一定，”K说，“首先我得弄清给我安排什么工作。万一需要我在这下面工作，那么住在下面也更明智些。另外我担心，我可能不适应上面城堡里的生活，我想永远自由自在的。”

“你不了解城堡。”老板轻声说。

“当然，”K说，“不能过早下断语。目前，我对城堡所知道的只有一点，就是那里的人善于挑选一个合适的土地测量员。或许那里还有另外一些优点吧。”说到这里他站起身，以便解脱那个不知所措地一个劲咬嘴唇的老板。要赢得这个人的信任是颇为不易的呵。

离开酒店时，墙上一个深色像框里的一幅黑乎乎的肖像画引起了K的注意。早先他从睡觉的地方就已经看见它，可是因为距离太远，看不清细部，便以为原来框中的画像已被拿走，眼前见到的只是一层黑色的衬板而已，但现在看上去那确是一张画像，是一个五十岁左右的男子的半身像。他的头向前胸低低垂下，使人几乎看不到他的眼睛，他所以低头，主要原因似乎是那高高突出的过于沉重的前额和那又长又大的鹰钩鼻子。他的大胡子由于头的姿势而被下巴压扁了，往下就向两旁铺开去。左手扶着头，手指叉开伸进厚实的头发里，但已无法把头撑起来。“这是谁？”K问道，“是伯爵吗？”K站在画像前，根本不回头看老板一眼。“不是，”老板说，“这是主事。"——"城堡里真是有一位相貌堂堂的主事呢，"K说，"可惜他的儿子太不争气了。""不是的，"老板说，一面将K拉到自己身边把嘴凑到他耳边悄悄说："施瓦尔策昨天是高抬自己了，他父亲只是副主事，而且还是好多个副主事中末几个里面的。"此刻K觉得老板像个孩子。"这个混账东西！"K笑着说，然而老板并不跟着笑，却一本正经地说："不过他的父亲也很厉害，能呼风唤雨呢。"——"去你的吧！"K说，"在你眼里谁都能呼风唤雨，都很厉害，也包括我吧？"——"你，"他有些胆怯而又很严肃地说，"我并不觉得你厉害。"——"看起来你还挺会看人，"K说，"因为，对你说句心里话：我的确不是个厉害人。所以我在那些呼风唤雨的厉害人面前感到的诚惶诚恐大概不亚于你。只是我没有你那么老实，有时候不愿意承认这一点罢了。"为了安慰老板并表现得亲切一些，K轻轻拍了拍他的脸。现在老板总算有点笑意了。他真还是个孩子，圆乎乎的脸上没有几根胡子。真不明白，他是怎么和那个相当显老的大块头女人结为夫妻的？——这时候可以从一个门镜里看见她在隔壁厨房里甩开膀子大干呢。但K不想再追问他什么，免得把好不容易才引出来的微笑又吓回去。所以他只是用手示意老板把门打开，然后就走了出去，进入冬日一片美丽的晨曦之中。

此刻，他在明澈的空气中看清了城堡的轮廓，且由于那层山上处处皆是的薄薄的积雪把任何物体的形状都勾勒出来，形状益发明晰可辨了。山上的积雪看来比村里少得多。K此时在村里踏雪前进，并不比昨天在大路上省力。这里的积雪一直堆到与那些简陋小屋的窗户齐高，稍往上一点，低矮的屋顶上也沉甸甸地堆满了雪，而山上的那些建筑物，却都那么自由自在、轻松愉快地挺立着，至少从这里看上去的印象是如此吧。

站在这里，从远处看去，城堡的外观大体与K的预料相符。它既不是一座古老的骑士城堡，也不是一座新式的豪华建筑，而是一座宽阔的宫苑，其中两层楼房为数不多，倒是有许许多多鳞次栉比的低矮建筑；如果事先不知道这是一座城堡，那么可能会以为它不过是一个小城镇。K只看见一座塔，它究竟是属于一所住宅还是属于一所教堂，就无法看清了。一群群乌鸦在围着它盘旋。

K心里什么别的都不想，两眼看准城堡继续朝前走。但是愈走近城堡，他就愈觉失望，那的确不过是一个相当寒酸的、看去全是一色普通村舍的小城镇，只有一个优点，就是或许所有的房子全是石结构的；但是墙上的灰泥早已掉光，砌墙的石块看来也开始剥落了。K蓦地想起了自己的家乡小镇，它同这座所谓城堡相比几乎毫无逊色。如果K的目的只是观光，那么长途跋涉来到此地便太不值得，倒不如重访自己多年未归的故里更明智些呢。于是他在心中将家乡那座教堂的塔同眼前山上的塔做了一番比较。家乡那座塔从低到高、由粗而细笔直伸向天空，塔顶较宽，红瓦覆盖，诚然仍是一座不能超凡脱俗的建筑——我们凡人还能盖出什么别的样式来呢？——但它比周围大片低矮房屋有着更崇高的目标，比人间那晦暗的终日劳碌，具有更明朗的意态。然而这里山上这座塔呢——这是此处唯一可见的塔，现在已能看清是一所住宅的塔，说不定就是城堡主楼的塔，它是一座单调的圆形建筑，部分蒙常春藤垂青加以覆盖，塔身有不少小窗子，此时在阳光下发出刺眼的反光——这使人觉得有些荒唐。塔顶类似阁楼，其雉堞瑟瑟缩缩、杂乱无章、残颓破败地戳向蓝天，就好像是一个害怕画错或是很不认真的孩子信手涂鸦胡乱画上去似的。面对这景象，人有一种感觉，仿佛这楼中有一个忧心忡忡的居民，按理本应老老实实地把自己关在楼中最偏僻的角落向隅而泣，现在居然冲破楼顶，探出身来向全世界亮相了。

K再次停下步来，似乎停下步子能增加他对眼前景象的判断能力。然而这时他受到了干扰。他站住的地方离村教堂(其实这不过是个小礼拜堂而已，只是像仓库似的扩建了一下，以便能容纳全村的教民)不远，教堂后面就是村子的小学。这学校是一座长长的低矮楼房，奇怪的是它给人一种既是临时应急又非常古老的印象，楼前有一座围了铁栏杆、眼下是一片白雪覆盖着的花园。这时孩子们正好同老师一起从楼里走出来。一大群孩子把老师团团围住，每双眼睛都盯着他，从四面八方对他哇啦哇啦地唠叨个不住，K一点听不清他们那连珠炮似的话。这位老师是个年轻人，小个子，窄肩膀，不过样子并不可笑，身子直挺挺的，他从老远处一眼就看到了K，当然，除了他和他的一群学生之外，K是这方圆数里内目力所及惟一可见的人。K作为一个外乡人，首先打招呼问好，更何况是向这个在这里享有相当权威的小个子男人呢。“你好，老师!”他说。这话一出口，孩子们一下子就鸦雀无声，这突然的肃静作为他开口说话的先导，看样子使这位老师颇为得意。“您在观看城堡吗?”他问这问题时的态度，比K预料的要和蔼些，然而那语气似乎不赞同K这样做。“是的，”K说，“我不是本地人，是昨天晚上才到村里的。”——“您不喜欢这城堡吗?”教师很快又问。“什么?”K反问一句，有点震惊，然后用比较温和的语气重复那个问题：“我喜不喜欢这城堡吗？为什么您要猜想我不喜欢它呢?”——“没有一个外乡人喜欢它。”教师说。为了避免在这里说出一些不中听的话，K改变话题问：“您大概认识伯爵吧?”——“不认识。”教师说着便准备扭头走开。然而K并不罢休，他追问道：“什么?您不认识伯爵?”——“我怎么会认识他?”教师低声说，然后便用法语大声补充道：“请您考虑一下这里有这么些天真无知的孩子在旁边。”K听到这话便抓住时机问道：“老师，我可以拜访拜访您吗？我打算在这里待较长时间，可我现在就感到有点孤单了；我既不是农民中的一员，大概也不能算是城堡中的一员吧。”——“农民和城堡没有太大的区别。”教师说。“也许是这样，”K说，“可这丝毫改变不了我的处境。我可以拜访拜访您吗?”——“我住在天鹅巷肉铺。”虽然这话听起来只像是在说出住址，而不是发出邀请，K仍然说道：“好的，我一定来。”教师点点头，就同这时突然又大吵大嚷起来的孩子们一起继续走他的路了。不久，他们便消失在一条地势陡然下降的小巷里。

然而K现在却有些心神不宁，这次谈话使他心中颇感不快。自从到达此地以来，他现在第一次感到真正的疲倦了。到这里来的这一段很远的路，本来好像并不使他感觉吃力，这些天来，他是怎样日复一日、从容不迫、一步一步地走过来的啊！——可是现在呢，过度紧张的后果到底还是显现出来了，无疑，来得真不是时候。他感到一种不可抗拒的强烈冲动，希望在这里尽量多结识一些人，但是每认识一个人都增添他一份倦意。他想，在他今天这种竞技状态下，如果能咬牙坚持这次步行，至少走到城堡大门，那就已经是了不起的成绩了。

于是他又继续前行，但是路仍然很长。走着走着他发现，这条同时是村子主要街道的大路并不是通到城堡所在的山上去的，它只通到城堡近处，虽然眼看快到山脚下了，却像故意作弄人似的在那里拐了弯，然后，尽管沿它走下去并不会离城堡越来越远，却怎么也无法再接近它一步。K一直在期待着这条大路最终总会拐进城堡里去，也仅仅因为他抱有这一期望，他才不住地往前走；显然由于他感觉疲劳，才没有毅然决然离开它，另外，这个其长无比的村子也使他惊诧不已，它没有尽头，大路两边老是出现同样的小房子、冻了冰的窗户、厚厚的积雪，一个人影都不见——最后他终于还是下决心离开这条缠人磨人的大路，转进一条狭窄的小巷，这里雪更厚，把陷进雪里的脚拔出来艰巨异常，累得他满身大汗，突然间他站住了，再也走不动了。

细想起来，他倒也并不完全孤单，左右两旁不都是农舍吗？于是他捏了一个雪球，向一扇窗户掷去，门应声开了——这是他在村子里走了这大半天第一道打开的门——一个老农，身穿棕色皮夹克，头歪向一边，和蔼可亲地、颤巍巍地站在那里。“我可以到您屋里歇一会儿吗？”K说，“我太累了。”他完全没有听清老头说些什么，只是感激地接受了老者的好心：给他推过来一块木板，这木板当即把深陷雪中难以自拔的他救了出来，只跨过了三五步，他就进了老农屋里。

屋子挺大，笼罩在一片朦胧的光线中。刚从外面进来的K一时什么也看不见。他趔趄几步，快撞到一个洗衣盆时，一只女人的手拉住了他。从屋子的一角传来好几个孩子的叫嚷声。从另一个角落则涌出滚滚烟雾，使本来就半明半暗的屋子变成一片漆黑。K如置身云雾中。“他喝醉了。”有人说。“您是谁？”另一个声音厉声喝问，然后大概是冲着老头问：“你为什么把他放进来？难道可以把大街小巷里东溜西窜的什么乱七八糟的人都放进来吗？”——“我是伯爵的土地测量员。”K说，试图用这话在那些直到现在仍惟闻其声不见其人的主人面前为自己辩护一下。“哦，原来是土地测量员。”这时响起的是一个女声，继之而来的是全然的寂静。“你们听说过我？”K问道。“当然。”同一个声音简短地答道。人家听说过他，这好像不是在抬举他吧。

浓烟终于稍稍散去了一些，K渐渐可以辨认四周了。看来今天是个大洗涤的日子。离门不远处有人在洗衣服，但雾气是来自屋子另一角，那里放着一个很大的木澡盆，K还从未见过这么大的澡盆——约有两张床那么大，两个男人泡在热气腾腾的水里洗澡。然而更加令人惊奇、可又弄不清究竟是什么东西使人惊奇的，是屋子右边那个角落。屋子后墙上有一个大缺口，通过这后墙上唯一的开口处，兴许是从院子里吧，射进来一道煞白的雪光，使一个坐在角落处一把高高的靠椅里、面带倦容的女人身上穿的衣服发出一种类乎丝绸的光亮。这女人怀里抱着一个婴儿，她四周有几个孩子在玩耍，显然都是农家孩子，但她似乎同他们并不属于一类人，当然，疾病和疲倦，也能使农民变得高雅些的。

“您请坐吧。”两个男人中的一个说，这人一脸络腮胡外加两髭向上翘起的小胡子，不断张着嘴喘气，他从水里伸出手，越过盆边——那副样子颇为滑稽——向一个大木箱指去，甩了K一脸热水。木箱上已经坐着一个人，正是那个把K放进来的老头，在那里发愣。对自己终于可以坐下来，K心里很是感激。现在没有人再理睬他了。在洗衣盆旁边的那个女人头发金黄，青春焕发，边洗边轻声哼着小曲，澡盆里的男人则不停地蹬腿翻身，孩子们想到他们跟前去，但一再被盆里溅出的大量洗澡水打退，K也未能幸免，靠椅里的女人泥塑木雕似的靠在椅背上，甚至连胸前的孩子她也不低头看上一眼，而只是视而不见地仰望空中。

K盯着她——这尊凝滞不动的、美丽、忧郁的雕像——大概看了好久，然后他一定是睡着了，因为当他听见有人大声叫他而猛可惊醒时，他的头是枕在他身旁的老者肩上的。这时两个男人早已洗完澡，穿好衣服站在K面前，澡盆里现在是孩子们在金发女人的看管下扑腾了。现在看来，两个男人中那个大嗓门的大胡子是地位低一些的。另一个的个头不比大胡子高，胡须也少得多，是个少言寡语、从容思考的人，他身材矮胖，长着一张宽脸，老是低着头。"土地测量员先生，"他说，"您不可以老待在这里，请原谅我的失礼。"——"我也不打算在这里待下去，"K说，"只是想稍稍休息一下。现在已经休息过了，我这就走。"——"您大概奇怪我们这里不太殷勤好客吧，"那人说，"我们这里可没有殷勤好客的习惯，我们是不需要客人的。"K小寐以后觉得精神稍好，注意力也比先前容易集中一些，听到这些直率的话很高兴。他行动不那么拘谨了，用手杖一会儿拄拄这，一会儿拄拄那，然后向靠椅里的女人走了过去。他也是这屋里个子最高的。

"不错，"K说，"你们要客人干什么呢。不过恐怕间或也会需要个把人的，比如我，土地测量员。"——"这个我不知道，"男人慢吞吞地说，"既然叫您来，那么大概是需要您，这可能是个例外，可我们呢，我们这些小老百姓，我们是按常规办事，这一点您不能怪我们。"——"哪里，哪里，"K说，"我对您只有感谢，对您和这里所有的人。"这时，出乎众人的意料，K突然嗖地一跳转过身去，站在那女人面前了。她用失神的蓝眼睛看着K，一块透明的真丝头巾一直盖到她前额正中，婴儿已在她怀里睡着了。"你是谁?"K问道。她拂袖——究竟这一轻蔑的表示是针对K的还是针对她自己的回答，弄不清楚——答道："一个从城堡来的少女。"

这一切只是一瞬间的事。现在K发现自己已经一左一右夹在两个男人中间并被——好像根本没有别的交流思想的办法——一声不响地但却是用尽全力地拽到门边来。老头儿这时不知在乐什么，高兴得拍手。洗衣女人也在突然拼命吵嚷起来的孩子们旁边格格笑了。

可是K呢，不久后又站在门外小巷里，那两个男人站在门坎上紧盯着他。又下起了雪，尽管如此天似乎比原先明亮了一点。大胡子不耐烦地叫道："您要上哪儿?这边通城堡，这边通村里。"K不回答他，却冲着另外那个，虽然地位优于头一个，但给K的印象更随和些的男人问道："您是谁?我应该感谢谁让我在这儿待了一阵呢?"——"我是鞣皮匠拉塞曼，"他答道，"可是您用不着感谢谁。"——"好吧，"K说，"也许我们还会再见面的。"——"我看不会了。"那人说。这时大胡子突然举起手叫道：

"你好，阿图尔，你好，耶里米亚!"K 回头看，原来在这个村子的小巷里毕竟还是能见到人的！从城堡方向走来两个中等个子的年轻人，两人都是瘦溜身材，衣服紧绷在身上，样子长得也非常相像。两人的脸均呈深棕色，但黝黑的山羊胡子仍与脸色形成强烈的反差。就目前的路面条件而言，他们走路的速度快得惊人，细长的腿有节奏地嚓嚓地踏雪前进。"你们有什么事?"大胡子叫道。同他们交谈只能大声嚷嚷，因为他们走得飞快，又不停步。"公事!"他们笑着回头叫道。"到哪儿去?"——"酒店。"——"我也去那儿!"K 突然用比别人更大的嗓门大喊，他迫切希望这两人带他一起去；虽说认识这两个人他觉得对他并没有太多的好处，但他们显然可以成为消除路途寂寞的好伙伴。两人听见了 K 的话，但并不停下，只是点了点头就快步从他身边走过去了。

K 始终还站在雪地里，他现在没有雅兴把腿从雪里使劲拔出来，然后又让它在前面一小步远的地方重新深深陷进去；鞣皮匠和他的同伴呢，由于最后总算是把 K 扫地出门而露出满意之色，这时一面不断回头看 K，一面慢慢地从那仅开着一条缝的门轻轻缩回屋去，于是，K 又是孤身一人站在漫天飞舞的雪片包围之中了。"如果我不是有目的地到这里来，而是意外地发现自己站在这个地方的话，"他蓦地寻思，"那真有点山穷水尽的味道呢。"

这时，他左手边一座简陋房舍的一扇很小的窗子开了；关闭时，也许是由于雪的反光吧，这窗子呈深蓝色，它极小，以致现在打开时也不能看到那个往外窥视的人的整个脸庞，而只能瞥见他的一双眼睛，一双褐色的老人眼睛。"他站在那儿呢。"K 听到一个颤抖的女声在说。"那是土地测量员。"一个男声说道。然后，男人便走到窗前向外问话了，那语气并非不友好，然而却让人明白觉出他很在乎自家房前街上不能出任何差错："您在等什么人?"——"等着来一辆雪橇让我搭车走。"K 说。"这里不会有雪橇来，"那男人说，"这里没有什么车辆来往。"——"那不是通向城堡的大路吗?"K 提出异议。"是又怎么样，不是又怎么样，"男人话音里透露出某种铁面无情的意味，"这里没有车辆来往。"然后两人都沉默了。但那男人显然还在考虑什么，因为他始终没有关上窗子——窗里现在冒出了烟。"这路很不好走啊。"K 又说一句，为的是促使他的考虑快些得出结果。

可那人只说了句："是啊，确实很不好走。"

但是过了一小会儿他终究还是又开口了："如果您愿意，我就用我的雪橇送您吧。"——"那太好了，"K 喜不自胜地说，"您要多少钱？——""不收钱。"那人说。K 惊讶不已。"您是土地测量员啊，"那人解释道，"是城堡的人嘛。您要上哪儿去?"——"到城堡里去。"K 应声立即答道。"那我就不去了。"男人马上说。"我不是城堡的人嘛。"K 重复那人自己说过的话。"是也不去，"男人还是拒绝。"那么您送我去酒店吧。"K 说。"好的，"那人说，"我去套了雪橇马上就来。"这场谈话给人的印象不是特别友好、助人为乐，而是令人感到对方抱着一种自私的目的，他谨小慎微地几乎是挖空心思要把 K 从他门前这块地方弄走。

院门开处，一辆什么座位都没有的平板轻便载重雪橇，由一匹瘦弱的小马拉着出来了，那男人紧随在后，躬腰，虚弱，一瘸一拐地走着，那张瘦脸冻得通红，又看得出在患鼻伤风，一条毛围巾把头和脖子紧紧裹住，使这张脸显得特别小。这人显然有病，仅仅为了能把K赶快送走而勉为其难地出门。K谈起这一点时，那人摆摆手叫他别说了，K从他口里摸到的情况只有：他叫盖尔斯泰克，是个赶车的，另外就是他所以套这辆不方便乘坐的雪橇，是因为它正好放在那里没人用，而如果要去拉另一辆出来就太费时间了。“您坐下吧。”他用鞭子指着雪橇后部说。“我要坐在您旁边。”K说。“我走路。”盖尔斯泰克说。“为什么呀?”K问。“我走路。”盖尔斯泰克重复说那句话，说完突然大声咳嗽起来，震得他只好两腿叉开支在雪地里，双手紧紧扶住雪橇的边沿。K不再说什么，坐到雪橇后部，咳嗽渐渐平息下去，他们上路了。

山上的城堡这时奇怪地暗下来，K本来希望在今天之内到达那里，现在它又越来越远了。但是，仿佛要向他做出一个暂时告别的表示，那里响起了钟声，欢快、急速的钟声，这钟声至少使他的心有一刹那的悸动，似乎在警告——因为它也使他听着揪心——他，他心中那朦胧的渴望就要变成现实降临到他头上！但不久之后，这大钟便悄然止息，接替它的是微弱而单调的铃声，这铃声也许来自山上，也许就是从村里传来的。这丁丁零零的声音自然与他们缓慢的雪地行进更为协调，也与那个可怜兮兮但却铁面无情的车夫显得更合拍些。

“喂，”K突然叫道——这时他们已经到了村教堂附近，离酒店已没有多少路，K没有必要再缩手缩脚了，“我非常奇怪，你为什么胆敢自作主张用雪橇拉着我到处跑，难道上头准许你这样做吗?”盖尔斯泰克对此不予理会，心安理得地继续在小马旁边走着。“嗨!”K又一次叫他，同时从雪橇上抓了一把雪攒成一团向盖尔斯泰克扔去，正中他的耳朵。现在他站住了，回过身来；但是，当K从近处细看他时——因为雪橇又向前滑行了一小段——当他看到这个躬腰驼背，可以说是备受折磨的人，看到他冻红了的、疲惫不堪的瘦脸上似乎不对称的、一边平一边凹的两颊，看到他大张着呼哧呼哧喘气的嘴，以及嘴里仅有的七零八落的几颗牙齿时，他不得不把刚才气头上说的话又用同情的语调重复一遍，即问盖尔斯泰克，是否会因为送了他而受到处罚。“您想要什么?”盖尔斯泰克问，他根本没听懂K的问题，但也不等他再做解释，就吆喝牲口，继续驱车前行了。

【英】劳伦斯

戴维·赫伯特·劳伦斯(1885—1930)是20世纪英国著名小说家、诗人，他短暂的一生创作了12部长篇小说、70余篇中短篇小说、近千首诗和大量其他类型的作品。代表作有长篇小说《儿子与情人》《虹》《恋爱中的女人》《查泰莱夫人的情人》，中短篇小说《普鲁士军官》《菊花的幽香》《狐》等。

劳伦斯深受20世纪初以尼采、叔本华、弗洛伊德等人为代表的非理性主义思潮的影响，本质上属于现代主义作家。劳伦斯是工业文明坚定的批判者，他认为工业文明的根本缺陷是使人社会化和机械化，压抑了人的直觉、本能和欲望，使人的生命能量枯竭。从这一立场出发，劳伦斯深刻地表现了男女两性关系，挖掘了人的非理性心理世界，描绘出西方现代文明崩溃的整体图景，并为探索人类走出荒原的道路殚精竭虑。他的小说文字质朴凝练，叙事活泼有力，自然景色的描绘富有诗意和情趣。

《虹》以家族史的方式展开故事，叙述了布朗文家族三代人的情感经历和生活变迁。第一代汤姆·布朗文是个忠厚诚实的农民，娶了一位寡居的波兰女子莉迪亚为妻。二人经过一些时日的适应、磨合，终于建立起了较为理想的两性关系。莉迪亚前夫的女儿安娜逐渐长大，与自己的堂兄威尔相爱并结婚。二人的婚后生活狂躁而迷乱，相互之间不断在精神上争斗和折磨。威尔的长女厄秀拉经历了一个成长过程。16岁中学快毕业时，她坠入爱河，爱上军官斯克里本斯基。厄秀拉的视野和境界要比前两代人广阔得多，她的经历，使她广泛接触到社会的各个方面。厄秀拉与斯克里本斯基的关系几经波折，最终没有找到契合点而分手。

本书所选第4章的部分内容，描述了安娜和威尔在月光下搬运麦捆的场景。因为二人身上权力意志的显现，一场简单的劳动演化成激烈的精神较量。最后威尔的权力意志取得暂时胜利，迫使安娜答应了他的求婚。在这一场景中，月光不单纯是自然风景，它对安娜的权力意志起到呼应、强化的作用，是一个重要的象征物。

第16章是全书的最后一章，描述了厄秀拉精神成长的最终完成。厄秀拉病后初愈，来到野外散步，遇到了一群奔马。这群马团团向她威逼过来，但她没有退缩，而是巧妙地与奔马周旋，找机会翻过树篱，到达安全的地界，那群马则落荒而去。奔马是男性权力意志的象征，它们的溃败，意味着厄秀拉女性意志的胜利。受了这场刺激的厄秀拉大病一场，在病中厄秀拉脱胎换骨，获得了新生，看见了象征新生的彩虹。

（刘洪涛　撰稿）

虹(节选)[①]

四　安娜·布朗文的少女时代

……

收获燕麦的季节到了。一天傍晚，夜幕降临时他们走过农庄场院，一轮巨大的金色月亮沉甸甸地浮在灰蒙蒙的地平线上，树木在暮色中等待着什么似的翘首挺立着，安娜和那小伙子顺着树篱沿着草地上马车碾出的黑色车辙无声无息地走着。他们走出农场大门，来到了一片开阔地带，幽暗的霞光映射在他们脸上。割麦的人撂下的麦捆在地上投下阴影，好多的麦捆宛如幢幢身影平躺在地上，另外一些麦捆堆在一起，形象模糊，如同朦胧的夜暮中影影绰绰的船只航行远去。

他们不想回去，可是他们能到哪儿去呢？走向月亮？他们俩孤孤零零，形影相吊。

“我们堆麦捆吧，”安娜说，这样他们就可以继续呆在那宽广、开阔的地方。

他们蹚过麦茬地，朝着堆得高高的几排麦捆堆走去，看来这块麦田收成相当不错，一些麦秸竖立着，其余的地方很开阔，一片银灰色。

一切都沐浴在银白色的月光之中。安娜四下里张望着，树木朦朦胧胧地耸立在远处，犹如一队驻足等待进军号令的官兵，在这晶莹剔透的空间里，她的心灵如同铃声一样叮叮作响，她生怕别人听见。

“先清理这一畦。”她对威尔说着。自己走到另一排麦捆那儿抓起麦束，左右开弓，两手各提了一捆沉甸甸的麦捆，走向腾出来的空地，麦穗在她身上蹭着。她把两捆麦腾地往地上一立，使两个麦捆靠在一起，麦穗发出窸窸窣窣的响声，两捆燕麦就这样斜倚着立在一块。他也走过来了，影子般地在如纱的月光中走来，提着两捆燕麦，她在旁等着，他把两捆燕麦挨着她刚才立的两捆放下，让它们头碰头靠着，但没有立稳，他把一束麦穗拧缠到一块，发出喷泉似的嘶嘶声，他抬起头笑了笑。

她转身走向月亮，月亮发出柔和的辉光，每当她面对月亮时，那月亮似乎要敞开她的胸膛。他忠于职守地返回对面空旷朦胧的麦茬地。

他们弯下腰，抓起湿漉漉、软绵绵的燕麦穗，提着麦捆，走回空地。她总是先到，放下麦捆，和其他的麦捆围成一间斜顶的房子。他影子般地从麦茬地走过来，提着麦捆。她转身离去，只听见他手提的麦穗发出的尖利的嘶嘶声。她活动在月亮和他的身影之间。

她又提了两捆向他走去，他刚刚直起腰，从不远处走过来。她立下两捆麦，搭起新的一垛。没有立稳，她的手一阵慌乱，然后猛地转身走开了。她转眼看着月亮，月亮使她的胸膛敞开，她觉得自己的胸膛在随着月亮一呼一吸，一起一伏，他把她放的两捆麦扶正，他一声不响地干着，她来了，他走了，充满着劳动的韵律。

---

① 选自[英]劳伦斯：《虹》，马志刚、齐元涛译，北京，中国文联出版公司，1994。

他俩齐心协力地干着，有节奏地你来我往，仿佛他们的脚步和身体构成了一支旋律。她弯下腰，提起沉甸甸的麦捆，转脸朝着他模糊的身影，然后提着麦捆走过麦茬地，她顿了一下，放下麦捆。麦穗发出沙沙的轻响，他走过来了，她又得转身走了，明晃晃的月亮又使她的胸怀敞开，使她如浪花般潮涌潮落。

他不紧不慢一心一意地干着，在割过的麦茬地里前前后后，来来往往。他把自己提来的麦捆放在她的旁边。麦捆排列成一行，离黑漆漆的树影越来越近。

她总是在他到来之前就走开了。他来了，她走了，他走了，她来了，他们永远不会相会吗？渐渐地一个低沉沉的欲望之音在他心中响起，他竭力想使她引起共鸣，使她渐渐接近他的身体直到两人相合，直到融为一体，就像那两捆燕麦放在一起时一样发出沙沙的响声。

他们继续干着，月亮更加明亮，更加清澈。燕麦在月光下闪闪发亮。他俯身于平摊在地上的麦捆，麦捆离地时发出沙沙的响声，沉甸甸的麦捆压在他身上，明亮的月光映在他炯炯的眸子里，他把两捆并成一垛。这时她走了过来。

他等着她，手在麦垛里摩挲着。她走了过来，却又停住了脚步，一直到他走开。他看着阴影中的她，一根黑漆漆的柱子似的，向她说话，她应答着。她看见月光下他脸上显出疑虑的神色，但他们之间隔着一段距离。他走开了，两人又很有节奏地干起活来。

他们之间怎么总有距离？为什么他们总是若即若离？为什么她从月光下走过来的时候，要停住，和他保持一段距离？为什么他不能走近她？他的欲望在体内擂鼓似的顽强、神秘地敲响，淹没了一切。

干活的节奏又注入了一种脉搏的跳动，一种执拗的目的，他弯下腰来，举起两捆燕麦，面对着她走去，按照她的样式放在月光下的空地上，然后又转身去提。他紧紧地提着麦捆，大步流星地走向空地中央，他来来回回间隔的时间越缩越短，逼着他们尽快碰头，他干得越来越欢，渐渐拉近了两人之间的距离，向她逼近。月光下他们如醉如痴地来往穿梭着，四周一片寂静，只听见麦穗发出的沙沙声。然后一片寂静。接着又是一阵沙沙声。他摩擦麦穗的沙沙声越来越急切，逐渐向她靠拢。而她那边的声响却一仍其旧，毫无变化。他麦穗的沙沙声越来越近。

终于他们手提着麦捆，在麦垛前正面相遇了。他全身披满月光，脸被月光辉映得模模糊糊的，她吓了一跳。她站在那儿等着他走近。

“把你手里的麦捆放下吧。”她说道。

“不，该你先放下。”他坚持着，声音里夹着浓浓的鼻音。

她把手中的麦捆靠麦垛放下，他看见她埋在麦穗里的手很有光泽。他放下手中的麦捆，全身颤抖着把她揽进怀里，他干活的速度超过了她，因此他有权利亲吻她。夜晚的空气使她的脸颊显得格外的鲜润、可爱，身上散发着甜甜的麦香。他全身的节奏注入了他的亲吻中，在亲吻中追求着她，然而她仍然未完全被征服。月光照在她的鼻子上，他看呆了！她全身沐浴在月光中，而内心却一片黑暗。他把整个夜晚揽在怀中，无论光明还是黑暗，他都一览无余。黑夜在他面前展开，他探索着，要打破所有的神秘，发掘一切未知的秘密。

胜利的喜悦使他浑身颤抖，亲吻似雨点般落下，他的心犹如星星一样纯洁。

“亲爱的。”她莺语喃喃，声音似乎从远处传来，在月光下遥远的地方向他召唤，而他却一无所知。

他停下来，身体颤栗着，倾听着。

“亲爱的。”那哀婉的细语轻声又传了过来，仿佛黑夜中一只看不见的鸟儿在鸣啭。

他有点害怕，他的心颤抖着似乎要碎裂，他被震住了。

“安娜!”他叫道，似乎在应和她那遥远的声音。

“亲爱的。”

他越拥越紧，她越靠越近。

“安娜。”他惊喜地呼唤着，声音中充满爱的痛苦。

“亲爱的。”声音中带着狂喜。他们又惊又喜地亲吻着对方的嘴唇，韵味深长，久久不肯松开。亲吻在月光下持续着，他吻了她一下，她又吻了他一下，接着他们吻作一团。他体内突然产生了一种奇妙的激情，他需要她，极度需要她，她在他眼里变得更加新奇。他们就那样在黑暗中相拥而立，他们在等待着，他的整个身体像受了一击似的突然颤栗起来。他需要她，他想告诉她，但这突如其来的感觉太强烈，他以前从未体验过。烦躁不安和不习惯使他发抖，他不知该怎么办。他更加温柔，更加体贴地搂着她，内心的激烈冲突消失了，他高兴得喘不过气来，几乎要流泪，他清楚他仍需要她。他心里似乎有种东西已生了根，他属于她了。他又高兴又害怕。他不知所措，两人就那样站在月光下开阔的田野里，他透过她的香发望着月亮，月亮似乎在如银的水中浮游。

她叹了口气，似是清醒了过来，又吻了吻他，然后从他的搂抱中挣脱出来，抓住他的手，她从他怀中离开时他感到很伤心，他被刺痛了。她为什么要从他怀抱中挣脱出去，可又握着他的手?

“我想回家。”她看着他说，那眼神他读不懂。他紧紧攥着她的手，恍恍惚惚的，一动也不动。他不知如何是好，她拉着他离开了。

他无助地走在她身旁，握着她的手，勾着头。突然他简洁而果断地说了句:

“我们结婚吧，安娜?”

她没有吭声。

“我们结婚吧，安娜，好吗?”

她又在田地里停下来，亲吻着他，满怀激情地依偎着他。他不理解她的举动，他无法理解。他要把这一切留到结婚后去理解，这是他此刻的决定。他需要她，他想娶她，他要和她在一起，使她永远成为他的人。他专心致志地等待着那一刻的到来。可就在他这样想的时候，心里一直有点紧张和不安。

……

十六　虹

厄秀拉迷迷糊糊，虚弱无力，默不作声地回到了贝尔多佛的家中。她几乎不能说话了，也不能注意到什么。就好像她的能量已经凝固了一般。她的家人问她发生了什么事情，她告诉他们说她已解除了跟斯克里本斯基的婚约。他们听到了这个消息，只觉脑子一片空白，都非常生气。但是她再也不能感觉到什么了。

在淡漠中慢慢地过了几个星期。他现在肯定已远航去印度了，她对此几乎毫无兴趣。她迟钝呆滞，没有力气，对什么也不感兴趣。

突然她的全身猛地一震，那么激烈，她觉得差点被击倒在地。她怀孕了吗？她曾经为她自己和他感到深深的痛苦，因为她一直没有怀上孩子，而此刻这个想法像一团烈焰吞噬了她的四肢和躯干。她真的怀孕了吗？

在受到疑虑的火焰痛苦煎熬着的最初几个小时里，她不知道自己到底有什么感觉。她好像被绑在火刑柱上一样，火焰舔着她，将她吞噬掉。但是火焰也是好的，似乎在消耗她的能量，以使她得到休息。她不知道她的心中和腹内都感觉到了什么，就好像她已经晕厥过去了一样。

渐渐地她心脏的沉重感越来越压迫着她，她又恢复了知觉。她在干什么？她怀上孩子了吗？怀上孩子了吗？为什么要怀上孩子？

她的肉体一阵阵地震颤着，而她的心灵却感到一阵阵的恶心。这个孩子好像是一块封印，盖在她身上，表明她已毫无用处。然则她在肉体上又为自己怀上了孩子而感到高兴。她开始想着给斯克里本斯基写信，告诉他，她会跟着他走，和他结婚，做他的好妻子，什么自我，什么生活方式，这一切有什么了不起的？真正重要的是一天一天地活下去，是躯体中那可爱的小生命，是丰富、平和、完整。没有节外生枝，没有更深的烦恼和复杂的生活才是最重要的。她曾经错了，她曾经那么傲慢和邪恶，她想要得到另外一样东西，想得到幻觉中的自由，想得到那个她原以为和斯克里本斯基在一起就永远也不可能得到的虚幻的、自负的满足。在她的一生中，她还想和谁在一起才能得到那个异想天开的满足啊？难道她有丈夫、有孩子、有阳光下自己的一个栖息地还不够吗？难道让她母亲满足的东西，却让她感到不够吗？她要嫁给他，爱他，尽她作为一个妻子的本分。这就是最理想的了。

突然，她能用公正、实事求是的眼光看待她的母亲了。她的母亲本性纯真，其主流是正确的。她抓住了给予她的生活，她在傲慢自负中并没有执意要创造一种生活去适合她自身。她母亲是对的，完全正确，而她自己却是虚假、自负、毫无用处的人。

她的心中有一股强烈的羞愧感，而在羞愧之中还夹杂着一丝被束缚起来的平和。她把四肢交给束缚，她喜欢这种束缚，她把它叫作平和，她就在这平和的状态下坐下来给斯克里本斯基写信。

“自从你离开我以后，我感到异常痛苦，在深深的痛苦中我渐渐认识了自己。我简直不能告诉你我对自己的刻薄和刚愎自用的行为有多么懊悔，我生来就注定要去爱你，要去理解你对我的爱意。但是我不能跪下我的双膝感激地接受上帝给予我的东西，我必须把月亮珍藏在我的心中，我必须要把这月亮当成自己的所有。因为如果我不能拥有它的话，其余的一切都会离我而去。

我不知道你能不能原谅我。只要想起我们过去在一起时我的所作所为，我简直羞愧得就要死去，我不知道我还受不受得了跟你四目相视。真的，对我来说最好的事就是去死，永远地湮没我那些异想天开的幻想。但是我知道我已经怀上了孩子，所以我不能那样做。

这是你的孩子。正是由于这个原因，我必须尊重他，把我整个身心都完全扑在为他缔造幸福之上，而不应该想到死亡，尽管它曾经一度占据了我的脑海。因此，由于你曾经爱过我，并因这个孩子是你的孩子，我要求你能重新娶我。如果你给我一个电报，一个字，我都会尽快赶到你的身旁。我发誓做一个尽职的妻子，为你做所有的事情。此刻我只痛恨自己和自己那些狂妄自大的愚蠢思想。我爱你——我喜欢想到你——你一直都是那么自然、高雅，而我却是那么虚假。一旦我重新回到你的身边，我别无他求，只要一生一世在你的保护下生活……”

她一字一句地写下了这封信，字字句句都来自她心灵中最深切、最诚挚的部分。她感到现在，就是现在，她才到达了自己的内心深处，这才是她永远的、真实的自我。她可以带着这个证明，在审判日那天出现在上帝的面前。

一个女人除了服从之外还有什么呢？她的肉体除了用来怀孩子还有什么用？她除了为孩子和丈夫——生命的给予者，出力之外，还有什么用？终于，她变成了一个女人。

她把信寄到他的俱乐部，然后转到加尔各答他的手中。

他在到达印度后不久就可以收到信，他在三星期以内能到达那儿。一个月后她就可以得到他的消息。那时她就可以前去了。

她对他非常自信。她在和他重新相见，给她自己的历史下一个永远的结论之前的这段时间里，一直想的就是准备行装，准备今后平静、安宁的生活，平静就像是一场反常的镇定一样延续了好长一段时间。然而她却意识到了逐渐加重的不安情绪，以及内心深处那逐渐逼近的骚乱。她企图逃避它。她渴望她能收到斯克里本斯基的回信，因而她可以确定前进的方向，使自己从事于完成命中注定的事情，正是这种无所作为的想法使她倾向到了一种她自己都害怕的改变上。

这真是奇怪，她以前是多么不在乎他给不给她写回信啊。她已经寄出了她的信，这就够了，她会收到他的回信的，这才是最重要的。

十月初的一个下午，她感到心中激荡升腾，几近疯狂的烦乱，于是冒雨到外面散步，以免自己在屋里闷死。到处都湿透了，一片荒凉。污秽不堪的房屋显出晦暗的红颜色，在闪闪发亮的暗紫色石板瓦下，屋檐下，有水桶在接雨，雨中的房屋在光线的映照下露出深红色。厄秀拉继续朝威利格林走着。她仰着头走得很快，看到光线在浅浅的山谷中形成一条通道，透过纷乱的雨丝，看到煤矿在白茫茫的雾气中若隐若现。雾气一会儿散开，一会儿聚拢。她真喜欢这雨的亲昵和神秘。

她继续朝树林走着，看到云雾下威利湖发着微弱的白光，她在空地上走着，山楂树的树枝就像风中的头发那样飘拂着，圆形的灌木丛透过雾气显示着它们的存在。这一切真是太瑰丽，太自由自在，无拘无束了。

但是，她还是匆匆走向树林避起雨来。那儿，巨大的轰鸣声从头顶上颤动着滚下来，包围了她，树干挺立在这巨大的声响之中，无数巨大的树干被雨水划成道道黑线，像是一根根支柱，在头顶和脚下滚动的巨响中巍然耸立着。她在树干之间移动着，心里满怀着对它们的恐惧。在她穿过这些全副武装的树木时，它们也许会转过身来将她关在里面。

因此她飞快地向前走着，心里幻想着：她没有被发现。她觉得自己像是一只小鸟，穿过窗户飞进了大厅，那儿有许多战士已坐在地板上。她在他们阴沉沉的，隆隆作响的排排队伍之间匆匆走着，心里想着他们没有注意到她，直到最后她的心剧烈地跳动着，穿过远处的窗户来到了一块空旷的地方，那儿是一片鲜绿明快的草地。

她转进了一个普通的避雨棚，看到了大片的雨幕飘动着，起伏的波浪缓缓移过整个地方。她全身湿透了，离家很远，被大雨和起伏的原野围困着。她必须在这起伏的原野中为她自己奋斗出一条路来，回到稳定而安全的地方去。

孑然一身，她沿着径直穿过野地的小道回家了。草皮上的小道又窄又凹，在高高密密的枯草丛中延伸着；它差不多只够一只野兔在上面奔跑。她飞快地向前走着，不时看着自己的双脚。她就像在风中飞行的小鸟一样，毫无思想，只一个劲地向前跑着。但是当她穿过这空旷的湿地的时候，心中却有一丝渐渐加重的恐惧。

突然她意识到还有别的东西存在。几匹马正在雨中若隐若现地靠近她，但离得还不算太近。她还是不停地往前走着。这些马在她前面的一片树的背风处躲雨，她低下头走着，不想抬头看它们。她不想知道它们在哪儿。她在野地上继续朝前赶路。

她知道她的心中很沉重，那是这些马给她的重负。但是她会战胜它们的，她会稳稳地承受这个重负，然后逃跑掉。她要一直往前走，不停地走，然后走过它们。

突然间重负加深了，她的心突然绷紧了，简直承受不了了，她的呼吸也沉重起来。然而她还是承受住了这些重负。她没有看就知道马儿正在越走越近。它们是什么？她感觉到它们重重的蹄子在地上的蹬踢声。正在向她逼近的是什么东西？紧紧压迫着她心脏的是什么重物？她不知道，她也没有看。

然而现在她的路已被隔断了。它们堵住了她回家的路。她知道它们聚集在独木桥上，这个独木桥横跨在长满芦草的堤坝上，像一个黑色的、沉重有力的树木的节瘤一样。可是她的双脚还在向前移啊移。它们会在她的面前爆发的，会在她的面前爆发的。她的双脚依然不停地向前移动着。她的神经和血管也变得越来越紧张，越来越热烈，变得滚烫炽白，它们一定要熔化了。她必定要死去了。

但是马在她的面前散开了。当它们在她面前奔散，渐渐远去时，它们强健的躯体的抖动、绷紧和伸展的动作，在她的心中豁然开朗，像是知识的光束传过全身。

她知道它们还没有走远，她知道它们仍然静候着她。她走上了刚才它们的蹄子踢蹬过的独木桥，一边朝前走着，一边打量着这些马。她看到它们的胸膛被挤压成紧紧的、永不放松的狭长的肌肉，它们红色的鼻孔在呼呼地冒着长长的粗气，它们的臀部那么浑圆，那么硕大，向前挤着，挤着，一直挤压到胸膛上，去挤掉始终在那儿的紧绷力，一直挤到它们发狂为止，它们擦着时间之墙奔跑，永远也不能挣脱，永远也不能获得自由。它们硕大的臀部在雨水的冲刷下变得乌黑光滑。但是这黑色湿润的淫雨却不能扑灭在它们身体中熊熊燃烧的急切的火焰，永远永远也不能扑灭。

她继续往前走着，离它们越来越近。她注意到马蹄闪耀出巨大的光芒，这蓝色的，呈虹彩的光芒映照在这空泛泛的黑暗之中。马蹄的铁掌发出的蓝幽幽，白热化的光焰是那么巨大，大得就像是身体两侧黑乎乎的肌肉块周围的光晕那样。马蹄发出的光亮好像是来自强健有力的肋骨处发出的圈圈光晕。

它们又在等她了。它们在一棵橡树下聚集起来，它们那强健、盲目、洋洋得意的身体紧紧地靠在一起，在那儿等着，等着，它们在等着她的靠近。她似乎从遥远的地方逐渐接近它们，接近那棵枝杈繁茂的橡树，它们正在橡树下聚成黑乎乎的一团，聚在同一个斜坡上。

她必须走近它们，但是它们走散了，慢慢跑着，绕了一个巨大的圈子不去注意她，然后又慢跑着回到她身后的那块开阔的山坡上。

它们在她的身后了。她面前的路是畅通的，一直通向不远处高高树篱上的那扇门，因此她可以从这儿走进那块不大的耕地，再由此走上公路和那个秩序井然的人类世界。她的路很清楚。她抚慰着自己的心灵。可是她的心却在恐惧中蜷缩着，始终在恐惧中蜷缩着。

突然她像被闪电击中了那样踌躇不前了。她好像要倒下去，可又发现自己迈着细小的步子踉踉跄跄地向前行进着。马儿从她身后小路上飞奔而来的巨大声响震住了她，它们的重量朝她压来，一直压着，直到要把她压死。她不能够环顾四周，马蹄雷鸣般的声响紧紧地压迫着她。

它们残酷地调转身，轰隆隆地向她的左边奔去了。她看到它们那狂野的身躯皱起来了，但是皱得不太厉害，它们巨大的马蹄在闪耀，光线在她的身旁飞舞。马儿一匹接着一匹冲过去，神情专注，气势磅礴。

它们走了，在她的身边发出雷鸣般的声响，将她紧紧包围。它们渐渐平息了爆发的情绪，放慢了速度，慢慢跑着重又形成了紧紧相靠的一团，停在她前面门与树之间的一个角上。它们骚动着，不安地移动着，为了同一个目标，它们将自己那不安的身躯靠在了一起。它们在同她作对。

她的心已经不在了，她不再有心。她知道她不敢靠近它们。马群那集中的，纠缠在一起的身躯已经征服了她。这个群体在焦躁不安地骚动着，等待着她，它已经知道自己胜利了。它在等待胜利的焦躁中不安地骚动着。她的心已离她而去，四肢已麻木无知，她就像冰一样融化了。所有的坚定和力量都蕴藏在马群这个巨大的群体中。

她的双脚在犹豫着，她站在那儿不动了。这是一个决定性的时刻，马匹在不安地抖动着它们的身躯。她无奈地朝别处看去。在她的左边，在斜坡下二百码的地方，密密的树篱平行地延伸着，其中的一棵是橡树。她也许可以爬上橡树的枝桠，然后绕过去跳到树篱的另一边。

她全身颤抖着，四肢像水一样无力，每时每刻都在担心自己会跌倒在地。她就这样开始为自己开辟一条道路，就像是在绕过马群做一个大迂回。马匹挤成一团，抖动着身躯与她作对。她战战兢兢地向前迈步，就像是在昏睡当中一样。

然后她在一阵痛苦的火焰之中，突然飞奔过去，抓住这棵橡树的节瘤就向上爬。她的身体异常虚弱，但是她的双手就像钢铁一般坚定。她知道她很强壮。她极力地攀缘着，直到她的身体挂在了一个大树枝上。她明白马匹已经注意到她了。她在树枝上找了个立足点，马匹的团体渐渐松动，它们骚动着，试图弄明白是怎么回事。她已在小心地绕到树的另一头去。当它们开始朝她慢跑过来时，她已经跳到了树篱那一边的一个小土堆上。

有几分钟的时间，她一动也不能动。随后她透过树篱底下兔子穿过的小洞看到了慢慢靠近的巨大、跃动的马蹄。她受不了了。她立起身飞快地走起来，斜穿过田野。马匹在树篱那一边飞奔着，跑到那个角落，却被挡住了去路。她在急急穿过空旷的田野时，每时每刻都能感觉到这些挤成一团的马匹就在她的身旁。它们此刻变得可怜起来了。只有意志在驱使着她移动，最后她颤抖地爬过公路边的篱笆，那些在草地上斜生着的蒺藜树下的篱笆。她已经精疲力竭了，她斜靠着蒺藜树的树干坐在篱笆上，丝毫不能动弹。

她全身乏力地坐在那儿，时间和变迁离她而去，她就像一块石头，毫无知觉地躺在溪流之中，没有知觉，没有变化，也变化不了，而周围的一切都转瞬即逝地溜过她的身边，把她留在那儿，这块溪流中休息着的石头，不能改变，又是那么被动，沉在那所有变化的底部一动也不能动。

她静静地坐了很长一段时间，背靠着蒺藜树干，这是她最后孤身独处的地方。一些矿工在湿湿的地面上，迈着沉重的脚步走过，他们的声音传了过来，肩膀扛着头，身影在雨中像是一团污渍，跟幽灵一样，有一些没有看到她，当他们经过她时，她懒洋洋地睁开了眼睛。后来有一个单独走着的矿工看到了她。他奇怪地看着她，眼白在黑漆漆的脸上显露出来，他脚步迟疑地似乎想同她搭话，他虽然惊恐，但内心还是充满了对她的关心，感到她真害怕他会跟她说话，会向她提问。

她从篱笆上滑下来，沿着小路怅然若失地走着——心中一片茫然，回家的路很长。她有个预感，觉得她必须在她余下的日子里都那么疲倦地、疲倦地走下去。一步一步，一步一步，总是在树篱之间那被雨浇湿的路上不停地走。一步一步，一步一步，这单调的步伐在她的心中产生了一种深深的、冰冷的恶心感。她那冷冷的厌恶感是多么深，多么深啊！这种厌恶感也沉甸甸地垂到她的心底。她今天似乎注定要找到一切事物的根底。好，不管怎样，她正沿着最深的河床走着——她很安全，非常安全，如果她不得不永远这样走下去，这儿就是根底了，再没有比这儿更深的地方了。没有更深的地方了，知道吗，因此人们只能感到这是必然的，感到被动。

她终于回到了家中。爬山去贝尔多佛真是非常非常累。人们为什么要爬山呢？

人们为什么要往上爬呢？为什么不呆在底下？为什么一定要在斜坡上费力地往上爬呢？为什么人们在底下的时候，要一个劲儿地往上爬啊爬的？噢，这真是太累人了，太让人精疲力竭了，太让人负担重重了。总是有不停的负担，总有，总有重负。然而，她必须爬上山顶——回家睡觉，她一定得去睡觉了。

她走进家中，在黄昏的暮色中走上楼梯，因此没有人注意到她浑身湿透了的狼狈相。她累得再也走不下楼了。她上了床，躺在床上，冷得直打哆嗦，但是又不愿意起床或叫人帮忙。渐渐地，她的病越来越重了。

足足有两个星期她病得很重，又是狂言乱语又是浑身抽搐。但是在神志昏迷中她始终有一种生存的坚定信念，有一种永生的强烈意识。在某种意义上她就像是河底一块石头，不管她的身体经历了怎样的风暴，她都不可侵犯，不可改变。她的灵魂纹丝不动，永恒地躺着，虽充满了痛苦，但是永远是自己的。在她的重病下，有一种深深的，不可更改的意识坚持如一。

她对这个意识非常清楚，但她已不再关心它了。在她生病期间，关于她自己和斯克里本斯基的问题仍模模糊糊地始终萦绕在她的脑海，就像被咬噬的痛楚一般，它只伤了表皮，而没有触及那个孤立的牢不可破的现实的核心。但是他仍在她的体内侵蚀着她，直到要把她烧成灰烬。

她必须属于他吗？她必须依附于他吗？某种虚幻的东西在驱使着她。她总是痛苦，总是为非现实而痛苦，为她要属于斯克里本斯基而痛苦。她并没有和他拴在一起，那么是什么使她同他连结在一起的呢？为什么要坚持这虚假的一切呢？为什么这种虚假要咬、咬、咬噬她呢，为什么她不能清醒过来，进入到一个明晰的、现实的世界中呢？如果她能清醒过来，那么梦幻的虚假，以及她和斯克里本斯基之间关系的虚假都将不复存在。但是她被沉睡、昏迷盯住了。甚至当她平静、清醒的时候，她也处在它的符咒之下。

但是她又从没有被它咒住过。到底是什么外部的东西将她和他连在一起呢？她的身上有某种束缚物。她为什么不能挣脱它呢？它是什么？它到底是什么？

在她的昏迷之中，她一遍一遍地提出这样的问题。最后她的虚弱解答了这个问题——这个束缚物就是孩子。是孩子将她和他连到了一起。这孩子就像是缠绕在她脑子中的一条锁链，紧紧地缠绕住她的脑子，把她绑在斯克里本斯基身上。

但是为什么，为什么它要把她跟斯克里本斯基绑在一起呢？她难道不能自己拥有一个孩子吗？难道生孩子不是她自己的事情吗？完全是她自己的事？它跟他有什么关系呢？她为什么要这么被束缚起来，痛苦不堪地跟斯克里本斯基和他的世界紧紧地连在一起呢？安东的世界：它在她发热的头脑中变成一种紧紧包围着她的压迫物。如果她不从这个压迫物中出来，她就会发疯。这种压迫物就是安东以及他的世界，不是她所拥有的安东，而是她不曾拥有的安东，那个被别的影响力拥有的安东，被尘世拥有的安东。

她在病中不停地斗争、斗争、斗争着，要从他和他的世界中挣脱出来，把它放在一旁，置于它应在的地方。然而它又重新战胜了她，再次抓住了她。噢，她肉体那无以名状的疲倦，她摆脱不了也不能解脱出来的疲倦！她是多么希望能把她自己解脱出来，能从感情和肉体中解放出来，能从这个与她息息相关的世界的重负中摆脱出来，从她的父亲、母亲、情人和所有的熟人中摆脱出来！

在完全的疲乏之中她一遍遍地重复着："我没有父亲，没有母亲，没有情人，我在这世界上没有我应得的一席之地。我不属于贝尔多佛，不属于诺丁汉，不属于英国，不属于这个世界。它们一个也不存在。我被束缚和纠缠在它们里面，但是它们都是不真实的。我必须冲破它们，就像一个坚果从虚无的硬壳中脱离出来一样。"

她发热的脑子里又活灵活现地浮现出二月里掉落在树下的橡树子，它们的硬壳破裂了，散开在地上，裸露的果仁脱壳而出。她就是那干净裸露的果仁，发出干净、有力的嫩芽，而整个世界就像是一个已经过去的严冬，她的母亲、父亲、安东、大学和朋友们都像过去的一年那样被摆脱了，而果仁则自由了，它全身裸露，正努力地扎下新的须根，在时光的流逝中创造着永恒的新知识。而这果仁就是唯一的现实，剩下的一切都被忽视、被遗弃了。

这种想法在她的脑海中越来越强烈。当她在下午睁开双眼，看到房间的窗户和窗外那烟雾朦胧的景色时，这一切仿佛都是壳，落在地上的壳，全是壳，她什么也看不到，她仍被裹在壳中，但这壳裹得很松，在她与壳之间有一层空间。硬壳已破裂，上面有一道裂缝。不久她就要把她的根须牢牢地伸入新的一天中，她的裸体将在新的天空，新的空气中找到自己的温床，而那旧的、腐烂的纤维外壳将离她而去。

渐渐地她真的入睡了。她在对自己新的现实的自信中睡着了。她的心灵呼吸着新世界清新的空气，处在深深的，不断富足的平和之中。她在新土地上已扎下了根，她已渐渐被大地吸收，成长起来。

当她最后醒来时，就好像地球上又开始了新一天似的。她为了这新的黎明，曾在尘土和混沌中挣扎、斗争了多久，多久啊！她感到那么虚弱，那么完美，那么洁净，就像是一朵冬末盛开的最娇嫩的花朵，但是黑夜已经过去，黎明即将到来。

在遥远的地方是她旧日的经历——斯克里本斯基，她与他的分手——这一切都在离她非常遥远的地方。一些事情是真实的：最初那几个明媚迷人的星期。在此之前，一切都像是幻觉一样，而此时它们则成了普通的现实。其余的一切都是虚幻的。她心里明白斯克里本斯基从来也不曾真正变成现实过，在激情狂热的最初几个星期里，他在她的欲望中和她在一起，她暂时创造了他。但是最后他失败了。他衰弱下去了。

奇怪的是，把他与她分开的是一个怎样的空白啊！她现在喜欢他，就如她喜欢回忆，喜欢某个过去了的自我一样。他是已过去了的某种有限的东西。他是一件已经让人了解了的东西。她觉得自己非常喜爱他，就像喜欢往日的一件东西一样。但是当她抬起脸向前看时，他又不是那么让她喜爱了。当她朝前看去，看着眼前那片还没有被人发掘的大地时，她除了能辨认出像烟雾一般从泥土里冒出来的光彩迷人、不可思议的树木以外，还能辨认出什么呢？正是在这块不曾知道、不曾探寻、不曾发现的海滩上，她孤零零地着陆了，穿过了冲刷着新旧世界的广袤黑暗之后着陆了。

不会有孩子了。她十分高兴，然而即便有了孩子，情况也不会有什么不同的。她会照看孩子和她自己，她不会去找斯克里本斯基。安东也已属于过去。

斯克里本斯基发来了一份电报："我已经结婚了。"原有的痛苦、愤怒和鄙视又在她的心头震动。他真的完全属于那个被抛弃的过去吗？她抛弃了他，他仍旧是他。这是好事。她是谁呀，能让一个男人按照她的意愿行事？她不应该去创造男人，而只能去承认一个由上帝创造的男人。这个男人应该来自无限，她应该向他欢呼。她很高兴她不能创造她的男人。她很高兴她和他的缔造毫无关联。她很高兴这种缔造是在她最终安息的那个巨大的力量之中。这个男人从她自己也同样从属的永恒中走来。

她的病渐渐好了，她开始坐着观察新世界的诞生。她坐在窗户边上，看到人们从底下的街道边来来往往地行走着，有矿工，有女人和孩子，每个人都在旧壳中行走着，但是透过这层壳可以看到正在变大、成长的新的萌芽和轮廓。在矿工们静静地、沉默的外表中，她看到了一种不安，一种为了新的解放而痛苦的等待。她在妇女们虚假坚定的自信中也发现了同样的东西。妇女们的自信非常脆弱，很快就会破裂展露出新芽的力量和巨大的忍耐力。

在每件事物当中，她都看到自己在摸索着，在寻找富有活力的上帝的缔造物，而不是去寻找那已经过去的，陈旧、僵硬、毫无趣味的生命形式。有时候巨大的恐惧向她袭来。有时候她失去了触觉，失去了感觉，只知道自己对那个束缚了她和整个人类的外壳所怀有的恐惧心理。人们全被囚禁在外壳这个监狱之中，他们都几近疯狂。

她看到矿工们那僵硬的身体，似乎已经被放在棺材里了，她看到他们那没有变化的眼神，就像是被活埋了的人的眼神一样呆滞。她看到新房子那坚硬、锋利的边缘好像在毫无感觉、洋洋自得地朝山坡延伸过去，这种得意是针对那可怕的、乱七八糟的角和直线表现出来的，是不能战胜的洋洋自得，这种绝对的污浊又硬又脆。她看到对面黑乎乎的山上笼罩的一层暗褐色的雾气，一座座黑漆漆的房屋，石板瓦，杂乱无章。山顶上，旧教堂的尖塔不合时宜地屹立在简陋的新房屋之上，而那些乱七八糟、异常脆弱的新房子坚硬的边缘从贝尔多佛延伸出去，一直和从雷斯里延伸过来的污秽的新房子连接起来。而雷斯里的房子又延伸出去和海纳的房子混成一片。大地的面容上蔓延着一片干枯、脆弱、可怕的污浊，她感到一阵深深的恶心，坐在那儿昏死过去了。随后，在飘动的云彩中，她看到有一道淡淡的彩虹，微弱的色彩像是山峦的一个部分。

她被深深震动了，忘了周围的一切，只顾寻找着高高挂在天际的色彩，她看到一条彩虹正在形成。彩虹的一处正在强烈地发出光芒，她的心中满怀着希望的痛苦，寻找彩虹的影子，彩虹的弓形将在那儿形成。色彩渐渐聚拢起来，一道巨大的淡淡的彩虹神奇地，不知从何处突然冒了出来。弧形更弯更强，直到不能再弯，形成光线、颜色和苍穹共同参构的伟大作品，它的柱基在低矮山顶污浊的新房子上闪耀着光芒，而弓形的顶端则连着天堂。

彩虹屹立在大地上。她知道那些在硬壳中爬行，分散在这污浊的世界上的肮脏不堪的人们仍旧活着，她知道彩虹在他们的血液中升腾起来，并在他们的精神中抖动着获得了生命，她知道他们会丢弃坚硬破碎的外壳，而新的、干净裸露的身体将萌发出新的生命，获得新的生长，去迎接天空中的阳光、风和雨。她在彩虹中看到了地球上新的建筑，那些陈旧污秽、不堪一击的房屋和工厂一扫而光，这个世界重新用真理那活生生的结构建造起来，与高高在上的拱形苍穹协调一致。

【美】福克纳

威廉·福克纳(1897—1962)，美国现代杰出作家，1949年诺贝尔文学奖获得者。一生写有19部长篇小说与近100篇短篇小说，其中15部长篇与绝大多数短篇的故事都发生在以作者家乡为原型虚构的约克纳帕塔法县，因而被称为约克纳帕塔法世系小说。这些作品主要写约克纳帕塔法县杰弗逊镇及郊区若干个家族几代人的故事，时间从1800年直到第二次世界大战以后，共600多个有名有姓的人物在其中穿插、交替出现。最有代表性的作品是《喧哗与骚动》。

福克纳深受家庭传统和南方风土人情的影响。他的作品深刻反映了黑人与白人的地位差异、相处矛盾等敏感问题。他擅长描写人物复杂的心理变化，作品情节中穿插了大量细腻的感情描写。在遣词造句方面也非常讲究，常常使用结构极为繁复的长句和经反复斟酌、推敲后选取的精巧词汇。此外，还大量运用意识流、多角度叙述等富有创新性的现代主义艺术手法。

《喧哗与骚动》讲述的是南方没落地主康普生一家的家庭悲剧。老康普生游手好闲、嗜酒贪杯。他的妻子自私冷酷，却常常怨天尤人。长子昆丁思想守旧，始终抱有所谓的南方传统观念，因妹妹凯蒂风流成性、有辱南方淑女身份而爱恨交加，竟至溺水自杀。次子杰生冷酷、贪婪。三子班吉则是个白痴，33岁时还只有3岁小儿的智力。整部小说以凯蒂的堕落为故事中心，以内心独白的方式，分别在三个儿子的视角中展开。最后，女佣迪尔西对前三部分的“有限视角”作一补充，总结全书。小说大量运用了多视角叙述和意识流的手法，成为意识流小说乃至整个现代派小说的经典名著。

本书选取的是小说第二章的部分内容，是昆丁的自叙，时间跨度较小。主要是昆丁在凯蒂失贞后、结婚前后与凯蒂的谈话及自己自杀前的意识流动，反映出他在自杀前高度集中、清晰却又混乱的思维状态。

（窦健萁　撰稿）

喧哗与骚动(节选)[①]

1910年6月2日

……

她一下子就站在了那里[②]紧接着他就大叫大喊起来使劲拉她的衣服他们一起走进门厅走上楼梯一面大叫大喊把她往楼上推推到浴室门口停了下来她背靠在门上一条胳膊挡住了脸他大叫大喊想把她推进浴室去后来她走进餐厅来吃晚饭T. P. 正在喂他吃饭他又发作了先是呜噜呜噜地哼哼等她摸了他一下他便大叫大喊起来她站在那儿眼睛里的神色就像一只被猫逼在角落里的老鼠那样后来我在灰暗的朦胧中奔跑空气中有一股雨的气息以及潮湿温暖的空气使各种各样的花吐出芬芳而蛐蛐儿在高一阵低一阵地鸣叫用一个移动的沉寂的圈子伴随着我脚步的前进阿欢在栅栏里瞧我跑过它黑乎乎的有如晾在绳子上的一条被子我想那个黑鬼真混蛋又忘了喂它了我在蛐蛐鸣叫声的真空中跑下小山就像是掠过镜面的一团气流她正躺在水里她的头枕在沙滩上水没到她的腰腿间在那里拍动着水里还有一丝微光她的裙子已经一半浸透随着水波的拍击在她两侧沉重地掀动着这水并不通到哪里去光是自己在那里扑通扑通地拍打着我站在岸上水淹不到的土岬上我又闻到了忍冬的香味浓得仿佛天上在下着忍冬香味的蒙蒙细雨在蛐蛐声的伴奏下它几乎已经成为你的皮肉能够感觉到的一种物质

班吉还在哭吗

我不知道是的我不知道

可怜的班吉

我在河沟边坐下来草有点湿过不了一会我发现我的鞋子里渗进水了

你别再泡在水里了你疯了吗

可是她没有动她的脸是朦朦胧胧的一团白色全靠她的头发才跟朦朦胧胧的沙滩区分开来

快上来吧

她坐了起来接着站起身来她的裙子沉重地搭在她身上不断地在滴水她爬上岸衣服耷拉着她坐了下来

你为什么不把衣服拧拧干你想着凉不成

对了

水汩汩地流过沙岬被吸进去一部分又继续流到柳林中的黑暗里去流过浅滩时水波微微起伏像是一匹布它仍然保留着一丝光线水总是这样的

他航行过所有的大洋周游过全世界[③]

---

① 选自[美]福克纳:《喧哗与骚动》，李文俊译，上海，上海译文出版社，2007。

② 又转移到凯蒂失去贞操的那晚。下面的“他”指的是班吉。

③ 这里的“他”是指达尔顿·艾密司。前面说“他当过兵杀过人”，与这句是有关联的。达尔顿·艾密司系一从海军退伍的军人。

于是她谈起他来了双手扣在她潮湿的膝盖上在灰蒙蒙的光线里她的脸朝上仰着忍冬的香味又来了母亲的房里有灯光班吉的房里也有 T. P. 正在侍候他上床
你爱他吗
她的手伸了过来我没有动弹那只手摸索着爬下我的胳膊她抓住了我的手把它平按在她的胸前她的心在怦怦地跳着
不不
是他硬逼你的吧那么是他硬逼你就范由他摆布的吧他比你力气大所以他明天我要把他杀了我发誓明天一定这样做不必跟父亲说事后再让他知道好了这以后你和我别人谁都不告诉咱们可以拿我的学费先用着我们可以放弃我的入学注册凯蒂你恨他对不对不
她把我的手按在她的胸前她的心怦怦跳动着我转过身子抓住她的胳膊
凯蒂你恨他对不对
她把我的手一点点往上推直到抵达她咽喉上她的心像擂鼓似的在这儿跳着
可怜的昆丁
她的脸仰望着天空天宇很低是那么低使夜色里所有的气味与声音似乎都挤在一起散发不出去如同在一座松垂的帐篷里特别是那忍冬的香味它进入了我的呼吸在她的脸上咽喉上像一层涂料她的血在我手底下突突地跳着我身子的重量都由另一只手支着那只手痉挛抽搐起来我得使劲呼吸才能把空气勉强吸进肺里周围都是浓得化不开的灰色的忍冬香味
是的我恨他我情愿为他死去我已经为他死过了每次有这样的事我都一次又一次地为他死去
我把手举了起来依然能感到刚才横七竖八压在我掌心下的小树枝与草梗硌得我好疼
可怜的昆丁
她向后仰去身体的重量压在胳膊肘上双手仍然抱着膝头
你没有干过那样的事是吗
什么干过什么事
就是我干过的事我干的事
干过干过许多次跟许多姑娘
接着我哭了起来她的手又抚摸着我我扑在她潮湿的胸前哭着接着她向后躺了下去眼睛越过我的头顶仰望天空我能看到她眼睛里虹膜的下面有一道白边我打开我的小刀
你可记得大姆娣死的那一天你坐在水里弄湿了你的衬裤
记得
我把刀尖对准她的咽喉
用不了一秒钟只要一秒钟然后我就可以刺我自己刺我自己然后
那很好你自己刺自己行吗
行刀身够长的班吉现在睡在床上了
是的

用不了一秒钟我尽量不弄痛你
好的
你闭上眼睛行吗
不就这样很好你得使劲往里捅
你拿手来摸摸看
可是她不动她的眼睛睁得好大越过我的头顶仰望着天空
凯蒂你可记得因为你衬裤沾上了泥水迪尔西怎样大惊小怪吗
不要哭
我没哭啊凯蒂
你捅呀你倒是捅呀
你要我捅吗
是的你捅呀
你拿手来摸摸看
别哭了可怜的昆丁
可是我止不住要哭她把我的头抱在她那潮湿而坚实的胸前我能听到她的心这时跳得很稳很慢不再是怦怦乱蹦了水在柳林中的黑暗里发出汩汩的声音忍冬的香味波浪似的一阵阵升入空中我的胳膊和肩膀扭曲地压在我的身子下面
这是怎么回事你在干什么
她的肌肉变硬了我坐了起来
在找我的刀我掉在地上了
她也坐了起来
现在几点啦
我不知道
她站起身来我还在地上摸着
我要走了让它去吧
我感觉到她站在那儿我闻到她湿衣服的气味从而感觉到她是在那儿
就在这儿附近不会太远
让它去吧明天还可以找嘛走吧
等一会儿我一定要找到它
你是怕
找到了原来刀一直就在这儿
是吗那么走吧
我站起身来跟在她后面我们走上小山岗还没等我们走到蛐蛐儿就噤不作声了
真有意思你好好坐着怎么会把东西掉了还得费那么大的劲儿四处去找
一片灰色那是带着露珠的灰色斜斜地通向灰色的天空又通向远处的树林
真讨厌这忍冬的香味我真希望没有这味儿
你以前不是挺喜欢的吗

我们越过小山顶继续往树林里走去她撞在我身上她又让开一点儿在灰色的草地上那条沟像是一条黑疤她又撞在我的身上她看了看我又让开一点儿我们来到沟边

咱们打这儿走吧

干什么

看看你是不是还能看见南茜①的骸骨我好久都没想到来看了你想到过吗

沟里爬满了藤萝与荆棘黑得很

当初就在这儿可是现在说不准到底能不能找到了是不是

别这样昆丁

来吧

沟变得越来越窄通不过去了她转身向树林走去

别这样昆丁

凯蒂

我又绕到她前面去了

凯蒂

别这样

我抱住了她

我比你劲儿大

她一动不动身子直僵僵地不屈服但是也不动弹

我不跟你打架可是你别这样你最好别这样

凯蒂别这样凯蒂

这不会有什么好结果你难道不明白吗不会的你放开我

忍冬香味的蒙蒙细雨下着不断地下着我能听见蛐蛐儿在我们身边绕成一圈在注视着我们她退后几步绕开我朝树林走去

你一直走回屋子去好了你不用跟着我

我还是继续往前走

你干吗不一直走回屋子去

这该死的忍冬香味

我们来到栅栏前她钻了过去我也钻了过去我从猫腰的姿势中直起身来时他②正从树林里走出来来到灰色的光线中向我们走来高高的直挺挺的身子一动不动似的虽然他在走过来但是还是一动不动似的她向他走过去

这是昆丁我身上湿了全湿透了如果你不想可以不来

他们的身影合成了一个她的头升高了由天空背衬着显得比他高他们两个人的头如果你不想可以不来

接着两个脑袋分开了黑暗中只闻到一股雨的气息湿草和树叶的气息灰蒙蒙的光像毛

① 康普生家的狗，当年掉在沟里，受了伤，被罗斯库司开枪打死的。

② 指达尔顿·艾密司。

毛细雨般降落着忍冬的香味像一股股潮湿的气浪一阵阵地袭来我模模糊糊地看到她那白蒙蒙的脸依偎在他的肩膀上他一只胳膊搂住她仿佛她比一个婴儿大不了多少他伸出了另一只手

认识你很高兴

我们握了握手接着我们站在那儿她的身影比他的高两个影子并成了一个

你打算干什么昆丁

散一会儿步我想我要穿过林子走到大路上去然后穿过镇子回来

我转身走开去

再见了

昆丁

我停住脚步

你有什么事

在林子里树蛙①在叫闻到了空气中雨的气息它们的叫声像是难以拧得动的八音琴所发出的声音忍冬的香味

过来呀

你有什么事

到这边来昆丁

我走回去她摸摸我的肩膀她的身影朝我伛来她那模糊不清的灰白色的脸离开了他那高大的身影我退后了一步

当心点儿

你回家去吧

我不困我想散散步

在小河沟那边等我

我要去散步

我一会儿就来你要等我你等我

不我要穿过树林去

我头也不回地就走了那些树蛙根本不理睬我灰暗的光线像树上的苔藓散发水分那样弥漫在空间但是仅仅像毛毛雨而不像真在下雨过了一会儿我回过身来走到树林边缘我刚走到那里又开始闻到忍冬的香味我能看见法院顶楼那只大钟上的灯光以及镇上广场上的灯映在天际的微光还看得见小河沟边那排黝黑的垂柳以及母亲房里的灯光班吉房里的灯光仍然亮着我弯下身子钻过栅栏一路小跑着越过牧场我在灰色的草丛里跑着周围都是蛐蛐儿忍冬的香味越来越浓了还有水的气息这时我看到水光了也是灰忍冬色的我躺在河岸上脸贴紧土地为的是不想闻到忍冬的香味我现在闻不到了我躺在那儿只觉得泥土渗进我的衣服我听着潺潺水声过了一会儿我呼吸不那么费劲了

---

① 一种在树丛中与树上生活的蛙。

我就躺在那儿想如果我的脸不动我就可以呼吸得轻松些这就可以闻不到那种气味了接着我什么都不去想脑子里是一片空白她沿着河岸走来停住了脚步我一动不动

天很晚了你回家去吧

什么

你回家去吧天很晚了

好吧

她的衣服窸窣作响我一动不动她的衣服不响了

你不听我的话进屋去吗

我什么也没听见

凯蒂

好吧我进屋去如果你要我这么做我愿意

我坐了起来她坐在地上双手抱住膝头

进屋去吧听我的话

好吧你要我怎么做我就怎么做什么都行好吧

她连看都不看我我一把抓住她的肩膀使劲地摇晃她的身子

你给我闭嘴

我摇晃她

你闭嘴你闭嘴

好吧

她仰起脸来这时我看到她连看都不看我我能看到那圈眼白

站起身来

我拉她她身子软弱无力我把她拉得站起来

现在你走吧

你出来时班吉还在哭吗

走吧

我们跨过了小河沟看见了家里的屋顶然后又见到了楼上的窗子

他现在睡了

我得停下脚步把院门闩上她在灰蒙蒙的光线下继续往前走空气中有雨的气息但是雨还下不下来忍冬的香味开始透过花园的栅栏传过来开始传过来她走到阴影里去了我能听到她的脚步声这时候

凯蒂

我在台阶下停了步我听不见她的脚步声了

凯蒂

这时我又听见她的脚步声了我伸出手去碰碰她不温暖但也不凉她的衣服仍旧有点儿湿

你现在爱他吗

她屏住气即使呼吸也是呼吸得极慢好像在很远的地方

凯蒂你现在爱他吗
我不知道
在灰蒙蒙的灯光之外一切东西的黑影都像是一潭死水里泡着的死猫死狗
我真希望你死
你这样希望吗你现在进不进屋
你现在脑子里还在想他吗
我不知道
告诉我你这会儿在想什么告诉我
别这样别这样昆丁
你闭嘴你闭嘴你听见没有你闭嘴你到底闭嘴不闭嘴
好吧我不响就是了咱们要把大家吵醒了
我要杀死你你听见没有
咱们上秋千那边去在这儿他们会听见你的声音的
我又没喊你说我喊了吗
没有别吱声了咱们会把班吉吵醒的
你进屋去你现在就进去
我是要进屋去你别嚷嚷呀我反正是个坏姑娘你拦也拦不住我了
我们头上笼罩着一重诅咒这不是我们的过错难道是我们的过错
嘘来吧快去睡觉吧
你没法逼我去睡觉我们头上笼罩着一重诅咒
我终于看见他①了他刚刚走进理发店他眼光朝店门外看去我走上去等了片刻
我找你找了有两三天了
你早就想找我吗
我要找你谈谈
他很快三两下就卷好一支香烟大拇指一捻又擦亮了火柴
此处不是谈话之处是不是我到什么地方去看你
我到你房间去你不是住在旅馆里吗
不那儿不太合适你知道小溪上的那座桥吗就在那什么的后面
知道行啊
一点钟行不行
行
我转身走了
打扰你了
嗨

① 这里的"他"是达尔顿·艾密司。刚才的事情发生后几天，昆丁在理发店里见到他。

我站住脚步回过头去看
她好吗
他的模样就像是青铜铸就的他的卡其衬衫
她现在有什么事需要找我吗
我一点钟在那儿等你
她听见我吩咐 T. P. 一点钟给“王子”备好鞍她一直打量着我饭也吃不下她也跑过来了
你想去干什么
没什么我想骑马出去遛遛难道不行吗
你是要去干一件事是什么事呀
这不关你的事娼妓你这娼妓
T. P. 把“王子”牵到边门的门口
我不想骑它了我要走走
我顺着院子里的车道走走出院门拐进小巷这时我奔跑起来我还没走到桥头便看见他靠在桥栏上他那匹马拴在林子里他扭过头来看了看接着便把身子也转了过来但是直等我来到桥上停住脚步他才抬起头来他手里拿着一块树皮他从上面掰下一小片一小片扔到桥栏外面的水里去
我是来告诉你你必须离开这个小镇
他故意慢条斯理地掰下一块树皮慢吞吞地扔到河里瞧着它在水面上漂走
我说过了你必须离开这个小镇
他打量着我
是她派你来说这话的吗
我说你必须走不是我父亲说的也不是任何人说的就是我说的
听着先别说这些我想知道她好不好家里有人跟她过不去不
这种事不劳你来操心
接着我听见自己说我限你今天太阳下山之前非离开本镇不可
他掰下一块树皮扔进水里然后把那片大树皮放在桥栏上用他那两个麻利的动作卷了一支烟把火柴一捻让它旋转着落到栏杆外去
要是我不走你打算怎么办
我要杀死你别以为我又瘦又小跟你相比像个小孩
烟分成两缕从他鼻孔里喷出来飘浮在他的面前
你多大了
我开始颤抖起来我的双手都按在栏杆上我忖度假如我把手藏到背后去他会猜透这是为了什么
我限你今天晚上一定得走
听着小子你叫什么名字班吉是那傻子是不那么你呐
昆丁
这句话是我自然而然溜出嘴来的其实我根本不想告诉他

我限你到太阳下山
昆丁
他慢条斯理地在桥栏上弹了弹烟灰他干得又慢又细致仿佛是在削铅笔我的手不打颤了
听着何必这么认真这又不是你的过错小毛孩子如果不是我也会是别的一个什么男人的
你有妹妹没有你有没有
没有不过女人全一样都是贱坯
我伸手揍他我那摊开的巴掌抑制了捏拢来揍他的冲动他的手动得和我的一般快香烟落到桥栏外面去了我挥起另一只手他又把它抓住了动作真快香烟都还没落到水里他用一只手抓住我的两只手他另一只手倏地伸到外衣里面腋窝底下在他身后太阳斜斜地照着一只鸟在阳光外面不知什么地方啁鸣我们对盯着那只鸟还在叫个不停他松开了我的两只手
你瞧这个
他从桥栏上拿下树皮把它扔进水里树皮冒到水面上水流挟带着它漂去他那只松松地拿着手枪的手搁在桥栏上我们等待着
你现在可打不着了
打不着吗
树皮还在往前漂林子里鸦雀无声我事后才又听到鸟的啁鸣和水的汩汩声只见枪口翘了起来他压根儿没有瞄准那树皮就不见了接着一块块碎片浮了起来在水面上散开他又打中了两块碎片都不见得比银元大
我看这就够了吧
他把旋转弹膛转过去朝枪管里吹了一口气一缕细细的青烟消散在空中他把那三个空弹膛装上子弹把旋转弹膛卡住然后枪口朝自己把枪递给我
干什么我又不想跟你比枪法
你会用得着的你方才不是说要干一件事吗我把它给你你方才也看到了它挺好使的
把你的枪拿走
我伸手揍他等他把我的手腕捉住了我还是一个劲儿地想揍他这样有好一会儿接着我好像是通过一副有色眼镜在看他我听到我的血液涌跳的声音接着我又能看到天空了又能看到天空前面的树枝了还有斜斜地穿过树枝的阳光他正抱着我想让我站直
你方才揍我了是吗
我听不见你说什么
什么
是的揍了你现在觉得怎样
没什么放开我吧
他放开了我我靠在桥栏上
你没什么吧

别管我我很好
你自己能回家吗
走吧让我独自待一会儿
你大概走不了还是骑我的马吧
不要你走你的
你到家后可以把缰绳搭在鞍头上放开它它自己会回马棚去的
别管我你走你的不用管我
我倚在桥栏上望着河水我听见他解开了马跨上坐骑走了过了一会儿我耳朵里只有潺潺水声别的什么也听不见接着又听到了鸟叫声我从桥上下来在一棵树下坐了下来我把背靠在树干上头也斜靠在树干上闭上了眼睛一片阳光穿过树枝落在我的眼帘上我挪动了一下身子依旧靠在树上我又听到鸟在叫了还有水声接着一切都仿佛离远了我又是什么都感觉不到了在那些令人难熬的日日夜夜之后我现在倒反而觉得很轻松那时忍冬的香味从黑暗里钻出来进入我的房间我甚至正竭力想入睡但过了一会儿我知道他根本没有打我他假装说打了那也是为了她的缘故我却像一个女孩子那样的晕了过去不过即使这样也都已经无所谓了我坐在树下背靠着树斑斑点点的阳光拂撩着我的脸仿佛一根小树枝上的几片黄叶我听着潺潺水声什么都不想即使我听到传来马蹄疾驰的声音我坐在那里眼睛闭着听到了马蹄站停在沙地上踏着发出沙沙声然后是奔跑的脚步声然后感到她急急地摸索着的手
傻瓜傻瓜你受伤了吗
我张开眼睛她的双手在我脸上摸来摸去
我不知道你们在哪个方向后来才听见了枪声我不知道你们究竟在哪儿我没想到他和你会偷偷地跑出来较劲儿我没想到他居然会
她用双手抱住我的头用力推我的头去撞那棵树
别别别这样
我抓住了她的手腕
停一停别撞了
我知道他不会打你的我知道不会的
她又想推我的头让它去撞树
我方才告诉他再也不要来找我了我告诉他了
她想挣脱她的手腕
放开我
别这样我比你劲儿大别这样
放开我我一定得追上他要他放开我呀昆丁求求你放开我放开我
突然之间她不再挣扎了她的手腕松瘫了
好吧我可以告诉他使他相信我每次都能使他相信我的话是对的
凯蒂
她没有拴住“王子”它随时都可能拔脚往回跑只要它产生了这个想法

他每一次都愿意相信我的话
你爱他吗凯蒂
我什么他
她瞧着我接着一切神采从她眼睛里消失了这双眼睛成了石像的眼睛一片空白视而不见静如止水
把你的手放在我的咽喉上
她抓住我的手让它贴紧在她咽喉上
现在说他的名字
达尔顿·艾密司
我感觉到一股热血涌上她的喉头猛烈地加速度地怦怦搏动着
再说一遍
她的脸朝树林深处望去那里阳光斜斜地照在树上鸟儿在
再说一遍
达尔顿·艾密司
她的血不断地向上涌在我手掌下面一阵接一阵地搏动
……

【俄】布尔加科夫

米哈伊尔·布尔加科夫(1891—1940)是一位超越时代的俄罗斯天才作家。他出生在基辅的一个知识分子家庭，祖父和外祖父都是东正教牧师，父亲是基辅神学院的副教授。布尔加科夫就是在这种浓厚的家庭宗教文化氛围中成长起来的。他短暂的一生经历了许多坎坷，曾担任过医生、剧作家、导演等。他的创作因被认为不符合当时苏联的主流意识形态而多次遭禁，他本人也遭到了莫须有的人身攻击。直至他去世后20年，他的作品才因文坛“解冻”而得以重见天日。其代表作有小说《白卫军》《红色王冠》《狗心》《不祥的蛋》和《大师和玛格丽特》等。

布尔加科夫深切关注人类的精神世界，他的前期作品以内战为背景，以知识分子与革命为主题，后期创作主要揭露和平时期出现的负面生活现象，而对道德的探索几乎贯穿于他的整个写作生涯。在创作风格上，他的小说继承了俄罗斯文学自果戈理、谢德林以来的讽刺传统，以反讽的笔调针砭时弊、评点道德，幽默中尽显睿智；同时，又借鉴了20世纪的意识流、超现实主义等艺术技巧，具有明显的现代主义特征。

长篇小说《大师和玛格丽特》由两条情节线索交织而成，每一条线索对应一个故事。第一条线索叙述外国人沃兰德与随从在莫斯科的故事。沃兰德是撒旦的化身，他和随从在莫斯科大搞恶作剧，弄得整座城市鸡犬不宁。同时，他又大张正义，保护了执着于艺术的大师与善良的玛格丽特。作者用荒诞的笔法对当时利欲熏心、道德堕落的莫斯科环境以及丑陋庸俗的社会现实进行了大肆的戏谑。第二条线索是围绕大师创作的小说而展开的，它讲述了彼拉多审判耶稣的故事。总督彼拉多明知耶稣并非暴徒，却妄加断言将耶稣钉死在十字架上，之后，内心忍受着道德的煎熬，两千年来因为偏头疼而无法安眠，一心期盼自己能获得救赎。最后，大师和玛格丽特告别莫斯科，总督也在沃兰德给予大师权利的情况下获得了救赎。

本书选取的“撒旦的盛大晚会”一章写玛格丽特为了不为众人所理解的大师而甘于牺牲自己。在嘈杂而荒诞恐怖的狂欢晚会上，她承受了肉体的痛苦和精神的折磨。她接受了魔鬼对自己的种种考验；在杀人犯等一系列犯罪分子面前，也表现出惊人的镇静与无畏的坚定。在喝下颅骨杯里的浆液的一瞬间，她用勇气赢得了沃兰德的支持，最终与心上人大师一起离开了庸俗不堪的莫斯科。魔鬼沃兰德犹如《浮士德》中的靡菲斯特却又不完全相同，他以魔鬼之名行人间正义，寄寓了作者对于善良、美好人性的不竭追求。

（刘彦　撰稿）

大师和玛格丽特(节选)①

第二十三章　撒旦的盛大晚会

午夜临近了，必须迅速行动。玛格丽特眼前模模糊糊，什么也看不清。她只记得无数灯火和一个光怪陆离的大水池。她刚一站到池中，赫勒和她的助手娜塔莎就用一种黏稠的热乎乎的红色浆液冲洗她的全身。她感到嘴唇上有一股咸味，这才明白：她们两人是在用鲜血给她冲洗，她仿佛穿上了一身血红的法衣。不一会儿，这法衣又换成另一种黏稠而透明的玫瑰色法衣了，一股浓郁的玫瑰香气使她感到昏昏沉沉。然后两人把玛格丽特扔到一张水晶卧榻上，用一种很大的绿色叶子研磨她的全身，直磨得身上闪闪发亮。大黑猫也钻进来帮忙，它蹲在玛格丽特脚旁，擦亮她的两只脚。它神情专注，十分认真，活像一个在大街上替人擦皮鞋的。玛格丽特不记得是谁用白玫瑰花瓣给她缝制好一双便鞋，也不记得那双鞋怎样穿到了她脚上，金缕编成的鞋带又是怎样自动结好的。然后便有某种力量把她提了起来，放到一面大镜子前。她头上忽然出现了一顶镶满钻石的王冠。这时卡罗维夫不知从什么地方冒了出来，把一个镶在椭圆框里、系在项链上的、沉重的黑毛狮子狗雕像挂在玛格丽特胸前，那条项链本身也很沉重。戴上这件饰物之后，女王感到非常吃力，她觉得项链磨得脖颈痛，雕像压得直不起腰。但这吊着黑狮子狗雕像的沉重项链虽然带来不便，还是有所补偿的：戴上它之后，卡罗维夫和河马便显得对玛格丽特格外敬畏了。

“没关系，没关系，没关系!”卡罗维夫嘟嘟哝哝地站在有水池的房间门口说，“一点办法也没有，需要这样，需要，需要。女王，请允许我再给您提出最后一项建议吧：今天的来宾中有各种各样的人，噢，三教九流，无所不有，但是，玛格女王，您可对谁也不要有半点另眼相看之处！即使有人使您不喜欢……我知道，您当然也不会形诸于色的……不要这样，不要，连想都不要这样想！对方会发现的，在同一瞬间就会发现。您还是应该喜欢他，喜欢他，女王。为此，您这位晚会女主人将得到百倍的报偿！还有，千万不要忽视任何人。如果您没有时间同谁讲句话，那么，哪怕只对他微微一笑或轻轻朝他转一下脸也好，怎么都行，惟独不要不理睬。没有得到您青睐的人会为此而憔悴的……”

玛格丽特由卡罗维夫和河马扶着走出水池房，迈进一片伸手不见五指的黑暗中。

“我来，我来，”黑猫河马说，“让我来发信号吧!”

“发吧!”卡罗维夫在黑暗中回答。

“晚会开始!”黑猫一声刺耳的尖叫。玛格丽特不由得也跟着大喊了一声，随即闭起眼睛呆了几秒钟。晚会伊始，顿时有千万条霞光向她射来，音乐声和一阵异香也随之而来。玛格丽特由卡罗维夫搀扶着向前走去。她看到自己进入了一片热带森林。林中藤蔓上有许多红胸脯、绿尾巴的鹦鹉跳来跳去，它们一看见她便齐声鸣叫起来：

---

① 选自[苏]布尔加科夫：《大师和玛格丽特》，钱诚译，北京，人民文学出版社，2004。

"我非常高兴!"叫声震耳欲聋。但玛格丽特很快便出了森林，进入一个晚会大厅，林中那种浴室般的闷热顷刻间被大厅里爽人的凉气所代替。大厅两旁是两排亮光闪闪的黄石圆柱。这里也和森林里一样空荡荡的，只是每根圆柱旁都伫立着一个黑人，赤身露体，头上缠着银白色头巾，一动不动。当玛格丽特带领着随从人等(阿扎泽勒不知从哪儿也加进来了)飘入大厅时，黑人们非常兴奋，一张张黑脸变成了褐红色的。这时卡罗维夫才松开了玛格丽特的胳膊，并对着她耳边轻轻说：

"径直朝郁金香花丛走!"

玛格丽特看到，前面突然出现一堵白郁金香组成的矮墙，墙后面有无数用玻璃罩罩住的灯火，灯火前面坐着许多穿燕尾服的男人，露出洁白的胸脯和黑色肩膀。玛格丽特恍然大悟：晚会的音乐声原来是从这里发出的。玛格丽特感到小号的吼叫声铺天盖地向她袭来，紧接着小提琴声异军突起，高亢激越的琴声像血一样冲刷着她的全身。这是一支约由一百五十人组成的乐队在演奏波罗涅兹舞曲①。

高高站在乐队前面的穿燕尾服的人看见玛格丽特进来，脸色一下子变得惨白，但又慌忙做出笑容，举起双手指挥整个乐队站了起来。乐队一秒钟也没有停止演奏，以站立姿势使玛格丽特沐浴在热情的音乐声中。乐队前面指挥台上的人转过身来，把双手向两旁一分，对玛格丽特一行深深鞠了一躬。玛格丽特微笑着向他挥手致意。

"不行，这不够，不够，"卡罗维夫急忙在她耳边说，"这样他会一夜都睡不着觉的。请您对他喊一声：'向您致敬，华尔兹之王!'"

玛格丽特照他的话喊了一声，同时不禁为自己那压倒乐队演奏的洪钟般的声音感到吃惊。那指挥幸福得颤抖了一下，急忙把左手放在胸口上表示感谢，同时右手继续挥动着白色小棒指挥演奏。

"还不够，不够，"卡罗维夫又在她耳边说，"该向左看看，看看第一小提琴手，对他们点点头，要让他们每个人都感觉到您已经注意到了他本人。他们都是世界名人。坐在这边第一个乐谱架后面的就是维坦②。对，就这样，很好。咱们往前走吧。"

"这指挥是谁?"玛格丽特飘然向前走去，一边问道。

"约翰·施特劳斯③，"黑猫从旁大声说，"我敢说，任何晚会都从来没请到过这样的乐队，不然就把我吊死在热带林的藤条上。这乐队是我请来的！我还要对您说，没有一个人托病不来，也没有一个人拒绝。"

第二个大厅两旁没有圆柱，而是有两堵矮矮的花墙，一边是鲜红、粉红和乳白的各色玫瑰，另一边全是日本的重瓣山茶花。花墙之间喷泉飞舞，潺潺有声，三个

---

① 波罗涅兹舞是波兰的一种隆重的古典交际舞。

② 维坦·亨利(1820—1881)，比利时卓越的小提琴演奏家、作曲家。1845年至1852年间曾在俄国彼得堡工作。

③ 约翰·施特劳斯(1825—1899)，奥地利作曲家，所作圆舞曲具有旋转舞步的快速律动的特征，世称"维也纳圆舞曲"，流传甚广。

大酒池中的香槟酒冒着气泡，仿佛在沸腾。其中一个酒池呈晶莹的淡紫色，另一个像红宝石般殷红，还有一个是完全由透明的水晶砌成的。酒池旁各有几名缠着红头巾的黑人在斟酒，他们用长柄白银勺把酒直接从酒池里舀进平底大杯中。玫瑰墙中间还有一个豁口，那里设有音乐台，一个穿红色燕尾服的人正在台上奋力指挥着。他面前的爵士乐队也卖劲地演奏，声音之大，甚至令人无法忍受。一看见玛格丽特，那指挥便深深地弯腰施礼，两手几乎够着地板。然后他直起腰来，尖声高叫：

“阿利路亚!”

他拍了一下膝盖，然后又交叉着手在另一个膝盖上拍了两下，从最边上的队员手里夺过金钹朝队员的头上敲了一下。

玛格丽特将要走出这个大厅时，才看到这位爵士乐队指挥为了激励队员们与前面大厅传来的波罗涅兹舞曲声相竞争，正用手中的金钹挨个敲击乐队队员们的头。队员们则一个个做出滑稽的恐惧面孔蹲下身去。

一行人终于飘到一个平台上。玛格丽特看到：这就是她刚进来时卡罗维夫在黑暗中举着神灯迎接她的地方，不过此刻的平台上却点起了一串串光彩炫目、令人不敢正视的葡萄形水晶吊灯。随从们请玛格丽特站到一个特定的位置上，她发现位置的左下方有一个不高的紫晶雕刻的圆柱。

“当您感到十分吃力的时候，您可以扶住这根圆柱，”卡罗维夫又在她耳边说。

有个黑人把一个绣着金狮子狗的垫子放在玛格丽特脚前，玛格丽特便身不由己地(像是什么人用手拉了她一下似的)屈起膝盖，把右脚放在那垫子上了。她往两边看了看，卡罗维夫和阿扎泽勒两人垂手站立在两旁，姿势十分庄重。阿扎泽勒旁边还站着三个年轻人，那样子使玛格丽特模糊地想起了亚巴顿。她觉得背后有一股冷气吹来，回头一看——身后的大理石墙上正喷出一股葡萄酒，在墙根处形成一个冷森森的酒池。她还感到左脚旁有一个温暖的、毛茸茸的东西，原来是黑猫河马卧在她脚旁。

玛格丽特站在最高的平台上，脚下边是一个又宽又高的、铺着地毯的阶梯。在阶梯下面很远很远的地方，就像她反拿着望远镜观看似的，她看到一个无比高大的门厅，门厅的墙壁上装着个极其宽阔的壁炉，它那冷森森、黑洞洞的炉口足能自由地开进一辆五吨大卡车。大门厅和整个阶梯上灯火辉煌，炫人眼目，但却空无一人。她身后的乐队演奏声这时听来已相当遥远了。她们一行人在平台上默默地站了大约一分钟。

“来宾在哪儿啊?”玛格丽特问卡罗维夫。

“会来的，女王，会来的，马上就来。宾客是绝对不会少的。说实话，我宁愿去劈劈柴，也不愿站在这里接待这些客人。”

“还说什么去劈劈柴，”爱搭讪的黑猫又讲话了，“我甚至宁肯去有轨电车上当售票员，世上再没有比这更糟的工作了。”

“什么都要提前准备好才行，女王，”卡罗维夫透过他那只破碎的单光眼镜眨着眼睛解释说，“假如每一个到来的客人站在那里踯躅不前，不知如何是好，而他那合法的美格拉①则在旁边没完没了地嘀咕，骂他带她来得比所有人都早，那可就最叫人难堪不过了。那样的晚会简直该扔进臭水沟，女王。”

“一定得扔进臭水沟，”河马也跟着帮腔。

“到午夜还有十来秒钟，”卡罗维夫说，“马上就要开始了。”

玛格丽特觉得这十秒钟极其漫长。好像早已过了，却仍然什么动静也没有。这时，猛然间听得下面阶梯尽头的大壁炉里发出一声巨响，一个绞刑架伴着响声从壁炉里冲出来，上面还吊着个晃晃悠悠的、半腐烂的尸体。那尸体从绞索上“啪”的一声掉在地上，化为乌有，同时在原地出现了一个穿燕尾服和漆皮鞋的黑发美男子。接着，壁炉中又飘出一具相当糟朽的小棺材，棺材盖立即飞到一旁，从里面滚出一具尸体。而当黑发美男子殷勤地跑到这具尸体跟前时，它已经变成一个轻佻风骚的裸体女人了，她穿着精致的黑皮鞋，头上插着黑色翎毛。美男子弯起胳膊让那女人挽住，于是这一对男女便顺着阶梯快步拾级而上。

“头一批客人来了！”卡罗维夫大声说，“这是札克先生和他的夫人。我给您介绍一下，女王，他算得上是男人中最招人喜欢的一位了，是个死不悔改的伪币制造人和叛国犯，同时又是个很不错的炼金者。他之所以出名，”卡罗维夫对玛格丽特耳语说，“是因为他把国王的情妇给毒死了。这种事可不是谁都干得了的！您看，他多么英俊！”

玛格丽特脸色煞白，瞠目结舌。她看到，下面大门厅里的绞刑架和小棺材自动进入了一个旁门，消失了。

“我非常高兴！”黑猫冲着拾级而上的札克先生大声喊道。

这时门厅的大壁炉里又走出一具只有一只胳膊的无头骷髅，它倒在地上，也登时就变成了一个穿燕尾服的男人。

札克夫人这时已经站到玛格丽特面前，她脸色苍白，十分激动，单膝跪下向玛格丽特施礼，并亲吻她的膝盖。

“女王！”札克夫人轻声问候。

“女王十分高兴。”卡罗维夫在耳边喊。

“女王！”美男子札克先生也轻轻问候了一声。

“我们非常高兴！”黑猫高声回答。

站在阿扎泽勒身旁的年轻人已经做出一副毫无生气、但却十分殷勤的笑脸，把札克夫妇扶到旁边去了，那里黑人们正举着大杯香槟等待客人。又一个穿燕尾服的男人顺台阶跑上来。

“这位是罗伯特伯爵，”卡罗维夫在玛格丽特耳边说，“风采依然不减当年啊！您看，女王，多么可笑：他的情况恰恰相反，他曾是某王后的情夫，他毒死了自己的妻子。”

---

① “美格拉”原指古希腊神话中复仇三女神之一，是愤怒与忌妒的化身；这里指吵闹不休的泼妇。“合法的”指按宗教仪式正式结婚的。

"伯爵，我们非常高兴!"河马高声表示欢迎。

大壁炉里又接连飘出来三口棺材，它们也都立即裂开，散了架。随后从黑洞口中走出一个穿黑色长袍的人，紧跟在他后面出来的人朝他背后捅了一刀，传来一声沉闷的惨叫。壁炉里又跑出一具几乎完全腐烂的尸体。玛格丽特眯起了眼睛。不知是谁的手急忙把一个盛有白色药面的小瓶送到她的鼻子下边。她觉得这像是娜塔莎的手。阶梯上的人渐渐多起来，现在每一磴台阶上都有人了，远远看去他们完全一样：男子们穿着燕尾服，身旁的女人们则光着身子，她们之间的区别只在于头上插的翎毛的颜色和鞋的样式不同。

一个瘦瘦的妇女，左脚上穿着一只奇怪的木靴，一瘸一拐地朝玛格丽特走来，她像修女一样低垂着眼睑，仪容恭谨，脖颈上不知为什么缠着一条宽宽的绿色带子。

"那个绿女人是谁?"玛格丽特不假思索地问道。

"这可是一位最迷人、最端庄的夫人，"卡罗维夫对她耳语说，"我向您介绍：这是托法娜女士。她在那不勒斯和巴勒莫①那些迷人的少妇中间，尤其在那些对自己丈夫感到厌恶的少妇中间极为有名。女王，有些丈夫确实会使妻子感到厌恶，这种事常有，您说是吧。"

"是的，"玛格丽特用暗哑的声音回答，同时对两个穿燕尾服的男子微笑着，那两个人正先后向玛格丽特施礼并亲吻她的膝盖和手。

"说的就是嘛，"卡罗维夫乘机对玛格丽特耳语说，同时又在对什么人高喊着："公爵，一杯香槟！我非常高兴!"然后又耳语说，"是的，正因为这样，托法娜夫人很体谅这些可怜女人的处境，便向她们推销一种装在小瓶里的水。做妻子的把这种水倒进丈夫的菜汤里，丈夫把菜汤喝下去，对妻子的温柔照料表示感谢，心里美滋滋的。不过，几小时后他就觉得异常干渴，躺到床上。一天之后给自己丈夫喝下那菜汤的漂亮的那不勒斯少妇便成为一个像春天的风一样自由自在的女人了。"

"那她脚上穿的是什么?"玛格丽特一边不停地把手伸出去给赶到托法娜夫人前面的几位客人亲吻，一边问卡罗维夫，"还有，她脖颈上的绿带子是怎么回事？是不是皮肤变了颜色?"

"我非常高兴，公爵!"卡罗维夫一边向一位客人这么喊着，一边对玛格丽特耳语说："她的脖颈好好的，不过是因为她关在监狱期间出了点不愉快的事。她脚上那东西是一种刑具，女王，叫'西班牙木靴'②。至于脖子上的带子，是这么回事：因为狱卒们了解到仅仅在那不勒斯和巴勒莫两地就有将近五百个不中意的丈夫因为这位夫人而永远离开了人世，他们一气之下便把她勒死在狱里了。"

"感谢您给我这样崇高的荣誉，黑色女王！我万分幸福!"托法娜这时已经来到玛格丽特跟前，她用修女般文静的声音说着，便想跪下一条腿施礼，但腿上的木靴妨

---

① 那不勒斯市和巴勒莫市均为意大利的重要港口、游览名城。

② 一种夹在小腿和脚上的木制筒状刑具，外形似皮靴，里面有钉子。中古时期西班牙宗教裁判所曾用它折磨异教徒。

碍着她。卡罗维夫和河马急忙把她扶了起来。

“我很高兴。”玛格丽特回答说，同时又在把手伸给别的客人。

这时整个阶梯都被往上涌的人流盖住了，玛格丽特已经看不见门厅里的情况。她只是机械地抬起手，放下手，同样地对所有客人抿嘴、微笑。平台上人声鼎沸，非常热闹，玛格丽特刚才经过的晚会大厅里传来乐队的演奏，像是海水的波涛声。

“这个女人很乏味，”卡罗维夫不再耳语，而是大声说，因为他知道在嘈杂的人声中谁也不会听清他的话，“她很喜欢参加各种晚会，总想抱怨她那块手帕。”

玛格丽特的目光捕捉到卡罗维夫所指的女人正沿阶梯向上走来。这女人看上去很年轻，不过二十来岁，体态苗条，容貌动人，非同寻常，但那双眼睛却透着惶惶不安和乞哀告怜的神情。

“什么手帕?”玛格丽特问卡罗维夫。

“给她派去了一名使女，”卡罗维夫解释说，“三十年来这使女一直是天天夜里把一块小手帕放在她床头的小柜上。所以，她每天一睁眼就看见那块手帕。她呢，又是把它扔进火炉里烧，又是沉进河里，都无济于事。”

“到底是什么手帕?”玛格丽特又问道，同时继续不停地伸出手去让客人亲吻。

“是一块带蓝边的小手帕。是这么回事：她在咖啡馆做侍者的时候，有一天店老板带她进了库房。九个月后她生下了一个小男孩。她把婴儿抱进树林，用手帕堵住了孩子的嘴，后来把孩子埋在地里了。她在法庭上说：她无力养活那个孩子。”

“咖啡馆的老板呢？他上哪儿去啦?”玛格丽特问道。

“女王，”蹲在脚旁的黑猫忽然又用沙哑的声音插话说，“请允许我问一句：店老板跟这有什么关系？在树林里憋死孩子的又不是他!”

玛格丽特继续向客人们微笑，抬起并放下右手，同时她用左手的尖指甲掐住了河马的耳朵，对它小声说：

“坏蛋，看你再敢随便插嘴……”

河马发出一声与晚会极不协调的尖叫，哑着嗓子说：

“女王！……耳朵会发红的！……带着个通红的耳朵参加晚会多煞风景?!……我不过是从法律的……从法律的观点来说的……好，我不言语，不言语了……您就当我不是只猫，是条鱼好了，只请您放开我的耳朵。”

玛格丽特松开了手。这时，那两只惶惶不安、乞哀告怜的忧郁的眼睛已经来到她的面前：

“女王，承蒙您的盛情，我得以参加这盛大的上元晚会，感到非常幸福!”

“我也高兴见到您，”玛格丽特回答说，“很高兴。您喜欢香槟吗?”

“女王，您这是在做什么呀?!”卡罗维夫急忙小声制止她，气急败坏地小声对着玛格丽特的耳朵喊道：“这会误事的!”

“我非常喜欢!”那女人求之不得地急忙回答，接着便机械地连声说：“我叫弗莉达。弗莉达！弗莉达！啊，女王，我叫弗莉达!”

“那么，弗莉达，今天您就痛饮一回吧！一醉方休，什么也别去想它!”玛格丽特说。

弗莉达把双手伸向玛格丽特，但卡罗维夫和河马已经敏捷地挽住了她的两只胳膊，她随即消失在拥挤的人群中。

这时，台阶上的人群蜂拥而上，像是向玛格丽特站立的平台展开了冲锋。许多裸体女人的身子在穿燕尾服的男人中间闪现、起伏。各种肤色的女人身体向玛格丽特飘来：黝黑的、白皙的、咖啡豆色的、黑中透亮的，无所不有。各种宝石在她们那黑色、红褐色、栗色、亚麻色的头发上嬉戏、飘舞、闪光。在向前冲锋的男人行列中，一个个钻石领扣闪着火花，仿佛是有人在整个队伍的头上洒了一些光点。现在玛格丽特每秒钟都感到有嘴唇触到她的膝头，每秒钟她都要伸出手去让人亲吻，她脸上做出的欢迎笑容几乎凝滞了。

“我很高兴!”卡罗维夫单调地连续说着，“我们大家都很高兴，女王也很高兴。”

“女王很高兴!”站在背后的阿扎泽勒也瓮声瓮气地说。

“我十分高兴!”黑猫也时而说一声。

“这位是侯爵小姐，”卡罗维夫喁喁地介绍说，“她为了争夺继承权毒死了父亲、两个兄弟和两个姐妹……女王很高兴！这是明金娜①夫人，您看她多么美！只是有些神经质。其实，她何必用烫发钳子烫侍女的脸呢！这样人家当然要砍死她！女王很高兴！女王，请稍稍留意一下：这是鲁道尔夫国王②！是个具有魔力的人和炼金者。这又是一个炼金者，被绞死的。啊，她也来了！哎呀，她在斯特拉斯堡③开的那所妓院真是妙极了！我们很高兴！这位是莫斯科有名的女裁缝，大家都喜欢她的独出心裁，她在莫斯科开设一家妇女服装社，想出了个极为滑稽的办法：她暗地里在墙上钻出了两个圆孔……”

“那些妇女们就不知道?”玛格丽特问道。

“没有一个不知道的，女王，”卡罗维夫回答说，“我很高兴！您看，这个二十岁的男孩子从小就爱幻想，行为乖戾，常常生出些奇奇怪怪的念头。有个姑娘爱上了他，而他竟然把她卖给妓院了。”

人流从下面滚滚而来，像是永无止境，从它的源头——门厅大壁炉里还在不断地往外流。晚会进行一个多小时了，玛格丽特觉得脖子上的链子越来越沉重。右臂也有些反常了，现在每伸出去一次她都要皱一下眉头。卡罗维夫的有趣介绍和评论已经引不起她的兴趣了。她现在既分不清两眼距离很宽的蒙古型面孔，也分不出白色面孔和黑色面孔，这些面孔有时候好像连成了一片。各个面孔之间的空气不知怎么也像颤抖起来，开始流动了。玛格丽特忽然感到右臂上一阵针刺般的剧痛，她咬

---

① 19世纪俄国沙皇亚历山大一世时期的首相阿拉克切耶夫(1769—1834)的情妇。阿拉克切耶夫以实行残酷的军警暴虐制度而臭名昭著。明金娜生得天姿国色，但为人极其残酷。因此后来被农奴砍死。

② 鲁道尔夫一世(1218—1291)，神圣罗马帝国皇帝，哈布斯堡王朝的创建者。

③ 斯特拉斯堡，法国东部经济文化中心，文化名城，旅游胜地。

紧牙关，急忙把胳膊肘倚在旁边的紫晶圆柱上。她听到身后大厅里传来一阵飒飒声，像飞鸟的翅膀碰到墙壁上，她明白：那是大厅里不计其数的客人在跳舞。她觉得在这个罕见的大厅里，水晶般明净的沉重的大理石地面也在随着音乐声轻轻律动着。

现在，不论是凯·卡利古拉①，还是美莎琳娜②，都已经不能引起玛格丽特的兴趣。同样，任何一个国王、公爵、情夫、自杀者、下毒的女人、被处绞刑者、拉皮条的妖婆、狱吏、赌棍、刽子手、告密者、变节者、自大狂、暗探、奸污幼女者……也都不再引起她的兴趣。这些人的名字在她头脑中乱成一团，他们的面孔汇聚成一张大饼。其中只有一个面孔，一个长着真正火红的大胡子的面孔，清晰地留在她的记忆中，并使她感到痛苦，这个人就是马留塔·斯库拉托夫③。玛格丽特觉得两腿发软，她担心随时都会哭起来。使她最痛苦的是接受众人亲吻的右腿膝盖。尽管娜塔莎曾不止一次地走过来用海绵往她的膝盖上涂抹一种奇异的香脂，它还是肿得老高，皮肤已经发青。在晚会进行到快三个小时的时候，玛格丽特用完全失望的眼睛顺着高台阶往下看了看，高兴得不禁颤抖了一下：宾客的人流终于变得稀疏了。

"女王，所有这类聚会的规律都是相同的，"卡罗维夫对玛格丽特耳语说，"现在该退潮了。我敢起誓，咱们没有几分钟好忍耐了。看，那些人就是布罗肯山来的游荡者。这帮人总是最后来。嗯，对，是他们。两个吃醉酒的吸血鬼……来齐了吗？噢，不，又来了一个，不，是两个！"

最后两个客人正顺着台阶走上来。

"这两个像是新人呀，"卡罗维夫眯着眼睛透过单光眼镜仔细地看着说，"啊，对，对！阿扎泽勒有一次访问过这个人。他非常害怕另一个人揭发他，因此，阿扎泽勒在几杯白兰地下肚之后便凑到他耳边给他出了个摆脱那人的主意。后来他便命令自己属下的一个朋友往办公室的墙上喷洒了毒药。"

"这人叫什么名字？"玛格丽特问。

"哎呀，真的，我自己还不知道，得问问阿扎泽勒，"卡罗维夫回答。

"跟他一起的是谁？"

"就是那个认真执行了他的命令的下属。我很高兴！"卡罗维夫向最后两位客人大声说。

台阶上再没有客人了。为防万一，他们又等了一会儿。但大壁炉中再也没有人走出来。

---

① 凯·卡利古拉，罗马皇帝(公元37—41年在位)，疯狂的暴君，因残暴而为叛乱的禁卫军所杀。

② 瓦列里雅·美莎琳娜(公元1世纪)，罗马皇帝喀劳狄(克劳第)之妻，以残酷和淫乱闻名。她的名字已成为普通名词，表示荒淫乖戾的贵妇人。

③ 马留塔·斯库拉托夫(1572年卒)，伊凡雷帝特辖区军团领导人之一，曾为巩固伊凡雷帝的统治起过重大作用。

一秒钟之后，玛格丽特自己也不知道怎么便又走到了大水池房。一到这里她便感到右臂和右腿疼痛难忍，倒在地上大声哭起来。赫勒和娜塔莎急忙过来安慰她，并且又把她带去用鲜血淋浴，给她揉搓全身，玛格丽特重新焕发了精神。

“还得去，还得去呀，玛格女王，”卡罗维夫又来到她身旁说，“咱们还得去各个大厅转转，不能让可敬的客人们有受到冷落的感觉。”

于是玛格丽特匆匆走出水池房。白郁金香墙内的音乐台上，原来华尔兹之王指挥乐队演奏的地方，现在是一个猿猴爵士乐队在那里发狂。指挥台上站的是一只大猩猩，这个生着毛茸茸的络腮胡子的庞然大物手里拿着把长号，笨拙地挥舞着，跳动着。许多猩猩坐成一排吹奏着金光耀眼的小号和长号，一些快活的黑猩猩骑在号手们肩头上拉着手风琴。两台钢琴前各坐着一只颈上长着狮鬣般长毛的狒狒，正在卖力地弹奏，旁边有许多长臂猿、山魈、长尾猴等，都各自抱着萨克管、提琴、长鼓等等，拨弄敲打个不停。嗡嗡声、吱吱声、轰隆声响成一片，两台钢琴的声音根本听不见。大厅的地板像镜子一样又光又亮，无数的人对对双双翩翩起舞，他们好像汇成了一个整体，以惊人的轻盈和敏捷，迈着纯熟的舞步，朝着一个方向旋转，整个人群像一堵大墙在慢慢朝前移动，一往无前，大有在前进路上横扫一切之势。锦缎做的蝴蝶纷纷活了起来，在旋转的人群头顶上上下翻飞，朵朵鲜花从天花板上飘落在人们身上。每当电灯熄灭的时候，各个圆柱的柱头上便有无数萤火虫发出亮火，点点磷火在空中飘动。

随后，玛格丽特来到一个用圆柱围起的庞大无比的酒池旁。这里有一个巨大的黑色尼普顿①雕像，它口中喷出一股粗大的淡红色酒柱，池中散发着醉人的香槟酒的芳香。人们在这里不拘形迹，尽情欢乐。妇女们笑嘻嘻地甩掉脚上的鞋子，把手提包交给自己的男伴或拿着床单侍立在左右的黑人，然后便大喊一声，飞燕似的一个猛子扎进酒池，带泡沫的酒花溅起老高。从水晶酒池的池底，透过池中的红酒，反射着淡红色的灯光，一个个娇美的银白色女人在泛着红光的池中悠然游荡。当她们畅游一番之后从池中上来时，一个个便都酩酊大醉了。池边的圆柱下传出阵阵银铃般的笑声和哈哈大笑声，像澡堂里一样。

在这整个嘈杂混乱的晚会中，玛格丽特只记住了一张烂醉的女人的脸和她脸上那双呆痴无神的、但呆痴中又在乞哀告怜的眼睛以及她的名字：“弗莉达!”玛格丽特被酒气熏得有些头晕。她正想离去，又给大黑猫在酒池中的表演吸引住了：只见它在尼普顿的大嘴旁念了几句咒语，池中波浪滚滚的香槟酒便随着一阵嘶叫和轰鸣声从池中消失得干干净净，而尼普顿则开始喷出一种不再冒泡、不再波动的深黄色酒柱。女士们顿时尖声叫喊起来：

“白兰地!”妇女们纷纷从池边跑开，躲到圆柱后面去。

不消几秒钟工夫，偌大一个酒池就灌满了白兰地。于是黑猫一跃而起，在空中

---

① 尼普顿(或译涅普顿)，罗马神话中的海神，即希腊神话中的波赛冬。

翻了三个斤斗，钻进微波荡漾的白兰地池中。当它呼哧呼哧喷着酒再次钻出水面时，它的领带松了，胡子上的金颜色没有了，望远镜也不知去向。妇女中敢于仿效河马这一壮举的只有那个惯于独出心裁的女裁缝，再就是她的男伴——一个不知姓名的年轻混血儿。他们两个人一齐跳进了白兰地酒池，但这时卡罗维夫已挽起玛格丽特的胳膊，陪同她离开了游泳的人们。

玛格丽特觉得自己飞越了一个地方，那里有巨大的石砌池塘，池中有堆积如山的牡蛎。然后她又在一片玻璃地面上空飞行，玻璃下面是几个烈火熊熊的巨大炉膛，一些身穿白衣的魔鬼般的厨师正在炉膛之间紧张地忙碌着。后来，她的头脑就不能思考什么了，她只看到一些昏暗的地下室，那里灯光闪烁，姑娘们从火红的木炭上把烤得嗞嗞响的肉块递给客人们，客人们则大杯大杯地饮酒并为她的健康干杯。接着她又看见高台上有几只白熊拉着手风琴，跳着喀马林舞①，看到一个呆在火炉中不怕烧的蝾螈②魔术家……玛格丽特这时第二次感到身上的气力即将衰竭。

"再最后一次出场吧，"卡罗维夫关心地对她耳语说，"然后我们就自由了。"

玛格丽特又由卡罗维夫陪同来到舞厅。但此刻这里已停止跳舞，无数的客人都挤在大厅两旁的柱廊上，把中间空了出来。玛格丽特不记得是谁把她扶上了忽然出现在大厅中央的一个高台。登上高台后，她意外地听到什么地方正在敲响午夜的钟声。她感到很奇怪：按她的估计午夜应该早已过去了。随着这不知何处传来的午夜钟声的最后一响，沸沸扬扬的大群客人突然完全安静下来。于是玛格丽特又看到了沃兰德——他在亚巴顿、阿扎泽勒以及另外几个貌似亚巴顿的皮肤黝黑的年轻人的簇拥下走进了大厅。这时玛格丽特才看到在她站的高台对面还准备好了另一个供沃兰德用的高台，但沃兰德显然不想登上去。使玛格丽特感到震惊的是，沃兰德在这盛大晚会的最后一个隆重场面出现时，仍然穿着他在卧室穿的那身衣服——上身还是那件肥肥大大的、打了补丁的肮脏睡衣，脚上还是那双夜间穿的破旧便鞋。他手里拿着一柄长剑，但这柄无鞘长剑他是拄着当拐杖用的。沃兰德微微瘸着腿走到为他设置的高台旁停下来，阿扎泽勒马上双手举着一个托盘站到他面前。玛格丽特一眼便看到：托盘里放的是一个磕掉了两颗门牙的被切下的人头。大厅里的客人仍然屏住呼吸，悄然无声；打破这静谧的惟有远处传来的、在这种环境中令人无法理解的一声铃响，好像是大门上的门铃声。

"米哈伊尔·亚历山大罗维奇！"沃兰德用低沉的声音招呼托盘中的人头。于是，人头上的两只眼睛便睁开了。玛格丽特不由得打了个冷战：那张死人脸上的眼睛不仅是活生生的，而且充满思维和痛苦。"看，一切都实现了，不是吗？"沃兰德盯着人头的眼睛继续说，"您的脑袋被一个女人切掉。'莫文联'的会议没有开成。而我呢，下榻在您的家中。这都是事实。而事实是世界上最顽固的东西。不过，眼下我们感兴趣的是今后的事，而不是已经发生的事实。您一直在热情地鼓吹这样一种理论，

① 喀马林舞：一种俄罗斯民间舞蹈，参加者主要是男子。

② "蝾螈"在这里或可译为"火精"。中世纪迷信的人认为蝾螈是火怪，故它本身不怕火烧。

这种理论认为：一个人的脑袋一旦被切下，他的生命便就此终结，他将化为一堆灰烬，化为虚无，不复存在。现在，我高兴地当着在座的各位宾客的面告诉您：虽然这众多宾客本身就证明着另一种完全不同的理论，但您的理论毕竟还是既有坚实论据，而且机智巧妙的。不过，话又说回来，所有的理论全都是旗鼓相当、不分轩轾的。在各种理论中甚至还存在这样一种，它主张：一个人信仰什么，他就会得到什么。好，就让它这样吧！您去化为虚无吧，我呢，我将乐于用您变成的大杯为存在而痛饮。”说到这里，沃兰德举起了手中长剑。只见人头的表面立刻变黑并开始抽缩，接着便一块块散落下来，眼睛也不见了。不大工夫玛格丽特便看到托盘上只剩了个用一只金腿支撑着的光光的淡黄色头骨，头骨上镶着两只绿宝石一样的眼睛和一排珍珠似的牙齿。头骨的颅顶部随即在它的接合处裂开并翻转过来，变成一只颅骨杯。

“马上就来，主公，”卡罗维夫看到沃兰德询问的眼神，立即禀告说，“他马上就会站到您面前。在这坟墓般的寂静中我已经听到他那漆皮鞋的吱吱声和他往桌上放高脚杯的声音了，这是他喝下了今生最后一杯香槟酒。您看，他来了。”

一个新来的客人独自迈入大厅，朝沃兰德走来。从外表看，此人与其他众多男宾并没有什么区别，只是从老远就能看出他很激动，连走路都不稳，他的面颊发红，两只眼睛滴溜溜乱转，显出他内心非常不安。走到近前，来客呆呆地站住了。这也很自然：眼前的一切无不使他感到意外，而其中最主要的当然是沃兰德这一身打扮。

但这位客人还是受到了极为亲切的接待。

“啊，可爱的麦格尔男爵!”沃兰德笑容可掬地欢迎目瞪口呆的新来客，然后又对全体宾客说，“我荣幸地向各位介绍一下，这位是可敬的麦格尔男爵，他现在是文化娱乐委员会的工作人员，负责向外国游客介绍首都名胜。”

玛格丽特屏住了呼吸：她认出了这个麦格尔，从前在莫斯科的剧院和饭店里见过他几次。她暗自想：“等一等……这么说，这个人也死了，还是怎么的?”但是她的疑问马上就澄清了。

“这位可爱的男爵是个十分热心肠的人，”沃兰德继续愉快地微笑着介绍说，“一听说我来到了莫斯科，他马上就给我挂了电话，表示愿意在他的专业方面提供服务，也就是说，可以向我介绍莫斯科的名胜。不言而喻，今晚能把他请来，我是感到很幸运的。”

这时玛格丽特看到阿扎泽勒把那个盛着颅骨杯的托盘递给了卡罗维夫。

“对了，男爵，我顺便说一句，”沃兰德忽然压低声音亲昵地说，“人们到处在传说，说您的好奇心极为强烈，还说您的好奇心和您那同样十分发达的长舌头的结合已经受到人们普遍的关注。而且，有些讲话刻薄的人已经在使用什么‘告密者’‘暗探’之类的字眼儿了。更重要的是，据预测，这种情况将使您遭到一种可悲的下场，而且这将发生在一个月之内。鉴于这种情况，再加上您自己给我们提供了一个机会——是您自己主动恳求来我这里做客的，目的当然是想尽量在暗中亲自观察观察，探听探听喽——所以我们决定利用这个机会给您一些帮助，使您摆脱将近一个月的痛苦等待。”

男爵的脸色变得比亚巴顿的脸色还要可怕，而亚巴顿那张脸本来一直就是非常惨白的。紧接着便发生了一件怪事。亚巴顿突然站到了男爵面前，并且把自己的眼镜摘了一下。就在这同一瞬间，阿扎泽勒手中有件什么东西微微一闪，又像是“啪”地拍了一下手掌，只见男爵的身体向后仰去，从他胸腔中喷出的鲜血染红了他浆洗得平平层层的白衬衫和坎肩。卡罗维夫及时地拿过颅骨杯来接住喷出的鲜血，随后把满满一杯血递给沃兰德。没有生命的男爵身体这时已倒在地上。

“为健康干杯，诸位!”沃兰德小声说着，把颅骨杯送到唇边，抿了一口。

这时沃兰德的形象忽然变了：他身上那件打补丁的脏衬衫和脚上的破鞋不见了，现在他披着一件黑斗篷，腰间挎着长剑。只见他快步走到玛格丽特跟前，把颅骨杯举到她眼前，以命令的语气说：

“喝吧!”

玛格丽特感到头晕目眩，身子不由得向后一晃，但颅骨杯已经举到她的唇边，同时又有另一个人(她没有听出是谁)的声音对着她的两耳说：

“不要害怕，女王……不要害怕，女王，鲜血早已渗进地里。在洒下热血的地方，现在已是葡萄藤上果实累累了。”

玛格丽特不敢睁眼，她闭着眼喝了一口，甜美的浆液流遍了她的全身，两耳中响起了洪亮的声音。她仿佛听到许多公鸡的打鸣声震耳欲聋，又像是什么地方在演奏进行曲。一群群客人渐渐变得面目模糊，轮廓不清，穿燕尾服的男人和各种女人统统消散在灰白的雾气里。玛格丽特两眼里阴燃的微微火光现在可以照到大厅的各个角落了，一股墓穴的气味飘荡在空气里。圆柱坍塌了，灯火熄灭了，一切都瑟缩收拢，什么喷泉、郁金香、日本山茶花……转眼间全都无影无踪了。有的只是，只是原来有的——珠宝商遗孀故居的一间朴素的客厅，它的门微微开着一道小缝，里面射出一线灯光。于是，玛格丽特走进了这微微开启的门中。

【美】海明威

欧内斯特·米勒尔·海明威(1899—1961)是20世纪最重要的美国小说家之一,1954年获得诺贝尔文学奖。他的主要代表作有长篇小说《太阳照样升起》《永别了,武器》《丧钟为谁而鸣》,中篇小说《老人与海》,短篇小说《乞力马扎罗的雪》《杀人者》等。

海明威是作为美国"迷惘的一代"的杰出代表而开始称著文坛的。他擅长通过文学创作对战争进行诠释。在他笔下,战争不再有能给人带来新生的伟大之处;相反,人们在战争中由于缺乏精神支柱,内心越来越孤独、彷徨和迷茫。海明威的创作艺术一方面深受前辈和同时代作家影响,往往采用内心独白,并将视觉、感觉、触觉结合起来刻画人物;借用象征、梦幻、意识流以及印象派绘画技巧,表达具有深刻哲理性的主题。另一方面,他在写作中也形成了自己鲜明、独特的风格。他所践行的"冰山理论"不仅使其作品文字简洁凝练,而且颇具思想深度,如同他自己所说:"你可以略去你所知道的任何东西,这只会使你的冰山深厚起来。"

《乞力马扎罗的雪》是一部广受好评的短篇小说。小说运用现实和意识流交错的方式,写主人公哈里在情人的陪同下去非洲打猎,不慎划破了大腿,感染上了无法治愈的坏疽症。死亡即将到来,哈里并不在乎,他的意识不断流动,回想了自己一生中发生的许多事情。首先是关于雪的一连串联想:保加利亚、高厄塔尔山、施伦兹、马德莱屋的雪天故事,有姑娘死了,有圣诞节滑雪,有赌博,还有加德纳扫射奥地利军官。接着,他回想自己同女人在一起时的欢乐和争吵;回想战后到黑森林的小溪钓鱼,以及城堡护墙的景色和人们的生活;回想大牧场一个打杂的傻小子打死了偷饲料的老头,最后被捕;回想投弹军官在钻铁丝网时肠子被铁丝网拉出,并央求别人把他打死等情形。最后一段意识流动是关于死神来到他身边时产生的幻形,他乘坐飞机越过平原、越过森林、越过崇山峻岭,向着乞力马扎罗的山巅飞去。此时,随着哈里意识流动的停止,他的生命也宣告结束。死亡是这部小说的主题。作者通过这一主题,将虚与实,过去与现在完美融合起来。在艺术手法上,作者借助人物的内心独白、意识流动、幻觉与现实的交织,将人物的一生映射在短短的文字构建之中,使得小说文本具有极大的思想内蕴和无穷的艺术韵味。

(刘亚萍　撰稿)

乞力马扎罗的雪[1]

[美]海明威

乞力马扎罗是一座海拔一万九千七百一十英尺的常年积雪的高山，据说它是非洲最高的一座山。西高峰叫马塞人[2]的“鄂阿奇—鄂阿伊”，即上帝的庙殿。在西高峰的近旁，有一具已经风干冻僵的豹子的尸体。豹子到这样高寒的地方来寻找什么，没有人做过解释。

“奇怪的是它一点也不痛，”他说。“你知道，开始的时候它就是这样。”

“真是这样吗?”

“千真万确。可我感到非常抱歉，这股气味准叫你受不了啦。”

“别这么说！请你别这么说。”

“你瞧那些鸟儿，”他说。“到底是这儿的风景，还是我这股气味吸引了它们?”

男人躺在一张帆布床上，在一棵含羞草树的浓荫里，他越过树荫向那片阳光炫目的平原上望去，那儿有三只硕大的鸟讨厌地蜷伏着，天空中还有十几只在展翅翱翔，当它们掠过时，投下了迅疾移动的影子。

“从卡车抛锚那天起，它们就在那儿盘旋了，”他说。“今天是它们第一次落到地上来。我起先还很仔细地观察过它们飞翔的姿态，心想一旦我写一篇短篇小说的时候，也许会用得上它们。现在想想真可笑。”

“我希望你别写这些，”她说。

“我只是说说罢了，”他说，“我要是说着话儿，就会感到轻松得多。可是我不想让你心烦。”

“你知道这不会让我心烦，”她说，“我是因为没法出点儿力，才搞得这么焦灼的。我想在飞机来到以前，咱们不妨尽可能轻松一点儿。”

“或者直等到飞机根本不来的时候。”

“请你告诉我能做些什么吧。总有一些事是我能干的。”

“你可以把我这条腿锯下来，这样就可以不让它蔓延开去了，不过，我怀疑这样恐怕也不成。也许你可以把我打死。你现在是个好射手啦。我教过你打枪，不是吗?”

“请你别这么说，我能给你读点什么吗?”

“读什么呢?”

“咱们书包里不论哪本咱们没有读过的书都行。”

---

① 选自[美]海明威：《海明威短篇小说全集》(上)，汤永宽译，上海，上海译文出版社，2004。

② 马塞人(Masai)：肯尼亚和坦桑尼亚的一种游牧狩猎民族。

“我可听不进啦，”他说，“只有谈话最轻松了。咱们来吵嘴吧，吵吵嘴时间就过得快。”

“我不吵嘴。我从来就不想吵嘴。咱们再不要吵嘴啦。不管咱们心里有多烦躁。说不定今天他们会乘另外一辆卡车回来的。也说不定飞机会来到的。”

“我不想动了，”男人说，“现在转移已经没有什么意思了，除非使你心里轻松一些。”

“这是懦弱的表现。”

“你就不能让一个男人尽可能死得轻松一点儿，非得把他痛骂一顿不可吗？你辱骂我有什么用处呢？”

“你不会死的。”

“别傻啦。我现在就快死了。不信你问问那些个杂种。”他朝那三只讨厌的大鸟蹲伏的地方望去，它们光秃秃的头缩在耸起的羽毛里。第四只掠飞而下，它快步飞奔，接着，蹒跚地缓步向那几只走去。

“每个营地都有这些鸟儿。你从来没有注意罢了。要是你不自暴自弃，你就不会死。”

“你这是从哪儿读到的？你这个大傻瓜。”

“你不妨想想还有别人呢。”

“看在上帝的份上，”他说，“这可一向是我的行当哩。”

他静静地躺了一会儿，接着越过那片灼热而炫目的平原，眺望灌木丛的边缘。在黄色的平原上，有几只野羊显得又小又白，在远处，他看见一群斑马，映衬着葱绿的灌木丛，显得白花花的。这是一个舒适宜人的营地，大树遮荫，背倚山岭，有清洌的水。附近有一个几乎已经干涸的水穴，每当清晨时分，沙松鸡就在那儿飞翔。

“你要不要我给你读点什么？”她问道。她坐在帆布床边的一张帆布椅上。“有一阵微风吹来了。”

“不要，谢谢你。”

“也许卡车会来的。”

“我根本不在乎什么卡车来不来。”

“我可是在乎。”

“你在乎的东西多着哩，我可不在乎。”

“并不很多，哈里。”

“喝点酒怎么样？”

“喝酒对你是有害的。在布莱克出版的书里说，一滴酒都不能喝。你不应该喝酒啦。”

“莫洛！”他唤道。

“是，先生。”

“拿威士忌苏打来。”

“是，先生。”

“你不应该喝酒，”她说。“我说你自暴自弃，就是这个意思。书上说酒对你是有害的。我就知道酒对你是有害的。”

“不，”他说。“酒对我有好处。”

现在一切就这样完了，他想。现在他再没有机会来了结这一切了。一切就这样在为喝一杯酒这种小事争吵中了结了。自从他的右腿开始生坏疽以来，他就不觉得痛，随着疼痛的消失，恐惧也消失了，他现在感到的只是一种强烈的厌倦和愤怒：这居然就是结局。至于这个结局现在正在来临，他倒并不感到多大奇怪。多少年来它就一直萦绕着他，但是现在它本身并不说明任何意义。真奇怪，只要你厌倦够了，就能这样轻而易举地达到这个结局。

现在他再也不能把原来打算留到将来写作的题材写出来了，他本想等到自己有足够的了解以后才动笔，这样可以写得好一些。唔，他也不用在试着写这些东西的时候遭遇失败了。也许你永远不能把这些东西写出来，这就是你为什么一再延宕，迟迟没有动笔的缘故。得了，现在，他永远不会知道了。

“我但愿咱们压根儿没上这儿来，”女人说。她咬着嘴唇望着他手里举着的酒杯。“在巴黎你绝不会出这样的事儿。你一向说你喜欢巴黎。咱们本来可以待在巴黎或者上任何别的地方去。不管哪儿我都愿意去。我说过你要上哪儿我都愿意去。要是你想打猎，咱们本来可以上匈牙利去，而且会很舒服的。”

“你有的是该死的钱，”他说。

“这么说是不公平的，”她说。“那一向是你的，就跟是我的一样。我撇下了一切，不管上哪儿，只要你想去我就去，你想干什么我就干什么。可我真希望咱们压根儿没上这儿来。”

“你说过你喜欢这儿。”

“我是说过的，那时你平安无事。可现在我恨这儿。我不明白干吗非得让你的腿出岔儿。咱们到底干了什么，要让咱们遇到这样的事？”

“我想我干的事情就是，开头我把腿擦破了，忘了给抹上碘酒，随后又根本没有去注意它，因为我是从不感染的。后来等它严重了，别的抗菌剂又都用完了，可能就因为用了药性很弱的石炭酸溶液，使微血管麻痹了，于是开始生坏疽了。”他望着她，“除此以外还有什么呢？”

“我不是指这个。”

“要是咱们雇了一个高明的技工，而不是那个半瓶子醋的吉库尤人①司机，他也许就会检查机油，而绝不会把卡车的轴承烧毁啦。”

“我不是指这个。”

“要是你没有离开你自己的人——你那些该死的威斯特伯里、萨拉托加和棕榈滩②的老相识——偏偏捡上了我——”

① 吉库尤人：非洲班图人的一支。

② 这三个地方都在美国。

“不，我是爱上了你。你这么说，是不公平的，我现在也爱你。我永远爱你。你爱我吗？”

“不，”男人说。“我不这么想。我从来没有这样想过。”

“哈里，你在说些什么？你昏了头啦。”

“没有，我已经没有头可以发昏了。”

“你别喝酒啦，”她说。“亲爱的，我求求你别喝酒啦。只要咱们能办到的事，咱们就得尽力去干。”

“你去干吧，”他说。“我可是已经累啦。”

现在，在他的脑海里，他看见的卡拉加奇①的一座火车站，他正背着背包站在那里，现在正是辛普伦—奥连特列车的前灯划破了黑暗，当时在撤退以后他正准备离开色雷斯②。这是他准备留待将来写的一段情景，还有下面一段情节：早晨吃早餐的时候，眺望着窗外保加利亚群山的积雪，南森的女秘书问那个老头儿，山上是不是雪，老头儿望着窗外说，不，那不是雪。这会儿还不到下雪的时候哩。于是那个女秘书把老头儿的话重复讲给其他几个姑娘听，不，你们看。那不是雪，她们都说，那不是雪，咱们都看错了。可是等他提出交换居民，把她们送往山里去的时候，那年冬天她们脚下一步步踩着前进的正是积雪，直到她们死去。

那年圣诞节在高厄塔耳山，雪也下了整整一个星期。那年他们住在伐木人的屋子里，那口正方形的大瓷灶占了半间屋子，他们睡在装着山毛榉树叶的垫子上，这时那个逃兵跑进屋来，两只脚在雪地里冻得鲜血直流。他说宪兵就在他后面紧紧追赶，于是他们给他穿上了羊毛袜子，并且缠住宪兵闲扯，直到雪花盖没了逃兵的足迹。

在希伦兹，圣诞节那天，雪是那么晶莹闪耀，你从酒吧间望出去，刺得你的眼睛发痛，你看见每个人都从教堂回到自己的家里去。他们肩上背着沉重的滑雪板，就是从那儿走上松林覆盖的陡峭的群山旁的那条给雪橇磨得光溜溜的、尿黄色的河滨大路的，他们那次大滑雪，就是从那儿一直滑到“梅德纳尔之家”上面那道冰川的大斜坡的，那雪看来平滑得像糕饼上的糖霜，轻柔得像粉末似的，他记得那次阒无声息的滑行，速度之快，使你仿佛像一只飞鸟从天而降。

他们在“梅德纳尔之家”被大雪封了一个星期，在暴风雪期间，他们挨着灯光，在烟雾弥漫中玩牌，伦特先生输得越多，赌注也跟着越下越大。最后他输得精光，把什么东西都输光了，把滑雪学校的钱和那一季的全部收益都输光了，接着把他的资金也输光了。他能看到伦特先生那长长的鼻子，捡起了牌，接着翻开牌说：“不看。”那时候总是赌博。天不下雪，你赌博，雪下得太多，你又是赌博。他想起他这一生消磨在赌博里的时间。

① 卡拉加奇：土耳其西北部，位于欧洲部分的一城市。

② 色雷斯：爱琴海北岸的一个地区，分属希腊、土耳其和保加利亚。

可是关于这些，他连一行字都没有写；还有那个凛冽而晴朗的圣诞节，平原那边显出了群山，那天加德纳飞过防线去轰炸那列运送奥地利军官去休假的火车，当军官们四散奔跑的时候，他用机枪扫射他们。他记得后来加德纳走进食堂，开始谈起这件事。大家听他讲了以后，鸦雀无声，接着有个人说："你这个该死的杀人坏种。"关于这件事，他也一行字都没有写。

他们杀死的那些奥地利人，就是不久前跟他一起滑雪的奥地利人，不，不是那些奥地利人。汉斯，那年一整年跟他一起滑雪的奥地利人，是一直住在"国王—猎人客店"里的，他们一起到那家锯木厂上面那个小山谷去猎兔的时候，他们还谈起那次在帕苏比奥①的战斗和向波蒂卡和阿萨洛纳的进攻，这些他连一个字都没有写。关于孟特科尔诺、西特科蒙姆、阿尔西陀②，他也一个字都没有写。

在福拉尔贝格③和阿尔贝格④他住过几个冬天？住过四个冬天，于是他记起那个卖狐狸的人，当时他们到了布卢登茨⑤，那回是去买礼物，他记起甘醇的樱桃酒特有的樱桃核味儿，记起在那结了冰的像粉一般的雪地上的快速滑行，你一面唱着"嗨！嗬！罗利说！"一面滑过最后一段坡道，笔直向那险峻的陡坡飞冲而下，接着转了三个弯滑到果园，从果园出来又越过那道沟渠，登上客店后面那条滑溜溜的大路。你敲松缚带，踢下滑雪板，把它们靠在客店外面的木墙上，灯光从窗里照射出来，屋子里，在烟雾缭绕、冒着新醅的酒香的温暖中，人们正在拉着手风琴。

"在巴黎咱们住在哪儿？"他问女人，女人正坐在他身边一只帆布椅里，现在，在非洲。

"在克里昂。这你是知道的。"

"为什么我知道是那儿？"

"咱们始终住在那儿。"

"不，并不是始终住在那儿。"

"咱们在那儿住过，在圣日耳曼区的亨利四世大楼也住过。你说过你爱那个地方。"

"爱是一堆粪，"哈里说。"而我就是一只爬在粪堆上咯咯叫的公鸡。"

"要是你一定得离开人间的话，"她说，"是不是你非得把你没法带走的都砍尽杀绝不可呢？我的意思是说，你是不是非得把什么东西都带走不可？你是不是一定要

---

① 帕苏比奥：意大利东北部一山峰。

② 从波蒂卡到阿尔西陀，这些都是意大利地名。有些地名作者的拼法有错误，如孟特科尔诺(Monte Corno)，正确的译音应为蒙特科尔维诺(Monte Corvino)，阿尔西陀(Arsiedo)正确的译音是阿尔西洛(Arsiero)。

③ 福拉尔贝格：奥地利西部一州。

④ 阿尔贝格：奥地利西部蒂罗尔州的一乡村。该地以滑雪著称。

⑤ 布卢登茨：奥地利福拉尔贝格州一区，游览胜地。

把你的马、你的妻子都杀死，把你的鞍子和你的盔甲都烧掉呢？”

“对，”他说。“你那些该死的钱就是我的盔甲。就是我的马和我的盔甲。”

“你别这么说。”

“好吧。我不说了。我不想伤害你的感情。”

“现在这么说，已经有点儿晚啦。”

“那好吧，我就继续来伤害你。这样有趣多啦。我真正喜欢跟你一起干的唯一的一件事，我现在不能干了。”

“不，这可不是实话。你喜欢干的事情多得很，而且只要是你喜欢干的，我也都干过。”

“啊，看在上帝的份上，请你别那么夸耀啦，行吗？”

他望着她，看见她在哭了。

“你听我说，”他说。“你以为我这么说有趣吗？我不知道我为什么要这样说。我想，这是想用毁灭一切来让自己活着。咱们刚开始谈话的时候，我还是好好的。我并没有意思要这样开场，可是现在我蠢得像个老傻瓜似的，对你狠心也真狠到了家。亲爱的，我说什么，你都不要在意。我爱你，真的。你知道我爱你。我从来没有像爱你这样爱过任何别的女人。”

他不知不觉地说出了他平时用来谋生糊口的那套说惯了的谎话。

“你对我挺好。”

“你这个坏娘们，”他说。“你这个有钱的坏娘们，这是诗。现在我满身都是诗。腐烂和诗。腐烂的诗。”

“别说了。哈里，为什么你现在一定要变得这样恶狠狠的？”

“任何东西我都不愿留下来，”男人说。“我不愿意有什么东西在我身后留下来。”

现在已是傍晚，他睡熟了一会。夕阳已隐没在山后。平原上一片阴影，一些小动物正在营地近旁吃食。它们的头很快地一起一落，摆动着尾巴，他看着它们现在正从灌木丛那边跑掉了。那几只大鸟不再在地上等着了。它们都沉重地栖息在一棵树上。它们还有很多。他那个随身侍候的男仆正站在床边。

“太太打猎去了，”男仆说。“先生要什么吗？”

“不要什么。”

她打猎去了，想搞一点兽肉，她知道他喜欢看打猎，有心跑得远远的，这样她就不会惊扰这一小片平原而让他看到她在打猎了。她总是那么体贴周到，他想。只要是她知道的或是读到过的，或是她听人讲过的，她都考虑得很周到。

这不是她的过错，他来到她身边的时候，他已经完了。一个女人怎么能知道你说的话，都不是真心实意呢？怎么能知道你说的话，不过是出于习惯，而且只是为了贪图舒服呢？自从他对自己说的话不再当真以后，他靠谎话跟女人相处，比他过去对她们说真心话更成功。

他撒谎并不都是因为他没有真话可说。他曾经享有过生命，他的生命已经完结，接着他又跟一些不同的人，而且有更多的钱，在从前那些最好的地方，以及另外一些新的地方重新活了下来。

你不让自己思想，这可真是了不起。你有这样一副好内脏，因此你没有那样垮下来，他们大部分都垮下来了，而你却没有垮掉，你抱定一种态度，既然现在你再也不能干了，你就毫不关心你经常干的工作了。可是，在你心里，你说你要写这些人，写这些非常有钱的人；你说你实在并不属于他们这一类，而只是他们那个国度里的一个间谍；你说你会离开这个国度，并且写这个国度，而且是第一次由一个熟悉这个国度的人来写它。可是他永远不会写了，因为每天什么都不写，贪图安逸，扮演自己所鄙视的角色，就磨钝了他的才能，松懈了他工作的意志，最后他干脆什么都不干了。他不干工作的时候，那些他现在认识的人都感到惬意得多。非洲是在他一生幸运的时期中感到最幸福的地方，他所以上这儿来，为的是要从头开始。他们这次是以最低限度的舒适来非洲做狩猎旅行的。没有艰苦，但也没有奢华，他曾想这样他就能重新进行训练。这样或许他就能够把他心灵上的脂肪去掉，像一个拳击手，为了消耗体内的脂肪，到山里去干活和训练一样，

她曾经喜欢这次狩猎旅行来着。她说过他爱这次狩猎旅行。凡是激动人心的事情，能因此变换一下环境，能结识新的人，看到愉快的事物，她都喜爱。他也曾经感到工作的意志力重新恢复的幻觉。现在如果就这样了结，他知道事实就是如此，他不必变得像一条蛇那样，因为背脊给打断了就啃咬自己。这不是她的过错。如果不是她，也会有别的女人。如果他以谎言为生，他就应该试着以谎言而死。他听到山那边传来一声枪响。

她的枪打得挺好，这个善良的，这个有钱的娘们，这个他的才能的体贴的守护人和破坏者。废话，是他自己毁了自己的才能。他为什么要嗔怪这个女人，就因为她好好地供养了他？他虽然有才能，但是因为弃而不用，因为出卖了自己，也出卖了自己所信仰的一切，因为酗酒过度而磨钝了敏锐的感觉，因为懒散，因为怠惰，因为势利，因为傲慢和偏见，因为其他种种缘故，他毁灭了自己的才能。这算是什么？一张旧书目录卡？到底什么是他的才能？就算是才能吧，可是他没有充分利用它，而是利用它做交易。他从来不是用他的才能去做些什么，而总是用它来决定他能做些什么。他决意不靠钢笔或铅笔谋生，而靠别的东西谋生。说来也怪，是不是？每当他爱上另一个女人的时候，为什么这另一个女人总是要比前一个女人更有钱？可是当他不再真心恋爱的时候，当他只是撒谎的时候，就像现在对这个女人那样，她比所有他爱过的女人更有钱，她有的是钱，她有过丈夫、孩子，她找过情人，但是她不满意那些情人，她倾心地爱他，把他当作一位作家，当作一个男子汉，当作一个伴侣，当作一份引为骄傲的财产来爱他——说来也怪，当他根本不爱她，而且对她撒谎的时候，为了报答她为他花费的钱，他所能给予她的，居然比他过去真心恋爱的时候还多。

咱们干什么，都是注定了的，他想。不管你是干什么过活的，这就是你的才能

所在。他的一生都是出卖生命力，不管是以这种形式或者那种形式。而当你并不十分钟情的时候，你越是看重金钱。他发现了这一点，但是他绝不会写这些了，现在也不会写了。不，他不会写了，尽管这是很值得一写的东西。

现在她走近来了，穿过那片空地向营地走过来了。她穿着马裤，擎着她的来复枪，两个男仆扛着一只野羊跟在她后面走来。她仍然是一个很好看的女人，他想，她的身躯也很动人，她对床笫之乐很有才能，也很有领会，她并不美，但是他喜欢她的脸庞，她读过大量的书，她喜欢骑马和打枪，当然，她酒喝得太多。她还是一个比较年轻的女人的时候，丈夫就死了，在一个很短暂的时间里，她把心都放在两个刚长大的孩子身上，孩子却并不需要她，她在他们身边，他们就感到不自在，她还专心致志地养马、读书和喝酒。她喜欢在黄昏吃晚饭前读书，一面阅读一面喝威士忌苏打。到吃晚饭的时候，她已经喝得醉醺醺的，在晚饭桌旁再喝上一瓶甜酒，往往就醉得足够使她昏昏欲睡了。

这是她在有情人以前的情况。在有了那些情人以后，她就不再喝那么多的酒了，因为她不必喝醉了酒去睡觉了。但是情人使她感到厌烦。她嫁过一个丈夫，他从没有使她厌烦，而这些人却使她感到厌烦透了。

接着，她的一个孩子在一次飞机失事中死去了，事件过去以后，她不再需要情人了，酒也不再是麻醉剂了，她必须建立另一种生活。突然间，孤身独处吓得她心惊胆战。但是她要跟一个她所尊敬的人在一起生活。

事情发生得很简单。她喜欢他写的东西，她一向羡慕他过的那种生活。她认为他正是干了他自己想干的事情。她为了获得他而采取的种种步骤，以及她最后爱上了他的那种方式，都是一个正常过程的组成部分，在这个过程中她给自己建立起一个新生活，而他则出售他旧生活的残余。

他出售他旧生活的残余，是为了换取安全，也是为了换取安逸，除此以外，还为了什么呢？他不知道。他要什么，她就会给他买什么。这他是知道的。她也是一个非常温柔的女人。他跟任何人一样，愿意立刻和她同床共枕；特别是她，因为她更有钱，因为她很有风趣，很有欣赏力，而且因为她从不大吵大闹。可是现在她重新建立的这个生活行将结束了，因为两个星期以前，一根荆棘刺破了他的膝盖，而他没有给伤口涂上碘酒，当时他们挨近去，想拍下一群羚羊的照片，这群羚羊站立着，扬起了头窥视着，一面用鼻子嗅着空气，耳朵向两边张开着，只等一声响动就准备奔入丛林。他没有能拍下羚羊的照片，它们已跑掉了。

现在她到这儿来了。

他在帆布床上转过头来看她，“你好，”他说。

“我打了一只野羊，”她告诉他。“它能给你做一碗好汤喝，我还让他们捣一些土豆泥拌奶粉。你这会儿觉得怎么样？”

“好多啦。”

“这该有多好？你知道，我就想过你也许会好起来的。我离开的时候，你睡熟了。”

“我睡了一个好觉。你跑得远吗？”

“我没有跑远，就在山后面。我一枪打中了这只野羊。”

“你打得挺出色，你知道。”

“我爱打枪。我已经爱上非洲了。说真的，要是你平安无事，这可是我玩得最痛快的一次了。你不知道跟你一起射猎是多么有趣。我已经爱上这个地方了。”

“我也爱这个地方。”

“亲爱的，你不知道看到你觉得好多了，那有多么了不起。刚才你难受得那样，我简直受不了。你再不要那样跟我说话了，好吗？你答应我吗？”

“不会了，”他说。“我记不起我说了些什么了。”

“你不一定要把我给毁掉，是吗？我不过是个中年妇女，可是我爱你，你要干什么，我都愿意干。我已经给毁了两三次啦。你不会再把我给毁掉吧，是吗？”

“我倒是想在床上再把你毁几次，”他说。

“是啊。那可是愉快的毁灭。咱们就是给安排了这样毁灭的。明天飞机就会来啦。”

“你怎么知道明天会来？”

“我有把握。飞机一定要来的。仆人已经把木柴都准备好了，还准备了生浓烟的野草。今天我又下去看了一下。那儿足够让飞机着陆，咱们在空地两头准备好两堆浓烟。”

“你凭什么认为飞机明天会来呢？”

“我有把握它准定会来。现在它已经耽误了。这样，到了城里，他们就会把你的腿治好，然后咱们就可以搞点儿毁灭，而不是那种讨厌的谈话。”

“咱们喝点酒好吗？太阳落山啦。”

“你想喝吗？”

“我想喝一杯。”

“咱们就一起喝一杯吧。莫洛，去拿两杯威士忌苏打来！”她唤道。

“你最好穿上防蚊靴，”他告诉她。

“等我洗过澡再穿……”

他们喝着酒的时候，天渐渐暗下来，在这暮色苍茫没法瞄准打枪的时刻，一只鬣狗穿过那片空地往山那边跑去了。

“那个杂种每天晚上都跑过那儿，”男人说。“两个星期以来，每晚都是这样。”

“每天晚上发出那种声音来的就是它。尽管这是一种讨厌的野兽，可我不在乎。”

他们一起喝着酒，没有痛的感觉，只是因为一直躺着不能翻身而感到不适，两个仆人生起了一堆篝火，光影在帐篷上跳跃。他感到自己对这种愉快的投降生活所怀有的那种默认的心情，现在又油然而生了。她确实对他非常好。今天下午他对她太狠心了，也太不公平了。她是个好女人，确实是个了不起的女人。可是就在这当儿，他忽然想起他快要死了。

这个念头像一种突如其来的冲击，不是流水或者疾风那样的冲击，而是一股无影无踪的臭气的冲击，令人奇怪的是，那只鬣狗却沿着这股无影无踪的臭气的边缘轻轻地溜过来了。

“干什么，哈里?”她问他。

“没有什么，”他说。“你最好挪到那一边去坐。坐到上风那一边去。”

“莫洛给你换药了没有?”

“换过了。我刚敷上硼酸膏。”

“你觉得怎么样?”

“有点颤抖。”

“我要进去洗澡了，”她说。“我马上就会出来的。我跟你一起吃晚饭，然后把帆布床抬进去。”

这样，他自言自语地说，咱们结束吵嘴，是做对啦。他跟这个女人从来投有大吵大闹过，而他跟他爱上的那些女人却吵得很厉害，最后由于吵嘴的腐蚀作用，总是毁了他们共同怀有的感情：他爱得太深，要求得也太多，这样就把一切全都耗尽了。

他想起那次他孤零零地在君士坦丁堡①的情景，从巴黎出走之前，他吵了一场。那一阵他夜夜宿娼，而事后他仍然无法排遣寂寞，相反更加感到难忍的寂寞，于是他给她，他那第一个情妇，那个离开了他的女人写了一封信，告诉她，他是怎样始终割不断对她的思恋……怎样有次在摄政院外面他以为看到了她，为了追上她，他跑得头昏眼花，心里直想吐，他会在林荫大道跟踪一个外表有点像她的女人，可就是不敢看清楚不是她，生怕就此失去了她在他心里引起的感情。他跟不少女人睡过，可是她们每个人又是怎样只能使他更加想念她，他又是怎样绝不介意她干了些什么，因为他知道他摆脱不掉对她的爱恋。他在夜总会冷静而清醒地写了这封信，寄到纽约去，央求她把回信寄到他在巴黎的事务所去。这样似乎比较稳当。那天晚上他非常想念她，他觉得心里空荡荡的直想吐，他在街头踯躅，一直溜过塔克辛姆，碰到了一个女郎，带她一起去吃晚饭。后来他到了一个地方，同她跳舞，可是她跳得很糟，于是丢下了她，搞上了一个风骚的亚美尼亚女郎，她把肚子贴着他的身子摆动，擦得肚子都几乎要烫坏了。他跟一个少尉衔的英国炮手吵了一架，就把她从炮手手里带走了。那个炮手把他叫到外面去，于是他们在暗地里，在大街的圆石地面上打了起来。他朝他的下巴颏狠狠地揍了两拳，可是他并没有倒下，这一下他知道他免不了要有一场厮打了。那个炮手先打中了他的身子，接着又打中他的眼角。他又一次挥动左手，击中了那个炮手，炮手向他扑过来，抓住了他的上衣，扯下了他的袖子，他往他的耳朵后面狠狠揍了两拳，接着在他把他推开的时候，又用右手把他击倒在地。炮手倒下的时候，头先磕在地上，于是他带着女郎跑掉了，因为他们听见

① 君士坦丁堡：现名伊斯坦布尔，土耳其最大的城市。

宪兵来了。他们乘上一辆出租汽车，沿着博斯普鲁斯海峡①驶向雷米利希萨，兜了一圈，在凛冽的寒夜回到城里睡觉，她给人的感觉就像她的外貌一样，过于成熟了，但是柔滑如脂，像玫瑰花瓣，像糖浆似的，肚子光滑，胸脯高耸，也不需要在她的臀部下垫个枕头，在她醒来以前，他就离开了她，在第一线曙光照射下，她的容貌显得粗俗极了，他带着一只打得发青的眼圈来到彼拉官，手里提着那件上衣，因为袖子已经没了。

就在那天晚上，他离君士坦丁堡动身到安纳托利亚②去，后来他回忆那次旅行，整天穿行在种着罂粟花的田野里，那里的人们种植罂粟花提炼鸦片，这使你感到多么新奇，最后——不管朝哪个方向走仿佛都不对似的——到了他们曾经跟那些刚从君士坦丁堡来的军官一起发动进攻的地方，那些军官啥也不懂，大炮都打到部队里去了，那个英国观察员哭得像个小孩子似的。

就在那天，他第一次看到了死人，穿着白色的芭蕾舞裙子和向上翘起的有绒球的鞋子。土耳其人像波浪般地不断涌来，他看见那些穿着裙子的男人在奔跑着，军官们朝他们打枪，接着军官们自己也逃跑了，他同那个英国观察员也跑了，跑得他肺都发痛了，嘴里尽是那股铜腥味，他们在岩石后面停下来休息，土耳其人还在波浪般地涌来。后来他看到了他从来没有想象到的事情，后来他还看到比这些更糟的事情。所以，那次他回到巴黎的时候，这些他都不能谈，即使提起这些他都受不了。他经过咖啡馆的时候，里面有那位美国诗人，面前一大堆碟子，土豆般的脸上露出一副蠢相，正在跟一个名叫特里斯坦·采拉③的罗马尼亚人讲达达运动。特里斯坦·采拉老是戴着单眼镜，老是闹头痛；接着，当他回到公寓跟他的妻子在一起的时候，他又爱他的妻子了，吵架已经过去了，气恼也过去了，他很高兴自己又回到家里，事务所把他的信件送到了他的公寓。这样，一天早晨，那封答复他写的那封信的回信托在一只盘子里送进来了，当他看到信封上的笔迹时，他浑身发冷，想把那封信塞在另一封信下面，可是他的妻子说："亲爱的，那封信是谁寄来的?"于是那件刚开场的事就此了结。

他想起他同所有这些女人在一起时的欢乐和争吵。她们总是挑选最妙的场合跟他吵嘴。为什么她们总是在他心情最愉快的时候跟他吵嘴呢？关于这些，他一点也没有写过，因为起先是他绝不想伤害她们任何一个人的感情，后来看起来好像即使不写这些，要写的东西就已经够多了。但是他始终认为最后他还是会写的。要写的东西太多了。他目睹过世界的变化，不仅是那些事件而已，尽管他也曾目睹过许多事件，观察过人们，但是他目睹过更微妙的变化，而且记得人们在不同的时刻又是怎样表现的。他自己就曾经置身于这种变化之中，他观察过这种变化，写这种变化，正是他的责任，可是现在他再也不会写了。

---

① 博斯普鲁斯海峡：位于土耳其欧亚两个部分之间。君士坦丁堡即在该海峡西岸。

② 安纳托利亚：土耳其的亚洲部分。

③ 特里斯坦·采拉(1896—1963)：诗人、散文家、编辑，出生于罗马尼亚，长期在巴黎从事文学活动，达达主义的创始人之一。

“你觉得怎样啦?”她说。现在她洗过澡从帐篷里出来了。

“没有什么。”

“这会儿就给你吃晚饭好吗?”他看见莫洛在她后面拿着折叠桌，另一个仆人拿着菜盘子。

“我要写东西,”他说。

“你应该喝点肉汤恢复体力。”

“我今天晚上就要死了,”他说，“我用不着恢复什么体力啦。”

“请你别那么夸张，哈里,”她说。

“你干吗不用你的鼻子闻一闻？我都已经烂了半截啦，现在烂到大腿上了。我干吗还要跟肉汤开玩笑？莫洛，拿威士忌苏打来。”

“请你喝肉汤吧,”她温柔地说。

“好吧。”

肉汤太烫了。他只好把肉汤倒在杯子里，等凉得可以喝了，才把肉汤喝下去，一口也没有哽住过。

“你是一个好女人,”他说，“你不用关心我啦。”

她仰起她那张在《激励》和《城市与乡村》上人人皆知，人人都爱的脸庞望着他，那张脸因为酗酒狂饮而稍有逊色，因为贪恋床笫之乐而稍有逊色，可是《城市与乡村》从未展示过她那美丽的胸部，她那有用的大腿，她那轻柔地爱抚你的纤小的手，当他望着她，看到她那著名的动人的微笑的时候，他感到死神又来临了。这回没有冲击。它是一股气，像一阵使烛光摇曳，使火焰腾起的微风。

“待会儿他们可以把我的蚊帐拿出来挂在树上，生一堆篝火。今天晚上我不想搬到帐篷里去睡了。不值得搬动了。今天是一个晴朗的夜晚。不会下雨。”

那么，你就这样死了，在你听不见的悄声低语中死去了。好吧，这样就再也不会吵嘴了。这一点他可以保证。这个他从来没有经历过的经验，他现在不会去破坏它了。但是他也可能会破坏。你已经把什么都毁啦，但是也许他不会。

“你能听写吗?”

“我没有学过,”她告诉他。

“好吧。”

没有时间了，当然，尽管好像经过了压缩，只要你能处理得当，你只消用一段文字就可以把那一切都写进去。

在湖畔，一座山上，有一所圆木构筑的房子，缝隙都用灰泥嵌成白色。门边的柱子上挂着一只铃，这是召唤人们进去吃饭用的。房子后面是田野，田野后面是森林。一排伦巴底白杨树从房子一直伸展到码头。另一排白杨树沿着这一带迤逦而去。森林的边缘有一条通向山峦的小路，他曾经在这条小路上采摘过黑莓。后来，那所圆木房子烧坍了，在壁炉上面的鹿脚架上挂着的猎枪都烧掉了，枪筒和枪托跟融化在弹夹里的铅弹也都一起烧坏了，搁在那一堆灰上——那堆灰原是给那只做肥皂的大铁锅熬碱水用的，你问祖父能不能拿去玩，他说，不行。你知道那些猎枪仍旧是他的，他从此也再没有买别的猎枪了。他也再不打猎了。现在在原来的地方用木料重新盖了那所房子，漆成了白色，从门廊上你可以看见白杨树和那边的湖光山色，可是再也没有猎枪了。从前挂在圆木房子墙上的鹿脚上的猎枪筒，搁在那堆灰上，再也没有人去碰过。

战后，我们在黑森林①里，租了一条钓鲑鱼的小溪，有两条路可以跑到那儿去。一条是从特里贝格走下山谷，然后绕着那条覆盖在林荫(靠近那条白色的路)下的山路走上一条山坡小道，穿山越岭，经过许多矗立着高大的黑森林式房子的小农场，一直走到小道和小溪交叉的地方。我们就在这个地方开始钓鱼。

另一条路是陡直地爬上树林边沿，然后翻过山巅，穿过松林，接着走出林子来到一片草地边沿，下山越过这片草地到那座桥边。小溪边是一溜桦树，小溪并不宽阔，而是窄小、清澈而湍急，在桦树根边冲出了一个个小潭。在特里贝格的客店里，店主人这一季生意兴隆。这是使人非常快活的事，我们都是亲密的朋友。第二年通货膨胀，店主人前一年赚的钱，还不够买进经营客店必需的物品，于是他上吊死了。

你能口授这些，但是你无法口授那个城堡护墙广场，那里卖花人在大街上给他们的花卉染色，颜料淌得路面上到处都是，公共汽车都从那儿出发，老头儿和女人们总是喝甜酒和用果渣酿制的低劣的白兰地，喝得醉醺醺的；小孩子们在寒风凛冽中淌着鼻涕；汗臭和贫穷的气味，“业余者咖啡馆”里的醉态，还有“风笛”跳舞厅的妓女们，她们就住在舞厅楼上。那个看门女人在她的小屋里款待那个共和国自卫队员，一张椅上放着共和国自卫队员的那顶插着马鬃的帽子。门厅那边还有家住户，她的丈夫是个自行车赛手，那天早晨她在牛奶房打开《机动车》报看到他在第一次参加盛大的巴黎环城比赛中名列第三时，她是多么高兴。她涨红了脸，大声笑了出来，接着跑到楼上，手里拿着那张淡黄色的体育报哭了起来。他，哈里，有一次凌晨要乘飞机出门，经营“风笛”跳舞厅的女人的丈夫驾了一辆出租汽车来敲门唤他起身，动身前他们两个人在酒吧间的锌桌边喝了一杯白葡萄酒。那时，他熟悉那个地区的邻居，因为他们都很穷。

在城堡护墙广场附近有两种人：酒徒和运动员。酒徒以酗酒打发贫困，而运动员则在锻炼中忘却贫困。他们是巴黎公社的后裔，因此，对于他们来说，懂得他们的政治并不难。他们知道是谁打死了他们的父老兄弟和亲属朋友的，当凡尔赛的军队开进巴黎，继公社之后而占领了这座城市，任何人，只要是他们摸到手上有茧的，或者戴着便帽的，或者带有任何其他标志说明他是一个劳动者的，一律格杀勿论。就是在这样的贫困之中，就是在这个地区里，街对面是一家马肉铺和一家酿酒合作社，他开始了他此后的写作生涯。巴黎再没有他这样热爱的地区了，那蔓生的树木，

① 黑森林：德国西南部山区，在巴登-符腾堡州，著名的游览胜地。

那白色的灰泥墙，下面涂成棕色的老房子，那在圆形广场上的长长的绿色公共汽车，那路面上淌着染花的紫色颜料，那从山上向塞纳河急转直下的莱蒙昂红衣主教大街，还有那另一条狭窄然而热闹的莫菲塔德路。那条通向万神殿的大街和那另一条他经常骑着自行车经过的大街，那是那个地区唯一的一条铺上沥青的大街，车胎驶过，感到光溜平滑，街道两边尽是高耸而狭小的房子，还有那家高耸的下等客店，保尔·魏尔伦①就死在这里。在他们住的公寓里，只有两间屋子，他在那家客店的顶楼上有一间房间，每月他要付六十法郎的房租，他在这里写作，从这间房间，他可以看到鳞次栉比的屋顶和烟囱以及巴黎所有的山峦。

你从那幢公寓却只能看到那个经营木柴和煤炭的人的店铺，他也卖酒，卖低劣的甜酒。马肉铺子外面挂着金黄色的马头，在马肉铺的橱窗里挂着金黄色和红色的马肉，那涂着绿色油漆的合作社，他们就在那儿买酒喝，醇美而便宜的甜酒。其余就是灰泥的墙壁和邻居们的窗子。夜里，有人喝醉了躺在街上，在那种典型的法国式的酩酊大醉(人们向你宣传，要你相信根本不存在这样的大醉)中呻吟着，那些邻居会打开窗子，接着是一阵喃喃的低语。

"警察上哪儿去了？总是在你不需要警察的时候，这个家伙就出现了。他准是跟哪个看门女人在睡觉啦。去找警察。"等到不知是谁从窗口泼下一桶水，呻吟声才停止了。"倒下来的是什么？水。啊，这可是聪明的办法。"于是窗子都关上了。玛丽，他的女仆，抗议一天八小时的工作制说："要是一个丈夫干到六点钟，他在回家的路上就只能喝得稍微有点醉意，花钱也不会太多。可要是他活儿只干到五点钟，那他每天晚上都会喝得烂醉，你也就一个子儿也没有了。受这份缩短工时的罪的是工人的老婆。"

"你要再喝点儿肉汤吗?"女人现在问他。

"不要了，多谢你。味道好极了。"

"再喝一点儿吧。"

"我想喝威士忌苏打。"

"酒对你可没有好处。"

"是啊，酒对我有害。柯尔·波特②写过这些歌词，还作了曲子。这种知识正使你在生我的气。"

"你知道我是喜欢你喝酒的。"

"啊，是的，不过因为酒是对我有害的。"

等她走开了，他想，我就会得到我所要求的一切。不是我所要求的一切，而只是我所有的一切。暧，他累啦。太累啦。他想睡一会儿。他静静地躺着，死神不在那儿。它准是上另一条街溜达去了。它成双结对地骑着自行车，静悄悄地在人行道上行驶。

---

① 保尔·魏尔伦(1844—1896)：法国诗人。

② 柯尔·波特(1893—1964)：美国作曲家和抒情诗人。

不，他从来没有写过巴黎。没有写过他喜爱的那个巴黎。可是其余那些他从来没有写过的东西又是如何呢？

大牧场和那银灰色的山艾灌木丛，灌溉渠里湍急而清澈的流水和那浓绿的苜蓿又是如何呢？那条羊肠小道蜿蜒而上向山里伸展，而牛群在夏天胆小得像麋鹿一样。那吆喝声和持续不断的喧嘈声，那一群行动缓慢的庞然大物，当你在秋天把它们赶下山来的时候，扬起了一片尘土。群山后面，嶙峋的山峰在暮霭中清晰地显现，在月光下骑马沿着那条小道下山，山谷那边一片皎洁。他记得，当你穿过森林下山时，在黑暗中你看不见路，只能抓住马尾巴摸索前进，这些都是他想写的故事。

还有那个打杂的傻小子，那次留下他一个人在牧场，并且告诉他别让任何人来偷干草，从福克斯来的那个老坏蛋，经过牧场停下来想搞点饲料，傻小子过去给他干活的时候，老家伙曾经揍过他。孩子不让他拿，老头儿说他要再给他一顿狠揍。当他想闯进牲口栏去的时候，孩子从厨房里拿来了来复枪，把老头儿打死了，于是等他们回到牧场的时候，老头儿已经死了一个星期，在牲口栏里冻得直僵僵的，狗已经把他吃掉了一部分。但是你把残留的尸体用毯子包起来，捆在一架雪橇上，让那个孩子帮你拖着，你们两个穿着滑雪板，带着尸体赶路，然后滑行六十英里，把孩子解到城里去。他还不知道人家会逮捕他呢。他满以为自己尽了责任，你是他的朋友，他准会得到报酬呢。他是帮着把这个老家伙拖进城来的，这样谁都能知道这个老家伙一向有多坏，他又是怎样想偷饲料，饲料可不是他的啊，等到行政司法官给孩子戴上手铐时，孩子简直不能相信。于是他放声哭了出来。这是他留着准备将来写的一个故事。从那儿，他至少知道二十个有趣的故事，可是他一个都没有写。为什么？

“你去告诉他们，那是为什么，”他说。

“什么为什么，亲爱的？”

“不为什么。”

她自从有了他，现在酒喝得不那么多了。可要是他活着，他绝不会写她。这一点现在他知道了。他也绝不写她们任何一个。有钱的人都是愚蠢的，他们就知道酗酒，或者整天玩巴加门①。他们是愚蠢的，而且唠唠叨叨叫人厌烦。他想起可怜的朱利安和他对有钱人怀着的那种罗曼蒂克的敬畏之感，记得他有一次怎样动手写一篇短篇小说，他开头这样写道：“豪门巨富是跟你我不同的。”有人曾经对朱利安说，是啊，他们比咱们有钱。可是对朱利安来说，这并不是一句幽默的话。他认为他们是一种特殊的富有魅力的族类，等到他发现他们并非如此，他就毁了，正好像任何其他事物把他毁了一样②。

---

① 一种双方各有15枚棋子，掷骰子决定行棋格数的游戏。

② 这一段，作者所说的朱利安，系指美国小说家S. 菲茨吉拉德——据威廉·奥康纳编《七个现代美国小说家》中，恰尔斯·夏因写的《S. 菲茨吉拉德》一文。

他一向鄙视那些毁了的人。你根本没有必要去喜欢这一套，因为你了解这是怎么回事。什么事情都骗不过他，他想，因为什么都伤害不了他，如果他不在意的话。

好吧。现在要是死，他也不在意。他一向害怕的一点是痛。他跟任何人一样忍得住痛，除非痛的时间太长，痛得他精疲力竭，可是这儿却有一种什么东西曾经痛得他无法忍受，但就在他感觉到有这么一种东西在撕裂他的时候，痛却已经停止了。

他记得在很久以前，投弹军官威廉逊那天晚上钻过铁丝网爬回阵地的时候，给一名德国巡逻兵扔过来的一枚手榴弹打中了，他尖声叫着，央求大家把他打死。他是个胖子，尽管喜欢炫耀自己，有时叫人难以相信，却很勇敢，也是一个好军官。可是那天晚上他在铁丝网里给打中了，一道闪光突然把他照亮了，他的肠子淌了出来，钩在铁丝网上，所以当他们把他抬进来的时候，当时他还活着，他们不得不把他的肠子割断。打死我，哈里。看在上帝的份上，打死我。有一回他们曾经对凡是上帝给你带来的你都能忍受这句话争论过，有人的理论是，经过一段时间，痛会自行消失。可是他始终忘不了威廉逊和那个晚上。在威廉逊身上痛苦并没有消失，直到他把自己一直留着准备自己用的吗啡片都给他吃下以后，也没有立刻止痛。

可是，现在他感觉到的痛苦却非常轻松，如果就这样下去而不变得更糟的话，那就没有什么需要担心的事情了。不过他想，要是能有更好的同伴在一起，该有多好。

他想了一下他想要的同伴。

不，他想，你干什么事情，总是干得太久，也干得太晚了，你不可能指望人家还在那儿。人家全走啦。已经酒阑席散，现在只留下你和女主人啦。

我对死越来越感到厌倦，就跟我对其他一切东西都感到厌倦一样，他想。

“真使人厌倦，”他禁不住说出声来。

“你说什么，亲爱的？”

“你干什么事情都干得太久了。”

他瞅着她坐在自己身边和篝火之间。她靠坐在椅子里，火光在她那线条动人的脸上照耀着，他看得出她困了。他听见那只鬣狗就在那一圈火光外发出一声嗥叫。

“我一直在写东西，”他说，“我累啦。”

“你想你能睡得着吗？”

“一定能睡着。为什么你还不去睡？”

“我喜欢跟你一起坐在这里。”

“感觉到有什么奇怪的东西吗？”他问她。

“没有。只是我有点困啦。”

“我可是感觉到了。”

就在这时候，他感到死神又一次临近了。

“你知道，我唯一没有失去的东西，只有好奇心了，”他对她说。

“你从来没有失去什么东西。你是我所知道的一个最完美的人了。”

“天哪，”他说。“女人知道的东西实在太少啦。你根据什么这样说？是直觉吗？”

因为正是这个时候死神来了，死神的头靠在帆布床的脚上，他闻得出它的呼吸。

“你可千万别相信死神是镰刀和骷髅，”他告诉她。“它很可能是两个从从容容骑着自行车的警察或者是一只鸟儿。或者是像鬣狗一样有一只大鼻子。”

现在死神已经挨到他的身上来了，可是它已不再具有任何形状了。它只是占有空间。

“告诉它走开。”

它没有走，相反挨得更近了。

“你呼哧呼哧地净喘气，”他对它说，“你这个臭杂种。”

它还是在向他一步步挨近，现在他不能对它说话了，当它发现他不能说话的时候，又向他挨近了一点，现在他想默默地把它赶走，但是它爬到他的身上来了，这样，它的重量就全压到他的胸口了，它趴在那儿，他不能动弹也说不出话来，他听见女人说，“先生睡着了，把床轻轻地抬起来，抬到帐篷里去吧。”

他不能开口告诉她把它赶走，现在它更沉重地趴在他的身上，这样他气也透不过来了，但是当他们抬起帆布床的时候，忽然一切又正常了，重压从他胸前消失了。

现在已是早晨，已是早晨好一会儿了，他听见了飞机声。飞机显得很小，接着飞了一大圈，两个男仆跑出来用汽油点燃了火，堆上野草，这样在平地两端就冒起了两股浓烟，晨风把浓烟吹向帐篷，飞机又绕了两圈，这次是低飞了，接着往下滑翔，拉平，平稳地着陆了，老康普顿穿着宽大的便裤，上身穿一件花呢茄克，头上戴着一顶棕色毡帽，朝着他走来。

“怎么回事啊，老伙计？”康普顿说。

“腿坏了，”他告诉他。“你要吃点儿早饭吗？”

“谢谢。我只要喝点茶就行啦，你知道这是一架‘天社蛾’，我没有能搞到那架‘夫人’，只能坐一个人。你的卡车正在路上。”

海伦把康普顿拉到旁边去，正在给他说着什么话。康普顿显得更兴高采烈地走回来。

“我们得马上把你抬进飞机去，”他说。“我还要回来接你太太。现在我怕我得在阿鲁沙①停一下加油。咱们最好马上就走。”

“喝点茶怎么样？”

“你知道，我实在并不想喝。”

两个男仆抬起了帆布床，绕着那些绿色的帐篷兜了一圈，然后沿着岩石往下走到那片平地上，走过那两股浓烟——现在正亮晃晃地燃烧着，风吹旺了火，野草都烧光了——来到那架小飞机前。好不容易把他抬进飞机，一进飞机他就躺在皮椅子里，那条腿直挺挺地伸到康普顿的座位旁边。康普顿发动了马达，便上了飞机。他

① 阿鲁沙：坦桑尼亚的一座城市。

向海伦和两个男仆扬手告别，马达的咔哒声变成惯常熟悉的吼声，他们摇摇摆摆地打着转儿，康普顿留神看着那些野猪的洞穴，飞机在两堆火光之间的平地上怒吼着，颠簸着，随着最后一次颠簸，起飞了，而他看见他们都站在下面扬手，山边的那个帐篷现在显得扁扁的，平原展开着，一簇簇的树林，那片灌木丛也显得扁扁的，那一条条野兽出没的小道，现在似乎都平坦坦地通向那些干涸的水穴，有一处新发现的水，这是他过去从来不知道的。斑马，现在只看到它们那圆圆的隆起的背脊了。大羚羊像长手指头那么大，它们越过平原时，仿佛是大头的黑点在地上爬行，现在当飞机的影子向它们逼近时，都四散奔跑了，它们现在显得更小了，动作也看不出是在奔驰了。你极目望去，现在平原是一片灰黄色，前面是老康普顿的花呢茄克的背影和那顶棕色的毡帽。接着他们飞过了第一批群山，大羚羊正往山上跑去，接着他们又飞越高峻的山岭，陡峭的深谷里斜生着浓绿的森林，还有那生长着茁壮的竹林的山坡，接着又是一大片茂密的森林，他们又飞过森林，穿越一座座尖峰和山谷。山岭渐渐低斜，接着又是一片平原，现在天热起来了，大地显出一片紫棕色，飞机热烘烘地颠簸着，康普顿回过头来看看他在飞行中情况怎样。接着前面又是黑压压的崇山峻岭。

接着，他们不是往阿鲁沙方向飞，而是转向左方，很显然，他揣想他们的燃料足够了，往下看，他见到一片像筛子里筛落下来的粉红色的云，正掠过大地，从空中看去，却像是突然出现的暴风雪的第一阵飞雪，他知道那是蝗虫从南方飞来了。接着他们爬高，似乎他们是往东方飞，接着天色晦暗，他们碰上了一场暴风雨，大雨如注，仿佛像穿过一道瀑布似的，接着他们穿出水帘，康普顿转过头来，咧嘴笑着，一面用手指着，于是在前方，极目所见，他看到，像整个世界那样宽广无垠，在阳光中显得那么高耸、宏大，而且白得令人不可置信，那是乞力马扎罗山的方形的山巅。于是他明白，那儿就是他现在要飞去的地方。

正是这个当儿，鬣狗在夜里停止了呜咽，开始发出一种奇怪的几乎像人那样的哭声。女人听到了这种声音，在床上不安地反侧着。她并没有醒。在梦里她正在长岛的家里，这是她女儿第一次参加社交的前夜。似乎她的父亲也在场，他显得很粗暴。接着鬣狗的大声哭叫把她吵醒了，一时她不知道自己身在何处，她很害怕。接着她拿起手电照着另一张帆布床，哈里睡着以后，他们把床抬进来了。在蚊帐的木条下，他的身躯隐约可见，但是他似乎把那条腿伸出来了，在帆布床沿耷拉着，敷着药的纱布都掉落了下来，她不忍再看这副景象。

“莫洛，”她喊道，“莫洛！莫洛！”

接着她说：“哈里，哈里！”接着她提高了嗓子，“哈里！请你醒醒，啊，哈里！”

没有回答，也听不见他的呼吸声。

帐篷外，鬣狗还在发出那种奇怪的叫声，她就是给那种叫声惊醒的。但是因为她的心在怦怦跳着，她听不见鬣狗的哭叫声了。

【阿根廷】博尔赫斯

豪尔赫·路易斯·博尔赫斯(1899—1986)，阿根廷著名作家、翻译家，最具代表性的后现代主义作家之一。创作有短篇小说集《恶棍列传》《虚构集》《小径分岔的花园》《杜撰集》《阿莱夫》《沙之书》等。博尔赫斯的作品以其深刻的思想内涵、新颖的写作技巧和独特的艺术风格，深刻地影响了许多后世作家，包括一大批中国先锋作家，当之无愧地成为“作家们的作家”。

博尔赫斯强调文学的幻想和虚构性质，反对文学关注现实，甚至怀疑现实的真实性。借助虚构和幻想，他剥离了文学关注具象世界、现实社会的功能，直面生命、宇宙的抽象形式本身。因而他的小说创作具有非常超前的试验性质。

《圆形废墟》叙述的是一个梦幻故事。一个外乡人来到一处庙宇遗址，准备梦到一个人，并使之变成现实。他经过艰苦卓绝的努力，终于达到了目的。有一天，他所在的庙宇再次遭了大火，他本能地想逃避，又想到垂垂老矣的他蹈火或许是一种解脱，于是投身大火。当初他乞求神灵赋予梦中少年生命时，神灵告诉他，只有火和做梦人能让少年知道自己是一个幻影，现在他突然想到，自己或许就是另一个做梦人的幻影。

《小径分岔的花园》通过一个奇幻的侦探故事，表达了对人生和世界的迷宫体验。主人公余准是德国间谍，他的曾祖父彭㝡当过云南总督，痴迷迷宫，曾发誓要建一座谁都走不出去的迷宫，写一本比《红楼梦》人物更多的小说。后来一个外来者刺杀了他。他留下的小说看起来杂乱无章，迷宫也从没有被发现。余准奉命侦察到英军火炮阵地所在地，但在战争中，他无法直接把这个城市的名字通知给德军。在逃亡中，他找到汉学家斯蒂芬·艾伯特博士。艾伯特声称自己解开了余准曾祖父那座迷宫和小说之谜，他说小说和迷宫是一回事，小说是迷宫，而迷宫就是小说。艾伯特正在起身取证物时，被余准开枪打死。余准随即被英军逮捕，判处绞刑。但他的情报也发出去了，因为余准杀死艾伯特的事件随即见诸报端，余准的上司从中悟到了英军火炮阵地所在的叫艾伯特的城市名字。

(刘洪涛　撰稿)

圆形废墟[①]

好像他不再梦见你了……

——《在镜子里》[②]第六章

谁也没有看见他是在哪一天晚间上的岸，谁也没有看见那艘竹舟怎样沉没在神圣的泥沼里，但是几天之后，没有人不知道这个沉默寡言的人是从南方来的；他的家乡在河流上游的许多村落中，在大山的深腰里，那里的尊德语[③]还不曾受到希腊语的污染，麻风病也不是那么经常发现。可以肯定的是，这个灰色的人当时吻了一下稀泥，爬上了岸，没有挡开那些划破了他皮肉的苇叶(很可能他都没有感觉到)，昏昏沉沉地鲜血淋淋地爬着，一直爬进了这个圆形的场地。场地中央有一只石头的老虎或者一匹石头的马，有时候是火红的颜色，现在则是灰白的颜色。这个圆形场地是古代被火焚毁的一座古庙，已经受到沼泽丛林的亵渎，它所供奉的神也不再有人来礼拜了。这个外来的人躺到台座下面，高升的太阳使他清醒了过来。他毫不惊讶地发现身上的创伤都已结了疤。他闭上苍白的眼睛，睡了过去，并非由于体力的衰竭，而是由于意志的决定。他知道这个废庙就是他那不可克服的意志需要的地方。他知道不断地繁殖的树木并没有封死河流下面另一个合适的神庙废墟，那里的神也被烧毁了。他知道当前的任务是做梦。半夜里，一只鸟的悲啼把他惊醒。许多赤脚的脚印，一些无花果，以及一只水罐，使他明白，当地的人在他做梦的时候已经尊敬地来看视过他，是为了恳求他的保护，或者是因为害怕他的魔法。他感到一阵恐惧的寒战，就在倒塌的墙壁间找了一个壁龛，藏身在不知名的灌木的叶丛里面。

把他引到这里来的目的，并不是不可能实现的，尽管它是超自然的。他要梦见一个人；要梦见他，包括全部的细节，而且要使他成为现实。这个魔法的计划消耗了他心灵的全部内容。要是有人问他叫什么名字，或者讲讲以前怎么过的日子，他简直无法肯定地予以答复。这个荒废的坍毁的神庙对他很合适，因为它是一个最低限度的看得见的世界。附近的农夫也是这样，因为他们承担了供应他有限的生活必需品。他们奉献给他的大米和水果，足够维持他身体的需要，使他能够从事睡觉和做梦的这唯一的任务。

起初，他做的梦是纷乱不堪的；不久之后，就自然而然地合乎辩证了。这个陌生人梦见自己在一座圆形露天剧场的中央，有点儿像被火烧毁的神庙。一大群密集如云的学生，肃静地在台阶上坐着。最远的学生的脸，远在几个世纪之外，高在天上的星宿之旁，但是都清清楚楚。这个人给他们讲课，教他们解剖学、宇宙学、魔

① 选自[阿根廷]博尔赫斯：《博尔赫斯短篇小说集》，王央乐译，上海，上海译文出版社，1983。

② 英国作家莱维斯·卡洛尔(1832—1898)的童话小说。

③ 古代波斯的一种语言。

法学。一张张的脸热切地听着，努力地去领悟，以回答提问，好像他们明白这种考察的重要性，因为这样会把他们之中的一两个从空虚的幻象中救赎出来，放进现实的世界里去。这个人，不论在梦中或者醒着的时候，总是在思考这些幻影的答复，不让骗子手得逞。他有点困惑地发现，有一种智慧正在增长。他是在寻找一个值得分享宇宙的灵魂。

经过九个或者十个夜晚之后，他有点痛苦地懂得了，他从这些被动地接受他学说的学生中，不可能期望什么，只有从那些有时候敢于合情合理地反对他的人中间，才会找到希望。前者尽管可爱，使他喜欢，却不能上升到个性；后者则原来就显得可能性多一些。有一天傍晚(现在傍晚也用来做梦了，现在他只有在天亮的时候醒一两个钟头)，他把这所学生众多的幻想的学堂永远停了课，只让一个学生留下来。这是一个默不作声的少年，神情忧郁，有时候很倔强，瘦削的脸容跟他的梦想者相类似。他的同学们突然消失，并没有使他惊慌很久。经过几次个别讲授之后，他的进步就已经使老师大为惊讶。可是，不幸的事发生了。有一天，这个人从梦中醒来，仿佛从黏糊糊的沙漠里出来一样。他瞧着傍晚朦胧的光，突然弄错，以为是黎明。他明白自己并没有做梦。整个晚上，整个白天，失眠的难以忍受的清醒压倒了他。他想到林莽里去踏勘一下，使自己疲劳。可是在毒芹丛中，他仅仅做了几个短暂而朦胧的梦，得到一些粗糙的一瞬即逝的幻景，毫无用处。他想再把学生召集起来，但是他刚刚说了几句简单的鼓励的话，就变了形状，消失不见。在这种几乎无休无止的失眠中，气愤的眼泪烧灼着他的老眼。

他懂得，把组成梦的无条理的杂乱事物加以模造，是一个男子汉所能从事的最最困难的工作，即使悟透了超级的和低级的谜也不行，要比用沙子搓一条绳子或者用没有脸的风铸成一个钱还要难。他明白，开初的失败，是无法避免的。他发誓，忘掉开始时把他引入歧途的庞大幻景，寻找另一种工作方法。在付诸实行之前，他花了一整个月，恢复被精神错乱所消耗的体力。他放弃了入梦之前的一切预想，因而几乎每天有一段合理的时间可以入睡。在这期间他做的很少几次梦，他也并不在梦中加以观察。为了使任务得以重新开始，他等待着满月的时候来到。来到之后，他傍晚下到河水里净身，礼拜了天上的众星宿，呼唤了一个强大有力的名字的规定的音节，就去睡觉。他几乎立刻做起梦来，不禁心跳不止。

他梦见了活跃、温暖、秘密的它，有一只握紧的拳头那么大小，石榴的颜色，隐约地藏在一个还没有面孔和没有性器官的人体里面。一连十四个明净的夜晚，他以小心翼翼的爱去梦见它。每一个晚上，他观察着它，发现它越来越明显。他不触摸它，仅仅限于目睹着它，察看着它，也许还以目光纠正着它。他从许多的距离，许多的角度，观察它，培养它。到了第十四个夜晚，他用食指触了触它的肺动脉，然后又从里到外触摸了整个心脏。这次检查使他很满意。有一天晚上，他故意不做梦，然后重新拿起那颗心，祈求一个星宿的名字，开始从事另一个主要器官的幻影。一年不到，他已经达到了骨架和眼皮。无数的头发也许是一项最困难的工作。他梦见了一个完整的人，一个小伙子，但是不能站起来，不会说话，也不睁开眼睛。一夜接一夜地，他梦见这个小伙子在睡觉。

诺斯替教的创世纪说，造物主捏成了一个红色的亚当，但是不能够站起来。这个巫师花了那么多夜晚在梦中制成的亚当，就跟那个泥土捏的亚当一样笨拙、粗糙、原始。有一天下午，这个人几乎把自己的成品完全毁掉，但是他后悔了(还不如毁了的好)。他把大地的神祇，河上的神祇都祈求遍了之后，扑到那座也许是只老虎，也许是匹马的雕像脚下，恳求这个不知名的神的救助。这天黄昏，他梦见了这座雕像。他梦见它是活的，颤动的。它不是老虎和马匹的丑恶变种，而是同时是这两种强有力的动物，也是一头公牛，一朵玫瑰花，一场暴风雨。这个多面的神向他显示，说它在地上的名字是火，在这个圆形的神庙里(以及其他同样形状的神庙里)，曾经受过祭献，受过崇拜。它将魔术般地使这个梦中的幻影获得生命，以致所有的生灵，除了火自己和做梦者之外，都以为这是个有骨有肉的人。它命令，一旦此人被教会了礼仪，就要派到另一座坍毁的神庙去，那些金字塔还在下游耸立着，以便有人在那个废墟里赞颂它的名字。在这个做梦的人的梦中，做梦的人醒了过来。

巫师按照命令办事。他使用了一段时间(结果是大约两年)，向这小伙子启示宇宙的奥秘，对火的崇拜。然而在内心里，他却因为就要跟他分离而痛苦。他以教育的需要为借口，每天延长做梦的时间。他也为他重新做了右肩，也许是因为原来的不得力的缘故。有时候，一种似乎一切都已经发生的印象，使他不能安宁……一般地说，他的日子是好过的；他闭上眼睛，就想：现在我是跟我的儿子在一起了。或者，想得更少一些的是：我培育的儿子在等待着我，要是我不去，他就不存在。

逐渐逐渐地，他使这小伙子习惯了现实。有一次，他命令他去远处山岭上插一面旗。第二天，旗子就在山峰上飘动了。他尝试了其他类似的测验，一次比一次大胆。他不无痛苦地明白，他的儿子已经准备降生了——而且也许还迫不及待。这天晚上，他第一次吻了他儿子一下，就派他到另一座神庙去；那座庙的废墟在河的下游发出白色，中间隔着许多里路的密集丛林和沼泽。在这之前(为了永远不让他知道自己是一个幻影，相信自己跟别人一样，是一个人)，他使他忘掉了所有随师学艺的徒弟岁月。

他的成功和他的宁静，却受到了厌烦的侵袭。在傍晚的暮色里，以及黎明的曙光里，他俯伏在石像前面，也许是在想象他的非真实儿子也正在做同样的礼拜，在别的圆形废墟里，在河的下游。晚上，他不再做梦，或者做所有其他人同样的梦。他看到宇宙的声音和形状，都有点灰白。他的离去的儿子，就是靠着他灵魂的缩小获得养料的。他的生命的目的已经达到，使这个人不禁沉浸在狂喜之中。过了一段时间；这段时间，有些讲他故事的人喜欢以年计算，有些则以五年为一期计算；有两个船夫半夜里惊醒了他。他看不见他们的脸，但是听见他们在讲，北方的神庙里有一个有魔法的人，能够踩着火而不烧着。巫师突然想起了神的话。他记得，构成地球的全部生物中间，只有火知道他的儿子是一个幻影。这段回忆，开始时使他安心，后来却折磨着他。他怕他的儿子会思考这种不正常的特权，因而发现自己仅仅是一个幻影。不是一个人，而是另外一个人做的梦的投影，这简直是无比的屈辱！

简直是头脑发昏！所有的父亲都关心（或者容忍）自己生育的儿子的一点点烦恼或者幸福；因此，也很自然，巫师担心着这个儿子的未来，这儿子是他在一千零一个夜晚，一点一点的脏腑，一个一个的特征，费尽心机地想出来的。

他的忧虑是突然地结束的，不过有些预兆。首先（在长期的干旱之后），远处飘来一片云，活泼得像只鸟，到了山头上。然后，南方的天空染上了豹子牙床那样的玫瑰红颜色。后来是使夜晚的金属生锈的团团烟雾。最后，是野兽惊慌地四散奔逃。因为，许多世纪以前的事情又重复发生了。火神的神庙的废墟，被火所焚毁。黎明，一只鸟也没有。巫师看见密集的火焰爬上了墙壁。有一会儿，他想逃到水里躲起来，但是后来明白，死亡就要来结束他的晚年，解脱他的劳作了。他向着一片片的火焰走去。火焰却并不咬啮他的肉，反而抚爱地围裹住他，既没有炙热，也没有烧灼。他宽慰，他谦卑，他惶恐，他明白，他自己也是一个幻影，一个别人在做梦时看见的幻影。

小径分岔的花园①

献给维多利亚·奥坎波②

利德尔·哈特写的《欧洲战争史》第二百四十二页有段记载，说是十三个英国师（有一千四百门大炮支援）对塞尔—蒙托邦防线的进攻原定于 1916 年 7 月 24 日发动，后来推迟到 29 日上午。利德尔·哈特上尉解释说延期的原因是滂沱大雨，当然并无出奇之处。青岛大学前英语教师余准博士的证言，经过记录、复述，由本人签名核实，却对这一事件提供了始料不及的说明。证言记录缺了前两页。

……我挂上电话听筒。我随即辨出那个用德语接电话的声音。是理查德·马登的声音。马登在维克多·鲁纳伯格的住处，这意味着我们的全部辛劳付诸东流，我们的生命也到了尽头——但是这一点是次要的，至少在我看来如此。这就是说，鲁纳伯格已经被捕，或者被杀。③ 在那天日落之前，我也会遭到同样的命运。马登毫不留情。说得更确切一些，他非心狠手辣不可。作为一个听命于英国的爱尔兰人，他有办事不热心甚至叛卖的嫌疑，如今有机会挖出日耳曼帝国的两名间谍，拘捕或者打死他们，他怎么会不抓住这个天赐良机，感激不尽呢？我上楼进了自己的房间，可笑地锁上门，仰面躺在小铁床上。窗外还是惯常的房顶和下午六点钟被云遮掩的太阳。这一天既无预感又无征兆，成了我大劫难逃的死日，简直难以置信。虽然我

---

① 选自［阿根廷］博尔赫斯：《博尔赫斯全集》（小说卷），王永年译，杭州，浙江文艺出版社，1999。

② 维多利亚·奥坎波（1891—1979），阿根廷散文作家、文学评论家。曾编辑《南方》杂志，著有《证言》《弗吉尼亚·伍尔夫论》等。

③ 荒诞透顶的假设。普鲁士间谍汉斯·拉本纳斯，化名维克多·鲁纳伯格，用自动手枪袭击持证前来逮捕他的理查德·马登上尉。后者出于自卫，击伤鲁纳伯格，导致了他的死亡。——原编者注

父亲已经去世，虽然我小时候在海丰一个对称的花园里待过，难道我现在也得死去？随后我想，所有的事情不早不晚偏偏在目前都落到我头上了。多少年来平平静静，现在却出了事；天空、陆地和海洋人数千千万万，真出事的时候出在我头上……马登那张叫人难以容忍的马脸在我眼前浮现，驱散了我的胡思乱想。我又恨又怕(我已经骗过了理查德·马登，只等上绞刑架，承认自己害怕也无所谓了)，心想那个把事情搞得一团糟、自鸣得意的武夫肯定知道我掌握秘密。准备轰击昂克莱的英国炮队所在地的名字。一只鸟掠过窗外灰色的天空，我在想象中把它化为一架飞机，再把这架飞机化成许多架，在法国的天空精确地投下炸弹，摧毁了炮队。我的嘴巴在被一颗枪弹打烂之前能喊出那个地名，让德国那边听到就好了……我血肉之躯所能发的声音太微弱了。怎么才能让它传到头头的耳朵？那个病恹恹的讨厌的人，只知道鲁纳伯格和我在斯塔福德郡，在柏林闭塞的办公室里望眼欲穿等我们的消息，没完没了地翻阅报纸……我得逃跑，我大声说。我毫无必要地悄悄起来，仿佛马登已经在窥探我。我不由自主地检查一下口袋里的物品，也许仅仅是为了证实自己毫无办法。我找到的都是意料之中的东西。那只美国挂表，镍制表链和那枚四角形的硬币，拴着鲁纳伯格住所钥匙的链子，现在已经没有用处但是能构成证据，一个笔记本，一封我看后决定立即销毁但是没有销毁的信，假护照，一枚五先令的硬币，两个先令和几个便士，一支红蓝铅笔，一块手帕和装有一颗子弹的左轮手枪。我可笑地拿起枪，在手里掂掂，替自己壮胆。我模糊地想，枪声可以传得很远。不出十分钟，我的计划已考虑成熟。电话号码簿给了我一个人的名字，惟有他才能替我把情报传出去：他住在芬顿郊区，不到半小时的火车路程。

我是个怯懦的人。我现在不妨说出来，因为我已经实现了一个谁都不会说是冒险的计划。我知道实施过程很可怕。不，我不是为德国干的。我才不关心一个使我堕落成为间谍的野蛮的国家呢。此外，我认识一个英国人——一个谦逊的人——对我来说并不低于歌德。我同他谈话的时间不到一小时，但是在那一小时中间他就像是歌德……我之所以这么做，是因为我觉得头头瞧不起我这个种族的人——瞧不起在我身上汇集的无数先辈。我要向他证明一个黄种人能够拯救他的军队。此外，我要逃出上尉的掌心。他随时都可能敲我的门，叫我的名字。我悄悄地穿好衣服，对着镜子里的我说了再见，下了楼，打量一下静寂的街道，出去了。火车站离此不远。但我认为还是坐马车妥当。理由是减少被人认出的危险；事实是在阒无一人的街上，我觉得特别显眼，特别不安全。我记得我吩咐马车夫不到车站入口处就停下来。我磨磨蹭蹭下了车，我要去的地点是阿什格罗夫村，但买了一张再过一站下的车票。这趟车马上就开：八点五十分。我得赶紧，下一趟九点半开车。月台上几乎没有人。我在几个车厢看看：有几个农民，一个服丧的妇女，一个专心致志在看塔西佗的《编年史》的青年，一个显得很高兴的士兵。列车终于开动。我认识的一个男人匆匆跑来，一直追到月台尽头，可是晚了一步。是理查德·马登上尉。我垂头丧气、忐忑不安，躲开可怕的窗口，缩在座位角落里。我从垂头丧气变成自我解嘲的得意。心想我的决斗已经开始，即使全凭侥幸抢先了四十分钟，躲过了对手的攻击，我也赢得了第一个回合。我想这一小小的胜利预先展示了彻底成功。我想胜利不能算小，如果没有火车时刻表给我的宝贵的抢先一着，我早就给关进监狱或者给打死了。我不无诡辩地想，我怯懦的顺利证明我能完成冒险事业。我从怯懦中汲取了在关键时刻没有抛弃我的力量。我预料人们越来越屈从于穷凶极恶的事情；要不了多久世界上全是清一色的武夫和强盗了；我要奉劝他们的是：做穷凶极恶的事情的人应当假想那件事情已经完成，应当把将来当成过去那样无法挽回。我就是那样做的，我把自己当成已经死去的人，冷眼观看那一天，也许是最后一天的逝去和夜晚的降临。列车在两旁的梣树中徐徐行驶。在荒凉得像是旷野的地方停下。没有人报站名。是阿什格罗夫吗？我问月台上几个小孩。阿什格罗夫，他们回答说。我便下了车。

月台上有一盏灯光照明，但是小孩们的脸在阴影中。有一个小孩问我：您是不是要去斯蒂芬·艾伯特博士家？另一个小孩也不等我回答，说道：他家离这儿很远，不过您走左边那条路，每逢交叉路口就往左拐，不会找不到的。我给了他们一枚钱币(我身上最后的一枚)，下了几级石阶，走上那条僻静的路。路缓缓下坡。是一条泥土路，两旁都是树，枝桠在上空相接，低而圆的月亮仿佛在陪伴我走。

有一阵子我想理查德·马登用某种办法已经了解到我铤而走险的计划。但我立即又明白那是不可能的。小孩叫我老是往左拐，使我想起那就是找到某些迷宫的中心院子的惯常做法。我对迷宫有所了解：我不愧是彭㝡的曾孙，彭㝡是云南总督，他辞去了高官厚禄，一心想写一部比《红楼梦》人物更多的小说，建造一个谁都走不出来的迷宫。他在这些庞杂的工作上花了十三年工夫，但是一个外来的人刺杀了他，他的小说像部天书，他的迷宫也无人发现。我在英国的树下思索着那个失落的迷宫：我想象它在一个秘密的山峰上原封未动，被稻田埋没或者淹在水下，我想象它广阔无比，不仅是一些八角凉亭和通幽曲径，而是由河川、省份和王国组成……我想象出一个由迷宫组成的迷宫，一个错综复杂、生生不息的迷宫，包罗过去和将来，在某种意义上甚至牵涉到别的星球。我沉浸在这种虚幻的想象中，忘掉了自己被追捕的处境。在一段不明确的时间里，我觉得自己抽象地领悟了这个世界。模糊而生机勃勃的田野、月亮、傍晚的时光，以及轻松的下坡路，这一切使我百感丛生。傍晚显得亲切、无限。道路继续下倾，在模糊的草地里岔开两支。一阵清越的乐声抑扬顿挫，随风飘荡，或近或远，穿透叶丛和距离。我心想，一个人可以成为别人的仇敌，成为别人一个时期的仇敌，但不能成为一个地区、萤火虫、字句、花园、水流和风的仇敌。我这么想着，来到一扇生锈的大铁门前。从栏杆里，可以望见一条林阴道和一座凉亭似的建筑。我突然明白了两件事，第一件微不足道，第二件难以置信：乐声来自凉亭，是中国音乐。正因为如此，我并不用心倾听就全盘接受了。我不记得门上是不是有铃，是不是我击掌叫门。像火花迸溅似的乐声没有停止。

然而，一盏灯笼从深处房屋出来，逐渐走近：一盏月白色的鼓形灯笼，有时被树干挡住。提灯笼的是个高个子。由于光线耀眼，我看不清他的脸。他打开铁门，慢条斯理地用中文对我说：

“看来彭熙情意眷眷，不让我寂寞。您准也是想参观花园吧？”

我听出他说的是我们一个领事的姓名，我莫名其妙地接着说：

“花园？”

“小径分岔的花园。”

我心潮起伏，难以理解地肯定说：

“那是我曾祖彭㝡的花园。”

“您的曾祖？您德高望重的曾祖？请进，请进。”

潮湿的小径弯弯曲曲，同我儿时的记忆一样。我们来到一间藏着东方和西方书籍的书房。我认出几卷用黄绢装订的手抄本，那是从未付印的明朝第三个皇帝下诏编纂的《永乐大典》的佚卷。留声机上的唱片还在旋转，旁边有一只青铜凤凰。我记得有一只红瓷花瓶，还有一只早几百年的蓝瓷，那是我们的工匠模仿波斯陶器工人的作品……

斯蒂芬·艾伯特微笑着打量着我。我刚才说过，他身材很高，轮廓分明，灰眼睛，灰胡子。他的神情有点像神甫，又有点像水手；后来他告诉我，“在想当汉学家之前”，他在天津当过传教士。

我们落了座，我坐在一张低矮的长沙发上，他背朝着窗口和一个落地圆座钟。我估计一小时之内追捕我的理查德·马登到不了这里。我的不可挽回的决定可以等待。

“彭㝡的一生真令人惊异，”斯蒂芬·艾伯特说，“他当上家乡省份的总督，精通天文、占星、经典诠诂、棋艺，又是著名的诗人和书法家。他抛弃了这一切，去写书、盖迷宫。他抛弃了炙手可热的官爵地位、娇妻美妾、盛席琼筵，甚至抛弃了治学，在明虚斋闭户不出十三年。他死后，继承人只找到一些杂乱无章的手稿。您也许知道，他家里的人要把手稿烧掉；但是遗嘱执行人——一个道士或和尚——坚持要刊行。”

“彭㝡的后人，”我插嘴说，“至今还在责怪那个道士。刊行是毫无道理的。那本书是一堆自相矛盾的草稿的汇编。我看过一次：主人公在第三回里死了，第四回里又活了过来。至于彭㝡的另一项工作，那座迷宫……”

“那就是迷宫，”他指着一个高高的漆柜说。

“一个象牙雕刻的迷宫！”我失声喊道。“一座微雕迷宫……”

“一座象征的迷宫，”他纠正我说，“一座时间的无形迷宫。我这个英国蛮子有幸悟出了明显的奥秘。经过一百多年之后，细节已无从查考，但不难猜测当时的情景。彭㝡有一次说：我引退后要写一部小说。另一次说：我引退后要盖一座迷宫。人们都以为是两件事；谁都没有想到书和迷宫是一件东西。明虚斋固然建在一个可以说是相当错综的花园的中央；这一事实使人们联想起一座实实在在的迷宫。彭㝡死了；在他广阔的地产中间，谁都没有找到迷宫。两个情况使我直截了当地解决了这个问题。一是关于彭㝡打算盖一座绝对无边无际的迷宫的奇怪的传说。二是我找到的一封信的片断。”

艾伯特站起来。他打开那个已经泛黑的金色柜子，背朝着我有几秒钟之久。他转身时手里拿着一张有方格的薄纸，原先的大红已经褪成粉红色。彭㝡一手好字名不虚传。我热切然而不甚了了地看着我一个先辈用蝇头小楷写的字：我将小径分岔的花园留诸若干后世(并非所有后世)。我默默把那张纸还给艾伯特。他接着说：

“在发现这封信之前，我曾自问：在什么情况下一部书才能成为无限。我认为只有一种情况，那就是循环不已、周而复始。书的最后一页要和第一页雷同，才有可能没完没了地连续下去。我还想起一千零一夜正中间的那一夜，山鲁佐德王后(由于抄写员神秘的疏忽)开始一字不差地叙说一千零一夜的故事，这一来有可能又回到她讲述的那一夜，从而变得无休无止。我又想到口头文学作品，父子口授，代代相传，每一个新的说书人加上新的章回或者虔敬地修改先辈的章节。我潜心琢磨这些假设；但是同彭㝡自相矛盾的章回怎么也对不上号。正在我困惑的时候，牛津给我寄来您见到的手稿。很自然，我注意到这句话：我将小径分岔的花园留诸若干后世(并非所有后世)。我几乎当场就恍然大悟：小径分岔的花园就是那部杂乱无章的小说；若干后世(并非所有后世)这句话向我揭示的形象是时间而非空间的分岔。我把那部作品再浏览一遍，证实了这一理论。在所有的虚构小说中，每逢一个人面临几个不同的选择时，总是选择一种可能，排除其他；在彭㝡的错综复杂的小说中，主人公却选择了所有的可能性。这一来，就产生了许多不同的后世，许多不同的时间，衍生不已，枝叶纷披。小说的矛盾就由此而起。比如说，方君有个秘密；一个陌生人找上门来；方君决心杀掉他。很自然，有几个可能的结局：方君可能杀死不速之客，可能被他杀死，两人可能都安然无恙，也可能都死，等等。在彭㝡的作品里，各种结局都有；每一种结局是另一些分岔的起点。有时候，迷宫的小径汇合了——比如说，您来到这里，但是某一个可能的过去，您是我的敌人，在另一个过去的时期，您又是我的朋友。如果您能忍受我糟糕透顶的发音，咱们不妨念几页。”

在明快的灯光下，他的脸庞无疑是一张老人的脸，但有某种坚定不移的、甚至是不朽的神情。他缓慢而精确地朗读同一章的两种写法。其一，一支军队翻越荒山投入战斗；困苦万状的山地行军使他们不惜生命，因而轻而易举地打了胜仗；其二，同一支军队穿过一座正在欢宴的宫殿，兴高采烈的战斗像是宴会的继续，他们也夺得了胜利。我带着崇敬的心情听着这些古老的故事，更使我惊异的是想出故事的人是我的祖先，为我把故事恢复原状的是一个遥远帝国的人，时间在一场孤注一掷的冒险过程之中，地点是一个西方岛国。我还记得最后的语句，像神秘的戒律一样在每种写法中加以重复：英雄们就这样战斗，可敬的心胸无畏无惧，手中的钢剑凌厉无比，只求杀死对手或者沙场捐躯。

从那一刻开始，我觉得周围和我身体深处有一种看不见的、不可触摸的躁动。不是那些分道扬镳的、并行不悖的、最终汇合的军队的躁动，而是一种更难掌握、更隐秘的、已由那些军队预先展示的激动。斯蒂芬·艾伯特接着说：

“我不信您显赫的祖先会徒劳无益地玩弄不同的写法。我认为他不可能把十三年光阴用于无休无止的修辞实验。在您的国家，小说是次要的文学体裁；那时候被认为不登大雅。彭㝡是个天才的小说家，但也是一个文学家，他绝不会认为自己只是个写小说的。和他同时代的人公认他对玄学和神秘主义的偏爱，他的一生也充分证实了这一点。哲学探讨占据他小说的许多篇幅。我知道，深不可测的时间问题是他最关心、最专注的问题。可是《花园》手稿中唯独没有出现这个问题。甚至连时间这个词都没有用过。您对这种故意回避怎么解释呢?”

我提出几种看法，都不足以解答。我们争论不休；斯蒂芬·艾伯特最后说：

“设一个谜底是‘棋’的谜语时，谜面唯一不准用的字是什么?”我想一会儿后说：

“‘棋’字。”

“一点不错，”艾伯特说，“小径分岔的花园是一个庞大的谜语，或者是寓言故事，谜底是时间；这一隐秘的原因不允许手稿中出现‘时间’这个词。自始至终删掉一个词，采用笨拙的隐喻、明显的迂回，也许是挑明谜语的最好办法。彭㝡在他孜孜不倦创作的小说里，每有转折就用迂回的手法。我核对了几百页手稿，勘正了抄写员的疏漏错误，猜出杂乱的用意，恢复，或者我认为恢复了原来的顺序，翻译了整个作品；但从未发现有什么地方用过‘时间’这个词。显而易见，小径分岔的花园是彭㝡心目中宇宙的不完整、然而绝非虚假的形象。您的祖先和牛顿、叔本华不同的地方是他认为时间没有同一性和绝对性。他认为时间有无数系列，背离的、汇合的和平行的时间织成一张不断增长、错综复杂的网。由互相靠拢、分歧、交错或者永远互不干扰的时间织成的网络包含了所有的可能性。在大部分时间里，我们并不存在；在某些时间，有你而没有我；在另一些时间，有我而没有你；再有一些时间，你我都存在。目前这个时刻，偶然的机会使您光临舍间；在另一个时刻，您穿过花园，发现我已死去；再在另一个时刻，我说着目前所说的话，不过我是个错误，是个幽灵。”

“在所有的时刻，”我微微一震说，“我始终感谢并且钦佩你重新创造了彭㝡的花园。”

“不可能在所有的时刻，”他一笑说。“因为时间永远分岔，通向无数的将来。在将来的某个时刻，我可以成为您的敌人。”

我又感到刚才说过的躁动。我觉得房屋四周潮湿的花园充斥着无数看不见的人。那些人是艾伯特和我，隐蔽在时间的其他维度之中，忙忙碌碌，形形色色。我再抬起眼睛时，那层梦魇似的薄雾消散了。黄黑二色的花园里只有一个人，但是那个人像塑像似的强大，在小径上走来，他就是理查德·马登上尉。

“将来已经是眼前的事实，”我说，“不过我是您的朋友。我能再看看那封信吗?”

艾伯特站起身。他身材高大，打开了那个高高柜子的抽屉；有几秒钟工夫，他背朝着我。我已经握好手枪。我特别小心地扣下扳机：艾伯特当即倒了下去，哼都没有哼一声。我肯定他是立刻丧命的，是猝死。

其余的事情微不足道，仿佛一场梦。马登闯了进来，逮捕了我。我被判绞刑。我很糟糕地取得了胜利：我把那个应该攻击的城市的保密名字通知了柏林。昨天他们进行轰炸，我是在报上看到的。报上还有一条消息说著名汉学家斯蒂芬·艾伯特被一个名叫余准的陌生人暗杀身死，暗杀动机不明，给英国出了一个谜。柏林的头头破了这个谜。他知道在战火纷飞的时候我难以通报那个叫艾伯特的城市的名称，除了杀掉一个叫那名字的人之外，找不出别的办法。他不知道(谁都不可能知道)我的无限悔恨和厌倦。

【苏】肖洛霍夫

米哈依尔·肖洛霍夫(1905—1984)是20世纪俄国现实主义文学的杰出代表。他的长篇史诗巨作《静静的顿河》于1965年获得诺贝尔文学奖。其代表作还有小说《顿河故事》《被开垦的处女地》《一个人的遭遇》等。

肖洛霍夫的作品多以现实生活为背景,以"传播革新生活,并为了人类利益去重建生活理想的现实主义"为主题,往往在描写重大的时代变迁中贯穿着强烈的人道主义精神,体现出伟大的俄罗斯文学传统。在艺术特征上,现代主义手法与现实主义因素的结合,多种文体的穿插,生动、丰富的人物形象塑造,大量富于民族色彩的比喻,富于抒情意味的自然描写和大量口语化的对话描写,都是肖洛霍夫创作成就的突出体现。

《一个人的遭遇》在1956年至1957年间连载于苏联的《真理报》,一经问世便轰动世界。故事讲述了卫国战争后的第一个春天来临之时,叙述者"我"等待渡船时遇见了主人公索科洛夫父子俩。索科洛夫年轻时在国内战争中参加红军,父母和妹妹则在1922年的大饥荒中离世。后来,他成了一名钳工,还有了自己的小家庭。可是好景不长,1941年,卫国战争爆发,给苏联造成了近乎毁灭性的打击,索科洛夫的妻儿子女全都死于战火。他饱受创伤,但没有消沉,还收养了一个孤儿。然而,在一次开车时,发生了意外事故,他被开除公职,被迫带着孩子四处流浪。小说以深沉的人道主义精神推动了20世纪50年代后期苏联文学的解冻思潮。它打破了传统的"史诗式"战争文学书写模式,从道德的角度回顾了战争给广大人民带来的深重灾难。其关注点集中在一个平凡的苏联公民身上,看似只是对一个人的遭遇深表同情,其实这一普通人的遭遇就是20世纪这段苦难历史中全体苏联人民不幸遭遇的缩影。

本书节选部分写的是索科洛夫向"我"讲述他的一段经历:在卫国战争中,他负伤被俘,又两次逃跑,最终利用给敌人开车的机会,逃回了祖国。此时,妻子、女儿已经死于战火,唯一的儿子也在攻克柏林的早上阵亡。孑然一身的索科洛夫强忍悲痛参加了战后重建家园的工作,收养了孤儿万尼亚。可后来,索科洛夫在开车时,由于撞死了一头牲畜,被开除公职,只好带着孩子流浪,而他最大的愿望就是希望孩子能到城里上学。说到这里,他伤心落泪,转过头不忍心让孩子看见自己的泪水。

(刘彦　撰稿)

一个人的遭遇(节选)[①]

……

“六月二十九号早晨，我那个少校叫我把他送到城外，往特罗斯尼察的方向开去。他在那边领导修工事。我们出发了。少校在后面的座位上安安静静地打瞌睡，我的心可几乎要从胸膛里跳出来。我开得很快，但一到城外就减低速度，后来停下车，跳出来，向四下里望望：后面老远的地方有两部卡车慢慢地开过来。我拿出砝码，把车门开得大一些。胖子仰靠在座位的靠背上，打着呼噜，仿佛躺在老婆的身边。嘿，我就拿起砝码朝他的左太阳穴重重地敲了一下。他的头垂下了。为了保险起见，我又给了他一下，但我不想把他打死。我得把他活活地带回来，他会给我们的人讲好些情况的。我从他的手枪皮套里抽出‘巴拉贝仑’[②]，塞进自己的口袋里，把螺丝刀插在后座的靠背上，用电话线套住少校的脖子，再紧紧地捆在螺丝刀上。这样，在开快车的时候，他就不至于歪在一边，或者倒下来。我连忙套上德国军服，戴上船形帽，跳上汽车，一直向那炮声隆隆、战斗激烈的地方开去。

“我在两个火力点中间冲过德国人的前沿阵地。几个冲锋枪手从掩蔽部里蹿出来，我就故意减低速度，好让他们看见车上坐着少校。他们却大声叫嚷，摆动双手，表示不可以开到那儿去，我就假装不明白，踩大油门，开足八十公里。等到他们明白过来，动手用机枪向汽车扫射的时候，我可已经来到真空地带，像兔子一样兜来兜去，绕着弹坑飞跑了。

“这时候，德国人从后面开着枪，而自己人又偏偏用冲锋枪迎面向我乱射。挡风玻璃给打穿四个地方，散热器也被子弹打坏了……不过，我抬头一看，已经来到了湖边的小树林里，我们的人向汽车跑来。我冲进树林，打开车门，倒在地上，吻着地面，连气都喘不过来了……

“一个年轻的小伙子，军服上佩戴着草绿色肩章——这种肩章我还没有看见过，——他第一个向我跑来，咬牙切齿地说：‘啊哈，该死的德国佬，迷路啦?’我扒下身上的德国军装，把船形帽扔在脚下，对他说：‘你这个好啰唆的蠢货！我的乖儿子！我是地地道道的沃罗涅日人，怎么会是德国佬呢？我被俘虏了，懂吗？快把车上那头骟猪解下来，拿好他的皮包，领我到你们的指挥员那儿去。’我把手枪交给了他们。中间经过好几个人的手，傍晚才来到一个上校那儿，——他是师长。这以前，他们已经给我吃过东西，洗过澡，还审问过我，又给了我一套制服，因此当我到掩蔽部里去见上校的时候，我已经照规矩穿着一身军服，灵魂和肉体都干干净净了。上校从桌子后面站起来，迎着我走来。他当着所有军官的面拥抱了我，说：‘谢谢你，战士，谢谢你从德国人那里带来的那份宝贵礼物。你那个少校，加上他的皮包，对我们来说，可比二十个‘舌头’更宝贵。我要请求司令部，让你得到政府的奖赏。’

---

① 选自[苏]肖洛霍夫：《肖洛霍夫文集》(第1卷)，草婴译，北京，人民文学出版社，2000。
② 一种自动快发手枪。

我听了这几句话，被他的好意大大感动了，嘴唇尽打哆嗦，不听使唤，好容易才说：‘上校同志，请把我编到步兵连去吧。’

“上校却笑了，拍拍我的肩膀说：‘你连站都站不稳，怎么能打仗呢？今天我就把你送到医院去。到那边去给你治治，养养胖，然后给你一个月假期回家，等你假满回来，我们再瞧瞧，把你分配到什么地方去吧。’

“上校和掩蔽部里的军官，个个都亲切地跟我握手道别。我出来的时候，激动极了，因为两年来没有受到过人的待遇。嘿，再有，老兄，当我跟首长谈话的时候，我的头好一阵习惯成自然地缩在肩膀里，仿佛怕挨打一样。你瞧，在法西斯的俘虏营里把我们弄成什么样啦……

“我立刻从医院里写了一封信给伊琳娜。我很简单地写了写，怎么当了俘虏，又怎么带着德国少校逃回来。嘿，也不知道我怎么会像孩子那样吹起牛来的？我忍不住告诉她说，上校答应要奖赏我……

“有两个星期，我除了睡就是吃。他们每次给我吃得很少，但是次数很多，不然，如果让我尽量吃的话，我会胀死的，这可是医生说的。我完全养足了力气。可是过了两个星期，却什么东西也吃不下了。家里没有回信来，说实话，我开始发愁了。根本不想吃东西，晚上也睡不着觉，各种古里古怪的念头尽在脑子里转……第三个星期，我收到从沃罗涅日来的一封信。但那不是伊琳娜写的，而是我的邻居，木匠伊万·季莫菲耶维奇写的。唉，但愿老天爷不要让人家也收到这样的信！……他告诉我说，还在一九四二年六月里，德国人轰炸飞机厂，一颗重型炸弹落在我的房子上。伊琳娜和两个女儿正巧在家里……唉，他写道，连她们的影子都没有找到，在原来的房子那儿只留下一个深深的坑……当时我没有把信念到底。我的眼前一片漆黑，心缩成一团，怎么也松不开来。我倒在床上，躺了一会儿，才又把信念完了。那邻居写道，轰炸的时候阿纳托利在城里。晚上他回到村子里，瞧了瞧弹坑，连夜又回城里去了。临走以前对邻居说，他将请求志愿上前线。就是这样。

“等到我心松开了，血在耳朵里冲击的时候，就想起我的伊琳娜在车站上怎样跟我难舍难分。这么看来，她那颗女人的心当时就预感到，我跟她再也不能在这个世界上见面了。可我当时却推了她一下……有过家，有过自己的房子，这一切都是多年来慢慢经营起来的，可这一切都在刹那间给毁了，只留下我一个人。我想：‘我这悲惨的生活会不会是一场梦呢？’在战俘营里，我差不多夜夜——当然是在梦中——跟伊琳娜，跟孩子们谈话，鼓励他们说：我会回来的，我的亲人，不要为我悲伤吧，我很坚强，我能活下去的，我们又会在一块儿的……原来，两年来我是一直在跟死人谈话呀?!”

讲话的人沉默了一会儿，接着低低地用另一种声音断断续续地说：

“嗯，老兄，咱们来抽支烟吧，我憋得喘不过气来了。”

我们抽起烟来。在春水泛滥的树林里，啄木鸟响亮地啄着树干。和煦的春风依旧那么懒洋洋地吹动干燥的赤杨花，云儿依旧那么像一张张白色的满帆在碧蓝的天空中飘翔，可是在这默默无言的悲怆时刻里，那生气蓬勃、万物苏生的广漠无垠的世界，在我看来也有些两样了。

沉默很难受，我就问道：

“那么后来呢?”

“后来吗?”讲话的人勉强回答说：“后来我从上校那儿得到了一个月的假期，一个星期以后就来到了沃罗涅日了。我走到我们一家住过的那地方。一个很深的弹坑，灌满了黄浊的水，周围的野草长得齐腰高……一片荒凉，像坟地一样静。唉，老兄，我实在难受极了！站了一会儿，感到穿心的悲痛，又走回火车站。在那边我连一小时也呆不下去，当天就回到了师里。

“不过，过了三个月，我又像太阳从乌云里出来那样喜气洋洋啦：阿纳托利找到了。他从前线寄了一封信给我，看样子是从另一条战线寄来的。我的通讯处，他是从邻居伊万·季莫菲耶维奇那儿打听来的。原来，他先进了炮兵学校，他的数学才能在那边正巧用得着。过于一年毕业了，成绩优良，去到前线，而信就是从前线写来的。他说，已经获得大尉的称号，指挥着一个45毫米反坦克炮兵连，得过六次勋章和许多奖章。一句话，各方面都比做老子的强多啦。我又为他感到骄傲得了不得！不论怎么说，我的亲生儿子当上大尉和炮兵连长了，这可不是开玩笑的！而且还得了那么多光荣的勋章。尽管他老子只开开‘斯蒂贝克’①，运运炮弹和别的军需品，但那没有关系。老子这一辈子已经完了，可是他，大尉的日子还在前面呐。

“夜里醒来，我常常做着老头儿的梦：等到战争一结束，我就给儿子娶个媳妇，自己就住在小夫妻那儿，干干木匠活儿，抱抱孙子。一句话，尽是些老头儿的玩意。可是，就连这些梦想也完全落空啦。冬天里我们一刻不停地进行反攻，彼此就没工夫常常写信。等到战事快要结束，一天早晨，在柏林附近我寄了一封短信给阿纳托利，第二天就收到回信。这时候我才知道，我跟儿子打两条不同的路来到了德国首都附近，而且两人间的距离很近。我焦急地等待着，巴不得立刻能跟他见面。哎，见是见到了……五月九日早晨，就是胜利的那一天，我的阿纳托利被一个德国狙击兵打死了……

“那天下午，连指挥员把我叫了去。我抬头一看，他的旁边坐着一个我不认识的炮兵中校。我走进房间，他也站了起来，好像看见一个军衔比他高的人。我的连指挥员说：‘索科洛夫，找你，’说完，他自己却向窗口转过身去。一道电流刺透我的身体，我忽然产生一种不祥的预感。中校走到我的跟前，低低地说：‘坚强些吧，父亲！你的儿子，索科洛夫大尉，今天在炮位上牺牲了。跟我一块儿去吧！’

“我摇摇晃晃，勉强站住脚跟。现在想起来，连那些都像做梦一样：跟中校一起坐上大汽车，穿过堆满瓦砾的街道；还模模糊糊地记得兵士的行列和铺着红丝绒的棺材。想起阿纳托利，唉，老兄，就像此刻看见你一样清楚。我走到棺材旁边。躺在里面的是我的儿子，但又不是我的儿子。我的儿子是个肩膀狭窄、脖子细长、喉

---

① 美国造的一种大卡车。

结很尖的男孩子，总是笑嘻嘻的；但现在躺着的，却是一个年轻漂亮、肩膀宽阔的男人，眼睛半开半闭，仿佛不在看我，而望着我所不知道的远方。只有嘴角上仍旧保存着一丝笑意，让我认出他就是我的儿子小托利……我吻了吻他，走到一旁。中校讲了话。我的阿纳托利的同志们、朋友们，擦着眼泪，但是我没有哭，我的眼泪在心里枯竭了。也许正因为这个缘故吧，我的心才疼得那么厉害？

“我在远离故乡的德国土地上，埋葬了我那最后的欢乐和希望。儿子的炮兵连鸣着礼炮，给他们的指挥员送葬。我的心里仿佛有样东西断裂了……我丧魂落魄地回到自己的部队里。不久我复员了。上哪儿去呢？难道回沃罗涅日吗？决不！我想起在乌留平斯克住着一个老朋友，他还是冬天里因伤复员的，曾经邀我到他那儿去过。我一想起他，就动身到乌留平斯克去。

“我那个朋友和他的老婆住在城郊，自己有一所房子，却没有孩子。他虽然有些残疾，但仍旧在一个汽车队里当司机，我也在那边找了个工作。我就搬到他们的家里去住，他们很热情地招待我。我们把各种货物运到各个区里，秋天又被调去运输粮食。就在这时候我认识了我的新儿子。哪，就是在沙地上玩着的那一个。

“有时候，开了长途回来，到了城里，第一件事就是到茶馆去吃些什么，当然啰，也免不了喝这么一百克解解疲劳。说实话，我又迷上这鬼玩意儿啦……有一次就在茶馆附近看见这个小家伙，第二天又看见了。可真是个脏小鬼：脸上溅满西瓜汁，尽是灰土，头发蓬乱，脏得要命，可是他那双小眼睛啊，却亮得像雨后黑夜的星星！他那么惹我喜爱，说也奇怪，从此我就开始想念他了，每次跑了长途回来，总是急于想看见他。他就是在茶馆附近靠人家给他的东西过活的，——人家给他什么，他就吃什么。

“第四天，我从国营农场装了一车粮食，一直拐到茶馆那儿。我的小家伙正巧在那边，坐在台阶上，摆动一双小脚，显然，他是饿了。我从车窗里伸出头来，向他叫道：‘喂，万尼亚！快坐到车上来吧，我带你到大谷仓里去，再从那儿回来吃中饭。’他听到我的叫声，身子哆嗦了一下，跳下台阶，爬上踏脚板，悄悄地说：‘叔叔，你怎么知道我叫万尼亚呢？’同时圆圆地睁着那一双小眼睛，看我怎样回答他。嗯，我就对他说，我是一个见过世面的人，什么都知道。

“他从右边走了过来，我打开车门，让他坐在旁边，开动车子。他是个很活泼的小家伙，却不知怎的忽然沉默起来，想了一会儿，一双眼睛不时从他那两条向上拳曲的长睫毛下打量我，接着叹了一口气。这样的一个小雏儿，可已经学会叹气了。难道他也应该来这一套吗？我就问他说：‘万尼亚，你的爸爸在哪儿啊？’他喃喃地说：‘在前线牺牲了。’‘那么妈妈呢？’‘妈妈当我们来的时候在火车里给炸死了。’‘你们是从哪儿来的呀？’‘我不知道，我不记得……’‘你在这儿一个亲人也没有吗？’‘一个也没有。’‘那你夜里睡在哪儿呢？’‘走到哪儿，睡到哪儿。’

“这时候，我的眼泪怎么也忍不住了。我就一下子打定主意：‘我们再也不分开了！我要领他当儿子。’我的心立刻变得轻松和光明些了。我向他俯下身去，悄悄地问：‘万尼亚，你知道我是谁吗？’他几乎无声地问：‘谁？’我又同样悄悄地说：‘我是

你的爸爸。’

“天哪，这一说可说出什么事来啦！他扑在我的脖子上，吻着我的腮帮、嘴唇、脑门，同时又像一只太平鸟一样，响亮而尖利地叫了起来，叫得连车仓都震动了：‘爸爸！我的亲爸爸！我知道的！我知道你会找到我的！一定会找到的！我等了那么久，等你来找我！’他贴在我的身上，全身哆嗦，好像风里的一根小草。我的眼睛里上了雾，我也全身打战，两手发抖……我当时居然没有放掉方向盘，真是怪事！但我还是不由得冲到水沟里，弄得发动机也熄火了。在眼睛里的雾没有消散以前，我不敢再开，生怕撞在什么人身上。就这么停了有五分钟的样子，我的好儿子还一直紧紧地贴住我，全身哆嗦，一声不响。我用右手抱住他，轻轻地把他压在我的胸口上，同时用左手掉转车子，回头向家里开去。我哪儿还顾得上什么谷仓呢？根本把它给忘了。

“我把车子抛在大门口，双手抱起我的新儿子，把他抱到屋子里。他用两只小手钩住我的脖子，一直没有松开。他又把他的小脸蛋，贴在我那没有刮过的腮帮上，好像粘住了一样。我就是这样把他抱到屋子里。主人夫妇俩正巧都在家里。我走进去，向他们眨眨眼，神气活现地说：‘你们瞧，我可找到我的万尼亚了！好人们，接待我们吧！’他们这对没有孩子的夫妇，一下子就明白是怎么一回事，马上跑来跑去，忙了起来。我却怎么也不能把儿子从我的身上放下。好容易总算把他哄下了。我用肥皂给他洗了手，让他在桌子旁边坐下。女主人给他在盘子里倒了菜汤，看他怎样狼吞虎咽地吃着，看得掉下眼泪来。她站在火炉旁，用围裙擦着眼泪。我的万尼亚看见她哭，跑到她跟前，拉拉她的衣襟说：‘婶婶，您哭什么呀？爸爸在茶馆旁边把我找到了，大家都应该高高兴兴，可您还哭。’她呀，嗐，听了这话，哭得更厉害，简直全身都哭湿啦！

“吃过饭，我带他到理发店去，给他理了个发；回到家里，又亲自给他在洗衣盆里洗了个澡，用一条干净的单子把他包起来。他抱住我，就这样在我的手里睡着了。我小心翼翼地把他放在床上，把车子开到大谷仓，卸了粮食，又把车子开到停车处，然后连忙跑到铺子里去买东西。我给他买了一条小小的呢裤子、一件小衬衫、一双凉鞋和一顶草帽。当然啰，这些东西不但尺寸不对，质料也不合用。为了那条裤子，我还挨了女主人的一顿骂。她说：‘你疯啦，这么热的天气叫孩子穿呢裤子！’说完就把缝纫机拿出来放在桌上，在箱子里翻了一通。过了一小时，她就给我的万尼亚缝好一条假缎短裤和一件短袖子的白衬衫。我跟他睡在一块儿，好久以来头一次安安静静地睡着了。不过夜里起来了三四次。我一醒来，看见他睡在我的胳肢窝下，好像一只麻雀栖在屋檐下，我的心里可乐了，简直没法形容！我尽量不翻身，免得把他弄醒，但还是忍不住，悄悄地坐起来，划亮一根火柴，瞧瞧他的模样儿……

“天没亮我就醒了，不明白为什么感到那么气闷？原来是我这个儿子从被单里滚出来，伸开手脚，横躺在我的身上，一只小脚正巧压在我的喉咙上。跟他一块儿睡很麻烦，可是习惯了，没有他又觉得冷清。夜里，他睡熟了，我一会儿摸摸他的身体，一会儿闻闻他的头发，我的心就轻松了，变软了，要不它简直给忧伤压得像石头一样了……

“开头他跟我一起坐在车子上跑来跑去，后来我明白了，那样是不行的。我一个人需要些什么呢？一块面包，一个葱头，一撮盐，就够我这样的士兵饱一整天了。可是跟他一起，事情就不同：一会儿得给他弄些牛奶，一会儿得给他烧个鸡蛋，又不能不给他弄个热菜。但工作可不能耽搁。我硬着心肠，把他留在家里，托女主人照顾。结果他竟一直哭到黄昏。到了黄昏，就跑到大谷仓来接我，在那边一直等到深夜。

“开头一个时期，我跟他一块儿很吃力。有一次，天还没断黑我们就躺下睡觉了，因为我在白天干活干得很累，他平时像小麻雀一样唧唧喳喳说个不停，这次却不知怎的忽然不作声了。我问他说：‘乖儿子，你在想什么呀？’他却眼睛盯住天花板，反问我：‘爸爸，你把你那件皮大衣放到哪儿去了？’我这一辈子不曾有过什么皮大衣呀！我想摆脱他的纠缠，就说：‘留在沃罗涅日了。’‘那你为什么找了我这么久哇？’我回答他说：‘唉，乖儿子，我在德国，在波兰，在整个白俄罗斯跑来跑去，到处找你，可你却在乌留平斯克。’‘那么乌留平斯克离德国近吗？波兰离我们的家远不远？’在睡觉以前我们就这样胡扯着。

“老兄，你以为关于皮大衣，他只是随便问问的吗？不，这都不是没有缘故的。这是说，他的生父从前穿过这样的大衣，他就记住了。要知道，孩子的记性，好比夏天的闪光：突然燃起，刹那间照亮一切，又熄灭了。他的记性就像闪光，有时候突然发亮。

“也许，我跟他在乌留平斯克会再呆上一年，可是十一月里我闯了祸：我在泥泞地上跑着，在一个村子里我的车子滑了一下，这时候正巧有条牛走过，就给撞倒了。嗯，当然啰，娘儿们大叫大嚷，人们跑拢来，交通警察也来了。他拿走了我的司机执照，虽然我再三请求他原谅，还是没有用。牛站起来，摇摇尾巴，跑到巷子里去了，可我却失去了执照。冬天就干了一阵木匠活儿，后来跟一个朋友通信，——他是我过去的战友，也是你们省里的人，在卡沙里区当司机，——他请我到他那儿去。他来信说，我可以先去当半年木工，以后可以在他们的省里领到新的开车执照。哪，我们父子俩现在就是要到卡沙里去。

“嗐，说句实话，就是不发生这次撞牛的事，我也还是要离开乌留平斯克的。这颗悲愁的心可不让我在一个地方长呆下去。等到我的万尼亚长大些，得送他上学了，到那时我也许会安顿下来，在一个地方落户。可现在还要跟他一块儿在俄罗斯的地面上走走。”

“他走起来很吃力吧？”我说。

“其实他很少用自己的脚走，多半是我让他骑在肩上，扛着他走的；如果要活动活动身体，他就从我的身上爬下来，在道路旁边跳跳蹦蹦跑一阵，好比一只小山羊。这些，老兄，倒没什么，我跟他不论怎么总可以过下去的，只是我的心荡得厉害，得换一个活塞了……有时候，心脏收缩和绞痛得那么厉害，眼睛里简直一片漆黑。我怕有一天会在睡着的时候死去，把我的小儿子吓坏。此外，还有一件痛苦的事：

差不多天天夜里我都梦见死去的亲人。而梦见得最多的是：我站在带刺的铁丝网后面，他们却在外边，在另外一边……我跟伊琳娜、跟孩子们天南地北谈得挺起劲，可是刚想拉开铁丝网，他们就离开我，就在眼前消失了……奇怪得很，白天我总是显得挺坚强，从来不叹一口气，不叫一声‘哎哟’，可是夜里醒来，整个枕头总是给泪水湿透了……”

这当儿树林里听到了我那个同志的叫声和划桨声。

这个陌生的、但在我已经觉得很亲近的人，站了起来，伸出一只巨大的、像木头一样坚硬的手：

“再见，老兄，祝你幸福!”

“祝你到卡沙里一路平安。”

“谢谢。喂，乖儿子，咱们坐船去。”

男孩子跑到父亲跟前，挨在他的右边，拉住父亲的棉袄前襟，在迈着阔步的大人旁边急急地跑着。

两个失去亲人的人，两颗被空前强烈的战争风暴抛到异乡的砂子……什么东西在前面等着他们呢？我希望：这个俄罗斯人，这个具有不屈不挠的意志的人，能经受一切，而那个孩子，将在父亲的身边成长，等到他长大了，也能经受一切，并且克服自己路上的各种障碍，如果祖国号召他这样做的话。

我怀着沉重的忧郁，目送着他们……本来，在我们分别的时候可以平安无事。可是，万尼亚用一双短小的腿连跳带蹦地跑了几步，忽然向我回过头来，挥动一只嫩红的小手。刹那间，仿佛有一只柔软而尖利的爪子抓住了我的心，我慌忙转过脸去。不，在战争几年中白了头发、上了年纪的男人，不仅仅在梦中流泪，他们在清醒的时候也会流泪。这时重要的是能及时转过脸去。这时最重要的是不要伤害孩子的心，不要让他看到，在你的脸颊上怎样滚动着吝啬而伤心的男人的眼泪……

1956 年

【法】加缪

阿尔贝·加缪(1913—1960)，法国小说家、戏剧家、散文家，是与萨特比肩的存在主义文学大师。主要作品有小说《局外人》《鼠疫》《堕落》，剧本《卡利古拉》《误会》等，哲学随笔《西西弗斯神话》《反叛者》等。瑞典科学院因为加缪作品"阐明了我们的时代对人的良心提出的问题"，于1957年授予其诺贝尔文学奖。

加缪是一个存在主义者。基于当代资本主义社会现实，他对人的存在处境持悲观态度，认为人的生存是荒诞的，面对荒诞，人是孤单、苦闷的；同时，他主张积极反抗，宣扬无神论思想。正如他自己所说："对于人的状况，我是悲观的，而对于人，我是乐观的。"他的小说和剧本都表达出对人的存在的关注，体现出反对荒诞、反抗命运的主旨。他的写作艺术别出一格，语言明净却又不乏枯涩，文字简约而又不失含蓄，往往寓深刻的存在主义哲理于日常生活叙述中。

《局外人》的叙述者默尔索是阿尔及尔一家法国公司的职员，得到母亲去世的消息后，赶往老人所在的养老院送葬，但他表现得很漠然，甚至都没有流泪。第二天，他遇上了以前的同事玛丽，并相约一起游泳、看电影、睡觉。邻居雷蒙与情妇的弟弟闹矛盾，得到他的帮助，于是邀请他和玛丽一起去海边玩耍。雷蒙情妇的弟弟纠集了几个阿拉伯人，在海滨找雷蒙算账，雷蒙被刺伤。后来，默尔索独自在清泉边休憩，恰巧遇上刺伤雷蒙的阿拉伯人，默尔索在恍惚中朝他开了五枪，打死了他。默尔索被关进监狱。检察官指责他在母亲死后第二天就放纵情欲，寻欢作乐，认定他是预谋杀人。他被判死刑，但拒绝忏悔，不愿上诉，认为一切都是荒诞的。

本书节选的文字出自《局外人》最后一章，是整部小说的高潮，写行刑前，默尔索与神父的对抗与辩论。他看透了宗教的虚妄，对神父的诱导极其反感，断定上帝"纯属虚构"，"世人的痛苦不能寄希望于这个不存在的世界"，因而拒绝忏悔、拒绝皈依上帝。他也彻悟了整个人生，认为"所有的人无一例外都会被判处死刑，幸免不了"，还说"世人活着不胜其烦"，"几千年来活法都是这个样子"，一针见血地指出了人类生存的荒诞性与无奈。至于"只因在母亲葬礼上没有哭而被判死刑"，也让他感受到人类世俗与社会意识形态的荒诞性。

（朱艳阳　撰稿）

局外人(节选)①

五

我已经是第三次拒绝接待指导神甫了。我跟他没有什么可说，我不想说话。反正我很快又会见到他。我现在感兴趣的是逃避死刑，是要知道判决之后是否能找到一条生路。当局又给我换了一间牢房。在这里，我一躺下，就可以望见天空，也只可能望见天空。我整天整天地看着天空中从白昼到黑夜色彩明暗的变化。躺着的时候，我双手枕在头下，等待着什么。我不知想过多少次，是否在那些被判死刑的罪犯中也曾有人逃脱了那部无情的断头机，挣脱了执法者的绳索，在处决之前消失得无影无踪。这样想时，我就责怪自己过去没有对那些描写死刑的作品给予足够的注意。世人对这类问题必须经常关注，因为谁也不知道会有什么事情落在自己头上。像大家一样，我也看过一些报纸上的这类报道。但肯定会有一些这方面的专著，而过去我是从没有兴趣去看的。也许，在那些书里，我可以找到逃脱极刑的叙述。那我就会知道，至少有过那么一次，绞刑架的滑轮突然停住了，或者是出自某种难以防止的预谋，一个偶然事件与一个凑巧机遇发生了，仅仅只发生那么一次，最终改变了事情的结局。在某种意义上，我认为这对我就足够了，剩下的事自有我的良心去料理。报纸上经常高谈阔论对社会的欠债问题。照它们的说法，欠了债就必须偿还。但是，只在想象中欠了社会的债，就谈不上要偿还了。重要的是，要有逃跑的可能性，要一下就跳出那不容触犯的规矩，发狂地跑，跑，就可以给希望提供种种机会。当然，所谓希望，就是在街道的某处，奔跑之中被一颗流弹击倒在地。尽管做了这么一番畅想，但现实中没有任何东西允许我去享受这种奇遇，所有的一切都禁止我做此非分之举，那无情的机制牢牢地把我掌握在手中。

虽然我善良随和，也不能接受这判决咄咄逼人的武断结论。因为，说到底，在以此结论为根据的判决与此判决宣布之后坚定不移地执行过程之间，存在着一种可笑的不相称。判决在二十点钟而不是在十七点钟宣布，就很可能是另一个样子，它是由一些煞有介事、换了新衬衣的人做出的，而且是以法兰西人民(既不是德国人民，也不是中国人民)的名义做出的，而法兰西人民这个概念又并不确切，在我看来，所有这一切就使得这个判决大大丧失了它的严肃性。然而，我不得不承认，从它被做出的那一秒钟起，它就是那么确切无疑，严峻无情，像眼前我的身体所依靠的牢房墙壁一样。

在这个时候，我想起了妈妈对我讲过的一件有关我父亲的往事。我没有见过我父亲。对他这个人，我所知道的全部确切的事，也许要算妈妈告诉我的那些了：有一天，他去看处决一个杀人凶犯。他一想到去看杀人，心里就不舒服，但他还是去了，回来呕吐了一早晨。自从我听了这件事后，我对父亲就有点厌恶了。现在，我

① 选自[法]加缪：《加缪全集·小说卷》，柳鸣九译，上海，上海译文出版社，2010。

理解了，他当时那么做是很自然的事。我过去怎么没有看出执行死刑是最重要不过的事呢，怎么没有看出，使一个人真正感兴趣的，归根结底就是这么一件事呢！如果有朝一日我出了这个监狱，一定要去看所有的执行死刑的场面。我相信，我这样想是错了，不该设想这种可能性。因为，我一想到如果来一天早晨我自由了，站在警察的绳索后面，也可以说，是站在另外一边，充当观众来看热闹，看完之后又呕吐一场，一想到这些，我就感到有一阵恶毒的喜悦涌上心头，但这是不理智的。我不该让自己有这些胡思乱想，因为这样一想，我就感到全身冷得可怕，在被窝里缩成一团，牙齿打战，难以自禁。

当然，谁也不可能做到永远理智。比方说，有好些次，我就制定起法律来。我改革了刑罚制度，我注意到最重要的是要给被判处决者一个机会。即使是千分之一的机会，也足以把很多的事情都安排好。这样，我觉得人就可以发明一种化学合成品，服用后有百分之九十的把握可使受刑者死去(我想的就是受刑者)。条件是，让受刑者本人事先知道。经过反复考虑，冷静权衡，我认为断头台的缺点就是没有给任何机会，绝对没有。一锤落定，绝无回旋，受刑者必死无疑。那简直就是一桩铁板钉钉的公案，一个不可更改的安排，一份已经谈妥了的协议，再没有回旋余地。如果由于特殊情况，那断头机失灵，那就又得再砍一次。因此产生了一个令人烦恼的问题，那就是被处决者还得期望断头机运转正常。我这里说的是不完善的一方面。在某种意义上，事情的确如此。但是在另一种意义上，我不能不承认，整个严密机制的全部奥秘也在于此。总而言之，被处决者在精神上不能不与整个机制配合。他要关心的就是一切运转正常，不发生意外。

我不得不承认，到目前为止，我在这些问题上的想法有些是不正确的。比如说，不知是什么原因，我长期来一直以为上断头台，要一级一级走上去。现在我认为，这是因为1798年大革命的缘故，也就是说，在这些问题上，人们教给我或让我是这么认识的。但是，有一天早晨，我回想起一张刊登在报纸上的照片，那是对一次轰动一时的处决场面的报道。实际上断头机就平放在地上，再简单不过。它比我想象的要窄小许多。我过去没有早看出这点，这真有点怪。照片上那台断头机外观上精密、完美、光洁闪亮，使我大感惊奇。一个人对他所不了解的东西，总是会有一些夸张失真的想法。我应该看到，其实一切都很简单：断头机与被处决的人都在平地上，被处决的人朝机器走过去，他走到它跟前，就像碰见了另一个人一样。当然，这是件讨厌的事。登上断头台，想象力可以发挥作用，把这想象为升上天堂。实际上，断头机毁灭了一切，一个人被处死，无声无息，真有点丢脸，但准确无误，快捷了当。

还有两件事是我牵肠挂肚、念念难忘的，那就是黎明与我的上诉。其实，我一直在说服自己，尽量不再去想它。我躺着的时候，仰望天空，努力对它感兴趣。它变成绿色时，就是黄昏来到了。我再努一把力，转移我的思路。我听见自己的心在跳动，我不能想象伴随着我这么多年的心跳声，有朝一日会停止。我从未有过真正的想象力。但我还是试图想象出心跳声不再传到脑子里的那短暂的片刻。即使如此，我仍然是白费了力气，黎明与上诉还是萦绕脑际。我最后对自己说，最合情合理的办法，就是不要勉强自己。

我知道，他们总是黎明时来提人。因此，我整夜全神贯注，等待黎明。我从来都不喜欢凡事突如其来，措手不及。要是有什么事发生，我更喜欢有所准备，这就是为什么我只在白天睡一睡，而整个夜晚都耐心地等候着日光照上天窗。最难熬的是朦朦胧胧的破晓时分，我知道他们都是此时此刻动手的。一过了午夜，我就等着，窥伺着。我的耳朵从来没有听见过这么多声音，没有分辨出过这么细微的声响。我可以说，在这段时期里，我总算还有运气，没有听见来提我的脚步声。妈妈过去常说，一个人即使倒霉绝不会时时事事都倒霉。每当天空被晨光染上了色彩，新的一天又悄悄来到我牢房时，我就觉得她说得很有道理。因为，我本来是可能听到脚步声的，我的心本来也是可能紧张得炸裂的。甚至，最轻微的窸窣声也会使我奔到门口，把耳朵紧贴在门上，狂乱不知所措地等着，听见自己的呼吸粗声粗气，就像狗的喘气声，因而感到非常恐惧，但终究我的心没有被吓得炸裂，我又多活了二十四小时。

整个白天，我就考虑我的上诉。我认为我抓住了这个念头中最可贵的部分。我估量我所能获得的结果，我从自己的思考中自得其乐。我总是设想有最坏的可能，即我的上诉被驳回。“这样，我就只有去死。”死得比很多人早，这是显而易见的。但是，世人都知道，活着不胜其烦，颇不值得。我不是不知道三十岁死或七十岁死，区别不大，因为不论是哪种情况，其他的男人与其他的女人就这么活着，活法几千年来都是这个样子。总而言之，没有比这更一目了然的了。反正，是我去死，不论现在也好，还是二十年以后也好。此时此刻，在我想这些事的时候，我颇感为难的倒是一想到自己还能活上二十年，这观念上的飞跃叫我不能适应。不过，在想象我二十年后会有什么想法时，我只要把它压下去就可以了，将来的事，将来该怎么办就怎么办。既然都要死，怎么去死，什么时间去死，就无关紧要了，这是显而易见的道理。所以，我的上诉如遭驳回，我就应该服从。不过，对我来说，困难的是念念不忘“所以”这个词所代表的是逻辑力量。

这时，也只有在这时，我才可以说有了权利，以某种方式允许自己去做第二种假设，即我获得特赦。麻烦的是，我必须使自己的血液与肉体，不要亢奋得那么强烈，不要因为失去理智的狂喜而两眼昏花。我还得竭力压制住叫喊，保持理智的状态。做此假设时，我也得表现得自然而然，以使得我放弃第一种假设显得较为合情合理。我这样做取得了成功，我也就有了一个钟头的平静，这么做毕竟也是不简单的事。

也正是在这样一个时刻，我再一次拒绝见指导神甫。我当时正躺着，从天空里的某种金黄色可以看出，黄昏已经临近。我刚好放弃了上诉，感到血液在全身正常流动，我不需要见指导神甫。很久以来，我第一次想到了玛丽。她已经好些日子没有写信给我了。这天夜晚，我反复思索，心想她大概是已经厌倦了给一个死刑犯当情妇。我也想到她也许是病了或者是死了。生老病死，本来就是常事。既然我跟她除了已经断绝的肉体关系之外别无其他任何关系，互相又不思念，我怎么可能知道她具体的近况呢？再说，从这时开始，我对玛丽的回忆也变得无动于衷了。如果她死了，我就不再关心她了。我觉得这是正常的，因为我很清楚，我死后，人们一定就会忘了我。他们本来跟我就没有关系。我甚至不能说这样想是无情无义的。

想到这里时，指导神甫进来了。我一见他，就轻微地颤抖了一下。他看出来了，对我说不必害怕。我对他说他今天来没有按惯常的时间。他回答说，这是一次完全友好的访问，与我的上诉无关，事实上他对此也一无所知。他坐在我的小床上，请我坐在他旁边。我拒绝了。不过，我觉得他的态度很和蔼。

他坐了一会儿，把手搁在膝上，低着头，看着自己的手。他的双手细长而又结实有力，使我联想到两头灵巧的野兽。他慢慢地搓着双手，而后，就这么坐着，老低着头，好久好久，有时我甚至忘了他还坐在那儿。

但是，他突然抬起头来，两眼直盯着我，问道："您为什么多次拒绝我来探望？"我回答说我不信上帝。他想知道我对此是否有绝对把握，我说我没有必要去考虑，我觉得这个问题并不重要。他于是把身子往后一仰，背靠在墙上，两手放在大腿上，好像不是在对我说话，说他曾经注意到有的人总自以为有把握，实际上他并没有把握。我听了没有作声。他盯着我发问："您对此有何想法？"我回答说有这种可能。不过，无论如何，对于我真正感兴趣的事我也许没有绝对把握，但对于我不感兴趣的事我是有绝对把握的，恰好，他跟我谈的事情正是我不感兴趣的。

他把眼光移开，身子仍然未动，问我这么说话是否因为极度绝望。我向他解释说我并不绝望，我只不过是害怕，这很自然。他说："那么，上帝会帮助您的。我所见过的处境与您相同的人最后都皈依了上帝。"我回答说，我承认这是那些人的权利，这恰恰说明他们还有时间这么做。至于我，我不愿意人家来帮助我，而且我已经没有时间去对我不感兴趣的事情再产生兴趣。

这时，他气得两手发抖，但他挺直身子，理顺了袍子上的皱褶。然后，称我为"朋友"，对我说：他这样对我说话，并不是因为我是一个被判死刑的人；在他看来，我们这些人，无一例外都是被判了死刑。我打断他说这不是一回事，而且他这么说无论如何也不能安慰我。他同意我的看法，说："当然如此。不过，您如果今天不死，以后也是会死的。您那时还会碰见同样的问题，您将怎么接受这个考验？"我回答说，我今天是怎么接受的，将来就会怎么接受。

听了这话，他霍地站了起来，两眼逼视着我的两眼。他这种把戏我很熟悉，我常用它跟艾玛尼埃尔与塞莱斯特闹着玩，通常，他们最后都把目光移开。指导神甫也深谙此法，我立刻就看穿了他，果然，他直瞪着两眼，一动也不动，他的声音也咄咄逼人，这么对我说："您难道就不抱任何希望了吗？您难道就天天惦念着自己行将整个毁灭而这么苟延残喘吗？"我回答说："是的。"

于是，他低下了头，重新坐下。他说他怜悯我，他认为一个人这么生活是不能忍受的。而我，我只感到他开始令我厌烦了。我转过身去，走到窗口下面，用肩膀靠着墙。他又开始向我提问了，我心不在焉地听着他。他的声音不安而急促。我觉得他是动感情了，因此，我就听得比较认真了。

他说他确信我的上诉会得到批准，但我仍背负着一桩我应该摆脱的罪孽。在他看来，人类的正义算不了什么，上帝的正义才是一切。我向他指出，正是前者判了我死刑。他回答说，它并没有因此就洗刷掉我的罪孽。我对他说我压根儿就不知道何谓罪孽，法庭只告诉我是罪犯。我是犯人，我就付出代价，别人无权要求我更多的东西。我说到这里，他又站了起来，我想，在这么狭小的牢房里，他如果要活动活动，就别无其他选择，要么坐下去，要么站起来。

我的眼睛盯着地面。他向我走近一步，停下来，好像是不敢再往前走。他的眼光穿过铁条望着天空，对我说："您错了，我的儿子，我们可以对您要求更多，我们会向您提出这样的要求，也许会的。"

"那么是什么要求？"

"要求您看。"

"看什么？"

神甫朝他周围看了看。我突然发现他答话的声音已变得疲惫不堪了，他说："所有这些石块都流露出痛苦，这我知道。我没有一次看它们心里不充满忧伤。但是，说句心里话，我知道，你们这些囚犯中身世最悲惨的，都从这些黑乎乎的石块上看见过有一张神圣的面孔浮现出来。我们要求您看的，就是这张面孔。"

我有点激愤起来。我说我每天瞧着这些石壁已经有好些个月了，对于它们，我比世界上任何人、任何东西都更为熟悉。也许，曾经有好久的时间，我的确想从那上面看见一张面孔，但那是一张充满了阳光色彩与欲望光焰的面孔，那就是玛丽的面孔。我白费了力气。现在，彻底完了。反正，从这些潮湿渗水的石块里，我没有看见浮现出什么东西。

指导神甫带着一种悲哀的神情看了我一眼，我现在全身都靠在墙上，阳光照在我的前额上，他说了句什么，我没有听清，接着他很快地问我是否允许他拥抱我，我回答说："不。"他转过身去，朝墙壁走去，慢慢地把手放在墙上，轻言轻语地说："您难道就是这么爱这个世界的吗？"我没有做任何回答。

他背对着我站了好久。他待在这里使我感到压抑，惹我恼火。我正要请他离开，不要再管我，他却转身向我，突然大声叫嚷了起来："不，我不信您的话，我确信您曾经盼望过另外一种生活。"我回答说那是当然的，但那并不比盼望发财，盼望游泳游得更快，或者盼望自己长一张更好看的嘴巴来得更为重要。这都是一回事。他打断我的话，他想知道我是如何设想另一种生活的。于是，我朝他嚷了起来："就是那种我可以回忆现在这种生活的生活。"立刻，我又对他说，我已经受够了。他还想跟我谈上帝，但我朝他逼近，试图最后一次向他说明我剩下的时间已经不多了，我不想浪费时间去跟上帝在一起。他企图变换话题，问我为什么称他为"先生"而不是"我的父亲"，这可把我惹火了，我对他说他本来就不是我的父亲，他到别人那里去当父亲吧。

他把手放在我的肩上，说："不，我的孩子，我在您这里就是父亲。但您不明白这点，因为您的心是迷茫的。我为您祈祷。"

这时，不知是为什么，好像我身上有什么东西爆裂开来，我扯着嗓子直嚷，我叫他不要为我祈祷，我抓住他长袍的领子，把我内心深处的喜怒哀乐猛地一股脑儿倾倒在他头上。他的神气不是那么确信有把握吗？但他的确信不值女人的一根头发，他甚至连自己是否活着都没有把握，因为他干脆就像行尸走肉。而我，我好像是两手空空，一无所有，但我对自己很有把握，对我所有的一切都有把握，比他有把握得多，对我的生命，对我即将来到的死亡，都有把握。是的，我只有这份把握，但至少我掌握了这个真理，正如这个真理抓住了我一样。我以前有理，现在有理，将来永远有理。我以这种方式生活过，我也可能以另外一种方式生活。我干过这，没有干过那，我做过这样的事，而没有做过那样的事。而以后呢？似乎我过去一直等待的就是这一分钟，就是我也许会被判无罪的黎明。没有任何东西，没有任何东西是有重要性的，我很明白是为什么。他也知道是为什么。在我所度过的整个那段荒诞生活期间，一种阴暗的气息从我未来前途的深处向我扑面而来，它穿越了尚未来到的岁月，所到之处，使人们曾经向我建议的所有一切彼此之间不再有高下优劣的差别了，未来的生活也并不比我已往的生活更真切实在。其他人的死，母亲的爱，对我有什么重要？既然注定只有一种命运选中了我，而成千上万的生活幸运儿都像他这位神甫一样跟我称兄道弟，那么他们所选择的生活，他们所确定的命运，他们所尊奉的上帝，对我又有什么重要？他懂吗？大家都是幸运者，世界上只有幸运者。有朝一日，所有的其他人无一例外，都会判死刑，他自己也会被判死刑，幸免不了。这么说来，被指控杀了人，只因在母亲的葬礼上没有哭而被处决，这又有什么重要呢？沙拉玛诺的狗与他的妻子没有什么区别，那个自动机械式的小女人与马松所娶的那个巴黎女人或者希望嫁给我的玛丽，也都没有区别，个个有罪。雷蒙是不是我的同伙与塞莱斯特是不是比他更好，这有什么重要？今天，玛丽是不是又把自己的嘴唇送向另一个新默尔索，这有什么重要？他这个也被判了死刑的神甫，他懂吗？从我未来死亡的深渊里，我喊出了这些话，喊得喘不过气来。但这时，有人把神甫从我手中救了出去，看守们狠狠吓唬我。而神甫却劝他们安静下来，他默默地看了我一会儿。他眼里充满了泪水，他转过身去走开，消失掉了。

他走了以后，我也就静下来了。我筋疲力尽，扑倒在床上。我认为我是睡着了，因为醒来时我发现满天星光洒落在我脸上。田野上万籁作响，直传到我耳际。夜的气味，土地的气味，海水的气味，使我两鬓生凉。这夏夜奇妙的安静像潮水一样浸透了我的全身。这时，黑夜将尽，汽笛鸣叫起来了，它宣告着世人将开始新的行程，他们要去的天地从此与我永远无关痛痒。很久以来，我第一次想起了妈妈。我似乎理解了她为什么要在晚年找一个“未婚夫”，为什么又玩起了“重新开始”的游戏。那边，那边也一样，在一个生命凄然而逝的养老院的周围，夜晚就像是一个令人伤感的间隙。如此接近死亡，妈妈一定感受到了解脱，因而准备再重新过一遍。任何人，任何人都没有权利哭她。而我，我现在也感到自己准备好把一切再过一遍。好像刚才这场怒火清除了我心里的痛苦，掏空了我的七情六欲一样，现在我面对着这个充满了星光与默示的夜，第一次向这个冷漠的世界敞开了我的心扉。我体验到这个世界如此像我，如此友爱融洽，觉得自己过去曾经是幸福的，现在仍然是幸福的。为了善始善终，功德圆满，为了不感到自己属于另类，我期望处决我的那天，有很多人前来看热闹，他们都向我发出仇恨的叫喊声。

【英】多丽丝·莱辛

多丽丝·莱辛(1919—)是当代英国最重要的作家之一，生于伊朗的一个英籍家庭，长在南罗德西亚(现津巴布韦)。曾两次结婚并离异，30岁时携幼子回到英国。她被誉为继伍尔夫之后最伟大的英国女作家。2007年获得诺贝尔文学奖，颁奖词称她“以史诗般的女性经验，以怀疑、热情和想象的力量来审视一个分裂的文明”。

莱辛的创作大致可以分为四个时期：第一个时期以反对殖民主义和争取自由平等的社会政治斗争为题材，采用传统的现实主义写作手法，创作有长篇小说《野草在歌唱》和一系列以早期非洲生活为素材的短篇小说。第二个时期以现代妇女的困境及其寻求解放的历程为题材，在艺术形式上进行大胆实验，试图表现人物更深层次的心理活动，代表作有“五部曲”《暴力的孩子们》，以及《金色笔记》《黑暗的夏天》等。第三个时期主要采用寓言和幻想的形式，来表现人类危机，预想人类未来，代表作有《幸存者的记忆》以及“太空小说”系列《南船座中的老人星：档案》。第四个时期又回归现实主义风格，代表作有《第五个孩子》《又来了，爱情》等。由于莱辛的小说风格和题材有前后相互穿插的情况，分期年代难以准确划定，只能勾勒出这样一个大致的发展历程。

本书所选短篇小说《屋顶丽人》发表于1963年，收在莱辛《非洲故事集》中的《一个男人和两个女人》的分卷里。故事发生在一个炎热的六月，三个男工——汤姆、斯坦利和哈里在屋顶工作时发现一位正在进行日光浴的女人。女人近乎赤裸的躯体成为男人们“凝视”的焦点，他们对女人喊话、吹口哨、跺脚甚至谩骂，女人却毫不理睬。最后，17岁的汤姆爬上女人所在的屋顶向她表白感情，却只得到女人冰冷的回答：“谢谢了”。小说中的男人们认为，屋顶丽人身体暴露，便是对男人的引诱暗示。他们以“凝视”的方式提醒她，或者离开屋顶，去做符合社会规范的“房中天使”；或者回应男人的挑逗，成为“妖女”。而女主人公却无动于衷，以“沉默”、“漠视”来对抗男人的骚扰。小说表现了女权运动高涨时期女性对独立自我的追求，也挖掘了男性在这一变革前所表现出来的恐慌心理。然而，也应看到，女性在这场斗争中取得的只是表面的胜利，丽人的“沉默”——话语权的缺失，表明女性独立与自由之路的困境与无奈，女性解放之路依然任重道远。

（李慧娟　撰稿）

屋顶丽人①

那是在六月赤日炎炎的一周里。

三个男人正在屋顶上干活。铅皮屋顶被晒得滚烫，他们想出了一个主意：往上面泼水冲凉。可水一泼上去就冒热气，“嗞嗞”作响。这三个男人打趣说，应该从楼下哪家女人那里弄鸡蛋来，用铅皮屋顶煮熟做午饭。下午两点，他们正在更换的那根排水沟烫得碰都碰不得。他们一起猜测那些在通常很热的国家里干活的人会怎么办。他们可能会借防烫的棉手套抓鸡蛋吧？他们三人对这种炎热极不习惯，都感到头晕。他们脱掉上衣，并肩站着，使劲往烟囱投下的一块一英尺宽的阴影里挤，小心地不让太阳晒着他们穿着厚袜子和长统靴的脚。从一排排屋顶望过去，景观不错。不远处，一个男子正坐在躺椅上看报纸。他们就在约五十码外的烟囱之间看见了她。她俯卧在咖啡色的毯子上。他们可以看见她身体的上部：黑头发，晒得发红的结实的脊背，双臂伸开。

“她简直一丝不挂，”斯坦利说，好像很生气的样子。

哈里说：“好像是。”他是他们中最年长的，约莫四十五岁。

年轻的汤姆只有十七岁。他没说话，可却兴奋地咧嘴笑。

斯坦利说：“她若不提防着点，会有人告发她的。”

“她认为没人看得见她，”汤姆说，一边使劲探身，想多看到一点。

此时，那女人仍然俯卧着，她用双手抓着一条围巾的两端往上伸到肩后，在背后打了个结，然后坐了起来。只见她胸部裹着一条红色围巾，穿着一条红色比基尼裤。这是她第一天出来晒太阳，她雪白的肌肤晒得发红。她坐在那里抽烟。斯坦利挑逗地向她吹口哨，她连眼都不抬一下。哈里说：“只有卑鄙小人对这种低级举动感兴趣。”说着领了两个人回到他们那边的屋顶。可那边灼热难当。哈里说：“等一等，我去弄个东西挡挡太阳。”他边说边从天窗钻进了楼里。他一走，斯坦利和汤姆就来到他们所能达到的最远端，偷看那女人。她已挪动过。他们只能看见她在毯子上伸开的两条粉腿。他们又吹口哨又喊叫，可那两条腿却一动不动。哈里拿着毯子回来叫道：“快过来。”他好像对他们很恼火似的。他们向他爬过来。哈里对斯坦利说：“你老婆会怎样?”斯坦利结婚大约刚三个月。他嘲笑说：“我老婆会怎么样?”显出满不在乎的样子。汤姆什么也没说，但满脑子都被那个近乎裸体的女人占据了。哈里拿来楼下一个好心女人借的毯子。将一头搭在电视天线上，另一头挂在一排烟囱管帽上。毯子投下的阴影正好挡住他们更换的那根排水沟。可阴影不断地移动，他们得调整毯子。所以活儿没有多少进展。屋顶终于没那么热了。他们加紧干活，以弥补浪费的时间。先是斯坦利，然后是汤姆，走到屋顶尽头去看那女人。斯坦利说：“她正仰卧着呢。”然后加了句俏皮话，使汤姆暗暗发笑。年纪大一点的哈里宽容地笑

---

① 选自高中甫、任吉生主编：《20世纪外国短篇小说编年·英国卷》(下)，吴煜幽译，北京，人民文学出版社，2002。

了笑。汤姆看了回来说："她还是刚才那样子，没有动。"可他撒了个谎。他看见的情景只想自己一个人知道：他刚才瞥见那女人将小小的红色比基尼裤往臀部下面卷，直到成为一个小三角。她仰卧着，汤姆可以看见她的全身。涂着防晒油的身体闪闪发光。

第二天上午，三个人一上来就过去看。那女人已经躺在那里了。脸朝下，双臂伸开。除了那条小小的红色比基尼裤，一丝不挂。一夜之间，她肤色已经变成褐色。昨天她是个又红又白的女人，今天却成了个棕色女人。斯坦利吹了声口哨。她吃了一惊，抬起头，好像刚才睡着了。她向他们直望过去。太阳正好照着她的眼睛。她眨眨眼，使劲朝这边看。接着又垂下了头。她这种毫不在乎的举动使他们三人同时吹起了口哨，大叫起来。哈里这么做，本来是取笑模仿两个年轻人。可他也很生气。他们三个都很生气。因为她对望着她的这三个男人竟无动于衷。

"真是个荡妇，"斯坦利说。

汤姆暗笑道："她应该叫我们过去。"

哈里恢复了常态，提醒斯坦利说："要是她结了婚，她老公不会喜欢她这个样子的。"

"天啊，"斯坦利用一种一本正经的口气说，"我老婆要是像那样躺着给人看，我就立刻制止她。"

哈里笑着说："你怎么会知道呢？也许她此时此刻也正在晒太阳呢。"

"绝不可能。绝不可能在我们家屋顶上晒。"想到他妻子很保险，他情绪好多了。他们继续干着活。可今天比昨天还热。有好几次，他们这个或那个提议去找工头马修，要求离开屋顶，等热浪过了再回来。可他们没有这样做。这栋公寓大楼的地下室里也有活可干。可在这里，他们与那些被关在大街上和楼房里的普通人不同。他们高高在上，感到自由自在。那天的中午时分，有很多人出来到房顶上呆了一个小时。几对夫妇并肩坐在折叠椅上。女人们没穿长袜，腿红红的。男人们只穿着汗衫，肩膀也红红的。

那女人呆在毯子上，翻过来翻过去。不管这三个男人对她怎么样，她都不理睬他们。哈里下去拿螺丝钉时，斯坦利对汤姆说："跟我来。"那女人的屋顶与他们所在屋顶不属于同一片，和他们的屋顶分开约莫二十英尺。要到那边去，就得再往高处爬，紧挨着烟囱，沿着低矮的矮墙徐徐挪步。而他们的靴子又滑又不稳。他们站在一个凸起的方形小屋顶上，朝下盯着她看。她正坐在那儿抽烟，看书。蓝天衬在她身后，她两腿伸展开。汤姆觉得她看起来很像一幅招贴画，或一本杂志封面。她身后一架很大的起重机正在牛津街①一栋新建筑物上操作。它那黑色的臂膀越过屋顶，形成一个巨大的弧形。汤姆想象自己正坐在那架起重机上工作，将那臂膀伸过去，抓起那女人，再穿过天空把她吊过来，落在他近旁。

① 伦敦中心的商业街。

他们又吹起口哨。她抬眼冷冷地看了看他们，又继续看书。他们又一次被激怒了，更确切地说，斯坦利愤怒了。他一遍遍吹着口哨，想让她抬起头来朝他们望。他那被太阳晒得滚烫的脸都气歪了。年轻的汤姆不再吹口哨，他站在斯坦利旁边，兴奋地咧嘴笑。但他觉得自己好像正对那女人说：可别把我同他一样看待，因为他的笑带着歉意。昨晚入睡前，他还在想那个陌生的女人。在想象中，她对他很温柔。汤姆记起了此种温情，站在吹口哨嘲弄的斯坦利身旁，不耐烦地直搓脚，隔街盯视那个冷漠、健康、晒成棕色的女人。汤姆觉得这很浪漫，好像高高地站在两个山头上。这时他们听见哈里喊他们，于是又爬回去。斯坦利板着个脸，真的很生气。汤姆不时地看他，真不明白他为什么会这么恨那女人，因为他现在已经爱上那女人了。

他们不时调整那条毯子的位置，想要就着阴凉干点活。但还是直到下午四点钟左右，他们才能真正干活。他们三人都精疲力竭了。他们抱怨着这个鬼天气。斯坦利的情绪坏透了。他们准备收拾工具离开之前，又去看看那女人。她显然已经睡着了。只见她脸朝下，整个背部都裸着。只有一块红三角遮住臀部。斯坦利说："我真想去报告警察。"哈里接口说："你烦什么？她这样碍着谁了？"

"如果她是我老婆，等着瞧吧！"

"可她不是，对吗？"汤姆知道哈里和自己一样，对斯坦利的这种反应感到不安。斯坦利平常是个很机灵的年轻人。工作时手脚麻利，爱开玩笑，是个很好的伙伴。

哈里说："明天可能会凉快些。"

可是第二天不仅没凉快，反而更热了。天气预报说，这种晴好天气还将持续下去。他们一上屋顶，哈里就过去看那女人还在不在。汤姆知道这是为了不让斯坦利过去看。免得他发脾气。哈里有几个长大成人的孩子，有一个男孩，和汤姆同龄。年轻的汤姆信任他，尊重他。

哈里回来说："她不在那里了。"

斯坦利说："我敢说是她老头子不许她这样干了。"哈里和汤姆对望一眼，背着这个新婚的年轻人偷偷地笑了。

哈里提议说，他们应该得到允许去地下室干活。他们那天真的去地下室干活了。干完活，收拾工具离开之前，斯坦利说："我们去呼吸一下新鲜空气吧。"哈里和汤姆跟着斯坦利上屋顶时相视而笑。汤姆真诚地相信，自己上去是为了保护那女人，以免斯坦利损她。那时是五点半左右，阳光静静地洒满屋顶。那架巨大的起重机仍将它那黑色的臂膀从牛津街那边伸过来，悬挂在他们头顶上。那女人不在那儿。接着，矮墙那边仿佛有个什么白色的东西飘闪了一下。那女人站了起来，穿着一件白色晨衣，系了根腰带。她可能已在那里呆了一整天。那是另一个屋顶。她想躲开他们。斯坦利没吹口哨。他什么也没说，只是注视着那女人弯下腰收拾书报和香烟，将毯子叠起来，盖在手臂上。汤姆心想：如果他们俩不在，我就过去同她说……说什么呢？汤姆夜里做梦，梦见她，汤姆了解到她善良而友好。说不定她还会邀他去她的公寓呢。说不定……汤姆站在那里，望着那女人钻进天窗。就在她下去时，斯坦利向她嘲弄地尖叫一声。她吓了一跳，差点摔倒。她赶紧抓住什么东西站稳。他们听见她手上的东西掉了下来。她直视着他们，非常气愤。哈里朝着她开了句玩笑："宝贝儿，小心点，梯子滑。"汤姆知道哈里说这话是为了防止斯坦利损她。但她不可能知道这个。她皱着眉头消失了。汤姆心里暗暗高兴。因为他觉得，她的愤怒是冲着那两个人的，而不是他。

斯坦利说："快下点儿雨吧。"他一副苦脸，望着蓝色的夜空。

第二天，万里无云。他们决定干完地下室的活。他们觉得关在这灰暗的地下室里装修管道，被排斥在滚滚热浪的伦敦节日气氛之外了。午饭时，他们又上屋顶去透透气。上面有几对夫妇和身着衬衫的男人，而她却不在。既不在她通常呆的那个屋顶，也不在她昨天呆的地方。他们三个，甚至连哈里在内，在烟囱管帽间爬来爬去，越过短墙，到处找她。滚热的铅皮屋顶把他们的手指烫得很疼。可却丝毫不见她的踪影。他们脱去衬衣、汗衫，露出胸膛，感觉两只脚又湿又热。他们谁也没有提起那女人。可汤姆再次感到很孤独。昨晚他想象那女人让他进了她的公寓。房间很大，铺着白色地毯，有一张床，床头板用一张白色皮革包着。她穿件薄薄的黑色女式长睡袍。汤姆一想起她对他的温柔，嗓子就发痒。他觉得她现在不在，就是失信于他。

完工以后，他们又爬上屋顶。但仍不见她的身影。斯坦利不断地说，如果明天还这么热，他就不干活了，就到此为止了。可第二天，他们全都去了。上午十点时，气温已达华氏七十多度。远还不到中午，就已达华氏八十度。哈里去对工头说，天这么热，没法在铅皮屋顶上干了。可工头说，他也没别的活好让他们干。他们不得不在屋顶上干活。中午时分，他们默默地站着，看见那女人屋顶上的天窗打开来。她穿着白色长袍，慢慢出现了。手里抱着一床叠着的毯子。她沉着脸看了他们一眼，然后走到屋顶一处他们看不见的地方。汤姆很高兴。他觉得他们两人看不见她，她就更属于他了。他们本来已经脱掉了衬衣和汗衫。现在他们又把衣服穿上，因为他们觉得太阳正在灼伤他们的肌肤。"她的皮肤必定像犀牛皮一样经晒，"斯坦利说。他正费力地拽一根排水槽，嘴里骂骂咧咧。他们停下活，坐到阴凉处，在烟囱群后面移来移去。对面有个女人来到窗前，给窗台上的黄色花箱浇水。她已届中年，穿件印花夏装。斯坦利对她说："我们可比花更需要水喝。"她笑着说："最好赶快到下面酒吧去。一会儿就要关门了。"他们彼此说些打趣的话。然后，她向他们挥手笑了一下，走开了。

"她可不像那边的戈黛娃夫人①，"斯坦利说，"她还能对我们笑笑，跟我们聊上几句。"

"可你没对她吹口哨啊，"汤姆责怪说。

"瞧他说的，"斯坦利说，"你刚才难道没吹口哨吗？"

可汤姆觉得自己刚才没吹口哨，好像光是哈里和斯坦利吹了似的。他正计划着

---

① 戈黛娃夫人是十一世纪初英国的一位贵妇。相传为使她丈夫减免考文垂的苛捐杂税，她赤身裸体骑马从街上走过。

完工以后，他要留在后面，想办法到那个女人那边去。天气预报说高温期快要结束了。所以他得赶快行动。可他没有机会留在后面。那两个人决定四点钟停工，因为他们已经精疲力尽了。他们下楼时，汤姆赶快爬上一堵短墙，然后爬上一根烟囱，使自己处于较高的位置。他瞥见那女人正仰卧着，屈着双膝，双目紧闭，完全是一个懒洋洋地躺在太阳下，晒成了棕色的女人。他"啪"地从上面滑下来。斯坦利问他情况时，他答道："她已经下去了。"他觉得自己保护了她不受斯坦利的骚扰，她一定很感激他。他可以感到那女人与他之间有种默契。

第二天，他们站在屋顶下楼梯口，不愿爬到上面去受热。借毯子给哈里的那个叫普里切特太太的女人出来让他们喝茶。他们感激地接受了，还在她家厨房里坐了个把小时，聊着天。她嫁了一个航空公司的飞行员。她是个皮肤白皙、金发碧眼的精明女人，三十岁左右，她很欣赏长相英俊，轮廓分明的斯坦利，和他逗乐取笑。此时哈里坐在角落里，宽容地望着他们。但他的表情却提醒着斯坦利不要忘了自己是个结了婚的人。年轻的汤姆很羡慕斯坦利打趣逗乐时那种安然自得的样子。但也觉得，斯坦利同普里切特太太逗乐，使他同屋顶上那女人的罗曼史更安全无碍。

"我记得他们说过热浪快要过去了。"当他们真该爬上屋顶到太阳下干活的时候，斯坦利闷闷不乐地说。

普里切特太太问："那你不喜欢去上面吗?"

"有些人认为不错，"斯坦利说。"躺在那里什么事也不做，好像上面是个海滩似的。你上去过吗?"

"去过一次，"普里切特太太说。"那上面太脏，也太热。"

"说得对，"斯坦利说。

然后他们离开了这个凉快整洁的房间和友善的普里切特太太，又爬到上面去了。

他们一上去就看见了她，三个人望着她，对她那副在烈日下怡然自得的样子很不满。哈里看到斯坦利脸上的那付表情，便说："过来干活吧。我们至少得装一下样子。"

他们必须将一堵短墙边上的另一根排水槽从底座上用力拧下来，换上新的。斯坦利双手抓着那根旧的，使劲拉着，咒骂着。然后站了起来，"去他妈的，"他说着，坐在一根烟囱下。他点了根烟说："去他妈的。把我们当成什么了？蜥蜴吗？我手上尽是疱。"接着他跳起来，爬到屋顶那边，背对他们站着。他将手指插进嘴的两边，吹了声尖尖的口哨。汤姆和哈里蹲着，彼此并不看一眼，而是望着斯坦利。他们刚刚看得见那女人的头和那棕色肩膀的上端。斯坦利又吹了声口哨。接着他又开始跺脚。朝那女人吹口哨，大喊大叫。他的脸变得通红。他像完全疯了似的。又跺脚又吹口哨。而那女人却纹丝不动。

"他疯了。"汤姆说。

"就是，"哈里不以为然地接口道。

突然，年纪大的哈里做出了一个决定。汤姆知道，那是为了避免斯坦利对那女人干蠢事，引起真正的麻烦。哈里站起身，用一块油布将工具包起来。"斯坦利，"他命令道。起初斯坦利没注意。哈里又说：“斯坦利，我们收工了。我去跟马修说。”

斯坦利走回来，面色难看，瞪着两眼。

“不能再这样下去了，”哈里说。“一两天就会变天的。我去跟马修说我们中暑了。如果他不同意，那就糟了。”汤姆注意到，听口气，连哈里也愤愤不平了。这个能干的矮个子，这个头发灰白，有家室的人，从来都是胸有成竹的。现在他似乎也六神无主了。“来吧，”他气愤地说着，钻进屋顶上那打开的天窗，小心翼翼地走下梯子。接着斯坦利也下去了，一眼都不看那女人。然后是汤姆。他喉头脉搏兴奋地跳动着。他回头看一眼，悄悄地向那女人保证：等着我，等着，我就来！

来到人行道上，斯坦利说：“我要回家了。”他脸色煞白，可能真的中暑了。哈里去找工头。工头正在街那边的公寓里修水管。汤姆悄悄溜回来，但不是去他们干活的那栋楼，而是去屋顶上躺着那女人的那栋。他径直往屋顶上去，没人拦他。天窗开着，一架铁梯通上去。他爬上屋顶，离她几码远。她坐了起来，两只手将头发向后拢了拢。那条围巾紧紧地束着她的胸部，褐色的肌肉都凸了出来。她两条腿晒成褐色，很光滑。她无声地瞪着他。汤姆站在那里，咧嘴笑着，傻乎乎的，想从她那里得到他所期望的温存。

“你想干什么？”她问。

“我……我来……想结识你，”他结结巴巴地咧着嘴笑，恳求着她。

他们你看着我，我看着你。一个是瘦小的，兴奋得满脸通红的少年。另一个是神情严肃，近乎裸体的女人。那女人一句话不说，在棕色的毯子上躺下，理也不理他。

“你喜欢这太阳，对吗？”他朝着她那闪闪发光的后背问道。

没有反应。他很惊慌。他想象她曾是怎样地把他搂在怀里，抚摸他的头发，以高贵的气派把他从他现在坐的地方带上她的床，给他喝了杯他生活中从未尝过的提神饮料。他觉得如果他跪下，抚摸她的双肩和头发，她就会转过身，把他搂住。

他说：“你觉得这太阳很好，对吗？”

她抬起头，下巴支在两只小拳头上。“走开！”她说。他没动。“听着，”她以一种理智的声音慢慢地说。听得出她费力地控制着愤怒。她望着他，气愤得带着一脸厌恶的表情。“如果你觉得看女人穿着比基尼很刺激，为什么不花六便士坐车去利多①呢？你在那儿能看见成打成打穿比基尼的女人，用不着爬这么高。”

她一点都不理解他。他感到她对他这么不公平，使他脸色变得苍白。他结结巴巴地说：“可我喜欢你，我一直在注意你。我……”

“谢谢了，”她冷冷地说，重又低下头，转过身。

她躺着。他站着。她一句话不说，完全拒他于千里之外。有几分钟，他站在那里，一声不吭。他想：“如果我继续呆着，她总得说些什么。”可是，时间一分钟一分

① 利多，原指意大利威尼斯海滨浴场。这里指伦敦海德公园里的湖。

钟地过去了。她根本没有说话的意思。只是她的脊背，她的大腿，她的臂膀都绷得紧紧的——紧张地等着他走开。

他抬头看看天空，太阳似乎在热浪中旋转。他又看看那边他和他的伙伴早先呆着的那个屋顶，他看得见他们干活的地方飘着阵阵热气。居然指望我们在这种条件下干活！想到这里，他理所当然地感到很愤怒。那女人一动不动。一丝热风轻轻吹拂着她的黑发，闪闪发亮。他还记得在他昨夜的梦中，他是怎样地抚摸过那头黑发。

对她的怨恨终于驱使他走开。他下了梯子，从楼里出来，走上大街。这时，他无法抑制对她的愤恨情绪。

第二天他醒来时，天色灰蒙蒙的。他望着潮湿的阴天，心里恶狠狠地想：看，老天惩罚你了，怎么样？老天狠狠地惩罚你了！

他们三个人早早地来到凉快的铅皮屋顶上干活。细雨蒙蒙。周围的屋顶湿漉漉的。那些黑色的屋顶，因为下雨，滑滑的，再没有人来进行日光浴，天很凉。如果他们抓紧时间，就可以在那天把活全部干完了。

【法】罗伯-格里耶

阿兰·罗伯-格里耶(1922—)，法国新小说的领袖人物。他的理论著作有《走向新小说》，其中的文章《未来小说的道路》和《自然、人道主义、悲剧》被认为是新小说派的理论宣言。其新小说的代表作品有《橡皮》《窥视者》《嫉妒》《在迷宫里》，以及电影小说《去年在马里昂巴》等。

罗伯-格里耶同其他新小说作家一道反对传统写作，追求小说艺术的革新，认为传统写作已不能表现20世纪物质世界和人内心的“真实”。他提出，客观世界既无意义，也不荒谬，仅仅存在着而已；而人被客观世界所包围，只能看到它的表象；作家的任务就是用一种不带感情色彩的、非个人化的语言，详尽地描绘客观物象，以事物的变化反映人物的内心活动。在创作实践中，他运用客观描写的方法，独特地记录世界和现实事物，表现感觉和内心；对物和行动的描写构成其作品的主要情节，人不再是小说的中心，只是被感觉物的媒介。

《窥视者》叙述推销员马弟雅思回到阔别已久的故乡海岛去推销手表。为尽量卖出手表，他挨家挨户地走访了岛上的居民。勒杜克太太有三个女儿，两个大的已经订婚，小女儿雅克莲因遇上一个旅行到海岛的外乡人而解除了与同村渔民小路易的婚姻。当马弟雅思那天中午上门推销手表时，雅克莲恰巧外出放羊，天色已晚也没回家。第二天早上，渔民在海边岩石上发现她赤裸的尸体。小说没有明确交待马弟雅思是杀害雅克莲的凶手，但在马弟雅思捆绑、强奸、杀害牧羊女，并将其尸体抛入海中以及回作案现场销毁物证的整个过程中，一直有一双眼睛在窥视着他，那就是雅克莲的另一个男友于连。于连当面揭穿了他的谎言，但没有告发他。两天后，马弟雅思从容地离开了海岛。

选文出自小说第1部。记述马弟雅思租到自行车后在海边商店推销手表时的所见所闻。其中，有两个场景尤其引人注目。一个场景是马弟雅思一边等待车房主人给他取自行车，一边观看停车房门口的广告牌。另一个场景是他在希望咖啡店目睹老板蹂躏女招待。表面看来，作者只是一味地记录了马弟雅思眼中的客观事件，但这两个场面中反复出现的一些细节描写，如凌乱的床、红色的床单、黑白瓷砖、女招待被老板反缚着双手，分明暗示着马弟雅思想要在弱小女子身上寻求发泄的阴暗心理。

(朱艳阳　撰稿)

窥视者(节选)[1]

1

……

门口有一块很大的广告牌，背后用两根木柱子支撑着，牌上写着当地电影院每周上映的片子。毫无疑问，影片每逢星期日就在停车房里放映。那幅广告画着色强烈，画中一个魁梧高大的汉子，身穿文艺复兴时期的服装，抓住一个穿白色长睡袍的年轻女子；他的一只手紧紧地钳着她的两只手腕，勒在她的背后，另一只手扼住她的咽喉。她的上身和脸稍向后倾，尽力想从大汉的掌握中挣扎脱身，她的修长的金发一直垂到地上。后面的背景是一张宽大的有床柱的床，床上铺着红色的被单。

广告牌遮没了半个店门，挡住了去路，使得马弟雅思不得不绕了个弯才能走进咖啡店。屋子里没有顾客，店主人也不在柜台里面。他没有叫喊，只等了一分钟，又走出咖啡店。

附近一带没有人。这个地区本身的布局就给人一种荒凉的印象。除了这家香烟咖啡店，别的店一家也没有。食品杂货店，肉店，面包店，最大的一家咖啡店，都是朝着港口开的。此外，广场的左边被一垛密实的围墙占据了一大半，墙高将近二公尺，墙上灰泥剥落，墙顶的瓦片有好几处已经没有了。在三角形的尖顶，两条路的岔口上，有一所官厅气派的小建筑物，前面有一个小花园将其隔开，大门的三角形屋顶上有一根长长的旗杆，杆顶空无一物；它可能是一所学校，或者是市政厅——或者既是学校又是市政厅。除了雕像周围，没有任何地方有人行道，这令人十分惊异；街道上铺着的是破旧的石块，到处都有洼洞和突起的地方，一直铺到沿街的墙脚。这种细节马弟雅思早已忘却，正如他也忘掉了别的事情一样。他环顾了一下周围环境以后，视线又落到那块木板广告牌上。他在城里早已见过这张海报，几个星期以前它曾贴满全城。这一次也许因为这张广告的倾斜角度很特殊，他第一次看见男主角脚下有一个残肢断臂的、弄脏了的玩具娃娃。

他抬起头来仰望咖啡店楼上的窗户，希望引得别人注意他。咖啡店的房子简陋至极，只有一层楼，和它邻近的房子一样，而沿码头的大多数房子都是二层。现在，透过对面的那条胡同，他可以望见他刚才经过其正面的那些房子，其后面同样建筑得十分简陋，虽然相对高一些。最末一所房屋坐落在广场和码头接连的角落上，像一大片黑影似的和港口闪耀发光的海水构成鲜明的对照。还可以望见防波堤的空荡荡的一头从屋顶的山墙旁边伸出来，也背着阳光，只是在围墙和堤壁之间，有一长条亮光从堤的一端横伸到另一端，和一条短短的斜光连接，一直照到停靠在斜桥旁边的轮船上。轮船的位置比表面上看起来更远，这时又是退潮时间，堤壁显得特别高大，相形之下，轮船就小得有些离谱了。

---

① 选自[法]罗伯-格里耶：《窥视者》，郑永慧译，南京，译林出版社，2007。

马弟雅思不得不把手放在前额上搭成凉棚，遮住阳光。

一个穿黑长袍的女人从屋角上出现，越过广场，向马弟雅思走过来；她的裙子很宽大，围裙却很狭窄。为了避免踏上纪念碑旁的人行道，她绕了半个圈子；这半个圈子的曲线本来可能很完整，但由于地面高低不平，却看不出来了。等她离开马弟雅思只有二三步远，马弟雅思才向她打了一个招呼，问她能否告诉他到哪儿去找停车房的主人。他想——他又加上一句——租一辆自行车骑一整天。女人把那张电影广告指给他看，换句话说，就是把广告牌后面的那间烟草店指给他看；马弟雅思告诉她屋子里没有人，她显得很郁闷，仿佛这样一来就毫无办法可想了。为了安慰他，她又用十分含糊的话对他说，也许停车房的老板不肯把自行车租给他；或者她的意思是说……

这时候，一个男人的脑袋在广告牌上面的门框里露出来。

“好了，”女人说，“那边有人了。”说完后她就走进那条通到蓄水船坞的胡同里去了。马弟雅思向烟草店老板走去。

“漂亮的姑娘！嗯？”老板说，同时对着那条胡同眨了眨眼睛。

马弟雅思虽然没有看出那个女人有什么特别吸引人的地方，而且他还觉得她的年纪似乎也不小了，可是他还是对老板眨了眨眼睛表示心领神会——他的职业使他不得不这样做。实际上他想也没有想到会有人从这样的角度来看她；他只记得她在脖子上系着一条薄薄的黑丝带，这是岛上的古老风尚。他马上开始谈起他的生意：他是亨利老爹介绍来的，亨利老爹是“大西洋”咖啡店（城里最大的商店之一）的老板；他想租一辆自行车——要一辆好的，租一整天。下午四时轮船启程以前他就能把车子送回来，因为他不想在这儿滞留到星期五。

“您是个旅行推销员吗？”那人问。

“卖手表的。”马弟雅思回答，同时轻轻地拍了拍手里的小箱子。

“哈！哈！您卖手表，”那人接着说，“这很不错。”可是他马上做了一个鬼脸：“在这个落后的地方，您一只手表也卖不出去的。您是在浪费时间。”

“我要碰碰运气。”马弟雅思心平气和地回答。

“好，好，这是您的事。您想要一辆自行车吗？”

“是的。尽可能给我一辆好的。”

车房主人略加思索说：照他看来，走遍这六排房子根本不需要自行车。接着他向广场那边嘲讽地撅了撅嘴。

“我主要是想到乡下去，”马弟雅思解释说，“我有一种特制的产品。”

“哦！到乡下去？好极了！”车房主人表示赞同。

他说“好极了”三个字的时候眼睛睁得很大；他觉得对悬崖边的居民推销手表是一件更加荒唐的事。不过整个谈话始终是十分友好的——仅仅稍微冗长了些，不合乎马弟雅思的胃口。这位谈话对手有一种很特殊的交谈方式，开头总是表示对你同意，有时甚至用坚决的口吻把你的话重复两三遍，可是重复只是为了在一秒钟以后把下半句怀疑的话说出来，而且用一个相当明确的反面建议把他自己先前说过的话完全推翻。

“总之,”他总结道,“您可以在这地方游览一下。今天天气很好。有些人认为这儿的悬崖风景很好。”

“您知道,我早就熟悉这地方了:我是在这儿出生的!”马弟雅思回答。

为了证实自己的话,马弟雅思说出了自己的姓。这一次,停车房主人说出了一大堆更为复杂的话,这堆话里同时含有三种意思:首先,马弟雅思当然应该是在这个岛上出生的,否则他就不会冒出到这儿推销货物的荒唐念头;其次,想在这儿卖出哪怕一只手表,这种奢望也就暴露出他对本地情况的完全无知;最后,像他这种姓是到处都有的。至于停车房主人自己,他不是在这岛上出生的——当然不是——而且他也不想在这儿“发霉”。

自行车嘛,他有一辆极好的,可是“目前不在这儿”。为了“效劳”,他愿意去拿来,再过半个钟头马弟雅思就能到手使用,准不会出岔子。马弟雅思向他道了谢,表示可以按照以下办法改变自己的路线:先到镇上迅速地兜一圈儿,然后到乡下去;再过三刻钟他一准回来取自行车。

为了避免错过任何机会,他建议对方看一看他的商品:“第一流的货色,质量绝对保证,价钱便宜到极点。”对方同意以后,两人就走进了咖啡店,马弟雅思在进门的第一张桌子上打开了他的手提箱。他刚把上面一层硬纸板的护表纸揭开,对方就改变了主意:他不需要手表,他的手上已经戴了一只(他撩起衣袖——确是事实),他还留了一只备用。何况他还要赶快去拿自行车,这样才能准时把车子带回来。在匆匆忙忙中他差不多等于把推销员推出了咖啡店。简直可以说,他刚才要看手表的唯一目的是想证实一下箱子里装着的是什么。他刚才到底希望在箱子里看见些什么呢?

马弟雅思从那块木板广告牌上望过去,看见了那个石像,石像把防波堤露出来的部分切成两半。他踏上高低不平的铺石道,为了绕过广告牌,又向那个小型的市政厅——或者说,看起来像个市政厅的建筑物——走了一步。如果这个建筑物再新一点,它的矮小体积可能使人把它只当作一具模型。

它的大门上面那个三角形屋顶的两边,有种拱形装饰占据了整个建筑物正面的边沿,横跨楼下和二楼的分界线——实际是两条方向相反的正弦曲线互相交织在一起(换句话说,就是两条曲线在同一个横轴上扭结在一起)。这种不属于任何风格的装饰,屋顶的飞檐上也有。

看到这里,他的视线转向左边,把整个广场从头到尾扫射一遍:市政厅前面的小花园,通向大灯塔的那条路,那垛坍了顶的围墙,那条狭窄的小街和面向港口的第一排房屋的后门,街角上把倒影投射到街心的那所房屋的三角形屋顶,背着阳光、面临着方形发光水面的防波堤中部,那个死者纪念碑,停泊在被阳光分成两半的斜桥前面的小轮船,只有一个信号台而别无人迹的防波堤的末端,无边无际的大海。

纪念碑的立方体台座上没有任何碑文,朝南的碑面上也没有。马弟雅思忘记了买香烟。他准备待会儿回来的时候买一包。在那些贴在烟草店里的许多开胃饮料的广告中间，有一张招贴是钟表零售商同业公会分发到全省各地的，招贴上面写着："到钟表店里去买手表。"岛上并没有钟表店。烟草店的老板是存心给这地方和这里的居民脸上抹黑。刚才他说的那句赞叹那个系黑丝带的女人的话，一定是一句反话——用的是他最喜欢的那种谈话方式，只说了个开头，却没有说下去：

"漂亮的姑娘！嗯?"

"当然！像这样漂亮的姑娘……简直可以吞下去!"

"那么您的要求真不高！这地方的娘们都丑得要命，全是酒鬼。"

店主人所作的悲观的预言("在这个落后的地方，您一只手表也卖不出去的")，不管怎样，总不是一个好兆头。马弟雅思虽然认为这句话在客观上无关紧要——他不相信这句话足以表明说话人真正了解市场情况，也不相信这句话足以表明说话人有预言能力——可是他仍然希望最好是没有听见这句话。还有一点使他不甚满意的是，他刚才又决定从镇上开始兜售手表，可是按照原定计划，要等他从乡下回来，如果轮船还未开出、他还有余暇的话，才把镇上作为推销的终点。他的信心——费尽心机树立起来却又过于脆弱的信心——已经开始动摇了。他仍然尽力从这种动摇中——从这个权宜性的计划改变中——找寻成功的保证，事实上他已经觉得整个计划正在逐步化成泡影。

现在他一开头就要花三刻钟去访问这些阴郁的房屋，他肯定访问的结果只会是一连串的失败。等到他终于能够骑上自行车动身时，一定已经过了十一点了。从十一点到下午四点十五分，只有五小时一刻钟——即三百一十五分钟。何况单只手表的推销时间也不能用四分钟来计算，至少要有十分钟。把这三百一十五分钟加以最充分的利用，也只能售出三十一只半手表。不幸得很，这个计算本身也是不正确的：首先，他得除去在路上奔波的那一大段相当可观的时间，尤其要除去花在不买手表的人——显然占最大多数——身上的那些时间。根据他的最顺利的计算(他能够卖掉八十九只手表)，在二千居民中，无论如何总有一千九百十一人是不买的；即使在这些人身上每人花掉一分钟，也要一千九百十一分钟，除以六十，即超过三十小时，仅仅碰钉子就要花掉这一大段时间，超过了他能够使用的时间五倍！一分钟的五分之一——十二秒钟——每一个拒绝的回答需要十二秒钟。既然他所有的时间还不够接应这些拒绝的回答，倒不如干脆不干的好。

在他前面，沿着码头那儿，伸展着长长的一排房屋，他沿着这排房屋可以回到防波堤那里去。斜射下来的阳光在房屋上没有任何地方可以依附，因此不能够在房屋上造成凹凸分明的暗影。房屋是用石灰粉刷的，布满了潮湿的斑点，使人无法辨认出房屋的年龄和它们的建造年代。这一大堆密集的房屋并不能充分反映这个海岛过去的重要性——重要性固然仅仅在军事方面，但这种重要性在过去几世纪中也曾把这个海岛造成一个繁荣的小港。自从海军方面认为这个基地无法对抗现代武器的进攻而将其放弃以后，一场大火更把这个衰落中的城市完全摧毁。在原来的地基上重建起来的房屋远比不上原有房屋那么华丽，也不像防波堤那样宏伟，同要塞炮台的体积也不相称。现在防波堤所保护的只是二十多艘小帆船和若干小吨位的拖网船；

那个庞然大物的炮台也只是作为本镇另一端的边界。这里只是一个规模不大的渔港，既没有陆地接连，也没有发展商业的可能性。拖网船把捕获的贝类和鱼运到大陆去卖，利润一天比一天微薄。岛上的特产——蜘蛛蟹——销路尤其差。

退潮时分，这些蟹的残躯散布在码头脚下露出水面的污泥上。码头脚下有布满腐烂海草的平坦的石块，有微微倾斜的大片黑色污泥，泥上这里那里闪耀着暂时还未生出铁锈的罐头听子，描着小花的陶器碎片，还有一只几乎完好无损的蓝色搪瓷漏勺；在这些石块中间和污泥上面，很容易就能分辨出蜘蛛蟹隆起而多刺的蟹壳，和普通蟹长而光滑的壳混在一起。还有大量屈曲或者已经折断的蟹脚，脚上有一个、二个或者三个关节，末端是很长、微弯而锐利的爪甲；也有尖锐、巨大的蟹螯，大多数已经破掉，其中有些大得惊人，真不愧为真正的海底魔王。在清晨阳光的照耀下，这一切散发出很强烈的气味，不过还没到臭不可闻的地步：这是碘、重油和稍为腐烂的小虾三者混合起来的气味。

马弟雅思刚才离开马路，走到码头边沿，现在又转回到房屋那边去。他重新横穿整个码头，走向那所构成广场的边角的房屋——一家类似杂货及铜铁器商场的商店，走进一个洞开在这家店和肉店之间的黑暗的门口。

他发现，那扇半掩的门，经他走进去顺手一推，就轻轻地自动关上了。从大太阳底下走进来，一时之间什么也看不清楚。他看见背后(不是和他面对面，而是和他背对背)是铜铁器的陈列橱窗。他发现左边有一只圆形的长柄搪瓷铁漏勺，和刚才海边污泥上面的那只完全一样，同样的蓝色，新旧程度也差不多。再仔细看看，他发现有一块相当大的搪瓷已经剥落，在漏勺上留下一个扇形的黑块，以这黑块为中心，向四周发出一簇流苏似的裂痕，程度逐步减弱，到接近漏勺边沿才完全消失。右边有一打左右的小刀——式样完全相同——嵌在硬纸板上，像手表一样，排成圆形，全都指向一个小小的图样，上面印着的大概是制造商的标记。刀身约长十公分，刀背很厚，刀口薄而锋利，比通常的小刀薄得多；它们很像一种三角形的短剑，不同的是只有一边利刃。马弟雅思已经记不起曾经看见过这一类工具；它们一定是供渔民做特殊的切削用的——这种切削工作一定十分普遍，因为硬纸板上没有任何说明来确定这种用途。硬纸板上只饰有一个红框和一个“必需牌”商标，这商标用大写字母印在最上头；还有就是那个圆圈中心的图样，这图样可以算是车轮的轴心，四周的小刀是轮辐。图样中画着一棵树，树身细长，用直线画成；上分两枝，呈丫形，各有一小簇树叶；两边的树叶并不伸出树枝以外，中间的则一直落到两枝的桠杈间。

马弟雅思又走到没有人行道的街上。当然，他一只手表也没有卖出。在铜铁器店的橱窗里，也陈列着各种逐渐归入杂货之列的商品：从用来补渔网的大线团，到黑丝带和针插都有。

走过了肉店，马弟雅思走进另一个门口。

他在同样狭窄而没有光亮的走廊里走着，现在他已经熟悉了这一类走廊的地形了。可是他的生意仍然没有丝毫进展。他敲第一家人家的大门，没有人回答。他敲第二家的时候，一个虽然和气可是双耳失聪的老妇人使他不得不放弃推销企图：她完全不懂他的意思，他只好频频微笑而且装出十分满意这次访问的样子；老妇人起初十分惊讶，接着也决定用微笑来回答他，甚至热情地对他表示感谢。两人相互做了多次鞠躬以后，又热烈地握手告别，老妇人差点儿就要拥抱他了。他踏着难走的楼梯，一直走上二楼，在那里一个主妇没等他开口就把他撵出大门，屋子里一个婴孩在大声号哭。在三楼他只发现一些又脏又难看的孩子，胆小畏缩，也许是在生病，否则今天是星期二，他们应该在学校里。

又回到码头上，他再次走进那家肉店，试图说服肉店老板。肉店老板正在招呼两个女顾客，三个人对他的介绍都没有什么热情，使得他连打开小箱子的可能都没有。他不再坚持，鲜肉的冷气把他赶出肉店。

下一家商店是“希望咖啡店”。他走了进去。到一家咖啡店里首次总要喝点什么。他走到柜台边，把小箱子放在地上两脚之间，要了一杯苦艾酒。

在卖酒的柜台后面招待顾客的姑娘，显得战战兢兢，像挨过打的狗那样惴惴不安。有时她大着胆子抬起眼皮，就突然露出两只大眼睛——又黑又好看——可是这只是一刹那间的事，她马上又把眼皮垂下来，只让人欣赏她的如贪睡娃娃才有的那种长睫毛。她的有点娇弱的身体，更加重了她的脆弱的神气。

三个汉子——三个水手——走了进来，围着一张桌子坐下。马弟雅思刚才看见他们站在门口争论。现在他们要了三杯红酒。女招待从卖酒柜台后面绕出来，小心而笨拙地拿着那瓶酒和三只叠在一起的杯子。她一句话也不说就把三只杯子分放在顾客面前。为了更小心地斟酒，她把上半身俯下来，脑袋侧向一边。在她的黑袍上围着一条围裙，背后圆形的领口开得很低，露出了细嫩的皮肤。她的发式使她的颈背整个都显露出来。

其中一个水手转过身来望着柜台。马弟雅思来不及弄清楚水手为什么要转移视线就赶快转过身来，拿起自己的那杯苦艾酒喝了一口。他发觉自己的面前多了一个新出现的人，那人靠着通向内室的那扇门的门框站着，离钱柜不远。马弟雅思含含糊糊地和他打了一下招呼。

那人仿佛没有注意到马弟雅思。他只把眼睛盯着那个刚倒完酒的姑娘。

那姑娘对干这一行还不习惯。她倒酒倒得太慢，不停地注意酒杯里酒的高度，尽力不让一滴酒漏出来。等到第三个杯子也满到边沿的时候，她扶起酒瓶，用两只手把酒瓶捧着，低垂着眼睛走回原来的位置。在卖酒柜台的另一端，那人毫不容情地注视着她，她踏着细步向他走去。她一定是已经看见她的东家来了——眼睫毛那么一闪她就看见了——因为她突然停了下来，仿佛被她的鞋尖前面地板上的纹路慑住似的。

其余的几个人早就动也不动了。那个姑娘的怯生生的行走动作——她的动作过于飘忽，不可能在当前的情况下延续很久——一经消失以后，整个场面就凝固不动了。

谁都不作声。

女招待望着脚下的地板。店主人望着女招待。马弟雅思望着店主人的眼睛。那三个水手望着他们的酒杯。没有任何迹象能够显示出在场人的血管里有血液在流动——哪怕是一个哆嗦。

要估计这种情况会延续多久，那是徒劳的。

突然传出四个字："你睡了吗?"这四个字没有打破寂静，相反，却和寂静完全合成一体。

这四个字的声音是严肃的，深沉的，有点像唱歌。虽然声音里不带愤怒，近乎低语，可是在虚伪的温柔下面却包含着一种威胁。否则就是在这种表面的威胁里隐藏着虚伪。

过了好一会儿——仿佛命令要越过大片沙滩和无数水潭，过了好久才能到达她那里——年轻的姑娘才继续低着头，怯生生地向刚才说过话的店主人走去。(有人看见他动过嘴唇吗?)到了他的身边——不到一步的距离，伸手就可以摸到——她俯下身子，把酒瓶放回原处。她的弯着的颈背露出来了，脊骨的尖端也在颈脚微微地突出来。然后她站直身子，仔细地埋头揩拭那些刚洗过的酒杯。外边，玻璃门的后面，过了铺石路和海边的污泥，就是在太阳底下跳着舞、闪着亮光的海水：有些亮光像哥特式拱门那样成为菱形，像横躺着的火焰那样波动；有些亮光是些直线，突然收缩起来就构成了一次闪烁——又一下子伸长，向水平面伸展开去，然后再破折成闪电——这是一种益智分合图的游戏，一种不停地散开而又毫无裂痕地合拢动作。

水手们围坐的那张桌子上，有人咬紧了牙齿在吹口哨——这是恢复谈话的前奏。

有人热情地，然而低声地把字一个个地吐出来："……该受到……"是那个最年轻的水手开始说话了，他是在继续一场在别的地方开始然而拖延未决的争论。"她该受到……"接下来是沉寂……轻轻地吹了一下口哨……他在搜索下面的话，由于做着这种努力而把眼皮皱起来；他在黑暗的角落里找寻那架久已弃置不用的弹球机。"我不知道她该受到什么。"

"是呀!"另外两个水手中的一个——他的邻座——用比较响亮的声音说，他把头一个字的尾音拖得过长。

第三个人坐在对面，他把杯底剩下的一点酒喝光，露出早已对这个话题感到厌烦的神情，平静地说："该打几下耳光……你也是。"

他们又沉默下来。靠在内室门框上的店主人早已不见了。睫毛那么一闪，马弟雅思看见了姑娘的那一双黑色大眼睛。他喝了一口酒。揩拭杯子的工作已经结束；为了不致显得手足无措，她把手放在背后，假装要把散开的围裙带子系好。

"给她一顿鞭子!"年轻的水手接着说。他咬着牙齿吹口哨，吹了短短的两下，然后用一种比较含糊的——像在梦中似的——声调再说一遍。

马弟雅思望着他面前的那杯黄色的混浊的酒。他看见自己的右手搁在柜台的边沿上，指甲很长，尖得异乎寻常，他有太长的时间忘记剪指甲了。

他把手插进短袄口袋里，摸到了那股小绳子。他想起了脚跟前的小箱子，想起了这次旅行的目的和时间的紧迫。可是店主人已经不在那里，而这个女招待又不是随便可以花掉一百五十或者二百克朗的人。水手中有两个显然不是要买手表的那类人；至于最年轻的那个，他正在唠唠叨叨地复述什么老婆偷汉或者未婚妻变心的故事，去打断他的话头也是不妥当的。

马弟雅思喝光了他的苦艾酒，把衣袋里的钱弄得丁当响，表示要结账。

“三个克朗零七。”年轻的姑娘说。

和他的期待相反，她说话的态度很自然，没有一点腼腆的样子。苦艾酒并不贵。他把三个银币和七个铜币排成长长的一行放在柜台上，然后再加上一个崭新的半克朗银币：

“这是给你的。”

“谢谢，先生。”她把钱全部收下，不分青红皂白全都扫进钱柜里。

“老板娘在吗？”马弟雅思问。

“她在楼上，先生。”年轻姑娘回答。

店主人的身影又在内室的门框边出现，恰好在同一个地方——不是在两扇门的中间，而是靠在右边的门框上——仿佛他自从初次出现以来没有动过似的。他脸上的表情也没有改变：深不可测，粗暴，如蜡制一般。从他的脸上可以看出敌意，或者忧虑——或者仅仅是心不在焉——这要根据观察者喜欢从哪个角度解释；你也完全可以说他怀着最阴险的意图。女招待弯下身去整理柜台下面干净的酒杯。玻璃门外，海水的反光在阳光下闪耀。“多好的天气！”马弟雅思说。

他弯下腰，用左手拿起小箱子。他想赶快走出咖啡店。如果没有人回答他，他就不再坚持，准备走出去。

“这位先生想看罗宾太太。”这时候年轻姑娘用平静的声音说。港口的海水一半背着阳光，闪耀得叫人睁不开眼睛。马弟雅思用右手搭起凉棚。

“有什么事？”店主人问。

马弟雅思转过身来。店主人是一个十分高大的汉子，魁梧得惊人——几乎可以算是一个巨人。他给人一种坚强有力的印象，并且由于他动也不动，而且仿佛很难挪动身体，使这种印象更加强烈。

“这位是罗宾先生。”年轻的姑娘介绍说。

马弟雅思点了点头，加上一个亲切的微笑。这一次，咖啡店主人给他回了礼，可是动作几乎令人难以觉察。他的年龄大概和马弟雅思相仿。

“我从前也认识一个姓罗宾的人，”马弟雅思说，“那时我还是一个孩子，那是三十多年前的事了……”接着他就开始叙述一些做小学生时的回忆，这种回忆用在岛上任何一个人的身上都合适。“罗宾，”他又说，“他是一个大个子！让，我想这是他的名字，让·罗宾……”

“我的一个堂兄弟。”店主人点着头说，“他的个子不怎么大……反正他已经死了。”

“不会吧？”

“他三十六岁就死了。”

“不可能吧？”马弟雅思惊叫起来，突然充满了哀愁。他对这位想象中的罗宾的友谊显著地增加了，因为他可以尽管胡说八道下去，再也不会有碰上罗宾来对证的危险了。他顺便说出了自己的姓，而且试图引诱对方说话，这样对方就会放心了。“他怎样死的，这位可怜的老朋友？”

“您是为了这件事要看我的老婆吗？”那个真正的罗宾问，他的困惑的表情可能不是装出来的。

马弟雅思请他放心。他这次来访的目的不是为了这件事。他是推销手表的，他恰好有十分漂亮的女式手表出售，像罗宾太太这种识货的人，一定会感兴趣的。

罗宾先生稍微挪动了一下手臂——自从他出现以后，这是他的第一个真正的动作——以表示他不受这种恭维的迷惑。推销员做了一个会心的微笑，可惜没有得到什么回应。水手们围坐的那张桌子上，一个坐在受骗情夫左边的红脸汉子，一再拖长尾音地说：“是呀！”——显然没有什么理由，因为谁也没有对他说什么。马弟雅思赶紧说明他也有一批男式手表，物美价廉，不怕同行竞争。他本该不再等待就打开小箱子，把货物呈现给周围的人鉴赏，详细介绍货色，可是卖酒柜台太高了，不容他这样做，他得有充分的行动自由才能这样做，而利用堂座的桌子作展台又迫使他只能背对着那位唯一有希望的顾客——店主人。不过他终于选择了后面这种不太满意的办法，开始吹嘘他的货色——他站得过分偏在一边，不可能有希望说服任何人。女招待把空杯子洗干净，抹干，放好以后，拿起一块抹布，在他刚才喝酒的地方，揩拭柜台的包锌台面。他旁边的那三个水手又开始了一场新的争论，也是没头没尾地开始的，说话同样很少、很慢，也不在乎争论有没有进展，有没有结论。这一次他们争论的是关于一批运到大陆去的蜘蛛蟹（他们称这种蟹为“流浪汉”），他们对出售的办法有不同意见——好像是因为他们和经常来往的那个鱼商有分歧。也可能他们意见都一致，可是对采取的决定不甚满意。为了结束这场争论，最年长的那个——他面对着其余两个伙伴——宣称轮到他请客喝酒了。于是年轻姑娘又拿起那瓶红酒，走出柜台，细步走过来，小心翼翼地捧着酒瓶。

马弟雅思走到店主人身边，让店主人仔细看看一组手表（每只价值二百五十克朗的那一种，是男式手表，表面玻璃上还有一个护表盖），他发现店主人的眼光离开硬纸板，转到女招待倒着酒的那张桌子上。她侧着脑袋，倾斜着脖子和肩膀，仔细注意酒杯里酒的高度。她的黑袍子的领口在背后开得很低。她的向上挽起的头发使颈背显露出来。

眼见没有人注意他，马弟雅思准备把硬纸板再放回小箱子里去。那个红脸的水手抬起眼睛向他望了一眼，很快地向他做了一个表示合作的鬼脸，同时拍了拍邻座伙伴的手肘：

“喂，你，小路易，你想不想买一只手表？嗯（眨了眨眼睛）？买一只送给雅克莲吧？”

作为回答，年轻人只从齿缝里吹了两下口哨，很短的两下。女招待突然扭着腰肢直起身子。在闪电似的一刹那间，马弟雅思瞥见了她的眼珠和闪着黑色光芒的眼膜。她以脚跟为轴，转了一下身子，像个木偶一样，然后拿着酒瓶走回柜台后面，恢复了她的像玩具娃娃那样缓慢和柔弱的步法。他起初认为她这种步伐是由于笨拙——他大概猜错了。

他又拿起一组女式手表转到店主人这边，这一组手表是所谓“新奇式”手表。

“这些手表给罗宾太太最合适，她一定会喜欢的！第一只是二百七十五克朗的。这一只是三百四十九克朗的，有一只古式表壳。像这样的机件不论在哪一家钟表店起码要五百克朗。至于表带，我是把它当作赠品来奉送的！您瞧这个：真正是一个珠宝！”

他的热情都落了空。他的伪装的愉快心情，刚刚表现出来就自动消失了。周围的气氛过于不利。在这种情况下坚持下去是没有意义的。没有人在注意他。

可是也没有人明确地表示拒绝。也许他们要让他一直讲到天黑，所以他们不时漫不经心地对他的手表望上一眼，偶尔也回答他一两句话，以阻止他离开。他还是马上离开的好，举行一次拒绝仪式到底是不必要的。

“如果您愿意的话，”店主人终于说，“您可以到楼上去。她是不会买的，可是这样也可以使她散散心。”

马弟雅思以为那个丈夫会陪他上楼，他早已打算找一个借口溜走了，可是他马上明白事实上不是那么一回事，店主人是在详细指点他怎样走法才能找到老板娘：据他说，他的妻子正在料理家务或者在厨房里煮饭，这使人觉得奇怪，既是这样，为什么她还需要散散心。不管怎样，马弟雅思决定接受这个最后的尝试。他希望离开这个板着面孔的巨人以后，能恢复他的说服人的才能。到目前为止，他不断地有一种对着空虚说话的感觉——这种空虚怀有最大的敌意，他的话一说出来就被吞没了。

他扣上小箱子，向里屋走去。店主人没有叫他走那道开在卖酒柜台后面的门，却叫他走放弹球机那个角落的另一扇门。

推门进去以后，他发觉自己站在一个相当不清洁的穿堂里，光线只从一个小玻璃门透进来，相当昏暗，因为小玻璃门通向里院，而里院本身也是又深又昏暗的。四周的墙以前是漆成一色的赭黄色，现在已经脏了，剥落了，损伤了，有些地方有了裂缝。地板和楼梯虽然明显地有经常洗擦和踩踏的痕迹，但是却蒙上了一层黑色的泥垢。屋角里堆着各种物品：装着空瓶的木箱，大型的硬纸盒(纸皮已经隆起，形成波浪形状)，一台洗衣机，一些破烂的家具碎片。可以看得出，这些东西是按照一定的次序排列的，并不是陆陆续续乱七八糟堆在那里的。此外，所有的东西也并不是脏得令人讨厌，实际上一切都显得十分平常，比较触目的只是地板没有打蜡(这其实也是很平常的)，墙壁也需要重新刷漆而已。至于这里的一片寂静，比起每一分钟都侵袭着咖啡店大厅的那种半静寂的紧张气氛，要好受得多，也合理得多了。

一条狭窄的走廊转向右边，大概是通到后门直达街道的。还有两道楼梯，一样地狭窄，叫人很难理解为什么要有两条，因为它们看起来不像是通到不同的耳房里去的。

马弟雅思想走第一道楼梯，就是他从大厅里一走进来就出现在他面前的那道；

在一定程度上，两道楼梯都符合这个条件，可是又都不完全符合。他迟疑了几秒钟，终于选择了离他较远的那道，因为另一道显然是凹进去的。他上了一层楼。正如店主人事先告诉他的那样，他看见了两扇门——其中一扇门是没有把手的。

第二扇门没有关上，仅仅虚掩着。他敲了敲门，不敢过分用力，怕把门敲开，因为他觉得，只要轻轻一推，那门就会开的。

他等着。楼梯口光线不够，使他看不清楚这扇门是否也仿照木头的纹理油漆的，或者那上面漆的是眼镜，眼睛，铁环，或是像卷成 8 字形绳子的那种螺旋状。

他用他的粗大戒指再敲了一下。正如他所担心的那样，门自动地开了。他发觉这扇门也仅仅是通到另一个穿堂。他又等了一下，然后走了进去，因为他不知道该敲什么地方了。现在他的面前出现了三扇门。

当中的一扇门是敞开的。望进去，里面并不像店主人所说的那样是一间厨房，而是一间宽阔的卧房。这间卧房和马弟雅思记忆中的某个地方很相像，这使马弟雅思大为惊异，可是他又不能确切地说出到底在哪里见过这地方。卧房的中间空荡荡的，使人一眼就看见地板上铺着的黑白瓷砖：白色的八角瓷砖有盆子那般大小，四条边由直线连接起来，这样中间便形成了四组数目相等的黑色小方块。这时候马弟雅思想起了岛上有一个老习惯：人们总是在最好的房间里铺瓷砖而不铺地板——一般总是铺在饭厅或者客厅里，很少铺在卧室里。这间房毫无疑问是卧室：一张宽大而低矮的床占据了房间的一个角落，床的长边靠着墙，对着房门。床头右边有一张小桌垂直地贴着墙壁，桌上放着一盏台灯。再过来是一扇紧闭的门，然后是一张梳妆台，台上镶着一面椭圆形的镜子。床口有一块羊皮地毯供下床时踏脚用。房间的这一角只有这么一些东西。如果要沿着右边的墙壁再望远一点，就得把头伸进房间才行。同样，房间左边的一半被半开半掩的房门遮住，站在穿堂里的马弟雅思看不见。

地上的瓷砖十分干净。瓷砖显然是新的，虽无光泽，却平滑洁白，纤尘不染。整个房间具有一种干净的、近乎美艳的外表(虽然有点古怪)，和楼梯及穿堂的景象恰好相反。

这房间有点古怪，并不完全是由于瓷砖的关系；瓷砖的颜色并不特别，铺在卧室里也容易理解：例如，由于整个套间有所改变，各个房间的用途也不得不调整。床、床头灯、那一小块长方形的羊皮地毯，装有椭圆形镜子的梳妆台，都是十分普通的样式，墙上的糊壁纸也很普通，是一种印着五彩花束的奶油色彩纸。床上有一幅油画(或者仅仅是庸俗的复制品，用镜框镶着冒充名家的真迹)，画着一角卧房，其间陈设和眼前的房间完全相同：一张低矮的床，一盏床头灯，一块羊皮地毯。一个穿睡袍的小女孩跪在羊皮上，面对着床，低着脖子，合着手掌，正在祈祷。时间是在晚上。床头灯从四十五度的角度照射着小女孩的右肩和脖子。

床头小桌上的灯亮着——现在已经是大白天，一定是忘记关了。阳光透过薄薄的窗纱照进来，使马弟雅思一下子看不出床头灯亮着，可是那个圆锥形的灯罩却毫无疑问是内部的光线照亮的。灯下闪耀着一个蓝色长方形的小物件——大概是一盒香烟。

房间里的一切都布置得齐齐整整，只有那张床恰恰相反，可以看出有人在上面挣扎过，否则就是正在更换床单。原来铺在床上的深红色床单给弄得凌乱不堪，它的一边从床沿一直拖到瓷砖上。

一阵热气从房间里透出来，仿佛在这种季节还生着火炉似的——这火炉被半开半掩的房门遮住，站在穿堂里的马弟雅思看不见。

穿堂的尽头有一只空垃圾箱，再过去有两把扫帚靠墙放着。他走下楼梯，在楼梯口打定主意不从那条狭窄的走廊过去，因为那条走廊是直接通到码头上去的。他终于回到咖啡店的大厅里，一个人也没有。他很快就使自己安下了心：这些水手是不会买手表的，店主人也不会买，那个外表战战兢兢、实际上也许根本既不战战兢兢、也不笨拙、也不听话的姑娘，也不会买。他推开那扇玻璃门，又回到高低不平的、裂开的铺石道上，面对着满港闪着亮光的水。

现在天气更暖和了。他开始觉得他的那件有羊毛衬里的短袄披在身上很沉重。在四月里，今天真算是非常美好的一天。

可是他已经浪费了太多的时间，他不能再拖拖拉拉地在这里晒太阳了。刚才他一边想心事，一边走近码头边沿，面对着那一片布满蟹壳和破碎蟹螯的污泥，现在他转过身来，背对码头边沿，回到那一排房屋的正面，去试试他的没有把握的买卖。

红色的橱窗……玻璃门……他机械地旋转门上的把手，走进了隔壁一家店里；店屋的天花板很低，比邻近的店更阴暗些。一个女顾客伏在柜台上，正在复核对面女店主在一张长方形小纸片上结算的、长长的一大批账目。他没有说什么，怕打乱了她们算账。女店主低声念着数字，一边用铅笔尖指着一笔笔账目；她停了一停，对刚进来的马弟雅思微笑了一下，做了一个手势，请他等一等。她马上又埋头继续算账。她算得那么快，叫马弟雅思弄不懂那位女顾客怎么跟得上。不过，她大概老是算错账的，因为她总是反复算着同样的数字，而且仿佛永远算不完似的。最后她大声地说了一声“四十七”，然后在纸片上写了几个字。

“五！”女顾客提出异议。

她们俩把那长长的一行作弄人的数字重新核对一遍，每算一笔两人同时高声念一遍，可是速度却更加快得叫人眼花缭乱：“二加一等于三，加三，六，加四，十……”店堂四处都塞满了各种各样的商品，或是堆在架子上，或是从地板一直堆到天花板；甚至玻璃橱窗后面也放了一些架子，橱窗的面积本来不大，这一来就使得店里更加阴暗了。地上也堆放着许多篮子和箱子。占据着屋子里其余空间的是那两个连成L形的大柜台，已经被堆积在柜台面上的各种各样物品遮没了，只留下半公尺见方的一块空处，上面孤零零地放着一块写满了数字的长方形白纸，两个妇女一边一个俯伏在这张白纸上。

各种互不相干的物品杂乱无章地堆放在一起。有糖果，巧克力，一瓶瓶的果酱。有木制玩具，罐头食物。地上放着满满一篮鸡蛋；旁边一只浅底篮子里闪耀着一条孤零零的鱼，那鱼的形状像一只纺锤，长度像一柄匕首，全身僵直，鱼身呈蓝色，有一条条波状的花纹。可是也有钢笔和书，木屐，软底鞋，甚至零头衣料。另外还有许多别的、完全互不相干的东西，使得马弟雅思后悔在进来时没有看一看这家铺子挂的是什么招牌。在一个角落里，放着一只和真人一般高度的人体模型，是一个断了四肢的年轻妇女的上身——胳膊恰好在肩膀下面断掉，大腿在离躯干二十公分处断掉；她的头朝前而稍侧，借以产生“美感”；她的一边腰肢比另一边更突出一点，这就是所谓“自然”姿态。整个模型的各部分很匀称，可是从断掉的肢体来估计，模型似乎比正常的人体小一点。她的背转向外边，脸靠着一个堆满了丝带的架子。她身上只戴着奶罩，系着一种城里流行的紧身吊袜带。

“四十五!”女店主用得意的口吻大声说。“您对了。”于是她向第二行数字进攻。

她的背上横绾着一条细细的丝带，肩膀上平滑的金黄色皮肤映着这丝带发着亮光。在后脖下端的脆弱的皮肤上可以看出微微隆起的脊椎骨的尖端。

“好了!”女店主喊起来，“我们终于算对了。”

马弟雅思的视线扫过一排酒瓶，又扫过一排各种颜色的大口瓶，这样兜了半个圆圈以后，视线停落在女店主的脸上。女顾客已经直起身子，两只眼睛在眼镜片后面牢牢地察看着他。被人家出其不意地这样来一下，他记不起应该说些什么来应付了。

他只能求助于动作：他把小箱子放在柜台上那半公尺见方的空地方，扭开了小箱子的扣子。他迅速地拿起那本黑色的备忘录，放进翻开的箱盖里面。他仍然一句话也没有说就揭开第一组手表——最“名贵”的那种——的护表纸。

“对不起，请您等一等。”女店主带着十分亲切的微笑对他说。她向货架子转过身来，伛下身子，搬开了那堆放在最下面一格几个抽屉前面的东西，打开其中一个抽屉，用一种得意非凡的神气拿出一组嵌在硬纸板上的十只手表，和马弟雅思给她看的那些一模一样。这一次的情况毫无疑问是意料之外的，马弟雅思更加没有什么话好说了。他把手表放回箱子里，把备忘录重新放在上面。在盖上箱盖以前，他还望了一眼印在箱盖里层上的颜色鲜艳的玩具娃娃。

“我要买四分之一磅糖果。”他说。

“好。您要哪一种?”她背出了一连串的香味种类和价钱。他根本没有听进去，只指了指一只阔口瓶，里面糖果包装纸的颜色最鲜明。

她从阔口瓶里称了四盎司糖果，装在玻璃纸袋里递给他；他把糖果放进右边口袋，和那股精细的麻绳放在一起。然后他付了钱，走了出来。

他在商店里逗留的时间太久了。走进商店很便利——因为从路上直接就能走进去，像走进乡下人的住宅一样——可是每一次进去总是因为店里有顾客而要等待很长时间，最后却只是一场失望。

幸而紧接着这一家商店的，是一连好几间住宅。他决定不上商店的二楼就到隔壁去，因为他猜想二楼是这位糖果店女主人的住所。

从昏暗的走廊走向紧闭着的门，从狭窄的楼梯走向一次次的失败，他又迷失在他想象中的幽灵中间了。在一个肮脏的楼梯口，他用他的粗大的戒指在一扇没有把手的门上敲了一下，门自动地开了……门开了，一个满带着猜疑的脸出现在门缝里——门缝的宽度刚好让他看得出铺在地上的黑白瓷砖……地上的方块石板是一样的灰色；他走进去的那个房间没有什么特殊的地方——除了那张凌乱的床，从床上一直拖到地上的红色被单……既没有红色的被单，也没有凌乱的床；既没有羊皮地毯，也没有床头小桌和床头灯；既没有一盒蓝色的香烟，也没有印花的糊壁纸，更没有挂在墙上的图画。人家带他进去的那间房是一间厨房，他把小箱子平放在厨房中间的那张椭圆形大桌子上。然后就是桌子上铺着的漆布，漆布上的花样，打开包铜扣子的咔嗒声，等等……

从最后一家店里走出来——这家店里那么黑暗，以致他什么也没看清楚，甚至什么也没听清楚——他发觉自己已经到了码头的尽头；那条很长的防波堤从这里展开，它和码头几乎是垂直的，堤上有一簇平行线仿佛以信号台为集中点一直伸展出去。两块横的平面被太阳照耀着，间隔着两块阴暗的垂直平面。

市镇的尽头也在这里。马弟雅思当然没有卖掉一只手表，即使再到码头背后那三四条胡同里走一遭，情况也不会两样。他勉强聊以自慰地想道，这种货色其实只适宜于农村；在镇上，即使是小镇，也需要另一种质量的手表。防波堤的堤道上没有一个人影。他正要向堤道走去，突然看见防波堤的围墙上面有一个门洞子，表明这里是码头的尽头，然后围墙继续向右边延伸进一垛半坍的古墙那里去，这垛古墙显然是旧时王城的遗迹。

过了这垛墙，马上或者几乎马上就展现出一片起伏不大的石头海岸——这海岸有大片的灰色石子，坡度不大，逐步落到水边，一点也看不见沙滩，即使在落潮时也看不见。

马弟雅思走下那几步通到平坦岩石那边去的花岗岩石级。他从左边望过去，可以看见防波堤的外堤，堤身笔直，被太阳照耀着，堤上的围墙和下面的堤身连成一片，看不出接缝的痕迹；在防波堤上只有这片平面是这样的。石级相当好走，他继续向着海的方向走去；可是他不久就不得不停下来，因为他不敢跳过岩石上的一个裂口，这裂口其实并不大，只不过他脚上穿着厚皮鞋，身上穿着短袄，手里还拿着那个贵重的小箱子，这些使他觉得行动不便，所以不敢跳过去。

于是他在岩石上坐下来，面对着太阳，把小箱子靠着身边放好，使它不至于滑下去。尽管这儿的风比较大，他仍然把短袄的腰带松开，解开所有的纽子，把左右衣襟分开拉向后边去。他下意识地伸手到上衣的左边暗袋里摸了摸他的皮夹子。水面猛烈地反射着阳光，逼使他把大半边眼皮都耷拉下去。他想起了轮船上的那个小姑娘。她睁大着眼睛，昂起头——两只手收拢到背后。她的神气仿佛被自己是绑在铁柱子上。他又把手伸进上衣的暗袋里，拿出皮夹子，检查一下昨天他从当地一份日报《西方灯塔》上面剪下来的那段新闻是否还在。其实这份剪报没有什么理由会丢失。马弟雅思把皮夹子又放进原来的衣袋里。

一个小浪头冲向斜坡脚下的那几块岩石，打湿了一块石头刚才还是干燥的部分。潮涨了。第一只海鸥，第二只海鸥，然后第三只海鸥，一只跟着一只，顶着风慢慢地滑翔——动也不动。他又看见了钉在防波堤堤壁上的那两只铁环，上岸斜桥凹角里的水有节奏地一涨一落，使两只铁环时而淹没，时而显露。最后一只海鸥突然离开它的飞行路线，像块石头似的跌下来，砸破水面，然后消失了。一个小小的浪头撞到岩石上，发出了一下拍击声。他又站在狭窄的穿堂里，对着半开的房门，房间的地上铺着黑白瓷砖。

那个举动战战兢兢的年轻姑娘坐在那张凌乱的床的边沿上，她的赤裸的脚搁在羊皮毯子上。床头小桌上的灯亮着。马弟雅思把手伸进上衣的暗袋里，把皮夹子拿出来。他从皮夹里拿出那张剪报，又把皮夹放好，然后再一次从头到尾把那段新闻仔细读了一遍。

其实新闻的内容不多。文章的长度并不比一段次要的新闻长。其中一大半篇幅描写的仅仅是发现尸体时的一些无关紧要的情况；而整个结尾则用来陈述警察局准备从哪些方面着手侦查，剩下来描写尸体本身的篇幅便只有寥寥几行了，根本就没有提及被害人受到的是何种暴行。关于这一类事件，使用“可怕”“卑鄙”“可恨”等形容词来阐明案情，是不足以说明问题的。对于女孩的悲惨遭遇含含糊糊地说几句哀悼的话，也等于白说。用来叙述死亡经过的那些隐隐约约的话，其实是报纸上这一栏里传统使用的陈词滥调，充其量只能提供一些梗概。读者很清楚地感到编辑们每遇到类似的事件都使用同样的词句，他们绝不设法对一个特定的案件提供一些真切情况，简直叫人怀疑他们自己对案情是否也是一无所知。他们一定是从两三个基本细节，如年龄或头发的颜色等开始，把整个案情从头到尾捏造一遍。

一个小浪头从下往上冲击岩石，离开马弟雅思只有几公尺远。他的眼睛开始觉得疼痛。他挪开眼睛，回过来向岸边望去，沿着海岸有一条“海关路”向南延伸，那里阳光同样猛烈得使人睁不开眼睛。他索性把眼睛全闭起来。另一边，在防波堤的围墙后面，那排正面平直的房屋沿着码头一直延伸到那个三角形广场和那个围着铁栏杆的纪念碑。这一边是一连串的店面橱窗：五金店，肉店，“希望咖啡店”。他刚才就是在这间咖啡店的柜台上喝了一杯要价三克朗零七的苦艾酒的。

他在二楼狭窄的穿堂里，站在半开着的房门前面，房间里铺着黑白瓷砖。那姑娘坐在凌乱的床边，她的赤裸的脚踏着毯子上的羊毛。她旁边红色的床单凌乱得一直拖到地上。

那是夜晚。只有床头小桌上面的那盏小灯亮着。好一会儿，整个场面都是静寂而没有动作的。然后又听见了那一句话：“你睡了吗?”说话的声音严肃而深沉，有点像唱歌似的，仿佛隐藏着一种威胁。这时候马弟雅思从梳妆桌上那面椭圆形镜子里看见了一个男人站在房间的左边。他站着，眼睛盯着什么东西，可是他和马弟雅思之间隔着镜子，无法确定他的视线到底朝向哪方。始终低垂着眼睛的姑娘站了起来，用畏畏缩缩的步子开始向刚才说话的人走去。她离开了房间里可以看得见的部分，过了几秒钟才在椭圆形的镜子里出现。走到她的东家身边时——不到一步的距离，伸手就可以摸到——她停了下来。

那个巨人的手慢慢地挪近，搁在她的脆弱的颈背上。那只手捏着颈背，按下去，表面上似乎毫不用力，但是却有一种强烈的压力，使得那个脆弱的躯体慢慢地屈下去。那姑娘弯了腿，一只脚后退，又退下另一只，终于主动跪在瓷砖上——那是白色的八角形瓷砖，像盆子那般大小，四条边由直线连接起来，使得中间形成四组数目相等的黑色小方块。

那汉子松了手，喃喃地又说了五六个单音节的字，声音同样低沉——可是这一次更含糊，近乎沙哑，无法听清楚他说些什么。姑娘过了好一会儿才开始动作——仿佛那命令要越过大片沙滩和无数水潭才能到达她那里似的；她慢慢地挪动她的两条臂膀，简直可以说是小心翼翼地挪动着；她的听话的小手沿着她的大腿抬上来，转向腰后，终于停在背后、腰眼稍稍下面的地方——两个腕关节交叠着——像被缚住似的。这时候又听见那声音说："你很漂亮……"声音里似乎抑制着一种强暴；巨人的手指又搁到跪在他脚下待命的俘虏身上——她显得那么渺小，仿佛变了形似的。

手指尖在她赤裸的后脖颈皮肤上移动，自上而下，指尖儿走遍了她那由于发式关系而暴露无遗的后脖，然后手指从耳朵下面滑过去，用同样的方式抚弄她的嘴和脸；她不得不仰起脸来，露出她的黑色大眼睛，眼睛上有玩具娃娃才能的那种又长又弯的睫毛。

……

【美】海勒

约瑟夫·海勒(1923—1999)是美国当代著名作家,"黑色幽默"小说流派的代表人物,主要代表作有长篇小说《第二十二条军规》《出了毛病》等。

"黑色幽默"小说兴起于20世纪60年代的美国,对滑稽而又可怕的现实采取嘲笑态度,以喜剧的形式表现悲剧的内容,在思想上受到了存在主义哲学的影响。作为代表人物,海勒在创作中完美地体现了这一流派的特征。他的小说通过反映人的生存境况,深刻揭示出现代西方社会的荒谬性。在艺术手法上,他以反讽作为艺术构思的基础,采用逻辑悖论的手法编制情节,并用相互矛盾的语言进行叙述。

《第二十二条军规》共42章,描写第二次世界大战期间,驻扎在地中海皮亚诺萨岛(虚构的岛名)上的一个美军空军大队经历的战争与死亡故事。小说中的约塞连上尉,是空军大队的轰炸机投弹手,他对这场战争极其厌恶和恐惧,一心想尽快完成任务后回国。但他的上司——飞行大队指挥官卡思卡特上校为邀功请赏,任意增加飞行次数,从最初的25次一直增加到70次以上。在没完没了的轰炸任务中,约塞连感到自己的生命受到越来越大的威胁,于是想方设法逃避飞行。他装出肝病、神经病等各种病症住进医院,向中队的食物里加入肥皂,引起大家腹泻,脱光衣服倒退着走路,篡改预先制定好的轰炸线路以拖延飞行时间,在飞行途中临阵返航……然而这一切都无济于事,在第二十二条军规的淫威下,他不得不一次次重返天空。最后,约塞连受战友的启发,决定当一个逃兵,开小差逃往中立国瑞典。除约塞连外,《第二十二条军规》中还描写了众多人物,从普通士兵到高层将军,形形色色的人物以约塞连的活动为主线串连起来,共同展现了一个荒诞、疯狂的世界。

本书所选《第二十二条军规》第11章集中写情报室主任布莱克上尉的故事。布莱克上尉升官心切,为表现自己,他发起宣誓效忠运动;为了保持效忠运动的"领先"地位,他又不断推出"新政";与此同时,他把梅杰少校排斥在宣誓效忠运动之外,以达到孤立他的目的。布莱克上尉原是为战斗部队服务的行政人员,现在俨然成了指挥官,对士兵极尽羞辱、骚扰、摆布之能事。最后,在科弗利少校的怒斥下,宣誓效忠的闹剧才偃旗息鼓。布莱克上尉的形象是麦卡锡时代政治迫害的生动反映。

第31章集中写丹尼卡医生的荒诞故事。在一次飞行训练中,飞行员在起飞前把丹尼卡的名字填写在飞行日志上,结果飞机坠毁。事实上他根本没上飞机,但一切官僚程序都证明他在飞机上,并且已经死亡。尽管他四处申诉、辩白,全队上下仍无视他的存在。陆军部给他的妻子发出了阵亡通知。起初他的妻子悲痛欲绝,但因为享受到了丈夫去世所带来的种种福利,骤然间豪阔起来,悲伤情绪一扫而光。丈夫多次给她写信证明自己还活着,此时的妻子已经不愿意放弃因丈夫的"死"得到的好处,最后干脆搬了家,连通信地址都没有留下来。起初,丹尼卡医生还为自己活着的权力抗争,最后只好听天由命,当一个孤魂野鬼,行尸走肉。

(刘洪涛、张敏　撰稿)

第二十二条军规(节选)①

11. 布莱克上尉

科洛尼下士最初是从大队部打来的一个电话得知这一消息的。当时，他非常震惊，便轻手轻脚穿过情报室，走到布莱克上尉——他这会儿把平伸着的小腿搁在办公桌上，正打着盹儿——身边，用震惊的语调，低声把这消息告诉了他。

布莱克上尉一下子来了精神。"博洛尼亚?"他兴奋得大叫起来。"太让我吃惊了。"他放声大笑。"博洛尼亚，嘿?"他又哈哈大笑了起来，惊喜地摇了摇头。"嗬，好家伙！要是那些狗杂种知道自己是飞博洛尼亚，真不知他们会是什么模样，我巴不得马上就瞧瞧他们那一张张面容。哈，哈，哈!"

自从梅杰少校击败他出任中队长那天以来，布莱克上尉这是第一次真正由衷地开怀大笑。当轰炸员们来到情报室，领取图囊时，他阴死阳活地站了起来，立在前部柜台的后面，为的是千方百计从中获取最大的乐趣。

"没错，你们这些婊子养的，是博洛尼亚。"当全体轰炸员颇为怀疑地问他，他们是否真要飞博洛尼亚时，他便不厌其烦一遍又一遍地对他们这么说，"哈！哈！哈！试试你们的胆量吧，你们这些狗杂种。这次你们可是没有退路了。"

布莱克上尉跟在全体轰炸员的最后面来到帐篷外。其他所有军官和士兵全都带着钢盔、降落伞和防弹衣，集聚在中队驻地中央四辆卡车——发动机正空转着——的周围。布莱克上尉饶有兴致地察看这些军官和士兵得知真相后的反应。这家伙个子虽大，却心胸狭窄，性情忧郁，脾气暴躁，又老是一副没精打采的模样。那张皱缩苍白的脸每隔三四天便修刮一次，大多数情况下，他似乎总在皮包骨的上嘴唇蓄两撇金红色的八字须。外面的场面倒是并没有让他失望。每张脸都因惊恐而阴沉了下来。布莱克上尉美美地打了个哈欠，擦了擦眼睛，擦去了最后一丝困意，于是，幸灾乐祸地纵声大笑起来。每当他告诉别人要试试胆量时，他总这么笑的。

那天，杜鲁斯少校在佩鲁贾上空阵亡以后，布莱克上尉差点就被选中接任他的职位。自那以来，轰炸博洛尼亚不料竟成了布莱克上尉一生中最有收获的一件大事。当杜鲁斯少校阵亡的消息通过无线电传回中队驻地时，布莱克上尉内心一阵兴奋。先前，他从不曾真正考虑过这种可能性。不过，尽管如此，他马上便认识到，接替杜鲁斯少校担任中队长，他自己是合乎逻辑的必然人选。最初，他是中队的情报主任，也就是说，他比中队里任何别的人都要聪明。的确，他不属于战斗人员编制，而杜鲁斯少校生前得参加战斗，所有中队长通常也得作战；但，也正是这一点对他实在是另一个极有利的因素，因为他没有生命危险，只要祖国需要，无论多长时间，他都可以担任这一职位。布莱克上尉越琢磨，越觉得接任中队长似乎非他莫属了。

---

① 选自[美]海勒：《第二十二条军规》，杨恝、程爱民、邹惠玲译，南京，译林出版社，1998。

只要立刻在最合适的地方说句合适的话，问题就可以解决了。他匆匆赶回自己的办公室，决定行动步骤。他在转椅里坐下，背往后一靠，两脚往桌上一跷，双目紧闭，开始想象：一旦当上中队长，一切该是多美啊。

正当布莱克上尉想象着种种美景的时候，卡思卡特上校却在行动了。布莱克上尉断定，梅杰少校是智胜了他；其速度之快简直令他瞠目结舌。梅杰少校的中队长任命一宣布，布莱克上尉便大失所望，丝毫不掩饰自己内心的怨愤。对卡思卡特上校选用梅杰少校，与布莱克上尉共事的行政军官们都深表惊讶，而布莱克上尉则小声抱怨，这其中必定有什么蹊跷；同僚们对梅杰少校酷似亨利·方达这一点潜在的政治价值，做了种种猜测，而布莱克上尉则断定，梅杰少校其实就是亨利·方达；同僚们说梅杰少校这人颇有些古怪，而布莱克上尉则宣称他是共产党。

"什么事都让他们做主了，"布莱克上尉表示反抗地声言道，"好吧，要是你们大伙乐意的话，尽管袖手旁观，由他们去，可我不愿意。我得想办法对付。从现在起，不管是哪个狗杂种来我的情报室，我都得让他签字效忠。不过，要是那个婊子养的梅杰少校来，即便他想签，我也决不会答应的。"

几乎是一夜之间，这场光荣的宣誓效忠运动便轰轰烈烈地开展了起来。布莱克上尉发现自己竟成了运动先锋，欣喜若狂。他的确碰上了一个极妙的办法。所有参战官兵只有签字效忠后，才能从情报室领取图囊；第二道签字关过后，从降落伞室领取防弹衣和降落伞；再过了机动车辆军官鲍金顿中尉的第三道签字关后，这才获准从中队坐上其中一辆卡车赶往飞机场。每次转身，他们必须过一道签字效忠的关。无论是从财务军官处领取军饷，还是从军人服务社领取供给，或是找那些意大利理发师理发，他们都得签字效忠。在布莱克上尉看来，凡是支持他的这场光荣宣誓效忠运动的军官，都是竞争对手。于是，他便昼夜二十四小时密谋策划，始终保持一步领先。他要做报效国家第一人。每当其他军官在他的激励下，推行他们各自的签字效忠的方法，他便更进一步，让到情报室的每个杂种必须过两道签字效忠关，接着是三道，再又是四道；然后，他又推出宣誓效忠，之后，便让人一遍、两遍、三遍、四遍地同声齐唱《星条旗》歌①。每次当他击败竞争对手，布莱克上尉便轻贱了他们，嗤笑他们不学他的招数。可每次当他们步他的后尘，他便又不安地退避一侧，绞尽脑汁想别的新计策，好再奚落他们一顿。

不知不觉地，中队里的战斗人员发现自己竟受那些行政官员——原先是奉命来为他们服务的——操纵。他们整天受人欺侮，凌辱，骚扰，摆布，走了一个又来另一个。一旦他们表示反抗，布莱克上尉就答复他们说，只要是忠诚的人，是不会厌烦宣誓效忠必要的签字的。只要有人对宣誓效忠是否有效这一点提出质疑，他就回答，凡是确确实实效忠自己国家的人，只要由他经常敦促，是会很自豪地发誓自己将忠诚于祖国的。一旦有人问起这么做有何道德作用，他就回答说，《星条旗》是创

① 美国国歌。

作出的最伟大的音乐作品。一个人签字效忠的次数越多，他就越忠诚；对布莱克上尉来说，道理就是如此简单明了。他每天都让科洛尼下士签上百次名，这样，他就可以始终证明自己比任何别的人更加忠诚。

“重要的是要让他们不停地宣誓，”他跟自己的追随者解释道，“至于他们是否心诚，这无关紧要。正因为如此，所以，他们也让小孩子们宣誓效忠，尽管孩子们连什么是‘宣誓’和‘效忠’都还一窍不通。”

对皮尔查德上尉和雷恩上尉来说，这场光荣效忠宣誓运动实在是一桩又光荣又讨厌的事，因为这一来，每次安排机务人员执行作战任务，他们便无端地要费不少周折。中队上下全都忙着签名，宣誓，合唱。所有飞行任务得花上更多的时间才能执行。有效的紧急行动也就不可能了，然而，皮尔查德上尉和雷恩上尉都是极胆小的人，实在没胆量对布莱克上尉大声抗议。布莱克上尉呢，却天天严格认真地坚持由他首创的“不断重申”学说——意在遏止所有那些第一天签字第二天就不忠的官兵。就在皮尔查德上尉和雷恩上尉心中一片迷茫，为身陷困境而抓耳搔腮的当儿，布莱克上尉又给他们出了个主意。他带来了一个代表团，直截了当地跟他们说，必须让每一个飞行员签字效忠后，方可准许他执行作战飞行任务。

“当然，这都得由你们自己来决定，”布莱克上尉指出，“没人想强迫你们。可是，其他所有人都在让他们签字效忠。假如只有你们俩不怎么关心自己的国家，没让他们签字效忠的话，那么，这在联邦调查局看来，也必定有什么蹊跷的。要是你们俩甘愿得个恶名声，那是你们自己的事，跟别人全无关系。我们只是想尽力帮忙而已。”

米洛没有被说服。他断然拒绝中止梅杰少校的饮食，即便梅杰少校是共产党人——对此，米洛心里亦颇有怀疑。米洛生来就反对所有破坏常规的革新。他有相当坚定的道德原则，断然拒绝加入这场光荣的效忠宣誓运动，直到后来，布莱克上尉带领他的代表团前来拜访他，请求他参加。

“国防是每个人的天职，”米洛拒绝后，布莱克上尉说，“整个过程都是自愿的，米洛——别忘了这一点。假如他们不愿在皮尔查德和雷恩那里签字效忠，他们可以不必那么做。但，在你这里，假如他们不签，我们要你饿死他们。这就跟第二十二条军规一样。你明白吗？你总不至于违抗第二十二条军规吧？”

丹尼卡医生却坚持自己的立场。

“你凭什么断定梅杰少校就是共产党人？”

“我们开始指控他以前，你从没听到他否认这一点，是不是？你也没有看见他在我们的效忠誓约上签过字。”

“是你们不让他签。”

“当然不能让他签，”布莱克上尉解释道，“否则，我们发起的这场运动也就前功尽弃了。你瞧，要是你不愿跟我们合作，你完全可以自便。可是，一旦米洛刚准备要饿死梅杰少校，而你却给他治疗，那么，我们其余的人这么竭尽全力又有什么意义呢？我只是不知道，对暗中破坏我们整个安全计划的人，大队部的上司们会想什么办法处置。他们很有可能会调你去太平洋。”

丹尼卡医生立刻屈从了。“我这就去跟格斯和韦斯说，让他们按你的吩咐去做。”

大队部的卡思卡特上校早就开始纳闷，究竟出了什么事情。

“是那个白痴布莱克，在大闹什么爱国主义，”科恩中校笑着说，“我想，既然是你提升梅杰少校当了中队长，你最好暂且跟他合作一段时间。”

“那还不是你出的主意。”卡思卡特上校极恼火地责备他。“当初真不该听你的话。”

“可我出的那个主意也是一条妙计，”科恩中校反驳道，“那个多余的少校身为行政军官，却老是败坏你的名声，不就是我那条妙计把他给除掉了吗？不用担心，这一切大概马上就会走上正轨的。现在最好的办法是，给布莱克上尉去一封信，表示完全支持他，并希望他适可而止，免得到时闹得一塌糊涂。”科恩中校突然想出了个怪念头。“我很有点怀疑！那个白痴该不会把梅杰少校赶出他的活动房屋吧，你说呢？”

“接下来我们要做的是，把那婊子养的梅杰少校赶出他的活动房屋。”布莱克上尉拿定了主意。“我还真巴不得把他的老婆孩子赶到树林子里去。可是我们做不到。他没有老婆孩子。所以，我们只得应付眼前的事，把他赶出去。谁负责这些帐篷？”

“他。”

“你们瞧见了？”布莱克上尉大声叫道，“所有一切都让他们给操纵了！哼，我可是不会容忍的。要是迫不得已，我会直接向德·科弗利少校本人汇报这事的。等他从罗马一回来，我就让米洛去跟他说这事。”

布莱克上尉对德·科弗利少校的智慧、权力和正直深信不疑，即便他以前从未跟德·科弗利少校说过一句话，现在也还是没有胆量这么做。他委派了米洛替他去找德·科弗利少校谈话，自己则等待着这个高个子主任参谋回来，等不耐烦了，见人就大发脾气。德·科弗利少校威风凛凛，长一头白发，满脸皱纹，俨然一副救世主的神态，对他，布莱克上尉和中队其他所有官兵一向是怀有深深的敬畏之心的。少校最终从罗马回到了中队，伤了一只眼，用一只新的赛璐珞眼罩护着。他一下子就把布莱克上尉的整个光荣效忠宣誓运动砸了个稀巴烂。

德·科弗利少校返回中队那天，极威严地走进食堂，正排队等候签字效忠的军官自成一道人墙，拦住了他的去路。此刻，米洛非常小心翼翼，没说一句话。食品柜台的尽端，早来的一群军官每人手上托了一盘饭菜，正面向国旗宣誓效忠，为的是获准在餐桌旁就座用餐。来得更早的一群军官呢，早就在餐桌旁坐了下来，这时正合唱《星条旗》国歌，为的是可以享用桌上的盐、胡椒粉，还有调味番茄酱。德·科弗利少校在门口停了下来，皱眉蹙额，一脸的困惑不满，仿佛是见到了什么怪事。喧嚷声这才慢慢平静了下来。德·科弗利少校端庄地往前走过去，面前的那道人墙像红海一样，往两侧分了开来①。他目不斜视，威武地大步走向蒸汽消毒柜台，于

① 此处引用了《圣经》典故。据《旧约·出埃及记》，摩西率领犹太人逃出埃及。来到红海时，红海竟奇迹般地往两边分了开来，给他们让出了一条道。

是，用清晰圆润的声音——因年迈而显得粗哑，又因年高德劭、地位显赫而洪亮有力——说道：

“给我拿吃的来。”

斯纳克下士没有给德·科弗利少校吃的，倒是递给他一份效忠誓约让他签字。德·科弗利少校一见是这东西，不由得大为恼火，用力把它推至一旁，那只好眼睛令人无法理解地射出强烈的鄙视的怒火，那张布满皱纹、衰老的大脸盘因暴怒而越发阴沉可怕。

“我说过，给我拿吃的来。”他大声命令道，嗓音十分刺耳，就像远处的霹雳，在寂静的帐篷里发出不祥的隆隆响声。

斯纳克下士脸色刷白，浑身哆嗦起来。他向米洛投去恳求的目光，企求他的指点。过去了可怕的几秒钟，没有一丝声息。接着，米洛点了点头。

“给他拿点吃的。”他说。

斯纳克下士这才把吃的东西递给了德·科弗利少校。德·科弗利少校手托满满一盘饭菜，刚转身离开柜台，便又停住了脚步。他的目光落到了那一群群军官身上，军官们正默默地用恳求的目光注视着他。随即，他便摆出一副主持正义的战斗姿态，大声吼道：

“给大伙拿吃的！”

“给大伙拿吃的！”米洛如释重负，兴奋地应了一声。光荣的效忠宣誓运动就此宣告结束。

布莱克上尉彻底失望了，他没料到，自己如此信赖并视作后盾、身居高位的上司竟然会从背后给他这么一刀。德·科弗利少校让他受尽了屈辱。

“哦，我啥事儿都没有，”只要有人来向他表示同情，他便很愉快地回答道，“我们的任务已经完成了。我们的目的就是要让我们讨厌的人感到恐惧，让大家警惕梅杰少校的危险。我们的确达到了这个目的。既然我们压根就没想让他签字效忠，那么，要不要那些效忠誓约，其实已经是无关紧要了。”

博洛尼亚大围攻没完没了，骇人听闻，又把中队里布莱克上尉讨厌的那些人一个个吓得胆战心惊。见了这一幕，布莱克上尉不由得怀恋起光荣效忠宣誓运动那段过去的美好时光。那时，他可是个举足轻重的风云人物，即便是像米洛·明德宾德、丹尼卡医生、皮尔查德和雷恩那样有权势的大人物，一见到他来就浑身哆嗦，对他俯首帖耳。为了向新来的人证明，自己确实曾一度是个叱咤风云的人物，他依旧保存着卡思卡特上校写给他的那封嘉奖信。

31. 丹尼卡太太

卡思卡特上校得知丹尼卡医生也死在麦克沃特的飞机上后，便把飞行任务增加到了七十次。

中队里第一个发现丹尼卡医生死了的是陶塞军士。事故发生前，机场指挥塔台上的那个人就告诉过他，麦克沃特起飞前填写的飞行员日志上面有丹尼卡医生的名字。陶塞军士抹去一颗泪珠，从中队的花名册上钩掉了丹尼卡医生的名字。随后，他站起身，嘴唇依然颤抖着，步履沉重地硬撑着走出门去，把这个不幸的消息告诉格斯和韦斯。经过传达室和医务室帐篷之间时，他看见在落日的余晖里，丹尼卡医生耷拉着脑袋坐在自己的凳子上。他小心翼翼地从这位瘦小的令人感到阴森可怕的航空军医身旁绕过去，没有跟他说一句话。陶塞军士的心情非常沉重。眼下他手上有两个死人——一个是约塞连帐篷里的死人马德，这家伙甚至根本没到那帐篷去过；另一个就是中队里刚刚死去的丹尼卡医生，此人毫无疑问仍然在中队里，而且，种种迹象表明，这个人的问题对他的行政勤务工作来说将会更加棘手。

格斯和韦斯带着惊奇而淡漠的神情听陶塞军士讲完这件事，没有向任何人说一句表示他们悲痛心情的话。大约一小时后，丹尼卡医生走进来要求量体温和测血压，这是这一天里他第三次提出这种要求。他平时的体温就比一般人低，只有九十六点八度，可这次测量出的体温又比他平日的体温低半度。丹尼卡医生不由得惊慌起来。更叫他恼火的是，他手底下的这两个士兵木头人似的呆呆地死盯住他。

“真他妈的该死。”他内心极为恼怒，不过还是很有礼貌地劝诫他们俩。“你们两个人到底怎么了？一个人如果一直体温偏低，散步时鼻子又不通气的话，那就不正常了。”丹尼卡医生闷闷不乐自怜自爱地吸了吸鼻子，忧心忡忡地走到帐篷的另一边拿了些阿司匹林和磺胺药片吃下去，接着又往喉咙里喷了点弱蛋白银。他那张愁眉不展的面孔显得虚弱、凄惨，就像一只孤燕。他有节奏地揉搓着两只臂膀的外侧。“瞧瞧，我现在身体冰凉冰凉的，你们真的没对我隐瞒什么事情吗？”

“你已经死了，长官。”他手底下这两个士兵中的一个解释道。

丹尼卡医生猛地抬起头来，愤愤地望着他们，疑惑不解地问：“你说什么？”

“你已经死了，长官，”另一个士兵重复道，“也许这就是你总是感到身体冰凉的原因。”

“不错，长官。你大概死了很久了，我们原先不过没觉察出来罢了。”

“你们俩究竟在胡说些什么？”丹尼卡医生尖叫起来。他本能地感到某种不可避免的灾难正在向他逼近，一时间竟愣住了。

“这是真的，长官，”其中一个士兵说，“记录表明，你为了统计飞行时间，上了麦克沃特的飞机。而且，你没有跳伞降落，所以飞机坠毁时你肯定牺牲了。”

“是啊，长官，”另一个士兵说，“你居然还有体温，你应该高兴才对。”

丹尼卡医生顿时头晕目眩。“你们俩都疯了吗？”他质问道，“我要把这个犯上事件原原本本地报告给陶塞军士。”

“就是陶塞军士告诉我们这件事的，”不知是格斯还是韦斯说，“陆军部已经准备通知你的妻子了。”

丹尼卡医生大叫一声，冲出医务室帐篷去找陶塞军士提出抗议。陶塞军士厌恶地侧身躲开他，并且劝告他在军方就他的遗体安排做出某种决定之前尽量少露面。

“唉，我想他真的死了，”他手底下的一个士兵恭恭敬敬地低声叹息道，“我会怀念他的。他是个很了不起的家伙，不是吗？”

“是啊，他当然是，”另一个士兵悲伤地说，“不过这个小王八蛋死了，我还是很高兴的。天天给他测量血压，我都快烦死了。”

得知丹尼卡医生的死讯后，丹尼卡医生的妻子丹尼卡太太非常难过。当她收到陆军部通知她丈夫阵亡消息的电报时，她悲痛欲绝，尖厉的恸哭声刺破了斯塔腾岛宁静的夜空。女人们前去安慰她，她们的丈夫也登门吊唁，心里却盼望着她赶快搬到别处去，免得他们不得不三天两头地向她表示同情。几乎整整一个星期，这可怜的女人完全心神错乱。随后，她慢慢地恢复了勇气和力量，开始为自己和孩子们多舛的前途做通盘打算。就在她渐渐听天由命地接受了丈夫的死亡时，邮递员前来按了一下门铃，带来了一个晴天霹雳——一封有她丈夫亲笔签名的海外来信。信中再三嘱咐她不要理会任何有关他的坏消息。这封信把丹尼卡太太惊得目瞪口呆。信封上的日期已经无法辨认，信上的字迹从头到尾歪歪扭扭、潦潦草草，不过字体倒像是她丈夫的。而且，字里行间流露出的那种忧郁凄凉自怜自爱的情绪虽然比往常更消沉，但却是她熟悉的。丹尼卡太太大喜过望，心中如释重负，一边纵情大哭，一边无数次地吻着那封皱巴巴脏兮兮的缩印邮递信笺。她匆匆忙忙写了一封充满感激之情的短信给她的丈夫，催促他快点来信告诉她详情。她又赶快给陆军部拍了一份电报，指出他们的错误。陆军部生气地回复说，他们没有犯任何错误，她肯定是受骗上当了，那封信肯定是她丈夫所在中队的某个虐待狂和精神病患者伪造的。她写给丈夫的信被原封不动地退了回来，信封上盖着阵亡两个字。

冷酷的现实又一次使丹尼卡太太失去了丈夫，不过，这一回她的悲痛多多少少减轻了几分，因为她收到了一份来自华盛顿的通知，那上面说，她是她丈夫一万美元美国军人保险金的唯一受益人，这笔钱她随时可以领取。她意识到自己和孩子眼下不会挨饿了，脸上不禁露出一个无所畏惧的微笑。她的悲痛从此出现转折。就在第二天，退伍军人管理局来函通知她，由于她丈夫的牺牲，她今后有权终生享受抚恤金，此外还可以得到一笔二百五十美元的丧葬费。来函内附着一张二百五十美元的政府支票。毫无疑问，她的前途一天天光明起来。同一星期，社会保障总署来函通知她说，根据一九三五年《老年和鳏寡保险法令》的条例，她和由她抚养的十八岁以内未成年儿女都可以按月领取补助费，此外她还可以领取二百五十美元的丧葬费。她以上述政府公函作为丈夫的死亡证明，申请兑付丹尼卡医生名下的三张保险金额均为五万美元的人寿保险单。她的申请很快得到认可，各项手续迅速办理完毕。每一天都给她带来出乎意料的新财富。她得到一把保险箱的钥匙，在保险箱里找到了第四张面值五万美元的人寿保险单，以及一万八千美元的现金，这笔钱从来没有交纳过所得税，而且永远也不必交了。丈夫生前所属的某个兄弟互助会的分会向她提供了一块墓地。另一个他生前参加过的兄弟互助组织给她寄来了二百五十美元的丧葬费。他县里的医学协会也给了她二百五十美元的丧葬费。

她最亲密的女友们的丈夫开始和她调情。事情发展成这种结局，丹尼卡太太开心极了。她甚至把头发都染了。她那笔惊人的财富仍在不断增加，她不得不天天提醒自己，没有丈夫来和自己分享这笔源源而来的巨款，她手头的这几十万美元等于一钱不值。使她感到惊奇的是，有这么多互不相干的组织都愿意帮助安葬丹尼卡医生。而此时，皮亚诺萨岛上的丹尼卡医生却为了不被埋入地下而苦苦挣扎。他终日垂头丧气惶恐不安，想不通他的太太为什么不回他写的那封信。

他发现中队里人人见了他都避之不及。大伙用下流恶毒的语言咒骂他这个死人，因为正是他的死惹恼了卡思卡特上校，这才又一次增加了战斗飞行任务的次数。有关他阵亡的证明材料像虫卵一样剧增，而且彼此互为佐证，无可争议地判定了他的死亡。他领不到军饷，也得不到陆军消费合作社的配给供应，只好靠陶塞军士和米洛的施舍勉强度日，这两个人也都知道他已经死了。卡思卡特上校拒绝接见他，科恩中校则叫丹比少校捎过话来，丹尼卡医生要是胆敢在大队部露面的话，他就要叫人当场把他火化掉。丹比少校还私下里告诉他，邓巴中队里有一名姓斯塔布斯的航空军医，他长着一头浓密的头发和一个松弛下垂的下巴，是个邋邋遢遢不修边幅的人。他存心跟上级作对，极其巧妙地使那些完成了六十次战斗飞行任务的空勤人员全都留在了地面上，结果弄得大队里人心浮动，敌对不满情绪甚嚣尘上。大队部愤怒地斥责了他的这种做法，命令那些给弄得莫名其妙的飞行员、领航员、轰炸手和机枪手重返岗位执行战斗任务。队里的士气迅速低落下去，邓巴也遭到了监视。由于这个缘故，大队部对所有的航空军医都非常敌视。所以，丹尼卡医生阵亡以后，大队部十分高兴，不打算请求上级再派一名军医来。

在这种情况下，就连牧师也没有办法让丹尼卡医生起死回生。丹尼卡医生起初惊慌失措，后来就只好听天由命了。他的模样越来越像一只病恹恹的老鼠，眼睛下面的眼袋变得又瘪又黑。他在阴影里徒劳无益地徘徊着，活像一个无处不在的幽灵。甚至当他在树林里找到弗卢姆上尉请求帮助时，后者也赶快躲得远远的。格斯和韦斯无情地把他从医务室帐篷里赶了出去，甚至连一只体温表也没让他带走。只是到了这个时候，他才真正意识到，自己实质上已经死了，如果他还想救活自己的话，那就得赶快采取行动。

他没有别的办法，只有向妻子求援。他潦潦草草写就一封感情真挚的信，恳求妻子提请陆军部注意他目前的困境，催促她立刻给他的大队指挥官卡思卡特上校写信，以便证实——无论她听到了什么别的谣传——的确是他，她的丈夫丹尼卡医生，而不是什么死尸和骗子，在向她恳求。丹尼卡太太收到了这封潦草得几乎无法辨认的信，信中流露出的一片深切情感强烈地震撼了她的心灵。她悔恨交加，深感不安，打算马上照丈夫的话办，可就在这一天，她接下来拆开的第二封信就是她丈夫的大队指挥官卡思卡特上校寄来的。信是这样开头的：

> 亲爱的丹尼卡太太/先生/小姐/
> 先生和太太：
> 您的丈夫/儿子/父亲或兄弟在战斗中牺牲或负伤或失踪，对此，语言无法表达我个人所感受到的深切悲痛。

丹尼卡太太带着孩子们搬到密执安州的兰辛去了，连信件转递地址都没有留下。

【意】卡尔维诺

伊洛·卡尔维诺(1923—1985)，20世纪意大利作家，出生于古巴，两岁时随父母迁回意大利圣莱莫。他从事创作长达40年，写下了包括中长篇小说、短篇小说、童话以及文艺评论在内的作品和文集共22部。1985年，他猝然离世，恰巧与当年的诺贝尔文学奖失之交臂，然而他在国际文坛的影响却与日俱增。

卡尔维诺的创作大致可分为四类：第一类是意大利童话故事及童话小说。童话故事的代表作是被誉为“意大利式的格林童话”的《意大利童话故事》，童话小说的代表作是三部曲《我们的祖先》。第二类是描写“二战”期间意大利人民反抗德国侵略者的小说，如长篇小说《蛛巢小径》、短篇集子《乌鸦最后飞来》《走进战争》等。第三类是表现现代人生存困境，揭露现代社会弊病的小说，代表作是短篇集《马科瓦尔多》、中篇小说《阿根廷蚂蚁》和《烟云》等。第四类是带有浓厚的后现代实验意味的小说，如中篇小说《宇宙奇趣》《命运交叉的城堡》《看不见的城市》《帕洛瓦尔》，长篇小说《寒冬夜行人》。卡尔维诺“一只脚踏进幻想世界，另一只脚留在现实之中”(沈萼梅、刘锡荣：《意大利当代文学史》)，他自由游弋于意大利社会现实、现代人生存困境与童话、寓言世界之间，在执着地进行艺术探索的同时，也引领读者对社会人生做出深刻、理性的思考。

本书所选的小说《牲畜林》以“二战”期间意大利抵抗运动为背景，讲述了农民朱阿为了保护自己的奶牛“花大姐”而杀死德国兵的简单故事。“花大姐”带着德国兵来到村民们隐藏牲畜的树林，朱阿六次举枪却五次放下造成的“延宕”使得小说原本紧张的节奏变缓，战争的阴影也让位于动物的林中狂欢。朱阿是一个近乎喜剧小丑式的英雄人物。故事开头，他不过是一位“矮胖”的、“喝酒过多”的、“村里最蹩脚”的猎手。在小说结尾，却受到了“像全村最伟大的游击队员和猎手一样的欢迎”。这一形象突破了以往抵抗运动题材作品中出现的类型化人物描写。

《马科瓦尔多》是一部短篇小说集，以意大利都灵的一户普通百姓为主角，按照春夏秋冬四个季节的顺序，每个季节讲述一个故事，通过五年的四季变化把二十则故事串联起来。本书所选的篇章《马科瓦尔多逛超级市场》写马科瓦尔多一家去逛超市，面对琳琅满目的商品，尽管身无分文，但为了过一把“消费瘾”，往手推车里使劲地堆放商品。最后，为了把商品全部放回货架，一家人在超市里迷了路，跑到了有七层楼高的施工脚手架上。整篇小说以平实却不乏幽默的笔调，描述出现代消费社会里人的异化和穷人的窘境。

(李慧娟　撰稿)

牲畜林①

在那扫荡的日子里，树林里像集市一般热闹非凡。山间小路以外的灌木丛和树林中，赶着母牛和小牛的人家，牵着山羊的老太婆和抱着大鹅的小姑娘比比皆是。更有甚者，有人连逃难的时候还带着家兔。

不管在哪里，栗树越是稠密，膘肥体壮的公牛和大腹便便的母牛就越多，它们走在陡峭的山坡上简直不知道往哪里迈脚。山羊的处境则好多了。但最高兴的还莫过于骡子，总算有这么一次可以不负重地走路，而且还能边走边啃树皮。猪专拱地，结果长鼻子上扎满了栗子壳。母鸡栖息在树上，可把松鼠吓坏了。由于多年圈养而不会挖洞做穴的兔子，只好钻进树洞里，但有时会遇到咬它们的睡鼠。

那天早晨，农民朱阿·德伊·菲奇正在树林深处砍柴，对村子里发生的事情全然不知。他头天晚上就离开了村子，睡在林子里一间秋天用来风干栗子的房子里，打算第二天一早采蘑菇。

他正挥动斧头砍一棵枯树时，隐约听到林子里响起了系在牲口脖子下的铃铛声，感到非常惊奇。他停下手中的活儿，倾听着这声音由远而近。“噢——”他朝声音喊去。

朱阿·德伊·菲奇是个矮胖子，圆圆的脸膛黑里透红。他头戴一顶绿色圆锥形毡帽，上面插着根野鸡毛，身着一件带黄色大圆点的衬衣，外罩一件毛背心，圆鼓鼓的肚子上，一条带圆点的红围巾系住了打满蓝色补丁的裤子。

“噢呜——”有人回答他。从长满苔藓的岩石后面，走出一个头戴草帽、长着小胡子的农民。是他的老乡，牵着头白胡子大山羊。

“朱阿，你在这里干什么。”老乡对他说，“德国鬼子进村了，正挨个搜查牲口棚呢！”

“天哪，糟糕了！他们肯定会找到我那头奶牛‘花大姐’，把它带走。”朱阿大声说。

“你快去，可能还来得及把它藏起来。”老乡提醒他说，“我们看到德国人的队伍进了山口，就马上撤了。可能他们还没走到你家。”

朱阿丢下木柴、斧头和蘑菇篮子，撒腿就跑。

他在林子里跑着，一队队鸭子拍着翅膀，从他脚下跑开。一群群肩并肩的山羊却不给他让路。孩子和老太婆朝他喊道：“他们已经到马多内塔啦！正在桥上挨门挨户搜查呢。我看见他们快到村口了。”朱阿用那两条短腿飞快地跑着，下坡时就像一只滚动的球，上坡时气喘吁吁。他跑啊，跑啊，翻过一道山脊，村子便展现在眼前。处在群山之中的山村，早晨空气清新柔和。石砖和石板搭成的简陋房屋显得那么凄凉。村子里空气紧张，不时传来德国人的叫喊声和用拳头砸门的声音。

---

① 选自[意]卡尔维诺：《卡尔维诺文集：通向蜘蛛巢的小路》，贾鏞新译，南京，译林出版社，2001。

“天哪！德国鬼子已经进村了！”

朱阿·德伊·菲奇全身颤抖起来。这一方面是由于喝酒过多，早就有手颤的毛病，另一方面，一想到他在世上唯一的财产“花大姐”要被带走，便不寒而栗。

凭借一排排葡萄架的掩护，他穿过田野，悄悄地靠近村子。他的家在村子的最后一排，在房屋和菜地交叉的地方，一片绿色南瓜地之中。可能德国人还没到那里。

朱阿一面环顾四周，一面开始溜进村去。他从一个屋角转向另一个屋角，看到街上空无一人，只有干草和马厩的气味依旧。野蛮的叫喊声和带钉子的皮靴声是从村中心传来的。他的家就在前面，门依然关着，无论是牛圈的门，还是破旧阶梯连着的房间的门都关着。门口的破锅里种满了罗勒。“哞……”一个声音从牛棚里传出，是母牛“花大姐”，此刻它听到了自己的主人正在走近。朱阿高兴了。

就在这时，突然从一个拱门下传来了脚步声，朱阿赶紧躲进门洞，用力向后收缩圆鼓鼓的肚子。这是一个长得农民模样的德国兵，短短的制服遮不住那长胳膊、长脖子，他的腿也很长，拿着一杆像他一样高的破枪。他离开了同伴，想独自捞点儿什么。这村子使他回忆起了熟悉的东西和气味。他边走边用鼻子嗅着。扁平的军帽下，一张猪样的黄脸东张西望。“哞……”“花大姐”又叫了起来，它不明白为什么主人还没来到。听到这声音，德国兵的精神为之一振，迅速向牛棚走去。朱阿紧张得气都喘不过来了。

他看到德国人在凶狠地踢着门，肯定很快会破门而入。于是就绕到房子后面，走进干草棚，在草堆下翻找起来。那里藏着一杆老式双筒猎枪和子弹袋。他把两颗打野猪的子弹推上膛，子弹袋系在腰上，平端着枪，悄悄地走到牛棚门口。

德国兵正牵着牛往外走。那是一头漂亮的、带黑点的红色小母牛，因此绰号叫“花大姐”。它性情温顺，但又很固执。现在它不愿跟着这个陌生人走，站在那里不动。德国人不得不在后面推着让它走。

躲在墙后面的朱阿开始瞄准了。要知道，他是村子里最蹩脚的猎手，从来瞄不准，不要说野兔子，就连一只松鼠也没打到过。当他朝树上的鸟儿开枪时，它们甚至动也不动。没人愿和他一起去打猎，因为他会把铁砂粒打到同伴的屁股上。他本来就双手发抖，瞄不准，现在又如此激动，结果便可想而知了。他使劲瞄准，但颤抖的双手使枪口不停地在空中转动。他想对准德国人的胸膛，可是准星正对着的却是牛屁股。“天哪！如果我想打死德国兵，遇难的却是‘花大姐’，怎么办?”朱阿这样想，不敢贸然开枪。

德国人牵着这头因听到主人来到而不肯前进的牛，吃力地走着，突然发现伙伴们都已离开村子上路了。他准备拉着这头固执的牛追赶伙伴。朱阿一直尾随在后面，保持着一定距离，不时躲在篱笆或矮墙后面瞄准。但无论如何总拿不稳枪，更何况德国人和母牛靠得那么近，他哪里敢扣动扳机。难道就这样让他牵走吗?

德国兵为了追赶逐渐远去的伙伴，想抄近路，走入了树林。现在凭借树干的遮挡，朱阿更容易跟随他。这时候德国兵大概会距离牛远一点，可能有机会开枪了。

进入树林，母牛似乎不那么固执了。相反，由于德国人对这林间小路一点也不熟悉，是母牛领着他前进，并选择走哪条岔路。没过多久，德国人就发现，他并没有走上通往大道的近路，而是进入了密林深处。一句话，他和母牛一起迷了路。

朱阿一直跟着德国兵，像他一样，鼻子被荆棘划破，双脚陷入小溪，鹧鸪被惊得四处乱飞。想要在密林中瞄准就更难了，特别是要通过多重障碍和那总在眼前晃动的牛屁股。

德国人心惊胆战地打量着这浓密的树林，琢磨着如何才能走出去。忽听杨梅果树丛中一阵响动，跑出一头漂亮的粉红色小猪。在他的家乡，从未见过猪在树林子里跑来跑去。他松开牵牛的绳子，就去追赶那头猪。“花大姐”一旦得到了自由，就一头钻进树林跑了，这里有它许多朋友。

对朱阿来说，这正是开枪的好机会。德国人手忙脚乱地在抓猪，想要紧紧地抱住它，但猪还是挣脱了。

就在朱阿站在那里准备扣动扳机时，附近出现了两个小孩，一男一女，头戴毛线帽，足登长统靴。他们脸上挂着泪珠说：“朱阿，请你瞄准点。要是把我们的猪打死了，我们就什么也没有了。”朱阿手中的猎枪又跳起了塔兰泰拉舞。他的心肠太软了，激动得太厉害了。这倒不是因为他要杀死那个德国鬼子，而是为那两个可怜孩子的猪担心。

德国鬼子怀里抱着那头吱吱乱叫、拼命挣扎的猪东撞西撞。突然，伴着猪的叫声，“咩——”的一声，从山洞里跑出一只小羊。德国人放下猪，又去抓羊。他抓住那声嘶力竭叫唤着的羊的一条腿，像牧人那样把羊扛在肩上，向前走去。朱阿蹑手蹑脚地跟在后面，心想，“这一下你可跑不了了，机会来了。”正要扣动扳机，突然有一只手托起了他的枪。原来是个白胡子的老牧羊人。他合掌向朱阿祈求说：“朱阿，不要杀死我的小羊，你只打死他，千万别打死我的羊。你瞄准点。”朱阿简直给搞糊涂了，连扳机在什么地方也不知道了。

德国兵在林子里转悠，对自己看到的东西感到惊奇：小鸡栖息在树上，豚鼠从树洞向外伸头探脑。简直像诺亚方舟一样。看，松树枝上站着一只开屏的火鸡。他连忙伸手去抓，但火鸡轻轻一跳，跳到更高一层的枝上，尾羽依然展开着。德国兵放开了山羊，开始爬树。他每向上爬一层，那只下巴垂肉鲜红的火鸡，就跳到更上一层的树枝上，挺着胸脯，一直保持着开屏的姿势。

朱阿头顶茂盛的树枝，双肩和枪筒也用树枝伪装起来，他悄悄来到树下。这时，一位年轻的、戴红头巾的胖姑娘来到他身边。“朱阿，”她说，“你听我说，如果你打死德国人，我就嫁给你。要是打死了我的火鸡，我就割断你的脖子。”听了这话，年纪已经不轻、但还没结婚的、腼腆的朱阿羞得满面通红，手中的猎枪像烤肉的铁叉一样在眼前转动起来。

德国兵继续向上爬，树枝越来越细，脚下的树枝突然折断，他掉了下来，差点砸在朱阿身上。这次朱阿不糊涂了，拔腿就跑，伪装的树枝掉了一地。德国兵摔在松软的树枝上，没有受伤。

跌倒在地上之后，他看到小路上有只兔子，但又不像野兔。它圆鼓鼓的，比野兔肥实，听到响声不但不跑，反而趴在地上不动，原来是只家兔。德国人一把抓住了它的耳朵。提着吱吱乱叫、左右扭动的兔子，他又上路了。为了不使兔子跑掉，他不得不高举手臂，跳来跳去。林子里到处是牛叫、羊叫、鸡啼。每走一步都可以发现新的动物：一只鹦鹉站在冬青树上，三条红鱼在泉水中游动。

朱阿骑在一棵老橡树高高的树枝上，一直盯着提兔子的德国兵。虽然兔子不时地变换姿势，但总是离不开准星。朱阿觉得有人在拉他背心的下摆，一看，是个梳着辫子、满脸雀斑的小姑娘。她说："朱阿，别打死我的兔子，反正德国人已经把它拿走了。"

德国兵来到一个布满灰岩石、长满绿苔藓的地方，附近只有几棵干枯的松树，前面就是悬崖。一只母鸡正在洒满松枝的地上觅食。德国人急忙去追鸡，兔子乘机溜走了。

这是一只光秃秃没剩几根毛的母鸡，人们再也不可能见到比它更老、更瘦的鸡了。是全村最穷的老太婆吉鲁米娜的。它很快被德国兵抓住了。

朱阿埋伏在岩石的高处，用石头垒了个枪座。实际上，他修筑的是个掩体，只留下一个可以放枪筒的射击孔。现在他可以毫无顾忌地开枪了，就算把那没毛的母鸡打死，也没什么关系。

正在这时，吉鲁米娜老太太身披黑色破披肩走了过来，向他讲了这样一个道理："朱阿，德国人拿走了我的鸡，那是我在世界上唯一的财产，这已经够使我伤心的了。现在要是你把鸡再打死，那我就更伤心了。"

听了老太太这番话，朱阿的手比以前颤抖得更厉害了，他的责任太大了。尽管如此，他还是鼓足了勇气，扣动了扳机。

听到枪声，德国人看到手中的鸡没了尾巴。接着又一声，翅膀丢了一只。难道这只鸡有魔法，会在手中自我爆炸，自我消耗？又是一枪，母鸡的毛全部剥光，除了还在不停地叫以外，简直可以直接送去烧烤。心惊胆战的德国兵抓住鸡的脖子，手臂平伸出去，同自己身体保持一定距离。朱阿的第四枪恰好打在他手下面一点的鸡脖子上，他手中只剩下了一个鸡头。他飞快地把鸡头扔掉，撒腿就跑。但再也找不到路了，前面是个乱石崖。石崖边上长着棵角豆树，上面趴着一只大猫。

现在，他对在林子里能看到各种家养的动物，已毫不奇怪了。他伸手去抚摸那只猫，希望能听到它的呼噜声，聊以自慰。

要知道，很久以来，这个林子里就有一只凶恶的野猫，专门捕食飞禽，有时甚至到村子里偷鸡吃。原以为可以听到猫呼噜的德国兵，看到那只凶狠的动物，竖起全身的毛向他扑来，他感到快要被野猫的利爪撕成碎片。人和野猫在厮打中一起滚下了石崖。

就这样，朱阿这个劣等射手，受到了像全村最伟大的游击队员和猎手一样的欢迎。人们用公积金给可怜的吉鲁米娜买了一窝小鸡仔。

马科瓦尔多逛超级市场①

一到傍晚六点，整个城市就成了消费者的天下。

一整天来，劳动者的主要活动是生产：生产消费品。一到钟点，像电路上的保险丝一下子断了一样，生产活动停了下来，一个个洗洗手，走了，都投身到消费活动之中去了。每天一到时刻，灯火通明的玻璃窗里，五光十色的商品展现在消费者面前：一串串粉红色香肠挂在那里；摆成塔形的瓷盘顶到了天花板；一匹匹衣料抽出一角，拼凑组合，像孔雀开屏。消费大军涌进市场，他们拆卸这一切，侵蚀这一切，攫取这一切。望不到头的一字长蛇阵在所有的人行道上和门廊下蠕动，穿过玻璃大门，延伸到商店里，围在货架旁。人们的手臂你抬我放，我推你碰，使那长蛇阵的蠕动像是由活塞的曲杆在推动前进。

快来买吧！你看，他们拿起商品又放下，放下又拿起，拿起来又放下，那是多么好看；快来买吧！你看，面色苍白的女售货员在货架边口若悬河，夸耀商场的床上用品，那是多么动听；快来买吧！你看，那一团团五颜六色的线团像陀螺似的在转，一页页花纸像长了翅膀在飞，花纸把人们买到的商品包成小包，小包外又有中包，中包外还有大包，每包又用那五颜六色的绳子捆起来，结上蝶式花结，那又是多么漂亮。大包、中包、小包、小小包，一齐涌到付款台前停了下来。一根根手指又在一个个小包里搜寻，寻找零钱。下边，在那林立的陌生人的腿和裙裤中间，松开手的孩子们张皇失措地哭喊着。

就是在这样一个傍晚，马科瓦尔多带着一家人出来散步。他们没有钱，这散步只不过是看看别人花钱买东西；不过，钱这东西流通得越快，也就越有可能有那么一部分流进不抱希望的人手里：“迟早总会有那么一点点落入我的钱包。”可是对马科瓦尔多来说，他不仅工资少，而且人口又多，分期付款的钱要交，欠的债要还，因此，钱一到手马上就又流走了。不管怎么说吧，看看别人花钱也不错，特别是在超级市场。

这个超级市场的货物是自拿自取的。门口停放着铁丝编的小货车，上面很像篮子，下面装有车轮，每个顾客都可以推上这么一个小车，把要买的货放进去，最后出来的时候到付款台算账付款。马科瓦尔多进去时只推了一个这样的小车，他的妻子、四个小孩子也都各自推了一个。这样，一家人一人推一辆小货车鱼贯而行，在那些摆得像山一样的食品架之间漫步。他们指指香肠，摸摸奶酪，念叨着它们的名字，像是在人群中辨认老朋友的面孔，或者熟人的面孔。

“爸爸，我们可以拿这个吗?”孩子们几乎每分钟都提出这样的问题。

“不行，不能动，禁止抚摸。”马科瓦尔多回答说，他时刻都记着，转这一圈之后，最后等着他的将是算总账的收款员。

---

① 选自[意]卡尔维诺：《卡尔维诺文集：通向蜘蛛巢的小路》，刘儒庭译，南京，译林出版社，2001。

“怎么那边那位太太拿了?”孩子们纠缠着不放，他们看到那些优雅的太太在选购。

这些太太到超级市场来，本来可能只不过是为了买两个胡萝卜和几棵芹菜，但是，面对着这罐头摆起的金字塔，也不由自主地选购了。于是，咚咚咚！一盒盒西红柿酱、糖渍桃子、油浸鳀鱼掉进了她们的小车；她们取这些东西时像是漫不经心，又像是听从什么命令。

总之，如果你的车是空的，而别人的车是满的，那么，你只能忍耐到一定程度，然后你会感到嫉妒，感到伤心，于是再也不能忍耐下去。这时，马科瓦尔多在吩咐他的妻子和孩子们都不要乱动之后，快步来到货架之间的一条过道，货架挡住了家人的视线。于是，他从货架上拿下一盒蜜枣，放进了自己的小车。他只想过过瘾，推着这盒蜜枣转上十来分钟，也像别人一样显示显示自己购买的货物，然后再把它放回原处。除了这盒蜜枣之外，他又拿了一个红瓶装的辣酱、一袋咖啡和一个蓝色袋子装的挂面。马科瓦尔多知道，只要小心一点，他至少可以推着这些货转上一刻钟，饱尝善于选择商品的人的甜丝丝的滋味，同时又不必付一分钱。但是，孩子们要是看到了，那就糟了！他们会立即效尤，最后如何收场，那就只有天知道了！

马科瓦尔多时而跟着忙忙碌碌的女售货员，时而又尾随珠光宝气的阔太太，在货架间拐来拐去，尽量设法不让家里人看见。像这位太太或那位夫人一样，他模仿着，伸手拿起一个香喷喷的金黄色的甜瓜，或者一块三角形的奶酪。喇叭在播送着轻快的音乐，顾客们随着音乐的节拍或进或停，跟着节拍准确地伸手，拿起货，放进小车，一切随着音乐进行，显得那么和谐、自然。

现在，马科瓦尔多小车里的货物已满满当当，他的双脚又把他带到了一个顾客很少的地方。这里的商品名称越来越让人摸不清头脑，而且又装在盒子里，虽然盒上画着图形，但这图形使你弄不清是莴苣用的肥料呢，还是莴苣籽，是莴苣呢，还是毒死莴苣上虫子的毒药，是引诱鸟类来啄食这些害虫的诱饵呢，还是拌凉菜或红烧野味用的调味品。管它是什么，马科瓦尔多反正要拿它两三盒。

他就这样在两排高高的货架中间转着。突然，货架夹成的过道结束了，前边是一片没有一个人的空场，霓虹灯照着反光的地板。马科瓦尔多站在那里，只有他一个人和他的货车，空场对面是付款台和出口。

这时，他发自内心的第一个想法是，推着他的像坦克一样的货车低头猛跑过去，在女店员还没有来得及按警铃之时就推着他的这车货跑出超级市场。但是，就在这时，从邻近的另一个过道口出现了一辆比他的车装得还要满的货车，推车的不是别人，正是他的妻子多米娣拉。从另一边又出现了第三辆货车，菲利佩托正用尽他浑身的力气推着前进。原来，这是众多货架间的通道会合的地方，从每个通道都走出马科瓦尔多的一个孩子，每个人都推着满载货物的小车，每个人都有同样的想法。现在，他们会合了，他们发现，把他们的物品集中到一起，简直就是这个超级市场的所有货物的样品。

“爸爸，这回我们可富了吧?”米凯利诺问，“够我们吃一年了吧?”

“向后转！快！躲开付款台！”马科瓦尔多边喊边来了个向后转，推着他的货车藏到了货架间；他又赶紧后退了两步，像是躲开敌人的枪口，退入通道不见了。他身后发出一阵轰响，他转过身，看见全家人个个推着自己的货车，组成一列小小的火车，紧跟着他奔跑过来。

“一算总账得要我们上百万！”

这个超级市场很大，通道七拐八弯像个迷宫：他们可以一小时一小时地转下去。市场货色齐全，马科瓦尔多一家人可以在里面度过整整一个冬天不必出来。偏偏就在这时，市场的喇叭停止播送音乐，开始广播说：

“顾客请注意，再过一刻钟，市场将停止营业，请赶紧到付款台付款！”

现在是把车上的货物放还原处的时刻了：要么现在还，要么永不再还。在广播喇叭的催促之下，成群的顾客忙乱起来，好像剩下来的几分钟是全世界最后一家超级市场的最后几分钟了，那种忙乱好像是，不知是把这里的一切都拿个干净呢，还是不去动它们。总之，货架柜台前一片熙熙攘攘。马科瓦尔多、多米娣拉和他们的孩子利用了这阵混乱，把货物放回货架，或者趁机塞进别人的货车。他们把货物放回去时弄了个乱七八糟：捕蝇纸放到了火腿架上，卷心菜放到了点心架上，真是牛头不对马嘴。他们没有注意，有位太太推的不是货车，而是个婴儿车，他们竟给人家的婴儿车里塞了一瓶酒。

不用说，把这些连尝都不曾尝一口的东西放下，实在令人痛心，催人泪下。然而，在他们把一桶酱放回货架时，一串香蕉掉在手上，他们拿了起来；或者，放下一把塑料扫帚，拿起一只红烧鸡。就这样，他们的货车越卸反而越满了。

一家人带着他们的战利品，沿着循环电梯，上上下下来回转，每一层都遇上女收款员把守出口，她们面前的计算机正对着他们，而且噼啪作响，像一挺挺机关枪面对着要出去的人。马科瓦尔多一家人转啊转啊，那情势越来越像是笼中的野兽，或者像囚犯在墙上贴着花格纸、被照得通明的房间里漫无目的地乱转。

突然，一个地方，墙上的花格纸被揭掉了，一个梯子靠在那里，旁边放着铲子、木匠和泥瓦匠用的工具。一家建筑公司正为扩大这个超级市场进行施工。看得出来，下班之后，工人们把一切工具就地一放，回家去了。马科瓦尔多推着他的货物从墙上的这个洞里钻了出去。外边一片漆黑，他试探着向前走。一家人推着车紧紧跟在他身后。

货车的胶轮在一段揭掉路面的沙土路上跳动着，然后又是一段瓷砖尚未铺平的地面。马科瓦尔多抬起两个轮子，只用一个轮子着地，尽力把握平衡；他们也模仿着他的样子跟在后边。突然，他们看到，他们的前后上下投来了探照灯光，周围是一片空虚。

原来他们走到了一个施工脚手架上，有七层楼高。在他们脚下，城市展现出一片灯火，有从窗户透出的灯光，有广告招牌的灯光，有电车线的亮光。在他们的头顶，天空布满星斗，另外还有电台天线塔顶的一盏红灯。脚手架在他们那些危险地堆满货物的推车重压下摇摆起来。米凯利诺惊呼了一声：

"我怕!"

黑暗中，一个黑影移动过来。一张大嘴一边从钢铁的脖颈上伸过来，一边大张开来，可嘴里却没有牙齿，待伸到近处一看，原来是一个大吊车。吊车对着他们降下来，到了他们所在的高度停下，铲斗的下颚正好对着脚手架。马科瓦尔多把车一倾，把货物倒进了铁铲斗，一步跨了过去。多米娣拉也照样行事；孩子们也模仿他们的父母，吊车的铲斗合上了，把从超级市场挑来的所有货物全吞了进去，吱嘎作响地沿着它的钢铁脖颈缩了回去；然后向远处移去。

下面，五颜六色的灯光组成的广告仍然亮着，转着。那广告的内容正是邀请人们到这个大型超级市场来购买货物。

【英】福尔斯

约翰·福尔斯(1926—2005)是英国著名的后现代主义小说家，创作有长篇小说《收藏家》《占星家》《法国中尉的女人》《丹尼尔·马丁》《尾数》等。尤其是《法国中尉的女人》，不仅艺术手法高超，在商业方面也取得了巨大成功，是一部雅俗共赏的优秀作品。

福尔斯的作品以深刻的思想内涵和富于创新的艺术手法而著称。他在创作中猛烈抨击英国维多利亚时代的种种弊端，尤其是当时虚伪、保守的道德意识，人们失去自由以及相互缺乏理解的社会状况。他运用后现代的“戏仿”手法，对维多利亚传统小说进行滑稽模仿，同时，又插入自己的各种议论和评判。他还认为，“真实生活本身充满了各种解释，有不同的发展趋势。生活并不是从一开始便固定了的故事，它不像铁道那样只能有一个固定的旅程”，其作品常采用开放式结局。

《法国中尉的女人》的故事发生在 1867 年，这是英国历史上著名的维多利亚时代。贵族出身的查尔斯携未婚妻欧内斯蒂娜到英格兰南部海岸的莱姆镇度假，受到被称为“法国中尉的女人”萨拉独特魅力的吸引，爱上了她。萨拉独立不羁，在民风保守的莱姆镇引起非议，雇她做管家的波尔坦尼太太也对她提出警告。在与波尔坦尼太太的一次激烈冲突后，萨拉突然失踪。查尔斯正在四处寻找之际，萨拉托人带信给他，告知自己的下落。随后的故事出现了三个版本的结尾。第一个结尾在 43—44 章，查尔斯没有接受萨拉的邀请赶往旅馆赴约，而是幡然悔悟，回去同欧内斯蒂娜结婚，婚后生有 7 个孩子。第二个结尾在第 60 章，他和欧内斯蒂娜解除婚约，重新找到萨拉，有情人终成眷属。第三个结尾是小说叙述的主体：查尔斯赶到萨拉栖身的旅馆，与她在激情中结合。查尔斯认识到自己深爱萨拉，并对她负有责任。他不惜身败名裂，解除了与欧内斯蒂娜的婚约，要与萨拉结婚。但查尔斯再次来到旅馆找萨拉时，萨拉已经不辞而别。在多年的寻访之后，查尔斯终于在伦敦找到萨拉。此时的萨拉已经成了一个艺术家兼模特，她拒绝与查尔斯结婚。绝望中的查尔斯只好独自茫然地面对未来。

选文为小说的第 60 章。在律师的帮助下，查尔斯找到了萨拉，她已成为画家助手，一个追求自由和男女平等的新女性。他向她求婚，但遭到拒绝，因为她有丰富多彩的工作，生活很幸福。这时，查尔斯意识到，是萨拉特意把他召来给他最后的一击，以发泄她对男性永远无法平息的仇恨。他正准备离开，萨拉唤人抱出了他们的女儿。沉默中，萨拉依偎在他胸前，他的嘴唇贴在她的秀发上，小姑娘则用布娃娃敲打父亲的脸颊。

（朱艳阳　撰稿）

法国中尉的女人(节选)[①]

60

拉拉治来了，她
现在来了，哦！
——哈代：《她何时来》

他在桥边把马车打发走。那一天正好是五月的最后一天，天气暖和，万物生长，家家户户门前都披上绿阴，天空蔚蓝，白云朵朵。有一朵白云给切西尔区蒙上了一层阴影，但是河对面的仓库依然阳光灿烂。

蒙塔古什么也不知道。他的信息是通过邮局来的；一张纸上只写着名字和地址，别的什么也没有。查尔斯站在律师办公桌旁，回忆起以前收到萨拉的地址的情形。但是这一次是用工整的手写体写的。只有从内容的简洁才能看出是她寄的。

遵照查尔斯回来之前的电报指令，蒙塔古行动十分谨慎，不去接近她，不去惊动她，以免她又跑掉。派一名职员扮演起侦探的角色，口袋里揣着详细的人物描绘资料，和真的侦探一样。他回来报告说，那个地址确实住着一个年轻女子，外貌特征完全相符，但是名字却是拉夫伍德太太。音节置换的痕迹十分明显，信息的准确性不容置疑。起初看到“太太”二字的确让他大吃一惊，但是细想其中含意也就释然了。伦敦的单身女人常常玩这种花招，结果往往证明名实不符。萨拉肯定尚未结婚。

“我看这封信是从伦敦寄的。你不知道……”

“信是寄到这里来的，显然是知道我们的广告的人寄的。信是寄给你本人的，因此可以肯定，寄信人知道我们是你的代理人，但又对我们的悬赏不感兴趣。这样看来似乎是年轻女子本人寄的。”

“可是她为什么要过这么久才显山露水呢？此外，这笔迹也不是她的。”蒙塔古也默认自己不知道是怎么回事。“你的职员就没有得到更多的信息了吗？”

“他严格按指示办事，查尔斯。我不让他随便打听。他偶然听到有邻居在向她道早安，这才知道她的名字。”

“她的住宅如何？”

“是体面人家的住房。他的原话就是这样说的。”

“她可能在那里当家庭女教师。”

“很可能是如此。”

查尔斯已经把脸转向窗户，他这一转很凑巧，否则他会看到蒙塔古看他的目光并不是很坦诚的。他禁止手下的职员随便打听，但是他并没有禁止自己对职员进行盘问。

---

① 选自[英]约翰·福尔斯：《法国中尉的女人》，陈安全译，上海，译文出版社，2002。

“你打算去看她吗?”

“我亲爱的哈里，我跨越大西洋不是……”查尔斯微笑，为自己愤怒的声调表示歉意。“我知道你会这样问，但是我不能回答。请原谅，这是个人隐私。说实话，我的感觉自己也说不清楚。我想可能要等到和她再次见面时才会知道。现在我只知道……她还萦绕在我心头，我有话要对她说。我必须……你知道我的意思。”

“你是应该好好去问一问那斯芬克司①。”

“你爱这样说也可以。”

“但是你可要记住那些猜不出谜的人的命运。”

查尔斯故作惨状。“如果剩下的选择唯有沉默或死亡，那么你最好先为我准备一篇葬礼演说。”

“我怀疑是否有此必要。”

两人都笑了。

当他走近斯芬克司的住处时，脸上毫无笑容。他对这一地区完全不了解。他的感觉是，那地方有点像格林威治，但又比格林威治差，是退休海军军官度晚年的地方。维多利亚时代的泰晤士河比今天肮脏得多，每次涨潮时污水翻滚，令人憎厌。有一次，恶臭难忍，参议院议员全都逃出了会议室。人们把霍乱也归咎于它。当时的河边房屋并不像在我们今天除去了臭味的世纪受到人们的认同。尽管如此，查尔斯还是看得出那些房子确实很漂亮。住在那里的居民虽然选择得有点儿不合情理，但是他们显然不是为贫困所迫才住到那里去的。

查尔斯终于来到生死攸关的门口，心里七上八下，自觉恐惧而脸色发白，同时也感到有失尊严——在根深蒂固的无数往事面前，他刚在美国学到的那一套东西被一扫而光；他还尴尬地意识到，自己是一个堂堂绅士，即将拜访的对象却和高级仆人无异。门是熟铁做的，开向一条小径，不远处是一幢大砖房，但是砖房的大部分都被长势茂盛的紫藤所覆盖，淡紫蓝色的紫藤吊花含苞欲放。

他提起门环叩了两下，大约等了二十秒钟，再次叩门，这一次门开了。一个女仆站在他面前。他看到她背后是一个宽敞的大厅，厅里挂着许多画，多得简直像个画廊。

“我想找……拉夫伍德太太说话。我相信她就住在这里。”

女仆年轻、苗条，大眼睛，没有戴女仆常戴的花边帽。其实，要是她不系围裙，他还真不知道该怎么称呼她。

“请报姓名。”

他注意到她不称“先生”，或许她不是女仆？她的口音比女仆强得多。于是他递给她一张名片。

“请你告诉她，我从很远的地方赶来看她。”

---

① 希腊神话中的斯芬克司狮身女怪常叫过路人猜谜，猜不出即遭杀害。

她大模大样地看着名片。她肯定不是女仆。她仿佛拿不定主意。就在这时，大厅另一端黑暗处传来声响。一个比查尔斯大六七岁的男人站在门道里。姑娘如得救星，立即转过身去对他说：

“这位绅士要见萨拉。”

“是吗?”

他手里拿着一支钢笔。查尔斯摘下帽子，站在门槛旁说话。

“请包涵一下……有件私事……她来伦敦之前我就认识她了。”

男人打量着查尔斯，时间很短暂，但是很认真，让人觉得有些不愉快。他有点像犹太人，衣着华丽而随意，颇具年轻迪斯累里之遗风。他向姑娘递了个眼色。

“她在……?”

“我想他们正在谈话。没啥别的。”

“他们”显然是指她照管的人：孩子。

“带他上去吧，亲爱的。先生请。”

他微微点了一下头，突然消失了，跟刚才出现一样突然。姑娘示意查尔斯跟她走。查尔斯自己把门关上。她开始上楼梯的时候，他借机浏览大厅里拥挤不堪的绘画和素描。他对近代艺术颇为熟悉，能认出这些中大多数所属的那个流派，有几幅出自那位声名远播但又臭名昭著的艺术家之手，上面还可以看到他的花押署名。他在大约 20 年前所引起的喧闹现在已经平息，当时只配付之一炬的东西现在值钱起来了。手持钢笔的绅士是一位艺术收藏家，专事收藏有争议的作品。明显可以看得出，他还是一个有钱人。

查尔斯跟在苗条的姑娘背后上了一段楼梯，那里的画更多，占主导地位的仍然是那个有争议的画派。但他此时心急如焚，没有心思注意看画。他们踏上第二段楼梯的时候，他壮着胆子提了一个问题。

“拉夫伍德太太是在这里当家庭教师的吗?”

姑娘在楼梯中途停下脚步，回头看了他一眼，表情不胜惊讶。接着她把头一低。

“她不再当家庭教师了。”

她又抬起头来望着他的眼睛，然后继续举步上楼。

他们走上了第二个平台。到了一扇门前，这位神秘的向导回过头来。

“请在这里等一等。”

她走进房去，门还开着一道缝，查尔斯从外面可以看到里面有一个打开的窗户，夏风轻轻吹动窗帘，窗外绿叶交织，远处便是泰晤士河。里面有人在低声谈话。他改变一下位置，想把里面的情况看得更清楚些。他看到了两个绅士模样的男人。他们站在画架前看一幅画，画架斜放在窗前，可以借助窗外的光线。高个子弯下腰认真检查那幅画的细节，于是站在他背后的另一个人便暴露了。刚巧他朝门这边看，与查尔斯的目光不期而遇。他只稍微点了点头，接着把目光投向房间隐蔽的另一侧的某一个人。

查尔斯一下子惊呆了。

因为他很熟悉这张脸，有一次他还曾和欧内斯蒂娜一起听他滔滔不绝讲了一个多小时。这绝不可能，可是……还有楼下的那个男人！那些绘画和素描！他匆忙转过脸去，透过楼梯平台后端的高大窗户向外看，底下是一个绿色的后花园，与其说当时他是从噩梦中醒来，倒不如说他是陷入噩梦中去。他对眼前的一切似乎视而不见，唯一能看见的是他自己的臆断愚蠢至极：以为女人一旦堕落就会不断堕落下去——他到这里来不就是为了制止万有引力定律继续起作用的吗？他感到万分震惊，就像一个人突然发现周围的世界被倒置过来一样。

有声响。

他迅速举目四顾，发现她靠在门上，门是她刚关上的，一只手还捏着铜把手。因为阳光突然被门阻断，一时难以看清。

她的衣着！和以前大不相同，他起初以为她是另外一个人。他在脑海里总是看见她穿着以前的衣服，过着寡妇般的黑暗日子，脸上充满焦虑。可是眼前这位女人穿的是全套新潮女性服装，公然抛弃当时有关女性服装样式的一切传统观念。她穿一条深蓝色的裙子，腰间系一条绯红色皮带，金色星状带扣，把粉红和白色条纹的长袖丝绸上衣也扎在里面，别致的小领子镶上白色花边，上面别着一块多彩浮雕宝石，权当领结。头发用一条红丝带蓬松地扎在后面。

这一放荡不羁、令人震惊的特异形象，立即让查尔斯产生了两个反应：一个是她看起来不是老了两岁，而是年轻了两岁；另一个是他仿佛不是回到英国，而是以一种不可思议的方式绕了一大圈又回到了美国。因为在美国，许多年轻漂亮女人白天都如此打扮。她们深知这种穿戴方式的优点——与那些可怜的女裙撑架、紧身衣撑条和围环裙相比，现在的装束既简单又具魅力。查尔斯在美国的时候发现这种新的流行时尚很迷人，它以俏皮而略带卖弄风情的方式暗示其他方面的解放。这时，他受到那么多新的怀疑，脸一下红了，颜色和她衬衣条纹的石竹粉红色差不多。

现在她这模样，瞧她都变成什么样子了！的确令人震惊！但是震惊之余，他又觉得宽慰。那一双眼睛，那一张嘴，那一股含而不露天不怕地不怕的神态……一切依然如故。她仍然是他幸福记忆中的那个非凡女子，但是现在像花儿开放了，潜质充分发挥了，黑蛹长出了翅膀。

双方沉默了好一会儿，谁都不言语。她双手紧握，垂在金色皮带扣前面，头低低的。

“你怎么到这里来了，史密森先生？”

看来地址不是她寄的。她一点不领情。她这句问话和以前有一次她突然来找他时他对她的问话完全相同，只是他忘记了这一点；但是他已经意识到，现在他们的地位奇怪地颠倒过来了。现在他成了哀求者，她还不乐意听呢。

“有人告诉我的律师，说你住在这里。我不知道是谁告诉他的。”

“你的律师？”

“你不知道我和弗里曼小姐解除婚约的事吗？”

现在轮到她震惊了。她的目光死死盯住他的双眼，想看出个究竟来，最后她把头低下了。看来她真的不知道。他向她逼近一步，低声说：

“伦敦的每一个角落我都找遍了。每个月登一次广告，希望……”

这时他们俩都低头望着两人之间的地面，望着铺在楼梯平台上的漂亮土耳其地毯。他努力保持用正常的声音说话。

“我看出你……”他一时词穷，他的意思是要说她完全变了。

她说，“生活善待了我。”

“那边那位绅士——他不是……？”

尽管他没有说出名字，眼睛里还流露出难以置信的目光，她还是点头表示回答。

“这幢房子属于……”

他的声调中明显含有责备之意，她不禁轻轻吸了一口气。他脑子里仍然藏着一些偶然听到的飞短流长，不是说他在房间里看到的那个人，而是说他在楼下看到的那个人的。萨拉没有任何预示径直朝通向楼上的楼梯走去。查尔斯一下愣住了。她略微犹豫地朝下看了他一眼。

“请跟我来。”

他跟着她上了楼。她走进一间面北的房间，底下就是大花园。那是一间艺术家的画室。门边的桌上乱七八糟放着许多画。画架上是一幅刚开始的油画，只有一些基础线条，好像是要画成一个伤心低头的少妇，她的头后有淡淡勾勒出来的枝叶。别的油画靠在墙上。另一面墙上有一排钩，上面挂着五彩缤纷的女服、围巾和披肩。一只大陶罐。几张桌子都放满了东西，有软管颜料、画笔、调色盘等。一件浅浮雕，几尊小雕塑，一只瓮插上宽叶香蒲。似乎很难找到一平方英尺没有摆东西的地方。

萨拉站在一扇窗前，背对着他。

“我给他当文书，是他的助手。”

“你还当他的模特?”

“有时候。”

“我看出来了。”

其实他什么也没看出来，或者说他只用眼角看到门边桌上有一幅速写，画的是一个裸女，腰部以上赤裸，双手捧着一只细颈椭圆土罐置于髋部。脸不像是萨拉的，但是因为选取的角度的关系，他也不能肯定就一定不是。

“自从你离开埃克塞特以后就一直住在这里吗?”

“才住了一年。”

他心里很想问她一些问题，比如他们是怎样相遇的，他们住在一起有什么条件。但是他犹豫不定，随后把帽子、手杖和手套放在门边的一张椅子上。此时她的一头秀发尽显风采，几乎垂到腰际。她的个头仿佛比他记忆中的小了，比以前纤弱了。一只鸽子拍打着翅膀停在她面前的窗沿上，受了惊又悄悄飞走了。楼下有开门关门的声音。底下几个男人走的时候，边走边低声淡话。他们之间隔着一个房间。他们之间隔着一切。沉默令人难以忍受。

他此行的目的是要把她从贫穷中救出来，让她不必在刻薄的人家干刻薄的工作。

他可以说是全副武装，做了充分准备，要来杀死恶龙，可是眼前的女子却打破了一切常规，没有锁链，没有哭泣，没有伸手乞求帮助。他倒像是来参加一个正式晚会，他的印象是一次化装舞会。

“他知道你未婚吗?”

“我冒充寡妇。”

他的下一个问题提得很笨拙，但此时他已丧失了一切谈话技巧。

“我相信他一定是死了老婆?”

“的确死了，但在他的心中她还活着。”

“他尚未再婚吗?”

“他和他的兄弟共住这幢房子。”接着她又说出另一个也住在这里的人的名字。她列举这么多人住在一起，仿佛是为了暗示查尔斯几乎没有掩饰的担心是毫无根据的。但是她补充的那个名字，19 世纪 60 年代后期任何一个体面的维多利亚时代人极可能听了会非常反感。他的诗歌所引发的巨大恐惧早已由约翰·莫利公开道出约翰·莫利堪称是一位天生要成为时代发言人的杰出人物。查尔斯还记得他的谴责中最核心的一句话：“属于一群色情狂的好色桂冠诗人。”他就是房子的主人！他不是听说过他吸鸦片吗？如果把领他上楼的姑娘也算进去，查尔斯马上想到，他们在一起淫乱的不止四个人，而是五个人。但是从外表看，萨拉没有任何纵欲的迹象。如果把诗人作为比照，反而可以证明她的清纯。他从门缝里看见的那位著名演讲家兼评论家，虽然他的想法有些夸张，但在当时受到广泛的尊重和崇敬则是毫无疑义的，他到这样一个罪恶的魔窟来干什么呢?

以上我是在过分强调查尔斯的思想中比较坏的一面，即有点儿像莫利的、随波逐流的一面；其实他那比较好的一面，即以前曾使他能一眼看穿莱姆镇人对她的真实天性怀有恶意的一面，正在竭力排除他的各种怀疑。

他开始用平静的声音解释自己的行为；同时在他头脑中还有另一个声音在咒骂他解释得过于拘谨，咒骂他心中有一个障碍，使他不能向她倾诉自己无数个孤寂难熬的日日夜夜，不能对她说她的灵魂一直伴随着他，在他上方，在他面前……还有眼泪，他不知道该怎样向她诉说自己伤心落泪。他对她说了那天晚上在埃克塞特发生的事、他的决定，还有萨姆的恶劣背叛。

他先前曾希望她能转过身来。但是她一直俯视着下面的青草绿叶，背对着他，使他看不见她的脸。花园里的青葱草木间有孩子在嬉戏。他静默下来，走到她的身后。

“我所说的一切你都不在乎吗?”

“我很在乎。太在乎了，我……”

他轻柔地说，“请你继续说下去。”

“我不知该怎么说好。”

她走开去，仿佛靠得太近无法看他。只有当她挪到了画架旁，她才壮起胆子望着他。

她喃喃说，“我不知道该说什么好。”

但是她说出这句话的时候没有任何感情，没有一丝他渴望得到的感激之情；残酷的事实是，只有感到困惑的那种坦率。

“你说过你爱我。你给了我一个女人能拿出的最大证据……证明当时支配我们的绝不是一般的相互同情和吸引。”

“这个我不否认。”

他的眼睛里闪现出一丝受伤害的怨恨神情。她在他面前低下了头。房间里又恢复了静寂。查尔斯转身面向窗口。

“但是你已经找到了更新的更加热切的感情。”

“我没有想到还会再见到你。”

“这并没有回答我的问题。”

“我不让自己为不可能实现的事情而悔恨。”

“这照样没有——”

“史密森先生，我不是他的情妇。如果你了解他，如果你知道他私生活的悲剧……你就不会这样……”但是她这句话没有讲完。他想得太多了；他的双手攥得紧紧的，指关节发白，面孔也涨得通红。又是沉默。过后她不紧不慢地说，“我的确找到了新的感情，但不是你所想象的那种感情。”

“你再次见到我的时候显然十分尴尬，对此我又该如何解释呢?”她一声不吭。“尽管我很乐意想象是因为你现在有了……一群朋友，他们比我更有趣更逗乐，我无论如何也装不出那种样子来。”但他急急忙忙又补充了一句，“是你迫使我用我所讨厌的方式表达自己的感情的。”她仍旧一声不吭。他转过身，正视着她，脸上露出了一丝苦笑。“我知道这是怎么回事了，是我自己变成了一个厌恶人类者。”

他这种诚实的态度效果不错。她迅速看了他一眼，这一眼并非完全没有关心的成分。她犹豫了一番，最后还是下了决心。

“我无意把你搞成这样。我的本意是要把事情做到最好。我滥用了你的信任，你的慷慨大方，我，是的，是我勾引了你，把自己强加给你，而且是在知道你已经对别人承担了义务的情况下。当时我真的很疯狂。直到在埃克塞特的那一天，我才清楚地看到这一点。当时不管你认为我多坏都是对的。”她停下来，他等待着。“在那之后，我看见了艺术家在销毁自己的作品，在业余爱好者眼里，那些作品堪称完美无缺。我曾经反对他们这样做。他们告诉我，一个艺术家如果不能用最严厉的眼光来评判自己的作品，他就不配当一个艺术家。我相信这句话是对的。我认为，我毁掉我们之间已经开始的爱情也是对的，因为其中有虚假的成分，一种——”

“这不能怪我。”

“对，是不能怪你。”她停了一下，用更加温柔的口气说。“史密森先生，最近我注意到拉斯金先生有一句话。他谈的是关于概念的不一致问题。他的话意思是，自然的东西被人造的东西玷污了，纯洁的东西被不纯洁的东西玷污了。我认为，两年前发生的情况也是如此。”她把声音压得更低，“我自己扮演的是什么角色，我心里非常清楚。”

他重又觉得她有一种他们两人在智力上应该平等的概念。他也看到了他们之间一贯存在的不和谐现象：他的语言过于拘谨——最糟糕的例子就是他写的那封情书，好在她从未发现过——而她的语言则是直截了当。两种语言暴露出，在一方是一种虚伪，一种愚蠢的拘谨——但是她刚刚说过，那是一种人为制造的观念——在另一方则是思想与判断的实在与纯洁。两者之间的差别有如书本的一页简单的版权页和一页诺埃尔·汉弗莱斯精心装饰的版面之间的差别，后者采用涡卷形花体字，经过精心制作，像洛可可式建筑装饰一样繁琐，空洞，令人生厌。这就是他们之间真正不一致之处，尽管她很宽容——也可以说是急于想摆脱他——对此努力加以掩盖。

“我可以借用你的比喻吗？把你称之为观念中自然和纯洁的部分重新再捡起来？”

“恐怕不行了。”

但是她说这句话的时候看都没看他一眼。

“当我得知找到你的消息时，我远在四千英里之外。那是一个月之前的事了。从那时起，我就一直在考虑这一次对话。你……你不能用评论艺术的语言来回答我，无论它有多么贴切。”

“我所说的话同样适用于生活。”

“你是说你从来都没有爱过我。”

“我不能这样说。”

她转身走开去。他又走到她背后。

“可是你必须那样说！你应该说，‘我这个人坏透了。我从来都只把他当工具使用，我随时可以把他毁灭。现在我根本不在乎他还爱着我了，那是因为他到处旅游也没有找到一个可以和我媲美的女人，只要他是和我分离的，他就是一个鬼，一个幽灵，是半人半兽。’”她低着头。他压低声音继续说。“你应该说，‘我不管他的罪过只是几个小时的犹豫不定，我不管他已经以牺牲他的美名、他的……来赎罪。’并非说这有多大关系。只要我能知道……我最亲爱的萨拉，我……我愿意牺牲一百次我所拥有的一切。”

他已经到了快要流泪的危险边缘。他试探地把一只手伸向她的肩膀，搭在上面。但是就在他的手搭上去的一瞬间，他立即感觉到她拒斥的僵硬姿态，只好把手放下。

“还有另外一个人。”

“是的，是有另外一个人。”

她的脸扭向一旁，他对她怒目而视，深吸一口气，大步走向房门。

“请等一下，我还有话要说。”

“重要的那件事你已经说了。”

“另外一个人不是你所想象的那种！”

她完全换了一种新的腔调，听口气很认真，于是他伸出去取帽子的手又缩回来了。他回过头来看她。他在她身上仿佛看到了两个人：一个是原来的对他充满责难的萨拉，另一个萨拉则在求他听她把话说完。他望着地面。

"你所说的那种另外一个人确实存在。他是……我在这里碰到的一个艺术家。他想和我结婚。无论作为男人还是作为艺术家，他都让我钦佩、尊重。但是我决不会嫁给他。如果此刻我不得不在某某先生……在他和你之间做一个选择，那么，你离开这里的时候心情会好一些的。请你相信这一点。"她向他靠近了一点，十分坦率地直视他的眼睛。他不能不相信她。他又低下了头。"你们两个人共同的对手是我本人。我不想结婚。我不想结婚，因为……第一，是因为我的过去，它使我习惯了孤寂。以前我总以为自己憎恨孤寂。在我目前所生活的环境里，要避免孤寂十分容易。我发现我很珍惜这种生活。我不想与他人分享。我喜欢保持我目前的状况，而不是一个丈夫——无论他待我多么好，多么溺爱我——必定会期待我表现得像一个妻子应该表现的那样。"

"第二个原因呢？"

"我的第二个原因是我的现在。以前我从来没有奢望会生活幸福。但是现在我却发现自己过得很幸福。我的工作丰富多彩，令人愉快，干起活来心情特别好，以致全然没有了一般工作的辛苦或乏味。我可以每天和天才人物一起说话。这种人也有他们的缺点，有他们的不良习气。但是他们绝不像世人所想象的那样。我在这里遇到的人，让我看到了一个靠自己的诚实努力去实现高尚目标的群体，现在我才知道世界上还有这样的人。"她转身走向画架。"史密森先生，我很幸福，我终于找到了，或者说我觉得找到了自己的归宿。我是抱着十分谦恭的心情说这样的话的。我自己没有天分，只能以谦卑的方式帮助天才们做一些很细小的事情。你可能会认为我很幸运。没有人比我自己更了解这一点。但是我认为自己得到好运就应该承担义务。我不再到别处去寻找幸福。我要把在这里的幸福看成是一种容易丢失的东西，说什么也不能让自己失去它。"她又停顿了一下，接着正面对着他说。"你想怎么看我都可以，但是我不想改变现在的生活，即使有一个我所敬重的男人在求我，我也不想改变，尽管他让我内心比外表更感动，尽管他忠心耿耿地爱我，其实我不配得到他如此专一的爱。"她低下头。"我只能请求他理解我。"

有好几次查尔斯想打断她所说的这一套。其论点在他听来似乎全是异端邪说；但是，在他心灵深处对这些左道旁门的东西却越来越赞赏。她与众不同，现在比以往任何时候更加与众不同。他发现，伦敦和她的新生活已经使她产生了微妙的变化；她的词汇和口音变得高雅起来了，能明确表达自己的直觉了，洞察事物的清晰程度也有了提高。以前她漂泊不定，现在她已经确立了自己基本的生活观，明确了自己在其中的地位。看来起初他是被她漂亮的服饰误导了。此时他开始看到，服饰只不过是她新的自我认知和泰然自若的一个因素；她已经不必再依靠外表的服饰支撑门面了。他看出了这一点，而这又是他不愿意看到的。他往房间中央走了几步。

"但是你总不能不考虑上帝创造女人的本意吧。本意是什么呢？我不是在说某某先生的坏话，"他指向画架上的那幅画，"……也不是说他圈子里的那些人。但是你总不能把为他们服务看得比自然法则还高吧。"他进而推销自己的优势。"我也发生了变化。我对自己有了深刻的认识，看到了自己以前虚伪的一面。我不提任何条件。现在的萨拉·伍德拉夫小姐怎样生活，将来的查尔斯·史密森太太还继续这样生活。我不禁止你继续生活在你的新天地里，继续享受其中的乐趣。我和你结婚的目的只是要让你比现在更加幸福。”

她走到窗口，而他走向画架，目光锁定在她身上。她半转过身来。

“你不理解。这不是你的错。你为人很好。但是我这个人是不可理解的。”

“你忘了，你以前也对我这样说过。我认为你为此感到骄傲。”

“我的意思是，甚至我本人都无法理解我自己。我无法对你说是什么原因，但是我相信我的幸福依赖于我的不理解。”

查尔斯情不自禁笑了起来。“这简直太荒唐了。你拒绝接受我的求婚，竟然是因为我可能会使你理解你自己。”

“我拒绝你，如同我拒绝另一位绅士一样，是因为你无法理解此事在我看来一点也不荒唐。”

她又转过身去，他开始看到一线希望，因为她在扯拉她面前白色的窗横档上的什么东西，像个任性的孩子因泄露了内心的秘密而感到尴尬。

“你这是说不通的。你要保留多少隐私都可以。我将把这看成是你的神圣权利。”

“我怕的不是你。我怕的是你对我的爱。我很清楚，一进入爱情领域，就没有什么神圣不可侵犯的东西可言了。”

他顿时觉得自己像一个因为法律文件中一句无关紧要的语句而被剥夺了财产的人，成为不合理的法律征服了合理的意图之后的受害者。但是萨拉不愿意服从理性，在感情面前倒是可能比较愿意敞开心扉。他犹豫了一下，向她靠得更近些。

“我不在的时候你很想我吗?”

她望着他，目光几乎是冷冰冰的，对这一新的进攻方式她似乎早有所料，而且几乎是抱欢迎的态度。她转过身，把目光投向花园另一边那一排房子的屋顶。

“开始挺想你的。在大约六个月之后，第一次看到你刊登的启事的时候——也很想你。”

“你知道我在找你!”

但是她毫不宽容地继续往下说。“于是我不得不改变住处和姓名，我做了一些调查，才知道你没有和弗里曼小姐结婚，在那之前并不知道。”

他呆若木鸡，僵立达五秒钟之久，简直无法相信她说的话。她回头瞥了他一眼。他认为自己在她的目光中隐隐看出她心里十分高兴，看出她一直握着这张王牌——更加糟糕的是，她要等到把他那一手牌全部摸透才亮出她的王牌。她悄悄地走开去，比这一动作更为可怕的是她的沉默和明显的冷漠态度。他用目光跟随着她。也许他终于开始抓到了她的神秘所在。人类在性方面的命运已经开始出现了某种可怕的反常现象；在一场规模大得多的战斗中，他充其量不过是一个步兵，一个马前卒，而这场战斗和其他一切战斗一样，不是为爱情，而是为占有，为了争夺地盘。他还看得较深：她并不是痛恨男人，也不是真的瞧不起他胜过瞧不起别的男人；她的各种花招只不过是她的整个武器库的一个组成部分，是实现一个更大目标的工具。他还看到更深的一层：她现在所谓的幸福是又一谎言。在她内心深处，她仍然以同以往一样的方式在受苦，这才是她真正、最终害怕他会发现的秘密。

沉默。“这么说你不仅毁了我的一生，你还以此为乐。”

“我知道这样的见面只能带来不愉快。”

“我认为你在撒谎。我认为你是一想到我在遭罪便暗自高兴。我认为是你把那封信寄给我的律师的。”她用目光向他表示断然否认，他冷漠地做了个鬼脸以示回敬。“你忘了，我付出了代价现在才知道，为了实现你的目标，你可以做出多么精彩的表演。我能猜出你为什么要把我召来给我最后的一击。现在你找到了一个新的受害者。你可以最后一次利用我来发泄一下你对男性永远无法平息的女人不该有的仇恨……现在你该打发我走了。”

“你错看我了。”

但是她说这句话的时候显得太镇静从容了，仿佛他的一切指责对于她都不起作用，甚至，在她内心深处，她倒是很欣赏这些指责。他非常痛苦地摇了摇头。

“不。我说的没错。你不仅把匕首插入我的胸膛，而且还扭转它来取乐。”这时她凝目注视着他，仿佛被施了催眠术似的身不由己，像一个桀骜不驯的罪犯在等候判决。他终于做出了宣判。“总有一天，你会被召去解释为什么要这么对待我。如果上天还有正义——你所受的惩罚将超过永恒。”

这像是传奇剧里的语言；但是有时候语言背后的感情深度比语言本身更重要——这些话是查尔斯用自己的全部生命和绝望说出来的。在语言背后让人感受到的不是传奇剧，而是悲剧。她持续凝视着他许久，看出了他灵魂中可怕的暴怒。她十分突然地低下了头。

他最后又迟疑了一秒钟；他的脸像即将崩溃但暂时维持着的坝墙；他心里的诅咒太强烈了，随时可能爆发出来，冲毁堤坝奔泻而下。但是他突然咬紧牙关，转身疾步走向门口，就像她刚才现出负罪神色时一样突然。

她用一手提起裙子向他追来。他听到声音忽地转过身子，她一时不知所措。但是没等他继续往前走，她已经迅速抢在他前面赶到门口。他发现自己的出路被她堵住了。

“你这样看我，我不能让你走。”

她的胸脯隆起，仿佛喘不过气来的样子。她的目光锁定他的双眼，似乎想凭借坦率的目光暂时把他留住。但是当他做出一个愤怒的手势的时候，她还是开口说话了。

“这屋里有一位女士认识我，她比世界上任何人更了解我。她想见你。我求你让她如愿以偿。她能把我的真实天性……解释得比我自己更清楚。她会向你解释，我对你的态度并不像你想象的那么可恶。”

他的眼睛里怒火燃烧，目光灼灼直逼她的双眼，仿佛此刻就要让那堤坝崩塌一样。你可以看得出他在艰难地竭力控制自己，强压怒火，恢复冷静，他做到了。

“你竟然认为一个与我素不相识的陌生人能为你的行为辩解，这实在让我太吃惊了。现在——”

“她在等你。她知道你在这里。”

“就是女王本人来了我也不理她。我不见她。”

“我会不在场的。”

她的两颊涨得通红，几乎和查尔斯的脸一样红。在他的一生中是头一次，也是最后一次，他真想用暴力来对付面前这个女人。

“给我站一边去!”

可是她摇头。此时斗嘴已无济于事；现在他们面临的是一个斗志的问题了。她表面上很紧张，近乎可悲；然而，她的眼睛里不断闪现出奇异的光——发生过什么事情了，有一股看不见的来自另一个世界的阴风从他们之间吹过。她用目光盯住他，仿佛有把握已经使他不能再向自己逼近了；她有点害怕，不知道他要干什么，但是她没有敌意。在她的外表下面，仿佛剩下的只有纯粹的好奇了：想看看一个实验的结果。查尔斯开始动摇了。他垂下了目光。他知道，自己虽然暴跳如雷，但心里还是爱着她的。她就是这样，你已经失去了她，但却永远忘不了她。他望着她腹部的金色皮带扣说道：

“对此我该作何理解呢?”

“一个不那么高尚的绅士也许早些时候已经猜了出来的东西。”

他在她的眼睛里仔细搜寻。里面还有一丝笑意吗?不，不可能有。的确没有。她继续用谜一样的目光盯了他一会儿，然后，她离开房门，穿过房间，到了壁炉旁的拉铃索旁。这时他可以自由自在地走了，可是他却不动，一直注视着她。“一个不那么高尚的绅士……”现在她又要想拿什么新的巨大的罪名来威胁他了！另一个女人，认识她，比……更理解她……对男人的那种仇恨……这屋里住着……他不敢继续想下去了。她抓住拉铃索末端的铜制球形把手使劲拉了一下，又朝他走了过来。

“她马上就来。”萨拉把门打开，斜视了他一眼。“我求你听她把话说完……并看在她的身份和年龄的份上给予她应有的尊重。”

她走了。但是她临走前最后的话留下了重要的线索。他立刻猜出即将见到的人会是谁了。一定是她的雇主的姐妹，女诗人(我不再隐藏她们的名字了)克里斯蒂娜·罗塞蒂小姐。肯定没错！他虽很少读她的诗，但是，不是每一次读都会发现她的诗中有一种不可理解的神秘主义吗?都会发现一种充满激情的朦胧，一种思想过于内向的和非常错综复杂的女性心态和感觉吗?坦率地说，这是十分荒唐地模糊了人爱和神爱的界限!

他大步走到门口，把门打开。萨拉站在楼梯平台另一端的一个门口，正要走进去。她回过头来看他，他张嘴想说话，但此时下面有了声响，有人上楼来了。萨拉把一个手指头放在嘴唇上让他别说话，径自走进房间里去不见了。

查尔斯犹豫了一下，重新回到画室里，走到窗前。现在他终于明白，萨拉会有那样的人生哲学该怪谁了——就是那个曾被《笨拙》杂志称为呜咽抽泣的女修道院院长的人，那个被称为拉斐尔前派兄弟会的歇斯底里老处女的人。他真不该回来，为此他后悔极了！他要是事先多做些调查，就不至于陷入目前这样的可悲处境了！但是他已经来了；他突然，带着一点儿冷酷的自鸣得意，下决心不让女诗人随心所欲地摆布。在她眼里，他可能只是茫茫沙海中的一粒沙，这座异国情调花园中一棵无精打采的野草……

有声音。他回过头，故意装出一副冷冰冰的面孔。但是来者并不是罗塞蒂小姐，而是刚才领他上楼的那位姑娘，手臂上抱着个小孩子。她好像是要去托儿所，途中看到这里的门开了一道缝，便探头进来看看。她看见他独自一人，颇为惊讶。

"拉夫伍德太太走了吗？"

"她对我说……有一位女士希望和我单独说几句话。已经拉铃叫她了。"

姑娘点头。"我明白了。"

但是和查尔斯的预料恰恰相反，她不但不走，还走到房间里来，把孩子放在画架旁边的地毯上。她从围裙口袋里摸出一个布娃娃，跪下来哄孩子玩，直至孩子非常高兴才放心。她没有任何预示便突然站起来，迈开优美的步伐向房门走去。查尔斯站在一旁，表情复杂，半是气愤，半是困惑。

"我相信那位女士应该很快就会来吧？"

姑娘转过身来，嘴角露出一丝微笑。他低头望着地毯上的孩子。

"她已经来了。"

门关上后，查尔斯盯着孩子起码看了十秒钟。这是个小女孩，黑头发，圆胖的胳膊，比婴儿稍大，但还算不上是儿童。她突然意识到查尔斯很高兴，手里拿着布娃娃向他伸过来，嘴里发出没有意义的声音。他对孩子的印象是：一张寻常的脸，严肃的灰色虹膜，有一种怯生生的疑惑，不能肯定他是什么人……一秒钟后，他跪在小女孩面前的地毯上，帮助她用不稳的双腿站起来，仔细察看那张小脸，那架势就像一个考古学家刚刚出土了第一份湮没已久的古代手迹。小孩子明显表现出不喜欢他这样盯着她看个不停。也许是他把孩子脆弱的胳膊抓得太紧了。他赶紧伸手去掏怀表，以前曾有一次碰到类似的窘境，他也这样做过。这一次效果同样很好；不一会儿，她乖乖地让他抱起来。他把她抱到窗子旁的一张靠背椅上坐下。她坐在他的膝盖上，只顾玩那块银怀表；他的注意力则集中在她脸上，她手上，她全身每一个部位。

他还回想起在这个房间里说过的每一句话。语言像闪色绸，很大程度上依赖于理解的角度。

他听见悄悄的开门声，但是他没有回头。俄顷，有一只手搭在了他坐的木椅高高的靠背上。他一声不吭；那只手的主人也没开口；孩子完全被怀表迷住了，也没有声音。远处一幢房子里，一位业余爱好者开始弹起了钢琴，可能是一位有闲的太太，但她控制不好节奏，弹得实在太差，好在距离遥远。肖邦的一支玛祖卡舞曲穿透墙壁、树叶和阳光。唯有那断断续续的乐音表明历史在进行中。否则是不可能的：历史的进程停顿了，成了一张生动的照片。

但是小女孩厌倦了，伸手去抓她母亲的手臂。母亲把她抱过来，逗她乐，走开几步去。查尔斯凝视窗外好长时间，后来他站起来，面对萨拉和她抱着的孩子。她的眼神依然严肃，但脸上有了一丝笑意。现在，他的确是在受奚落。不过，要是事先知道的话，他会情愿长途旅行四百万公里来受这样的奚落。

孩子看到布娃娃在地板上，手往下伸。萨拉弯下身子把布娃娃捡起来给她。孩子靠在她肩上，专心玩她的布娃娃。萨拉先是注视着孩子，后来目光停在了查尔斯的脚上。她不敢看他的眼睛。

“给她起了什么名字?”

“拉莱格。”她讲出这个名字用的是扬抑抑格，末尾的“格”音发得很硬。她还是无法抬起眼来看他。“有一天在街上，罗塞蒂先生向我走过来。他一直在注意着我，但是我并不知道。他要求我允许他画我。当时她还没有出生。当他了解我的情况之后，他在各方面待我非常好。他主动建议给孩子起这个名字。他是她的教父。”她低声说，“我知道这有点儿怪。”

要说怪，查尔斯此时的感觉才叫怪。她竟然会在这样的情况下，就这么一件小事征求他的意见，实在是怪上加怪，这就好比在他的船触礁时有人跑来问他船舱里的家具装饰用品该用什么材料制作。尽管他仍处于麻木状态，他还是做了回答。

“这名字来自希腊文，意思是溪水潺潺流动的声音。”

萨拉点头，似乎是适度地感谢他为孩子的名字做出了词源解释。查尔斯的目光依然盯着她；他的桅杆在断裂，他仿佛听见即将溺死者的呼救声。他决不宽恕她。

他听见她低声问道，“你不喜欢这个名字?”

“我……”他倒抽一口冷气。“喜欢。这名字很漂亮。”

她又低下了头。但是他无法离开，无法让自己不用目光对她提出可怕的责问，这就像砖石墙已经倒塌，有一个人却还盯着它看，庆幸自己早一步从墙下经过了，否则就被压死了。在危难之中，人类智力通常忽视并将其扔进神话杂物间的那个因素使他面前的这个人，这个双重性人物，不光有灵魂，还有了肉体。她仍然低着头，黑色的睫毛遮住了她的眼睛。但是他还是看见，或者说是感觉到，她泪眼汪汪。他不由自主地向她走近两三步。然后他又停住了脚步。他不能，他不能……尽管声音不高，他的话还是迸发出来了。

“可这是为什么？为什么？要是我从来没有……”

她的头埋得更低了。他勉强听见她的回答。

“事情只能是这样。”

他明白了：一切都控制在上帝手中，在上帝对他们罪行的宽恕之中。然而他仍然目光朝下盯着她掩藏着的脸。

“你说了那么许多刻薄的话……来迫使我回答吗?”

“那些话不得不说。”

最后她抬起头来望着他。她的眼里充满了泪水，她的神态是那么率真，使人简直无法注视。这样的神态我们每个人在一生中都曾感受并分享过一两次；在这样的神态中，世界融化了，往昔消失了；在这样的时刻，当最深层次的需要得到满足时，当两人在这里手拉着手的时候，当一个人把头依偎在另一个人胸前，两人静默不语的时候，我们认识到，一切时代的支柱不可能是别的任何东西，而只能是爱。查尔斯经过了仿佛无限长的时间之后，终于打破沉默，气喘吁吁地提了一个问题。

“我还有机会理解你的谜吗?”

依偎在他胸前的头使劲地摇，默不作声。很长一段时间过去了。他的嘴唇贴在她赭色的秀发上。在远处的那幢房子里，那位没有天赋的太太停止了弹琴，她无疑是被悔恨攫住了，也可能是被可怜的肖邦备受折磨的鬼魂攫住了。慈悲的静寂似乎促使拉莱格对音乐之美进行思考，并且得出了结论：没有打击乐器，一千把小提琴的演奏会很快让人感到厌倦。她用布娃娃敲打她父亲朝下低着的脸颊，提醒他——真是及时——注意这一结论。

【德】格拉斯

君特·格拉斯(1927—　)，德国当代著名作家，1999年诺贝尔文学奖得主。小说代表作是“但泽三部曲”(《铁皮鼓》《猫与鼠》《狗年月》)。其中，于1959年问世的《铁皮鼓》给他带来了世界声誉。该书被誉为“二十世纪德语长篇小说的再生”，并且被预言将成为“二十世纪影响最深远的文学作品”。

格拉斯在继承欧洲传统叙事的同时又在作品中糅合了许多现代技巧，用荒诞、讽刺的笔触描绘历史与现实。他笔下的世界光怪陆离，人物也多为畸形者，其作品可谓是融合了超现实和荒诞因素的现实主义小说。

“但泽三部曲”以格拉斯的故乡但泽为背景，在回忆与现在两条交织的时间轴中，反思纳粹时期以及战后德国的社会意识形态。有人评价“但泽三部曲”是反成长小说，是对欧洲传统成长小说的戏拟和反讽。作者从孩子的视角出发，通过他们的成长经历来展示世间的沧桑变化。并且，他笔下的孩子多为畸形儿，他们感觉和幻想的荒诞世界，更能暗示和讽刺现实社会的畸形与不可理喻。

《铁皮鼓》通过虚构的故事展示了德国的黑暗历史。主人公奥斯卡在三岁时觉得世间充满了欺骗，不愿与成人世界沆瀣一气，于是决定停止生长，永远保持三岁的模样，终于成为侏儒。他通过敲打铁皮鼓，并且利用唱碎玻璃的特异功能发泄对畸形社会的愤慨。21岁时，在父亲的葬礼上，他丢掉了铁皮鼓，同时被儿子用石头击中了后脑勺，又开始长个儿，唱碎玻璃的特异功能也随之消失。后来，他与爵士音乐家克勒普成立了一个爵士乐队，物质上日益富有，精神却越来越空虚。于是故意让朋友控告自己而被逮捕，两年后又因真相大白被无罪释放，但奥斯卡却不知所归。

本书选取的“玻璃，玻璃，小酒杯”一章讲述了三岁的奥斯卡做出了以不再长高来拒绝成长的决定，于是制造了一个不长个儿的原因——从通往地窖的台阶跳了下来，并从此获得了能与成人保持一段必要距离的本领——敲击儿童玩的铁皮鼓，还获得了一副能唱碎玻璃的嗓子。这一章在文脉上真正开始了奥斯卡的故事。而“三十岁”是全书的最后一章，它既是对奥斯卡一生的总结，也标志着他跟从前生活的决裂，并且还与“玻璃，玻璃，小酒杯”一章形成呼应。这一章的主题同样是选择。三十岁的奥斯卡已经长到了1米33，不能再保持三岁时的身形，早就失去了唱碎玻璃的嗓子，失去了亲人的庇护，也拥有了事业以及自己想要承担的责任，并且已从疗养院释放。这一些，都意味着他失去了逃避的理由和场所。他必须直面这个社会。此外，两章中的儿歌也彼此呼应，“玻璃，玻璃，小酒杯”的天真烂漫与“黑厨娘”给奥斯卡带来的那种面临现实生活的恐惧形成强烈对比。

（张蒞　撰稿）

铁皮鼓(节选)①

第一篇

玻璃，玻璃，小酒杯

我方才把奥斯卡身背铁皮鼓、手执小鼓棒的全身照片描述了一番，同时又透露了奥斯卡经过三年的深思熟虑，在拍照的时候，当着前来祝寿、围着插有三支蜡烛的生日蛋糕的客人们的面，做出了什么样的决定。照相簿已经合上，默默地躺在我的身旁。现在，我要谈谈那些虽然不能说明我为什么到了三岁就不再长个儿、但毕竟已经发生了的事情，更何况这些事情是我一手造成的。

我一开始就清楚地知道，成年人是不会理解你的，如果他们的肉眼再也看不见你在长个儿，他们就会说你发育停滞了，还会花不少钱，领你去看医生，走访几十上百个医生，即使无法治疗，也得让他们说明病因。因此，为了使医生们不至于做出不着边际的诊断，我不得不在他们说明病因以前，自己先制造出一个似乎还可以解释我为什么不再长个儿的原因来。九月里阳光明媚的一天，我的三岁生日。晚夏的气氛，催人遐想，甚至格蕾欣·舍夫勒也压低了她的笑声。我妈妈坐在钢琴旁，哼着《吉普赛男爵》②里的一支歌，扬站在她和琴凳背后，用手抚摩她的肩头，像是在仔细看乐谱。马策拉特在厨房里准备晚餐。外祖母安娜以及黑德维希·布朗斯基和亚历山大·舍夫勒都把椅子挪到蔬菜商格雷夫身边，因为格雷夫总有故事可讲，当然是那些证明童子军既忠诚又勇敢的故事。还有一个落地钟，每隔一刻钟报时一次，使这九月的日子就像一根细纺的线。由于大家都像那口钟似的各忙各的事情，又由于有一根线，从吉普赛男爵的匈牙利，经过格雷夫的童子军攀登的孚日山，绕道马策拉特的厨房(那里，卡舒贝鸡油菌加煎鸡蛋和鸡脯肉在平底锅里劈啪爆响)，穿过走廊，延伸到店铺，我便溜之大吉，信手敲着我的鼓，走到店铺里柜台后面，远离了钢琴、童子军和孚日山，发现通往地窖的活板门开着；方才马策拉特下去拿一个什锦水果罐头当餐后小吃，他上来后，忘记关上了。

我想了有一分钟的时间，才明白通往地窖的活板门要我干些什么。上帝明鉴，不是要我自杀。如果是这样的要求，那也太简单了。可是，要我干的事很难、很痛苦，并且还要我做出牺牲，正如每当要我做出牺牲的时候那样，我额头已经冒汗了。最要紧的是不能损坏我的鼓，必须对它妥善保护，所以我背着它走下十六级台阶，把它放在面粉口袋中间，目的便是不使它受损坏。随后我又上去，走到第八级，不，第七级吧，第五级也可以。不过，从这样的高度摔下来，不能既摔不死，又受到可以让人相信的伤害。于是我又往上走，走到第十级，这可太高了，最后，我从第九级台阶摔下去，拽倒了一个放满覆盆子果汁瓶子的木架，头朝下撞在我家地窖的水

① 选自[德]君特·格拉斯：《铁皮鼓》，胡其鼎译，上海，译文出版社，2005。

② 《吉普赛男爵》(1885)，小约翰·施特劳斯(1825—1899)的一部轻歌剧。

泥地上。

在我的知觉拉上帷幕之前，我就向自己证实这次试验必定成功：被我故意拽倒的覆盆子果汁瓶乒乓乱响，足以引诱马策拉特从厨房里，我妈妈从钢琴旁，其余的祝寿宾客从孚日山上直奔店铺的活板门，跑下台阶来。

在他们到来之前，我闻到了四溅的覆盆子果汁的味道，也看到了我头上在流血，还考虑了一下——这时，他们已经走到台阶上了，也许是奥斯卡的血，也许是覆盆子果汁味道这么甜，催人入睡。我非常高兴，不仅万事顺利，而且由于我想得细心周到，我那面鼓没有受到任何损坏。

我想，可能是格雷夫把我抱上去的。到了起居室里，奥斯卡才从半是覆盆子果汁半是他那幼儿鲜血组成的云彩里露出脸来。医生还没有到，妈妈尖声惨叫，马策拉特想去安慰她，她用手掌、手背一连打了他几个嘴巴，把他骂作凶手。

我这一跤摔下去，虽然不能说不严重，但是，严重的程度是我事先计算好了的。这样一来，我不仅使成年人有了一个重要的理由来说明我为什么不长个儿——医生们也一再证实是这么回事，而且使没有害人之心的、善良的马策拉特成了有罪的人，不过，这是额外产生的后果，并非我的本意。他忘了关上活板门，我妈妈便把所有的责任都加在他身上，他承担这一罪责达多年之久，虽说我妈妈并不经常责怪他，但是一骂起来，可真是冷酷无情。这一跤让我在医院里躺了四个星期，出院后，较少去麻烦医生，过了一段时期，才每逢星期三去霍拉茨博士那里诊断一次。我在自己成为鼓手的第一天，就成功地给了世界一个信号，在成年人根据我一手制造的所谓事实真相去做说明之前，我自己先把病因讲清楚了。从此以后，他们便这么说：我们的小奥斯卡在他三岁生日那天，从地窖的台阶上摔了下去，虽说没有折断骨头，可是他不再长个儿了。

我开始敲鼓。我们的公寓有五层。我从底层一直敲到屋顶室，再沿着楼梯敲下来。从拉贝斯路敲到马克斯·哈尔贝广场，又从那里敲到新苏格兰、安东·默勒路、马利亚街、小锤公园、股份啤酒厂、股份池塘、弗勒贝尔草场、佩斯塔洛齐学校、新市场，再敲回到拉贝斯路。我就这样不停地敲着，我的鼓经受得住，成年人却受不了，他们想要打断我的鼓声，不让我敲，还想掰断我的鼓棒——但是，老天爷关照我，使他们不能得逞。

我从地窖的台阶上摔了那一跤以后不久，便获得了一种本领，那便是敲击儿童玩的铁皮鼓，使我同成年人之间保持一段必要的距离。差不多与此同时，我还获得了一副嗓子，使我可以保持在非常高的音域上，用颤音歌唱、尖叫，或者像尖叫似的歌唱。这样一来，再没有人敢把我的鼓拿走，尽管鼓声使他们震耳欲聋；因为只要他们拿走我的鼓，我就叫喊，而我一叫，值钱的东西便被震碎：我能够用歌声震碎玻璃，用叫声打破花瓶；我的歌声可以使窗玻璃碎裂，让房间里灌满过堂风；我的声音好似一颗纯净的、因而又是无情的钻石，割破玻璃橱窗，进而割破橱窗里匀称的、高雅的、由人亲手斟上的、蒙上薄薄一层灰尘的玻璃酒杯，却又不丧失自身的清白。

没过多久，我们整条街，也就是从布勒森路到挨着飞机场的住宅区，谁都知道我这种能耐了。邻家孩子玩的游戏，譬如“酸鲱鱼，一二三”或“黑厨娘，你在吗”或“我看见的你看不见”，我都不感兴趣。可是他们一瞧见我，就一齐怪声怪气地唱起合唱来：

玻璃，玻璃，小酒杯，
没啤酒，有白糖，
霍勒太太打开窗，
弹钢琴，叮咚当。

这不过是一首无聊的、毫无内容的童谣罢了。我听了一点也不在乎，照旧背着鼓，踏着有力的脚步从他们中间穿过去，从“小酒杯”和“霍勒太太”的歌声中间穿过去，采用了对我不无吸引力的单纯节奏：玻璃，玻璃，小酒杯，在鼓上敲出来，可是并不去充当捕鼠者①，引诱孩子们跟我走。

直到今天，每当布鲁诺在我房间里擦玻璃窗的时候，我就在鼓上敲出这首童谣的节奏。

邻居孩子们唱的讽刺歌倒也罢了，使我尤其是我的父母更加感到麻烦和恼火的，乃是我们这个住宅区里凡被没有教养的小无赖故意打碎的玻璃，都算在我的账上，甚至归咎于我的声音，并要我们出钱赔偿。起先，别人家厨房的窗玻璃碎了(实际上，绝大多数是被人用弹弓打碎的)，我妈妈就老老实实地赔钱，后来，她终于明白是怎么一回事了。每当人家来要求赔偿时，她就瞪着她的讲究实际的、冷灰色的眼睛，要别人拿出证据来。而邻居们也确实冤枉了我。当时，最大的错误莫过于认为我有一种儿童的破坏狂，认为我莫名其妙地憎恨玻璃和玻璃制品，一如儿童在胡作非为时所表现出来的莫名其妙的憎恶心理那样。只有爱玩耍的孩子，由于调皮捣蛋，才会干出破坏的事来。我从来不玩耍，只是在我的鼓上干我的事，至于我的声音，仅仅在需要自卫时，我才运用它。唯有当我持续击鼓的权利受到威胁时，我才有的放矢地运用我的声带作为武器。如果有可能的话，我倒想用同样的声音和手段把格蕾欣·舍夫勒想入非非地设计的、图案错综复杂的、无聊的桌布剪个粉碎，或者把钢琴上那层颜色黯淡的油漆刮下来，而宁愿不去震碎任何玻璃制品。可是，我的声音既不能剪碎桌布，也不能刮掉油漆。我既不能用不倦的叫声揭下糊墙纸，也不能像石器时代的人打燧石那样，用两种拖长的、一鼓一凹的声音使劲摩擦，生出热来，最后爆出火花，把起居室两扇窗前干燥得像火绒、被烟草熏出味儿来的窗帘点着，燃成装饰性的火焰，更不能折断马策拉特或亚历山大·舍夫勒坐的椅子的腿。我宁

---

① 捕鼠者，德国中世纪传说里的人物。哈默尔恩城闹鼠灾，来了一个吹笛子的人，用笛声把全城的老鼠引诱到河里淹死。哈默尔恩人未把许诺的报酬给这个捕鼠者，他便用笛声把全城的孩子引诱到深山中去了。

愿要一种不起破坏作用又不太神秘的自卫武器，但是，没有任何不起破坏作用的武器愿意为我服务；此外，又只有玻璃听从我的吩咐，这样就不得不为它赔钱。

我在三岁生日过后不久，第一次成功地做了如下的表演。这面鼓在我手里也许刚到四个星期就被敲坏了，因为在这段时间内，我实在太勤奋了。虽然红白相间的火焰形图案的边框仍旧把鼓面和鼓底连在一起，但是鼓面中央的窟窿已经很显眼了。由于我不屑把鼓翻过面来，窟窿便越敲越大，撕开了好几道口子，裂成锋利的锯齿，迸出一些由于敲打而变薄了的碎铁皮，掉进鼓身里去。我每敲一下，这些碎片就在里面劈啪作响，像是满腹怨气地在发牢骚。此外，在起居室的地毯上，卧室里红棕色的地板上，到处是闪闪烁烁的白漆皮，因为它们不再愿意在被我敲苦了的铁皮鼓上呆下去了。

裂开的铁皮锋利异常，他们担心会割破我的手，尤其是马策拉特。自我从地窖台阶上摔了那一跤以后，他总是小心加小心，现在又劝我敲鼓的时候千万要留神。当我两手快速敲击时，我的动脉确实同锯齿形的窟窿只差毫厘，因此，我不得不承认，马策拉特表示的担心尽管言过其实，但也不是完全没有道理的。本来嘛，只要他们买一面新的鼓，就可以排除任何危险；可是，他们根本没想到要买新的，而是想把我这面旧鼓拿走。啊，多好的鼓啊！它跟我一同摔跤，一起进医院，出医院，跟着我上楼梯，下楼梯，走上鹅卵石路面和人行道，从那些玩“酸鲱鱼，一二三”、“我看见的你看不见”和“黑厨娘，你在吗”等游戏的孩子们身旁走过。可是他们却想从我手里夺走这面鼓，又不打算买一面新的来代替。他们想用破巧克力糖来引诱我。妈妈手里拿着它，撅起了嘴巴。马策拉特装出严厉的样子，抓住我的残破的乐器。我紧抱着这面破鼓。他拉着。我的气力本来只够敲鼓，现在渐渐不支了。一条接一条红火舌从我手里慢慢地滑出去，整个圆柱形的鼓身快要从我手里被拽走了。这当口，奥斯卡——直到那天为止，他一直是个文静的孩子，甚至有点太乖了——第一次发出了那种破坏性的、有效的尖叫声。蒙在我家落地钟蜂蜜黄的钟面外防灰尘和死苍蝇的磨光圆玻璃碎了，掉在红棕色的地板上——由于地毯不够长，离钟座还有一段距离——摔了个粉碎。可是，这台贵重的机械的内部构造并没有损坏，钟摆依然平稳地在摆动，时针也安然地在移动。里面那口报时钟，平常很敏感，简直有点歇斯底里，稍稍碰撞一下，或者屋外驶过一辆运啤酒的卡车，它就会有所反应，可是，我的尖叫声却对它毫无影响。唯有玻璃破了，粉碎了。“钟坏了！”马策拉特喊道，同时松开了鼓。我瞥了一眼，确信我的叫声并没有损坏钟本身，仅仅是玻璃没有了。可是，马策拉特，我妈妈，还有那个星期天下午正巧来访的表舅扬·布朗斯基，他们都以为坏了的不止是钟面外的玻璃。他们脸色发白，面面相觑，束手无策，分头走到瓷砖火炉、钢琴和碗橱旁，死死地站在那里，不敢动一动。扬·布朗斯基像哀求似的眯着眼睛，启动干燥的嘴唇。我至今还认为，他是在默念祷词，祈求援助与怜悯。他念的或许是：“啊，上帝的羔羊，你除去世人罪孽——怜悯我们吧！”这段经文念了三遍以后，他又念另一段：“主啊，你到我舍下，我不敢当，只要你说一句话……”

主自然什么话也没说。钟也没有坏，只是玻璃碎了。成年人同时钟之间的关系是非常奇特、非常幼稚的，从这个意义上讲，我从来就不是一个孩子。时钟也许是成年人所能制造的最了不起的东西。它证明成年人可以成为创造者。他们胸怀大志，勤奋努力，再加上一点运气，是可以成为创造者的。但是，他们创造了一件东西之后，随即又成为自己划时代的发明物的奴隶。

时钟是什么？没有成年人，它就什么也不是。成年人给它上发条，把它拨快或拨慢，送到钟表匠那里去检验、拆洗，必要时还请他修理。另外一些现象，要是没有成年人乱猜瞎想，也同样毫无意义，譬如布谷鸟过早地停止鸣叫，盐罐倒放，大清早见到蜘蛛，黑猫待在左边，他们都认为是不祥之兆。正如他们见到表舅的油画从墙上掉下来就觉得是什么预兆(其实只是因为钉在灰泥里的钩子松动了)。成年人在镜子里见到的时钟的背面和内部，总要比时钟本身能显示的多点什么。

我妈妈呢？尽管她有时也不免要胡思乱想，但毕竟有冷静务实的眼光，并且像她平日做人那样，轻率地把任何可疑的征兆都往好的方面去解释。当时，她想起了一句话，使大家听后都顿感宽慰。

“碎片带来好运气！”她喊道，一边咬着手指，拿来了畚箕和扫把，将碎片，也就是好运气，扫在一起。

妈妈的这句话，如果按字面去理解的话，那么，我已经给我的父母、亲戚、朋友以及不相识的人们，带来了许多好运气；他们中间有谁要想夺走我的鼓，我就用叫声和歌声震碎他们的窗玻璃、斟满啤酒的杯子、空啤酒瓶、散发出春天芳香的香水瓶、盛假水果的水晶碗，总而言之，把一切在玻璃厂里由玻璃工人吹制成的、在市场上按原料或按人工议价出售的玻璃制品震个粉碎。

无论过去和现在，我始终爱好造型很美的玻璃制品，因此我总是力图避免造成太大的破坏。晚上，如果他们想要拿走我的鼓，不让我把它带到小床上去的话，我就把卧室里吊灯上的四只灯泡震碎一只或者一只以上。在一九二八年九月初我四岁生日那天，我的父母亲、布朗斯基夫妇、外祖母安娜·科尔雅切克、舍夫勒夫妇以及格雷夫夫妇送给我各种各样的礼物：锡士兵，一艘帆船，一辆救火车，就是没送铁皮鼓。他们想让我玩锡士兵，玩救火车，他们不喜欢被我敲破了的、但毕竟是我最心爱的鼓，他们想把它从我手里拿走，硬把那艘笨头笨脑、船帆安得不是地方的帆船塞到我手里。他们都有眼睛，但是唯一的用途，就是无视我和我的愿望。于是，我大叫一声，把我家吊灯上的四只灯泡全部震碎，把那些给我祝寿的人们统统置于创世以前的黑暗之中。

瞧那些成年人哪！他们先是惊呼狂叫，极度渴望回到光明中去，之后他们又习惯了黑暗。我的外祖母安娜·科尔雅切克，是除去斯特凡·布朗斯基以外唯一没能从黑暗中捞一把的人。她到店铺里去取蜡烛，尖声怪气的斯特凡拉着她的裙子跟在后面。她拿着点燃的蜡烛回来，照亮了房间，只见其余喝寿酒喝得醉醺醺的人们双双俩俩，结成了叫人稀奇的对偶。

不出我所料，我妈妈上衣散乱，坐在扬·布朗斯基膝上。看到短腿面包师亚历山大·舍夫勒几乎消失在格雷夫太太怀里，实在倒人胃口。马策拉特在舔格蕾欣·舍夫勒的马齿和大金牙。只有黑德维希·布朗斯基坐着，双手搁在怀里，在烛光下，她的母牛眼睛非常虔诚。她离蔬菜商格雷夫不远，但又不太近。格雷夫没有喝酒，然而他却在唱歌，歌声很甜，却又忧郁感伤。他用歌声邀请黑德维希·布朗斯基同他合唱。他们唱起一支二声部的童子军歌曲，歌词大意是某个名叫吕贝察尔的山神在巨人山脉游荡①。

他们已经把我丢在脑后了。奥斯卡背着鼓的残骸坐在桌子底下，还从铁皮上敲出一些节奏来。那些配错了对、神魂颠倒、在房间里或躺或坐的男女们，可能听到了我那微弱而均匀的鼓声感到很悦耳，因为我的鼓声像一层清漆，蒙住了他们在狂热而紧张地证明自己是多么卖力时所发出的咂嘴声和吮吸声。

外祖母进来时，我还在桌子底下。她擎着蜡烛，像是一位天使长，借着烛光，见到了索多玛，看到了葛莫拉②。她勃然大怒，全身颤抖，连蜡烛也跟着抖动。她说，这是一场下流的恶作剧，从而结束了这出田园戏以及吕贝察尔在巨人山脉的漫游。她把蜡烛竖在碟子上，一边安慰着始终还在哭哭啼啼的斯特凡，一边从碗橱里取出施卡特牌，扔到桌上，宣布祝寿活动第二部分现在开始。紧接着，马策拉特在吊灯的旧灯头上拧上了新灯泡，摆好椅子，呼呼地开啤酒瓶。他们开始在我头顶上玩施卡特，十分之一芬尼一点的输赢。我妈妈一上来就提议，输赢一点为四分之一芬尼；可是，表舅扬认为风险太大，所以仍旧按十分之一芬尼一点来碰运气，除非在加倍或偶然打成大满贯时，才提高赌注。

我呆在桌子下面，坐在下垂的桌布的阴影里，觉得很自在。我的漫不经心的鼓声和着头顶上出牌的声音，跟随着牌局的进行，在他们玩了整整一小时施卡特以后，宣布扬·布朗斯基输了。他的牌挺不错，尽管如此，还是输了。这毫不奇怪，因为他心不在焉。他脑子里想的不是他该拿够的二十七点的牌，而是别的事情。牌局一开始，他一边同他的姑妈说话，告诉她，对刚才黑暗里小小的秘密宗教仪式不值得大惊小怪，一边脱下左脚的黑便鞋，把这只穿黑短袜的脚从我脑袋边上伸过去，去探坐在他对面的我妈妈的膝头。他刚一碰到，我妈妈就往桌子靠拢，这样，扬——他听马策拉特叫完牌后，就随便说了声“不要”——先用脚尖撩起她的裙边，随后，整只脚——幸亏袜子是今天刚换上去的——伸到她的两腿中间去。我妈妈真使我惊叹不已。尽管在桌子底下受到穿羊毛袜的脚的挑衅，在结实的桌布上面，她却在进行十分冒险的赌博。她叫到六十点，把握十足，谈笑风生，终于获胜。相反，扬在桌子底下那么果断，在桌面上则一输再输，这样好的牌，如果让奥斯卡来打，即使在梦游的时候，也保证会赢的。

---

① 这首童子军歌曲创作于1923年，歌中诉说捷克斯洛伐克建国后苏台德地区的德意志人不自由，并请求巨人山脉的山神吕贝察尔来相助。

② 据《圣经》故事，索多玛和葛莫拉是巴勒斯坦的两个城市，因其居民的罪恶，被地震和“火雨”所毁。一般借喻极端混乱、嘈杂、喧哗或罪恶的地方。

后来，困得要命的小斯特凡也爬到桌子底下来了，他不明白他爸爸那条穿着袜子的腿在我妈妈的裙子底下找什么，没过一会儿，就呼呼入睡了。

晴转多云。午后下了几场小阵雨。第二天，扬·布朗斯基就来了，取走了他送我的生日礼物，那艘讨厌的帆船，到西吉斯蒙德·马库斯的玩具店里把它换了一面铁皮鼓。下午稍晚的时候，他回到我家，被雨淋了，衣服有点湿，他带来了那面鼓，白底红火焰，是我熟悉的图案。他把鼓递给我，一手抓住我那面残破的旧鼓，上面红白两色的油漆只剩下斑斑点点了。扬抓住旧鼓，我抓住新鼓的当口，扬、妈妈和马策拉特的眼睛都盯着奥斯卡；我差一点微笑了，难道他们在想，我不愿弃旧就新，我会坚持什么原则吗？

出乎他们所料，我并没有大声尖叫，没有唱出震碎玻璃的歌声，而是交出已成废铁的旧鼓，立即双手捧住了新乐器。我一门心思地敲了两个小时，掌握了击鼓的诀窍。

可是，我周围的成年人并不是个个都像扬·布朗斯基那样有见识。一九二九年（当时，大家谈论最多的是纽约股票市场的崩溃①，而我也在考虑，远在布法罗做木材生意的外祖父科尔雅切克，是不是也亏了本），我五岁生日过后不久，妈妈因见我明显地不再长个儿，大为不安，每逢星期三，便带我到布鲁恩斯赫弗尔路的霍拉茨博士的诊所去。检查没完没了，叫人心烦，但我还是忍过去了，因为我当时已经喜欢上了站在霍拉茨边上帮忙的护士英格的服装；这种白色的护士服，叫人看了眼睛舒服，还使我联想起妈妈在战争期间当护士时拍的照片。我集中注意力观看不断改变形状的护士服的褶裥，因此根本听不见医生时而咆哮、时而使劲加强语调、时而用令人讨厌的长辈口吻讲的话。

做完检查，霍拉茨一边翻阅我的病历，一边若有所思地摇头，眼镜片上反射出诊室里的全部家当：许多镀铬、镀镍和光滑的搪瓷制品；还有架子和玻璃橱，里面放着玻璃瓶，贴有字迹工整的标签，酒精里泡着蛇、蝾螈、蟾蜍以及猪胎、人胎、猴胎。他一再让我妈妈讲我是怎样从地窖台阶上摔下去的，而当她破口大骂马策拉特，说他没把活板门关上，这一辈子都要担当罪责时，霍拉茨便又转而安慰她。

几个月以后的一个星期三，他可能为了给自己，或许也给护士英格证明他这一段时间治疗的成果，想要拿走我的鼓。于是，我大吼一声，捣毁了他收集起来的大部分蛇和蟾蜍以及各种胚胎。

除了过去震碎过未开盖的啤酒瓶和妈妈的香水瓶以外，奥斯卡还是头一回破坏这么多盛满东西、小心保存、锁在橱里的玻璃瓶。效果无与伦比，不仅慑服了所有在场的人，而且使知道我同玻璃之间秘密关系的妈妈也大为震惊。我发出的棱角不分明的第一声，就切开了霍拉茨存放他的全部令人恶心的古怪东西的玻璃橱，差不多整块玻璃摔到漆布地板上，裂成万千碎片，却仍保持原来的正方形。随后，我用

① 这标志着美国"大萧条"的开始。当时，在很大程度上依赖于美国资本的德国经济也进入危机时期。

极富穿透力的立体声震碎了一个又一个试管。瓶瓶罐罐像放鞭炮似的破裂了。绿色的、部分已经凝结的酒精四下飞迸，带着经过特别处理的、苍白的、目光忧郁的蛇、蝾螈、人胎等等，流到诊室红漆布地板上，满屋子刺鼻的气味，弄得我妈妈恶心要吐，护士英格只好打开正对布鲁恩斯赫弗尔路的窗子。霍拉茨博士很有办法，善于逢凶化吉，消灾为福。在我干了这次暴行以后没有几个星期，他在专业杂志《医生与世界》上发表了一篇文章，专论本人，奥斯卡·马，一个能唱碎玻璃的不寻常的人。据说，霍拉茨博士在这篇二十多页的文章里所提出的理论，在国内外专业圈子内引起了重视，不少专家撰文，或反对或赞同。他送了好几本杂志给我妈妈，她竟因这篇文章而感到自豪，这就引起了我的深思。她不厌其烦地把文中一些段落读给格雷夫夫妇、舍夫勒夫妇以及她的扬听，而且每天饭后，总要读给她的丈夫马策拉特听。甚而至于殖民地商品店的顾客也得听她朗读，并恰如其分地赞赏我的妈妈。而文内的专业名词她虽然读错了重音，但却表现出她有丰富的想象力。我的名字首次在报刊上出现，这个事实对于我本人是毫无意义的。我当时就已持有的警觉的怀疑态度，使我懂得如何去评价霍拉茨这篇文章：它篇幅不小，行文也不能说不老练，但仔细一读，便知是一个沽名钓誉、想要捞个教授职位的医生讲的不得要领的离题话。

今天，奥斯卡躺在疗养与护理院里，他的声音已经连刷牙玻璃杯都震不碎了。类似那个霍拉茨的医生们，却在他的病房里进进出出，给他做所谓的罗尔沙赫测验①、联想测验以及其他测验，想给他的强制送入②找出一个响当当的定语来。今天，奥斯卡仍然乐于回忆起他最初获得那种声音的岁月，他的声音发展史上的太古时代。当时，他只是在必要的情况下才彻底唱碎玻璃制品。到了后来，在他的艺术繁荣和没落时期，他在没有外界压力的情况下就运用他的能力。他纯粹出于游戏的欲望，沉溺于个人后期的惯用作风，醉心于为艺术而艺术；奥斯卡把唱碎玻璃当作自我表现的手段，而且在这个过程中，他自己的年岁也逐渐增大了。

第三篇

三十岁

是啊，逃跑！有几句话还得讲一讲。我逃跑是为了抬高维特拉的控告的价值。逃跑总得有预定的目的地，我想。你往哪里逃，奥斯卡？我向自己。政治事件，所谓的铁幕，禁止我逃往东方。我的外祖母安娜·科尔雅切克的四条裙子，至今鼓起在卡舒贝的土豆地上，提供保护。可我呢，却不能把它作为逃跑的目的地，虽说如果真要逃跑，我认为，唯一有希望的便是逃到我的外祖母的裙子底下去。

附带提一笔：今天，我过我的三十岁生日。一个三十岁的人有义务像个堂堂男

---

① 罗尔沙赫测验，一种心理测验，也称“墨迹测验”，系瑞士心理学家赫尔曼·罗尔沙赫(1884—1922)首创，用十份墨迹供患者描述，并观察其对颜色的反应等等。此种测验之理论为：个人具有将其无意识的态度投射到多解环境中去的倾向，故又称“投射测验”。

② 强制送入，医学术语，指强制送入医院或精神病院等。

子汉，而不是像个学徒似的去谈论逃跑这个主题。玛丽亚，她给我带来了蛋糕和三十支蜡烛，并说："现在你三十岁了，奥斯卡。现在，你变得理智的时间慢慢地到了!"

克勒普，我的朋友克勒普，像以往那样送我爵士乐唱片，还带来了五根火柴，点燃了我的生日蛋糕上的三十支蜡烛。"人生始于三十!"克勒普说，他自己二十九岁。

维特拉，我的朋友戈特弗里德，他最知我心，送我甜食，在我的床栏杆上探身过来，带着鼻音说："耶稣年满三十时，出门上路，集合门徒于自己周围。"

维特拉一向爱弄得我不知所措。他认为我应该离开这张床，去集合门徒，只因为我已经年满三十。接着来的是我的律师，挥舞着一张纸，大声祝贺，把他的尼龙帽挂在我的床上，向我和全体祝寿来宾宣布："我说这是幸运的巧合。今天，我的当事人庆祝他的三十岁生日。而就在他三十岁生日的今天，我得到消息，将重新开庭审理无名指案件，发现了新的线索，贝亚特嬷嬷，诸位都知道的……"

几年来我所担心的事，自从我逃跑以来我所担心的事，今天，在我三十岁生日时，宣告即将来临：真正的罪犯找到了，重新开庭审理，宣判我无罪，把我从疗养和护理院里放出去，夺走我的甜蜜的床，把我放到冷冰冰的、暴露在各种天气之下的街道上，强迫三十岁的奥斯卡在自己和他的鼓周围集合门徒。

她，贝亚特嬷嬷，据说被嫉妒迷了心窍，谋害了我的道罗泰娅嬷嬷。

读者也许还记得吧。有一位韦尔纳博士，他，如同在电影里或生活中常有的那种情形，夹在两个护士之间。一段卑劣下流的故事：贝亚特爱着韦尔纳。韦尔纳却爱着道罗泰娅。道罗泰娅则谁也不爱，或者暗暗地爱着小奥斯卡。韦尔纳病倒。道罗泰娅看护他，因为他恰好在她的病区。贝亚特看不下去也不能容忍。据说，她因此哄劝道罗泰娅去散步，在格雷斯海姆附近的黑麦田里把她杀死，更确切地说，把她除掉了。于是，贝亚特可以不受干扰地看护韦尔纳了。据说，她护理他，却不是使他恢复健康而是相反。这个痴痴地爱着他的女护士可能这样对自己说道：只要他生病，他就属于我。是她给他服用了过量的药呢，还是给他吃错了药呢？反正韦尔纳博士死了，死于服用过量药物或错服了药物。可是，贝亚特在法庭上既不承认给他错服或过量服用药物，也不承认那次黑麦田里的散步，而那次散步成了道罗泰娅嬷嬷的最后一次散步。奥斯卡也什么都不承认，可是他有密封大口玻璃瓶里那只可以作为罪证的手指。他们由于他去过黑麦田而对他做了判决，却又并不认真对待他，而是把我送进了疗养和护理院进行观察。在此之前，奥斯卡逃跑了，因为我要以逃跑来大大提高我的朋友戈特弗里德的控告的价值。

我逃跑时，是二十八岁。几小时前，我的生日蛋糕上的三十支蜡烛燃烧着，蜡烛油泰然地滴落。我逃跑时，是在九月。我诞生时，命星在室女宫。不过，这里要讲的不是我在电灯泡下的诞生，而是我的逃跑。

上面已经讲过了，逃往东方、逃往我外祖母处的道路不通。我像今天的任何一个人那样，不得不逃向西方。由于政治原因，你去不了外祖母那里，那么，奥斯卡，你就逃到外祖父那里去吧。他住在布法罗，住在美国。逃到美国去，看看你能逃多远！

当母牛在格雷斯海姆附近的草地上舔我而我还闭着眼睛的时候，我突然想起了在美国的外祖父科尔雅切克。可能是在清晨七点，我暗自说道：商店八点开门。我笑着跑开，把鼓留在母牛身边，心中说道：戈特弗里德太疲倦，他可能八点或八点半才去告发，我要利用这段领先的距离。我用了十分钟的时间，在沉睡的郊区格雷斯海姆打电话叫来了出租汽车。出租汽车把我带到火车站。途中，我点钞票，经常点错，因为我不得不一再像早晨那样清脆地大笑。接着，我翻看我的护照，由于“西方”音乐会经纪处的安排，上面有去法国的有效签证，有去美国的有效签证。这本来是丢施博士的宿愿，让那些国家领略一下鼓手奥斯卡的旅行音乐会。

哦①，我对自己说，我们逃到巴黎去吧，这很好，听起来也很有道理，可以上电影，还有那个加宾，他抽着烟斗，追捕我，心肠挺好。那么，谁来扮演我呢？卓别林？毕加索？——出租汽车司机向我要七马克时，我还在笑，被这个逃跑的念头激动着，连连拍打自己微皱的裤管。我付了钱，到车站饭馆用早餐。嫩煮鸡蛋旁边放着联邦铁路时刻表。我找到了一趟合适的车次，早餐后还有时间，便去兑换外币，买了一口细皮小箱。我不敢回于利希街去，便又买了价钱贵但不合身的衬衫，一身浅绿睡衣，牙刷，牙膏等等，全装进箱子里去。我也不必节约，便买了一张头等车票，过不多久，已安享着靠窗座位软垫的舒适惬意了。我逃跑了，但不必靠两条腿跑。软垫也帮助我考虑。火车开动，逃跑开始，奥斯卡便考虑起究竟有什么值得害怕的事来了。我并非毫无道理地对我自己说：没有害怕的事就不会逃跑的！奥斯卡呀，如果警察局只能帮你发出早晨一般清脆的笑声的话，那么，有什么事情值得你害怕并且因此而逃跑呢？

今天，我三十岁，逃跑和审判已属往事。可是，在逃跑的路上我力劝自己相信的那种恐惧却依然留存着。

这是轨缝撞击声，是火车的一首小曲吗？歌词传来，单调，快到亚琛时我才注意到。这歌词，就像我陷在头等车厢软垫里似的，盘踞在我心中，过了亚琛——我们大约十点半过国境——它显然还在，越来越使人害怕。所以，当海关官员使我分心时，我很高兴，他们对我的驼背比对我的姓名和护照更感兴趣。我因此暗自说道：这个维特拉，这个贪睡鬼！现在快到十一点了，他还没有胳臂下夹着大口玻璃瓶去警察局，可我一大清早就已经在逃跑的路上了，还劝说我自己接受一种恐惧，好使我的逃跑有一种动力。到了比利时境内，列车唱着：黑厨娘，你在吗？在呀在呀！黑厨娘，你在吗？在呀在呀……这时，我真是害怕极了。

今天，我三十岁，案件将重新审理，无罪获释指日可待。我又将四处奔波，在火车上，在电车上，这歌词也将回旋在我耳边：黑厨娘，你在吗？在呀在呀！

---

① 原文是法语。

然而，除了我害怕黑厨娘以外，那次逃跑旅行还是很美的，虽说每到一站我都提心吊胆地恭候黑厨娘露面。我独自一人坐在我的车厢里，而她或许就在隔壁。我先认识了比利时的海关官员，后来又认识了法国的海关官员，有时小睡五分钟，又惊叫一声醒来。为了不让自己不加防卫地听任黑厨娘的摆布，我翻阅《明镜》周刊，这还是我在杜塞尔多夫时让人从车厢里递给我的。我一再为记者们的广博知识感到惊奇。我甚至翻到一篇关于我的经纪人、“西方”音乐会经纪处的丢施博士的短评，文中证实了我早已知道的事情：丢施的经纪处只有一根台柱，鼓手奥斯卡。评论右侧是我的照片，挺不错的。就这样，直到快抵达巴黎之前，我一直想象着由于我的被捕和黑厨娘令人恐怖地露面所造成的“西方”音乐会经纪处的破产情景。

我在过去的岁月里从不害怕黑厨娘。只是在逃跑途中，当我需要有什么使我害怕的时候，她才爬进了我的躯壳里，留在那里，虽说多半是在那里睡觉，但毕竟一直待到今天我庆祝自己的三十岁生日的时候，并且呈现出各种不同的形象。譬如说，她可能呈现为“歌德”这个名字，我一听到就会失声惊呼，害怕地躲进被窝里去。从少年时起，我就努力研读这位诗圣的作品，可是，他那种奥林匹斯山众神般的超然冷静，过去就一直给我以不祥之感。今天，他换了装，一身黑，扮作厨娘，不再是光明的和古典的，而是超过了拉斯普庭的阴森黑暗，站在我的栏杆床前，借我三十岁生日之机，问我道：“黑厨娘，她在吗?”此时此刻，我真是害怕得要命。

在呀在呀！列车答道，它正载着逃跑的奥斯卡去巴黎。我本来指望能在巴黎北站——法国人叫作 Gare du Nord——见到国际警察局的官员们。可是只有一名行李搬运工向我打招呼。他一身红葡萄酒酒气，我无论如何也不会把他当成黑厨娘的。我信任地把我的小箱子交给他，让他运到检票处前。可是，我心里想，警官们和厨娘也许不想浪费买站台票的钱，他们会在检票处外面叫住你并逮捕你的。所以，在检票处前就把箱子拿过来自己提着，这样做是比较聪明的。就这样，我不得不一个人拖着箱子一直走到地下铁道，因为我没有遇上警官，我的箱子也没有被他们拎走。

我不想向读者诸君叙述世界闻名的地下铁道的气味。我最近读到，这种香水可以买得到并喷洒在自己身上。引起我注意的是：首先，地铁和火车一样打听黑厨娘在不在，尽管节奏有所不同；其次，所有的乘客都同我一样知道并害怕黑厨娘，因为我周围所有的人呼出的都是害怕与恐惧。我的计划是乘地铁到意大利门，从那里乘出租汽车去奥利机场。我想象着被捕的场面，它既然没有在北站出现，那就改在著名的奥利机场好了，黑厨娘装扮作空中小姐，这场面多么富于刺激性，多么别出心裁。我必须转一次车，幸好我的小箱子很轻。我让地铁劫持我向南驶去时，我考虑着：奥斯卡，你在哪儿下车呢？——我的上帝，一天之内能够发生多少事情啊！今天清晨，在格雷斯海姆附近，一头母牛还在舔你，你快活也不害怕。现在，你已到了巴黎——你在哪儿下车呢？她会在哪儿黑黑地、叫人害怕地向你迎来呢？在意大利广场还是在意大利门呢？

我在意大利门的前一站白屋下车，因为我心里这样琢磨着：他们自然在思考，我也在思考，他们会等在意大利门旁。但黑厨娘也知道，我想些什么，他们又想些什么。再说，我也受够了。逃跑，吃力地维持心中的恐惧，把我累坏了。奥斯卡不想去奥利机场，他认为白屋比奥利机场更地道，而且这样做也是对的，因为那个地铁车站有自动楼梯。它能使我高兴一番，也能使我听到自动楼梯的格格响声：黑厨娘，你在吗？在呀在呀！

奥斯卡反而有点进退维谷了。他的逃跑正接近尾声，他的报道也将随之结束。可是，地铁车站白屋的自动楼梯有那么高，那么陡，那么有象征性，足以格格作响地成为他这一系列记述的压卷画面吗？

这时，我突然想到了我今天的三十岁生日。我愿意把我的三十岁生日作为结尾奉献给所有那些人们，他们觉得自动楼梯只是噪音太大，黑厨娘则并不引起他们的恐惧。因为，在所有其他的生日中间，三十岁生日难道不是意义最单一而明确的吗？它包含着“三”字，它让人预感到六十，又使六十成为多余。今天早晨，我的生日蛋糕上的三十支蜡烛燃烧时，我兴高采烈，真想痛哭一场，只因为当着玛丽亚的面，我觉得难为情：已是三十岁的人了，不该再哭啦！

自动楼梯的第一级——如果可以照样说自动楼梯也有第一级的话——刚把我带走，我就大笑不已。尽管害怕，或者说，由于害怕，我才放声大笑。陡直地、徐缓地升向高处——他们站在上面。还有时间抽半支香烟。我上面两级，一对不受拘束的情侣在胡闹。我下面一级是个老年妇女，起先，我毫无根据地疑心她是黑厨娘。她戴着一顶帽子，帽子的花饰意味着果实。我抽烟的时候，挖空心思去想同自动楼梯连带着可能发生的事情。于是，奥斯卡先扮演成诗人但丁，他刚从地狱回来，上面，在自动楼梯的末端，恭候他的是机灵的《明镜》周刊记者。他们问道：“哈罗，但丁，下面怎么样？”——我又扮作诗圣歌德，演同样的短剧，让《明镜》记者问我，在下面，在母亲们那里，日子过得怎么样。末了，我厌倦了诗人们，对自己说，上面既没有《明镜》记者，也没有大衣口袋里揣着金属徽章的先生们①，站在上面的是她，厨娘，自动楼梯格格响：黑厨娘，你在吗？奥斯卡回答说：“在呀在呀！”

自动楼梯旁边还有一道普通楼梯。这是街上的行人下地铁车站的通道。看来外面在下雨。行人都被淋湿了。这使我不安，因为我在杜塞尔多夫抽不出时间去买一把雨伞。向上瞧了一眼，奥斯卡看到那些先生不显眼而又引人注目的面孔，他们都带着民用雨伞，然而，这并不让人怀疑黑厨娘的存在。我怎么招呼他们呢？我倒担心起来了，一边慢吞吞地抽着烟，享受着，站在自动楼梯上。它正慢慢地提高着我的兴奋的情绪，丰富着我的见识。站在自动楼梯上人会变年轻，站在自动楼梯上人会变老，越变越老。留给我的选择是：变成三岁孩子或者变成六十岁的老人，然后离开自动楼梯，迎向国际警察局的官员，对黑厨娘产生这种年龄或那种年龄的恐惧心理。

时间肯定已经晚了。我的金属床倦容满面。我的护理员布鲁诺也已经两次在窥

① 指便衣警察。

视孔里显露他的担忧的褐色眼睛了。这里，在那幅银莲花水彩画下方，放着插有三十支蜡烛的没有切开的生日蛋糕。玛丽亚现在可能已经入睡了。有人，我想是玛丽亚的姐姐古丝特，祝愿我后三十年幸福。玛丽亚睡觉真香，令人羡慕。我的儿子库尔特，文科中学学生，模范生和优秀生，他对我的生日祝愿是什么？玛丽亚睡觉时，她周围的家具也都入睡。现在我想起来了，小库尔特在我三十岁生日时祝愿我恢复健康。可是，我祝愿自己能学玛丽亚的样，睡得香甜，因为我疲倦，差不多无话可说了。克勒普的年轻妻子以我的驼背为题作了一首幼稚可笑但出于好心的生日小诗。欧根亲王也是驼背，尽管如此，他攻占了城市和要塞贝尔格莱德。玛丽亚最后会理解，驼背带来好运。欧根亲王也有两个父亲。现在我三十岁，但我的驼背比我年轻。路易十四是欧根亲王的一个假想的父亲。以前，经常有美貌妇女在大街上摸我的驼背，为了交好运。欧根亲王是驼背，因此他是自然死亡。假如耶稣也有个驼背的话，人家就很难把他钉在十字架上了。仅仅因为我三十岁了，所以，我现在当真必须走向世界，在我周围集合门徒吗？

这只不过是在自动楼梯上突然产生的念头。我的前上方是一对无拘无束的情侣。我的后下方是老妇与帽子。外面在下雨，上面，楼梯尽头，站着国际警察局的先生们。自动楼梯铺有板条格垫。当你站在自动楼梯上时，你应当再次把所有的事情考虑一遍：你从哪里来？你到哪里去？你是谁？你叫什么名字？你想干什么？各种气味扑鼻而来：少女玛丽亚的香草味。油浸沙丁鱼的油味，我可怜的妈妈把它煮热，趁热喝下去，自己却冷却了，到了泥土下面。扬·布朗斯基，他一再浪费科隆香水，然而，死神仍过早地透过他的全部纽扣眼呼吸着。蔬菜商格雷夫的地窖里散发着过冬土豆味。还有一年级学生的石板旁的干海绵味。我的罗丝维塔，她身上有肉桂和肉豆蔻的香味。当法因戈德先生向发着寒热的我洒消毒剂时，我乘着石炭酸云飘游。啊，圣心教堂的天主教精神，这么多没有经过晾晒除去污浊味的衣服，冷的灰尘，我在左侧祭坛前，把鼓授予谁了？

然而，这仅仅是在自动楼梯上突然产生的念头。今天，人家要把我钉在十字架上，说：你三十岁了。因此，你必须集合门徒。回想一下，人家逮捕你时，你说过的话吧。数一数你的生日蛋糕上的蜡烛，离开你的床，集合门徒。在一个三十岁的人面前，机会可多啦。譬如说，假使人家当真把我逐出疗养院，我可以第二次向玛丽亚求婚。我今天肯定会有更多的机会。奥斯卡为她开设了商店，他有了名气，靠他的唱片可以继续挣不少钱。其间他也成熟了，年纪大点了。三十岁的人，是该结婚了！要不然的话，我仍旧当单身汉，从我的职业里挑选一种，买下一处优质壳灰岩开采场，雇用石匠，把采下的石头直接加工成建筑材料。三十岁的人，是该创业了！如果预制房屋正面用石板的工作久而久之使我感到厌倦，我可以去看望缪斯乌拉，同她一起，在她身边，充当给人启迪的模特儿，为美的艺术服务。有可能的话，有朝一日，我甚至会跟她，跟频繁地同别人短期订婚的缪斯结为伉俪。三十岁的人，是该结婚了！假如我厌倦了欧罗巴，我可以出国，去美国，到布法罗，这是我的旧梦，去找我的外祖父，百万富翁和前纵火犯乔·科尔奇克，以前叫约瑟夫·科尔雅切克。三十岁的人，是该定居了！再就是，我让步，让他们把我钉在十字架上，走向世界。仅仅由于我三十岁了，他们把我看作弥赛亚，我就在他们面前扮成弥赛亚，违心所愿地让我的善于描述的鼓超出它之所能，变为象征，建立一个教派，一个党派，或者仅仅是一个分会。

尽管我前有情侣后有戴帽老妇，这种自动楼梯上突然产生的念头仍旧向我袭来。那对情侣在我上面两级而不是一级，在他们和我之间，我放着我的小箱子。这一点我讲过没有？法国的青年非常特别。当自动楼梯载着我们大家上升的时候，她解开了他的皮茄克纽扣，接着解开了他的衬衫纽扣，抚弄他的十八岁的皮肤。但她干得很麻利，她的动作完全不是性爱的而是那种生意经的，我因此起了疑心。这些年轻人有可能是拿了官方的钱，在大街上显示爱的疯狂，从而使法国的大都会不致丧失它的声誉。可是，当这对年轻人接吻时，我的疑窦也随之消失，她的舌头几乎使他窒息，咳个不停，而我已经掐灭了我的香烟，为的是以一个不吸烟者的身份迎向刑事警察。在我以及那顶帽子下面的老妇——这意思是说，她的帽子正好同我的头一般高，因为我的身高等于自动楼梯两级的高度——没有做什么引人注目的事情，虽说她在嘟哝，骂骂咧咧的。不过，巴黎的许多老年人都是这样的。自动楼梯的橡皮面扶手随同我们一起上升。行人可以把手放在上面，让手一起上升。如果我把手套也一起带来旅行的话，我也会这样做的。楼梯间的瓷砖每一块都映出一点电灯光。奶油色的管道和肥大的电缆束陪伴我们上升。自动楼梯并没有发出地狱的噪声。尽管它是一种机械，却给人以舒适感。尽管有那格格作响的有关可怕的黑厨娘的诗句，我觉得，白屋地铁车站很舒适，几乎适于居住。我感到在自动楼梯上如同在家里一样，尽管有害怕和儿童的恐惧。如果它载着跟我一起上升的不是陌生人，而是我的活着和死去的朋友和亲戚的话，我本来会感到幸福：我可怜的妈妈夹在马策拉特和扬·布朗斯基之间，灰毛耗子特鲁钦斯基大娘同她的孩子赫伯特、古丝特、弗里茨和玛丽亚，蔬菜商格雷夫和他的邋遢老婆莉娜，自然也有贝布拉师傅和风雅的罗丝维塔——所有这些人都围绕着我的值得怀疑的存在，也由于我的存在而遭难。可是，上面，在自动楼梯通向户外的地方，我希望取代刑事警察的是可怕的黑厨娘的对立面：我的外祖母安娜·科尔雅切克。她像一座大山似的巍然屹立，在我和我的随从幸福地上升之后，把我们接纳到裙子里去，接纳到大山里去。

可是，站在那里的两位先生，穿的不是肥大的裙子，而是美式的雨衣。在上升行将结束时，我连同鞋子里的十个脚趾头一起微笑着承认，我上面的那对无拘无束的情侣以及我下面那个戴帽老妇，都是傻头傻脑的警方密探。

我还要说些什么呢？在电灯泡下诞生，三岁时故意中断成长，得到鼓，唱碎玻璃，闻香草味，患百日咳，给卢齐喂食，观察蚂蚁，决定成长，埋鼓，乘车去西方，失去东方，学石匠手艺，当模特儿，重操铁皮鼓，参观水泥，挣钱，保护手指，送掉手指，笑着逃跑，上升，被捕，被判决，送进疗养院，不久将被宣告无罪开释，今天庆祝我的三十岁生日，始终害怕黑厨娘——阿门。

我扔掉已掐灭的香烟。它在自动楼梯梯级的板条格垫间找到了它的归宿。奥斯卡在沿着四十五度角的斜边朝着天空上升较长时间之后，又垂直地上了三小步，前有无拘无束的警察情侣，后有戴帽警察奶奶，从自动楼梯的板条格垫上被移到固定的铁条格垫上。这时，刑事警察做了自我介绍，称呼他马策拉特。奥斯卡却顺着他在自动楼梯上突然产生的念头往下想去，脱口用德语说："我是耶稣!"由于他看到对面站着的是国际刑事警官，便用法语重复了一遍，末了，又用英语说："我是耶稣!"

然而，我还是以奥斯卡·马策拉特的身份被捕了。我毫不抗拒，信赖地置身于刑事警察的雨伞的保护之下，因为外面，在意大利林阴大道上，正下着雨，但我仍旧不安地、害怕地搜寻着环顾四周，并且在林阴大道上的人群中，在挤在警察局运货棚车周围的人堆里，多次看到了黑厨娘令人恐怖的镇静的面孔——这正是她的能耐。

现在，我没有什么话可讲了。不过，我还得考虑一下，奥斯卡被他们从疗养和护理院里放出来是不可避免的，在这之后，他究竟想干什么呢？结婚？独身生活？出国？当模特儿？买个采石场？集合门徒？成立教派？

今天，向一个三十岁的人提供的一切机会，都必须经过检验，如果不用我的鼓，那又用什么去检验呢？因此，我将在我的铁皮上敲响那首小曲。我觉得它越来越生动，也越来越令人惧怕了。我要呼唤黑厨娘，询问她。这样，明天早晨我就可以告诉我的护理员布鲁诺，三十岁的奥斯卡处在越变越黑的儿童的恐惧的阴影之下将过什么生活，因为过去在楼梯上吓唬过我的，当我去地窖取煤时发出怪声使我不得不放声大笑的，始终是同一件东西。它用手指讲话，通过钥匙孔咳嗽，在火炉里叹气，通过门叫喊。当船只在雾中拉响汽笛时，它从烟囱里冒出来。当一只垂死的苍蝇在双层窗之间嗡嗡叫几小时的时候，当鳗鱼要夺走我的妈妈或者我可怜的妈妈要吃鳗鱼的时候，当太阳隐没在塔山背后像琥珀似的独善其身的时候，它始终在场。赫伯特扑向那个木雕时，他背后是什么？主祭台背后不也是它吗？如果没有把所有忏悔室涂黑的厨娘，天主教教义又会是怎样的呢？当西吉斯蒙德·马库斯的玩具一齐跌落时，又是她投下了阴影。公寓院子里的孩子们，阿克塞尔·米施克和努希·艾克，苏西·卡特和小汉斯·科林，他们讲了出来，当他们煮砖头粉汤时，他们唱了出来："黑厨娘，你在吗？在呀在呀！你有罪，你有罪，你的罪孽最大。黑厨娘，你在吗……"她无处不在，甚至在车叶草汽水粉里，尽管它泛起的泡沫绿到了如此清白的地步。在我曾经蹲过的所有衣柜里，她也蹲过。她后来把三角形狐狸脸借给了卢齐·伦万德，吞食夹香肠面包，连皮吞下，把撒灰者引上跳台——唯独奥斯卡幸免。他观看蚂蚁，明白了：这也是她的阴影，再经过复制，跟随着香甜的东西，还有所有的言词：被祝福，充满痛苦，被赐予极乐，童贞女的童贞女……所有的石头：玄武岩，凝灰岩，辉绿石，壳灰岩里的矿巢，如此柔软的雪花石膏……所有唱碎的玻璃：透明的玻璃，吹成极薄的玻璃……还有殖民地商品：一磅或半磅装蓝色口袋里的面粉和白糖。后来有四只猫，其中一只叫俾斯麦，不得不重新粉刷的围墙，昂首阔步去死的波兰人，还有谁击沉了什么时的特别新闻，从天平上扑腾落地的土豆，一头小的东西，我站立过的公墓，我跪过的方砖地，我躺过的椰子纤维……请别问奥斯卡，她是谁！奥斯卡已经词穷无语。因为她从前坐在我的背后，之后又吻我的驼背，现在和今后则迎面朝我走来：

一直在我背后的厨娘真黑。
如今她迎面朝我走来，真黑。
言词，大衣里子往外翻，真黑。
用黑市通货付款，真黑。
如果孩子们唱歌，他们不再唱：
黑厨娘，你在吗？在呀在呀！

【哥伦比亚】马尔克斯

加西亚·马尔克斯(1927—)，哥伦比亚作家，拉丁美洲魔幻现实主义文学的代表人物，1982 年荣获诺贝尔文学奖。他的主要作品有长篇小说《百年孤独》《家长的没落》《霍乱时期的爱情》等，中篇小说《一桩事先张扬的谋杀案》《没有人给他写信的上校》等。

马尔克斯对评论界将其称为魔幻现实主义的代表人物，有不同的看法。他在《我的作品来源于形象》一文中说："看上去是魔幻的东西，实际上是拉美现实的特征。我们每前进一步，都会遇到对属于其他文化的读者来说似乎是神奇的事情，而对我们来讲则是每天的现实。"可以说，马尔克斯在创作上深深扎根拉丁美洲大地，用一种"陌生化"的方式展示出拉美的现实，带给读者一种强烈的震撼感。

《百年孤独》叙述布恩迪亚家族七代人神秘、离奇的经历，以及由这个家族建立起来的马贡多的百年变迁过程，再现了灾难深重的哥伦比亚以至整个拉丁美洲的历史，展示出一个五彩缤纷的魔幻世界。第一代的霍塞·阿卡迪奥·布恩地亚与表妹乌苏拉结婚。乌苏拉害怕像姨妈和姨夫那样近亲结婚生下长有猪尾巴的孩子，拒绝与丈夫同房。布恩地亚遭到邻居嘲笑，在决斗中刺死了邻居。为躲避死者鬼魂的纠缠，布恩地亚夫妇被迫离开村子，村里一些年轻人也跟随了他们，经过近两年的跋涉，最后在沼泽地边缘建立了村庄马贡多。布恩地亚家族逐渐人丁兴旺。在自由党与保守党的战争中，布恩地亚的小儿子奥雷良诺率领村民举行了 32 次起义，结果都宣告失败。战争结束后，马贡多日益繁荣，逐渐现代化，布恩地亚家族却走向衰败。第 6 代的奥雷良诺与姨妈阿玛兰妲·乌苏拉乱伦后生下一个长着猪尾巴的女孩。她是家族的第 7 代，"是百年里诞生的布恩地亚当中唯一由于爱情而受胎的婴儿"，最后却被一群蚂蚁围攻吃掉，接着又一场怒号的龙卷风把整个马贡多从地球上卷走。

本书所选的第二章，叙述了霍塞·阿卡迪奥·布恩地亚带着妻子背井离乡，前往马贡多建立村庄的过程。种种怪事充斥其中，如人长出了猪尾巴，由于近亲结婚，妻子担心生下不健康的后代而不愿与丈夫同房，鬼魂的频繁出现等，将拉美的神话传说与现实生活相结合，突出地体现了魔幻现实主义文学的特征。

(刘亚萍　撰稿)

百年孤独(节选)①

第一章

许多年之后，面对行刑队，奥雷良诺·布恩地亚上校将会回想起，他父亲带他去见识冰块的那个遥远的下午。那时的马贡多是一个有二十户人家的村落，用泥巴和芦苇盖的房屋就排列在一条河边。清澈的河水急急地流过，河心那些光滑、洁白的巨石，宛若史前动物留下的巨大的蛋。这块天地如此之新，许多东西尚未命名，提起它们时还须用手指指点点。每年到了三月光景，有一家衣衫褴褛的吉卜赛人家到村子附近来搭帐篷。他们吹笛击鼓，吵吵嚷嚷地向人们介绍最新的发明创造。最初他们带来了磁铁。一个胖乎乎的、留着拉碴胡子、长着一双雀爪般的手的吉卜赛人，自称叫墨尔基阿德斯，他把那玩意儿说成是马其顿的炼金术士们创造的第八奇迹，并当众做了一次惊人的表演。他拽着两块铁锭挨家串户地走着，大伙儿惊异地看到铁锅、铁盆、铁钳、小铁炉纷纷从原地落下，木板因铁钉和螺钉没命地挣脱出来而嘎嘎作响，甚至连那些遗失很久的东西，居然也从人们寻找多遍的地方钻了出来，成群结队地跟在墨尔基阿德斯那两块魔铁后面乱滚。"任何东西都有生命，"吉卜赛人声音嘶哑地喊道，"一切在于如何唤起它们的灵性。"霍塞·阿卡迪奥·布恩地亚是一位想象力极其丰富的人物。他的想象常常超越大自然的智慧，甚至比奇迹和魔术走得更远。他想，这毫无用处的发明倒可以用来开采地底下的黄金。墨尔基阿德斯是个老实人，他早就有言在先："这玩意儿掏金子可不行。"可是，霍塞·阿卡迪奥·布恩地亚那时信不过吉卜赛人的诚实，他用一头骡子和一群山羊把那两块磁铁换了过来。他妻子乌苏拉·伊瓜朗饲养这些家畜，原是想用来振兴每况愈下的家业的，但她劝阻不了他。她丈夫回答说："不用多久，咱们家的金子就会多得用来铺地的。"一连数月，他执意要证明自己的设想是正确的。他拖着两块铁锭，大声念着墨尔基阿德斯的咒语，一块一块地查遍了整个地区，连河底也没有放过。他唯一发掘出来的东西，是一副十五世纪的盔甲。盔甲的各部分已被氧化物锈住。敲起来里面空洞有声，活像一只装满石头的大葫芦。霍塞·阿卡迪奥·布恩地亚和他的远征队的四名壮士拆开盔甲，发现里面有一副石化了的骷髅，脖子上挂着一个小铜盒，盒内有一绺女人的头发。

翌年三月，吉卜赛人又来了。他们这次带来了一架望远镜和一块放大镜，有鼓面那么大。他们公开展出，说这是阿姆斯特丹的犹太人的最新发明。他们让一位吉卜赛女子坐在村子一头，把望远镜架在帐篷门口。人们只要花五个里亚尔②，然后把脑袋凑到望远镜后面，就可以看到那吉卜赛女郎，仿佛伸手可及。"科学把距离缩短了，"墨尔基阿德斯吹嘘说，"要不了多久，人们不用离开家门，就能看到世界上任

---

① 选自[哥伦比亚]马尔克斯：《百年孤独》，黄锦炎等译，上海，上海译文出版社，1989。

② 旧时西班牙和拉丁美洲通用的货币，约合四分之一比塞塔。

何地方发生的事情。”一个炎热的中午，吉卜赛人又用那块巨型放大镜做了一次惊人的表演：他在街心放了一堆干草，借助阳光的聚焦把草堆点燃了。霍塞·阿卡迪奥·布恩地亚虽然对磁铁试验的失败尚难以自慰，但这时，却又想出一个点子：利用这项发明制造作战武器。墨尔基阿德斯又一次劝阻他，但最后还是收下了两块磁铁和三块殖民地时期的金币，把放大镜换给了他。乌苏拉伤心地哭了。那三块金币是她父亲劳累一生积攒下来的一盒金币的一部分，她一直把钱盒埋在床下，想等个良机作本钱用。霍塞·阿卡迪奥·布恩地亚根本没想安慰她。他以科学家的献身精神，甚至不惜冒生命的危险，一心扑到武器试验上去了。为了证实放大镜在敌军身上的威力，他竟亲自置身于太阳光的焦点之下，结果多处灼伤，经久方愈。他妻子被这危险的发明吓坏了。但是，他却不顾妻子的反对，差一点又把房子烧掉。他终日躲在自己的房间里，埋头计算着他的新式武器的战略威力，最后还编出了一本条理清晰得惊人、具有无可辩驳的说服力的教科书。他在书中附上了不少实验例证和好几幅图解，派一位信使把书送交政府当局。这个信使翻山越岭，在无边的沼泽地里迷过路，后来又跨越了许多奔腾的江河，在猛兽的袭击、绝望和疫病的折磨下险些丧生，最后才找到了驿道，跟骑骡的信使接上了头。虽然当时要去首都几乎是不可能的事，但霍塞·阿卡迪奥·布恩地亚保证，一旦政府下令，他将去尝试一下，以便把他的发明向军事首脑做实地表演，并要亲自为他们操演复杂的阳光战战术。他等候回音达数年之久，末了，等得不耐烦了，便当着墨尔基阿德斯的面哀叹试验失败。于是，吉卜赛人表示了他那令人信服的诚实品格：退还金币，换回放大镜，另外又送给霍塞·阿卡迪奥·布恩地亚几幅葡萄牙地图和几架航海仪器，还亲笔书写了一份关于修士埃尔曼的研究成果的简明提要，让他学会使用观象仪、罗盘和六分仪。霍塞·阿卡迪奥·布恩地亚在长达数月的雨季中闭门不出，躲在住宅后面的一间屋子里，免得别人打扰他的试验。他完全抛开家务，整夜整夜地观测星辰的移动。为了获得测定正午点的正确方法，他差一点中了暑。当他能熟练地操作仪器时，他对空间有了认识。这使他足不出户就能泛舟神秘之海，漫游荒漠之地，还能跟显贵要人交往。正是在那时，他养成了自言自语的习惯，独自在家中晃悠，对谁也不理睬。与此同时，乌苏拉和孩子们却在菜园里胼手胝足地管理着香蕉、海芋、丝兰、山药、南瓜和茄子。不久，也没有任何预兆，他突然中断所迷恋的工作，变得神志颠倒起来。连续几天他像着了魔似的，低声叨咕着一连串惊人的猜测，连他自己也不敢相信自己的想法。直到十二月的某个星期三午餐的时候，他才一下子卸脱了那折磨他的包袱。孩子们也许终生难忘父亲那天坐在饭桌上首时那副威严神态。长期的熬夜和过度的思索搞垮了他的身体，他发着高烧，抖抖索索地向他们透露了自己的发现：

“地球是圆的，像一个橘子一样。”

乌苏拉再也忍不住了。“你要发神经病，就一个人去发，”她吼叫着，“别拿你那吉卜赛式的怪想法往孩子们脑袋里灌!”霍塞·阿卡迪奥·布恩地亚听后无动于衷。他妻子一气之下把他的观象仪摔在地上打得粉碎，可是他没有被妻子的狂怒吓退，重新造了一架。他还把村里的男人都召集到自己的房间里，用谁也听不懂的理论向他们论证：只要一直朝东方航行，最后就能返回出发地点。全村的人都认为霍塞·阿卡迪奥·布恩地亚已经精神失常。这时，墨尔基阿德斯来了，这才把事情搞清楚。他当众夸赞霍塞·阿卡迪奥·布恩地亚的才智，说他仅凭天文估算便创造了一种理论。虽然这种理论在马贡多至今尚无人知晓，但已经为实践所证明。为了表示钦佩，他赠给霍塞·阿卡迪奥·布恩地亚一份礼品：一间炼金试验室。这对村子的未来产生了决定性的影响。

那时节，墨尔基阿德斯以令人吃惊的速度衰老了。他头几回到村里来的时候，看起来和霍塞·阿卡迪奥·布恩地亚年龄相仿。但是，后者还保持着非凡的气力，能揪住马耳朵把一匹马摔倒在地，而这位吉卜赛人却好似被一种痼疾毁坏了身体。实际上那是他在无数次环球旅行中屡染怪病的结果。他在帮助霍塞·阿卡迪奥·布恩地亚布置炼金试验室时对霍塞·阿卡迪奥·布恩地亚说，死神到处追逐他，嗅着他的行踪，但还未决定给他最后一击。他是一个逃亡者，躲避着一切危害人类的灾祸病害。他曾患过波斯糙皮病、马来亚群岛坏血病、亚历山大麻风病、日本脚气病和马达加斯加鼠疫，还经历过西西里岛地震和麦哲伦海峡集体罹难，总算死里逃生。这个自称掌握了诺斯特拉达姆斯①的密码的怪人，是个愁容满面、郁郁寡欢的人，长着一双仿佛能看透一切的亚洲人的眼睛。他戴着一顶又大又黑、活像乌鸦展开的翅膀似的帽子，穿着一件好像穿过几个世纪、已经发绿的天鹅绒背心。虽然他有无穷的智慧和神秘的外表，却有着凡人的品性和俗子的素质，这使他陷在日常生活的琐碎问题之中。他苦于年老多病，忍受着不屑一提的经济拮据。很久以前他就失去了笑容，因为坏血病夺走了他满口牙齿。在他披露个人隐私的那个闷热的中午，霍塞·阿卡迪奥·布恩地亚确信，这是两人之间的伟大友谊的开端。孩子们对他的神奇故事惊讶不已。当时只有五岁的奥雷良诺一辈子都会记得那天下午看到的这个吉卜赛人的模样。吉卜赛人面朝着闪耀着金属光芒的窗户坐着，用他风琴般深沉的嗓音启示着人们脑海中最愚昧的角落。天气炎热，他两鬓流着油汗。奥雷良诺的哥哥霍塞·阿卡迪奥后来把吉卜赛人的美妙形象作为传世的回忆，讲述给后辈们听。乌苏拉则相反，她对那位客人没有什么好印象，因为她走进房间的时候，正巧墨尔基阿德斯失手摔破了一只二氯化汞的瓶子。

“这是魔鬼的气味。”她说。

“不，绝对不是，”墨尔基阿德斯纠正说，“有人证实魔鬼有股硫磺味，可这只不过是一点儿升汞罢了。”

墨尔基阿德斯总是循循善诱的。他对朱砂的魔鬼习性做了一番博学的解释，但乌苏拉不理他那一套，她带着孩子祈祷去了。从此，那股呛人的气味伴随着墨尔基阿德斯的形象，一直留在她的记忆之中。

不算一大堆烧锅、漏斗、曲颈瓶、过滤器和搅棒，这个初创的炼金试验室是由

---

① 诺斯特拉达姆斯：16世纪法国占星家和医生，著有《百年预言》一书。

一只粗制的管炉、一只仿照哲人之蛋制成的长颈玻璃试管和一个由吉卜赛人按犹太人马利亚的新式三臂蒸馏锅的说明书制作出来的蒸馏器组成。此外，墨尔基阿德斯还留下了分属七个星球的七种金属样品，摩西①和索西莫斯②的倍金术配方，还有一套炼金术祖师的笔记和炼金图，谁能看懂它就能造出点金石来。霍塞·阿卡迪奥·布恩地亚见倍金术配方很简单，就被迷住了。他一连几个星期都在讨好乌苏拉，要她答应把金币挖出来。他对她说，能把黄金成倍增加，就像可以把水银分成几份一样。乌苏拉和往常一样，拗不过丈夫，又让了步。于是，霍塞·阿卡迪奥·布恩地亚把三十枚金币投进了烧锅，跟铜屑、雄黄、硫磺、铅等一起熔化。然后，他把熔化物全部倾入蓖麻油锅里放在烈火上煮，熬成一种黏稠、刺鼻的糊状物。这东西不像美妙的黄金，倒像是劣质的糖浆。在危险的、弄得焦头烂额的蒸馏过程中，又添进了七种星球金属冶炼，后来又放在水银和塞浦路斯石矾中加工，再投入猪油(因为没有萝卜油)中煮熬，最后，乌苏拉的这笔珍贵的祖产变成了一团粘在锅底里挖不下来的锅巴。

当吉卜赛人再次来到这里时，乌苏拉早已部署好，让全村人反对他们。但是，人们的好奇心胜过了恐惧，因为这次吉卜赛人操起各种乐器，大吹大擂地走遍了全村，喧闹之声震耳欲聋。那个招揽生意的人宣称，他们要展出纳西安索③人最神奇的发明。这样一来，人们都涌向帐篷。他们花一个生太伏④，看到了一个年轻的、康复的、没有皱纹的、长着一副崭新锃亮的牙齿的墨尔基阿德斯。人们还记得他从前被坏血病毁坏的牙床、松弛的腮帮和干瘪的嘴唇，现在看到这个吉卜赛人超凡的能力，不禁惊讶万分。当墨尔基阿德斯把镶在牙床上完整无损的牙齿摘下来向人们展示时，惊愕又变成了恐惧。吉卜赛人只让大家看了一眼——一瞬间，他又恢复了以往那副老态龙钟的样子，随即又装了上去，并且用失而复得的青春活力朝大家微笑。此刻，连霍塞·阿卡迪奥·布恩地亚也感到，墨尔基阿德斯的知识渊博到了无法理解的地步了。但是，当吉卜赛人私下告诉他假牙的原理时，他又感到由衷的兴奋。他觉得这玩意儿既简单又奇妙，于是一夜之间对炼金术失去了兴趣。他的情绪又变坏了，从此不再正常进食，整天在屋子里转悠。“世界上正在发生令人难以置信的事情，”他对乌苏拉说，“就在那边，在河对岸，就有各式各样神奇的机器，可我们还在过着毛驴似的生活。”那些从马贡多一建村就认识霍塞·阿卡迪奥·布恩地亚的人，对于他在墨尔基阿德斯的影响下所起的变化感到惊讶。

当初，霍塞·阿卡迪奥·布恩地亚是个年轻族长，他指挥播种，指导牧畜，奉劝育子。为了全族的兴旺，他跟大家同心协力，还参加体力劳动。因为从建村起他家的房子就是全村首屈一指的，所以后来其他人家都仿照他家的式样进行整修。他

① 摩西：《圣经》故事中犹太人的古代领袖，向犹太民族传授上帝律法的人。

② 索西莫斯：罗马帝国历史学家，编写古代基督教史的著名学者。

③ 纳西安索：小亚细亚古国卡帕多细亚的首都。

④ 生太伏：拉美国家辅币单位，等于百分之一比索。

家有一间宽敞而明亮的大厅，饭厅坐落在一个平台上，周围是鲜艳的花朵。有两间卧室和一个院子，院子里栽了一棵大栗树。还有一个管理得很好的菜园和一间畜栏，畜栏中羊、猪和鸡和睦共处。家中和村里唯一禁养的动物是斗鸡。

乌苏拉跟她丈夫一样勤俭能干。这个意志坚强的女人身材瘦小，好动而严肃。在她的一生中，从来没有听到她唱过歌。每天从清晨到深夜，她无所不至，好像到处能听到她那印花布裙的柔和的窸窣声。幸亏有了她，那夯结实的泥地、没有粉刷的土墙和自制的木器家具总是那样干净，那些放衣服的旧木箱总是散发出淡淡的甜罗勒的清香。

霍塞·阿卡迪奥·布恩地亚是村子里前所未有的最有事业心的人。他安排了全村房屋的布局，使每座房子都能通向河边，取水同样方便。街道设计得非常巧妙，天热的时候，没有一家比别人多晒到太阳。短短的几年里，在马贡多的三百个居民当时所认识的许多村庄中，马贡多成了最有秩序、最勤劳的一个。那真是个幸福的村庄，这里没有一个人超过三十岁，也从未死过一个人。

从建村时起，霍塞·阿卡迪奥·布恩地亚就架设陷阱、制作鸟笼。不久以后，不但他们家而且在全村人的家里都养满了苇鸟、金丝雀、食蜂鸟和知更鸟。那么多不同种类的鸟儿啾啾齐鸣，真是令人不知所措。乌苏拉只好用蜂蜡堵住耳朵，免得失去对现实生活的感觉。当墨尔基阿德斯部落第一次来马贡多推销专治头痛的玻璃球的时候，人们感到惊异的是他们怎么会找到这个湮没在沉睡的沼泽地中的村庄的，吉卜赛人道出了真情：是小鸟的歌声为他们指的路。

霍塞·阿卡迪奥·布恩地亚的社会创造精神不久就烟消云散了，他被磁铁热、天文计算、炼金梦以及想认识世界奇迹的渴望迷住了心窍。富有闯荡精神的、整洁的霍塞·阿卡迪奥·布恩地亚，变成了一个外表怠惰、衣着马虎的人。他胡子拉碴一大把，乌苏拉费了很大的劲才用菜刀给他收拾干净。有人认为他中了某种妖术。但是，当他把伐木工具扛在肩上，叫大伙儿集合起来去开辟一条小道，以便把马贡多同伟大的发明联系起来的时候，就连深信他已经发疯的人也丢开了活计和家庭，跟着他去了。

霍塞·阿卡迪奥·布恩地亚对本地区的地理情况一无所知。他只知道东面是一道难于通过的山脉，山那边是古城里奥阿查，从前——据他祖父奥雷良诺·布恩地亚第一对他说——弗朗西斯·德雷克①爵士曾在那里用炮弹猎鳄鱼取乐，然后在猎到的鳄鱼里塞上干草，缝补好后去献给伊丽莎白女王。霍塞·阿卡迪奥·布恩地亚在年轻的时候，和他手下人一起，带上妻儿和家畜，还带了各种家用器具，翻过山脉来寻找出海口。但是，经过了二十六个月，他们放弃了原来的打算。他们建立马贡多是为了不走回头路。他们对那条路不感兴趣，因为它只能把他们带往过去。南面是许多终年覆盖着一层浮生植物的泥塘和广阔的大沼泽。据吉卜赛人证实，沼泽

① 弗朗西斯·德雷克(1540? —1596)，英国航海家，第一个穿越麦哲伦海峡的英国人，曾参加击败西班牙无敌舰队的海战。

地带无边无沿。大沼泽的西部连着一片一望无际的水域。水域中有一种皮肤细嫩、长着女人的脑袋和身躯的鲸类，它们常常用巨大的乳房诱惑水手，使他们迷失航向。吉卜赛人在这条水路上航行了六个月，才抵达有驿站的骡子经过的陆地。据霍塞·阿卡迪奥·布恩地亚判断，唯一有可能通向外界文明的是向北去。于是，他用伐木工具和狩猎武器装备曾经跟随他建立马贡多的人们，把定向仪和地图装进背包，轻率地开始了冒险。

开头几天，他们没有遇到什么了不起的障碍。他们顺着砾石累累的河岸走到几年前发现那副武士盔甲的地方，从那里沿着野橘林间的一条小道进入大森林。一星期以后，他们宰了一头鹿，烤熟后只吃了一半，把另一半腌了，放着以后几天吃。他们想用这个办法，把不得不连续吃金刚鹦鹉的日子推迟一点，因为那蓝色的鸟肉有股涩口的麝香味儿。以后的十几天中，他们再也没有见到阳光。地面变得松软潮湿，宛如火山灰一般，地上的植物也越来越阴森可怕，禽鸟的鸣叫和猴子的吵闹声越来越远，四周变得凄凄惨惨的。远征队的人们置身于这个在原罪之前就已存在的、潮湿而寂静的天堂之中，靴子陷在雾气腾腾的油泥淖里，手中的砍刀把血红的野百合和金黄的蝾螈砍得粉碎。对远古的联想使他们感到压抑。整整一个星期中，没有人说一句话。他们的肺部忍受着令人窒息的血腥味，一个个像梦游病人似的，借助着萤火虫微弱的闪光，在这噩梦般的天地中行进。他们不能往回走，因为有一种新的植物转眼间就会长大起来，不一会儿就会把他们边走边开的小路封闭了。“没关系，”霍塞·阿卡迪奥·布恩地亚总是那样说，“最要紧的是不要迷失方向。”他一直手不离罗盘，带领手下人朝着看不见的北方走去，直到离开这个中了魔法的地区。那是一个阴暗的夜晚，没有星光，但黑暗之中却充满着一股清新的空气。被长途跋涉拖得精疲力竭的人们挂起了吊床，两星期来第一次睡得很酣。翌日醒来，太阳已经高高升起，大伙儿惊得一个个目瞪口呆。在他们面前，在静谧的晨辉中，矗立着一艘沾满尘土的白色西班牙大帆船，周围长满了羊齿和棕榈。帆船的左舷微微倾侧，完好无损的桅樯上，在装饰成兰花的绳索之间，悬挂着肮脏的帆船的破片。船体裹着一层鲫鱼化石和青苔构成的光滑外壳，牢牢地嵌在一片乱石堆里。整个结构仿佛在一个孤独的、被人遗忘的地方自成一统，杜绝了时间的恶习，躲开了禽鸟的陋俗。远征队员们小心翼翼地察看了船体内部，里面除了一片茂密的花丛外空无一物。

大帆船的发现标志着大海就在近处，这使霍塞·阿卡迪奥·布恩地亚的那股闯劲一下子摧垮了。他认为，自己寻找大海，历尽千辛万苦就是找不到；不去找它，却偏偏碰上了。大海是一个无法克服的障碍横在他的前进路上，这是调皮的命运对他的嘲弄。许多年以后，这里成了一条定期的驿道，奥雷良诺·布恩地亚上校也从这一地区经过时，看到这艘帆船只剩下一具烧焦的龙骨，在一片虞美人花地中。这时，他才相信这一段历史并非父亲杜撰的产物。他想，这艘大船怎么会深入到陆地这块地方来的呢？然而，霍塞·阿卡迪奥·布恩地亚又经过四天的路程，在离大帆船十二公里处看到大海的时候，却并没有去提这个烦人的问题。这片灰色的、泛着泡沫的、肮脏的大海不值得他去冒险，去为它做出牺牲，面对着这片大海，他的梦想破灭了。

“真该死!”他叫了起来，“马贡多的四周是被大海包围着的。”

霍塞·阿卡迪奥·布恩地亚远征归来后主观臆断地画了一张地图，根据这张地图，人们在很长一段时间里总认为马贡多在一个半岛上。绘图时他怒气冲冲，故意夸大了交通方面的困难，仿佛因为自己缺乏眼力而选中了这个地方要自我惩罚一下似的。“我们永远也到不了任何地方去,”他在乌苏拉面前叹息说，“我们将一辈子烂在这里，享受不到科学的好处了。”一连几个月，他在狭窄的炼金试验室里反复琢磨这一想法，这使他设想出把马贡多迁移到更合适的地方去的计划。可是这一回他还没有来得及实施这个狂热的计划，乌苏拉就抢了先。她像蚂蚁似的通过秘密而又不懈的工作，预先布置好让全村妇女反对男人们随心所欲的计划，因为男人们已经准备搬家了。霍塞·阿卡迪奥·布恩地亚不明白究竟在什么时候，由于什么原因，他的计划陷入了一大堆像乱麻一样的借口、托词和障碍之中，最后竟变成了十足天真的幻想。乌苏拉以一种局外人的态度观察着他。那天早晨，当她看到他在里面那间小房间里一边把试验用的物品装进原来的箱子，一边嘀咕着搬家计划时，她甚至有点同情他了。她让他收拾完，钉上箱子，用蘸了墨水的刷子在上面写好名字的缩写字母。她一点没有责备他，可是心里明白：他已经知道(因为听见他自言自语说过)，村里的男人不会跟他去干了。只是当他开始卸下小房间的门板的时候，乌苏拉才鼓起勇气问他为什么卸门板。他不无苦恼地回答说：“既然谁也不肯走，那我们就自己走。”乌苏拉没有感到不安。

“我们不走,”她说，“我们得留在这里，因为我们在这里生了一个儿子。”

“我们还没有死过一个人呐,”他说，“一个人只要没有个死去的亲人埋在地下，那他就不是这地方的人。”

乌苏拉柔中有刚地顶了他一句：

“假如一定要我死了你们才肯留下，那我就去死。”

霍塞·阿卡迪奥·布恩地亚想不到他妻子意志会那么坚定。他试图用幻想的魔力去打动她，答应带她去寻找一个奇妙的世界，在那里只要在地上洒几滴神水，植物就会遂人意结出果实。那里出售各种各样能解除病痛的器械，价钱便宜得像卖旧货。但是，乌苏拉对他的远见毫不动心。

“你别成天胡思乱想，还是关心关心孩子们吧,”乌苏拉说，“你看看他们，都像毛驴似的被撇在一边，听天由命。”

霍塞·阿卡迪奥·布恩地亚一字一句地听着妻子说的话。他从窗户里向外看去，只见孩子们光着脚板，站在烈日暴晒的菜园子里。他觉得，只是在此刻，应了乌苏拉的咒语，他们才开始存在的。于是他内心产生了某种神秘而清晰的感觉，使他脱离了现实并飘流到那从未开发的回忆的土地上。当乌苏拉继续打扫房间并打定主意一辈子也不离开的时候，霍塞·阿卡迪奥·布恩地亚却出神地看着孩子们，看得两眼都湿润了。他用手背擦了擦眼睛，无可奈何地深深叹了一口气。

“好吧,”他说，“叫他们来帮我把箱子里的东西都拿出来吧。”

大孩子霍塞·阿卡迪奥已经十四周岁了，方方的脑袋、蓬松的头发，脾气像他父亲一样任性。虽然他身体魁伟壮实，也像他父亲，但从那时起就明显地表现出缺乏想象力。他是在马贡多建立以前，在爬山越岭的艰苦旅途中怀胎和生养的。当他父母发现他身上没有长动物器官时，都感谢老天。奥雷良诺是第一个在马贡多出生的人，到三月份就满六周岁了。他好静而孤僻，在娘肚子里就会哭，生下来时睁着眼睛。给他剪脐带时，他就摆动着脑袋辨认房间里的东西。还以好奇而并不惊慌的神态察看着人们的脸庞。然后，他不再理会前来看望他的人们，却专心致志地盯着那棕榈叶盖的顶棚，房顶在雨水的巨大压力下眼看就要塌下来了。乌苏拉后来再也没有去回忆他那紧张的目光。直到有一天，小奥雷良诺已经三岁了，他走进厨房，乌苏拉从灶火上端下煮沸的汤锅放在桌子上。孩子在门边惊慌地说："快掉下来了。"那汤锅本来好好地放在桌子中间，随着孩子的预言，便仿佛有一种内在的动力驱赶着开始朝桌子边移动，最后掉在地上打碎了。吃惊的乌苏拉把这事告诉了丈夫，可是她丈夫把这解释为一种自然现象。他总是这样对孩子漠不关心，这一方面因为他觉得童年是智力尚未发育的时期，另一方面是因为他过分地专心于炼金术的研究。

但是，自从那天下午，他叫孩子们帮他打开装实验器材的箱子起，他开始把最宝贵的时间花在他们身上。在那间僻静的小屋的墙上，慢慢地贴满了令人难以置信的地图和图表。他教孩子们读书写字做算术，给他们讲世界上的奇迹，不但讲述了自己通晓的事物，而且还超越了自己想象力的界限。就这样，孩子们终于了解到：在非洲的南端，人们是那样聪明而平和，所以他们唯一的娱乐是静坐思考。爱琴海是可以步行过去的，从一个岛屿跳到另一个岛屿，一直可以走到萨洛尼卡港。这些使人产生错觉的课程深深地印在孩子们的记忆中。许多年以后，在正规军军官命令行刑队开枪前一分钟，奥雷良诺·布恩地亚上校重温了那个和暖的三月的下午的情景：父亲中断了物理课，一只手悬在空中，两眼一动也不动，呆呆地倾听着远处吉卜赛人吹笛擂鼓。吉卜赛人又来到村里，推销曼菲斯学者最新的惊人发明。

他们是一批新的吉卜赛人。是一些只会讲自己语言的青年男女，他们皮肤油亮、心灵手巧、漂亮无比。他们的舞蹈和音乐在街上引起了欢闹。他们带来了涂成各种颜色的、会吟诵意大利抒情诗的鹦鹉，还有会跟着小鼓的节奏生一百只金蛋的母鸡，有会猜测人意的猴子，有既可钉纽扣又能退热消炎的多用机，有使人忘却不愉快的往事的器械，还有消磨时间的药膏以及千百种其他发明，每一件都那样精妙奇特，所以霍塞·阿卡迪奥·布恩地亚简直想发明一架记忆机器，把它们全都记住了。吉卜赛人在刹那间使村子变了模样。马贡多的居民突然被那人群熙攘的集市弄得晕头转向，走在自己熟悉的大街上也会迷路了。

霍塞·阿卡迪奥·布恩地亚一手拉着一个孩子，怕他们在混乱中走失。一路上他碰到镶金牙的江湖艺人和六条胳臂的杂耍演员。人群散发出来的屎尿恶臭和檀香味混合在一起使他感到窒息。他像疯子一样到处寻找墨尔基阿德斯，想让他来揭示一下这场神话般的恶梦中的无穷秘密。他向好几个吉卜赛人打听，但他们都听不懂他的话，最后他来到墨尔基阿德斯经常搭帐篷的地方，在那里遇到一个神情忧郁的亚美尼亚人，那人正在用西班牙语叫卖一种隐身糖浆。当霍塞·阿卡迪奥·布恩地亚推推搡搡地穿过看呆了的人群时，那人已经一口喝下了一盅黄澄澄的东西，他赶上去问了一句话。吉卜赛人用诧异的目光扫了他一眼，随即化成了一摊刺鼻的烟雾腾腾的沥青，他的答话在上面飘荡："墨尔基阿德斯死了。"霍塞·阿尔迪奥·布恩地亚一听这消息竟怔住了，他木然不动极力抑制着悲痛，直到人群被别的把戏吸引而散去，那忧郁的亚美尼亚人的沥青已经完全化成了蒸气。后来，其他吉卜赛人也证实，墨尔基阿德斯在新加坡沙滩上死于热病，他的尸体被抛入爪哇海最深的地方去了。孩子们对此消息不感兴趣。他们缠着要父亲带他们去看曼菲斯学者们惊人的新发明。据张贴在一顶帐篷门口的广告上说，那是属于所罗门王的。孩子们一再要求，霍塞·阿卡迪奥·布恩地亚就付了三十个里亚尔，带他们走到帐篷中央。那里有一个浑身长毛、剃了光头的巨人，他鼻子上穿着一个铜环，脚踝上拴着一条沉重的铁链，正守护着一只海盗箱。巨人一打开箱子，里面就冒出一股寒气。箱里只有一块巨大的透明物体，中间有无数枚小针，落日的余辉照射在小针上，撞成许多五彩缤纷的星星。霍塞·阿卡迪奥·布恩地亚看懵了，但他知道孩子们在等待他马上做出解释，于是他大胆地嘟哝了一声：

"这是世界上最大的钻石。"

"不，"吉卜赛人纠正说，"这是冰。"

霍塞·阿卡迪奥·布恩地亚没有听懂，他把手朝冰块伸去，但巨人把他的手推开了。"摸一下还得付五个里亚尔。"他说。霍塞·阿卡迪奥·布恩地亚付了钱，把手放在冰上呆了几分钟。接触这个神秘的东西，使他心里觉得既害怕又高兴。他不知该说什么才好，于是，又付了十个里亚尔，让孩子们也体验一下这神妙的感觉。小霍塞·阿卡迪奥不肯去摸。奥雷良诺却与乃兄相反，他往前跨了一步，把手放在冰上，可马上又缩了回来。"在煮开着呢！"他吓得喊叫起来。可是，霍塞·阿卡迪奥·布恩地亚没有理他。他被这个无可置疑的奇迹陶醉了，这时竟忘掉了他那些荒唐事业的失败，忘掉了被人丢弃而落入乌贼腹内的墨尔基阿德斯的遗体。他又付了五个里亚尔，就像把手放在《圣经》上为人做证那样，把手放在冰块上高声说道：

"这是我们时代的伟大发明。"

【法】昆德拉

米兰·昆德拉(1929—　)生于捷克的布尔诺，1975 年移居法国，是享誉世界文坛的著名小说家。迄今为止，昆德拉一共创作了 15 部作品，包括 9 部长篇小说、4 部随笔集、1 部短篇小说集和 1 部剧作。他的主要代表作有长篇小说《玩笑》《生活在别处》《不能承受的生命之轻》《不朽》等。

米兰·昆德拉是一位创作特色鲜明的小说家，他将小说创作与哲学思考结合起来，探究人类存在中的诸多问题。昆德拉对小说观念的理解自成一家，他认为小说是一种独特的写作，它要思考的对象是世界和人类的可能性、复杂性，它的任务是提出问题，引导人们的思索，因此它不提供答案，也与真实性无关。在此理论观照下，昆德拉始终以人类及个人为其小说关注的重心，在种种可能的境遇下，探讨了玩笑、流亡、遗忘、记忆、爱情、不朽、身份、轻重、灵肉、媚俗等永恒问题。昆德拉的小说充满了智慧和幽默，篇章结构简约精巧，文字精练却深邃。

《不能承受的生命之轻》以主题结构篇章的方式探询了人类生命存在中的轻与重、灵与肉等问题。外科医生托马斯在离婚后享受着单身的自由，对于女人，他既渴望又恐惧，小心翼翼地和情人们保持着适当的距离。偶遇特雷莎改变了他的生活轨道，他莫名地爱上了她，并娶了她。同时，他和女画家萨宾娜始终保持着"性友谊"，在爱情和艳遇中平衡着生命的"轻"与"重"。特雷莎坚守灵肉合一，无法淡然区分爱情与艳遇，陷入了"灵"与"肉"挣扎的痛苦中。一生都在背叛既成习俗的萨宾娜最终拒绝了情人弗兰茨的爱情，拒绝"重"的选择。弗兰茨这个怀有理想主义热情的大学教授在一次滑稽的游行抗议活动后，死于街头抢劫。

本书所选第一部的内容，描述了托马斯在"轻"与"重"的两难选择中艰难前进的生命历程。对特雷莎的没有理由的爱，让他既害怕"重"的承担，又担心失去后"轻"的难以忍受。在"轻"与"重"、爱情与艳遇之间，他努力平衡却最终陷入双重的无奈困境中。

第二部的章节描述了特雷莎跟随着不期而遇的爱情召唤，踏进了托马斯的生活，也开始了她"灵"与"肉"痛苦挣扎的噩梦。托马斯艳遇不断，她的噩梦就不断，那些令人心碎的噩梦诉说了压在她心头的沉重爱情和勉力坚持，将她的生命分成白昼和黑夜。

（刘英梅　撰稿）

不能承受的生命之轻(节选)[①]

第一部　轻与重

3

多年来，我一直想着托马斯。但只是在这些思想的启发下，我才第一次真正看清他。我看见他，站在公寓的一扇窗户前，目光越过庭院，盯着对面房子的墙，他不知道他该做什么。

大约是三个星期前，他在波希米亚的一个小镇上认识了特蕾莎，两人在一起差不多只待了个把钟头。她陪他去了火车站，陪他一起等车，直到他上了火车。十来天后，她来布拉格看他。他们当天就做了爱。夜里，她发起烧，因为得了流感，在他家整整待了一星期。

对这个几乎不相识的姑娘，他感到了一种无法解释的爱。对他而言，她就像是个被人放在涂了树脂的篮子里的孩子，顺着河水漂来，好让他在床榻之岸收留她。

她在他家待了一个星期，流感一好，便回到她居住的城镇，那儿离布拉格两百公里。正是在这个时候出现了我方才提及的那个片刻，即我看到了托马斯生活关键的那个时刻：他站在窗前，目光越过庭院，盯着对面房子的墙，在思忖：

是否该建议她来布拉格住下？这份责任令他害怕。如果现在请她来家里住，她一定会来到他身边，为他献出整个生命。

要么该放弃？这样一来，特蕾莎还得待在乡下的小酒店做女招待，那他就再也见不到她了。

他是想她来到他身边，还是不想？

他目光盯着院子对面的墙，在寻找一个答案。

他一次又一次，总是想起那个躺在他长沙发上的女人的模样；她和他过去生活中的任何女人都不一样。既不是情人，也不是妻子。她只是个他从涂了树脂的篮子里抱出来，安放在自己的床榻之岸的孩子。她睡着了。他跪在她的身边。她烧得直喘气，越喘越急促，他听到了她微微的呻吟。他把脸贴在她的脸上，在她睡梦中轻声安慰她。过了一会儿，他感觉她的呼吸平静了一些，她的脸不由自主地往他的脸上凑。他感到她的双唇有一股微微有点呛人的高烧的热气味。他吸着这股气息，仿佛想啜饮她身体的隐秘。于是他想象她已经在他家住了许多许多年，此刻正在死去。突然，他清楚地意识到她要是死了，他也活不下去。他要躺在她身边，和她一起死。受了这一幻象的鼓动，他挨着她的脸，把头埋在枕头里，许久。

此时，他站在窗前，回想着当时的一刻。如果那不是爱，怎么会出现这样的情景？

可这是爱吗？他确信那一刻他想死在她的身边，这种情感明显是太过分了：他

---

① 选自[法]米兰·昆德拉：《不能承受的生命之轻》，许钧译，上海，译文出版社，2003。

不过是生平第二次见她而已！或许这更是一个男人疯狂的反应，他自己的心底明白不能去爱，于是跟自己玩起了一场爱情戏？与此同时，他在潜意识里是如此懦弱，竟为自己的这场戏选了这个原本无缘走进他生活的可怜的乡间女招待！

他望着院子脏乎乎的墙，明白自己不知道这到底是出于疯狂，还是爱情。

而在一个真正的男人本可立刻采取行动的时刻，他却在责怪自己犹犹豫豫，剥夺了自己一生中最美好的瞬间(他跪在年轻女子的枕边，确信她一死他自己也不能再活下去)的一切意义。

他越来越责备自己，但最终还是对自己说，说到底，他不知道自己想要什么是非常正常的：

人永远都无法知道自己该要什么，因为人只能活一次，既不能拿它跟前世相比，也不能在来生加以修正。

和特蕾莎在一起好呢，还是一个人好呢？

没有任何方法可以检验哪种抉择是好的，因为不存在任何比较。一切都是马上经历，仅此一次，不能准备。好像一个演员没有排练就上了舞台。如果生命的初次排练就已经是生命本身，那么生命到底会有什么价值？正因为这样，生命才总是像一张草图。但“草图”这个词还不确切，因为一张草图是某件事物的雏形，比如一幅画的草稿，而我们生命的草图却不是任何东西的草稿，它是一张成不了画的草图。

托马斯自言自语：*einmal ist keinmal*，这是一个德国谚语，是说一次不算数，一次就是从来没有。只能活一次，就和根本没有活过一样。

4

一天，在一次手术间歇，一个女护士告诉他有电话找他。他在话筒里听到的是特蕾莎的声音。她是从火车站打来的电话。他很高兴。但不巧的是，那天晚上他有事，只能请她第二天上他家。可一挂上电话，他又自责没有让她马上过来。他还有时间取消已定的约会！他寻思，特蕾莎在他们见面前这漫长的三十六小时里在布拉格会干什么，恨不得立即开车到城里的大街小巷去找她。

第二天晚上，她来了。她斜挎着一个包，长长的背带，他觉得她比上次见到时要优雅。她手里拿着一本厚书，是托尔斯泰的《安娜·卡列尼娜》。她显得挺开心的，甚至有点儿聒噪雀跃，努力对他装出她只是偶然路过的样子，是为了一件特别的事：她来布拉格是出于工作上的原因，或许(她的话非常含混)想找一份新工作。

之后，他们并排躺在长沙发上，光着身子，已精疲力竭。夜深了。他问她住在哪儿，他想开车送她回去。她有点尴尬地回答说她正要找一家旅社，来之前把行李寄存在车站了。

前一天晚上，他还担心如果他请她来布拉格，她会来为他奉献一生呢。现在，听说她的行李寄存在火车站，他心想，在她把自己的一生奉献给他之前，已把它存放在那个行李箱里，并寄存在了车站。

他和她一起上了停在房前的汽车，直奔火车站，取出箱子(箱子很大，重极了)，带它和特蕾莎一起回家。

他怎么能这么快就做出决定？近半个月来，他一直犹豫不定，甚至都没给她寄过一张明信片。

他自己也对此感到惊讶。他这样做不符合他的原则。他和第一个妻子离婚有十年了，他是带着愉快的心情离婚的，就像别人庆祝结婚一样开心。于是他明白自己天生不是能在一个女人身边过日子的人，不管这个女人是谁，他也明白了只有单身，自己才感到真正自在。所以他费尽心机为自己设计一种生活方式，任何女人都永远不能拎着箱子住到他家来。这也是他只有一张长沙发的原因。尽管这张沙发相当宽敞，可他总和情人们说他和别人同床就睡不着觉，午夜后，他总是开车送她们回去。而且，就在特蕾莎第一次患流感住在他家的时候，他也没有和她一起睡。头一夜，他是在大扶手椅上过的，后几夜他都去医院的诊室，里面有一张他上夜班时用的长椅。

可这一次，他在她身边睡着了。早上醒来，他发现特蕾莎还睡着，攥着他的手。他们是不是整夜都这么牵着手？这让他感到难以置信。

睡梦中她呼吸沉重，她攥着他的手(很紧，他无法摆脱)，笨重的行李箱就摆在床边。

他不敢把手抽出来，怕把她弄醒，他小心翼翼地侧过身，好仔细地看看她。

他又一次对自己说，特蕾莎是一个被人放在涂了树脂的篮子里顺水漂来的孩子。河水汹涌，怎么就能把这个放着孩子的篮子往水里放，任它漂呢！如果法老的女儿没有抓住水中那只放了小摩西的摇篮，世上就不会有《旧约》，也不会有我们全部的文明了！多少古老的神话，都以弃儿被人搭救的情节开始！如果波里布斯没有收养小俄狄浦斯，索福克勒斯①就写不出他最壮美的悲剧了。

托马斯当时还没有意识到，比喻是一种危险的东西。人是不能和比喻闹着玩的。一个简单比喻，便可从中产生爱情。

5

他和第一个妻子一起生活不到两年，有一个儿子。离婚宣判时，法官把孩子判给了母亲，要托马斯将三分之一的薪水付给母子俩，由此保证他每月可以看儿子两次。

但每次托马斯该去看儿子时，孩子的母亲总是爽约。要是他给他们送上奢华的礼品，他见儿子肯定要容易一些。他终于明白，要付钱给母亲才能得到儿子的爱，而且这笔钱还要预付。他经常设想日后要把自己的思想灌输给儿子，他这些想法与孩子母亲的想法是格格不入的。每次一想到这个问题，他就已经累了。一个星期天，母亲又在最后一分钟不让他跟儿子一起出门，他于是决定这辈子都不要再见到他。

再说，他为什么非要牵挂这个孩子而不牵挂别的孩子呢？他和他没有任何维系，除了那个不慎之夜。抚养费，他可以严格照章支付，可用不着别人来以什么父爱的

---

① 索福克勒斯(约前469—前406)，古希腊三大悲剧诗人之一。

名义，让他去争什么做父亲的权利。

显然，没人能接受这种理由。父母都谴责他，申明如果托马斯拒绝把自己儿子放在心上，那他们，作为托马斯的父母，也同样不会再关心自己的儿子。为此，他们故意和媳妇保持良好关系，常在亲友面前吹嘘自己的模范态度和正义感。

没过多长时间，他就让自己从妻子、儿子，母亲和父亲处脱了身。从中给他留下的唯一东西，就是对女人的恐惧。他渴望女人，但又惧怕她们。在恐惧和渴望之间，必须找到某种妥协；这就是他所谓的“性友谊”。他常对情人们说：谁无感情投入，谁就无权干涉对方的生活和自由，唯有这种关系才能给双方带来快乐。

为了确保“性友谊”永远不在爱的侵略面前让步，就算是去看老情人，他也要隔上好一阵子。他认为这种方式无懈可击，对朋友炫耀说：“要坚持‘三’的原则：可以在短期内去会同一个女人，但绝不要超过三次；也可以常年去看同一个女人，但两次幽会间至少得相隔三周。”

这种方式让托马斯既能和老情人不断线，又能拥有许多露水情人。他并不总是被人理解的。在他这些女友中，只有萨比娜最理解他。她是画家。她常说：“我很喜欢你，因为你是媚俗的对立面。在媚俗之王国，你会是个恶魔。在任何一部美国片或俄国片里，你都只能是那种让人嫌恶的角色。”

所以他请萨比娜帮忙替特蕾莎在布拉格找一份工作。按照不成文的“性友谊”的约定，她答应尽力而为，事实上她没多久就替她在一家周刊的照片冲洗室找了一份差事。这份工作不需要特殊的技能，但让特蕾莎的地位从一个女招待上升到了一个新闻从业人员。萨比娜亲自把特蕾莎介绍给周刊社的人。托马斯心想，他从没有过比她更好的女友。

6

“性友谊”的不成文约定要求托马斯这一生与爱情绝缘。如果他违背这一规定，那他的那些情人就会马上觉得低人一等，就会闹腾。

于是他给特蕾莎弄了一个转租的单室套，她得把她笨重的箱子搬到那儿去。他想照看她，保护她，享受她在身边的快乐，但他觉得没有任何必要改变自己的生活方式。而且他也不想让别人知道她睡在他家里。一起过夜，便是爱情之罪证。

和别的女人一起，他从来都不过夜。要是去她们家幽会，事情很简单，他爱什么时候走就什么时候走。如果她们来家里就麻烦一些，他得跟她们解释说下半夜他得送她们回去，因为他有失眠症，身边有人睡不着觉。这差不多是实话，但主要的原因比较糟糕，他不敢向他的情人们承认：做爱后，他有一种无法克服的需要独处的强烈愿望。他讨厌深夜在一个陌生的身体旁醒来；男女早上起床的情景让他憎恶；他不想有人听见他在浴室刷牙，两人一起亲密用早餐也无法打动他。

这就是为什么他醒后发现特蕾莎紧紧地攥着他的手时会如此惊讶！他看着她，难以明白到底发生了什么事。他回想起刚刚逝去的几个小时的时光，以为从中呼吸到了莫名的幸福的芬芳。

从那以后，两人都乐滋滋盼着共同入眠。我甚至想说，他们做爱的目的并不是追求快感，而是为了之后的共枕而眠。尤其是她，没有他就睡不着觉。如果得一个人呆在单室套(它越来越成为一个托词)，她整夜都闭不了眼睛。在他怀中，无论有多兴奋，她都能慢慢入睡。他为她编故事，轻声讲给她听，或者说一些无关紧要的事，声音单调，翻来覆去，但却有趣，给人抚慰。在特蕾莎的脑海中，这些话渐渐化作朦胧的幻影，带她入梦。他完全控制了她的睡眠，要她哪一刻入睡，她就在哪一刻入眠。

睡着时，她还像第一夜那样攥着他：紧紧地抓住他的手腕、手指或脚踝。当他想离开又不弄醒她，他就得使点花招。他从她手中抽出手指(手腕或脚踝)，这总会让她在模糊中惊醒过来，因为睡着的时候她也很用心地守着他。为了让她安静，他就塞一件东西到她手中(一件揉成一团的睡衣，一只拖鞋，一本书)，而她随后紧紧地攥着它，好像那是他身体的一部分。

一天，他刚哄她入睡，但她还没有进入梦乡，还能回答提问。他对她说："好了！现在我要走了。""哪儿?"她问。"我要出门。"他认真地说。"我要和你一起去。"她边说边从床上坐了起来。"不，我不要。我这一走就不回来了。"他说着走出了房间，到了门口。她起身跟他到了门口，眨着眼睛。她只穿了一件短睡裙，下面什么也没穿。她的脸麻木，没有表情，但她的动作很有力。他从门口走到走廊上(是楼房的公共走廊)，当着她的面关上门。她猛地打开门，跟着他，在半睡眠中确信他想永远地离开她，而她应该留住他。他下了一层楼，站在楼梯口等着她。她在那儿找到他，抓住他的手，拉他回到自己身边，回到床上。

托马斯心想：跟一个女人做爱和跟一个女人睡觉，是两种截然不同，甚至几乎对立的感情。爱情并不是通过做爱的欲望(这可以是对无数女人的欲求)体现的，而是通过和她共眠的欲望(这只能是对一个女人的欲求)而体现出来的。

7

夜半时分，她在睡梦中呻吟起来。托马斯叫醒她，可她一见他的脸，就恨恨地说："你走！你走!"而后她给他讲了她的梦：他俩和萨比娜一起呆在某个地方。一个大大的房间。正中间有一张床，就像是剧院的舞台。托马斯命令她待在一边，而他当着她的面跟萨比娜做爱。她在一旁看着，这个场面让她痛苦难忍。她想用肉体的痛苦强压住灵魂的痛苦，便用针往指甲缝里刺。"真是钻心痛!"她边说边握紧拳头，好像她的手真的受了伤。

他把她拉到怀里(她身体直抖个不停)，慢慢地，她又在他的怀中睡着了。

第二天，联想到这个梦，他想起了什么。他打开写字台的抽屉，取出一叠萨比娜的信。不一会儿就找到了下面这段话："我想在我的画室和你一起做爱，就像是在剧院的舞台。周围尽是观众，他们无权靠近我们。但他们的目光却无法离开我们……"

最糟糕的是这封信标有日期。信是新近写的，特蕾莎住到托马斯家都好一阵子了。

他顿时发起火来："你翻过我的信!"

她没有设法否认，回答说：“是的！那把我撵出门去呀！”

但他没有把她撵出门。他看到了她，就靠在萨比娜的画室的墙上，把针往指甲缝里刺。他双手捂着她的手指，抚摸着，把它们送到唇边，吻着，好像上面还留有丝丝血痕。

但是，从那以后，一切都仿佛在暗中和他作对。几乎每一天，她都能对他隐秘的艳史了解到一点新的东西。

起初他什么都不承认。当证据再确凿不过，他便设法说服她，说他跟多个女人风流与他对特蕾莎的爱情毫不矛盾。可他的说辞前后不一：一会儿否认自己不忠，一会儿又为自己的不忠行为辩解。

有一天，他打电话约一个女友。电话挂掉后，他听到隔壁房间有一阵奇怪的声音，像是牙齿在打颤。

她碰巧来他家，而他却没有发觉。她手中拿着一瓶安定剂，正要往喉咙里灌，但她的手抖得厉害，玻璃瓶磕着牙齿直响。

他冲了过去，像是要把溺水的她救上岸。装缬草根剂的药瓶掉到地上，在地毯上弄了一大块污渍。她拼命挣扎着，想摆脱他，他紧紧按住她，有一刻钟之久，像是在她身上套了一件疯人衣，直到她安定下来。

他知道自己处在无法辩解的境地，因为这一境地是建立在完全不平等的基础之上的：

早在她发现他和萨比娜通信之前，他们曾和几个朋友一起去过一家酒吧。大家庆贺特蕾莎有了份新的工作。她离开了相片冲洗室，成了杂志社的一名摄影师。因为他不喜欢跳舞，医院的一个年轻同事就陪特蕾莎跳。他们优雅地滑入舞池，特蕾莎显得比以往任何时候都美。他不胜惊讶，看到她心领神会无比精确而又温顺地配合着舞伴。这支舞仿佛在宣告，她的忠诚，她对在托马斯眼中看到的每一个热望的满足，并不一定要只维系在他托马斯一人身上，而是随时准备迎合她能遇见的无论哪个男人的召唤。谁都不难把特蕾莎和这个年轻同事想象成一对情人。正是这种极易想象的可能性在刺伤他！特蕾莎的身体在别的男人的怀中充满爱恋地紧紧抱着，这完全可以想象，而这一想法让他的心情糟透了。深夜回家后，他向她承认他很嫉妒。

这种荒诞的、由理论上的可能性所引发的嫉妒，是一个证明，证明他把她的忠诚当作了一个必要条件。可她嫉妒他那些真实存在的情人，他又怎能去责怪呢？

8

白天，她尽力(但难以真正做到)相信托马斯的话，而且尽力像以前那样，始终一副开开心心的样子。然而，白天受抑制的妒意在夜里的睡梦中倍加凶猛，每次做梦末了，必定是一场哭叫，不得不把她唤醒，才能停止。

她的梦好似变奏的主题，或像一部电视连续剧的片段，反反复复。比如有一个梦经常做，那是个猫的梦。小猫总是跳上她的脸颊，爪子伸到她的皮肤里。说真的，这种梦很容易解释：在捷克语中，“猫”为俗语，指漂亮姑娘。特蕾莎感到女人的威胁，感到所有女人的威胁。所有女人都可能成为托马斯的情人，她为此而恐惧。

还有另一类梦，梦中她总是送死。一天夜里，他把她从恐怖的叫声中唤醒，她告诉他做了这样一个梦："那是一个封闭的游泳馆，很大。里面有二十来个人。全是女的。一个个赤身裸体，得围着游泳池不停地走。游泳馆顶上悬挂着一个硕大的篮子，里面有个人。他戴着顶宽檐帽，脸被遮住了，可我知道那是你。你不断给我们大家下令。又喊又叫。要大家边走边唱，还要不断下跪。如果哪个女人没跪，你朝她就是一枪，她一命呜呼跌进游泳池里。这时，剩下的女人会一阵哄笑，又起劲地唱起来。而你呢，你的眼睛始终盯着我们，要是我们中的哪个人做错了动作，你就又是一枪打去。游泳池里到处是死尸，漂在水面。我呢，我很清楚，我实在没有力气再做一个下跪动作了，你马上就会把我杀了。"

第三类梦做的尽是她死后发生的事情。

她躺在一个巨大的棺材里，足有搬家用的卡车那么大。身边，尽是女人的尸体。尸体实在太多了，车后门只得敞着，一条条大腿耷拉在门外。

特蕾莎惊叫着："哎！我没有死！我还有各种感觉！"

"我们也一样，我们都还有各种感觉。"那些死尸在冷笑。

死去的女人同活着的女人笑得一模一样。那些活着的女人曾开心地笑着告诉她说，她的牙齿以后会烂，卵巢会得病，脸会长皱纹，她们还说，这完全正常，因为她们牙齿已烂，卵巢已经得病，脸上都长了皱纹。此刻，她们笑着向她解释说，她已经死了，一切都了了。

突然，她憋不住想尿尿。她叫起来："我既然还想尿尿，这证明我没有死！"

她们又哄然大笑："你想尿尿，这很正常！你所有的感觉，都还会持续很长时间。就像有人砍掉了一只手，但很长时间内都会感觉到手还在。我们这些人已经没有尿了，可是我们还总想尿。"

特蕾莎在床上紧靠着托马斯说："她们都同我以你相称，好像她们早就认识我似的，像是我的同志，而我，我真害怕自己不得不永远跟她们在一起待着！"

9

在从拉丁语派生的所有语言里，*compassion*（同情）一词都由前缀 *com-* 和词根 *passio* 组成，该词根原本表示"苦"的意思。在其他语言中，例如捷克语、波兰语、德语、瑞典语，这个词用作名词，由相类似的前缀加"情感"一词组成（捷克语：*sou-cit*；波兰语：*wspót-czucie*；德语：*Mit-gefüühl*；瑞典语：*med-känsla*）。

在从拉丁语派生的语言中，*compassion* 这个词的意思是说人们不能对他人的痛苦无动于衷；换言之：也就是人们对遭受痛苦的人具有同情之心。另一个词 *pitié* 的意思几乎相同（英语为 *pity*；意大利语为 *pietà*，等等），该词甚至意味着应该对遭受痛苦的人表示某种宽容。"怜悯"一位妇女，意味着处境比她好，也就意味着降贵纡尊，要与她处于同一位置。

正因为如此，"同情"这个词一般会引发蔑视，它指的是一种处于次要地位的感情，同爱情没有瓜葛。出于同情爱一个人，并非真正爱他。

而在以“情感”而非 *passio* 即“痛苦”作为词根组成“同情”一词的语言中，该词使用的意义基本相同，但是，很难讲它特指的是不好的或是一般的情感。该词的词源所包含的神秘力量给该词投上了另一层光芒，使其意义更为广泛：有同情心（同-感），即能够与他人共甘苦，同时与他人分享其他任何情感：快乐、忧愁、幸福、痛苦。因此这种同情（*soucit*，*wspótczucie*，*Mitgefühl*，*medkänsla* 的意思）是指最高境界的情感想象力，指情感的心灵感应艺术。在情感的各个境界中，这是最高级的情感。

当特蕾莎梦见往自己的指甲缝里扎针的时候，她暴露了自己的情感，由此向托马斯表明了她在背地里曾搜查过对方的抽屉。如果另一个女人也这样做，他会永远不再理睬她。特蕾莎了解他，当她对他吼：“把我撵出门去吧！”他不仅没有把她撵出去，反而还捂住她的手，吻她的手指尖，是因为在那个时刻，他本人与她有着同样的感觉，感到了手指尖的痛苦，仿佛特蕾莎的手指神经直接连着他的大脑。

要是不具备同情心（同-感）这一魔鬼之禀赋，那必定会冷酷地谴责特蕾莎的行为，因为别人的隐私是神圣不可侵犯的，绝对不能打开别人珍藏私人信件的抽屉。可是，同情心已经变为托马斯的命运（或是厄运），他甚至觉得是自己跪在写字桌打开的抽屉前，无法让自己的目光从萨比娜书写的词句中移开。他理解特蕾莎，他不仅无力责怪她，反而因此更喜爱她了。

10

她的举止越来越粗鲁，越来越不近情理。两年前她发现了他的不忠，从此每况愈下。没有任何出路。

怎么回事！难道他就不能断绝那些性友谊吗？不能。不然定会使他撕心裂肺。他无法控制对女人的占有欲。再说，他觉得这样做也毫无用处。他这些艳遇对特蕾莎没有任何威胁，这一点他比任何人都心知肚明。他为什么非要断掉呢？这无异于放弃看一场足球赛，这样做让他觉得十分荒唐可笑。

但还能谈什么乐趣吗？他刚刚出门去同某个情人幽会，便马上对她感到厌恶，发誓这是最后一次见她。他眼前呈现的是特蕾莎的形象，他必须立即麻醉自己才能不再想她。从他认识她起，他不醉酒便无法同别的女人上床！然而，恰恰是他醉酒呼出的气味让特蕾莎更轻易地发现他不忠诚的蛛丝马迹。

他整个儿陷入了怪圈：刚出门去见情妇，马上就没了欲望，可一天没见情人，他会立即打电话约会。

还是在萨比娜那里，他的感觉最好，因为他很清楚她不会声张，他不用担心被人发现。画室里，仿佛浮现着他往昔生活的记忆，那是他牧歌般美妙的单身汉日子。

他可能根本没有意识到自己的变化有多大：他害怕太晚回家，因为特蕾莎在等着他。一次，萨比娜发现他做爱时偷偷看表，明显想尽快草率完事。

完事后，她没精打采，光着身子在画室里走，然后站在床头尚未完成的一幅油画前，朝托马斯瞥了一眼，发现他在急匆匆地穿衣服。

他很快穿好了衣服，但一只脚还光着。他查看周围，然后四肢趴在地上，在桌子下面寻找什么东西。

她说："当我看着你，我感觉到你同我油画中的永久主题渐渐融为了一体。两种世界的相遇。双重的展示。在放荡的托马斯的身影后，一张浪漫情人的面孔隐约可见，令人无法置信。或者反过来说吧，在一心只想着他的特蕾莎的特里斯丹①的身影下，居然可以看到放荡之徒所表现出的美妙世界。"

托马斯又站起身，漫不经心地用一只耳朵听萨比娜说话：

"你在找什么?"她问。

"一只袜子。"

她和他一起在房间内寻找起来，他又四肢着地趴在桌子底下找。

"这里没有袜子。"萨比娜说，"你来的时候肯定没穿。"

"什么？我来时没穿!"托马斯看着手表叫了起来。"我肯定不会穿着一只袜子上这儿来的!"

"不能排除这种可能。近些日子，你整个儿心不在焉。你总是急匆匆的，老看表，忘记穿袜子，也没什么大惊小怪的。"

他决定赤脚穿上鞋。

"外面很冷，"萨比娜说，"我借你一只袜子吧。"

她递给他一只新潮的白色长筒网袜。

他十分清楚，这是报复。是她将袜子藏了起来，以惩罚他在做爱时看表。外边天气那么冷，他也只能听她的了。他回到了家，一只脚上穿着自己的袜子，另一只脚套的是女人穿的白色长袜，袜子卷到脚踝处。

他已是毫无出路：在情妇们眼里，他带着对特蕾莎之爱的罪恶烙印，而在特蕾莎眼中，他又烙着同情人幽会放浪的罪恶之印。

11

为了减轻特蕾莎的痛苦，他娶了她(他们终于退掉转租的那套单室公寓，实际上她早就不住在那里了)，还给她弄了只小狗。

小狗是托马斯同事的一头圣伯尔纳纯种母狗生的，公狗是邻居家的一头狼狗。没有人要这样的一窝小杂种，可把它们杀了，他的同事又于心不忍。

托马斯不得不在那窝小狗中挑一只，他知道，没有被选中的，是死的命。他觉得自己简直像是个共和国总统，四个死刑犯中只能赦免一个。他最终选了其中一只，是一只母的，身体模样像狼狗，可头很像那只圣伯尔纳纯种母狗。他把小狗带给了特蕾莎。她抱起小家伙，紧贴在怀里，不料这畜生尿了她一裙子。

得给它起个名字。托马斯想别人一听到这个名字，就知道是特蕾莎的狗，他想起，当初她不打招呼来到布拉格时，腋下夹着一本书。他于是提出那狗就叫托尔斯泰吧。

---

① 特里斯丹，中世纪爱情传说《特里斯丹和绮瑟》中的男主人公，为纯洁爱情的象征。

“不能叫托尔斯泰，因为这是个小丫头，”特蕾莎反驳说，“倒可以叫它安娜·卡列尼娜。”

“不能叫它安娜·卡列尼娜，一个女人的嘴，根本不会长得这么滑稽。”托马斯说，“不如叫卡列宁。对，卡列宁。这正是我原来一直想象的。”

“叫它卡列宁会不会造成它的性倒错？”

“有可能，要是主人总用公狗的名字来叫一条母狗，那母狗很有可能产生同性恋倾向。”托马斯说。

事情太奇怪了，托马斯预见的事情果真发生了。通常，母狗更依赖男主人，而不是女主人，但卡列宁恰恰相反。它铁了心跟特蕾莎亲。托马斯对它心怀感激之情。他常抚摸着它的头对它说：“卡列宁，你做得对，我期待你的正是这一点。那事我一个人做不到，你得帮我。”

但是，即使有卡列宁的帮助，他还是无法让特蕾莎幸福。俄国人的坦克占领他的国家十来天后，他才明白了这一点。那是在一九六八年八月，苏黎世有一家医院的院长，托马斯是在一次国际研讨会上同他结识的，他每天都从苏黎世给托马斯打电话。他为托马斯担惊受怕，主动提出给他提供一份工作。

12

瑞士那位院长的好意托马斯毫不犹豫地回绝了，这完全是因为特蕾莎的缘故。他觉得她是不想走的。况且，占领的最初七个日子，她是在一种兴奋的状态中度过的，简直像是某种幸福。她常在街上转，手里拿着照相机，还给外国记者发胶卷，那些记者争着要。一天，她胆子实在也太大了，竟然贴近一个军官，拍下了他用手枪对准游行人群的镜头，她因此而被捕，在俄军司令部关了一夜。他们甚至威胁要枪毙她。可刚一放出来，她又跑到街上去拍照。

占领的第十天，她问托马斯：“你到底为什么不想去瑞士呢？”对这一问，托马斯当然也就不感到惊奇了。

“那我为什么非要去呢？”

“在这里，他们可是要跟你算账的。”

“他们跟谁没账算？”托马斯做出一个听天由命的动作，反驳道，“告诉我，你能在国外生活吗？”

“为什么不能？”

“瞧你已准备为自己的国家奉献自己生命的样子，我在纳闷，你现在怎么能离得开呢？”

“打从杜布切克①回来后，一切全变了。”特蕾莎说。

事实确实如此：兴奋的日子只持续了占领后的头七天。捷克的国家政要被俄国军队像罪犯一样一个个带走，谁也不知道他们在什么地方，大家都为他们的性命担

---

① Alexander Dubcek(1921—1992)，捷克斯洛伐克政治家，曾任捷共第一书记。

忧，对俄国人的仇恨像酒精一样，让人昏了头脑。那简直是仇恨的狂欢节。波希米亚的各城镇贴满了成千上万的大字报，有讽刺的，有挖苦的，还有诗歌和漫画，矛头直指勃列日涅夫和他的军队，嘲笑他们像是一群没有文化的马戏团小丑。但是天下没有永远不散的节日。就在这些日子里，俄国人强迫那帮被劫持的捷克政要妥协，在莫斯科签了协议。杜布切克带着这份妥协的协议，回到布拉格，并在电台发表了讲话。六天的监禁竟把他折磨得不成人样，连话都讲不出来，结结巴巴，不停地喘气，连一个句子都讲不完整，一停就差不多有半分钟。

这一妥协，倒是使国家免遭厄运，没有造成大批的人被枪决，被流放到西伯利亚，这种命运，谁不怕呢。但是有一件事很快再也清楚不过：波希米亚不得不在征服者面前下跪。这个国家将永远像亚历山大·杜布切克那样，结结巴巴，忍气吞声，仰人鼻息。狂欢节结束了。屈辱从此成了家常便饭。

特蕾莎对托马斯细述这一切，他也知道这是事实，但是在这一事实背后，还隐藏着另外的理由，让特蕾莎想离开布拉格的更主要理由：她在这里过得一直很痛苦。

她在布拉格街上冒着生命危险拍摄俄国士兵的镜头，这是她度过的最美好的日子。在这些日子里，她梦中的电视连续剧终于断了，夜里得到了安宁。俄国人用他们的坦克给她带来了安详。可现在，狂欢节结束了，她又开始害怕夜晚的到来，她想逃离那些夜晚。她发现，让她充满力量和快乐的环境是存在的，她渴望到国外去，希望找到类似的环境。

“萨比娜已移居瑞士，你一点也不介意吗?”托马斯问。

“日内瓦不是苏黎世，”特蕾莎回答说，“她在那里肯定不会像在布拉格那样让我在意。”

谁要是想要离开自己生活的地方，那他准是不快活。特蕾莎渴望移居国外，托马斯像被告接受判决一样接受了特蕾莎的这一愿望。他是身不由己，就这样没过多久，他便带着特蕾莎和卡列宁来到了瑞士最大的城市。

13

他买了一张床，安置在一间空空的居所里(他们还没有钱添置其他家具)，随后便以一个年过四十、开始新生活的男人所有的一切热情，狂热地投入了工作。

他给在日内瓦的萨比娜打了多次电话。在俄国人入侵一个星期前，萨比娜碰巧到日内瓦办画展，瑞士那些爱画的人出于对她弱小祖国的同情，买了她展出的全部画作。

“多亏俄国人，我才发了财!”她在电话里边说边笑起来。她请托马斯去她的新画室看看，并向他保证，新画室与他在布拉格熟悉的那一间没有多少差别。

他巴不得去看看她，但找不到向特蕾莎解释出门的理由。于是萨比娜来到了苏黎世。她住进一家饭店。托马斯下班后去看她，他在大堂通过电话通知萨比娜，然后上楼到她的房间。她打开门，站在他的面前，修长的漂亮大腿，裸露着，除了短裤和胸罩，头上戴着一顶圆礼帽。她久久地凝望着托马斯，一动不动，一句话也没有。托马斯也呆在那里，一动不动，没有言语。随后，他发现自己是太激动了。他伸手摘下她头上的圆礼帽，放在床头柜上。两人开始做爱，还是没说一句话。

从饭店回苏黎世那个家(早些天添置了一张桌子、几把硬椅、几张扶手椅和一块地毯)的路上，他自言自语，带着一种幸福感，说他这种生活方式是走到哪儿带到哪儿，就像蜗牛驮着整个家。特蕾莎和萨比娜代表着他生活的两极，相隔遥远，不可调和，但两极同样美妙。

然而，由于他总是带着自己的这种生活方式，如同割舍不了身上的阑尾，特蕾莎也就永远得做那些不变的噩梦。

他们来到苏黎世六七个月后的一天晚上，他回家晚了，到家后发现桌子上有一封信。她告诉他，她已回布拉格去。她之所以走，因为她实在没有力量在国外生活下去。她心里清楚，她在这里对托马斯来说本应是一种支持，但她知道自己没有这样的能力。当初她太幼稚了，原以为国外的生活会改变她。她以为，经历了在占领的日子里她所经历的一切之后，自己已经不再平庸，已经长大、懂事、变得勇敢，但她过高估计了自己。她成为了托马斯的负担，而这又正是她不愿意的事情。她想在不可救药之前承担后果。还请他原谅将卡列宁也带走了。

他吃了药效很强的安眠药，可是直到清晨才迷迷糊糊睡着。庆幸的是，那是个星期六，他可以呆在家里。他反反复复，对形势做了估量：波希米亚与世界其他地方的边境已经封闭，与他们离开的时候已经不一样了。电报也好，电话也罢，都无法将特蕾莎唤回来。官方怎么也不会再让她离境的。对眼下的这一切，他怎么也难以相信，可是特蕾莎的出走已是无法挽回的事实。

14

一想到自己已经绝对无能为力，他便陷入了一种惊恐状态，但同时反倒镇静下来。没有人逼他非做出决定不可。他用不着非盯着对面楼房的墙，一边追问自己到底想或不想与她生活在一起。这一切，特蕾莎本人已经决定了。

他去饭店吃午饭。他感到很伤心，但吃着吃着，原本绝望的情绪好像放松了，仿佛绝望已经淡去，只剩下几许忧郁。他回想起与她共同度过的时光，心想他们的故事不可能会有更好的结局。即使让人来编造这个故事，也很难有别的结局：

一天，特蕾莎没有打一声招呼就来到他的家里。又一天，她以同样的方式离去了。她来时带着一个沉重的行李箱。她走时，还是带着一个沉重的行李箱。

他付了账，走出饭店，想在街上逛逛，满怀的忧郁渐渐地令他心醉。他同特蕾莎已经生活了七个春秋，此刻他才发现，对这些岁月的回忆远比他们在一起生活时更加美好。

他和特蕾莎之间的爱情无疑是美好的，但也很累人：总要瞒着什么，又是隐藏，又是假装，还得讲和，让她振作，给她安慰，翻来覆去地向她证明他爱她，还要忍受因为嫉妒、痛苦、做噩梦而产生的满腹怨艾，总之，他总感到自己有罪，得为自己开脱，请对方原谅。现在，再也不用受累了，剩下的只有美好。

星期六的夜晚开始了；他第一次独自在苏黎世漫步，深深地呼吸着自由的芬芳。在每个角落，都潜藏着诱惑。未来成了一个谜。他又回到了单身汉的生活，他曾坚信自己命中注定要过这种生活，因为只有在这样的生活中他才真正是他自己。

他跟特蕾莎捆在一起生活了七年，七年里，他每走一步，她都在盯着。仿佛她在他的脚踝上套了铁球。现在，他的脚步突然间变得轻盈了许多。他几乎都要飞起来了。此时此刻，他置身于巴门尼德的神奇空间：他在品尝着温馨的生命之轻。

（他是否想给住在日内瓦的萨比娜打电话？是否想跟近几个月在苏黎世结识的某个女人联系？不，他丝毫没有这份欲望。一旦他同别的女人在一起，他非常清楚，对特蕾莎的怀念会给他造成无法承受的痛苦。）

15

因忧郁而造成的这份奇异的迷醉一直持续到星期天的晚上。到了周一，一切都变了。特蕾莎突然闯入他的脑海：他感受到她在写告别信时的那种感觉；他感到她的手在颤抖；他看见了她，一只手拖着沉重的行李箱，另一只手用皮带牵着卡列宁；他想象着她把钥匙插进了布拉格的那套公寓的锁眼里转动，当门打开的那一刹那，扑面而来的是废弃的凄凉气息，而此时，这气息直钻他的心扉。

在这美好而忧郁的两天里，他的同情心(这一惹祸的心灵感应)在歇息。这同情心在睡大觉，就像一个矿工劳累了一个星期之后，在星期天好好睡上一觉，以便星期一有力气再下井去干活。

托马斯在给一个病人做检查，眼前的病人变成了特蕾莎。他定了定神：别想了！别想了！他自言自语：我得了同情病，所以她走了，我再也看不见她了，这倒是件好事。我要摆脱的不是她，而是同情病，是我原来没有得过、由她给我接了种的同情病！

星期六和星期日，他感觉到温馨的生命之轻从未来的深处向他飘来。星期一，他却感到从未曾有过的沉重。重得连俄国人的千万吨坦克也微不足道。没有比同情心更重的了。哪怕我们自身的痛苦，也比不上同别人一起感受的痛苦沉重。为了别人，站在别人的立场上，痛苦会随着想象而加剧，在千百次的回荡反射中越来越深重。

他不断呵斥自己，警告自己不要向同情心投降，于是同情心乖乖听从，好像犯了罪似的低下了头。同情心清楚自己滥用了权利，但又暗暗地较劲儿。因此，特蕾莎走后五天，托马斯告诉(俄国人入侵后曾每天打电话给他的)那个医院院长，说他要立即回去。他自感羞愧。他知道院长准会觉得他这样做实在不负责任，因而不可原谅。他多少次想向他倾诉一切，告诉他特蕾莎的事情，以及她留在桌子上的信。但他什么也没有做。在一位瑞士医生看来，恐怕特蕾莎的行为只能是歇斯底里的反应，让人反感。而托马斯不允许任何人觉得特蕾莎不好。

院长果真生了气。

托马斯耸了耸肩膀，说道：“Es muss sein. Es muss sein.”

这是借用的话。是贝多芬最后一首四重奏最后一个乐章的两个动机：

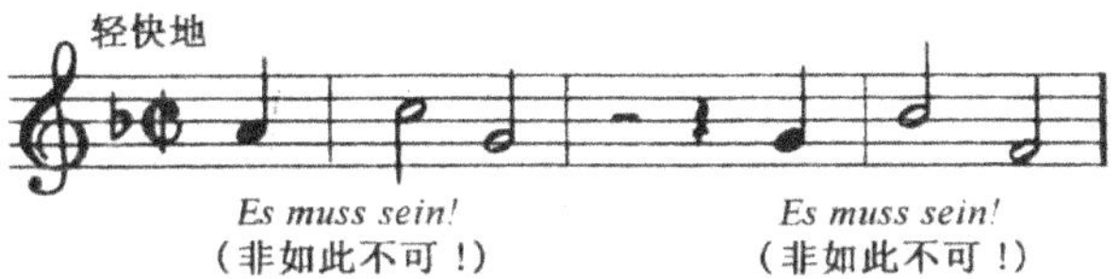

为了让这几个字的意义绝对清晰明了，贝多芬在最后一个乐章上方标注了如下字眼："Der schwer gefasste Entschluss"——细加掂量的决断。

一提到贝多芬，托马斯觉得已经回到特蕾莎身旁，因为当初是她逼他非买下贝多芬的那些四重奏和奏鸣曲唱片。

再说，这一提实在及时，完全出乎他的想象，因为院长是音乐迷。他带着清澈的笑容，轻轻地用嗓子模仿贝多芬的曲调："Muss es sein?"非如此不可？

托马斯又说了一遍："对，非如此不可！Ja，es muss sein!"

第二部　灵与肉

11

最后一刻他递给她的，远不止是这张名片，还有所有偶然巧合（书、贝多芬、数字六、小公园的黄色长凳等）的召唤，是这一切最终给了特蕾莎离家出走和改变自己命运的勇气。也许还是这些偶然巧合（再说，这一切是如此平常、普通，说真的，也只配发生在这种微不足道的小镇里），唤起了她的爱情，成为了她一生汲取不尽的力量之源。

我们每天的生活充满了各种偶然性，确切地说，是人、事之间的偶然相遇，我们称之为巧合。两件预料不到的事出现在同一时刻，就叫巧合。他俩的相遇，便是巧合：托马斯出现在酒吧的时刻，收音机里正播放着贝多芬的乐曲。这些巧合绝大多数都在不经意中就过去了。如果不是托马斯，而是街角卖肉的坐在酒吧的桌子旁，特蕾莎可能不会注意到收音机在播放贝多芬的乐曲（虽然贝多芬和卖肉的相遇也是一种奇怪的巧合）。但是萌生的爱情使她对美的感觉异常敏锐，她再也忘不了那首乐曲。每次听到这首乐曲，她都激动不已。那一刻发生在她身边的一切都闪耀着这首乐曲的光环，美轮美奂。

她到托马斯家去的那天，胳膊下夹着一本小说，在这本小说的开头，写安娜和沃伦斯基相遇的情况就很奇特，他们相遇在一个火车站的站台上，那儿，刚刚有一个人撞死在火车下。小说的结尾，则是安娜卧在一列火车下。这种对称的布局，同样的情节出现在开头和结尾，看来或许极富"小说味"。是的，我承认，但唯一的条件，就是这种小说味对你来说并不意味着"虚构""杜撰"，或者"与生活一点不像"。

因为人生就是这样组成的。

人生如同谱写乐章。人在美感的引导下，把偶然的事件(贝多芬的一首乐曲、车站的一次死亡)变成一个主题，然后记录在生命的乐章中。犹如作曲家谱写奏鸣曲的主旋律，人生的主题也在反复出现、重演、修正、延展。安娜可以用任何一种别的方式结束生命，但是车站、死亡这个难忘的主题和爱情的萌生结合在一起，在她绝望的一刹那，以凄凉之美诱惑着她。人就是根据美的法则在谱写生命乐章，直至深深的绝望时刻的到来，然而自己却一无所知。

因此我们不能指责小说，说被这些神秘的偶然巧合所迷惑(例如，沃伦斯基、安娜、站台和死亡的巧合，贝多芬、托马斯、特蕾莎和白兰地的巧合)，但我们有理由责备人类因为对这些偶然巧合视而不见而剥夺了生命的美丽。

12

偶然的命运之鸟一齐飞落在她的肩头，在它们的促动下，她请了一个星期的假，没有告诉母亲就上了火车。她不时去火车的洗手间照镜子，乞求自己的灵魂在生命中这个具有决定意义的日子里一刻也不要丢弃她肉体的甲板。就这样，她不断照着镜子，忽然害怕起来，因为她觉得咽喉发炎。莫非她会在这个决定命运的日子里发病?

但是不可能有退路了。她在车站给他打了电话，门打开时，她的肚子突然传出了可怕的咕噜声。她感到羞耻，仿佛母亲就在她的肚子里，听见母亲在那里对她的约会冷嘲热讽，要让她扫兴。

一开始她以为他会因为这失礼的响声将她拒之门外，而他却把她一下子拥在怀中。她感激他并不介意她肚子里发出的咕噜声，泪眼朦胧，倍加狂热地亲他。没过一分钟，他们就做起爱来。做爱的时候，她一直在叫着。她已经在发烧，她感冒了。那条给肺部输送空气的管道红红的，已经堵住了。

她第二次再来的时候，提着一个沉沉的箱子，里面塞满了她所有的衣物，她下决心再也不回那个小镇了。他请她第二天晚上去他家，于是她在一个低档的旅馆待了一夜。第二天早上，她把箱子寄存在火车站的行李处，在布拉格的大街上游逛了整整一天，腋下夹着本《安娜·卡列尼娜》。晚上，她按响门铃，他开了门。她一直没有放下那本书，仿佛那就是她迈进托马斯世界的门票。她明白这张可怜的门票是她唯一的通行证，为此，她真忍不住想哭。为了不让自己哭出声来，她不停地大声说话，一边说，一边笑着。而他还是和上次一样，几乎她刚跨进门槛，他就把她拥在怀里，然后他们就做爱。她跌落在一片浓雾里，什么也看不见，什么也听不见，除了她的叫声。

13

这不是喘息，也不是呻吟，是真正的喊叫。叫声太大了，托马斯不得不让头偏离她的脸远一点，仿佛这尖叫声就要震裂他的耳膜。这不是肉欲的发泄。所谓肉欲便是极度调动众感官；热切地注视对方的一举一动，全神贯注地倾听对方的每一丝声响。恰恰相反，特蕾莎喊叫，却是为了让感官迟钝，使它们无法去注视，去倾听。在她体内发出的喊叫，是为了表达她那幼稚的理想主义的爱情，要消除一切矛盾，消除肉体和灵魂的两重性，甚或消除时间。

她的眼睛是紧闭着的吗？不，但它们什么也不看，只是盯着空空的天花板；时而，她猛烈地扭着头，一会儿向左，一会儿向右。

后来，叫声终于平息了，她在托马斯身边睡着了，整夜都抓着他的手。

打从八岁开始，她入睡时就用一只手抓着另一只手，想象自己就这样握着所爱的男人，她生命中的那个男人。因此也就不难理解她在熟睡中这样死死地抓住托马斯的手，因为从孩提时代起，她就这样去准备，去练习了。

14

一个女孩子，非但没有“出人头地”，反而不得不伺候酒鬼们喝酒，星期天又得给弟妹洗脏衣服，这样一个女孩子，身上渐渐地积聚着一股巨大的生命潜能，对那些上了大学，对着书本就打哈欠的人来说，是难以想象的。特蕾莎读的书比他们多，对生活的了解也比他们透彻，但她自己从未意识到这些。自学者和学生的区别，不在于知识的广度，而在于生命力和自信心的差异。特蕾莎一到布拉格，就满怀激情投入到新生活之中，但这份激情既高涨又脆弱。她好像总害怕有一天人们会对她说：“这里不属于你！回到你原来的地方去！”她生活的全部渴望系于一线：托马斯的声音。正是这声音让特蕾莎那羞怯地深藏在体内的灵魂升腾起来。

她在一家杂志社的照片冲洗室找到一份差使，但她并不因此满足。她想自己去拍摄照片。托马斯的女友萨比娜借给她几本著名摄影师的摄影作品集，一次在咖啡馆遇到她，于是指着打开的作品集，给她解释这些照片到底有趣在什么地方。特蕾莎静静地听着，那副专注的神情，是做老师的在学生脸上难得看到的。

多亏了萨比娜，特蕾莎明白了摄影作品和绘画之间有着同源关系，一有什么展览，她便逼着托马斯陪她去看。不久，她就在杂志上成功地发表了自己的摄影作品，后来离开了照片冲洗室，和杂志社的专业摄影师一起工作。

那天晚上，他俩和一些朋友去一家小酒馆一起庆贺她高升。大家在一起跳起舞来。托马斯的脸色却变得阴沉沉的。特蕾莎非要知道他到底怎么了，在回去的路上，他只得向她招认，看见她和他的那个同事跳舞，他心里嫉妒。

“我真的让你嫉妒了?”她一连问了十来遍，仿佛他宣布她荣获了诺贝尔奖，她实在不敢相信。

她一把搂住他的腰，拉着他在房间里跳起了舞。完全不是刚才在酒馆舞池里跳的那种交谊舞，而是一种充满乡村气息的奥弗涅民间舞，一连串夸张的舞步。她不时高高地举腿，笨拙地又蹦又跳，拉着托马斯在房间四处乱转。

唉，可惜很快就轮到她嫉妒了。对托马斯来说，她的嫉妒可不是什么诺贝尔奖，而是一种负担，直到他临死前一两年才得以摆脱。

15

她光着身子，跟着一群赤身裸体的女人一个接一个地绕着游泳池走。穹顶上悬挂着一个篮子，托马斯高高地站在上面，他吼叫着，逼她们唱歌，下跪。一旦有人哪个动作做错了，他就朝她开枪，把她打倒。

我得再次谈谈这个梦：恐怖并非始于托马斯射出第一发子弹的那一刻。一开始这就是一个可怕的噩梦。对特蕾莎来说，光着身子走在一群赤身裸体的女人中间，这是最基本的恐怖形象。小时候在家里，母亲禁止她洗澡时锁上浴室门。那时，母亲常对她说：你的身体和其他人的一个样；你没有权利觉得羞耻；一个东西有成千上万个和它一模一样，你没有理由去掩着藏着。在母亲的世界里，所有的身体都一模一样，一个跟着一个走。对于特蕾莎来说，打从孩提的时候起，裸体就是集中营里强制性整齐划一的象征，是屈辱的象征。

噩梦从一开始就还有另一种恐怖：所有的女人都必须唱歌！她们的身体是同样的，同样的下贱，都是没有灵魂的简单发声机械，而那些女人竟以此为乐！这些没有灵魂的人团结一致，手舞足蹈。她们很高兴抛却了灵魂的重负，抛却了独一无二的幻想，抛却了滑稽可笑的自傲，为所有的人都一模一样而庆幸。特蕾莎和她们一起唱歌，但她并不开心。她歌唱，是因为她害怕如果不唱会被那些女人杀死。

但是托马斯朝她们开枪，她们一个接一个跌落在游泳池里死了，这意味着什么呢？

那些女人为大家的身体一模一样、没有丝毫区别而兴高采烈，她们其实是在庆贺面临的死亡，因为死亡终使她们变得绝对相似。啪啪的枪击声于她们仅仅是死亡之舞的圆满完成。每一声枪响，都伴随着她们开心的狂笑，随着尸体慢慢沉入水下，她们的歌声愈发嘹亮。

为什么开枪的人是托马斯，他怎么也会向特蕾莎开枪？

因为是他把特蕾莎带到这些女人中，特蕾莎不知道如何告诉托马斯这一切，因此噩梦承担了诉说这一切的责任。她来和托马斯生活在一起，就是为了逃离母亲的世界，那个所有的肉体都是一模一样的世界。她来和托马斯生活在一起，就是为了表明她的肉体是独一无二的，不可替代的。而他呢，他却在她和所有其他女人之间画了一个等号，他用同样的方式拥抱她们，对她们滥施同样的抚爱，他对待特蕾莎的身体和其他女人的身体没有任何差别，没有，丝毫都没有。他重又把她扔回了她原以为已经逃离的世界，他让她光着身子和其他赤身裸体的女人一起列队行走。

16

她始终交替做着三种梦：第一种，老鼠猖獗，暗示了她活在这个世上经受的苦难；第二种，展示的是变化多样的死法中她最终将被处决的景象；第三种，讲述的是她在彼世的生活，羞辱在那里成为了一种永恒的状态。

在这些梦中，没有什么需要费心破解的。它们对托马斯的指责如此显而易见，他只得一声不吭，耷拉着脑袋，抚摸着特蕾莎的手。

这些梦不仅富有说服力，而且还美。这是弗洛伊德关于梦的理论遗漏的一个方面。梦不仅仅是一种信息交流(也许是一种密码信息交流)，还是一种审美活动，一种想象游戏，这一游戏本身就是一种价值。梦是一种证明，想象或梦见不曾发生的东西，是人内心最深层的需求之一。这就是为什么梦里总是暗藏着阴险。如果梦不美，那人很快就会把它忘了。但是特蕾莎总是不断重温她做过的梦，在脑子里一遍又一遍地回想，渐而渐之便把它们变作了传奇。特蕾莎的梦有一种令人心碎的美，托马斯就生活在它那迷人的魅惑里。

一天他们坐在酒吧里，他对她说："特蕾莎，亲爱的特蕾莎，你在远离我，你要去哪里？你每天都梦见死亡，好像你真要消失似的……"

当时正是大白天，理性和意志占据着主动权。一滴红葡萄酒沿着玻璃杯的内壁慢慢往下淌，特蕾莎说："托马斯，我毫无办法，我什么都明白。我知道你爱我。我完全知道你那些不忠的行为没有什么大惊小怪的……"

她充满爱意地望着他，但是即将来临的黑夜令她恐惧，她害怕做那些梦。她的生命已经被一分为二，白昼和黑夜争夺着对她的控制。

17

一个不断要求"出人头地"的人，应该料到总有一天会感到发晕。发晕是怎么回事？是害怕摔下去？但是，站在有结实的护栏的平台，我们怎么还发晕呢？发晕，并非害怕摔下来，而是另一回事。是我们身下那片空虚里发出的声音，它在引诱我们，迷惑我们；是往下跳的渴望，我们往往为之而后怕，拼命去抗拒这种渴望。

赤身裸体的女人绕着游泳池一个接一个走着，灵车里的那些尸体因为特蕾莎和她们一样死去而高兴。令特蕾莎害怕的是"底层"——她曾从那儿逃出来，却又神秘地诱惑着她。她之所以发晕，是因为她听见了一声十分温柔的呼唤(差不多是欣喜的)，要她放弃命运和灵魂。也就是要她与那些没有灵魂的人结为一体。在她软弱的时刻，她真忍不住想回应这声呼唤，回到母亲的身边去。她忍不住想从肉体的甲板上召回灵魂的船员；想下去跟母亲的那些女友坐在一起，当有人放了个响屁时跟着她们一起哈哈大笑；想赤裸着身子和她们一起绕着游泳池一边走一边唱。

【美】莫瑞森

托尼·莫瑞森(1931—　)是著名的美国黑人女作家。大学毕业后，她曾在纽约州立大学、加州大学伯克利分校、普林斯顿大学任教，业余时间进行文学创作。她的主要成就是长篇小说，自1970年起，一共发表了九部：《最蓝的眼睛》、《秀拉》、《所罗门之歌》、《柏油孩子》、《宝贝儿》(又名《宠儿》)、《爵士乐》、《天堂》、《爱》、《恩惠》。1993年获得诺贝尔文学奖。

莫瑞森从小在黑人社区长大，深受黑人文化滋养，对于民族文化有着深厚感情。大学里的语言和古典文学的正规训练也为她的写作打下了良好的基础。她的作品致力于表现和探索黑人的历史、命运和人格世界，内涵丰富，思想深刻，把黑人小说推向了一个新的高度。莫瑞森的小说常以“替罪羊”“求知旅行”“命名”为母题，以具有反抗意识的黑人妇女、年长而睿智的黑人妇女、内化了白人价值观念的黑人为固定的人物类型。为了重构黑人文化，她尤其注意在作品中运用一些非洲传统文化中的仪式、神话、传说以及魔幻现实主义的神秘元素。她的小说语言也别具特色，往往赋予陈腐的文字以新的意义，再加上色彩和音乐的意象，深具诗意美。

《秀拉》是莫瑞森早期小说的代表作，主要探讨黑人女性之间的关系，她们的身份以及命运。秀拉和奈尔是一对好朋友，作为黑人女性，面对主流的白人文化，她们都力图寻找自己的身份。秀拉走上了一条蔑视传统幸福、寻找自我的坎坷道路，表现出令人瞠目结舌的叛逆和追求，成为众人眼里的“害群之马”。与此同时，她的好朋友奈尔，选择了结婚嫁人，是个传统意义上的好人。不同的人生选择，导致了她们的最终决裂。她们分别代表了在寻找自我过程中产生的个性张扬和自我压抑。后来，秀拉去世，20年后，奈尔去探望秀拉的外祖母爱娃，意识到自己原来一直在惦记着秀拉。至此，她们俩合二为一。她们都是追求个性与自由路上的失败者。秀拉为追求自由一味放纵，不顾任何责任与义务，她的叛逆与抗争没有任何结果；奈尔则沦为传统意义上的相夫教子的黑人妇女角色。

所选“一九三九”一章叙述了秀拉如何不顾世俗的飞短流长，按自己的思想观念，我行我素。她不穿内衣就来到教堂晚餐会上，直接用手抓东西吃；她与多个男人同居，公开放纵情欲；她为奈尔的表现与其他女人一模一样而深感震惊和伤心。种种描写，淋漓尽致地表现了秀拉对于传统道德的破坏。具有讽刺意味的是，秀拉破坏道德的行为反而成为当地人团结和睦的诱因，这正隐含着作者对于生命价值的深入思考。

(张敏　撰稿)

秀拉(节选)[①]

一九三九

当消息传出，说夏娃给送进了桑迪戴尔时，“底层”的人们纷纷摇头，并且说秀拉是个“蟑螂”。后来，当人们看到她怎样把裘德弄到手，然后又把他抛弃给别人，又听说他怎么买了一张汽车票去了底特律时(他在那里买了生日祝贺卡片，可是从来没给他的儿子们寄来)，他们就全然忘却汉娜的(或者还有他们自己的)自由自在的生活方式而把她称作婊子了。人们都记得伴随她回来的那场知更鸟灾害，于是，关于她曾眼看着汉娜活活烧死的故事又一次掀起了轩然大波。

给她最后贴上标签的是男人们，他们不断地对她评头品足。正是他们指责她在不可饶恕的事情上犯了罪——对于这种事情，人们不会理解，不会原谅，也不会同情。一踏上这条路，就没有回头路可走，一沾上这种污点，就永远无法洗刷干净。他们说秀拉和白种男人睡过觉。这事情不一定是真的，但也并非不可能。她显然是能够做出这种事的。无论如何，这种说法一传开，所有的人都对她关闭了心扉。在这种情绪下，老太婆们咬紧了嘴唇，小孩子们由于羞耻之心而远远地望着她，年轻的男人们煞费苦心地折磨她——当他们看到她时，就使劲在嘴里咽唾沫。

每个人都按照自己的偏好去想象那情景——秀拉如何在某个白人的身子底下躺着——然后感到一种令人窒息的恶心。再没有比她的行为更低级下流、更肮脏不洁的了。即使他们自身的肤色证明了在他们自己家中也曾发生过同样的事情，那也无法遏制他们的愤怒。而黑种男人心甘情愿地躺在白种女人的床上这一事实，也不能构成容忍这种事情的因素。他们固执地认为一切白种男人和黑种女人之间的交媾全都是强奸，因为要一个黑种女人心甘情愿本来就是不可思议的。从这一意义上说，他们对种族平等的看法与白人的观点倒是毫无二致。

于是，他们在夜间把扫帚把交叉着堵住大门，还在廊子的台阶上撒盐。不过，除去一两次想从她的脚印中搜集尘土而且没有成功之外，他们并没有加害于她。就像黑人对任何邪恶的态度一样，无非是冷眼旁观而听之任之。

秀拉对他们想对她施以魔法的企图和散布的飞短流长毫无觉察，而且似乎也不需要任何人的帮助。因此，他们对她比对城里的那些“蟑螂”和婊子监视得更加密切，而他们的警觉居然得到了满足。事情开始发生了。

第一件，“茶壶”敲了秀拉的门，想看看她有没有什么瓶子。这个男孩刚刚五岁，他母亲是个什么都不管不顾的女人，就知道一天到晚坐在“消磨时光”弹子房门口。她的名字叫贝蒂，可是人们都叫她“‘茶壶’妈”，因为作为那孩子的妈妈，实在是她的一大失败。当秀拉对“茶壶”说“没有”时，孩子转身就走，在台阶上摔倒了。他没

---

① 选自[美]托尼·莫瑞森：《最蓝的眼睛——托妮·莫瑞森小说选》，胡允桓译，海口，南海出版公司，2005。

有马上爬起来，秀拉就去拉了他一把。他母亲刚好高高兴兴地朝家里走，正看见秀拉弯腰朝着孩子哭丧着的脸。她就像喝醉了似的突然心血来潮，关心起自己的儿子，把“茶壶”拽回家去了。她逢人便讲，秀拉推倒了她儿子。她把这件事说得神乎其神，只好接受朋友们的劝告，把孩子送进了县医院。她花了两块钱，心疼得要命，结果证明钱没有白花，因为“茶壶”确实骨折了，尽管医生指出营养不良是造成他骨质脆弱的致命原因。“茶壶”的妈妈反倒因此大出风头，并且出色地扮演了她本来毫无兴致充当的角色：母爱。一个成年妇女居然伤害了她的儿子这个念头让她咬牙切齿。她一变而成为一个尽心尽意的母亲：头脑冷静、手脚勤快、干干净净。再不给“茶壶”一点儿零钱，让他去狄克的店铺吃一顿古德巴先生式的早点和苏打汽水，也不让他在她忙着干什么的时候长时间地自己呆着或者在街上闲逛了。她的变化是一个明显的进步，不过小“茶壶”确实很怀念他在狄克的店铺所度过的安静时光。

别的事情也发生了。芬雷先生坐在前廊上嘬鸡骨头——这已经是他十三年来的习惯了，他抬头一眼看见了秀拉，就让一块骨头卡在喉咙里，当场断了气。这件事，再加上“茶壶”的妈妈的一番解释，让所有的人全都弄清了秀拉眼上的胎记的意思，那不是一株带枝的玫瑰，也不是一条毒蛇，而是从一开始就印在她脸上的汉娜的骨灰。

她不穿内衣就来到他们的教堂晚餐会上，花钱买了他们的冒着热气的一碟碟食物，还不用刀叉，伸手抓着吃——也不加任何佐料，她对别人的冷嘲热讽毫无抱怨。他们相信她在揶揄他们的上帝。

而她在镇上的妇女们飞心中所激起的愤怒简直难以想象——因为她只和她们的男人睡上一次就再也不理睬了。汉娜原来也是个害人精，可是她在讨好这些女人，她的方式就是需要她们的丈夫。而秀拉只是试上一次就把他们一脚踢开，连一句使他们能够忍气吞声的借口都没有。于是这些妇女，为了伸张她们自己的正义，就对自己的丈夫更加疼爱，抚慰秀拉在他们的骄傲和虚荣心上留下的伤痕。

在累积起来的确凿证据中有一个事实就是：秀拉长得实在年轻。她虽然已经年近三十，可一点不像她们那样掉牙缺齿、腰粗肚圆、颈后赘肉，身上也没有累累疤痕。人们纷纷传说，她小时候从来没害过病，谁也不记得她得过水痘、喉炎、甚至淌过鼻涕。她小时候同样玩得挺野，可是伤疤呢？除去一个手指有点奇形怪状和那块不祥的胎记之外，她浑身上下没有一点受过伤病的痕迹。有些当年跟她约会过的男人回忆说，在野餐会上，无论小咬还是蚊子都不往她身上落。汉娜以前的朋友帕特西表示同意，并且说还不仅仅是这些呢，她就亲眼目睹秀拉喝啤酒的时候从来不打嗝。

然而，最可诅咒的证据来自戴茜，她是艾尔克家的大闺女，一向无所不知。在一次公共场合她对朋友们揭露了一个事实。

“是啊，唉，我注意这件事有好长时间了，不过我一直没有说出来，因为我心里没底，拿不准是什么意思。嗯……我确实对艾维提过，可再没对别人讲过啦。我记不清是多久了，我琢磨大概是一两个月以前吧，那时候我还没铺我那新的漆布地毯哪。你看见了吗，柯拉？就是在样品册上印着的那种。”

“没看过。”

“接着说吧，戴茜。”

“好吧，柯拉和我一起在样品册里翻看着……”

“我们都知道你的漆布地毯。我们不知道的是……”

“好啦。听我说，行吗？就在漆布地毯买来之前，我站在门前看到夏德拉克跟往常一样往前走……在井边上走……围着井台转了转继续朝前走。你们知道他是怎么做的……嘴里喊着口令，并且……”

“你到底还说不说正题？”

“是谁在讲？我还是你？”

“当然是你啦。”

“好啊，那就听我说吧。就像我说的，他正在那儿像往常一样高声喊叫，这时秀拉·梅小姐在马路的另一边走过。就在这么一眨眼的时间”——她打了一个响指——“他闭住了嘴，并且横穿过马路，朝她走过去，就像一只高大的小眼火鸡。你们猜怎么着？他掀了掀他的帽子向她致意。”

“夏德拉克可不戴帽子。”

“我知道那个，不过他反正是把手往那儿碰了碰。你明白我的意思就行了。他那手势就像头上戴了帽子，他把手伸到帽子那儿，朝她掀了掀帽子。你们可都清楚，夏德拉克是从来不对任何人表示一点礼貌的！”

“那倒是。”

“哪怕你在买他的鱼，他嘴里也在骂骂咧咧。要是你没有零钱，他就骂你。要是你稍有表示说鱼不够新鲜，他就把鱼一把从你手里夺走，就像他在给你施舍。”

“好啦，谁都知道他是个恶棍。”

“是啊，所以说，他干吗要冲着秀拉掀一掀帽子呢？他为啥不骂她呀？”

“一对恶魔。”

“一点不错。”

“他向她掀帽子，她又怎么表示的呢？微微一笑再行个屈膝礼？”

“没有，而且那是另一码事。那是头一回我看她那副样子一点都不可恨。从她的眼神看，好像她闻了你身上的味而不喜欢你用的肥皂。在夏德拉克掀帽子的时候，她把一只手放在喉咙上好一会，还停下了脚步。然后继续沿着马路往前走，回家了。而他还站在原地，就这么掀着帽子。后来——这才是我要说的话题呢——当我回到屋里时，一只眼睛就发炎了。我以前眼睛可从来没有发炎过。从来没有过呢。”

“那是因为你看见了那件事。”

“就是嘛。”

“真该死。”

“只能这么解释了。”戴茜说着，“叭”的一声从一副牌上扯下橡皮筋，把牌排到桌面上，准备痛痛快快地玩上一阵子叫牌游戏。

秀拉的邪恶已经确证无疑，这就大大地改变了居民们的生活，然而其变化方式却是神奇的。他们每个人的不幸之源一旦弄清，便一变而为互相保护和热爱了。妻子开始疼爱丈夫，丈夫开始眷恋妻子，父母开始保护他们的子女，大家动手修理住宅。还有最主要的，他们还抱起团儿来反对他们中间的那个害群之马。在他们的圈子里，脱离常规和宽厚仁慈同样是本性的一部分。对他们来说，并非要驱除或消灭邪恶。他们当时没有杀害把秀拉带回家来的知更鸟，如今也不会把秀拉驱逐出镇子，因为在他们内心深处意识到他，而他并非他们所歌颂的那个三副面孔的上帝。他们深知他有四副面孔，而那第四副就是对秀拉的解释。若干年来，他们曾经和各种各样的邪恶同住共存，单凭相信上帝是不会得到关照的。相反，他们倒是懂得上帝有一个兄弟，那个兄弟连上帝的儿子都不肯放过，他为什么要饶恕他们呢?

世上还没有什么东西邪恶到让他们把它毁掉。他们或许出于一时愤怒，但不经过长期策划就不会去动手，这就是他们不会聚众闹事去杀害任何人的原因。那样做，不仅不够自然，也缺乏风度。对于邪恶的存在，首先要承认，然后再应付，侥幸苟活，智取为上，最后战而胜之。

反对秀拉的证据已经准备妥当，但有关她的结论他们还没想好。秀拉诚然是与众不同的。夏娃的蛮横乖戾和汉娜的自我放纵融于她一身；而且出自她自己的幻想，又有所扭曲和发展，她的日子是这样打发的：信马由缰地听任自己的思想和感情暴露无遗；除非别人的愉快能带给她欢乐，否则她绝不会承担取悦他人的义务。她甘心体验痛苦，她也甘心让别人痛苦，她愿意体验愉快，她也愿意使别人愉快，她的生活是一种试验——自从她母亲的那番话让她飞快地跑上楼梯，自从随着河中心的漩涡消失、她在岸上所承担的主要的责任消逝，她就一直在试验了。前一次经历教育她世上没有你可指望的人；后一次经历则使她相信连自己也靠不住。她没有中心，没有一个支点可以支撑其生长。在和别人愉快的交谈中，她会说道：“你干吗要张开嘴嚼东西呢?”其实她并非对答案感兴趣，而是想看看对方表情的急剧变化。她完全看破了红尘，对金钱、财产或别的东西全都无动于衷，她不会贪图别人对她俯首听命或交口称赞——总之她没有自我。出于这一原因，她觉得没必要去改变自己——便一味地我行我素。

她曾经与奈尔亲密无间，把奈尔当作知己，也当作自身，结果却发现两人并非浑然一体。当她和裘德躺在一起时，她根本没想到会造成奈尔的痛苦。她俩始终是分享别人的热情的：她们比较过一个男孩子怎么亲吻，她亲这一个尔后再亲另一个都使用了什么方式。显然，是婚姻改变了这一切，不过，由于秀拉对婚姻缺乏切身的体会，由于同居一堂的总是一些女人，这些女人又认为所有的男人全都唾手可得，只是出于个人的喜爱才从中加以认真选择，所以，她对占有心爱的人这一点准备不足。她十分清楚别的女人说些什么和想些什么，或者她们嘴里说她们想些什么。可是她和奈尔总是把她们看穿。她们俩都明白：那些女人并不嫉妒别的女人；她们只是害怕失去自己的工作罢了。她们害怕的，只是她们的丈夫会发现她们的两腿之间并没有什么独特之处。

奈尔曾经是对她无所求的一个人，一个全盘接受了她的观点的人。现在奈尔可无所不要了，而这全都是因为那个对她来说，奈尔是第一个真实的人，她知道对方名字的第一个人；她们的生活态度一致，这种生活态度能使她们眼界开阔。可现在奈尔成了她们当中的一员；成了那种蜘蛛中的一个，就只想着蜘蛛网的下一圈，在阴暗干燥的角落里吊在自己吐出的蛛丝上，惟恐自己会掉下去，却不大在乎下面毒蛇在吐信。它们的眼睛紧盯着闯上蜘蛛网的前方的不速之客，而对自己背上的钴蓝颜色一无所见，不知月光已经映亮了它们的角落。如果它们为蛇信所触及，那就成了牺牲品，而且自知该如何扮演那一角色(就像奈尔知道作为一个被冤枉了的妻子应该怎样行事)。但是自己掉下去就不同了，噢，别啦，那必须——要求——新招式：翅膀一类的东西，或是拉住腿脚的办法，而最重要的，要彻底屈从于向下的飞行，只有这样它们才可望尝到自己舌头上的滋味或者活下来。不过，活下来可并不是她们——现在又加上了奈尔——所需要的，那样太危险啦。现在奈尔和这个镇子以及镇上的那一套同流合污了。她把自己交给了她们，她们的舌尖轻轻一转，就会把她赶回她那干燥的小角落，高高地粘在自己所吐出的蛛丝上，躲开下面的蛇信并防止坠落。

当奈尔的表现与其他女人一模一样时，秀拉感到震惊，更感到伤心。奈尔是促使她返回梅德林的一个因素，再有一个因素就是她已在纳什维尔、底特律、新奥尔良、纽约、费城、麦肯和圣地亚哥这些地方感到厌烦。所有这些城市都住着同样的人、动着同样的嘴、出着同样的汗。那些带着她到一个或另一个地方去的男人们都熔铸成一个博大的人格：同样的爱情的语言、同样的爱情的欢娱、同样的爱情的冷酷。无论什么时候，只要她把内心的想法融入他们的日常生活或未来打算，他们就会蒙上眼睛。他们教会她的只有爱情的手腕，他们和她分担的只有忧虑、焦心，他们给她的只有金钱。她一直在寻找一个朋友，经过一段时间，她发现：一个情人并不是一个同志而且永远也不可能是——起码对一个女人来说是如此。她还发现，没有一个人能够成为符合她的概念的朋友，那种她所访求的不戴手套地伸出去握住对方手的朋友。那种朋友只能存在于她的情感和幻象之中，而如果是这样的话，那么她决定把自己赤裸裸的手向他伸去，发现他，并且让别人也跟她一样与自己亲密无间。

在某种意义上，她的古怪、她的幼稚、她的对与自身对等的另一半的渴求，全是百无聊赖的想象的结果。假如她从事绘画、泥塑，懂得舞蹈的规矩或会拨弄琴弦，假如她有什么事可以发挥她那巨大的好奇和比喻的天才，也许她早已把她的好动和耽于幻想化为能够满足所渴求的一切的行动了。如今呢，正如那些缺乏艺术素质的艺术家一样，她变成危险人物了。

她有生以来只说过一次假话——就是对奈尔谈的她为什么要把夏娃赶出去，而她能对奈尔撒谎，只是因为她关心地。她回到家乡之后，已经无法和别人交谈，因为她不能讲假话。她无法对那些老相识说："喂，丫头，你看着挺不错。"因为她眼睁睁地看到，岁月的煎熬已经把她们的颧骨蒙上灰尘，昔日曾向着月光大睁着的眼睛如今变得肮脏而迟疑，时时露出小心翼翼的忧虑神色。她们生活的天地越狭窄，她们的臀部就越肥大。那些嫁了丈夫的女人，已经把自己封闭在棺木之内，对别人幻灭的迷梦和憔悴的悔恨捧腹大笑，那些没有男人的，则像针尖已经被硫酸腐蚀坏了的针，只剩下了永远是空荡荡的针眼。那些有男人的女人，她们的柔情蜜意则充满了烟熏火燎的厨房气味。她们的孩子就像无关痛痒而又暴露无遗的伤口，他们既然已经脱离母亲的血肉，就不会切身地感到那种苦痛了。她们看看生活的天地，再回来看看自己的孩子，再看看生活的天地，再回来看看自己的孩子。而秀拉知道，有一双清澈而年轻的眼睛始终把刀子高高地悬在喉咙上。

然而，她是贱民，她心里清楚这一点。她明白，人们瞧不起她；她相信，人们由于她同男人们的随随便便的关系而把对她的痛恨凝成厌恶。这倒不假，她尽量多地和男人睡觉。床笫上是她能够得到她所寻求的东西的唯一之处：不幸和深深体味到的伤感。她并非始终明了她所向往的竟是哀伤。男女欢情在她最初看来是一种特殊的欢乐的创造。她认为她喜欢性爱及其胡闹的阴暗之感；在粗声粗气的开始阶段，她往往纵声大笑，而且她不喜欢那些把性爱看作健美的情人。性爱美学让她感到厌烦。尽管她没把性生活看作丑恶(丑恶也使人厌烦)，她还是乐于把它看作恶毒之举。可是，随着她经历的逐渐积累，她认识到，这种事不但不是坏的，而且全力以赴参与这种事也并不会引起任何坏的意念。在性爱过程中，她发现了，也需要发现锐利的锋刃。当她停止同自己的身体合作并开始坚持自己在这一行为中的权利时，全身的一股股力量便在她体内聚集起来，就像钢屑被吸引到一块巨大的磁铁上，形成一束缠得紧紧的缆绳，看来没有任何东西可以挣断。躺在一个人身子底下，处于一种就范的地位，体会着她自己的持久力和无限的能量，实在是天大的讽刺和凌辱。然而那股缆绳还真断了、散了，她惊慌失措地要把缆绳拢到一起，于是便从那边缘一跃而进入无声无息，进而爆发出一阵号叫，这是挨蜇似的突然意识到事情业已结束时发出的号叫。在那狂风骤雨般的欢乐之中有一双悲伤的眼睛。在那寂静的中心，不是永存，而是时间的休止，那种孤独感是如此深沉，以致这个字眼本身已经没有意思了。因为孤独是假定无他人存在，而她在那绝望之中得到的孤寂却从不承认有他人存在的可能性。接着她痛哭失声，为一些鸡毛蒜皮的小事消亡而落泪：什么小孩子扔掉的鞋子啦，什么被海水泡烂的芦苇的残枝啦，什么她从不认识的女人在舞会上的照片啦，什么当铺橱窗里抵押着的结婚戒指啦，什么虹里的米屑啦，母鸡的小躯体啦，等等。

当她的伙伴罢手之后，她抬起眼睛茫然地望着他，竭力要想起他的名字；而他则俯视着她，甜蜜地微笑着，表示理解她的感激得热泪盈眶，因为他相信这是他带给她的。她迫不及待地等他走开，等他进入鲜嫩的心满意足和轻微厌恶的境界，好让她在事过之后单独呆一会儿，让她有这机会会见自己、欢迎自己，并将自己融入无与伦比的和谐之中。

在她二十九岁时，她知道她已经没有其他路可走了，不过她并没有指望她门廊上的脚步声，没想到那张能透过蓝玻璃窗子向她注视的漂亮的黑面孔。阿杰克斯。

十七年以前他正期待着他所拥有的整个世界，那时他管她叫作“猪肉”。他当时二十一岁，她才十二岁，年龄相差悬殊。现在她二十九岁，他三十八岁，柠檬黄的腰部看来也并不那么遥远了。

她打开沉重的大门，看到他正站在纱门外面，两条胳膊一边夹着一夸脱牛奶，样子就像一座大理石雕像。他微笑着说道：“我一直在到处找你。”

“干吗呀？”她问道。

“给你这些。”他冲着一夸脱牛奶点了点头。

“我不喜欢牛奶。”她说。

“可你喜欢瓶子，对吧？”他举起一只奶瓶，“这玩艺儿漂亮吗？”

奶瓶确实挺好看。从他的手指间向下悬着，由蔚蓝色的天空衬出了它光滑的轮廓，样子十分考究、清洁而且经久耐用。她直觉地感到，为了把这两个瓶子弄到手，他冒过风险。

秀拉若有所思地用指甲在纱门上划着，过了一会儿，她放声笑着打开了纱门。

阿杰克斯进了门便径直朝厨房走去。秃拉缓缓地跟在后面。等她走到厨房门口时，他已经打开了用金属丝扎了又扎的瓶盖，对着瓶口往嘴里灌牛奶了。

秀拉瞅着他——或者确切地说，瞅着他那一咽一吞的喉头——越来越有兴致了。他喝够了之后，就把剩下的牛奶倒进了下水道，又把瓶子涮干净递给了她。她用一只手接过瓶子，另一只手握住他的手腕，把他拽到了餐具室。其实根本没必要到那间屋去，因为在整个住宅中连个人影都没有，不过这种姿态对汉娜的女儿来说倒是十分自然的。在那间餐具室里，此时已不再有面粉袋，也没有了一排排的罐头食品，一串串的小绿辣椒也永远消失。秀拉一只手臂紧紧揽着湿奶瓶，背靠着墙叉开两腿，从她那骨瘦如柴的臀部得到她的大腿所能够承受的全部欢乐。

从那以后他就经常来了，每次都提着些礼品，一束还长在枝上的黑莓，四条裹在橙红色《匹兹堡信使报》里的炸好的尖口鲷，一把面包果，两盒“杰尔—威尔”牌的酸橙果冻，一大块从冰车上买来的冰，一罐“老荷兰人”牌的清洁剂，上面印着一个标致的女郎正在用工具除尘的广告商标；一张《苦工蒂利》笑话报，还有闪亮的白牛奶瓶。

光看到他在弹子房周围闲逛，为芬雷先生打了他的狗就要朝人家开枪，或者对过路的女人说几句赞美的下流话，谁都会怀疑阿杰克斯不正经。可是恰恰相反，他对妇女挺好。他的那些女人当然知道这一点，甚至在街上多次挑起了争夺他的情杀殴斗。许多星期五的夜晚都有大吵大嚷的粗腿女人挥舞着刀子、滴着鲜血搅扰人们，引来叫喊着的看热闹的人群。当这种场面发生时，阿杰克斯就站在人群中间，用他像看老头子打牌一样无动于衷的金黄色眼睛旁观着斗殴的妇女。除去他那在破木房里坐着，为他的六个弟弟忙个不停的母亲之外，他有生以来还没遇到过一个有趣的女人。

他对女人们一般总是很和蔼，并非作为引诱的手段(他根本没必要那么做)，而倒是由于他在母亲面前养成的习惯。他母亲一向要求所有的儿子要替别人着想，还要慷慨大方。

这位母亲是个能役使魔鬼的女人，上天赐给她七位令人羡慕的儿子，他们的愉快便是给她带来她所需要的东西：农作物、头发、内衣、剪下的指甲、白羽母鸡、鲜血、樟脑球、画片、煤油，还有鞋上带着的尘土；“万・万”“征服者高大的约翰”“要吃的小约翰”“魔鬼的鞋带”“中国洗衣店”“芥子”和来自辛辛那提的“九种药草”也可以为她从多处买来。她懂得看天气、卜预兆、知生知死、圆梦和治疗各种疾病，并且靠这些本事过着简朴的生活。要是她还长着牙、背也没驼的话，恐怕就是世上活着的最美的东西了，单单她的美貌，就足以使她的儿子崇拜她了。当然，还尚且不谈她给予他们的绝对自由（在某些方面被认为是对他们漫不经心）以及她那陈年的有分量的知识。

阿杰克斯爱自己的母亲，除她之外——便是飞机。两者之外再无其他。只要他没坐在那里着迷地听他母亲谈话，他就想着飞机，想着飞行员，想着容纳了飞机和飞行员的无垠的天空。人们无法想象却很羡慕他在州里那些大城市的长途旅行，他们认为他具有丰富的阅历，并度过了美好的时光；而实际上，他只是在机场的带刺铁丝网的外面，或者在机库周围转悠，听到有幸进入飞行圈子的小伙子们的几句谈话。剩下的时间，就是他既没有观看他母亲的魔术也没有想着飞机的时候，他就在小镇里跟着无事可做的光棍汉们游荡。他早已听到有关秀拉的种种传闻，这引起了他的好奇，她那难以捉摸的脾性和对成规习俗不屑一顾的作风，使他联想起自己的母亲：她执着地探求魔法就像圣马太故事里的那些妇女寻找尊严一样坚定不移。于是，当他的好奇增长到一定程度时，他就从一家白人住宅的门廊提上两瓶牛奶，走去看她。他自忖她或许是除他母亲之外他所了解的唯一一个女人，她的生活就是她自己，她有能力处理生活，而且也没兴趣死死缠住他。

秀拉同样地很好奇。除去当年他称呼她的外号和彼时他在她心中激起的感情之外，她对他一无所知。对于别人生活中的陈规陋习以及她自己对梅德林日益增长的不满，她已经相当习以为常了。如果她能够想到一个可去的地方，也许她早就走了，不过这都是在阿杰克斯隔着蓝色玻璃望着她，手里高举着战利品似的牛奶之前。

然而，并非那些礼品才让她把他裹进她大腿之间。礼品很动人，那是不错的（特别是他在卧室里打开那瓶蝴蝶），不过她的真正愉快却是因为他跟她谈话。他们进行过地道的谈话。他和她谈话时，既不是降尊纡贵也不是旁若无人，既没有像孩子一样好奇地打听她的生活，也没有滔滔不绝地大讲他自己的经历。他认为她可能挺聪明，就像他母亲似的，因此他似乎期待着她表现出她的聪明，而她也没辜负他。在整个谈话中，他听得多，说得少。他在她面前明显地流露出心旷神怡，他对她叙述自己成长中的困苦和顽强那种欲言又止，他不愿意把她当作幼儿来保卫的那种平等与尊重，他认为她既粗鲁又聪明的评价——这一切再加上他那种偶尔才迸发出复仇意识的慷慨大度的精神，都引起了秀拉的兴趣和热情。

他心目中的天堂（在地面上而不是在天上的天堂）是在滚热的水里泡着——把头

枕在又凉又白的浴缸边上，闭起眼睛，陷入幻想。

“在热水里泡着对你的背没好处。”秀拉站在浴室门口，看着他的膝盖在灰色的肥皂水面之上闪闪泛光。

“在秀拉怀里泡着对我的背没好处。”

“值得吗?”

“现在还不知道呢。走开吧。”

“想飞机啦?”

“想飞机啦。”

“林德堡知道你吗?”

“走开吧。”

她走了。躺到夏娃的高床上等着他，她把头转向木板钉起的窗户。她满面笑容，心里思忖着：他渴望要干白种男人的工作，这一点与裘德多么相像啊。正在这时，两个杜威张着嘴露出一口漂亮的牙齿进了屋，他们说：“我们病了。”

秀拉慢慢转过头来，嗫嚅着说：“好好呆着。”

“我们得吃点药。”

“到浴室去找。”

“阿杰克斯在里边哪。”

“那就等一会儿。”

“我们现在难受啊。”

秀拉从床上欠起身，拣起一只鞋朝他俩扔去。

“骚货!”他俩尖叫着，她像条看家狗似的一丝不挂地从床上一跃而下。她抓住了红发杜威的衬衫，然后提着他的脚后跟，把他倒悬在楼梯扶手上，弄得那孩子尿湿了裤子。这时第三个杜威过来和两个杜威一起投入战斗，他们从衣兜里掏出石子朝秀拉扔去。秀拉一面哈哈大笑，一面蹒跚地躲闪着，把尿裤子的杜威拎到卧室里。等到那两个杜威扔光了石子，身上除了牙齿再没有其他武器时，秀拉已经把第一个杜威放到了床上，在自己的钱包里翻起来。她给了他们每人一块钱，三个孩子一下子把钱拿去，一溜烟溜下楼梯，跑到狄克的店里去买他们爱喝的补药酒去了。

阿杰克斯浑身湿漉漉地走进来，躺到床上让风把他身上吹干。他俩一动不动地躺了好一会儿，后来他伸出手摸了摸她的胳臂。

他喜欢让她爬到自己身上，这样他就可以看着她在上面，并且直对她的面孔轻声说些淫猥的话。当她像一株佐治亚松树似的靠膝弯前后左右地摇呀晃的时候，从上往下看着他那逐渐消失的微笑，看着他那金黄色的眼睛，看着他那一头毛茸茸的头发，摇呀晃呀，她集中起自己的思想来排除下身的阵阵痉挛。她朝下看着，从似乎是在他的头部之上高不可攀的地方朝下看着，看着这个第一次使她感到性冲动的男人的柠檬黄色华达呢似的躯体。她让自己的思想滞留在他的脸上，以便多控制一会儿她的肉体，不致马上推向性欲的顶点。

如果我拿一块鹿皮，认真地用力揩拭这骨头，揩拭你的颧骨的顶部，某些黑颜

色就会擦掉，会沾到麂皮上，而露出皮肤下面的闪闪金光，我能看到它金叶似的透过黑色闪闪发光。我知道它就在那里……

她离他骨瘦如柴的躯体多高啊，他那一下一下的微笑多么难以捉摸啊。

而如果我拿一把指甲刀或者甚至夏娃的旧水果刀——那就足够了——刮去那层金粉，就会露出里面的石膏。是石膏安排了你面部的平面和曲线，因此你那微笑的嘴角也不致一直咧到眼睛。是石膏的力量才使你面部不致成了龇牙咧嘴的大笑。

高悬的位置和不停的摇晃使她头晕目眩了，于是她俯下上身，让自己的乳房擦着他的胸膛。

然后我就可以拿一把凿子和小槌来钻这石膏。那它就会像用镐砸冰一样裂开，穿过缝隙，我就可以看到里面没有石子与树枝的沃土，因为正是这沃土才给了你那种气味。

她把两只手滑到他腋下，似乎她要是不抓住点什么东西，她就无法遏止她感觉到的皮肤下面那种软弱无力传遍全身。

我要把手深深地插向你的土壤，抓起一把土，再从指缝中滤掉，去体味它表面的温暖和下面的清凉。

她把头放在他的下颏底下，丝毫不指望这世上还有什么东西不能接近的了。

我要浇灌你的土壤，保持其湿度和肥力。但是要多少呢？要多少水才能使这沃土保持湿润？而又要多少沃土才能阻住我的水不动呢？又到什么时候土和水才能合成泥呢？

她用大腿吸进了他的下身，他又把她的舌头吞进去了。整座住宅变得十分十分安静。

秀拉开始懂得什么叫占有了。也许那不是爱，但那是占有或起码是想要占有的欲望。这样新颖奇特的感情使她大为震惊。首先，一夜过去，早晨她就会猜想阿杰克斯白天会不会来。然后，到了下午她又会站到镜子跟前，用手指抚摸着嘴角周围的笑纹，想确定一下她到底好看不好看。经过一番仔细观察，她在头发上系了一根绿色缎带。在她系缎带时，头发上发出了一阵沙沙的声音——这轻轻的声音很像汉娜的笑声，每遇到她高兴的事时，汉娜就会发出一阵轻柔徐缓的嘶嘶鼻音。就像头戴烫发的烘干器坐上两小时的妇女们一心盘算着两天之后再过多久才能定下一个约会似的，秀拉在头发上系上缎带之后也有别的事情要干，等到阿杰克斯晚上拿着当天早上为她做的芦笛进门时，她不仅头发上缀好了绿色缎带，浴室也早已擦得锃亮，床铺铺得整整齐齐，饭桌上也摆好了两人的餐具。

他把芦笛递给她，把自己的鞋带松开，便一屁股坐到了厨房的摇椅上。

秀拉朝他走过来，吻着他的嘴唇。他用手指抚摸着她的后颈。

“我请你千万别惦着‘柏油孩子’，好吗？”他问道。

“惦着？不。他们在哪儿？”

阿杰克斯对她的漫不经心报之一笑：“监狱。”

“从什么时候?”

“上个星期六。”

“因为酗酒吗?”

“还稍微有点别的原因。”他回答着，继续对她讲起他给卷进了“柏油孩子”的另一次不幸事故的情况。

星期六下午，“柏油孩子”喝醉了酒，踉踉跄跄地闯进了“新河路”的汽车道。一位开车的妇女为了躲避他，来了个急转弯，撞上了另一辆汽车。警察们赶来，认出开车的女人是市长的侄女，就逮捕了“柏油孩子”。消息传出来，阿杰克斯和另外两名黑人到警察局去探视他。起初，警察不准他们进门。后来，阿杰克斯他们三人在外面整整站了一个半小时，反复要求按规定探监，警察才算发了慈悲，他们终于被获准进去之后，来到审讯室，却看到“柏油孩子”在角落里蜷曲着身子，遍体鳞伤，浑身上下剥得一丝不挂，躺在屎尿上。阿杰克斯他们三人质问警长，凭什么不把“柏油孩子”的衣服还给他。“这不对头，”他们说，“让一个成年人躺在他自己的屎尿上是不应该的。”

夏娃一贯坚持说，“柏油孩子”是白人。那个警察显然也持同样的看法。他说，如果犯人不愿意躺在屎尿床上过日子，他就应该从“底层”的山上搬下来，像个体面的白人那样好好生活。

双方又谈了好久，急躁的话、愠怒的话全都用上了，整个事情以传讯这三名黑人而告终，并确定在下星期四的民事法庭上出庭。

阿杰克斯看来毫不在乎这类事，既没有恼火，更没有不服帖。他已经跟警察打过多次交道，多数是在突击搜捕赌博的时候，他早已把他们看作黑人生活的自然灾祸了。

而头发上闪着绿色缎带的秀拉，马上便充分意识到外界对阿杰克斯的打击了。她站起身走过去，坐到摇椅的扶手上。她把手指深深插进他的毛茸茸的头发里，嗫嚅着：“来，靠着我。”

阿杰克斯眨了眨眼。然后又迅速地朝她脸上看了看。在她的话语和口气中，有他十分熟悉的声音。这时他才第一次看到她头发上的绿色缎带。他朝四周一望，看到了窗明几净的厨房，还有摆好两人餐具的饭桌，发现了这个小窝里的香扑扑的气味。他周身的每一根毛发都竖起来了，他心里明白，很快就要像所有以前的她那些姐妹们一样，向他提出丧钟般的问题了：“你到哪儿去了?”他的目光随着一瞬间的温和和遗憾而黯淡了。

他站起身，和她一起上楼，走进了一尘不染的浴室，那屋里连爪形腿浴缸底下的灰尘都给打扫得一干二净了。他竭力要记起戴敦的航空表演的日期。当他进入卧室时，他看到秀拉躺在崭新的白床单上，周身都是新洒的科隆香水的呛人气味。

他把她拽到身子底下，用一个就要出发去戴敦的男人的那种沉稳和热情，同她度过这销魂的时刻。

她不时地打量四周，想找到一点他确曾在这里呆过的实实在在的痕迹。蝴蝶到哪里去了？紫黑浆果呢？芦笛呢？她什么也找不到，因为除去使她感到晕眩的空虚之外，他什么都没有留下。这种缺乏如此明显，如此强烈，使她实在难以理解当初她怎么会容忍那显赫的存在，而居然既没有拼死抵抗，也没有尽量耗费。

门边的镜子并不是门边的镜子，而是他出门之前稍事逗留来戴上帽子的一座祭坛。厨房里的摇椅不过是他坐在那儿前后摇晃的臀部。可是，她又发现屋里没有一样东西是他的——他自己的。她甚至害怕他只是她幻想出来的，因而需要相反的证据。他留下的空虚无处不在，在所有的东西上都反映出来，刺痛人心。由于他不在，家具显出了本来固有的颜色，屋角显出了鲜明的线条，桌面上的尘土也闪烁着金色的光辉。他在这屋里的时候，他把一切都吸引住了，不仅仅是她的目光，也不仅仅是她的全部感觉，而且连屋里的一切物件似乎都因为他而存在，成了他在场的背景。现在他走了，而多日来由于他的在场而变得柔和的这些东西依然在他留下的痕迹中表现出魔力。

后来有一天，当她在梳妆台抽屉里收拾东西时，她找到了她一直在寻找的东西，一件能够证明他曾经在这家中的东西：他的驾驶执照。上面有她要证实的一切——他的基本情况：生于一九〇一年，身高五英尺十一英寸，体重一百五十二磅，眼睛棕色，头发黑色，皮肤黑色。噢，对了，黑肤色，非常非常黑。黑到只能用钢丝绒仔细认真地擦拭才能去掉。去掉这黝黑之后，就是一层闪光的金箔，金箔下面就是冰凉的石膏，而深深地藏在冰凉的石膏下面的则是更黑的东西，不过，这最深处的东西是温暖的沃土。

可这是怎么回事？阿尔伯特·杰克斯？他的姓名是阿尔伯特·杰克斯？阿·杰克斯。可她一直都以为他叫阿杰克斯，闹错了这么些年。甚至早在当年她走过弹子房的时候就错了。她那时避开目光不去看他劈开两腿坐在木椅上，不去看他大大劈开的两腿之间的空隙中极其平淡无奇的地方，那地方没有，一点儿都没有显出裤裆里还藏着一个活物，她也不去看他那傲慢的鼻翼和不断向下滑落的微笑，落呀，落呀，于是她想伸出手去接住那微笑，不让它落到路面上，不让他和在弹子房外面或坐或立的男人们脚边的香烟头、瓶子盖和唾沫、黏痰把它弄脏。这些男人们对她和奈尔还有成年妇女又喊又唱，他们唱的像是《猪肉》《红糖》《笼子里的诱饵》《噢，天哪，我干了什么，值得给我送花环》《带我去吧，耶稣，我已经看到了那希望的土地》《天啊，千万记着我》这些歌谣，歌声中泛着甜美，起先是一种无可奈何的激情，继而是郑重高雅。即使在当时，当她和奈尔触到自己内衣里面的柔软的肉体，或是她们一离开家就马上散开发辫，让头发在耳际飘忽飞舞，或是用棉布束胸，不让乳头顶起上衣，不让他就此发出他那向下滑落的微笑，他那么一笑会让她俩臊得皮肤发红的，即使在当时，她和奈尔也竭力不去梦见他和想到他。即使在后来，当她有生以来第一次和一个男人躺在床上，无意之间说出他的名字或是有意指的是他时，她叫出来和说出来的也根本不是他的真名实姓。

秀拉站在那里，手指摸索着一张揉皱了的纸条，大声地自言自语：“我甚至连他的名字都不知道。而如果我不知道他的名字，那我就什么都不知道，从来就毫无所知；既然我想要的那件事就是知道他的名字，而他也不过在和一个连他名字都不知道的女人寻欢作乐，那他当然只有离开我了。”

“当我是个小女孩时，我的纸娃娃的脑袋掉了下来，过了好长时间我才发现，如果我弯下脖子，我的脑袋也不会掉下来。而在那之前，我在走来走去时曾经死死把头捧住，因为我以为一股大风或是用劲一推就会把我的脑袋弄下来。是奈尔给我讲了道理。不过她错了。我遇到他时并没有死死捧住脑袋，所以就像我的那些娃娃一样掉了脑袋。”

“他走了也好。不久我就会把他脸上的皮肉撕掉，来看一看里面是不是金箔，证实一下我是对还是错，别人谁也不会理解我的那种好奇心的。他们会相信我要伤害他，就像那小男孩摔下台阶，摔断了腿，人们便以为我推了他，其实就因为我当场看见了。”

她手里握着驾驶执照爬上了床，睡着了，一直做着蓝色的梦。

一觉醒来，她的头脑中回荡起一阵美妙的音乐，她分辨不出也记不起以前是否听到过。“也许是我自己想象出来的，”她思忖着。随后，她又听到了——这支歌的名称和内容就是她以前听过多次的。她坐在床边想着：“没什么新歌了，我已经唱过所有的歌了。”她重新躺到床上，唱起了一支游荡的小曲子，歌词是：我已经唱过了所有的歌，所有的歌，我已经唱过了全部已有的歌。后来，她被自己的催眠曲深深触动，渐渐打起瞌睡，在行将入睡的虚空之中，她尝到了金箔的辛辣，在冰凉的石膏下，嗅到了沃土浓烈的腐臭。

【英】奈保尔

维迪亚达·苏莱普拉萨德·奈保尔(1932—)是20世纪后半期英国作家。他出生于中美洲特立尼达的一个印度婆罗门家庭，1950年获奖学金赴牛津大学求学，毕业后定居英国，并曾游走世界各地进行写作。奈保尔迄今已经创作了30多部作品，主要有《灵异推拿师》《毕司沃斯先生的房子》《黑暗之地》《印度：一个伤痕累累的文明》《在一个自由国家里》《河湾》《浮生》等。2001年，奈保尔获得诺贝尔文学奖。

由于具有多元文化背景，奈保尔将目光投向后殖民主义时代，注意殖民主义在殖民地人民思想、意识、心理上所留下的广泛、深入、持久的殖民化影响。他的小说多以漂泊者为主要人物，他们疏离于社会，一生都在反抗压迫，寻求公正，寻找自我身份的认同。因而，他的小说主题也倾向于揭露殖民地社会生活的艰辛、环境的丑陋以及精神的浅薄。奈保尔有着深厚的英国文学功底，作品文笔洗练，文风幽默诙谐，人物形象栩栩如生，还注意展示特立尼达的生活习俗与风土人情，读来别有一番味道。

《河湾》以殖民统治结束后新独立的非洲东海岸河湾处一个偏僻、贫穷的小镇为背景，以主人公萨林姆的视角，揭示出后殖民时代非洲陷入混乱、独裁和倒退的原因。萨林姆是印度移民，在镇上接手了一个小店谋生。可是，在独裁政权的严密控制下，这里的人们毫无自由，生命、财产也无所保障。萨林姆被迫前往英国，回来时，他的店铺已经国有化了。作为外族人，他是新社会排斥的对象。迫于生计，他做起了违法的生意，又遭人告发，幸而地方专员是熟人的儿子，他才获准离开这个充斥着内战和苦难的国度。

本书选取《河湾》的第7章，写家乡的变化使萨林姆有家难回；家仆墨迪和非洲女人结婚生子，让他更加感到无助、绝望。此时，旧友因达尔已从一所著名大学毕业，来到河湾新领地的大学担任讲师。他将萨林姆带入新领地，让他接近、融入所谓的欧洲文明，使他有了新的精神依托。但不久后，萨林姆意识到新领地是一个骗局，于是再度陷入困惑。费尔迪南是土著的非洲人，在为政府培养官员的大学里读书。萨林姆、墨迪、因达尔和费尔迪南分别代表了独立后非洲的四种不同思想。印度裔穆斯林的萨林姆由于自幼接受英式教育，对英美文化尤其向往，因而对黑非洲从来没有产生过归属感，新的非洲局势更是让他惶恐不安。墨迪与非洲女人的结合生子表明了他对外来身份的遗忘，并与非洲逐渐融合、妥协。在新领地任教，是极力希望融入欧洲文明却在欧洲求职无门的因达尔的尴尬选择。费尔迪南则对国家盲目自信，没有自己成熟的想法和正确的认识。

（张葹　撰稿）

河湾(节选)[①]

7

我逐渐认识了痛苦的方式，以及随之而来的沧桑感，所以我并不奇怪，在墨迪和我认识到我们必须分道扬镳的时候，我们居然如此亲密。其实，那天晚上的亲密感是一种幻觉，只不过是我们对过去感到怅惘，对世界不再静止不变感到伤心。

我们俩在一起的生活并未改变。他还是住在我的住所中他的那间房子里，早上还是送咖啡给我喝。但我知道墨迪在外面有一种完全不同的生活。他变了。做仆人的时候，他性格开朗，成天乐呵呵的，因为他知道别人会照应自己，凡事都有人给自己拿主意。这样的情形一去不复返了。失去了这种开朗，也就随之失去了许多东西——他再也不能漠然对待过去发生的事，再也无法忘却，再也无法精神抖擞地迎接新的一天。他在内心深处似乎感到了一种酸楚。责任对他来说是新事物，有了责任，他肯定产生了孤独，尽管他有很多朋友，并有新的家庭生活。我已经摆脱了旧的生活方式，也感到了孤独和忧郁。这些感情深深扎根于宗教当中。宗教把忧郁转化为促人上进的敬畏和希望。不过我已经抛弃了宗教生活和宗教的安慰，我不可能重回老路，事情就是这样。对世界的忧郁是一种我不得不独自面对的感觉。有时候，这感觉非常敏锐。有时候，它又荡然无存。

我刚从对墨迪和过去的悲伤中恢复过来，又遭遇了一个从过去来的人。这人是一天早晨到店里来的，是墨迪带进来的。墨迪进门就兴奋地喊："萨林姆！萨林姆！"

原来是因达尔，就是在海岸的时候挑起我内心慌乱的那个因达尔。那时我刚在他家那幢大别墅的球场上打完壁球，在聊天中他让我直面我自己对未来的担忧，在我离开之前给我描绘了一幅灾难的景象。是他让我想到了逃离。结果他自己去英国上大学，而我逃到了这里。

墨迪刚把他带进屋，我就意识到自己又落伍了。和往常一样，我的商品摆得满地都是，货架上满是廉价的布匹、油布、电池和练习本这类东西。

他说道："几年前我在伦敦就听说你到这里来了。我一直想知道你在干什么。"他的表情冷冷的，夹杂着恼怒和嘲讽，好像是说他现在也不用开口问了，看到我这样子他并不吃惊。

事情来得非常突然。刚才墨迪在门口跑着喊："萨林姆！萨林姆！你猜是谁来了？"我立刻想到他说的应该是过去我们俩都认识的什么人。我以为是纳扎努丁，或者是我的家人，或者是姐夫、侄子什么人。我当时就在想："我应付不了啦！如今的日子不比以前，我担负不了这责任。我可不想开医院！"

当时我以为有什么人要打着家人、乡亲或者宗教的旗号来投奔，我都准备好用什么脸色和态度来应付了。没想到墨迪却把因达尔带来了，这让我有些沮丧。墨迪

---

① 选自[英]奈保尔：《河湾》，方柏林译，南京，译林出版社，2002。

却喜出望外，真正地喜出望外，不是装出来的。他很高兴有机会重现过去，显出自己过去和显赫家族有过来往。我却是满腹牢骚，随时准备把自己的忧郁泼出去，像冷水一样泼向来客，不管他是不是憔悴不堪："这里没你的地方。这里不收容无家可归的人。你另谋高就吧！"还没有摆出这副嘴脸，现实就把我推到了另一个极端。我必须假装自己在这里混得还不错，甚至相当好。我要让对方感觉到我这小店虽然看起来不怎么样，单调乏味，乏善可陈，但实际上背后在做大买卖，一赚就是几百万！我还要让对方感觉到一切都在我的运筹帷幄之中，让他感觉到我预料到这地方要繁荣，所以才跑到这河湾小镇上来。

但在因达尔面前，我实在装不了什么别的。他总是让我感到自己的落伍。他的家庭虽是海岸的新贵，但比我们所有家庭都要强。他们家出生贫贱，他的祖父一开始不过是铁路上的契约劳工，后来成了放高利贷的。就是这贫贱的出身也被人们套上了光环，成为他们家族传奇的一部分。他们敢于投资，善于理财。他们的生活远比我们有品位。此外他们还那么热爱各种比赛和体育活动。我们总是认为他们就是"现代"人，觉得他们的风格气质和我们完全不同。这样的差异久而久之你就习惯了，觉得是天经地义的事。

那天下午我们打完壁球之后，因达尔告诉我他要去英国上大学。对于他的去向，我既不感到愤恨，也不觉得妒忌。去国外，上大学，这完全是他的风格，一点也不出乎我的意料。我之所以有些不快，那是因为我感觉自己落伍了，我对未来一筹莫展。我的不快还有一层原因，那就是他让我产生了担忧。他当时说过："你知道，我们在这儿都被耗空了。"这话字字真确，我也知道它符合实际情况。但我不喜欢他把这一切挑明——他那口气让人感觉他自己已经解脱出来，并做好安排了。

从那时到现在，八年过去了。他预言将发生的事情果真发生了。他的家庭蒙受了巨大损失，别墅丢了，一家人各奔东西(他们都把那海岸城市的名字加入到了家族姓氏之中)，和我自己的家人一样。现在他走进我的小店，我发现我们之间的差距却一如往昔。

他的衣服，他的裤子、条纹棉衬衫，他的发型，他的鞋子(牛血的颜色，鞋底薄而结实，鞋尖显得有些紧)，无不透出英国的气息。而我呢？我还是这么傻坐在商店里，外面是覆盖着红色尘土的马路，还有集市广场。我等了太久，忍受了太多，我变了。但在他看来，我却一点没变。

我一直在坐着。后来站起身来，就感到隐隐的恐惧。我突然觉得他是给我带坏消息来的，我不知如何开口是好，只好问了句："是什么风把你吹到这穷乡僻壤的？"

他回答道："穷乡僻壤？我可不这样看。你是在风头浪尖啊。"

"'风头浪尖'？"

"我是说这里轰轰烈烈啊。否则我也不会来。"

我松了一口气。我还以为他又要发号施令让我出发，而且不告诉我去哪里。

墨迪一直笑眯眯地盯着因达尔，脑袋一直在晃荡着，不住地说："因达尔啊！因达尔！"是墨迪想到了我们还应尽地主之谊："因达尔，要不要喝点咖啡？"好像我们都还在海岸，在我们家的商店里。那时他只要沿着小巷走到诺尔的铺子，就可以把咖啡端回来。那时的咖啡甜甜的，黏黏的，装在小小的铜杯子里，用厚重的铜盘子送上来。这里可没有这样的咖啡。这里只有雀巢咖啡，象牙海岸产的，用粗大的瓷杯子装着。它和以前的咖啡不可同日而语——不可能就着这咖啡边喝边聊天。那时的咖啡总是又热又甜，每饮一口我们都要赞叹一番。

因达尔说："好啊，阿里。"

我告诉因达尔："他在这里的名字是'墨迪'，意思是'混血'。"

"阿里，你就这么让他们叫?"

"因达尔，都是些非洲人，一群黑鬼。你都知道的啦，他们的狗嘴里还吐得出什么象牙来?"

我说道："你别信他的。他很喜欢这名字的。这名字让他在女人中大受欢迎。阿里现在可是有家有室的大人了。今非昔比啦。"

墨迪正要到储藏室去烧开水泡雀巢咖啡，听到我这样在说他，马上就插嘴了："萨林姆，萨林姆，别太损我了。"

因达尔说道："他早就不是以前那个阿里了。你有没有听到过纳扎努丁的消息?我几周前还在乌干达见过他。"

"那里现在的情况怎么样?"

"慢慢安定下来了。能安定多久则另当别论。这些该死的报纸没有一个站出来为国王说话。你知道不知道这情况?只要是非洲问题，人们要么不想去了解，要么受自己的什么原则左右。至于这里人的是死是活，他妈的谁都不会关心。"

"但你肯定跑过不少地方吧?"

"我就是做这事的。你这里怎么样?"

"叛乱之后，形势很不错。现在这里是繁荣期。房地产的形势极佳。有些地方的土地都卖到每平方英尺二百法郎了。"

因达尔的表情无动于衷——也难怪，商店这个寒碜样子是很难让人动心的。我也觉得我说得有些过头，结果适得其反，完全没有给因达尔留下我预想的印象。我的本意是想证明因达尔对我的想法是错误的，实际表现出来的言行却恰恰验证了他的想法。我在模仿我从镇上商人那里听来的那种谈话方式，连谈话内容也和他们一模一样。

我换了个方式说："这种生意是很特殊的。在一个成熟的市场里，事情可能要好办一些。但在这里你不能随着自己的性子来。你必须准确地了解市场的需要。当然，还有一些代理业务。代理业务才是真正来钱的地方。"

因达尔答道："是啊，是啊，代理业务。萨林姆，这对你来说就像过去一样啊。"

我没太理会这句话。但我决定低调一些。我说："但我不知道这一切会延续多久。"

"只要你们的总统愿意，就能延续下去。谁也不知道他的兴趣会持续多长时间。他是个怪人。一会儿好像什么也不管，一会儿又像个外科医生似的，把自己不喜欢的东西割掉。”

“他就是这样解决原来的军队的。那真是可怕啊，因达尔。他送信来叫岩义上校在军营待命，准备欢迎雇佣军的司令。所以这位岩义上校就穿上军装，到台阶上迎候。等他们来了，他就走到大门口去迎接。他还在走着，就被来的人一枪给结果了。所有随从军人也全被干掉了。”

“不过这样也好，你逃过了一劫。对了，我有东西带给你。我来之前去看你父母了。”

“你回家了?”我问了一句，不过我很害怕从他这里听到家里的消息。

他回答说：“对啊，出事后我回去过好几次。情况并不是太糟。你还记得我们家的房子吗？他们把它漆成了党的颜色，它现在好像成了党的办公大楼了。你妈妈让我带了一瓶椰子酱，不是给你一个人的，是给你和阿里两人的。她特地叮嘱的。”墨迪正端着一壶热水、几个杯子、雀巢咖啡罐和浓缩奶粉走过来，因达尔转向他说道：“阿里，夫人让我给你带椰子酱过来了。”

阿里回答道：“酱！椰子酱！因达尔啊，你不知道这里吃的东西有多惨啊!”

我们三人围在桌边，冲了咖啡，倒上浓缩牛奶，一起搅拌着。

因达尔说：“我不想回去。至少第一次回去的时候我是十分不情愿。不过飞机是个好东西。身体瞬间到了别处，心可能还在原来的地方。来得快，走得也快。你不会太难过。飞机的好处还不止这些。你还可以多次回同一地方。回去多了，事情就变得奇怪起来。你不再为过去感到伤心。你只会把过去看成仅存在于你大脑中的东西，而不是存在于现实生活当中。你践踏着过去，你把过去踩烂。一开始，你感觉像是踩在花园里，到后来，你就觉得好像踩在大路上一样。我们学会了这样去生活。过去在这儿——”他指了指心脏位置，“不在这儿。”他又指了指满是灰尘的马路。

我总觉得他这番话以前说过，或者在他的脑子里想过很久。我在想：“他保持住自己的风度可不容易。说不定他吃的苦比我们更多。”

我们三个人就这样平静地坐在一起，喝着雀巢咖啡。我觉得此刻的时光非常美妙。

不过，到目前为止，我们的谈话还是他说得多，我们主要是听着。他对我已经了如指掌，而我对他近来的生活却毫不知情。刚来镇上的时候，我发觉这里大多数人的谈话只是问一句，答一句，问的说的都是自己。他们很少问你，很少谈你的情况。他们与世隔绝的日子过得太久了。我不希望因达尔也这么看我。而且我也确实想了解他的情况。于是我开始笨拙地问他一些问题。

他说他到镇上已经几天了，还要在这里呆几个月。我问他是不是乘汽船来的。他回答说：“你疯了。怎么可能接连七天和河两岸的非洲人困在一起？我是坐飞机来的。”

墨迪说：“我也决不坐汽船。他们说坐汽船感觉糟透了。在驳船上更糟，又是厕所，又是做饭，又是吃饭的。他们告诉我说那上面简直糟得不能再糟。”

我问因达尔住哪里——我突然想我可以表示出尽地主之谊的姿态。他是不是住在凡·德尔·魏登旅馆?

这正是他等着我问的问题。他用一种轻柔而且不骄不躁的声音回答说:“我住在国家新领地。我在那里有幢房子住。我是受政府邀请来的。”

墨迪比我的表现更潇洒一些。他拍着桌子兴奋地叫了一声:“因达尔!”

我问:“是大人物请你来的?”

他开始轻描淡写:“也不完全是。我有自己的组织。我隶属于文理学院,要在学院工作一学期。你知道这学院吗?”

“知道,我还有熟人在那里,是个学生。”

因达尔露出一丝不耐烦,好像我把他的话打断了。好像我是从外面闯进来的,根本不应该认识那里的学生。其实我一直住在这地方,他才是初来乍到者。

我接着又说:“他母亲是个商贩,是我的顾客。”

他的反应好了一些:“你有空的话,过去看看,认识一些别的人。你不一定会喜欢现在发生的情况,但你不能视而不见。你不要再犯老毛病了。”

我想说:“我一直住这儿。过去六年来我经历了多少事!”但我并没有说出来。我迎合着他的虚荣。他对我有自己的一套看法,而且他确实是在这破商店里找到我的,看到我还在经营着世代相传的生意。他对自己的为人,对自己所做的事,也都有自己的看法,他刻意和我们这些人拉开距离。

我并没有对他的虚荣感到厌恶。相反,我挺喜欢的,这感觉就像多年前在海岸那边听纳扎努丁讲故事,诸如他在殖民地小镇上如何走运,如何享受生活等等。我没有像墨迪那样拍案叫好,不过对面前的因达尔还是感到敬佩。我忘了他让我感到的不足,忘了自己的落伍,干脆直截了当地羡慕他的成功,羡慕他的伦敦式衣着,还有这衣着表现出来的优越感,他的旅行,他在领地的房子,他在文理学院的地位。

表示出对他的钦佩,不显得要和他攀比或对抗,是为了让他感到自在。我们一边喝着雀巢咖啡一边聊着,墨迪动辄大呼小叫,用下人的方式表现出他的敬佩。而作为主人,我也满怀钦佩,只是没有像墨迪那样表露出来。总之,因达尔放松了下来。他态度轻松了很多,很有礼貌,而且对我们表示出深切的关注。就这样,我们聊了大半个上午,我觉得我现在总算找到了一个和自己同类的朋友。我正迫切需要这样的朋友。

我不但没有扮演好主人和向导的角色,反而被他带着跑。这也不是多荒谬的事。快到中午的时候,我开车带他去镇上转,但发现我所熟悉的重要地方只消几个钟头就能跑遍。

我们去了河边,在码头附近有一条破烂不堪的人行道。还有码头本身。还有修船厂——修船的地方有波纹铁皮做的棚子,顶上敞开着,里面堆着生锈的旧机械。沿河而下,我们来到了大教堂的废墟,那里早已芳草萋萋,看起来很古老,仿佛是欧洲的东西——不过只能站在路边看。灌木长得太茂盛,而且此地向来以毒蛇出没而著称。接着我们到了破破烂烂的广场,广场上竖着被破坏得只剩下底座的塑像。

大道两旁是政府办公楼，路两边还栽着棕榈树。然后我们把车开到公立学校，参观了枪支房腐朽发烂的面具，因达尔觉得挺没劲。后来我们又去了凡·德尔·魏登旅馆和马赫士开的汉堡王，因达尔是到欧洲见过大世面的人，对他来说，这些东西实在不值一看。

我们还到了非洲人的城区和流民搭建的棚屋(有的还是我头一次见到)，看到那一个个垃圾山，那凹凸不平、尘土飞扬的马路，还有躺在路边灰尘里的旧轮胎。在我的眼中，垃圾山、旧轮胎等等都是非洲城区和这破烂小镇自然的特色。这里的小孩四肢细长而敏捷，能从轮胎上身手矫健地翻筋斗下去，或者在上面跑、跳，弹得老高老高。但我们开车经过时已近中午，没有看到翻筋斗的小孩。我意识到我让因达尔看的都是垃圾，确确实实是垃圾。(不是吗？一无所有的纪念碑，只有底座的塑像!)我决定就此打住。还有急流和小渔村没有看，不过它们都划到新领地了，因达尔都已经看过了。

我们然后开车去新领地——在与新领地交界的地方原来是一片空地，现在从村庄里来的人在此搭满了各种棚屋。和因达尔在一起看着这地方，我觉得这些棚屋是头一次看到：棚屋之间的红色空地上，到处都流淌着黑乎乎的或者灰绿色的污水，空地上种满了玉米和木薯。我接着往前开的时候，因达尔突然问："你说你在这里呆了多久啊?"

"六年。"

"你什么都带我看了?"我还有什么没有带他去看的呢？没有带他到一些商店、别墅、公寓的里面，没有带他去希腊俱乐部——还有酒吧。不过我可不想带他看酒吧。当我用他的眼光来看的时候，我惊奇地发觉我确实没让他看到什么东西。尽管小镇有诸多不足，我过去一直把它看成真正的城镇。而现在，我却发现它只是一堆破烂的棚屋挤在一起。我想我一直对这里有抵触情绪，其实我只是视而不见，和周围我认识的人一样——而在内心深处，我还一直以为自己和他们不一样。

因达尔曾暗示说我就像在家乡的时候一样，对周围正在发生的事情不闻不问，当时听了这样的暗示我很不高兴。不过，他这样的暗示也没有错得多离谱。他在说新领地。对我们镇上人来说，新领地只意味着合同和生意。更重要的是，我们觉得新领地是总统大人的把戏，我们不想牵连进来。

我们注意到了小镇外面新来的那些外国人。他们和我们认识的工程师、商人和技工都不一样，我们对他们感到有些紧张。新领地的人仿佛是游客，但又不肯花钱——新领地那里要什么有什么。他们对我们也没多大兴趣。而我们总觉得这些人是特权阶层，觉得他们和此地格格不入，因而对他们有些看不顺眼，觉得他们不太实在，不像我们这么实在。

我们一直觉得自己在埋头做自己的事，明哲保身，就这样，我们不知不觉地变得和总统辖制下的非洲人没什么两样。我们只感到总统权势之沉重。我们觉得新领地是总统让造出来的，为着自己的原因，找来一些外国人住在这里。我们觉得了解这些就够了，用不着提出质疑，或是仔细研究。

费尔迪南有时也回镇上，和来镇上采购的母亲见面，回去的时候是我开车送，一直送到新领地的学生宿舍。那些时候到领地来，看到什么就是什么，没怎么去想。自从因达尔做我的导游之后，情况就完全不同了。

诚如因达尔所说，他在新领地有一处房子，他确实是政府请来的客人。他的房子里铺了地毯，装修得像个样板房——十二张手工刻制的餐椅，客厅的椅子上铺着双色带流苏的人工合成天鹅绒。还有灯、桌子、空调，琳琅满目。装空调是有必要的，新领地的房子都无遮无挡地竖在平地上，和大一些的盒状水泥房子没什么两样，并无隆起的屋顶。要是天气晴朗，就会有一两面墙完全暴露在烈日下。房子里还配了个男仆，穿着新领地奴仆的制服——白色短裤，白色衬衫，以及白色男装夹克(而不是殖民地时期的那种罩衫)。这是为因达尔这类人安排的，是新领地的风格。这风格就是总统的风格。男仆穿什么衣服是新总统规定好的。

领地是一方奇怪的土地，而因达尔在这里似乎颇受尊重。这尊重部分得归功于他所处的“组织”。他说不清楚是什么样的组织送他到非洲来的，也可能是我太天真，理解不了。领地上还有其他一些人也属于这类神秘的组织。他们把因达尔看成自己的同类，而不是我的同乡，或者海岸来的难民。我觉得这颇不寻常。

过去一段时间，我们在镇上见过不少这样的新派外国人。我们见过他们穿非洲衣服；我们注意到他们成天潇洒快乐，不像我们这样紧张惶恐。他们见到什么都是那么开心。以前我们总觉得他们是寄生虫，有些危险，觉得他们肯定是在秘密地为总统服务，我们对他们总是有所提防。

新领地完全是他们的度假胜地，现在我混迹其中，轻而易举地进入他们的生活，进入平房、空调和舒适的假日组成的世界，从他们高雅的谈话中我不时听到著名城市的名字。在这样的环境下，我的态度来了一百八十度大转弯。我突然发觉，和他们相比，我们在镇上的生活是多么闭塞，多么贫乏，多么停滞！我开始重新认识领地上社会生活的趣味，重新认识领地上新型的人际交往方式。这里的人思想更开明，对敌人和危险不是那么担忧，更愿意对事物产生兴趣，更容易找到娱乐，总是在发现他人身上的人性价值。在领地上，他们谈论人或事的方式都是不同的，他们保持着和外界的联系。和他们相处会产生冒险感。

我想起自己和墨迪的生活；想起舒芭、马赫士的过度隐私化的生活；想起意大利人和希腊人——尤其是希腊人——固守一隅，只是提心吊胆地想着自己的家庭，对非洲和非洲人态度紧张。这样的生活很难有什么新鲜的内容。所以每次跑上几英里路到新领地来，都是对自己的调整，能够校正自己的思想态度，每次似乎都发现了一个全新的国家。我开始在心里对马赫士和舒芭夫妇评头论足起来，这让我感到惭愧：他们夫妇俩这么多年来没少帮我，和他们在一起我也感到非常安全。不过我实在压抑不住自己的思想。我自己开始向领地的生活倾斜，在因达尔的陪伴下，我开始用新的眼光在打量这片新领地。

我知道，在领地，我属于另一个世界。每次遇到和因达尔在一起的人，我发觉我都没有多少话和他们说。有时候我想我可能让因达尔太失望了，不过他自己根本没朝这方面去想。他对别人介绍我的时候，总是把我说成他家在海岸时的朋友，是他的家乡人。他是在让我从他交往的人身上看到他的成功，同时似乎也想让我分享他的成功。他是用这种方法来报答我的羡慕之情。我还发现，他身上多了一些在海岸时所没有的雅致感。他的举止似乎都经过深思熟虑，不管多么小的场合，他的言行举止都一丝不苟。这些举止有些刻意雕琢，也有家族遗传的成分，好像原来都埋没着，有了安全，有了仰慕，才会尽情挥洒出来。在领地这片充满矫饰的地方，他简直如鱼得水。

在领地上，他受人尊重，有社交之乐，这都是我们镇上人不能给他的。我们很难欣赏他在领地上所喜欢的一切。多年的忧患造就了我们的愤世嫉俗。我们是怎样看人的呢？对凡·德尔·魏登旅馆的商人，我们判断的标准是他们所代表的公司，是他们有没有权力在交易中向我们让步。要是和他们熟悉了，能得到他们提供的服务，不像普通顾客那样付全价买他们的东西，不要排队等候，这就足够让我们沾沾自喜的了，让我们感觉自己仿佛征服了世界。我们把这些商人和贸易代表看成有权势之人，要吹着捧着才行。我们对中间商是根据他们的手腕来判断的，看重他们能签到什么样的合同，得到什么样的代理权。

我们对非洲人的判断方法也一样。我们看重他们——比如军人、海关官员、警察——能给我们提供服务。这也是他们自我评判的方式。在马赫士的汉堡王餐馆，一眼就能看出哪些人有来头。经济繁荣中，这些人也受益匪浅，一扫往日的寒酸窘迫，身上到处是金饰——金边眼镜、金戒指、金笔、金铅笔套、金表，还有沉甸甸的金手链。我们私下嘲笑这些非洲人，嘲笑他们对黄金的欲望，嘲笑这欲望的粗俗和可悲。黄金——怎能改变一个人，一个非洲人？但我们自己也向往黄金，我们还得定期向这些披金戴银的人进贡。

我们对人的看法很简单。非洲是我们生存的地方。但在领地，情况却大为不同。那里的人可以理直气壮地嘲笑贸易和黄金。新领地似乎有种特殊的魔力，这里有大道，有新房子，有种别样的气氛，这里是新非洲崛起的地方。在领地的非洲人——在文理学院就读的那些学生——很浪漫。他们不一定参加所有的晚会和聚会，但整个新领地都是为他们而造的。在镇上，“非洲人”的说法表示责骂和不敬，而在新领地“非洲人”有褒奖的意义。在领地，“非洲人”就是各方努力培养的新人，是接管未来的人——这正是费尔迪南几年前在公立学校时对自己的看法。

在镇上，在公立中学上学的时候，费尔迪南和他的朋友们——确实是他的朋友——举止还和村民相似。一到放学，离开了学校，或者和我这样的人在一起，他们就能融入镇上的非洲生活。费尔迪南和墨迪或者任何其他非洲小伙子都能成为朋友，因为他们的共同之处实在太多。而在新领地，我们就不能把费尔迪南和穿白制服的仆人混为一谈。

费尔迪南和他的朋友们很清楚自己的使命，以及别人对自己的期望。他们都是拿政府奖学金来上学的，不用多久，他们就有可能被派驻首都做官，为总统服务。

领地是总统创造出来的，他还为这里请来了外国专家，这些人对新非洲有远大设想。连我们也开始感觉到了这些设想的浪漫色彩。

外国人和非洲人相互作用，相互影响，每个人都沉浸到荣耀感和新鲜感之中。总统的照片到处都是，高高在上，俯视着我们。在镇上，各个商店和政府大楼里也都挂着总统像，他是统治者，他的出现是少不了的。在新领地，总统的荣耀更是无处不在，播撒到每个新非洲人身上。

这些年轻人都很聪明。我记得他们以前都是些小骗子，固执而愚蠢，只有些村民的狡诈。我原以为，对他们来说，学习只意味着填鸭式死记硬背。像镇上其他人一样，我总是以为这些非洲人上的学位课程都被简化了，或者改写过。这是完全可能的；他们确实学一些特定的课程，诸如国际关系、政治学、人类学等等。可这些年轻人现在思想很敏锐，说的话也很漂亮，而且说的是法语，不是非洲土语！就在几年前，费尔迪南对非洲的看法还是朦朦胧胧，现在可不是这样了。关于非洲事务的杂志(包括那些在欧洲出版、由政府资助的半真半假的杂志)，还有报纸(都需通过审查)，都在传播新思想、新知识、新态度。

有天晚上，因达尔把我带到文理学院的一间教室去听他上的大课。这课并非固定课程，是额外加的，在教室的门上写的是英语口语练习课。不过大家对因达尔的期望一定是超出了英语口语练习的范畴。人来得很多，大部分课桌边都有人坐。费尔迪南也在场，和一群好友坐在一起。

教室的内墙漆成了饼干的颜色，上面空荡荡的，只挂了一幅总统的肖像——肖像上的总统没有穿军服，而戴了一顶豹皮酋长帽，上身穿短袖夹克，围着带圆点的领巾。因达尔就站在肖像下方，轻松地说起他游历非洲各地的经历，下面的年轻人都听得入了神。他们非常天真，也非常渴望了解新事物。他们都听说过这片大陆上的战争和政变，但对他们来说，非洲仍然是新大陆，他们没有拿因达尔见外，仿佛因达尔和他们的感受是相同的，甚至就是他们中间的一员。语言练习练到最后，大家就开始讨论非洲。我感觉到文理学院里和课堂上常讲的话题逐个浮出水面。学生们有些问题提得很尖锐，而因达尔总有不凡表现，总是那么胸有成竹，总是那么不慌不忙。他就像个哲学家。他回答着他们的问题，同时不忘提醒年轻的学生们注意自己所使用的字词。

他们谈了一些乌干达政变的情形，还谈到那里的部落和宗教差异。然后，他们把话题扩大到整个非洲的宗教问题。

费尔迪南的周围出现了一些骚动。费尔迪南——不知道我也在——站起来问："非洲人已因基督教而异化，不知尊敬的客人有何高见，能否予以阐述?"

因达尔和先前一样，把问题重述了一遍："我想你是在问一个非本土化的宗教对非洲有什么功用。伊斯兰教是不是非洲宗教？你是否认为非洲人会因此而异化?"

费尔迪南没有回答。和原来一样，他的思想遇到有些坎，就越不过去了。

因达尔说："这么说吧，我觉得你可以把伊斯兰教当成非洲宗教。它在非洲大陆已经存在了相当长时间。对埃及基督教你也可以这样看。我不是很清楚——或许你觉得非洲人受这些宗教的影响而异化，进而失去了非洲的根基。你是不是这样认为的？或者你认为这些接受外来宗教的非洲人是特殊的非洲人？”

费尔迪南回答道：“尊贵的客人应该很清楚我所说的是基督教。他是想把问题搞混。他知道非洲宗教的地位卑下，他明白这是一个直接关系到非洲宗教是否重要的问题。客人对非洲抱有同情，见多识广，能给我们提供建议，所以我们才问这些问题。”

在座的有几个人立刻拍案叫好。

因达尔说：“要回答这个问题，请允许我先问你们一个问题。你们都是学生，不是村民，也不要把自己装成村民。不久，你们将走上各自岗位，为你们的总统和他的政府服务。你们是现代人。你们难道需要非洲宗教吗？还是你们感情用事？是不是害怕失去非洲宗教？或者因为这宗教是你们自己的，就死死守住不放？”

费尔迪南的眼里冒出怒火。他拍了一下桌子站了起来：“你在问一个复杂的问题。”

显然，在非洲学生当中，“复杂”是个贬义词。

因达尔答道：“你难道忘了？问题不是我先挑起来的，是你提的，我只是想澄清而已。”

他的话一下子把全场镇住了，教室里不再有拍桌子的声音。费尔迪南的态度也变得友善了，课程的后半部分，他一直保持着友善的态度。下课后，穿夹克制服的服务员用镀铬的小推车送上咖啡和甜饼干——这也是总统让领地保持的特色之一。费尔迪南课后来找因达尔。

我对费尔迪南说：“你给我的朋友添了不少麻烦啊。”

费尔迪南答道：“要是知道他是你的朋友，我就不会这么为难他了。”

因达尔问：“你自己对非洲宗教是怎么看的？”

费尔迪南回答说：“我不知道，所以才问啊。这对我来说不是一个简单的问题。”

后来，我和因达尔一起离开了文理学院大楼，开始往他家走。路上因达尔说：“他挺了不起的。他就是你说的商贩的儿子？怪不得。他比其他人多了这层特殊的背景。”

文理学院大楼外面的空地铺上了柏油，中间竖着国旗旗杆，现在已经打上了灯光。大道两侧，细细的灯杆上挑着荧光灯。两边的草丛中也亮起了灯光，看上去仿佛是机场跑道。有些灯泡被人打破了，周围的青草把灯座遮住了。

我说道：“他母亲还是个魔法师。”

因达尔说：“你在这里应该万分小心。今天晚上他们有些难缠，但是真正的难题他们还没有问。你想知道是什么吗？那就是‘非洲人是不是农民’？这个问题挺没有意思的，但是大家在这个问题上吵得不可开交。随你怎么回答都不好收场。你现在知道为什么需要我们这样的组织了吧？我们必须启发他们思考，让他们去考虑真正的问题，而不拘泥于政治和原则。否则在接下来的几十年里，这些年轻人还会把我们的世界搅得一团混乱。”

我们已经开始在深入地讨论非洲了，我和他经历了多么大的变化啊。我们甚至学会认真对待非洲魔法的问题了。在海岸那边可不是这样的。那天晚上，我们谈了不少上课时的问题，我突然在想，因达尔和我是不是在自欺欺人，我们是不是不想让我们讨论的非洲和我们所熟悉的非洲迥然有异？费尔迪南不想和精灵们失去联系，他不想孤立无助。这正是他晚上提问的实质。但在课堂上，大家好像都不直接面对这个问题，可能是因为害羞，也可能是因为恐惧。讨论中说来说去的都是别的话题，比如宗教和历史。在领地这里也就是这么回事。这里的非洲是个特殊的地方。

我也在想因达尔。他是怎么形成新的态度的？从在海岸的时候开始，我就觉得他恨非洲。他失去了很多，我想他心里至今还不能原谅那些加害于他们家的人。但在新领地，他发展得不错，可以说如鱼得水。

我却没有这么"复杂"。我属于小镇。离开领地后，开车回小镇，看到的只有一大片一大片的破棚烂屋，一堆堆山一样的垃圾，小酒铺外的人群鹑衣百结，小镇中心的道路上占地而居的人们在生火做饭，还有周围的河流和村庄(现在它们不止是自然风景)。看着这一切，开着车回到镇上，就是回到我所熟悉的非洲，是从领地之巅跌入沉重的现实之谷。因达尔难道真的对属于话语的非洲有信心？领地里究竟有没有人对这样的非洲有信心？真相是不是我们每天朝夕相伴的一切：凡·德尔·魏登旅馆和酒吧里商人的闲聊，政府大楼和商店里的总统肖像，由我那老乡的宫殿改造而成的军营？

因达尔说："人们真的会有什么信仰吗？这是不是真的重要？"

每次到海关提货，若是货比较棘手，我总要遵循一个固定的套路来办事：我先是把报关单填好，然后折起来，在中间塞上五百法郎的钞票，再交给负责的官员。这官员把屋子里的下属打发走(下属当然也知道为什么叫自己走)，然后就用自己的肉眼验这些钞票。接着他把钞票收起来，故意非常认真地审查报关单据，很快就告诉我"很好，萨林姆先生。一切正常"。他和我都不提钞票的事。我们只说报关单上的细节。报关单填得正确，他审批得也正确，于是就成了我们合法履行手续的证据。对于交易的本质，我们俩都只字不提，也不会留下任何白纸黑字的记录。

我和因达尔谈过他所在的组织的目的，谈过新领地。他说他对外来教义教条表示担忧。我们还谈过新生事物对非洲的冲击，这里的思想毕竟刚刚开放，最先进来的新思想总会先入为主，像胶带一样牢牢粘在人们的脑中。在这些关于非洲的谈话中，我总觉得我们中间隔了什么东西，可能是不诚实，也可能是忽略。总之有些空白地带横亘在我和他之间，这是一片我们都需要小心谨慎的地带。我们所忽略的是我们自己的过去，亦即在我们家乡被摧毁的生活。因达尔第一次到商店来和我们喝咖啡的时候，我们谈论过这个话题。他说他学会了践踏过去。一开始仿佛踏在花园里，后来就像走在平地上。

我自己也困惑了。新领地是一场骗局。但同时它也是真实的，因为这里到处都有严肃认真的人们，包括一些妇女。在人们身外，有没有绝对的真相？真相是不是人们自己编造出来的？人们所做的一切和制造的一切，都成为了真实。我依旧穿梭于小镇和新领地之间。回到熟悉的小镇我总是感到安慰，因为我远离了领地那里的非洲——属于话语和思想的非洲(往往是没有非洲人的非洲)。不过领地自有一番荣华，自有社交之乐和生活之趣，吸引我一次又一次地过去。

戏　剧

【俄】契诃夫

安东·巴甫洛维奇·契诃夫(1860—1904)，出生在俄国南方小城塔干罗格，不仅是短篇小说大师，也是一位优秀的剧作家。代表作有短篇小说《变色龙》《普里希别叶夫中士》《装在套子里的人》《万卡》《苦恼》《醋栗》《新娘》等，戏剧《海鸥》《三姊妹》《樱桃园》等。

作为一位现实主义作家，契诃夫对俄国社会的观察和批判有独特的角度。他的作品或者着力揭示俄国专制农奴制度下人身上潜藏的种种奴性，或者对社会迫害和暴力进行冷峻的、直截了当的谴责，或者更深入地呈示下层民众的苦难和由此造成的心灵创伤，并寄予深切的同情，或者生动地反映资本主义的迅猛发展对于贵族传统生活的冲击。更为重要的是，契诃夫的创作对理想和未来也给予了巨大的关注。随着社会运动的进一步高涨，他意识到一场涤荡一切的暴风雨即将降临，他希望每个人能为这个未来做好准备。有无理想？理想的性质是什么？对未来抱什么样的信念？成了他检验作品主人公生命价值的标准。这种对美好未来的期许和信仰使得他的作品超拔飘逸，忧郁中洋溢着乐观气氛。

《樱桃园》是契诃夫最重要的戏剧作品之一。全剧共四幕，写主人公俄国女贵族柳鲍芙·安德烈耶夫娜在巴黎盘桓五年后，终于回到她在俄罗斯的庄园，沉浸于与亲朋好友重逢的喜悦中。但由于抵押借款到期未付，柳鲍芙这座种满樱桃树的庄园面临被拍卖的窘境。她的朋友、商人罗巴辛建议她将这座樱桃园划片出租给城里人盖别墅，得来的钱不仅可以归还借款，而且可以保证每年有丰厚的收入。柳鲍芙·安德烈耶夫娜和她的哥哥加耶夫、地主皮希克等都不懂也不屑于商业经营，无法做出决定。眼看拍卖的日期就要到了，罗巴辛急切地想帮助柳鲍芙，柳鲍芙等人反嫌罗巴辛总是谈钱，太俗气。罗巴辛赌气要走，柳鲍芙十分感伤地谈起自己生活上的失意。拍卖樱桃园的那天，柳鲍芙神不守舍，她在等着有关拍卖的消息。罗巴辛向大家宣布，他买下了这座樱桃园。柳鲍芙听到消息，伤心地哭了起来。女儿安尼雅却安慰母亲，请母亲振作起来，一起去“种一座新的花园”。最后，柳鲍芙决定再次去国外侨居，她身边的其他人也都走上了新的生活道路。本书选取了剧本的第四场。

（刘洪涛　撰稿）

樱桃园(节选)①

第四幕

景同第一幕。

窗上的窗帘和墙上的画框，都已经摘去。剩下的不多几件家具，都堆在一个墙角，仿佛等待着买主似的。屋子里给人一种空旷的感觉。舞台的深处，正门的旁边，堆着预备出门的衣箱和包裹，等等。左方，门开着，从那边传来瓦里雅和安尼雅说话的声音。罗巴辛站在舞台中央，好像在等什么人。雅沙托着一个托盘，上边放着几只斟满了香槟酒的高脚杯。叶比霍多夫正在前室里捆着一只小箱子。景后传来嗡嗡的人声。这是一些农民送别来了。听见加耶夫的声音说："谢谢了，弟兄们，谢谢了。"

雅沙 这是农民们送行来了。叶尔莫拉伊·阿列克塞耶维奇，据我看呀：这些老百姓，人倒都是实心肠的人，可惜就是蠢了一点。

人声渐渐沉寂下去。柳鲍芙·安德烈耶夫娜和加耶夫从前室回来。她忍住了哭泣，但是脸色苍白，嘴唇发颤，一句话也说不出来。

加耶夫 柳芭，你把钱口袋连底儿都翻给他们了。这可不行啊，这可不行啊！

柳鲍芙·安德烈耶夫娜 我没有法子呀，你叫我有什么办法呢？

二人同下。

罗巴辛 （转身，追到门口，朝着他们的后影）我请你们过来！请来喝一下告别酒吧！我忘记打城里带点香槟酒回来了，这是在火车站上好容易才找来的一瓶。请呀！

停顿。

怎么，我的朋友们，你们不喝吗？（离开门口）我要是早知道，也就不买了。既然是这样，那连我自个儿也不喝了。

雅沙小心翼翼地把托盘放在一把椅子上。

既然都不喝，雅沙，你就喝了它吧。

雅沙 祝走的人一路平安！祝留在这儿的人事事如意！（喝酒）我敢担保，这不是真香槟酒。

罗巴辛 这一瓶，我花了八个卢布呢。

停顿。

雅沙 这里冷得要命，今天没有生火，反正我们就走了。（笑）

罗巴辛 你笑什么？

雅沙 心里高兴。

罗巴辛 已经是十月了，可是天气还这么暖和，太阳出得跟夏天似的，正好是盖房

---

① 选自[俄]契诃夫：《契诃夫戏剧集》，焦菊隐译，上海，上海译文出版社，1980。

子的天气。（看了一眼自己的表，转身走到门口）不要忘记，离开车只有四十六分钟了。你们可就得动身上车站去啦。快着点吧。

特罗费莫夫穿着外衣，从外边进来。

特罗费莫夫 我想可该动身了。马车已经套好了。我把胶套鞋放到什么鬼地方去啦？我找不着啦。（向门外）安尼雅，我的套鞋不见了。到处都找不着啊！

罗巴辛 我要到哈尔科夫去，我也搭你们这一班火车。我要在哈尔科夫过冬。这一阵子，我成天跟着你们在一块儿，一点事情都不做，混得我头都大了。我没有工作是过不下去的，这两只手一闲起来，我就不知道怎么办好了，摇摇晃晃的，好像不是我的似的。

特罗费莫夫 我们马上就走，那你就接着干你那有用的工作吧。

罗巴辛 喝一杯吧。

特罗费莫夫 不喝。

罗巴辛 这么说，你是要到莫斯科去的了。

特罗费莫夫 是的，我先把他们送到城里，明天就动身到莫斯科去。

罗巴辛 对了……我想教授们一定还没有开讲呢，他们专等着你呢。

特罗费莫夫 这没有你的事。

罗巴辛 你在大学待了多少年了？

特罗费莫夫 找点新鲜的玩笑好不好？这一套都老掉了牙了。（找他的套鞋）你听着，我想咱们以后再也见不着面了，所以让我临别给你进一点忠告吧；不要老这么指手画脚的，改改这种飞扬浮躁的毛病。我还要请你注意，什么盖别墅呀，什么希望将来有一天住别墅的市民都每人耕种一块土地呀，这一类的话呀，也一样叫作飞扬浮躁。不过，话虽这么说，我还是喜欢你；你的手指头细长、敏锐，很像艺术家的手，你的灵魂也是柔和、敏锐的……

罗巴辛 （把他抱住）再见了，我的亲爱的，我谢谢你的一切。如果你需要盘川钱用，就从我这儿拿点去，别不好意思。

特罗费莫夫 为什么呢？我用不着。

罗巴辛 可是你一个钱也没有哇。

特罗费莫夫 我有，谢谢你吧。我翻译了一篇东西，得了一笔钱。这不是，就在我这口袋里呢。（焦急不安的声音）我的套鞋怎么到处都找不到啊。

瓦里雅 （在敞开着的门外）在这儿了。把你这个脏东西拿去吧！（往舞台上抛出一双套鞋来）

特罗费莫夫 你为什么这么生气呀，瓦里雅？唉！……可这不是我的呀！

罗巴辛 我在春天种了两千亩罂粟，结果现在净赚了四万卢布。那些罂粟开起花来的时候，嘿，真是一幅多么美丽的图画呀！我就这么赚了四万，所以，如果我想借给你一点钱，那是因为我能匀得出来。你又何必拿架子呢？我是一个庄稼人……所以才老老实实跟你提的。

特罗费莫夫 你的父亲是一个农民，我的父亲是一个药剂师，这中间找不出一点儿什么关系来。

罗巴辛掏出钱包来。

收起来，收起来……你即或给我二十万，我也不收。我是一个自由人。你们这一类人的呀，无论是穷的、富的，在你们眼里看成那么重要的、那么珍贵的东西，在我也不过像随风飘荡的柳絮那么无足轻重。我用不着你们，我瞧不起你们，我觉得自己坚强而骄傲。人类是朝着最高的真理前进的，是朝着人间还没有达到的一个最大的幸福前进的。而我呢，我就站在最前列。

罗巴辛 你能够达到那个目的吗?

特罗费莫夫 我会达到的。

停顿。

我自己会达到的。即或不然，我也会给别人领出一条可以遵循的道路。

传来远处斧子砍伐树木的声音。

罗巴辛 好了，再见吧，老朋友。是该动身的时候了。我们白站在这儿彼此吹嘘，实际生活可是一句也不理会我们的，它照旧像水一样的往前流啊！我只有在工作得很久而还不停歇的时候，才觉得自己的精神轻快，也才觉得自己找到了活着的理由。可是，我的老朋友，你看看，谁也不知道他为什么活着的人，咱们俄国可有多少哇……不过，说到究竟，这也没有关系，反正事业的进行，也不靠着他们。据说列昂尼德谋到了一个位置，要进银行做事去了，一年有六千卢布……不过我想他干不长的，他太懒惰了。

安尼雅 （出现在门口）妈妈请你在她没走以前，先不要叫人砍园子里的树木。

特罗费莫夫 说真的，你这也未免有点不近人情啊……

他由前室下。

罗巴辛 我就去叫他们打住，我就去……这些人够多么蠢啊！（随特罗费莫夫下）

安尼雅 把费尔斯送进医院了吗?

雅沙 我是今天早晨把上边的吩咐交代下去的。一定送走了。

安尼雅 （向横穿着大厅的叶比霍多夫）谢苗·潘捷列耶维奇，请你去看一看，他们到底把费尔斯送进了医院没有。

雅沙 （生气）我今天早晨已经告诉叶戈尔了。再这么十遍二十遍地问，又有什么用呢?

叶比霍多夫 要照我的意思看，这位上了百岁的费尔斯，简直不值得再修理了，也该是他赶快去见见祖先的时候了。我可只有羡慕他的呀。（把一只手提衣箱放在一个帽盒上，把帽盒压扁了）你们看，是不是！我早就料到准有这么一手！（下）

雅沙 （揶揄地）这个“二十二个不幸”啊！

瓦里雅 （在门外）把费尔斯送进医院了吗?

安尼雅 送去了。

瓦里雅 那他们为什么没有把写给大夫的信带去呢?

安尼雅 这得马上送去。（下）

瓦里雅 （在邻室）雅沙在哪儿啦？告诉他，他的母亲向他告别来了。

雅沙 （做了一个不耐烦的手势）就是再有耐性的人，也都受不了啊！

杜尼亚莎一直在忙着整理行李；现在台上只剩下雅沙一个人了，她就走到他的跟前。

杜尼亚莎 你总可以只看我一眼吧，雅沙？你就要走了……你就要离开我了。（哭着扑上去，搂住雅沙的脖子）

雅沙 这值得哭吗？（喝香槟酒）六天以后，我就又回巴黎去了。明天我们坐上快车，呼的一走，咱们就算是永别！这简直叫人都不会相信啊。Vive la France！（“法兰西万岁！”——法语）……此地对我太不合适。我在这儿活不下去。实在是没有办法再待了。周围这种野蛮情形，我可实在看够了；再也看不下去了。（又喝香槟酒）干吗哭呢？留神着点自己的体面，那你就不会哭了。

杜尼亚莎 （照着她的小手镜，往脸上搽粉）到了巴黎给我写封信来。我爱了你一场，雅沙，多么爱你啊。我是一个多么脆弱的人啊，雅沙！

雅沙 有人来了。（低唱着，忙去整理那些手提箱）

柳鲍芙·安德烈耶夫娜、加耶夫、安尼雅和夏洛蒂·伊凡诺夫娜同上。

加耶夫 该是走的时候了。没有几分钟了。（盯着雅沙）是谁浑身这么一股咸青鱼味？

柳鲍芙·安德烈耶夫娜 再待十分钟，我们可就得上马车了。（把房子四下看了一眼）再见了，亲爱的老房子，再见了，老人家！等这个冬天过去，新春一到，你可就不会存在了，人家就已经把你拆掉了。唉，这几面墙啊，你们当初可看见过多少的沧桑啊！（狂热地吻她的女儿）我的宝贝，你的脸上怎么这样发着光彩？你的眼睛闪亮得像是一对金刚石似的，你是满意了吧，很满意，是吗？

安尼雅 非常满意。我们开始一个新生活了，妈妈！

加耶夫 （愉快地）真的，现在一切倒都觉着好得多了。樱桃园没有卖出去以前，我们心里都很烦恼，很痛苦，可等到后来，等到问题干脆一决定，再也无可挽救了，大家却都镇定下来了，又都觉得高兴起来了……你看，我现在是一个银行职员了，也可以说是一个金融家了……红球进中兜！而你呢，柳芭，无论你怎么说，也比以前的神色好看得多了，这是毫无疑问的。

柳鲍芙·安德烈耶夫娜 是啊！我的心思平静多了，这倒很是实话。

加耶夫帮着她穿好了外套，戴上帽子。

现在我夜里睡觉也踏实了。雅沙，把我的东西都搬出去，到时候了。（向安尼雅）我的孩子，我们不久就会见面的。我到巴黎去，就用你亚罗斯拉夫尔的外婆送给我们买回地产的那笔钱，在那儿过日子……求上帝保佑你的外婆吧！我只怕这点钱经不了多久啊。

安尼雅 妈妈，你可早一点、早一点回来呀，记住了吗？我要好好预备功课，等我毕了业，做了事，我就可以帮助你了。我们将来在一块儿读各种各样的书，你愿意吗，妈妈？（吻她母亲的手）我们将来要在漫长的秋夜里，读上一堆一堆的书，那个时候，会有一个又新又美的世界，在我们面前展开的……（冥想）你可要回来呀，妈妈！……

柳鲍芙·安德烈耶夫娜 我要回来的，我的心肝。（拥抱她的女儿）

罗巴辛上，夏洛蒂轻声地唱着。

加耶夫 好快活的夏洛蒂呀，她居然唱起来了。

夏洛蒂 （抱起一个包袱，像是一个襁褓中的婴儿似的）睡吧，我的小宝贝，睡呀，我的小宝贝……

听见婴儿的哭声：呜啊，呜啊！……

别哭啦，我的乖宝贝，睡吧，我的亲爱的宝贝。

呜啊……呜啊……

你可哭得把你妈妈烦死了！（把包袱抛在地上）我求你们再给我一个职业吧！我没有工作是过不下去的。

罗巴辛 夏洛蒂·伊凡诺夫娜，我们一定会给你找点工作的，你放心吧。

加耶夫 个个都离开我们了。瓦里雅也要走了！我们现在成了多余的人了。

夏洛蒂 我在城里没有地方住，所以我不得不走啦……（低哼着歌子）反正怎么也是一样啊！……

皮希克上。

罗巴辛 大自然的杰作来了！

皮希克 （喘息着）哎呀！让我先喘过点气儿来吧！……我可完啦！……我的高贵的朋友们！……给我一杯水喝吧！

加耶夫 我敢打赌，他又是来借钱的。谢谢吧，我可情愿失陪了。（下）

皮希克 我有多少日子没有到你们家来了，我的非常美丽的太太……（向罗巴辛）你在这儿啦？……遇着你，我真高兴呀！……你是一个绝顶聪明的人啊……拿去吧……（把钱递给罗巴辛）四百卢布，我还欠你八百四十……

罗巴辛 （诧异，耸肩）这简直像是做梦啊！……你从哪儿弄来的钱？

皮希克 等一会儿……我热……这是一桩顶特别的意外呀！有几个英国人，跑到我的地里来，发现我那里有一种白胶泥。（向柳鲍芙·安德烈耶夫娜）这儿我还带了四百来，还给你的，我的美丽的、非常非常美丽的夫人。（把钱交给她）其余的等下次吧。（喝了一杯水）就在刚才，火车上还有一个青年跟我说呢，他说，有那么一位……一位伟大的哲学家，劝我们都从房顶往下跳，“跳吧，”他说，“一跳就什么都了结了。”（惊诧的神色）你就看看这个！……再来点水吧！

罗巴辛 这些英国人是干什么的？

皮希克 我把出白胶泥的那块地皮，租给了他们二十四年……可是，对不起，我现在没有工夫了。我得赶快走，我还得到斯诺伊科夫家，到卡尔丹莫诺夫家……我到处欠的都是钱啊……（喝水）再见啦，我星期四再来吧……

柳鲍芙·安德烈耶夫娜 我们正往城里搬家，明天我就要到外国去了。

皮希克 怎么！（吃惊）为什么要搬进城里去呀！我说的呢，这些家具……这些手提箱……可是呢，这也算不了什么。（忍着泪）这也算不了什么……那些个英国人啊……真是绝顶聪明的人哪……也算不了什么，快活着点吧……上帝保佑你们吧……这也算不了什么。世上没有没个了局的事情，什么都得有个完结。（吻柳鲍芙·安德烈耶夫娜的手）等到有一天，你听说我也完结了的时候，就请你想念我这个……这匹老马一下吧，说上一句："从前有过那么一个叫西米奥诺夫-皮希克的……愿他的灵魂在天堂安息吧。"……今天天气可真好哇……可真是的……（极感动地走出去，但是马上又折回来，站在门口）我的女儿达申卡，叫我带话问你好。（下）

柳鲍芙·安德烈耶夫娜　现在可该走了。临走的时候，我有两件心事放不下：第一样是生着病的费尔斯。（看看自己的表）我们只有五分钟了……

安尼雅　费尔斯已经送进医院去了，妈妈。是雅沙今天早晨送去的。

柳鲍芙·安德烈耶夫娜　第二样叫我焦心的，是瓦里雅。她一向是一大早就起来，成天不停地工作惯了的，现在一闲下来，她可就成了失了水的鱼了。她瘦下来了，脸色也苍白了，又总是哭哭啼啼的，这个可怜的孩子啊……

停顿。

叶尔莫拉伊·阿列克塞耶维奇，我老是希望着……希望能看见她嫁给你，这你是知道得很清楚的，而据情形看呢，你也确实想要结婚。（向安尼雅耳语了几句；安尼雅向夏洛蒂点头示意，她们两个人都走出去）她爱你，你也喜欢她；我就不明白，为什么你们两个人总是你躲着我、我躲着你的呢。我真不明白。

罗巴辛　跟你说老实话，连我自己也不明白为什么。这也是真奇怪……可惜现在来不及了，不然的话，我倒愿意马上就办……一下子办了，也就算啦。不过要不是你这么说，我总觉得永远也不能向她求婚似的。

柳鲍芙·安德烈耶夫娜　这好极啦。这也不过是一分钟的事啊。我马上就去把她叫来……

罗巴辛　这里刚好有香槟酒。（看看那几只杯子）空了，也不知道是谁都给喝光了。（雅沙咳嗽）这真像俗语所说的，一口就吞得精光啊……

柳鲍芙·安德烈耶夫娜　（精神抖擞地）好极了！我们大家全躲开……Allez（"走开"——法语），雅沙。我去叫她去……（站在门口）瓦里雅，把事情放下，到这儿来。来呀！（下。雅沙随下）

罗巴辛　（看了一眼自己的表）嗯……

停顿。

门外传来一个强压下去的笑声和咕噜噜的耳语声；最后，瓦里雅上。

瓦里雅　（检点着行李）奇怪呀，我怎么找也找不着啦……

罗巴辛　你找什么？

瓦里雅　是我自己打的行李，可是我就想不起来放在哪儿了。

停顿。

罗巴辛　瓦尔瓦拉·米哈伊洛夫娜，你呢，你可上哪儿去呢？

瓦里雅　我吗？我要到拉古林家去……他们请妥了我，替他们料理家务，当个管家一类的。

罗巴辛 是在雅什涅沃吧？离这里大概有七十里的样子。

停顿。

这么说，这所房子里的生活，就算是结束了……

瓦里雅 （查看着行李）到底弄到哪儿去了呢？也许是我把它放在大箱子里去了？……是的，这里的生活，现在就算是结束了……不会再有了……

罗巴辛 我马上就要到哈尔科夫去……跟他们搭一班车。我有很多的事情得料理，我把叶比霍多夫留在这儿，照管着这片产业……我把他雇用下来了。

瓦里雅 噢！

罗巴辛 去年这个时候，已经下雪了，这你也许还记得。可是现在呢，你看，天气又晴朗，到处又都是太阳。只是稍许冷了一点……已经降到零下三度了。

瓦里雅 我没有寒暑表。

停顿。

而且寒暑表也破了……

停顿。

门外院子里的人声："叶尔莫拉伊·阿列克塞耶维奇！"

罗巴辛 （好像老早就只盼望有人这么一叫似的），我就来！（急急忙忙下）

瓦里雅坐在地板上，把头伏在衣服包裹上，轻声地啜泣。门开了，柳鲍芙·安德烈耶夫娜小心翼翼地走进来。

柳鲍芙·安德烈耶夫娜 怎么？

停顿。

那，就走吧！

瓦里雅 （不再哭，擦了擦眼泪）是的，到时候了，妈妈。只要误不了火车，我今天总会赶到拉古林家去的。

柳鲍芙·安德烈耶夫娜 （走向门口）安尼雅！快穿好衣裳吧。

安尼雅上，加耶夫和夏洛蒂·伊凡诺夫娜随上。加耶夫穿着一件带风帽的厚外衣。仆人们和车夫们都进来。叶比霍多夫忙着照料行李。

现在我们可以走了。

安尼雅 （愉快地）走了！

加耶夫 朋友们，我的亲爱的、尊贵的朋友们，现在我就要跟这所房子永别了，还能再叫我闭口沉默吗？还能再叫我把此刻胀满了我的心灵的情绪，忍住不向你们说一说吗？……

安尼雅 （恳求地）舅舅！

瓦里雅 亲爱的舅舅，算了吧！

加耶夫 （凄凉的声音）打"达布"进中兜……我不说话就是了。

特罗费莫夫上，罗巴辛随后上。

特罗费莫夫 喂，朋友们，得动身了。

罗巴辛　叶比霍多夫，我的大衣。

柳鲍芙·安德烈耶夫娜　我得在这儿再坐一分钟。这座房子里的墙和天花板，我觉得都好像从来没有注意过似的，现在我却这么依依不舍地、如饥似渴地要多看看它们啊……

加耶夫　我记得，有一回，我才六岁，正赶上复活节的星期日，我坐在这个窗台上，望着父亲出门，到礼拜堂去……

柳鲍芙·安德烈耶夫娜　东西都搬出去了吗？

罗巴辛　我想是的。（穿着大衣，向叶比霍多夫）要多加小心，叶比霍多夫，什么事情都得有个条理。

叶比霍多夫　（沙哑的声音）都交给我好啦，叶尔莫拉伊·阿列克塞耶维奇，放心吧。

罗巴辛　你的嗓子怎么啦？

叶比霍多夫　我刚喝了点儿水，这一定是吞下什么东西去了。

雅沙　（鄙视地）多下流！……

柳鲍芙·安德烈耶夫娜　我们走啦，这座房子里可连一个人影都不留了。

罗巴辛　是呀，非得到明年春天……

瓦里雅从衣服包裹里突然抽出一把伞，举起来好像要打人似的；罗巴辛做出一个自卫的手势。

瓦里雅　看你这是做什么？我连想都没有那么想过。

特罗费莫夫　朋友们，上马车吧……该是动身的时候了，火车马上就要到站了。

瓦里雅　彼嘉，你的套鞋在这儿，就在那个手提箱旁边。（忍着眼泪）多么旧、多么脏啊！……

特罗费莫夫　（穿上套鞋）咱们走吧，动身啦！……

加耶夫　（心里感触很深，但是又怕哭出来）火车……火车站……打红球“达布”进中兜；白球绕回来“达布列特”进角兜……

柳鲍芙·安德烈耶夫娜　走吧！

罗巴辛　人都齐了吗？那边没有留下人吧？（锁上左边的房门）这间屋子里堆了许多东西，得把它锁起来。走吧！……

安尼雅　永别了，我的房子！永别了，我的旧生活！

特罗费莫夫　万岁，新生活！（和安尼雅下）

瓦里雅把房子四下看了一眼，慢慢地下去。雅沙和牵着一只小狗的夏洛蒂退下。

罗巴辛　那么，明年春天再见吧。出去吧，诸位……再见啦！……（下）

只有柳鲍芙·安德烈耶夫娜和加耶夫还没有走。他们好像老早就等着这个机会似的，同时扑到对方的怀里，抱着对方的脖子，抑制着哭声，轻轻地啜泣，生怕被人听见。

加耶夫　（在绝望中）我的妹妹啊！我的妹妹呀！

柳鲍芙·安德烈耶夫娜　啊，我的亲爱的、甜蜜的、美丽的樱桃园啊！……我的生活，我的青春，我的幸福啊！永别了，永别了！……

安尼雅 （在外边兴高采烈地呼唤着）妈妈！……

特罗费莫夫的声音：（愉快地，活泼地）“呜—喂！”

柳鲍芙·安德烈耶夫娜 再把这几面墙、这几扇窗子最后看一眼吧……我那去世的母亲，从前总是喜欢在这间屋子里走来走去的……

加耶夫 我的妹妹，我的妹妹呀！

安尼雅的声音：“妈妈！……”

特罗费莫夫的声音：“呜—喂！……”

柳鲍芙·安德烈耶夫娜 我们来了……

他们都下去了，舞台上空无一人。只听见外边一道道的门在陆续下锁的声音，接着，马车赶着走远的声音。一片寂静。在这种寂静中，响起斧子砍到树上的沉闷的声音，凄凉、悲怆。传来脚步声。

费尔斯出现在右边门口。他依然穿着那件燕尾服，白背心，可是脚下拖着拖鞋。他病了。

费尔斯 （走到左边门口，转一转门扭）锁了，他们都走了……（坐在长沙发上）他们都把我忘了……这没有关系……我就坐在这儿等好了。列昂尼德·安德烈耶维奇，一定又忘了穿皮大衣，准是穿他那件薄外套走的……（叹了一口气，挂念地）这都是我没有照顾到啊！……年轻的嫩小子啊！（又咕噜了一些叫人听不清楚的话）生命过去得真快啊，就好像我从来还没有活过一天儿似的……（躺下）我要躺下……你怎么身上一点力量都没有啦！什么都完了，都完了……哎，你呀，你……这个不成器的东西啊！……（一动也不动地躺在那里）

远处，仿佛从天边传来了一种琴弦绷断似的声音，忧郁而缥缈地消逝了。又是一片寂静。打破这个静寂的，只有园子的远处，斧子在砍伐树木的声音。

——**幕落**

【苏联】高尔基

阿列克谢·马克西莫维奇·高尔基(1868—1936)，苏联作家，被尊为社会主义现实主义文学的奠基人和创作典范。代表作品有：自传体小说三部曲《童年》《在人间》《我的大学》，长篇小说《母亲》《阿尔塔莫诺夫家的事业》，未完成的史诗性作品《克里姆·萨姆金的一生》以及戏剧小市民《在底层》《仇敌》等。

高尔基幼年丧父，11岁成了孤儿，在社会的底层艰难长大。漂泊生活中，他接触了形形色色的人物，深刻体味了沙皇统治下的黑暗现实和底层社会的非人生活，这些经历对他的思想和创作有重大影响。对个人命运的关注、对现实的怀疑贯穿于他的全部文学生涯。他一生都在探索个人和历史的关系，寻找合理的社会生活，其作品中的主人公也往往充满了激烈的内心冲突，并积极投身革命活动，探求改造现实的途径。他的写作风格还具有阶段性特点。他的早期创作兼有现实主义与浪漫主义色彩，格调明快、激越；中期作品主要采用现实主义写法，充满了忧患意识，风格较为沉郁；晚期写作则吸取了西方现代文学心理描写等手法，体现出20世纪现实主义文学的新特点。

《在底层》是一部四幕剧，写一群在一家小客店栖身的流浪汉的日常生活和悲剧命运。剧中的主人公是小偷、妓女、演员、工匠、游方僧、小贩、破落贵族、潦倒的知识分子等。他们大都有一段痛苦的经历，生活贫困，没有出路，精神痛苦，彼此间不是无事争吵，就是相互嘲弄，或者沉浸于回忆和幻想，借以忘却严酷的现实。然而他们都受到现实的无情戏弄。妓女娜思佳幻想着法国通俗小说里的美好爱情，虚构了自己与法国大学生的恋爱故事，但除了鲁卡外，所有人都对之报以嘲笑。阿克焦尔只有在把自己幻化成哈姆雷特、李尔王等角色时才觉得生活有了色彩，一旦了解到并不存在治疗酗酒的医院，他就绝望自杀了。“世袭”小偷贝贝尔内心深处厌恶自己从事的勾当，并终于从爱情中找到了重新生活的勇气，决定去西伯利亚过正当的生活，但事实却是得去那儿服苦役。锁匠克列希希望用诚实的劳动过上幸福生活，却穷得连给妻子看病的钱都没有，妻子死后还不得不卖掉工具为她办丧事。此外，鞑靼人让机器轧断了手指，破产的男爵靠妻子卖淫生活……高尔基借助剧中人物的言谈和回忆，有力地揭露了沙俄底层触目惊心的生活现实。

（朱艳阳、凡保轩　撰稿）

在底层(节选)[1]

第三幕

店房后“院”。乱堆着各种垃圾，遍生着杂草。“院”深处一道高高的红砖砌成的防火墙[2]，遮住了天空。沿墙生着接骨木丛。靠右边像是仓房或马厩之类的建筑的黑色圆木砌成的墙。靠左边是科斯特列夫店房的灰色山墙，山墙上面还残留着一块一块的灰泥皮，这道山墙方向是斜的，后角几乎突入到后“院”的中心来。灰色山墙和红色防火墙中间有一条很窄的小夹道。灰色山墙上开着两个窗户：一个窗户和地面平行，另一个窗户靠近防火墙，比地面约高两俄尺[3]。在灰色山墙旁边，底朝天翻放着一辆大雪橇和一段约有四俄尺长的大圆木。在右边墙脚下是一堆旧木板和长方木块。黄昏，太阳落了，防火墙上反映着红色的余辉。初春，雪融不久。接骨木的黑枝还没有发芽。在大圆木上，并排坐着娜塔莎和娜思佳。在翻放的雪橇上坐着鲁卡和男爵。在右边墙根的木堆上躺着克列希。从靠近地面的窗口露出布伯诺夫的脸。

娜思佳 （眯缝着眼睛讲故事，声调悠扬婉转，头也随着说话的节奏摇动）像我们约定的那样，这天黑间他来到花园的凉亭里……我已经等他好久，心里又害怕，又难受，浑身直打哆嗦。他也是全身发抖，脸色惨白得跟石灰粉一样，手里还拿了一支手枪……

娜塔莎 （嗑着葵花子）你看！怪不得人家说，大学生们净是些不要命的……

娜思佳 他的声音真可怕，他跟我说：“我最亲爱的小宝贝儿……”

布伯诺夫 嘿！嘿！小宝贝儿！?

男爵 慢着！不喜欢——就别听！不许打断她说的谎话……往下说吧！

娜思佳 他说：“我的心肝，我亲爱的！”他说：“我爹妈不答应我跟你结婚……因为我爱上你，他们就吓唬我，要骂我一辈子！”他说：“这样我只好自杀了……”他那支手枪真大呀，还装了十颗子弹……他说：“我心上的好人儿啊！永别了！我已经下决心要死啦……没有你，我绝不能再活了！”我回答他说：“拉乌尔！我死也忘不了的好人儿……”

布伯诺夫 （惊疑地）啊？怎么？拉乌尔？

男爵 （哈哈大笑）娜思金卡！上次你不是说……叫加思顿吗？

娜思佳 （跳起来）闭嘴……你们这些倒霉鬼！哼！野狗！难道……难道你们会懂得……爱情，真正的爱情？可是我有过……真正的爱情！（对男爵）你呀！贱骨头！……你也算是个念过书的人……还说，当年你躺着喝过咖啡哩……

鲁卡 你们，先等一等！你们，别打搅她！要尊重人……倒不在乎她讲什么，要看

---

① 选自[苏联]高尔基：《高尔基戏剧选》，陆风译，上海，上海译文出版社，1986。

② 是用耐火材料做成的密封墙，可以防火灾。

③ 一俄尺合 0. 711 米。

她为什么讲这个呀！姑娘！讲下去吧！没关系！

布伯诺夫 屎壳郎戴花，爱戴就戴呗！

男爵 哎，往下说吧！

娜塔莎 别理他们……他们算什么？他们是眼红啦……他们自个儿没有什么可说的……就吃醋啦……

娜思佳 （重新坐下来）我不愿意再讲啦！要是他们都不信……要是他们光笑我……我就不讲啦……（突然话声中断。稍停，她又眯缝着眼睛，热情地大声讲起来，一只手随着讲话的节奏轻轻挥动，那神情很像是倾听远方传来的音乐一样）那么，我就回答他说："你是我生命里的欢乐！你是我心上的月亮！没了你，我也无法活啦……我爱你，都爱疯了，只要我的心还跳，我就永远爱你！"我说："千万可要爱惜你年轻的生命啊……你亲爱的爹妈多么需要你，你是他们的命根子……还是丢开我吧！就叫我想您想死了吧！我这命啊……孤零零一个人，我就是这样！就让我死了，反正都一样！我干什么也不行……我什么指望也没有……什么也没有啦……"（两手掩住脸呜咽起来）

卿塔莎 （转过身来，低声地）别哭……不要哭嘛！

〔鲁卡微笑着抚摸娜思佳的头。

布伯诺夫 （哈哈大笑）哎呀……小妖精！怎么啦？

男爵 （也笑起来）老头儿！你当这是真的吗？这全是那本《不幸的爱情》里面的话……这全是胡说八道！别理她吧！……

娜塔莎 关你什么事？你呀？要是上帝摘了你的心去，你就别再吭声吧！……

娜思佳 （气愤地）你这死东西！纸扎人！你还有个人心吗？

鲁卡 （握住娜思佳的手）好姑娘！咱们走开吧！这没什么……别生气！我，懂得……我，相信！是你对，他们不对……要是你相信你有过真正的爱情……那就是有过！是有过！别跟他，别跟你同屋里睡的人生气啦……也许他真就是眼红才笑你的……也许他压根儿就没有过什么真正的……什么也没有过！咱们走吧！……

娜思佳 （两手紧按住胸脯）老爷爷！真的……真有过呀！全是真的呀！……那个大学生，他是法国人，叫加思顿……留一撮黑黑的小胡须……穿一双漆皮靴……我要是扯谎，立时就把我天打五雷轰了！他是多么爱我……多么喜欢我呀！

鲁卡 我懂！不要紧！我信！你说，他穿的是漆皮靴，嘿！嘿！嘿！噢——你也爱他吗？

〔两人由小夹道下。

男爵 哼！这姑娘可真傻……心倒很好，就是……傻得要命！

布伯诺夫 到底为什么……人这么爱撒谎？真的，老是像站在审判官面前编口供似的！

娜塔莎 大概是，谎话比实话听了好受点儿……我也……

男爵 你也什么？往下说呀！

娜塔莎 我心里老是想啊想的，想了就——盼着……

男爵 盼什么？

娜塔莎 （难为情地微笑起来）没什么……我想，明天会来一个什么新人……跟大家不一样的人……或许会发生一件什么新事……一件不平常的事……我盼了好久好久……白天盼，黑间盼……可是，真个的，有什么可盼的呢？

〔哑场。

男爵 （嘲笑地）不必盼啦……我就什么都不盼！一切都已经……过去了！过去了……就完了！……往下说吧！

娜塔莎 要不然，我就想，明天我会……突然死掉……想到这就害怕起来了……夏天很容易想到死……夏天有大雷雨……常常会被雷劈了……

男爵 你过的日子真够苦……你的姐姐呀……那份儿鬼脾气！

娜塔莎 可是谁的日子好过呢？我看，人们全都够苦的……

克列希 （一直冷淡地躺着不动弹，不作声，这时突然跳起身来）全都？瞎说！人们不是全都这样苦哇！要真是全都这样苦……也就罢了！那么，也就不必再生气啦……哼！

布伯诺夫 你怎么啦？吃了炸药吗？你瞧你……这样乱叫啊！

〔克列希又在原地方躺下去，嘴里依然唠叨不休。

男爵 哦……我该去跟小娜思佳讲讲和了……要是不去讲和，她就不给零钱买酒喝啦……

布伯诺夫 哼……人们都爱撒谎……嗯，娜思佳嘛……倒容易看透！她爱往脸上擦脂抹粉，现在想把魂灵也打扮得漂亮点儿……往魂灵上涂点胭脂……可是别人又为了什么了？好比说鲁卡吧……他说了一大套谎话……对自家没半点儿好处……已经是老头子啦……他干吗还要这样呢？

男爵 （冷笑着走开）人们的魂灵全是灰溜溜的……都想涂上点胭脂粉儿……

鲁卡 （从小夹道上）这位老爷，你为什么要去逗那个姑娘呢？你不要干涉她……让她哭着玩玩吧……她自个儿高兴流眼泪……这碍你什么事呢？

男爵 老头儿，她太蠢啦！我讨厌她……今天——拉乌尔，明天——加思顿……老讲这一套！话又说回来了，我还是去跟她讲讲和吧……（下）

鲁卡 快去吧！要乖乖儿地哄哄她！待人乖一点，多会儿也没坏处……

娜塔莎 老爷爷！你真是个好人……你怎么这样好啊？

鲁卡 你说我好吗？唔……就算好吧，要是这样……就不错！（从红色防火墙后飘来一阵轻柔的手风琴和唱歌声）姑娘！待人要好，要善良……要有怜恤心！基督怜恤众人，他也这样吩咐咱们……我跟你说，到该怜恤人的时候能怜恤人……那才好啊！比如有一回，我给人家看别墅……这所别墅在托木斯克城附近，是一个工程师的……嘿！好啊！那别墅在一个大树林里面，地方真僻静……那是个冬天，只有我一个人在别墅住着……真好，好极啦！可是有一天，我听着有人蹭蹭、蹭蹭地爬上来啦！

娜塔莎　是贼吧?

鲁卡　他们爬嘛，那一定是贼啦!……我就抓起了一杆破枪往外走……一看呵，是两个家伙……正在撬窗户，他们一个劲地撬，也没瞧见我。我就冲他们吆喝一声：喂!你们，快滚开!……可是他俩提着斧头向我奔来了……我先吓唬他们说：站住!不然我就，就开枪!……我把枪口瞄了这个，又瞄那个。他们都跪下来说："饶命吧!"嘿!你知道，那时候我为了他们手里的斧头可气坏啦!我说："鬼东西!我当初撵你们走，你们偏不走……现在呀，"我说，"你们每人去掰一根树枝下来!"他们掰了。我就吩咐他们中的一个人趴到地下，叫另一个举起树枝抽打他!他们照我的吩咐，你抽他，他抽你，两个互相抽打了一顿。打完了，他们才说："老爷爷!看着上帝的面，舍点面包吃吧!"他们说，他们是饿着肚子走路的……我的好姑娘!你瞧，这就是贼!(笑)这也就是手提斧头的贼!真的……是两个怪不错的汉子呢!我跟他们说："鬼东西!你们开头直说讨面包就好啦!"他们说："真厌烦，老是问人家讨呀讨的，再说，也没人肯给……多难受呀!……"这么一来，他们就跟我过了整整一个冬天。那个叫斯捷潘的，他常常带上枪去林子里打猎……另一个叫雅科夫，老是害病，咯咯地咳嗽……我们三人一块儿看守着别墅. 第二年一开春，他们说，"老爷爷!再见吧!"他们就走啦……回俄罗斯去啦……

娜塔莎　他们是逃犯吧?是充军的吧?

鲁卡　正是逃犯……从流放地逃出来的……蛮好的两个汉子哩!……要是我当时不怜恤他们——他们会把我给砍死!也许出更大的乱子……而后又是吃官司，坐监牢，充军到西伯利亚……有什么好处呢?监牢不能教育人，西伯利亚也不能教育人……只有人才能教育人呀!人是能够教人学好的……很明白!

〔哑场。

布伯诺夫　哼!哼!……可是我就……不会撒谎!为什么要撒谎呢!依我看，把全部真理照实说出来就得啦，有什么不好意思呢?

克列希　(像被火烧着似的猛然又跳起来，大叫)你说什么真理!哪儿有真理呀?(两手乱抓着自己身上的破烂衣服)看，这就是真理呀!没有活儿干……也没气没力!这就是真理呀!要安身嘛，也没处安身!迟早要像条野狗一样死掉……这就是真理呀!他妈的!我，我要听你这种真理干什么用呢?还是让我安静地喘口气吧……让我喘一喘气吧!我有什么罪过……干吗我要听你这种真理呢?他妈的!活，活不下去……这就是真理呀!……

布伯谱夫　好家伙……又炸啦!……

鲁卡　我主耶稣啊……好兄弟，听我说!你呀……

克列希　(激动得发抖)你们说的是什么，真理!老头儿!你对什么人都想安慰……我告诉你吧……我恨所有的人!也恨这种真理……叫这该死的真理去见它的鬼吧!你明白吗?你该明白!让这种真理——去见它的鬼吧!(跑向小夹道，一边跑着，一边回过头来看)

鲁卡 哎呀呀！这个人竟气成了这样子……他往哪儿跑哇？

娜塔莎 好像是疯啦……

布伯诺夫 说得多么带劲！像演戏……常是这样的……他还过不惯这样的生活啊……

贝贝尔 （慢慢从小夹道上）你们都好啊！老伙计们！怎么？鲁卡，你这个老滑头，还在讲故事吗？

鲁卡 方才有人在这儿大吵了一顿……你要是看见就好啦！

贝贝尔 是克列希吧？他怎么啦？像叫开水烫了一样乱蹿乱蹦……

鲁卡 要是你心里也气成那样，你也会乱蹿乱蹦呀……

贝贝尔 （坐下）我可不喜欢他……他太倔强，太傲慢啦。（摹仿克列希的神气）“我是个做工的！”好像大伙儿都比他低三分……你高兴做工，你就做去……这有什么可神气的呢？要是单单拿做工多少来衡量……牛马就要比什么人都强上百倍啦……牛马拉沉驮重，从不哇啦哇啦乱叫！娜塔莎！你家里的人在家吗？

娜塔莎 上坟去了……回头还要去教堂做晚祷……

贝贝尔 怪不得我见你今儿个清闲啦……难得，难得！

鲁卡 （思索地，对布伯诺夫）哦……你要说什么，真理吗……真理可不是万灵药……不一定能把心病全治好……比如，从前有过这么一件不幸的事，我认识一个人，他相信世界上有个义人国……

布伯诺夫 相信什么？

鲁卡 相信有义人国。他说，世界上一定有个义人国……说什么在这个国度里住的都是些特殊的人……都是些好人！他们你敬我，我敬你；都能真诚相爱地你帮我，我帮你……他们样样事儿都挺顺心如意！所以，那个人老想着去寻找这个国度。他本来是穷汉子，日子过得挺苦……就是在他困难得走投无路时，他也不泄气，老是跟自个儿苦笑着说：“不要紧！咬咬牙关！再熬一时……随后，我就干脆脱离眼前这种生活，投奔到那义人国去……”他唯一的盼望就是这个义人国啦……

贝贝尔 哦？到底去了没有呢？

布伯诺夫 去哪儿呀？嘿！嘿！

鲁卡 正好，有个流放犯被押到他这儿，就像过去流放到西伯利亚一样，这个流放犯是个学者……他带着书本本、地理图和各式各样的东西……那个人对这位学者说：“请费心！告诉我义人国在哪儿？怎样才能到那儿去呀？”这位学者就翻出书本，摊开地理图……找呀找，哪里也找不到这个国度来！处处都挺对，个个地方都有，可就是没有那个义人国……

贝贝尔 （低声地）哦？没有吗？

〔布伯诺夫哈哈大笑。

娜塔莎 你先别笑……后来怎样了，老爷爷？

鲁卡 可是那个人不相信……他说：“一定有，请再好好找一找吧！”他说：“要是连义人国也找不着，那么，你的书本本和地理图就一个钱也不值……”这位学者生气了，说，“我的地图是顶可靠的，义人国，压根儿就没有!”好，那个人可真火了，怎么会呢？活来活去，受苦受罪，就一直盼着有个义人国好去！可是地理图上竟没有！狗强盗！……他冲着这位学者说：“哈！你是个……大坏蛋！你是个流氓！不配称学者……”一巴掌，打了他个耳光！接着又是一下！……(停顿)以后，他回到家里……上吊死啦！……

〔哑场。鲁卡微笑地望着贝贝尔和娜塔莎。

贝贝尔 (低声地)见他妈的鬼……这故事不好听……

娜塔莎 他是被骗得受不住啦……

布伯诺夫 (阴沉着脸)这全是，在编故事……

贝贝尔 哼，哼……这就是说，压根儿没有什么义人国啦……

娜塔莎 那个人……多可怜……

布伯诺夫 这完全……又是……谎话！嘿嘿！义人国！干吗又说谎！嘿——嘿！嘿！(从窗口离开，隐没)

鲁卡 (朝布伯诺夫的窗口点头)他在笑啊！啃啃……(稍停)喂，兄弟们！……祝你们发财吧！我快要跟你们分手啦……

贝贝尔 这回你要上哪儿去呀？

鲁卡 往乌克兰去……我听说，那边儿有人创出了一种新宗教……该去看看……才是！……人们一直在找呀找的，一直在想：怎样才能变好起来……主啊！赐给他们更大的耐心吧！

贝贝尔 依你看……人们找得到吗？

鲁卡 你说人们吗？他们一定会找到的！谁要是去找，谁就能找到……谁要是一心一意地去想，谁就能想出来！

娜塔莎 就叫人们找到点什么……想出点什么好的来吧……

鲁卡 人们，会想得出来的！小姑娘！只是要帮助他们，要尊重他们……

娜塔莎 我该怎么帮助别人呢？我自个儿……还无依无靠啊……

贝贝尔 (毅然决然地)我再……我再……跟你说……娜塔莎，在这，当着老爷爷的面……他什么全晓得……你就跟我……一块儿走吧！

娜塔莎 走到哪儿去？坐牢去吗？

贝贝尔 我已经说过，我洗手不偷啦！真的，我洗手啦！我说得到，就做得到！我是个读过书的人……我要去做工啦……刚才他说：应当自动上西伯利亚去……咱们去吧！嗯？……你当我不讨厌眼前这种生活吗？唉！娜塔莎！我知道……也全明白！……我先是哄着自个儿说，别人比我偷得多，也过得挺体面呀……唯独我就不行！偷，不是我该干的事！可是，我也并不后悔……我不相信有什么良心……不过心里总觉着：该换个样子……活下去！该活得好一点儿！该活得叫自个儿看得起自个儿才行……

鲁卡 好兄弟！对呀！愿主赐福给你！基督保佑你吧！……不错！人应该看得起自

个儿……

贝贝尔　我从小就做小偷……人家老叫我：小偷瓦西卡，小偷的儿子瓦西卡！啊？叫我这个？好，给你看吧！说我是小偷，我就做了小偷！……你知道：我也许就是为恨他们才去偷的……他们从来不叫我别的名字，我索性就做小偷啦！……娜塔莎！你叫我个别的名字吧！好吗？

娜塔莎　（愁闷地）不知道为什么，我对谁的话也不敢信啦……我今天觉得挺烦……心里直扑腾……像有什么大灾星临头了。瓦西里！你今天这些话儿算是白说啦……

贝贝尔　哪天才不算白说呢？我已经跟你说过多少回了……

娜塔莎　我为什么要跟你一块儿走啊？要说……爱你……我并不很爱……有时候，我喜欢你……可也有时候，看见你就讨厌……可见，我是不爱你……要是真爱上的话，就看不出爱人的毛病啦……可是我还看得出来……

贝贝尔　你会爱上的，别担心！你只要依从我，我会叫你过得舒舒服服！我盼了你一年多了，看你是个正派的好姑娘……是个靠得住的女人……我早已爱上你了！……

〔瓦西里莎打扮得漂漂亮亮，出现在窗口，站在窗框旁听着。

娜塔莎　那么，你说你早已爱上了我，可是我的姐姐……

贝贝尔　（现出窘状）咄！她算什么东西？那种娘儿们……多的是……

鲁卡　小姑娘！你……别担心！没有面包，野地里的刺儿菜也能吃……因为要吃面包没有啊……

贝贝尔　（阴沉着脸）你……可怜可怜我吧！我这日子过得并不香甜……像野狼的生活——没有什么快乐……我就像掉进了一个烂泥坑里……你抓什么，什么都是稀烂的……什么也抓不住……你的姐姐……我以为她……可是不成！……她要是不那么贪财嘛，我也许愿意……为她卖命也干！只要她把心给我……哼！她呀，要的倒不是这个……她要的是钱……她要的是自由……她要的是荒唐淫荡，……她不能帮助我……可是你——像棵小枞树，虽说有点刺手，倒是靠得住的……

鲁卡　小姑娘！我说呀，你就跟他走吧！走吧！他挺不错，是个好小伙子！你只要常常提醒他说："你是个好小伙子！"叫他别忘了这句话！他，会相信你的……你只要不断地跟他说："瓦西卡！别忘了……你是个好人！"我的好姑娘！你想一想吧，不然，你往哪儿去呢？你的姐姐，是个母夜叉，说到她那老头子，更不用提啦！真是坏得没法儿说……再瞧眼前这种生活……你有什么出路呢；看这个小伙子，挺结实可靠……

娜塔莎　我无路可走……我知道……我早想过了……只是……我对谁也不敢信啦……我什么路也没有啦……

贝贝尔　只有一条路……哼！我可不许你去走那条路……那还不如叫我打死你好哪……

娜塔莎　(微笑)哟……我还没做你的老婆，你就想打死我啦！

贝贝尔　(拥抱她)得了吧！娜塔莎！反正是这么一回事啦！……

娜塔莎　(向他贴紧)嗯……瓦西里！我要跟你讲个条件，就像对上帝起誓：你只要打我一回……或是变法儿欺负我……我就不想再活了……不是自个儿上吊，就是……

贝贝尔　我要是敢碰你一下子，就叫我这条胳膊烂掉！……

鲁卡　我的好姑娘！不要紧！别担心啦！他爱你，胜过了你爱他哪……

瓦西里莎　(从窗口)哟？亲事说定啦！恭喜你们白头偕老啊！

娜塔莎　她们回来啦！……哎哟！上帝啊！她们瞧见了……哎呀！瓦西里！

贝贝尔　你怕什么？这会儿谁也不敢再打你一下啦！

瓦西里莎　别怕呀！娜塔莉娅！他不会打你的……他不会打你，也不会爱你……我知道他！

鲁卡　(低声地)嘿！这娘儿们……真是条毒蛇！……

瓦西里莎　他嘴上说得比谁都好听呀……

科斯特列夫　(上)娜塔什卡[①]！你这个懒丫头，在这儿干什么？搬弄是非吗？抱怨亲人吗？可是火壶烧开了没有？饭桌收拾好了没有？

娜塔莎　(往外走)你们不是还要上教堂去做晚祷吗……

科斯特列夫　我们要干什么，你管不着！你必须把吩咐你的事情做好！……

贝贝尔　呸！住口！你！她已经不是你使唤的丫头啦……娜塔莉娅！别去……什么也别干！……

娜塔莎　你，先别吩咐……还早着呢！(下)

贝贝尔　(对科斯特列夫)够了！你们把人折磨得……够受了！这会儿，她是我的啦！

科斯特列夫　是你的啦？你几时买下的？你出了多少钱？

〔瓦西里莎咯咯大笑。

鲁卡　瓦夏！你，走开吧……

贝贝尔　小心点……你们多快活！以后你们别哭鼻子就好了！

瓦西里莎　喔唷！好厉害呀！喔唷！可吓死我啦！

鲁卡　瓦西里，走开吧！你瞧，她在激你，逗你发火，你明白吗？

贝贝尔　啊……啊哈！她是装的……你装鬼！你要叫我干的，我偏不干！

瓦西里莎　瓦夏！我要是不叫你干的，你就干不成！

贝贝尔　(冲她挥拳恫吓)咱们等着瞧吧！……(下)

瓦西里莎　(从窗口隐去)我会给你安排喜事的！

科斯特列夫　(来到鲁卡跟前)老头子！你要做什么？

鲁卡　不做什么！老头子！……

---

① 是娜塔莎的原名娜塔莉娅的卑称。

科斯特列夫　听说，你要走啦？

鲁卡　该走啦……

科斯特列夫　上哪儿去呀？

鲁卡　要上哪儿就上哪儿……

科斯特列夫　那就是去流浪……看起来，你在一个地方久呆下去有点儿不舒服吧？

鲁卡　常言说得好：卧石底下水不流……

科斯特列夫　那是说石头。可是人就得在一个地方落户……人不能像蟑螂一样地活着……要往哪儿爬，就往哪儿爬……人应该定居在一个地方……不能老是到处瞎跑，东漂西荡……

鲁卡　要是有的人以四海为家呢？

科斯特列夫　那么，他就是流浪汉……没出息的人……人要有出息……能做工才行啊……

鲁卡　你听你说的！

科斯特列夫　嗯！那该怎么说呢？……什么叫……游方僧啊？去游四方朝圣的……他跟别人不一样……他要真正是游方僧，就能知道点儿什么……知道点儿别人都不需要懂的一些东西……也许，他还能在什么地方找到真理……哼！并不是一切真理都有用处……不错！他该把真理咽进肚里去……不要作声，他要是个真正的游方僧……他就该不作声！要作声，只该讲些凡人听不大懂的神话……他看破红尘，不惹是生非，不蛊惑别人……别人生活的好坏，他不要管……他应该去求神访道，修行圣体……应该躲进深山老林去……到清静地方……不见凡人！不干涉凡人，不说凡人的坏话……只是为凡人祷告……为尘世上一切有罪的人……为我……为你……为了一切罪孽深重的人们祷告！他避开尘世的虚荣……专心去做祷告。该是这样的……（稍停）可是你……你算是什么游方僧呢？连身份证也没有带……一个良民该带身份证……凡是良民都有身份证……哼！……

鲁卡　有良民，可是另外，还有好人啊……

科斯特列夫　你……别卖聪明！别出谜语啦……我不比你蠢！什么叫良民？什么叫好人？

鲁卡　这怎么叫出谜语呢？我是说，好比有一种盐碱地，压根儿就不长苗，可另外还有一种肥地……真是种豆长豆，种瓜长瓜……这就是……

科斯特列夫　嗯？这就是什么意思啊？

鲁卡　就拿你来说吧……譬如上帝要是吩咐你："米哈伊尔！去做个人吧！……"这话算是白说啦……反正，你是个啥样子，就是个啥样子啦……

科斯特列夫　啊……啊——你要知道，我太太的叔叔是当巡警的！我若是……

瓦西里莎　（上）米哈伊尔·伊万诺维奇！该喝茶啦！

科斯特列夫　（对鲁卡）你……听我说：快滚！从我的店里滚出去！……

瓦西里莎　喂！老头儿！你快收拾着滚吧！你的舌头太长啦！……再说，谁知道你，说不定你也是个逃犯哪……

科斯特列夫 今天就得给我滚！不然我就……你瞧着吧！

鲁卡 你要叫叔叔来吗？去叫你叔叔吧……就说，捉了一名逃犯……你叔叔还能领赏哪……三戈比……

布伯诺夫 （在窗口）这儿做什么买卖？什么东西卖三戈比呀？

鲁卡 他们吓唬我，说要把我卖掉……

瓦西里莎 （对丈夫）咱们走吧……

布伯诺夫 卖三戈比吗？哼！瞧着吧，老头儿……他们一戈比也卖的……

科斯特列夫 （对布伯诺夫）你……圆瞪着眼睛，活像个从灶火坑里钻出来的败家神！（和妻子一同走）

瓦西里莎 世上尽是这种黑人……各种各样的坏蛋们！……

鲁卡 祝你们两位放开肚皮，吃饱喝足吧！……

瓦西里莎 （转回身）别多嘴多舌……臭蘑菇丁！（跟丈夫由小夹道下）

鲁卡 今天黑夜，我就走……

布伯诺夫 这很好。趁早走开，总是好的……

鲁卡 你说得不错……

布伯诺夫 我可知道。也许正因为我能趁早走开啦，才免了去受一场苦刑的。

鲁卡 是吗？

布伯诺夫 真的。那时候呀，我的女人跟一个染匠勾搭上了……染匠倒是把好手……他能把狗皮染得像貉皮一样……猫皮也能染得像袋鼠皮……麝鼠皮……什么都能成。机灵鬼！我女人就跟他勾搭上了……他们搭得那么热火，我真怕他俩迟早会下毒药害了我，要不然，就变法儿把我毁掉。我曾经打了我女人……可是染匠就打我……打得狠极啦！一下子，他把我半边胡子都揪掉了，还打断了我的肋骨。嘿！那时我也狠起来啦……有一天我用铁尺照我女人的头上敲了一下子……总之，一场大仗开始了！啊！我一看，这样打不出个好结果来……他们会收拾我的！我本来打算杀死我的女人……我下了决心！可是，忽然灵机一动——我走开了……

鲁卡 这样才好！就让他们在那儿把狗皮变成貉皮吧！

布伯诺主 不过……那个染房是我女人出面开的……我今天已落得这样下场，说句实话吧，要不然，我会把她那个染房全喝光了的……你瞧见没……我有了酒瘾……

鲁卡 酒瘾？哎呀！

布伯诺夫 酒瘾大啦！一喝起来，就喝他个分文不剩，只留下身上一张皮……再说……我又懒，死不爱做活！……

〔沙金和戏子争吵着上。

沙金 废话！你哪儿都去不了……这尽是些鬼主意！老头儿！你给这个废物耳朵里吹了些什么呀？

戏子　胡说！老爷爷！你快骂他是胡说！我，能去的！我今天，做了工，扫了街道啦……可是伏特加酒，一口没喝！看怎么样！瞧这儿，还有两个十五戈比，我，还是清醒的呀！

沙金　你们这全是胡闹！把钱交给我吧！我去把它喝掉……要不就赌掉了……

戏子　去你的吧！这钱——要留作路费用的！

鲁卡　（对沙金）你干吗要把他搅糊涂了？

沙金　"魔法师！众神喜欢的老爷爷！你说我往后会怎么样？"①老兄！我输光了，破产了。不过还没有完全死心，老爷爷！世上有些骗子敢情比我更聪明哩！

鲁卡　康斯坦丁！你真是个快活人……怪开心的！

布伯诺夫　戏子！到这儿来呀！

〔戏子走到窗口前，面对布伯诺夫蹲下去。两人小声地谈话。

沙金　老兄！我年轻时候本是一个讨人喜欢的人！现在回想起来还挺痛快……一个蛮潇洒的小伙子……跳舞跳得呱呱叫，登台表演，逗得人哈哈笑……真够帅啦！

鲁卡　那你怎么又落成了这个样子呢？嗯？

沙金　鬼老头儿，你总爱问长问短的！你什么全想知道……可是问这有什么用啊？

鲁卡　我想弄明白人间的事儿……只是看了你——我看不明白！康斯坦丁……你这个堂堂的汉子……不傻不呆……怎么突然就……

沙金　坐牢啦，老爷爷！我坐了四年零七个月的监牢……从监牢出来，就走投无路啦！

鲁卡：啊呀！为什么坐牢哇？

沙金　为了一个坏蛋……我心里一气就把个坏蛋给打死啦……在牢里我又学会了斗牌……

鲁卡　你打死他，是为了女人吧？

沙金　为了我的亲妹妹……啊，你别再问啦！我不喜欢别人来盘问……再说，这全是老早以前的事……妹妹已死了……九年啦……老兄！我的妹妹真是个挺可爱的人儿呀！……

鲁卡　你倒是轻快地熬过来了！可是，刚才那个锁匠……在这儿大吵大叫……哎呀呀！

沙金　克列希吗？

鲁卡　就是他。他吵嚷着说："没有活儿做……什么也没有！"

沙金　他慢慢就会过惯的……我可怎么办呢？

鲁卡　（低声地）你看！他来了……

〔克列希垂头丧气地，慢慢走上。

沙金　喂！死了老婆的！干吗那样垂头丧气？你在打什么主意呀？

---

①　引普希金所作《先知奥列格之歌》里的词句。

克列希　我在想……我该怎么办？锉和钳子，都没有啦，为了丧事，把工具全卖光啦！

沙金　我劝你就什么也别干啦！干脆——蹲着！……

克列希　得啦……你说的……那我就没脸见人啦……

沙金　别提你那套吧！人家看你过着猪狗不如的生活，并不会感到害臊呀！……你想想：你不去做工了，我也不去做工了……还有几百……几千人全不去做工了！你明白吗？大家全都把工作停下来！大家什么工也不要做了——那时就会怎样呢？

克列希　大家都饿死……

鲁卡　（对沙金）你要是跟逃亡派①的教友们去讲这话就好啦。有那么一伙子人，叫逃亡派的……

沙金　我知道……老爷爷！他们并不是傻瓜。

〔从科斯特列夫房间的窗口传出娜塔莎的叫声："为什么呀？别打我啦，这是为什么呀？"

鲁卡　（慌乱不安地）娜塔莎？是她在叫？啊？哎呀，你……

〔在科斯特列夫的房间里，吵闹声、奔跑声、砸碎碗碟的声音。科斯特列夫尖着嗓子叫喊着："啊！啊！小妖精……臭婊子……"

瓦西里莎　住手……让我来……我把她……打……打……

娜塔莎　他们打人呀！打死我啦……

沙金　（冲着窗口叫）喂！你们在那里要翻天啦！

鲁卡　（跑来跑去地）去叫瓦西里……去叫瓦夏来吧……唉！主啊！老弟们……小伙子们……

戏子　（跑下）好，我……马上去找他来……

布伯诺夫　他们这些天老是打她……

沙金　老头儿！咱们去瞧瞧……去做个见证人吧！

鲁卡　（跟在沙金后面）我能做什么见证人呀！这不顶用……赶快把瓦西里找来就好了……唉呀呀！

娜塔莎　姐姐……好姐姐呀……瓦，瓦，瓦……

布伯诺夫　嘴被堵住啦……我去看一看……

〔科斯特列夫房里的吵闹声静下来，大概是从房内移到过道去了。听见老头子的叫喊："住手！"门砰然一声响，这一响就像是斧头落地，把一片吵闹声砍断了。舞台上静悄悄的。时已黄昏。

克列希　（冷淡地坐在雪橇上，使劲搓手。随后就自言自语地嘟哝起来，——开头几句话听不清楚）怎么办呢？……我要活下去……（声音大起来）要找个安身的住处

---

① 帝俄时代一种反对国教教会的教派。

吧？……偏就没处安身……要啥没啥！一个人……孤零零的……没依没靠……

〔佝偻着腰，慢吞吞地下。舞台上有几秒钟凶兆似的沉寂。接着，从小夹道里传出一片模糊的吵闹声、乱杂的响声。这声音越来越近，越来越大了。可以听出一句句的叫喊。

瓦西里莎 我是她姐姐！松开手……

科斯特列夫 你有什么权呀？

瓦西里莎 你这该挨刀的……

沙金 叫瓦西卡来！……快点儿……佐布，揍他！

〔警笛声。

鞑靼人 （右手吊着绷带，跑上）这算是什么法规呀——大青天白日里就杀人？

克利沃依·佐布 （梅德韦杰夫跟在他背后）嘿！我也揍了他一下子！

梅德韦杰夫 你，怎么敢打架？

鞑靼人 你呀，你管的啥事呀？

梅德韦杰夫 （追赶装卸工人）站住！把笛子还给我……

科斯特列夫 （跑上）阿伯拉姆！抓，抓住他……把他逮起来！他打死人啦……

〔克瓦什尼娅同娜思佳搀着蓬头散发的娜塔莎，从小夹道上。沙金做她们的后卫，把扬着两手要来打妹妹的瓦西里莎拦住了，阿廖什卡激怒地在瓦西里莎身边乱跳，冲她耳朵里吹笛子，喊叫，咆哮。后面跟着一群穿着破衣烂衫的男男女女。

沙金 （对瓦西里莎）往哪儿冲？母夜叉……

瓦西里莎 滚开！你这该挨刀的！拼了我这条命，也要把她撕烂了……

克瓦什尼娅 （搀扶娜塔莎走开）卡尔波夫娜！你，算了吧……真不害臊！撒的什么野劲儿呀？

梅德韦杰夫 （抓住沙金）哈哈！……可抓住你啦！

沙金 佐布！揍他们！……瓦西卡……瓦西卡！

〔人们在红色防火墙下的小夹道旁，挤成了一团。娜塔莎被搀往右边去，坐在木堆上。

贝贝尔 （从小夹道跳出来，一声不吭地猛力冲开人群）娜塔莉娅，在哪儿？你……

科斯特列夫 （躲到墙角后面去）阿伯拉姆！抓住瓦西卡……兄弟们……帮着把瓦西卡逮起来！他是小偷……是强盗……

贝贝尔 哈！你……老色鬼！ （使劲抡起拳头，照准老头子打去。科斯特列夫倒下。在墙角那儿只能看见他的上半截身子。贝贝尔直奔娜塔莎跟前去）

瓦西里莎 打瓦西卡！我的好人们……打小偷呀！

梅德韦杰夫 （对沙金叫喊）你不能……这是家务事！他们全是亲属……你是什么人？

贝贝尔 怎么样……他用什么打你的？刀子？

克瓦什尼娅 你来瞅呀！多狠毒的畜生呀！拿开水烫小姑娘的脚呀……

娜思佳 拿火壶往身上泼开水呀……

鞑靼人 也许，不是故意的吧……要，弄清楚点……不要空口乱说呀……

娜塔莎 （快晕过去的样子）瓦西里！把我带走……把我埋了吧……

瓦西里莎 众位爷儿们！来瞧呀！瞧呀！……他死啦！叫他们打死啦……

〔众人都拥到小夹道口，围住倒卧的科斯特列夫；布伯诺夫从人群走出，来到瓦西里跟前。

布伯诺夫 （低声地）瓦西卡！老头子他可……完啦！

贝贝尔 （向他望一眼，似乎还没有听懂）去……叫车……得送医院……哼……我来跟他们算账！

布伯诺夫 我是说老头子，谁把他撂倒啦……

〔像是熊熊的燎火被水泼灭一般，舞台上的吵闹声停息了。只听见几句小声呼喊："真的吗？""唉呀，糟了！""唉呀呀！""老弟！咱们走吧！""啊！见鬼！""这会儿，可要当心！""趁警察还没来，快走开吧！"群众逐渐少了，都陆陆续续地走散。布伯诺夫、鞑靼人、娜思佳和克瓦什尼娅聚到科斯特列夫的尸体跟前。

瓦西里莎 （从地上站起来，气势汹汹地大声叫喊）他们把他打死了！我的男人……是他打死的？是瓦西卡打死的！我，瞧见啦！众位好人们，我瞧见啦！瓦夏！你还有什么说的？警察！……

贝贝尔 （撇开娜塔莎）让我……去！（眼望着老头子，对瓦西里莎）哦？痛快了吧？（用脚踢一踢尸体）这老狗……直挺挺啦！这下你可称心如意了……嘿……我也收拾收拾你吧！？（冲瓦西里莎扑去。沙金和克利沃依·佐布急忙拖住贝贝尔。瓦西里莎躲进小夹道里去）

沙金 放清醒点吧！

克利沃依·佐布 吁！吁！你这野马往哪儿蹿？

瓦西里莎 （又从小夹道出现）瓦夏！我的好朋友！有什么可说？在劫难逃，你跑不了啦……警察！阿伯拉姆……吹警笛！

梅德韦杰夫 警笛叫他们抢走了，这些王八蛋……

阿廖什卡 笛子在这儿！（吹笛子。梅德韦杰夫追赶他）

沙金 （把贝贝尔拉回娜塔莎跟前）瓦西卡，别怕！打架打死人……不要紧！这，没什么了不起的……

瓦西里莎 把瓦西卡押起来！他打死了人……我看见啦！

沙金 我也照着老头子打了两下子……他要不了几下就完啦！瓦西卡！叫我去做见证人吧……

贝贝尔 我……不要别人辩护……我要把瓦西里莎拖住……一定把她拖进来！她早想这样干……她叫我去杀死她的老头子……是她引逗我的！……

娜塔莎 （突然，尖声地）啊呀！……我明白啦！……敢情是这样！瓦西里?！好心的人们呀！他俩串通一气！我的姐姐跟他……他俩勾勾搭搭！他俩都事先安排好了！敢情是这样啊，瓦西里？……你刚才跟我说的话……是为了叫她听见的吧？好心的人们呀！她就是他的姘头……你们是知道的……这个，人们都知道呀……他们勾结在一起！是她……是她暗里鼓怂她的情人害死了她男人……她男人碍她眼……我也碍眼……刚才，把我打瘫啦……

贝贝尔　娜塔莉娅！你说什么……你怎么啦?!

沙金　真是……活见鬼！

瓦西里莎　胡说！她胡说……不是我……是他，是瓦西卡打死的呀！

娜塔莎　他俩，串通一气！你俩，该死的！你们俩……

沙金　嘿！真会演戏！……瓦西里！当心点儿！她们会把你送掉的！

克利沃依·佐布　弄得人糊里糊涂的！……这叫作什么事呀！

贝贝尔　娜塔莉娅！你是……真的？你真就信我……跟她……

沙金　说真的！娜塔莎！你也该……好好想想啊！

瓦西里莎　（在小夹道里）大人！他们打死了我男人……是他……瓦西卡·贝贝尔，一个小偷……是他打死的……警长大人！我，看见啦……大伙儿全看见啦……

娜塔莎　（摇摇晃晃快要晕倒似的）好心的人们！是我姐姐跟瓦西卡打死的！警察！你听我说呀……是我这个姐姐教她……教唆她的姘头……就是他，这个该死的！他们俩打死的！把他俩都带去……过堂吧……连我也带去……带我去坐牢！看在上帝面上……带我去坐牢吧！……

——幕落

【意】皮兰德娄

路易吉·皮兰德娄(1867—1936)是20世纪意大利杰出的戏剧作家和小说家，出生于西西里岛的阿格里琴托。青少年时期，皮兰德娄先在巴勒莫的理工专科学校学习，毕业后，进入罗马大学文学系攻读语言学和文学，并于1888年赴德国波恩大学深造，获得语言学博士学位。1892年，他回到意大利，在大学执教，开始文学创作。1925年起，担任戏剧导演工作。1926年至1934年间，皮兰德娄带领剧团到欧美各国巡回演出。1936年12月病逝。他一生创作了7部长篇小说，300多篇短篇和40多部剧本，以剧本创作成就最高。1934年获得诺贝尔文学奖。

皮兰德娄早期戏剧受到以维尔加为代表的真实主义的影响，主要描述意大利西西里地区的民俗风尚，抨击上流社会和旧的道德观念，主要是现实主义方言剧和表现资产阶级生活内容的通俗剧，代表作有《别人的权利》(1899)、《西西里柠檬》(1910)等。“一战”期间，皮兰德娄开始转向怪诞剧创作，原因是当时的社会现实和个人生活的巨大不幸对他的创作思想产生了猛烈的冲击，他觉得艺术已经无法立足于真实地描摹现实世界。在其后20年左右的时间里，他写下了40多部哲理剧和怪诞剧，有《是这样，如果你们以为如此》(1918)、《六个寻找作者的剧中人》(1921)、《亨利四世》(1922)、《寻找自我》(1932)等。皮兰德娄这一时期的戏剧创作擅长从生活中选取微小题材表现危机意识和异化观念；善于运用怪诞化的方法，编排曲折离奇的情节，塑造夸张的人物，却又在细节上突出真实性，从而将虚构与写实结合在一起，让读者难辨真假；戏剧结构巧妙，突破了舞台的时空限制；人物心理描写细腻、生动。

《六个寻找作者的剧中人》(1921)以一场戏剧排练开场。排练中，突然闯入了六个自称是被作者废弃的剧本人物，他们想获得自己的舞台生命，请求导演帮助他们把戏排出来。导演被他们讲述的故事所吸引，决定排演，但导演的改动和演员们的演出让“剧中人”大为不满，他们争论起来。最后，“剧中人”完全占据了舞台，开始表演自身的遭遇，导演和演员们则成了观众。他们演的是一出家庭悲剧，最终以小儿子的死为结局。这时大家才发现，枪声是真的，小儿子也真的死了，现实和演出搅混在一起。在导演和演员正迷惑的时候，六个“剧中人”消失了，他们完成了演出也就意味着走到了生命的尽头。

本书选择的是“剧中人”闯入剧院、说服经理排戏的场面。其中包括“剧中人”对自身命运的讲述和讨论，他们和导演等人的争论，这些情节都蕴含了深刻的意义。作者力图通过“剧中人”对自身悲剧命运原因的探讨，揭示出人的生存危机；通过“剧中人”与导演、演员们的争论，表现新、旧戏剧观的冲突。

（杨小雨　撰稿）

六个寻找作者的剧中人(节选)①

……

传达 (把帽子摘下来拿在手中)对不起，先生。

经理 (粗鲁而急促地)有什么事?

传达 (胆怯地)有几位先生找您。

〔经理和演员们转过脸惊奇地从台上往台下望。

经理 (又生起气来)我在这里排戏！您知道排演时间闲人概不入内吗！(向剧场后面)诸位先生是什么人？有什么事情?

父亲 (往前走到台边的小梯子旁，其余的人跟在他后面)我们到这里来找一个剧作家。

经理 (又惊又气)一个剧作家？哪一个剧作家?

父亲 任何哪一个普通的剧作家，先生。

经理 但是这里没有剧作家，因为我们不是在排演新写的剧本。

继女 (欣喜地急忙登上小梯)那更好！那更好，先生！我们就可以做您的新剧本。

演员之一 (在其他人的笑声和议论声中)哟，你们听哪，你们听哪！

父亲 (跟着继女走上台)是这样，可惜剧作家不在！(向经理)也许您愿意充当……

〔母亲拉着女孩和男孩走上小梯子开头的几级，在那里等待着。儿子固执地留在下面。

经理 诸位先生想开玩笑吗?

父亲 不是，先生，请您别这样说！恰恰相反，我们带来的是一出痛苦的戏！

继女 我们会使您赚钱的！

经理 我请你们走开，我们没有时间跟疯子说废话！

父亲 (伤心而低声下气地)哦，先生，您要知道，人生充满了无数的荒谬；这些荒谬甚至毫不害臊地不需要真实做外表，因为它们是真实的。

经理 您在说些什么鬼话?

父亲 我是说，事实上一切反常的举动都被称作疯狂，疯狂使臆造出来的似是而非的东西变得像真的一样。请允许我提醒您注意，如果这就叫疯狂，它也就是你们职业中唯一的理性。

〔演员们气愤地骚动起来。

经理 (站起身来看着他)噢，是这样？在您看来，我们的职业是疯子干的事情啰?

父亲 呃，把假的做得像真的；先生，这毫无必要，只是为了博得一笑……难道你们的使命不是在舞台上赋予虚构的人物以生命吗?

经理 (立即代表全体演员表示极大的愤慨)但是我请您相信，亲爱的先生，演员的

---

① 选自[意]皮兰德娄：《戏剧二种》，吴正仪译，北京，人民文学出版社，1984。

职业是非常高尚的职业！虽然目前初出茅庐的剧作家先生们给我们的是蹩脚剧本，让我们演的是一些木偶而不是活生生的人，您可知道，值得我们骄傲的是我们曾经在这里，在这舞台上给许多不朽的作品以生命！

〔演员们满意地为经理鼓掌。

父亲 （迫不及待地插话）对！说得好极了！不朽的作品是有生命的东西，它们比呼吸空气、穿着衣服的人更有生命力！也许不太现实，可是更真实！我们的看法完全一致！

〔演员们惊讶地面面相觑。

经理 这怎么可能！您前面说过……

父亲 不，对不起，先生，那些话只是对您而言，因为您冲着我们直嚷没工夫同疯子讲废话。然而没有人能比您更懂得，大自然借助人类的幻想来推动她那至高无上的创造工程。

经理 不错，不错。可是，您由此得出了什么结论呢？

父亲 没有，先生。我只是向您说明，生命诞生的方式是各种各样的：树木或是石头，流水或是蝴蝶……或是女人。都可以诞生出剧中人。

经理 （故作惊讶地讽刺）那么，您和同您一起来的这些先生都是天生的剧中人了？

父亲 您说对了，先生。您看看我们，都是活人。

〔经理和演员们像听到笑话一样哄堂大笑。

父亲 （痛苦地）我对你们这样大笑感到遗憾。我再说一遍，我们带来了一出很苦的戏，诸位先生从这个蒙黑面纱的女人身上能够推测出来。

〔他一边说一边伸手帮助母亲从小梯子走上舞台，并且神色哀伤庄重地用手拉着她走向舞台另一侧。这时立即有一束表示幻觉的灯光照射他们。女孩和男孩跟在母亲身后，儿子远远地站到舞台后面。继女也离开前台，靠后一些站着。演员们开始时惊呆了，继而欣赏起他们的行动，爆发出掌声，仿佛欢迎他们来演出。

经理 （起初感到惊异，接着生气）够了！别闹了！（然后向角色们）你们走吧，离开这儿！（向舞台监督）看在上帝的面上，请你把他们撵出去！

舞台监督 （走上前去，然后又停步不前，仿佛被一种奇怪的恐惧吓住了）走开！走开！

父亲 （向经理）别这样，您听我说，我们……

经理 （高声）总之，我们应当在这里工作！

男主角 这样开玩笑是不正当的……

父亲 （决然地走上前）你们的多疑真令我吃惊！难道诸位先生还没有看惯剧作家创造的人物一个接一个地在这里活蹦乱跳起来吗？也许因为在那里（指提词员的座位）没有一个关于我们的现成的剧本？

继女 （向经理走去，脸上露出具有魅力的微笑）先生，请您相信，我们是六个很有趣的人物！当然，我们已经失去了归宿。

父亲 （推开她）是的，失去了归宿，这句话说得对！（马上向经理）您请听，就是说那位创造了我们生命的剧作家后来不愿意，或者没有能力使我们成为艺术世界里的实体。先生，这真是一桩罪过，因为幸运地降生为“角色”的人，能够嘲笑死神。他是不死的！人，剧作家，作为创造的工具，是得死去的；他的创造物却不会死！无须特殊的天赋或者奇迹出现，他就得到了永恒的生命。桑丘·潘萨①是什么人？堂阿彭迪奥②是什么人？然而他们却天长地久地永生着，因为他们像生命的细胞幸运地找到了一个富于生殖力的子宫一样，找到了一个能够哺育和滋养他们的幻想，使他们与天地共存！

经理　这些都非常正确。可是你们到这里来想要做什么？

父亲　先生，我们想获得生命。

经理　（讥讽地）永恒的生命吗？

父亲　不是，先生，只想附在你们身上生存一阵子。

某演员　哎唷，你们听听这话！你们听听这话！

女主角　他们要在我们身上复活！

青年男演员　（指继女）嘿，如果是她在我身上复活，我倒愿意。

父亲　听我说，听我说：剧本还没有写完。（向经理）如果您同意，而且您的演员们也愿意的话，我们可以马上一起协作！

经理　（不耐烦）您要搞协奏曲！我们这里不开音乐会！这里演的是悲剧和喜剧！

父亲　很好！正因为如此，我们才来这里找您！

经理　剧本在哪里？

父亲　先生，在我们身上。

〔众演员笑。

父亲　戏就在我们身上，我们就是戏；我们急不可待地要把戏演出来，内心有一股热情在催促着我们！

继女　（讥讽地做出轻佻的媚态）先生，您知道吗，我的热情，我的热情是……献给他的！（指父亲，做出几乎要拥抱他的姿态，然后尖声大笑。）

父亲　（恼怒地）你现在庄重一些！我请你不要这么笑！

继女　不笑？那么请听我说：虽然我的父亲去世才两个月，我现在请诸位先生看我唱歌和跳舞！（轻佻地唱起由弗兰西斯·萨拉贝特改编成狐步舞的达维·斯汤贝尔所作《当心周定周》的第一段，并配上舞步。）

中国人真精明，
从上海到北京，
到处都写着：
当心周定周。

---

① 桑丘·潘萨，西班牙小说《堂吉诃德》中的人物。

② 堂阿彭迪奥，意大利小说《约婚夫妇》中的人物。

〔在她载歌载舞时，演员们，尤其是青年演员们，被她那独特的魅力所吸引，向她聚拢，并伸手去抓她，她逃脱；在演员们的鼓掌声中，满不在乎地对待经理的责备。

众男女演员 （笑着鼓掌）好！好样的！真棒！

经理 （生气地）别闹了！他们大概把这里当成咖啡馆了吧？（有些恐慌地把父亲略微拉到一旁）您可说实话，她是疯子吧？

父亲 不，不是！比疯子更坏！

继女 （马上奔向经理）更坏！更坏！先生，不是这样！请听我说：您赶快让我们演这出戏吧，因此您将看到我飞快地离去，那时候这个小宝贝（从母亲身边把女孩领到经理面前）——您看她不是很可爱吗？（把她抱起来，吻她）乖乖！乖乖！（不舍地将她放在地上，激动地说下去）是的，当这个可爱的小宝贝突然被上帝从母亲的怀里夺走时，而这个傻瓜（粗鲁地抓住男孩的一只衣袖，把他拉到前面来）做出只有他这么笨的人才做得出的蠢事时，那时您将看到我飞快地离去，先生，真会这样！我要插翅飞走！现在还不到那个时候，还不到那个时候！在我跟他（狠狠地瞪了父亲一眼）有过那次过分亲热的行为之后，我再也不能跟他们在一起了，不能再看着母亲为了那个阴阳怪气的家伙而痛苦（指儿子），您瞧瞧他！您瞧瞧他！他无情无义，冷若冰霜，因为只有他是合法的儿子！他蔑视我，蔑视他（指男孩），蔑视这个小女孩；因为我们是私生子。您懂了吗？私生子。（走向母亲并拥抱她）这可怜的母亲是我们大家的亲生母亲，他竟然不肯承认她也是他的母亲。他居高临下地把她当作只是生了我们三个私生子的母亲来看待。卑劣的小人！（这些话说得又急又快，在说到“私生子”时声音提高，最后“卑劣的小人”是缓慢地逐字吐出来的。）

母亲 （不胜悲哀地向经理）先生，我求您，看在这两个孩子的分上……（感到气力不支，踉跄一步）——哎呀，我的上帝……

父亲 （和几乎全体演员一起惊慌地跑过去扶住她）请拿把椅子来，拿把椅子给这可怜的寡妇！

众演员 （赶过来）真晕倒了？是真的吗？

经理 拿椅子来，快！

〔一个演员拿来一把椅子，其他演员关心地围在旁边。母亲坐到椅上，竭力阻止父亲揭开她那遮住脸的面纱。

父亲 先生，您看看她，看看她……

母亲 不行，上帝，你不要动！

父亲 让人们看看你吧！（揭下她的面纱。）

母亲 （站起身，用双手捂住脸，拼命叫喊）啊，先生，我求您不要让这个人的阴谋得逞，那对我太可怕了！

经理 （困惑不解）真是莫名其妙；这是怎么回事！（向父亲）这是您的太太吗？

父亲 （立即）是的，先生，是我的妻子！

经理 既然您活着，她怎么变成寡妇了呢？

〔演员们由惊讶转为嬉笑。

父亲 （伤心至极，十分愤怒地）不要笑！求你们不要这样笑！她的悲剧就在这里，先生。她另外还有一个男人，他本来也应当来这里的。

母亲 （叫喊）不对！不对！

继女 他幸运地死了，死去两个月了，我已经对您说过。您看，我们还在为他服丧。

父亲 您听我说，他今天没有来，并不仅仅因为他死了。他不来是因为——请看看她，先生，您马上就可以理解！她的悲剧不是一场三角恋爱，她没有那样的本事。她心里根本就没有爱情，也许有的只是一丝感激之情，不是对我，是对那个男人！她不是一个女人，是一个母亲！实际上，她的悲剧——很动人的，先生，是很动人的！——全部表现在由她跟两个男人生的这四个孩子身上。

母亲 我，跟两个男人？你竟敢说我有两个男人，难道不是你故意造成的吗？是他，先生！是他把另一个男人硬塞给我的！他迫使我跟那个人一起出走！

继女 （突然忿忿不平地）这不是真话！

母亲 （愕然）为什么不是真话？

继女 不是真的，不是真的！

母亲 你知道什么呢？

继女 不是真的！（向经理）您不要相信她的话！您知道她为什么这么说吗？是为了那个家伙！（指儿子）因为那个做儿子的冷淡态度伤透了她的心，折磨着她的灵魂。她想让他相信那时扔下两岁的他出走，是他（指父亲）逼迫的。

母亲 （大声）他逼我，他逼我这样做，我请上帝做证。（向经理）您问他（指丈夫）是不是吧！让他说吧！……她（指女儿）不可能知道这件事情。

继女 我知道。我父亲在世时，你同他一直生活得和睦美满。你能否认吗？

母亲 我不否认，不……

继女 他对你始终满怀深情和体贴！（生气地向男孩）不是这样吗？你说呀！为什么不说话？你这傻瓜。

母亲 别逼这个可怜的孩子！女儿，你为什么要让人们把我看成一个忘恩负义的人呢？我并不是存心伤害你父亲的。我要驳斥他，说明我抛弃他的那个家和我的儿子出走，既不是因为我犯了什么过错，也不是因为我闹什么恋爱。

父亲 先生，她说的是实话。是我造成的。

〔静默。

男主角 （向他的同行）你们看，这是演的什么戏！

女主角 让他们演给我们看，给我们看！

青年男演员 总算有这么一次了！

经理 （开始产生极大的兴趣）我们听他说！听他说！

〔他说着就顺着小梯子走下舞台，站在剧场里，仿佛从观众的角度来看演出的效果。

儿子 （站在原地不动，冷冷地轻声讥诮）对啰，现在你们就要听他长篇大论地讲哲学了。他会对你们说那是出于“实验狂热”。

父亲 你是一个残忍的蠢货，我对你说过一百次了！（向站在剧场里的经理）先生，他讥笑我，说这是我用来开脱自己的一种措辞。

儿子 （不屑地）措辞。

父亲 措辞！措辞！对于一桩无法明言的事实，对于一件已经铸成的大错，找一种能够平心静气的含糊的措辞，岂不使大家心里都好受一些吗？

继女 当然，悔恨也是无法明言，无法直说的！

父亲 悔恨吗？不，我不仅仅用言语来消释我心中的悔恨。

继女 还用一点儿金钱，是的，是的，还用一点儿金钱！先生，他那时用一百里拉收买我！

〔演员们反感地骚动。

儿子 （憎恨地对同母异父的妹妹）这是胡说！

继女 胡说？这些钱用一个淡蓝色的信封装着，放在帕奇夫人商店后屋里一张桃花心木的小桌子上。先生，您知道吗？帕奇夫人是一个借口出售“衣服和大衣”为名引诱我们良家女子入“罗网”的女人。

儿子 你用他要付给你的这一百里拉买到了在大家面前称王称霸的权利吗？请注意，幸亏他并没有理由付钱给你。

继女 嘿，我们可是在那种地方呆过的，你懂吗！（大笑）

母亲 （反对地）丢人哪，女儿，丢人哪！

继女 （冲动地）丢人？这是我在报复！我发抖，先生，我害怕，那一幕情景重现了！那间屋子……这里是挂大衣的橱窗，那里是沙发床、梳妆镜、一架屏风，窗子下面是那张桃花心木的小桌子，上面放着那个装一百里拉的淡蓝色信封。我看见信封了！我可以拿到它了！但是，请大家必须转过脸去，因为我几乎是一丝不挂的！我不再脸红了，因为现在应该脸红的是他！（指父亲）我肯定地跟你们说，他那时脸色苍白极了，苍白极了！（向经理）请相信我的话，先生！

经理 现在我一点儿都不懂了。

父亲 当然！她漏掉了一些情节。先生，请您安排一下顺序，让我先说吧。她气势汹汹，蛮不讲理地侮辱我，您不要听信她的话。

继女 不能在这里讲那件事情的经过！不能在这里讲！

父亲 我不讲什么，我是想向他解释清楚。

继女 哦，那好，说吧！你想怎么说就怎么说吧！

〔经理这时走上台去整顿秩序。

父亲 事情就坏在这里！坏在说话上！我们大家都有一个内心世界；每个人都有一个自己特殊的内心世界！先生，假如我说话时掺进了我心里对事物的意义和价值的看法，而听话的人照例又会用他心里所想的意义和价值来加以理解，我们怎么还能够互相了解呢？我们自以为了解了，其实根本就不了解！您看，我对这个女人(指母亲)的怜悯，全部的怜悯，都被她理解为最狠心的残忍！

母亲 难道不是你把我赶出门的吗？

父亲 您听见她的话了吗？赶出门！她认为是我把她赶出去的！

母亲 你能说会道，我不会……但是，先生，请您听我说，在他娶我之后……谁知道他为什么娶我！我原来是一个不抱奢望的穷女子……

父亲 正是因为这一点，正因为你出身贫寒我才娶你。我喜欢你温顺柔和的性格，以为……(他看见她否认的表示就不往下说了，因为无法使她理解，只好摊开双手表示失望，然后转向经理)您看见吗？她不同意！可怕，先生，您可知道这多么可怕，她的精神麻木不仁！(拍前额)她有感情，是的，对孩子的感情！但是头脑却很迟钝，迟钝到了无可救药的地步。

继女 那么，现在就请他说说他的聪明曾经给我们带来的好处吧。

父亲 谁能预料到好心不得好报呢！

〔这时女主角因见男主角与继女调情而不悦，走上前来问经理。

女主角 对不起，经理先生，还排戏吗？

经理 当然还排！当然还排！这会儿先听他们讲讲。

男青年演员 真是一件新鲜事！

女青年演员 有趣极了！

女主角 是呀，对于那些喜欢这种事情的人是有趣的。(瞟男主角一眼)

经理 (向父亲)您应该把这件事情说得清楚一些。(坐下)

父亲 那好吧，您听着，先生。从前有一个穷汉子跟我在一起工作，是我的下属，我的秘书，他为人忠诚可靠，他理解她的全部见解(指母亲)，他们趣味相投，但是并没有暧昧不清的关系。说得更清楚一些吧！他像她一样也是一个正派的老实人，他们不仅不会做缺德的事，甚至连想也不敢想！

继女 相反，他都想到了，并且替他们做到了！

父亲 不对！我是想成全他们的好事——也是为了我自己，我不否认这一点！先生，事情弄到了这样的地步：只要我对他们中的一个说一句话，他们就立刻彼此交换眼色，马上从对方的眼睛里寻求暗示，以便怎样理解我的话而不致使我生气。您知道，这种举动就足以惹我时时发火，使我达到了怒不可遏的地步。

经理 请问，您为什么不辞退这个秘书呢？

父亲 您说得很对！我是把他辞退了，先生！但是，我看见这个可怜的女人留在家里是那样地孤独寂寞，如同一个被人好心收养的无主的牲畜。

母亲 哼，可不是吗！

父亲 (马上转向她，抢先说)关于儿子的事，是吗？

母亲 先生，他先从我怀里把儿子夺走了！

父亲 但这并不是为了伤害你！是为了使他在乡下长得健康结实一些！

继女 (讽刺地指儿子)后果不是很清楚吗？

父亲 (立即)唉，他后来长成这个样子，也是我的过错吗？先生，我替他在乡下找了一个农妇做奶妈。我的妻子虽然出身贫寒，我觉得却有一副娇贵的体态。这是我看中她的原因。也许这是一种偏见；可是又有什么办法呢？我一贯强烈地追求无懈可击的道德上的健全！

〔继女这时又放肆地大笑起来。

父亲 您让她不要笑了！简直无法忍受！

经理 请您不要笑了！让我听他说，上帝哟！

〔受到经理的责备后，继女戛然收住笑声，立即堕入迷惘的沉思之中。经理又走下舞台去观看舞台效果。

父亲 我不忍再看身边的这个女人，请相信，绝不是出于厌恶，而是由于苦闷——我心中实在苦闷，也出于一种痛苦的担忧——我为她担忧。

母亲 他就把我赶出来了！

父亲 我把她好好地交给了那个男人，先生，这是为了让她从我的束缚中解放出来！

母亲 也解脱了他自己身上的束缚！

父亲 是这样，先生，我也解放了——我承认！没料想到惹出了大乱子。我这样做是出于好意……我为她考虑得比我自己还多，我敢发誓是这样！（两臂交叉放在胸前，然后迅速转向母亲）在他突然背着我把你带到另外一个城市去之前，我没有对你撒手不管，你说，我是不是一直关心着你？他愚蠢地误解了我对你单纯无私的关心，先生，请相信，那是很单纯的，没有丝毫不良用心。我对她那个正在兴旺起来的新家庭怀有无比的亲切感。她也可以证明这一点！（指继女）

继女 是呀，还有哩！当我还是小孩的时候，您知道吗？两条小辫子搭在肩膀上，裤子比裙子还长，只有这么高，放学时，我常在学校门口看见他。他是来看我的……

父亲 这是居心不良的举动！不光明正大！

继女 不，为什么？

父亲 不光明正大！不光明正大！（激动地向经理解释）先生，自从她（指母亲）离去后，我觉得我的家立刻变得空荡荡的。她原是我的累赘，可是她毕竟充实了我的家！我像一只无头苍蝇一样在几间屋子里转来转去，我感到孤单寂寞。这个孩子（指儿子）寄养在外面。当他回到家里时，不知为什么他不像是我亲生的儿子。在我和他之间没有母亲，他孤独地自己长大，同我既没有感情上的也没有思想上的联系。同时，很奇怪，先生，却也是事实，我开始对由我一手创造出来的她的家，产生了好奇心，后来逐渐地被吸引住了。对她的挂念慢慢填补了我心头的空虚。我需要，非常需要确实知道她生活安宁，成天忙于琐碎的家务，由于摆脱了我给她造成的复杂的精神折磨而感到幸福。于是，为了证实我想知道的情况，我就去学校门口看望这个孩子。

继女 是呀，他在街上跟着我走，对我微笑，到了家门口，他就同我握手告别，就是这样！我不高兴地瞪眼看他。我不知道他是谁！我告诉妈妈。而她一定立即猜出是他了。（母亲点头同意）于是她好几天不让我去上学。当我再去上学时，我又在校门口看见了他——真可笑！——他手里拿着一个大纸包。他走近我，抚摸我；他从纸包里拿出一顶漂亮的佛罗伦萨大草帽，那上面还有一个用五月小玫瑰编成的花圈——都是送给我的！

经理　这简直是一篇小说，我的先生们！

儿子　（厌恶地）对，这是作文章！作文章！

父亲　先生，不是作文章！这是生活！这是痛苦的经历！

经理　对！可是不能排成戏！

父亲　我同意，先生！因为这些还只是一个楔子，我不是说就演这些。您看到了，她（指继女）已经不是那个小女孩了，那时候她的辫子搭在肩膀上……

继女　裤子露在裙子外面！

父亲　先生，戏从现在开始了！既新奇又复杂。

继女　（傲慢而阴沉地走上前）我的父亲去世之后……

父亲　（抢前，不给她说话的机会）先生，他们的生活就穷困艰难起来！他们又回到本城，也不让我知道。她真糊涂。她勉强会写几个字；但是她可以让女儿和男孩写信告诉我，他们需要帮助！

母亲　先生，我告诉您，我怎么能料想到他还有这种好心肠呢？

父亲　这就是你的过错了，你从来就猜测不出我的任何心思！

母亲　分离多年，发生了那一切之后……

父亲　难道那位好汉让你远走他乡，也是我的过错吗？（向经理）先生，他们走得那么突然……我不知道他们迁居哪里，我找不到他们的行踪。那么，年深月久，我对他们的挂念也就逐渐淡薄了。没有想到在她们回来之后，这出残酷的戏突然开场了。那时，我不由自主地被我那仍旧还有的肉欲的苦恼所驱使……唉，苦恼，对于一个不愿意有不正当关系的独身男子来说真是苦恼；既不是太老，可以不需要女人，又不是很年轻，可以毫不自惭地轻易找到一个！苦恼吗？不！是恐惧，恐惧：因为没有女人肯爱他了！当他看清这种处境时，他就应当不去做了……唉！先生，每一个人在别人面前，总是装得一本正经，但是他自己清楚他心里有些什么不可告人的东西。向诱惑屈服之后，马上又摆出一副道貌岸然的样子，以此来维护自己的尊严，就像在一座坟墓前面树起一块完整坚固的石碑一样，以此来掩饰羞耻的痕迹和埋葬丑恶的记忆。人人都是如此，只是没有勇气把这些说出来罢了。

继女　做事的勇气倒是人人都有的！

父亲　人人都有！只是偷偷地干！所以，说出来需要更大的勇气！因为只要他说出来，就倒了楣！人们就要给他安上放荡的罪名。这是不对的，先生。他跟别人一样，甚至更好一些，因为他不怕用理智的光辉去赤裸裸地揭开人类兽性的羞耻，别人却都闭上眼睛不敢正视。比如女人，就是这样。女人是怎么行事的呢？她用挑逗的媚眼来引诱你，你抓住她！刚刚把她抱住，她就立刻闭上眼睛。这是她顺从的表示，以此告诉男人："你别看了，我已经看不见了！"

继女 什么时候她不再闭眼睛呢？当她觉得没有必要闭上双眼来掩饰自己的赧颜时，反而用那已经变得冷漠无情的眼光去看那个男人，没有一丝的柔情，为什么男人对此却视而不见呢？啊，真讨厌，我真讨厌，这些混乱不清的道理，这一套哲学把人的兽性揭示出来，然后又去保全它，姑息它……先生，这一套话，我听不下去！因为当一个人抛弃了做“人”的一切累赘，抛弃了一切美好的追求，一切纯真的感情，抛弃了理想、责任、情操和廉耻，把生活“简化”到禽兽的地步时，却侈谈起悔恨，没有比这更使人厌恶得作呕的事情了——简直是鳄鱼的眼泪！

经理 我们还是讲事实吧，讲事情经过吧，我的先生们！这些都是议论！

父亲 好吧，先生！事实只是一只口袋，它空着的时候立不起来。要使它竖立起来，必须往袋子里面装上支配行动的理智和感情。我那时无法得知那个男人是死了，她们两手空空地回到了这里。为了养活孩子，她（指母亲）就在附近当裁缝，正好是从那个女人……那个帕奇夫人那里领活计。

继女 诸位，你们可知道，帕奇夫人是一个能干的穿针引线的人物！表面上，她伺候一些上流社会的漂亮太太，其实她设下圈套，利用这些漂漂亮亮的太太……更不用提别的那些女人如何了！

母亲 先生，请您相信我的话，我做梦也不曾想到这个老妖精给我活干，是因为看中了我的女儿……

继女 可怜的妈妈！先生，您知道，当我把妈妈做好的活计送去时，那个女人是怎么做的吗？她指给我看妈妈做活时做坏了的地方，要求赔偿。先生，您明白吗，结果是由我来偿还，而我可怜的母亲每天缝补帕奇夫人的那些东西直到深更半夜，还以为自己是在为我和两个孩子受苦受累！

〔演员们做出愤慨的表示，并且为之感叹。

经理 （立刻接上）在那里，有一天，您遇见了——

继女 （指父亲）——他，他，先生！他是一个老主顾！您看，将要演出一场好戏了！精彩的好戏！

父亲 后来她母亲突然到来——

继女 （马上狡黠地）几乎撞见了！

父亲 （高声）没有，她来得很及时，很及时！真侥幸，我及时认出了她！于是我把她们都带回了家。先生，您可以想到现在我和她相遇时的尴尬情景：她就是您看到的那个样子，我呢，我简直不敢抬起头来正眼看她！

继女 真是怪事！先生，在那件事情之后，难道他能把我当一个正派、纯洁、有教养的娇小姐看待吗？难道他还认为我符合他的要求，具备“无懈可击的道德上的健全”吗？

父亲 先生！对我来说，全部悲剧就发生在这里，这是良心的悲剧。我们大家都认为“良心”只有一种，其实不然，有许多种“良心”，人们的良心是各式各样，形形色色，应有尽有的。这个人有这个人的“良心”，那个人有那个人的“良心”，彼此天差地别！我们还幻想式地认为“某种良心”永远是大家行动的准则。并非如此啊！并非如此！当你的某一行动使你陷入一种不幸的困境，突然遭到人们的冷嘲热讽时——我并不是说人人都会遇到这种处境——你就会发现，人们用这唯一的准则以这一次行为来判断你的一生，仿佛你的一辈子都断送在这件事情上了，因此而羞辱你，这是多么的不公平！现在，您明白了这个姑娘的不良用心吗？她在一个她不应该看见我、我也不应该看见她的地方和场合，偶然地遇到我；我从未想到我一生中短暂的无聊时刻竟会与她在一起，她要我把这当成一个既成事实予以承认！先生，我最真切的感受就是这一点。您将会发现这出悲剧的最大价值就在其中。其次，才是其他人的遭遇！他的故事……（指儿子）

儿子 （轻蔑地耸肩）别提我，与我无关！

父亲 跟你没有关系吗？

儿子 没有，而且我不想介入，因此你知道得很清楚，我不能跟你们一起在这里演戏！

继女 我们是粗鄙下贱的人！他是高贵的绅士！但是，先生，您可以看出来，我几次用鄙视的眼光把他看得低下了头——因为他知道他对不起我。

儿子 （瞟他一眼）我吗？

继女 你！你！是你使得我流落街头的！是你！（演员们表示愤慨）你用冷冰冰的态度把我们拒之门外，不用说没有骨肉之情，连济人危难的怜悯之心也一点没有，是不是？我们是一伙侵犯了你那合法王国的强盗！先生，我希望您看看我和他单独相处的那些场面！他说我在大家面前横行霸道。可是，您看吧，正是他的这种态度逼得我提出那个被他称为“卑鄙无耻”的理由，我和我的母亲——也是他的母亲——才以“女主人”的身份住进他的家的。

儿子 （缓缓地走上前）先生，他们串通一气，平白无故地欺负我。先生，请您设身处地想一想，一个做儿子的，有一天，他正安安稳稳地守在家里，突然闯进一位傲慢无理的小姐，就是这个样子，“两眼冲天”地问他父亲是否在家，我也不知道她找他有什么事情；不久之后只见她又来了，还是那么神气活现，还带着那个小女孩；后来看见她以一种很暧昧的态度对待父亲，迫不及待地找他要钱，说话的语气使人觉得他必须给钱，因为他负有这种义务。这使我感到莫名其妙。

父亲 实际上，我的确有这个义务：这是对你母亲的义务！

儿子 我怎么能知道呢？先生，我何曾见过她？我又何曾听人说起过她？有一天，我看见她同她（指继女）来了，带着那个男孩，还有那个小女孩。人们告诉我：“你知道吗？她就是你的母亲！”我从她（再指继女）的举动里猜到了她们的用意。就这样，不久之后她们就住到家里来了……先生，我不能也不愿意把我看到和想到的东西说出来，甚至对我自己也不想说。所以，您可以相信，我是不会惹事生非的。先生，我是戏里一个“不登台”的角色；同他们在一起，我觉得难受，难受极了。你们让我走开吧！

父亲 你说什么？这是借口！正是因为你这样才……

儿子 （很气愤地）你了解我吗？你什么时候关心过我？

父亲 我承认！我承认！这不也是一个情节吗？你对我、对你的母亲是这么冷漠、狠心，你的母亲回到家里，她第一次看见已经长得这么大的你，她的眼睛认不出你来了，但是她的心里知道你是她的儿子……（向经理指着母亲）您看：她哭了！

继女 （生气地跺着一只脚）她像一个傻子！

父亲 （马上指着继女对经理说）她不能忍受他的那种态度，这是可想而知的！（重新指儿子）他说与他无关，相反他几乎是剧情的关键人物，您看那个男孩，他总是畏畏缩缩地寸步不离母亲……因为他害怕他！也许他的情况是最痛苦的：他比别人更加感到陌生，可怜的孩子感到被人收留的屈辱和哀伤——虽然是出于好心的收留……（自以为是地）他完全像他的父亲！胆怯，沉默……

经理 喂，这可不好！您不知道孩子们上舞台是件为难的事！

父亲 噢，但是他很快就要离去，您不要发愁！还有那个小女孩也一样，她还先走一步……

经理 那很好！我对您说真心话：我对这一切感兴趣，非常感兴趣。我看出这是可以发掘出一出好戏的材料！

继女 （欲插入谈话）有我这样一个人物，还能不是好戏吗！

父亲 （急于想知道经理的决定，制止她说话）你不要说话！

经理 （没有注意到插话，继续说）很新奇，是的……

父亲 嗯，是最新奇的，先生！

经理 还真有胆量——我说，你们就这样跑到我面前演起来了……

父亲 先生，您还不明白：我们生来就是舞台上的人……

经理 你们是业余演员？

父亲 不是，我是说生来就是舞台上的人，因为……

经理 哼，别瞎说了，您一定演过戏！

父亲 没有，先生。可也是，每一个人都演着一个自己选择的角色，或者别人为他指定的生活中的某一个角色。在我身上，也跟在别人身上一样，热情一旦迸发，就会产生出有点戏剧性的事情来……

经理 让我们想想办法，想想办法！——您要知道，亲爱的先生，这里还没有剧作家……我可以把一个剧作家的地址告诉您……

父亲 不用了，您听我说：您就当剧作家吧。

经理 我？您说什么？

父亲 是的，您！您！为什么不可以呢？

经理 因为我从来没有写过剧本！

父亲 请问，难道不能从现在开始写吗？并不困难。许多人都会的！您的任务很容易完成，因为我们都活生生地站在您的面前。

经理　这还不够！

父亲　怎么还不够呢？我们把戏演给您看……

经理　是呀！但总得有人把它写下来！

父亲　不用。既然有了现成的表演，有人一场一场地记录下来就行了。只需要写一个剧情简介。试一试吧！

经理　（被说动，又上舞台）唉……我简直被您的建议迷住了……这样吧，就当闹着玩……咱们真来试一试！

父亲　这就对了，先生！您一定会看到一部好戏诞生的！我现在就可以把剧情大意告诉您！

经理　您算把我迷住了……把我迷住了。我们试试吧……请您跟我到我的办公室去吧。（转向众演员）你们休息一会儿，但是不要走远了。十五分钟，二十分钟后，大家都回到这里来。（向父亲）咱们试一下，看看会有什么结果……也许真有点不寻常的东西会出现……

父亲　那是不用怀疑的！您不认为，让他们也一起来会更好吗？（指其余的角色）

经理　好，来吧，来吧！（欲下，又回来对众演员）喂！我再说一遍，一刻钟后大家准时回来！

〔经理和六个角色穿场下。众演员留在舞台上，疑惑不解地面面相觑。

……

【美】奥尼尔

尤金·奥尼尔(1888—1953)，出生于美国纽约一个演员家庭，是美国现代戏剧的奠基人，被誉为“美国戏剧之父”。他一生勤奋笔耕，创作了近50部剧本。1936年获得诺贝尔文学奖。

奥尼尔的戏剧创作分为三个时期。第一个时期(1913—1919)是其戏剧的起步阶段，写有独幕剧《东航卡迪夫》(1914)、《归路迢迢》(1917)、《划十字的地方》(1918)、《加勒比海之月》(1917)和多幕剧《天边外》(1918)等。这些作品充满了对于大海和陆地的双向幻想，反映出现代人对自身现实处境的困惑以及寻找出路、归属的焦灼和渴望。第二个时期(1920—1934)是戏剧的试验期。他努力拓展戏剧题材，探索各种戏剧表达方式，对人类隐秘的内心世界进行深入挖掘，着力于表现双重人格。代表作有《琼斯皇帝》(1920)、《毛猿》(1921)、《榆树下的欲望》(1924)、《大神布朗》(1925)、《悲悼》(1931)等。对剧中人物人格分裂和矛盾的描写，是奥尼尔对现代主义戏剧的主要贡献，其意义在于呈现了处于精神危机中的现代人痛苦心灵的复杂形式。第三个时期(1935—1943)，奥尼尔放弃了各种戏剧实验，他说：“我一直迷失在探索所谓戏剧新方法和风格中”，决定“用最简单、最自然的风格写作”。奥尼尔走上了“改造后”的现实主义道路，创作了他最优秀的作品《送冰的人来了》(1939)、《进入黑夜的漫长旅程》(1941)和《月照不幸人》(1943)等。这些作品更多地描写现代人的生存处境，表现人性的崇高，往往以人物之间的和解为结局。

《琼斯皇帝》是奥尼尔表现主义的代表作之一。主人公琼斯是一位美国黑人乘务员，由于杀人被捕入狱。在杀死一名看守后，他逃往西印度群岛，当上了一个小岛部落的皇帝。后来，当地土人不堪忍受琼斯皇帝的统治和欺压，发动叛乱。琼斯皇帝在土著人的反抗、追击中被杀死。剧本致力于表现琼斯在逃亡过程中紧张、恐惧和内疚的复杂心理活动，通过借助不断变化的灯光、道具、布景，将他的回忆、幻象、潜意识活动外化为舞台形象，尤其是利用愈来愈急促的鼓声来渲染他不断加剧的紧张情绪，体现了作者精湛的戏剧艺术。

（刘洪涛　撰稿）

琼斯皇帝[①]

人　　物

布鲁特斯·琼斯　皇帝
亨利·斯密泽斯　一个伦敦佬气派的商人
一个土著老太婆
兰姆　一个土著部落的头头
士兵们　兰姆的拥护者
没模样的小恐惧；杰夫；黑人罪犯；狱卒；种植园主；拍卖商；奴隶；刚果巫医；鳄鱼神

本剧发生在西印度群岛一个尚未由白人海员主持民族自决的海岛上。当地政府的形式暂时为皇朝。

场　　景

第一场
　　在琼斯皇帝的宫殿内。下午。
第二场
　　在大森林的边缘。黄昏。
第三场
　　在森林内。夜晚。
第四场
　　在森林内。夜晚。
第五场
　　在森林内。夜晚。
第六场
　　在森林内。夜晚。
第七场
　　在森林内。夜晚。
第八场
　　与第二场同——在大森林的边缘。黎明。

① 选自[美]尤金·奥尼尔：《奥尼尔剧作选》，屠珍译，北京，人民文学出版社，2007。

第 一 场

景：皇帝宫殿的谒见厅——一间顶棚高、墙壁白而光秃秃的宽敞房间。地是用白瓷砖铺的。舞台后方，中间偏左处有一扇拱门通向白圆柱的廊子。宫殿显然建造在高处，因为通过门廊除了看得到远处山峦景色之外，什么也看不到，那些山上布满棕榈树丛。右面墙当中有一扇较小的拱门通向后宫。室内除了中间摆着一把面朝台口的粗大的木椅之外，空无他物。这把椅子显然是皇帝的宝座，上面涂了一层刺眼的猩红色，椅子上面放着一个耀眼的橘黄色垫子，椅前还有一个当脚垫的较小的软垫，从宝座通向那两扇门之间都铺着染成猩红色的草席。

已是黄昏时分；门廊外面，阳光仍然照得火热，屋内弥漫着一股令人倦乏的闷热。

〔幕启，一个当地黑人妇女从右方那扇门小心谨慎地溜进来。她年迈，身穿廉价的印花布衣，赤脚，头上围着一块红色印花大手帕，只露出几缕稀疏的白发。肩扛一根木棍，顶端挂着一个花布包袱。她在门口踌躇不决，回头凝视，好像特别害怕让人发现似的。接着她一步一步地悄悄朝后面那扇门走去。这时斯密泽斯出现在门廊下。

〔斯密泽斯是个身材高大、溜肩膀、四十岁左右的男人。他的秃脑瓜长在他那有个特大喉结的长脖子上面，活像个大鸡蛋。热带气候使他那张原本就五官小而轮廓分明的苍白面孔晒得成了病态的蜡黄色，当地的罗姆酒又把他的尖鼻子染成吓人的红色。他那双红眼眶、淡蓝的小眼像白鼬的眼睛那样环顾瞥视。脸上流露出一种卑鄙、怯生生而又恶毒的表情。他身穿一套又脏又破的白斜纹布骑装，打着绑腿，脚蹬带马刺的靴子，头戴一顶白色遮阳软帽，腰间围着一条子弹带，上面别着一把自动手枪，他手里握着一条马鞭。他一看到那个女人就停下来疑惑地观望着她。随后，他突然做出决定，踮起脚尖匆匆走进那间屋子。那个女人，一直在朝身后观望，等看到他时已经躲不开了。他冲上前去紧紧抓住她的肩膀，后者默默而使劲地想挣脱开来。

斯密泽斯 （使劲粗暴地抓紧她）别紧张！别跟我来这一套，我的小鸟。你现在让我抓住了，就甭想挣脱掉。

女人 （意识到自己挣脱不掉，吓得惊慌失措，瘫倒在地上，抱着他的双膝哀求）别告诉他！别告诉他，先生！

斯密泽斯 （十分好奇地）告诉他？（接着轻蔑地）哦，你指的是那个得意洋洋的陛下。可你到底在耍什么花招？你干吗要溜掉？我想你准是在偷点什么吧。（他有意识地用马鞭轻轻敲敲她那个小包袱。）

女人 （使劲摇头）没有，我没偷。

斯密泽斯 鬼骗子！那你说你到底要干什么。这里面肯定有点什么鬼花招。我今天早上一起床就感到不大对劲了。你们这些黑家伙在捣鬼。他这个宫殿就像一座死气沉沉的坟墓。干活儿的人都哪儿去啦？(那个女人突然沉默不语，斯密泽斯威胁地举起鞭子)哦，你不吭声，是不是？我得叫你知道点规矩。

女人 (哆嗦)我说，老爷。你别打俺。他们都——都走啦。(她朝远处山峦挥一下手。)

斯密泽斯 逃跑了——进山去了吗？

女人 是啊，老爷。皇帝陛下——伟大的父亲，(她连忙机械地用额头触一下地皮)吃完饭就睡觉去了。随后他们就都——都走了。只剩下我这个老婆子，现在我也要走啦。

斯密泽斯 (一阵极为奸诈的满意代替了惊讶)噢！原来是这么一回事！哼，他们往山里跑的时候，我就知道这里出了事儿。那边的手鼓很快就会咚咚敲响。(幸灾乐祸地)我也算上一个，对这事可太高兴啦！他这是活该！装腔作势，这个臭黑鬼！陛下！啊呀，老天爷！我只希望能亲眼见到他们把他拖出去毙了。(蓦地)他还在这儿，对不对？

女人 他在睡觉呐。

斯密泽斯 他一醒过来准会立刻察觉这件事。他够狡猾的，会明白自己的末日来临啦。(他走向右边那扇门，把两个手指头塞进嘴里，吹出尖声口哨。老太婆跳起来，从后面那扇门逃走了。斯密泽斯追过去，同时掏出手枪)站住，我要开枪啦！(接着站住——无所谓地)跑就跑呗，随你的便，你这头黑母牛。(他站在门口目送她。)

(琼斯从右边上。他是个身高体壮、元气旺盛的中年黑人。他长着典型的黑人面貌，可是脸上有那么一种明显的特征——一种潜在的毅力，一种激起人们尊敬的果断的自信。两眼滴溜乱转，机智狡猾。在举止上，他机敏，好疑，叫人难以捉摸。他穿一件淡蓝色带铜钮扣的制服外套，佩着沉甸甸的金色肩章，袖口和领边也都镶着金边，裤子是鲜红色的，两边是淡蓝条纹。脚蹬一双带铜马刺的扎带漆皮靴，腰带上的枪套里插着一杆柄上嵌着珍珠的长筒手枪，这使他全身披挂得完整无缺。但是他那股庄严气派并非完全荒谬可笑。他有一种应付自如的劲头。)

琼斯 (环顾左右无人——挺恼火，睡眼惺忪——大声叫喊)谁竟敢如此大胆放肆地在我的宫殿里吹口哨？谁竟敢把皇帝吵醒？我非把你们这几个黑鬼的皮剥下来不可！

斯密泽斯 (装出一副半惊恐、半挑衅的样儿——走过来)是我朝您吹的口哨。(琼斯怒气冲冲地皱起眉头)我有消息要向您报告。

琼斯 (装出一副温和的样儿，可也没有掩盖他对这个白人的蔑视)哦，原来是你，斯密泽斯先生。(他从容而尊严地坐在皇位上)有什么消息要告诉我？

斯密泽斯 (走近前去观赏他的狼狈相)您难道没感到今天有什么不对头的地方吗？

琼斯 (冷淡地)不对头？没有。我没看出有什么不对头的地方！

斯密泽斯 那您就不是我过去想象的那样狡猾了。您的文武百官哪儿去啦？(讥讽地）那些将军，还有那些内阁部长呢？

琼斯 （沉着地）我一阖上两眼，他们就跑到老地方去了呗——到城里去喝罗姆酒，吹牛去了。（挖苦地）你怎么连这事都不知道呢？你难道不是几乎每天都同他们泡在一起吗？

斯密泽斯 （被触痛，但装出一副无所谓的样子——眨巴一下眼）那是每天例行的一部分公事。我非得那样不可——不是吗——那是我的职责啊？

琼斯 （轻蔑地）你的职责！

斯密泽斯 （轻率地发起火来）啊呀，老天爷，当初我用船把你送到这儿登陆，你挺满足。那时候，你可没有这种趾高气扬的派头。

琼斯 （他的手闪电般地按在他那把手枪上——威胁地）说话讲点礼貌，白人！说话讲点礼貌，听见没有！现在我是这儿的主子，难道你忘啦？（伦敦佬似乎要用事实向对方末一句话提出挑战，但是对方的眼神把他镇住了。）

斯密泽斯 （胆怯地嘀咕）没恶意，老伙计。

琼斯 （恩赐地）我接受你的道歉。（把那只握手枪的手放下了）重提旧事对你没好处。我过去是干什么的是一码事。现在是什么人又是一回事。你那时干的勾当没连累我，并非出于好意。我为你干了那件肮脏的事——多半是靠我动脑筋计划出来的——对你来说，我挺值钱，这才是真正的理由。

斯密泽斯 哎呀，是我给你一个发迹的机会，对不对？——别人谁也不会这样干的。我当初并不像别人那样不敢雇用你——由于考虑到你在美国越狱那档子事。

琼斯 哼，你用不着拿那件事来小看我。你自己也不止一次进过监狱。

斯密泽斯 （恼火地）胡说八道！（接着尽力使用轻蔑的态度文过饰非）该死的，这套谎话是谁跟你说的？

琼斯 有些事我用不着别人告诉我。我可以从人们的眼神里看出苗头来。（停顿——沉思一下）对，你当然给了我一个发迹的机会。而且从那时起没用多长时间我就让这群树林里的傻黑鬼乖乖听从我的摆布。（自豪地）不出两年工夫就从偷渡的人做到皇帝，这很说明问题！

斯密泽斯 （好奇地）我敢说你准是把成堆的钱藏在什么保险的地方去了。

琼斯 （得意地）当然啦！存在一家外国银行里，不管出了什么事，除了我，谁也甭打算把它取出来。你不至于认为我干这个皇帝差事，只是为了抖抖威风吧，对不对？当然啦！装出这副威风凛凛的样儿，只是为了让这儿丛林里俯首听命的黑鬼感到骄傲。他们拿钱出来也要看看活人马戏呀。我给他们比划比划，然后收他们的钱，（咧嘴一笑）钞票，每次都归我得。（接着训斥地）你可不能再顶撞我，斯密泽斯。我欠你的情已经多次偿还了，你在光天化日之下干那些不光彩的买卖，我难道没睁一眼闭一眼保护过你吗？我确实那样干了——可同时又在颁布制止那种勾当的法令！（他格格地笑了。）

斯密泽斯 （嘻嘻干笑）并非出自恶意，你自己不是也在东捞一把、西抢一把的足搂吗？瞧瞧你强加在他们头上的那些税！老天爷！你把他们都压榨干了！

琼斯　(格格笑)没有，他们还没完全干哪。我不是还在这儿吗？

斯密泽斯　(心里明白，暗自发笑)你就会发现他们现在已经给榨干了。(蓦地换个话题)至于说我犯法，你自己也同样知法犯法啊，自己刚刚颁布法令，马上就把它破坏。

琼斯　我不是皇帝吗？法不上皇帝。(公事公办地)听见我跟你说的话了吧，斯密泽斯。世上有你那种小偷小摸，也有我这样的大搂大抢。小偷小摸早晚得让你锒铛入狱。大搂大抢他们就封你当皇上，等你一咽气，他们还会把你放在名人堂里。(怀旧地)要是我在火车卧车厢里干了十年，从那些白人的高谈阔论里学到了什么，这就是我学到的东西。一旦我得到机会运用它，两年之内我就当了皇上。

斯密泽斯　(再也按捺不住自己对这个小人物如此飞黄腾达而产生的由衷的羡慕)是啊，你这种血淋淋的把戏耍得真不赖。老天爷，我从来没碰见过哪个家伙比你更走运了。

琼斯　(严厉地)走运？你这是什么意思——走运？

斯密泽斯　你可能会说，拿银子弹那档子事吹牛不算运气——可就是那件事首先使那些傻黑鬼在革命的时候站到你这边来的，对不对？

琼斯　(大笑)哦，银子弹！当然算运气！不过，那个运气是我亲手炮制出来的，你听见没有？是我要花招占的便宜！就是这么回事，先生！老兰姆雇用的那个黑鬼来谋杀我，只离我十英尺远，可没打中，而我却把那个家伙打死了，你听清楚了没有？

斯密泽斯　于是你就对人家说你会施魔法，铅子弹杀不死你。你告诉他们，你太强壮了，除非用一颗银子弹才能把你打死。老天爷，你可真会说大话——那可纯属撞着大运了，对不对？

琼斯　(骄傲地)我有头脑，而且脑筋转得快。这不算运气。

斯密泽斯　你知道他们无论如何也弄不到银子弹。他那回没打中你，算你运气。

琼斯　(大声笑)可那些傻黑鬼就都跪在地上，磕起响头来，好像我是圣经里的一桩奇迹。哦，老天爷，从那时起，他们就任凭我摆布了。我只要一抽响鞭子，他们就胆战心惊。

斯密泽斯　(哼一下)美国佬干的那种吓唬人的把戏。

琼斯　一个人形象高大不就靠吹牛吹出来的吗？——只要他能让人们相信就行啦。当然，只要我有把握我就吹牛，可我又不乱吹。我知道我能唬住他们——这点我一清二楚——这就足够我要这套把戏了。而且我还得学他们的土语，教他们英语，才能跟他们打交道，对不对？这不都是活儿吗？你已经到这儿十年了，可你从没学过一句土话，斯密泽斯，你要知道你只要学上点，那就等于你在跟他们打交道时装在口袋里的现钱一样。可你太松劲，懒得费那个劲儿。

斯密泽斯　(脸红耳赤)甭管我。我听说你真的给自己定制了一颗银子弹，这是怎么回事？

琼斯　这还是个花招，我已经定制好了一颗银子弹，我告诉他们，到时候我自己会用它来打死自己。我跟他们这么说是因为全世界只有我一个人强大得足以打死自己。他们用不着白费劲儿。后来他们就又都趴在地上磕起响头来了。(他大笑起来)我这么干就可以消消停停去遛个弯儿，用不着担心哪个嫉妒的黑家伙在树丛后面朝我打黑枪了。

斯密泽斯 (惊讶地)那么，你定做了一颗——是真的吗?

琼斯 当然做了。就在这儿。(他拿起自己的手枪，打开来，从弹膛里把那颗银子弹拿出来)五颗铅制的，最末一颗是这颗银制的宝贝。你瞧它亮得多可爱?(银子弹在他手心上，他欣赏地瞧着它，好像给迷住了。)

斯密泽斯 给我看看。(伸手去拿。)

琼斯 (严厉地)收回你的手，白人。(他把那颗子弹放回弹膛，把手枪插回腰后枪套里。)

斯密泽斯 (咆哮地)老天爷！你把我当成个惯贼了吧，你会的。

琼斯 没有，不是这样的。我知道你不敢偷我的东西。可我不准任何人碰我这个宝贝。这是我的心肝儿。

斯密泽斯 (轻蔑地)一个鬼魔法，对不?(恶狠狠地)哼，呆不了多久，你就用得上这套鬼魔法啦，我敢断言！

琼斯 (公事公办地)哼！这至少还能保证灵验六个月，然后他们才会厌倦我这套把戏。到那时，我一看见要出麻烦就溜之乎也。

斯密泽斯 嗬！一切都安排好了，是不是?

琼斯 我可不是傻瓜。我早就知道这种当皇上的日子不长了。所以我才趁热打铁，抓紧时机。你以为我打算一辈子保持这个位置吗?才不是呐，先生！如果你打算在这个破烂地方呆下去的话，要钱又有什么用?我一旦要花钱，就要行动啦。等我看出这些黑家伙长足了胆要把我撵走，等我把所有见得到的钱都搂走之后，我马上就退位，拔腿溜走。

斯密泽斯 上哪儿?

琼斯 这你管不着。

斯密泽斯 我敢打赌，不敢回那个该死的美国去吧。

琼斯 (多疑地)我为什么不敢?(又轻松地一笑)你的意思是说因为我在那儿越过狱那件事吗?那都是一派胡言。

斯密泽斯 (怀疑地)哦，是嘛！

琼斯 (机警地)你这是想绕圈子说我是个骗子吧，对不对?

斯密泽斯 (急忙地)没有，要是那样，老天劈了我！我只是想，你对这儿的黑人瞎说你怎样在美国杀白人。

琼斯 (恼火地)那怎么是瞎说呢?

斯密泽斯 你要是杀过白人就会进监狱，对不对?(恶毒地)据我所闻，在美国黑人杀白人可不是闹着玩儿的事。他们会用汽油把黑人活活烧死，对不对?

琼斯 (阴冷地)你这是想用私刑处死来吓唬我吗?哼，告诉你说，斯密泽斯，也许我在那边确实杀死过一个白人。也许我就是干了。也许过不了多久我在这儿还要再宰一个，如果那家伙不留点神的话。

斯密泽斯 （强挤出笑容）我不过是逗逗你罢了。你连个玩笑都接受不了吗？你刚才说你从来就没进过监狱。

琼斯 （同样的声调——稍带吹嘘）也许我进那边的监狱是因为掷骰子赌博跟人拼起刀子来。也许那个黑人因此而死掉了，我就被判处了二十年徒刑。也许我们在修筑道路时，我又跟那个当工头的狱卒争吵起来。也许他用鞭子抽我，我就用铁锹把他脑袋劈成两半了，然后用锉刀把我的脚镣锯开，平平安安地逃跑了。这些事也许我都干了，也许没干。这就是我要告诉你的故事，好让你知道我是个什么样的人，你要是胆敢把我的话往外说出去一句，我就马上干掉你这条狗命！

斯密泽斯 （害怕地）你认为我会告发你吗？绝不会的！我一直不是你的朋友吗？

琼斯 （突然放松下来）你过去当然是——现在最好还是。

斯密泽斯 （恢复常态——包括他的狡黠）为了表示我是你的朋友，跟你说，我正打算告诉你一点消息。

琼斯 那就说吧！快说出来。从你这份高兴样儿看得出来，准是坏消息。

斯密泽斯 （告诫地）也许现在是你该退位的时候啦——该用那颗光彩的银子弹，不是吗？（他嘲弄地笑一下。）

琼斯 （惶惑不解）你在说什么？讲清楚点。

斯密泽斯 今天在这儿我可没见到任何一名卫士或仆从呀。

琼斯 （无所谓地）他们都到花园树底下睡觉去了。我一睡着，他们也都溜出去睡一觉。我假装从来没怀疑过这件事。我只需摇一下铃，他们就会飞快跑来支应，装出一副他们一直在干活儿的样儿。

斯密泽斯 （继续带着嘲弄的腔调）那你现在摇摇铃看，然后你就会明白我的意思啦。

琼斯 （惊恐地警惕起来，可还保持那种无所谓的声调）我当然要摇铃的。（他伸手到宝座下面，掏出一个挺大个儿、涂着跟宝座一样鲜艳的猩红色的普通吃饭铃铛。他使劲摇一阵铃——接着停下来听听动静。然后他走到那两个门口，又摇一阵铃，往外窥视。）

斯密泽斯 （幸灾乐祸地观望着他，稍停——嘲弄地）这条鬼船正在下沉，那些贼耗子都逃走了。

琼斯 （大发雷霆地把铃铛扔到一个角落里）下贱的土黑鬼！（这时他发现斯密泽斯正在望着他，便控制住自己，接着突然迸发出一阵低沉的格格笑声）我这次大概玩过火了！人不能把截短了尾巴的飞禽总扣在锅底下。我刚才不是说再执政六个月吗？嗯！我现在改变主意啦。此时此刻就兑现，辞去皇上这个差使。

斯密泽斯 （真诚地羡慕）老天爷，你可真是个冷静的家伙，没错儿。

琼斯 大惊小怪也白搭。我一旦知道戏法儿变完了，就一点也不留恋地跟它吻别。他们都跑进山里去了，对不对？

斯密泽斯 对——连一个鬼魂也没留下。

琼斯 这么说来，革命已经闹起来了。当皇上的最好还是赶快一溜烟从森林小道逃走吧。(他朝后门走去。)

斯密泽斯 去找你的马吗？一匹也找不到了。他们头一件事就是把马全都偷走了。今天早上我去找我的马，就发现没有了。这才叫我开始怀疑事情有点不对头了。

琼斯 (惊讶一下，抓抓头皮，然后达观地)那我就步行呗，腿呀，执行你的职责吧！(他掏出一块金怀表，看一眼)三点半。日落是六点半左右。(把表放回衣服口袋里——不慌不忙，十分自信)不着急，我有的是时间。

斯密泽斯 你可别那么有把握。他们会紧迫紧赶你，不会放走你的。老兰姆是这件事的起因。他恨你恨得要命。他宁可不吃饭也要宰了你，他会这样干的！

琼斯 (轻蔑地)那个傻瓜是个没用的黑鬼！你以为我怕他吗？我以前踩在他那个笨脑壳上不止一次了，我要是再碰上他，还会那么干——(恶狠狠地)这次我准会让他当个死黑鬼，错不了！

斯密泽斯 那你就得抄近路穿过那一大片森林——可这里的黑人都能像猎狗那样嗅闻，在黑暗里追踪。你尽管像本地土生土长的人那样熟悉所有那些崎岖小道，也得加紧在十二小时之内穿过那片森林。

琼斯 (气愤而轻蔑地)听我说，白人！你以为我是天生的蠢货吗？看在上帝面上，夸夸我多少有点头脑吧！你难道不认为我有远见，善于掌握机会吗？我多次进入那片大森林假装在打猎，却把森林里的高高低低了解得一清二楚。我闭着眼睛也能穿过它。(极为轻蔑地)想想看，这些无知到连自己名字都不清楚的土黑子能抓住布鲁特斯·琼斯吗？哼，我想是不会的！要他命也办不到！呃，老兄，当初在我来的那个地方，那些白人领着该死的猎狗追捕我，而我只是嘲笑他们。在这儿哄骗这些黑废物真叫人害臊，他们太容易让人糊弄了。老兄，等着瞧吧。我要让他们个个显得十分懊丧，我会办到的。等天一擦黑，我就穿过这块平地到森林边上去。等晚上一进入森林，他们就很难找到我这个宝贝啦！明天一大早，我就到了森林那边，那儿的海岸码头停放着一艘法国炮艇。我上了船，它就会把我送到它要驶往的马提尼克①，到那儿之后，我的牛仔裤兜儿里塞满了大把大把票面大的钞票，那就安全无虑啦。这就跟滚动开一根圆木一样容易。

斯密泽斯 (恶意地)可要是不那么顺当，他们真把你抓住怎么办？

琼斯 (明确地)他们抓不着——这就是答案。

斯密泽斯 不过，咱们只是闲拌嘴——如果发生那种情况，你该怎么办呢？

琼斯 (皱着眉)我这把手枪里有五颗铅弹足以对付一般土黑子——然后我可以用那颗银子弹来骗骗他们，让他们抓不着我。

斯密泽斯 (揶揄地)哦，我忘记了那颗银子弹。你会很有气派地把自己崩掉，对不对？老天爷！

---

① 马提尼克，拉丁美洲一岛国。

琼斯 （无精打采地）你可以把你的一整卷钞票下赌注押在一件事情上，白人。我这个人奉陪到底；我要是不想干了，也会按照应有的办法砰地一响一了百了地离去。他既然要走，银子弹对他倒蛮合适，这倒是个事实！（接着摆脱紧张不安的情绪——怀有信心地笑笑）确实如此！可我这是在胡扯些什么呢？还没到那个份儿上呢，永远也到不了——至少不会落在这儿的黑废物手里。（吹嘘地）不管怎么着，银子弹总给我带来好运气。不管是白天还是黑夜，什么时候我都能智胜他们所有的人，逃脱他们的追逐，战胜他们，打败他们，你等着瞧吧！（从远处山峦传来微弱而坚定的咚咚击鼓声，低沉而有节奏。开始时，节拍同正常的脉搏跳动相一致——每分钟七十二跳——随后逐渐加快速度，一直不停地直到全剧终了。）

（琼斯闻声惊起。他听着，脸上一时显出一种古怪的忧虑表情。接着他又尽力恢复惯常那种无所谓的神态，问道）为什么敲鼓啊？

斯密泽斯 （狡黠地一笑）为你嘛，这就是说，流血的仪式已经开始了。这我过去听说过，略知一二。

琼斯 仪式？什么仪式？

斯密泽斯 那帮黑人在开始追捕你之前，正在召开一个血淋淋的会，跳一种战舞，鼓舞士气。

琼斯 让他们干吧！他们确实需要这样壮壮胆！

斯密泽斯 他们正在那儿举行他们那种邪教仪式，没完没了地念咒施魔法，好帮助他们顶住你那颗银子弹。（他狂笑起来）老天爷，他们可也真够愚蠢的！

琼斯 （不禁有点畏惧，微微发抖）哼，这也只能吓吓胆小鬼罢了！

斯密泽斯 （觉出对方的恐惧——恶意地）今天晚上，等森林里黑得伸手不见五指的时候，他们就会让他们宠爱的妖魔鬼怪追赶你。不用等到明天清早，你就会发现你那一脑袋的头发根根都会倒竖起来。（认真地）那片臭烘烘的森林，甚至在大白天，也是个神出鬼没的地方。你真不知道那里面会出现什么情形，死气沉沉得叫你毛骨悚然，我一走进去，脊梁骨就冒凉气。

琼斯 （鄙视地哼一下）我可不像你那样胆小如鼠。树和我是哥们儿，何况，还有圆圆的月亮给我照明。就让那帮可怜的黑鬼尽情念咒玩，弄他们愚蠢的巫术吧。你难道以为我愚蠢得竟会相信妖魔鬼怪和老娘儿们那套鬼话吗？去你的，白人！你不必再说了。（格格一笑）你难道不知道他们要打交道的人是个有身份的浸礼会教徒吗？当初我在火车卧车厢里当杂工时，在我没惹那个小麻烦之前，确确实实是一名教徒。就让他们试试他们那套邪门歪道的玩艺儿吧。浸礼会还会护着我，把他们统统打进地狱。（接着更加信心十足地）何况我自己还有那颗银子弹呢，别忘了！

斯密泽斯 嗬！自从你来到这儿，你可并没有十分关心你那个浸礼教会。我本人就听说，你已经叛教，还跟他们那些该死的巫医，那些你称为猪猡的家伙混在一起，打得火热。

琼斯 （激愤地）我那是假装的！我当然是装着玩儿的！那是我最初的一部分戏法儿。

如果我发现那些黑鬼管黑叫白，那我嚷嚷起来，就比他们当中嚷得最响的人还要响。这儿没什么传教的活儿可以让我为浸礼教会干干。我现在要的是钱，暂时把我的耶稣撇在一边。（突然停下来看一下表——机警地）可我现在没工夫再跟你闲扯淡了。我马上得离开这儿啦。（他从宝座下面掏出一顶围着一圈色彩鲜艳的缎带的、讲究的巴拿马草帽，洋洋得意地把它扣在脑袋上）再见，白人！（咧嘴一笑）没准儿咱俩什么时候再一次在监狱里见面！

斯密泽斯 没那个事儿，您甭想。我无论如何也不会为几个臭钱再跟你跑了。不过，还是祝你交好运，大吉大利！

琼斯 （鄙视地）你是我所见到的最㞞的胆小鬼！告诉你说，我如果到了纽约市就平安无事啦。那些黑鬼从现在起一直到天黑才能鼓起勇气干点什么。到那时，我已经先走一步，他们永远也追不上啦。

斯密泽斯 （恶意地）你要是碰到什么鬼魂，请代我捎个好。

琼斯 （冷笑）如果那个鬼有钱，我就会告诉他千万别找你，除非他打算把钱丢掉。

斯密泽斯 （受宠地）去你的！（然后好奇地）你不带点行李走吗？

琼斯 我每逢出远门都是轻装上路。我早在森林边上埋好了罐头食品。（吹嘘地）你现在还能说我不向前看，不动脑子吗？（做个慷慨大方的手势）宫里所剩下的东西我都传给你吧——趁他们还没有来到之前，你最好还是尽快能抓什么就抓什么，赶快溜走吧。

斯密泽斯 （感激地）对——多谢啦。（琼斯朝后面那扇门走去——告诫地）喂，喂！你总不会从那边走出去吧？

琼斯 你以为我会像一个普通的黑鬼从后门鬼鬼祟祟地溜走吗？我现在还是皇上，对不对？琼斯皇上从哪扇门进来，就从哪扇门出去，哪个黑废物胆敢来挡他的驾——至少现在还没那个胆量。（他在门口停一下，仔细听听远方紧密的手鼓声）听他们在呼叫点名呐。听见了没有？准是个个儿挺大的鼓，声音传得这么远。（笑一声）如果他们没有军乐队欢送我，我就把这个鼓作为替代吧。再见，白人。（他把两手插进兜儿里，假装满不在乎的样儿，用口哨吹着曲子，漫步从左方走出去。）

斯密泽斯 （带着惶惑的赞赏目光目送着他）这小子真有种，千真万确！（接着气愤地）哼——这个该死的黑鬼——还装腔作势呐！我真希望他们把他逮住，给他点颜色看看！

——**幕落**

第　二　场

景：平原尽头，大森林的边缘地带。前景是一片沙土地，平地上稀稀拉拉有几块石头。一簇簇矮树丛畏缩地紧挨地面，抵挡着阵阵信风。后面是森林筑成的一面黑糊糊的暗墙，与世隔绝。只有适应了黑暗，眼睛才能辨别出邻近的树干轮廓，一根根深黑的巨柱。风刮树叶，发出单调的呜呜哀鸣。这种声音更使人觉得大森林里阴森可怖，衬托出一种背景，使它那种沉郁的寂静极为突出。

琼斯从左方快步上。他走进森林边缘，停下来匆匆向四下里张望一下，窥视着暗处，好像在寻找什么熟悉的标志。接着，他显然十分满意地到达了自己要找的地方，然后就精疲力竭地倒在地下。

得，总算到了这儿，也正是时候！再过一会儿，这里就会比纸牌的黑桃爱斯还要黑啦！(他从裤子后兜儿里掏出一块印花手帕，擦脸上的汗珠子)真格的！让我喘口气吧！我可真是累得精疲力竭。当皇上的从来没锻炼过在火辣辣的太阳底下穿过平原走那么远的道儿。(接着，格格一笑)鼓起劲来，黑汉子，还会有更糟糕的事呢。(他抬头凝视着森林。笑声骤然止住。畏惧地说)我的老天，瞧瞧那片森林，瞧见没有？那个不可靠的斯密泽斯说过，那里会是漆黑一片，他说得不错。(连忙调头不看森林，低头瞧瞧自己的两只脚，借机换个话题——焦虑地)两只脚啊，你们居然坚持到底了，干得不错，我真希望你们可千万别打泡。你们也该休息一下啦。(他脱下皮鞋，视线故意避开森林。他轻轻抚摸两只脚底板)你们还是很正常——只是有点发烧。凉快凉快吧。记住你们还得赶一段长路哪。(他倦乏地坐在那儿，听着那有节奏的手鼓声。他大声嘟囔以掩饰自己越来越不安的情绪)这群土黑鬼！我真纳闷他们老这么敲鼓，也不嫌累！声音好像越来越响了。他们是不是开始追我了？(他爬起来，回头望着平原)他们就是在百尺远的地方，我现在也根本看不见。(接着像一条浑身湿透的狗那样甩去这种令人沮丧的念头)没错儿，他们还在老远老远的地方呐，你嘀咕什么呀？(可他坐下来，急急忙忙系好鞋带，嘴里喃喃地安慰自己)你猜怎么回事？你的肚子饿啦，就是这事闹的。该吃点东西啦！你肚子里除了凉风，什么都没有了，你当然就觉得浑身没劲了。好了，等我把这烦人的鞋带一扎好，咱们马上就吃。(他扎好鞋带)得！现在咱们去瞧瞧。(他跪下来，两手扶地，用眼搜索四周的地面)白石头，白石头，你在哪儿？(他看到第一块白石头就爬过去——满意地)你敢情在这儿呐！我知道就在这儿！食品罐头，快快上我这儿来吧。(他把石头推开，用手往下摸——失望地)没在这儿！天哪，这地方到底对不对哪？那儿还有一块。准是那块。(他爬到另一块石头处，推翻开)这儿也没有！吃的啊，你在哪儿呐？没在这儿。天哪，难道我得饿着肚皮进入树林——一整宵吗？(他一边说，一边从一块石头爬到另一块石头，狂乱而迅速地把它们一一掀翻。最后，他急得跳起来)我是不是搞错了地方？肯定是。可这怎么会呢，我是大白天沿着小道穿过平原来的呀？(近乎哀伤地)我饿了，真饿了。我一定得找到我的吃的。要是找不到，我的劲儿打哪儿来呢？天哪，不管怎么着，我非得到处搜寻，把那盒吃的找到不可！天怎么黑得这样快？什么也看不见啦。(他在裤子上划了一根火柴，环视四周。这当儿，远方手鼓声可以让人觉出越敲越快了。他迷惑不解地嘟囔着)我记得这儿只有一块白石头，怎么现在有这么多块了呢？(突然他惊叹一声，把火柴扔在地上，用脚踩灭)黑汉子，你莫非疯了？你点亮火柴，好让他们知道你在这儿吗？老天爷，你倒是用用脑子啊。天哪，我得加点小心！(他恐惧地回头望着平原，手扶在手枪上面)可这些白石头，到底是怎么回事呢？我藏好的那盒食品罐头，用油纸包得好好的在哪儿呢？

(他转过身去时，一些没模样的小恐惧从树林暗处爬出来。它们黑不溜秋，没有模样，只能看见它们闪闪发光的小眼睛。如果说它们有什么可以形容的模样，那只能说是像一群匍匐爬行的婴儿那么大的肉蛆。它们无声无息地蠕动着，费劲儿地试想站立起来，可是失败了，又跌倒在地。琼斯转身冲着森林。他抬头望着树梢，徒劳无益地想从树林的状态来辨认出自己到底身在何处。)

从这些树什么也看不出来！天哪，这四周围我好像从来也没见过。我肯定是找错了地方！(怀着惨痛的预感)这实在是太奇怪啦！太奇怪啦！(急得顽抗起来——用愤怒的声调)树林呀，难道你打算跟我过不去吗？

(在他身前的地上，从那些没模样的东西那儿微微传来一阵讥讽的低沉笑声，很像树叶的沙沙声。它们冲着他向上扭动着。琼斯低头一看，惊恐地大叫一声，倒退几步，同时拔出手枪——颤巍巍地说)这是什么？谁在那儿？你是谁？滚开，别等我开枪打死你！你不滚？——

(他开枪。一道闪光，一声很响的枪声，接着只有远方加速的击鼓声打破宁静。那些没模样的东西，又匆匆跑回森林。琼斯站在那儿不动，倾听动静。那声枪响，手中觉出握着枪支，这使他那紧张的神经多多少少恢复了镇定。他又自信地自言自语起来。)

它们滚蛋了。那一枪解决了它们。那只是些小动物——可能是一群小野猪。也许就是它们把我的吃的掏出来吃掉了。当然，你这个傻黑汉子，你把它们当什么啦——鬼怪吗？(激动地)天哪，你开那一枪，可把自己暴露了。那帮黑鬼准听见了这声枪响！别再等待，赶快进入树林吧。(他开始向森林走去——进去之前又犹豫一下——接着拿出男子汉大丈夫的决心鼓励自己)进去吧，黑汉子！你还怕什么？那儿除了树木之外，啥也没有啊！进去吧！(他鼓起勇气冲进树林。)

第 三 场

景：在森林里。月亮刚刚升起，只有一片令人毛骨悚然的微光，在枝叶顶上闪闪移动。前景是一排密密麻麻的矮树丛和蔓藤，形成一小块三角空地。后面是黑糊糊的森林，像一个环形围绕屏障。左后方隐约可见一条小道通到林中这块空旷地，又朝右方迂回延伸而去。幕启时，台上什么也看不清楚。除了手鼓咚咚声之外，一片宁静，鼓声比前一场幕落时稍微更响点，更紧了些。每隔几秒钟就有一阵古怪的咔嗒咔嗒声。接着，黑人杰夫在三角空地后面蹲伏的身躯渐渐显露出来，他中年，棕色皮肤，瘦削，身穿一件火车卧车厢里的茶房制服，戴一顶制服帽。他正往身前的地上掷两颗骰子，拾起来，在手中摇晃几下，又自动做出僵硬而机械的动作掷下去。这时从左边小道传来一阵沉重而缓慢的脚步声，越来越近；琼斯的嗓音较前稍尖一点，还尽力显得欢欣，以克服自己的恐惧。

月亮升了起来。你听见了没有，黑汉子？这样你就可以有点亮光了，再也不会把你那个傻瓜脑袋往树干上撞啦，那些矮树丛也不会刮破你大腿上的皮啦。现在你可以看见往哪儿走了，所以说，别懊丧！从现在起，你就可以便当地快快赶路啦。

（他正好站在三角空地的后方，用衣袖擦脸上的汗。那顶巴拿马草帽已经丢失。脸被划破了，那件辉煌的制服已经有多处被撕破）现在也不知道是几点钟了？我不会再划亮火柴来看看几点钟了！呸！今天可真够热的！（乏累地）我在这个树林里到底赶了多久的路？准有好几个钟头吧。真好像过了一辈子似的！不可能是那么回事，月亮不是刚升起来吗？这对您来说可是个漫长的夜晚，皇帝陛下！（苦笑一下）陛下！现在再也没有什么陛下，只剩下这个宝贝儿啦！（勉强欢笑）没关系。这只是一部分戏法儿。这个夜晚跟别的样样事儿一样总有个尽头，等你安全到达那边，手里捏着大把钞票时，你就会嘲笑这一切啦。（他吹起口哨，又立刻停止）你吹什么口哨啊，你这个可怜的笨蛋！要让人人都听见你吗？（他顿住，探听四周的动静）听那面破鼓！从声音上听起来，可是越来越近了，他们一路上都带着它呐。我该活动活动啦。（他朝前边迈一步，又停下来——焦虑地）这种奇怪的咔嗒咔嗒声是怎么回事？又来了！声音好像不太远！好像——好像——老天爷，好像是哪个黑鬼在掷骰子呐！（惊恐地）我要是不让他们发觉，还是趁早溜掉为妙！（他急忙走进那块空地——他一看到杰夫就呆住了，惊恐地透不过气）谁在那儿？你是谁？是你吗，杰夫？（朝对方走去，顷刻间忘掉了四周的环境，真的相信他看见的是个活人——欣慰地）杰夫！见到你，我可甭提多高兴啦！别人告诉我，我那回用剃刀砍了你一家伙，你当真死了。（忽然顿住，惶惑不解地）可你怎么会到这儿来啦，黑鬼？（他好奇地盯视着对方，那人继续机械地掷骰子玩。琼斯的两颗眼珠滴溜乱转。他结结巴巴地说）你难道不——不抬起头来——不跟我说话吗？你——你是——是鬼吗？（他怒不可遏，拔出手枪）黑鬼，我已经杀死过你一次。难道我还得再杀你一次吗？那可是你自找的。（他放一枪。那阵硝烟消失后，杰夫不见了。琼斯哆里哆嗦地站在那儿——接着又恢复某种程度的信心）反正，他现在没影儿了。管他是鬼还不是鬼呢，那一枪把它解决了。（远方手鼓声明显地更响了一些，节奏更加快了。琼斯发觉这一点——大吃一惊，回头张望）他们追近了！他们来得好快呀！可我还在这里放枪，让他们知道我在这儿呢！哦，天哪，我得赶快跑掉！（他忘记走那条小道，慌里慌张地冲进后面的矮树丛，消失在阴影里。）

第　四　场

景：在森林里。一条从右前方斜向左后方的、宽阔的泥道。森林两端陡峭，环绕着那条道。这当儿，月亮已经升起。在月光照耀下，那条道闪闪发光，恐怖而不真实，看上去仿佛森林故意暂时闪开，好让这条道通过，并完成它那隐蔽的目的似的。待它完成之后，树林便会自行合拢，那条道也就不复存在。琼斯跌跌撞撞地从森林右方上。他的制服破烂不堪，他一看到那条道，便惊呆地向四处张望，两眼在明亮的月光下眨来眨去。他精疲力竭地倒在地上，大口喘了一会儿气。随后，他忽然发火了。

我热得都快熔化了！跑啊，跑啊，跑啊！这件该死的外套！简直像给疯子穿的紧箍衣！（他揪下外衣，扔在一旁，裸着整个上半身）得！这样舒服多了！现在我喘得过气来了。（他低头看看两只脚，一眼瞧见鞋上的马刺）去它的，这对崭新的流行的马刺吧。就是这玩艺儿一直绊得我差点儿摔死。(他解开马刺，厌恶地把它们扔得老远)得！我现在把皇上花里胡哨的装饰都扔掉了，可以更轻装上路啦。老天！我可真累啦！(停顿一下，听远处传来连续不断的鼓声)我想必跟他们隔开了一段距离——我这样奔跑——可是——那个该死的鼓声怎么总是一样近呀——甚至越来越近了。不过，我想我还是遥遥领先。他们永远也抓不着我。(叹气)只要我这双笨腿能站起来就好了，我真后悔为什么干这种玩艺儿。这种皇上的差使真难甩掉啊。(他疑惑地向四周瞧瞧)这条道怎么会到这儿来啦？一条平平整整的好路啊。我记不得从前见过这条道。(忧惧地摇晃脑袋)夜间这个树林里肯定尽是稀奇古怪的事儿。(突然惊吓地)老天爷！可别再让我碰上那些鬼魂啦！他们惹我发火！(接着尽量说些使自己恢复信心的话)鬼魂！你这个傻黑汉子，根本就没有那种鬼玩艺儿！浸礼教会的牧师难道没多次跟你说过吗？你有教养呢，还是像这儿的黑鬼那样无知？当然！这都是你自己的脑袋瓜子在作怪。刚才那儿啥也没有，根本就没有杰夫！你猜怎么回事？这都是因为你肚子空了，饿昏了，才恍恍惚惚看见东西。饥饿搞得你头晕眼花。这事连傻子都明白。(接着苦苦乞求)主啊，甭管他们是什么玩艺儿，可别再让我碰上他们啦！(尔后谨慎地)休息！别说话！休息！你需要休息。然后你再继续赶路。(望着月亮)黑夜差不多过了一半啦。天亮你就可以到达海边！那你就平安无事了。

(一小群黑人从右前方上。他们都穿着囚犯的横条衣服，脑袋剃光，一条腿拖着一条铁链和一个大铁球，一瘸一拐地移动，肩上扛着镐，有的扛着铁锨。一个身穿狱卒制服的白人跟在他们身后。肩上斜挎一杆温彻斯特式连珠枪，手握一根粗鞭子。那名狱卒做个手势，他们便在路上停下来。正对着琼斯所坐的地方。琼斯正在仰望天空，没注意他们悄悄到来，接着突然低头看到他们。他两眼暴出，想跳起来逃跑，可又瘫下来，吓得动弹不了。他急忙哽咽地祈祷。)

我主耶稣啊！

(狱卒抽一下鞭子——并无鞭声——囚犯在这个手势下都开始修路。他们挥镐铲土，可他们干活没出一点声。在动作上，他们与前一场的杰夫一样，就像自动机器——僵硬、缓慢、机械。狱卒用鞭子严厉地指着琼斯，叫他就位，同其他拿铁锨的人一起干活儿。琼斯像受了催眠似的恍恍惚惚站起来。他屈从地嘟囔着。)

是，先生！是，先生！我马上来！

(他拖着一条腿走过去就位时，愤怒而仇恨地低声咒骂着。)

该死的畜生，我早晚有一天要跟你算账。

(他好像握着一把铁锨，开始做出疲劳而机械地铲起土来朝路边扔的动作。突然那名狱卒发怒而威胁地走近他，他扬起鞭子，恶狠狠地抽他的肩膀。琼斯疼得一边退缩，一边可怜地哆嗦。狱卒转身轻蔑地走开。琼斯顿时站起来。他举起两臂，好像手中的铁锨是根铁棒，杀气腾腾地冲向那个没有提防的狱卒。琼斯企图用铁锨打碎那个白人的脑壳时，忽然意识到自己双手空空。他绝望地喊叫。)

我的铁锨在哪儿？给我一把铁锨，我要把他的脑袋劈成两半！(央告他的囚犯伙伴)看在上帝的面上，你们谁快给我一把铁锨！

（他们呆呆地站在那里，两眼望着地面。狱卒好像在等待似的，他转身背向那个袭击者。琼斯困惑而狂怒地吼叫，发怒地拔手枪。）

我杀了你，你这个白鬼，即使要我的命，我也得干！不管你是幽灵还是魔鬼，我还要杀你一遍！

（他拔出手枪，照直朝狱卒后背猛开一枪。顷刻间，两旁树林合拢，那条道和那群囚犯的身躯都消逝在一片朦胧黑暗之中。台上只有琼斯疯狂窜入矮树丛的磕碰声和阵阵擂鼓声。那鼓声依然很远，但越来越响，节奏也越来越快。）

第　五　场

景：一大块圆形空地，四周被密集的巨型树环绕，树梢消失在上空。中间有个挺粗的枯树桩，长年累月在那儿腐蚀，样儿变得很像一个拍卖台。月亮把那块空地照得透亮。琼斯从树林左方费劲地走出来。他恐惧而惊惶地扫视四周。他的裤子已经给撕得破烂不堪，脚上拖着一双破烂不成形的鞋子。他鬼鬼祟祟地走到台中央那个枯树桩那里，紧张地坐在上面，随时准备逃窜。接着他抱着脑袋前后晃动着身子，悲切地喃喃自语。

哦，主啊，主啊！哦，上帝，上帝！（他突然跪倒在地，冲天举起两只握紧拳头的手——痛苦地乞求）我主耶稣，听听我的祈祷吧！我是个可怜的罪人，可怜的罪人！我知道自己做错了事，我心里明白！杰夫用灌铅的骰子玩花招，让我抓住了，我就控制不住自己的愤怒，把他宰了！主啊，我做错啦！那个狱卒用鞭子抽我，我控制不住自己的愤怒，把他杀了。主啊，我做错啦！在这里，那些傻黑鬼把我推举到至高无上的宝座，我就大搂特搂。主啊，我做错了！我现在知道了！我十分后悔。饶恕我吧，主啊！饶了我这个可怜的罪人吧！（接着惊恐地哀求）主啊，拦住他们，别让他们追上我吧！制止那个在我耳朵里响个没完的鼓声吧！那声音已经把我的魂儿都吓跑了。（他站起来，看来他的祈祷已给他增添了点力量——竭力自信地）上帝会保佑我不让他们追上。（又坐在枯树桩上）真人我一点也不怕。让他们来吧。可是那些妖魔鬼怪——（他浑身发抖——低头看看自己的两只脚，脚趾头在鞋里面晃动——疼痛地哼一声）哦，我这两只可怜的脚啊！这双鞋除了叫我脚痛之外，一点用途也没有啦。我还是扔掉它们赶路算了。（他把鞋带解开，脱掉两只鞋——拿着两只破鞋，悲伤地看着）你们原来是真正一级的小牛皮。可瞧瞧你们现在这副可怜相。皇上，您现在的气派可一落千丈喽！（他沮丧地叹气，耷拉着两肩，凝视手里的两只鞋，好像舍不得把它们扔掉似的。就在他那样聚精会神时，一群人静静地从四面走进空地。他们穿的都是上一世纪五十年代的南方服装。有些是中年人，显然都是富裕的种植园主。其中有一个潇洒而富有权威的人——拍卖商。还有一群看热闹的人，大都是一些花花公子和美人儿，他们来到奴隶市场消遣取乐。他们在一起相互默默交谈，礼貌地用哑剧手势打招呼。他们像木偶那样动作，僵硬而失真，这群人聚集在那个枯树桩四周。最后由一个听差从左方领进来一小组奴隶——三个年龄不同的男人，两个女人，其中一个手里还抱着一个哺乳的婴儿。他们被安置在枯树桩的左面，就在琼斯的身旁。)

(那些白人种植园主把他们当作牲口那样从头到脚仔细打量，还相互交换自己对每一个奴隶的评价。花花公子们指指点点，说着调皮话儿。美人儿装模作样地哧哧笑。这一切都在默默无声中进行，只有阵阵不祥的手鼓咚咚声清晰可闻。拍卖商举起手来，站到那个树桩旁边。人群朝前拥去倾听。拍卖商高傲地拍一下琼斯的肩膀，命令他站到树桩——拍卖台上去。)

(琼斯抬头观看，只见四周都是人群，急忙惊恐地寻找空隙好逃跑掉，一看没有空子，只好气呼呼地一边尖叫，一边跳到树桩上去，尽量站得离他们远远的。他站在那儿哆里哆嗦，四肢无力。拍卖商开始哑剧般地叫价。他指着琼斯，招呼种植园主自己来细看。这是个干农活儿的好手，大家可以看到他的胳臂腿儿都很完好，肺活量也大。他尽管已经人到中年，仍然非常健壮。瞧瞧他那个后背，瞧瞧他这对肩膀。您再瞧瞧他胳臂壮腿上的筋肉。能够担当得起任何重活儿。此外，这家伙还有头脑，性情温顺，容易管教。哪位老爷开个价？种植园主都举起手指叫价，显然他们都想买下琼斯。叫价踊跃，气氛活跃。就在这桩买卖在进行时，一股绝望的勇气攫取了琼斯的心灵，他大胆地低头环视四周。脸上的神情从凄惨的恐惧转为迷惑不解，又渐渐转为大彻大悟——他结结巴巴地说。)

你们这些白人在搞什么鬼？这是怎么回事？你们干吗都瞧着我？你们到底要把我怎么样？(突然间，愤怒的仇恨和恐惧使他浑身抽搐)这是在拍卖吗？你们在这儿像南北战争以前那样拍卖我吗？(拍卖商正拍板把他卖给一个种植园主时，他拔出手枪——两眼瞪着他和拍卖商)你在卖我吗？你在买我吗？我要让你们知道知道，我是个自由的黑人，见你们的鬼去吧！(他朝拍卖商和种植园主连开两枪，快得就像同时击出一样。这好像是个信号，像墙似的树林合拢过来，台上漆黑一片，只听见琼斯恐惧地呼叫着，逃窜而去；咚咚的手鼓声，敲得更快更响了，打破了那阵寂静。)

第 六 场

景：树林里的一块平地。树枝在离地五尺左右高的地方交错在一起，形成一个矮顶棚、蔓藤朝上盘缠在树干上，使两旁形成拱形的样儿。这种圈起的地方很像古老船只里又黑又臭的底层舱。月亮几乎完全给遮住了，只有微微一点亮光渗透进来。左边传出有人在矮树丛里匍匐爬行渐渐挨近过来的响声。可以听见琼斯喋喋不休的嘟哝声。

哦，主啊，我现在该怎么办？我就剩下一颗银子弹了。要是再有更多的鬼魂追赶我，我拿什么来吓唬走他们呢？哦，主啊，就剩下这颗银子弹了——我还得留着它撞运气呢。我要是把这颗也放了，那我就肯定完蛋啦！老天，这儿可真黑啊！月亮上哪儿去啦？哦，主啊，这个黑夜怎么没个完呀！(从声音听得出来他在小心谨慎地摸黑儿往前走)嗯！这儿看上去是块空地。我得躺下来休息休息啦，那些黑鬼要是真的抓住我，我也顾不上了，我得休息休息啦。

(他这时已经走到台前，身躯轮廓依稀显露出来。裤子已经破得不成样子，真比一块腰布强不了多少。他全身扑倒在地，累得大口喘气。这块空地好像渐渐亮一点，琼斯身后显现两排坐着的人。他们绝望地歪歪扭扭地坐在那儿，面面相觑，后背碰着林墙，好像被束缚着似的。他们都是黑人，除了裹着一块腰布之外，全身裸着。起先他们默默无言，静坐不动。接着他们开始慢慢朝前倾斜，又一齐朝后仰俯，好像在一条海船上松松垮垮地任凭波涛无休止的摇晃，同时，一阵低沉而忧伤的哼声在他们当中腾起，节奏渐渐增强，好像是受远方手鼓咚咚声的指挥控制，成为一阵发颤而失望的长声嚎啕，调门儿高得简直叫人难以忍受，接着又渐渐降低下来，归于沉寂，随后又升高起来。琼斯猛地抬头观望，看到那些人影，又扑倒在地，避开那种景象。那阵嚎啕又在他身旁升起时，他惊吓得浑身颤抖。可是接下来，他好像在某种不可思议的强制下，同其他人一道哼哼起来。在这种合声响起时，他爬起来，坐在地上，像那些人一样前后摇摆。他声调达到忧伤而凄凉的最强音。亮光熄灭，其他声音消逝，只剩下一片黑暗，可以听到琼斯爬起来的逃走声，他的呼喊声随着他在林中越跑越远而渐渐低下来。手鼓咚咚声越来越响，越来越快，节拍敲得更为鲜明欢畅。）

第　七　场

景：大河边上的一棵巨树脚下。树旁有一堆胡乱堆积的卵石，很像个祭坛。背景近处是高起的堤岸。越过它是一片铺开的河面，它在月光下平静而闪闪发光，渐渐同远处一层蓝雾融合。从左方传出那些让铁链锁住的奴隶的长声哀号，琼斯在其中和着手鼓的节拍发出时高时低的声音。他的声音静下来，这时他走进这块空场。脸上的表情僵硬呆板，眼神困惑，他像梦游者或神志恍惚的人那样跌跌撞撞地走动。他环顾那棵树啦，那个粗糙的祭坛啦，那边月光照耀的河面啦，接着略显迷惑不解地抬手摸摸脑袋。随后，他好像顺从内心某种朦胧的冲动，虔诚地在祭坛前慢慢跪下来。接着，他好像半清醒过来，不大理解自己在干什么，因为他挺直身子，恐惧地向四周望去——语无伦次地嘟囔。

我——我这是在干什么？这儿——这儿是什么地方？我好像认识这棵树——还有那些石头——这条河。我记得——我以前好像到过这里。（颤抖地）哦，老天爷，这地方真叫我害怕！真叫我害怕。哦，主啊，庇护我这个罪人吧！

（他爬离那个祭坛，畏缩在地上，埋着头，两肩随着歇斯底里的惊恐抽泣而一起一伏。从那棵树后面，刚果巫医好像一下子蹦出来似的，出现在台上。他衰老，干瘪，除了腰间围着一小块兽皮之外，全身赤裸，身前还牵拉着那个动物的毛茸茸的尾巴，他浑身涂抹着鲜红色，头上插着两根向上翘着的羚羊角，他一手拿着一个骨头做的拨浪棍，另一只手拄着一根顶端捆着一把白鹦羽毛的魔杖。他脖子、耳朵、手腕和脚踝上都挂着一大堆玻璃珠和骨制的装饰品。他跨着古怪的腾跃步子，神气活现而无声地走到祭坛和琼斯之间那块地方。然后，他先用脚踩地鼓劲儿，接着又舞又唱起来。手鼓好像应答他的召唤，敲得猛烈而欢跃，声震云霄。琼斯抬头一看，猛地蹦起来，达到半跪半蹲的姿势就僵呆在那里了，让这种新出现的神奇现象吓瘫了。

巫医晃动着身子，跺着脚，那根骨头做的拨浪棍格格响，打着拍子。他那离奇而单调的哼声时起时落，字眼不清。他那种舞蹈显然渐渐成为一种哑剧式的叙述，那种哼声是一种咒语，一种为了减轻某个难以安抚的神灵索要祭品那股凶恶劲儿而施的魔法。他逃跑，一群魔鬼在后面追赶，他躲藏一阵，又继续逃跑。他跑得越来越野，恶魔追得越来越近，恐怖的心情越来越支配着他，他那哼哼唧唧的声音加剧，不时被尖声叫喊打断。琼斯完全恍惚了。他自己的声音同那种咒语和尖叫声掺合在一起了，他用手打着拍子，上身左右摇摆晃动。那种舞蹈的精神意义，已经全部渗入了他的体内，成为他自己的精神。最后哑剧的主题在一阵绝望的吼叫声中终止，接着又被一种怀有强烈希望的情调所取代。有一种解救的办法了。恶势力索取祭品，他们必须给以满足。巫医用魔杖指一下那棵圣树，指一下远方的河流，指一下祭坛，最后凶恶而命令式地指向琼斯。琼斯好像理解这种意思，是他本人必须当作祭品。他可怜巴巴地连连磕头，歇斯底里地哽咽。）

饶了我吧，主啊！饶了我吧！饶了我这个可怜的罪人吧。（巫医跳到河堤上。他张开两臂，呼唤河流深处的某个神灵。然后，他慢慢向后退，两只胳臂依然大张着。河堤上冒出一条鳄鱼的大脑袋，两只眼睛闪着绿光，紧盯着琼斯。他惊惶失措地呆视着那两只眼睛。巫医腾跃到他的面前，用魔杖触他一下，可怕地示意他朝那个等待的巨兽凑过去。琼斯腹贴地面，一点点向前蠕动，不断地哽咽。）

饶了我吧，主啊！饶了我吧！

（鳄鱼把它那庞大的身躯朝陆地延伸过来一些。琼斯朝它慢慢蠕动过去。巫医狂喜地尖叫，手鼓敲得更加疯狂了，琼斯声嘶力竭地阵阵哀求呼叫。）

主啊，救救我吧！耶稣主啊，听听我的祈祷吧！

（这样一祈祷之后，他顿时想起自己还剩下一颗子弹，他便伸手抓枪，挑衅地嚷叫着。）

那颗银子弹！你还没难倒我呢！

（他朝身前那一对绿眼睛射去，鳄鱼头缩回去，沉入河里。巫医跳回那棵圣树后面，消逝不见了。琼斯脸朝下趴在地上，两臂大张着，吓得呜咽啜泣，这时阵阵沉郁的鼓声，带着一股困惑的复仇的力量，响彻在他的四周。）

第　八　场

景： 黎明。景与第二场同，森林和平原的分界处。最前面的树干依稀显露，后面的森林仍然是一片朦胧阴影。手鼓声好像就在那里，擂得震天价响。兰姆从左方上，后面跟着一小队他的士兵，还有那个伦敦佬气派的商人斯密泽斯。兰姆是个典型非洲人那样的土老汉，一张猿脸，体格粗壮，身上只裹一块腰布。他腰间插着一杆手枪，围着一排子弹。他的士兵裹着零碎破布，一个个不同程度地赤裸着。他们都戴着棕榈叶做的宽帽子。每个人都扛着一条步枪。斯密泽斯的打扮与第一场一样。其中一名士兵，显然是个追踪者，正敏锐地四下里察看。他朝琼斯进入森林的地点指去。兰姆和斯密泽斯走过去看看。

斯密泽斯 （瞥了一眼，厌恶地转身）他就是打这儿进去的，没错儿。这对你们又有多大用呢。他眼下早跑了好几里路，平安到达那边的海岸了。那个该死的混蛋！我告诉你，你们抓不住他啦，我不是说过了吗？——白白浪费了整整一夜，没完没了地敲你们那面破鼓，傻念你们那套咒文，我的老天爷，这么一大群人！

兰姆 （发出不清的喉音）我们抓得着他。你们瞧。（他朝士兵打个手势，他们就蹲下，形成一个半圆形。）

斯密泽斯 （绝望地）嗯，难道你们还不进入森林去追捕他吗？你们在这儿耗着，又有什么用？

兰姆 （沉着地——自己也蹲下）我们抓得着他。

斯密泽斯 （蔑视地转身）哦！算了吧！他比你们这帮人加起来都要强。我一瞧见他就恶心，可我还得替他说这句话。（从森林里传出一阵响声。士兵们跳起来，机警地举起枪。兰姆仍然无动于衷地坐着，不过仔细地倾听着。他迅速打个手势。他的随从急忙弯身潜入树林，向四下里散开，各就各位。）

斯密泽斯 我估计，你不会认为那是他吧？

兰姆 （镇静地）我们抓得着他。

斯密泽斯 该死的倔脑袋瓜子！（又琢磨一下——纳闷地）不过，毕竟也可能发生。他要是在这个臭树林里迷了路，很可能自己一点也没觉察出，绕一个弯子又回到原处。

兰姆 （断然地）嘘！（从森林里传出几声枪响，没多大会儿，紧跟着传出几声粗野的欢叫声。手鼓声戛然终止。兰姆咧嘴一笑，满意地抬头望着那个白人）我们把他抓住了。他死了。

斯密泽斯 （粗暴地）你怎么知道是他，你又怎么知道他已经死了？

兰姆 我的部下弄到了银子弹。铅子弹打不死他，他有强大的魔力。我花了钱，做了银子弹，也有强大的魔力。

斯密泽斯 （惊讶地）原来你整宵在干这事呐，是吗？你没制成银子弹之前不敢追捕他，对不对？

兰姆 （简单地道出事实）对。他有强大的魔力，铅子弹没用场。

斯密泽斯 （拍着大腿狂笑）哈，哈！你恐怕不容易制胜那个家伙！（恢复常态——轻蔑地）我敢打赌，他们根本没打中他，你这个大傻瓜！

兰姆 （镇静地）他们现在把他抬出来了。（士兵们抬着琼斯软绵绵的身体从树林里走出来。他死了。他们把他抬到兰姆的面前，后者十分满意地检查那个尸体。斯密泽斯探身在他肩后瞧一眼——惊恐地）哎呀，他们到底还是把你逮住了，琼西①，我的小伙子！的确已经僵挺了！（讥讽地）你那股庄严的派头哪儿去啦，神气活现的陛下？（接着咧嘴一笑）银子弹！老天爷，不过你死得还是蛮有气派！

——幕落

① 琼斯的爱称。

【德】布莱希特

贝托尔德·布莱希特(1898—1956)是现代德国著名剧作家、戏剧理论家、导演和诗人。出生于巴伐利亚州奥格斯堡的一个资产者家庭，青年时代在慕尼黑大学攻读哲学和医学，开始戏剧创作。他一生写有近40部戏剧、大量戏剧论著，以及一些诗歌、小说和散文。代表作有戏剧《三角钱歌剧》《大胆妈妈和她的孩子们》《四川好人》《高加索灰阑记》《伽利略传》等。他创立的叙事剧理论体系，在欧美现代戏剧领域独树一帜，影响深远。

布莱希特剧本的思想内容非常丰富，包括反映第一次世界大战之后德国青年的精神状态，表现工业文明造成的人性异化，揭露战争的残酷无情等。在艺术方法上，他常常将政治与哲理相结合，以寓言的形式表达戏剧主题；还突破了传统戏剧中的时空限制，任意变化时间和地点。他既注意吸收现代科学技术成果，通过字幕、灯光、照片等增强舞台表现力，又不忘从西方古典戏剧中汲取养料，如沿用序幕、合唱、尾声等传统形式。

《大胆妈妈和她的孩子们》(1939)是布莱希特反战戏剧的代表作。全剧分为12场，以17世纪上半叶发生在欧洲的三十年战争为背景。绰号“大胆妈妈”的随军商贩安娜带着两个儿子和一个哑巴女儿谋生。她既要依靠战争养家糊口，又希望子女能够平安度日。随着剧情的发展，她的两个儿子先后死去。一天晚上，女儿不忍心看到城里居民被偷袭的士兵无辜杀害，敲鼓警醒了正在熟睡的市民，可自己却惨遭枪杀。“大胆妈妈”掩埋了女儿的尸体，幻想着大儿子还活着，拉着篷车继续她的随军买卖。剧本揭露了战争的残酷，呼唤人民争取和平。该剧写于“二战”爆发前夕，具有借古喻今的意义。

本书节选的是第9到12场，主要内容是“大胆妈妈”拒绝了向她求婚的厨师，带着女儿做随军生意。女儿死后，她依旧拉着车，跟着军队做买卖。我们看到，这个“大胆妈妈”靠战争生活，为了自己的买卖能长久，她甚至希望战争能够更长久；然而战争带给她的却是家破人亡，最终孤身一人。

（杨小雨　撰稿）

大胆妈妈和她的孩子们(节选)[①]

9

〔巨大的宗教战争已经延续了十六年之久。德国损失了一半以上的居民。厉害的瘟疫吞食着那些在屠杀中得以幸免的生命。在流过血的地区饥饿盛行。在烧毁了的城市里遍地是狼群。一六三四年秋天，我们遇见大胆妈妈在德国菲希特尔山地的一条大路旁，瑞典军队正在这条路上行军。这一年的冬天来得很早，而且十分严寒。大胆妈妈的生意不好，以至只能行乞。厨师接到一封从乌特勒希特寄来的信，他和大胆妈妈分手而去。

〔在一所已一半倾圮的牧师住宅前。在初冬的一个灰色的早晨。风刮着。大胆妈妈和穿着磨损了的羊皮衣的厨师站在车旁。

厨　师　天黑黑的，还没有人起来。

大胆妈妈　这儿住的是牧师。钟一响，他就得从被窝里爬出来。然后他就要喝一碗热汤。

厨　师　不见得，要是全村就像我们看见的那样，烧光了，哪儿还会有汤喝。

大胆妈妈　这里还是有人住着的，刚才还听见狗叫呢。

厨　师　就算这个牧师有什么吃的，他也不会给我们的。

大胆妈妈　也许会的，要是我们唱一支……

厨　师　我真感到够受的了。(突然)我接到了一封从乌特勒希特寄来的信，说我母亲生霍乱病死了，那爿客店就归我了。要是你不信的话，你就看这封信吧。虽然我姑母信里胡写些我生活品行的事情，跟你没有关系，你还是可以看看。

大胆妈妈　(读信)朗泼，我对这种到处游荡的生活也已经感到厌倦了。我就像是屠夫养着的狗，给顾客拉肉，可自己倒得不到一根骨头。我已经没有东西可卖了，别人反正也没有钱来买。在萨克森曾经有个穿得破破烂烂的人抱了一大堆羊皮书要跟我换两个鸡蛋，在瓦敦堡有人要用他们的犁换我的一小袋盐。要犁干什么用？田里除了一些蓬蓬松松的荆棘以外，什么东西也不生长了。波美尔的村民已经把小孩都吃光了，他们抢劫的时候，连尼姑也抢跑了。

厨　师　世界已经完了。

大胆妈妈　有时候，我觉得我好像和我的篷车走在地狱里贩卖着沥青，有时候，就像是走在天堂里，向那些漂泊着的灵魂招卖干粮。要是我能和剩下来的孩子找到一个没有炮火侵袭的地方，我真愿意过几年安静的日子。

---

① 选自[德]布莱希特：《布莱希特戏剧选》(上)，孙凤城译，冯全、严宝瑜校，北京，人民文学出版社，1980。

厨　师　我们可以把那爿客店开出来。安娜，你考虑考虑吧。昨晚上我考虑了很久，我跟你一起走呢，还是我一个人回乌特勒希特，今天就得决定。

大胆妈妈　我得跟卡特琳商量。事情来得太突然，再说我也不愿意在冷风里，空着肚子来做决定。卡特琳！

〔卡特琳从车里爬下。

大胆妈妈　卡特琳，我要告诉你一个消息。厨师和我想去乌特勒希特，他在那边承继了一爿客店。在那儿你可以找一个立足点，结识些人。一个冷静沉着的女人是会受到别人尊敬的。外表不起决定作用。我打算去。我和厨师处得很好。我得承认：他是个会做生意的人。以后我们绝不必担心吃饭问题了，这不是很好吗？你呢，也可以有一个舒适的睡觉的地方，怎么样？在路上漂泊不是长久之计。久而久之，会堕落下去。你身上不是已长了虱子吗！我们得决定一下，要不然，我们也可以跟瑞典人到北方去，他们要在那边驻扎下来。（用手指指向左方）我想，我们还是决定下来吧，卡特琳。

厨　师　安娜，我想单独和你说句话。

大胆妈妈　卡特琳，回车子里去吧。

〔卡特琳爬回车去。

厨　师　我所以要打断你的话，这是因为我发现你误会了我。本来我想用不着我自己说的，因为这是很明白的。但是既然你还不明白，那我就得把话说清楚，你要带她一起走，那是绝不可能的。我相信，你是懂得我的意思的。

〔卡特琳在他们后边从车子里伸出头来，偷听。

大胆妈妈　你认为我应该把卡特琳留下？

厨　师　那你想怎么样呢？那爿客店没有多余的地方。一共才不过三间小房。如果辛苦一点，我们俩还可以勉强谋生，三个人，那就办不到。你可以把车子留给卡特琳。

大胆妈妈　我是那样想的，她可以在乌特勒希特找到一个丈夫。

厨　师　这真叫人发笑！她怎么找一个丈夫呢？哑巴还加上个伤疤！她的年纪又是这么大了！

大胆妈妈　不要说得那么响！

厨　师　不管说得轻还是响，是怎么样，就是怎么样。而且这也是个原因，我为什么不能让她去客店。客人们不愿意老看见这么一个人。这点你是不能怪他们的。

大胆妈妈　闭嘴。跟你说，不准那么大声。

厨　师　牧师家里有灯光了。我们可以唱了。

大胆妈妈　厨师，她一个人怎么能拉车呢？她怕战争。她受不了战争。她做了一些什么梦呀！夜里我总听到她呻吟。尤其是在每次战役后。我不知道她在梦里看见什么。她的心肠太软了。最近我发现她又藏着一只被我们的车子辗过的刺猬。

厨　师　客店实在太小了。（叫）尊敬的先生，仆人和乡邻们！我们演唱一支关于所罗门、凯撒和一些大人物一无所获的歌曲吧。这样你们可以知道，我们也是些奉公守法的老百姓，碰上倒霉的事情，特别是碰上这里的冬天。

（他们唱）

你们看那智慧的所罗门，
你们知道，他遭到什么样的命运。
他看一切都了如指掌，
他诅咒他诞生的时辰，
他认为，人生无非是幻梦一场。
多么伟大、智慧的所罗门呀！
可是瞧吧，黑夜尚未来到，
这样的结论众人已经看到：
智慧使他到了这种地步！
谁能解脱智慧，真值得羡慕！

世界上所有的道德都是危险的，就像这支歌所证明的那样，人最好不要有什么道德，只要舒舒服服地过活，有一顿早饭，比如说一碗热汤就可以满足。譬如我就没有热汤喝，但很想喝一碗，我是一个兵，但是我在打仗时所表现的勇敢对我有什么用，一点用处也没有，我挨着饿，倒不如还是做个胆小鬼待在家里要好得多。原因何在？

你们看那勇敢的凯撒，
你们知道，他遭到什么样的命运。
他坐着像个神坛上的上帝，
死时正当他最显赫的时辰，
你们知道，他被人所杀死。
他大声喊道：是你，我的孩子①！
瞧吧，黑夜尚未来到，
这样的结论众人已经看到：
勇敢使他到了这种地步！
谁能解脱勇敢，真值得羡慕！

（放低声音）他们向外边连望都不望一下。（大声）尊敬的先生，仆人和乡亲们！你们可能会说，对呀，勇敢没有什么了不起，它又不能养活人，那么，诚实呢！也许你们以为它会叫人吃饱或者至少不叫人空着肚子。那么，来看看它到底是怎么一回事吧？

你们知道那正直的苏格拉底，
他总是谈论着真理：
啊，不，他们不知道感谢他，

---

① 凯撒为人谋害而死，凶手中有他的朋友鲁图斯，此话是凯撒向他说的。

那些上层的人们对他怀着恶意，
给他服了加毒药的饮料。
多么正直呀，这人民的伟大的儿子！
可是，瞧吧，黑夜尚未来到，
这样的结论众人已经看到：
诚实使他到了这种地步！
谁能解脱诚实，真值得羡慕！

对了，还有那所谓的无私，也就是把自己的东西分给别人，可是如果自己两袖清风呢？做善事可能并不这样容易，这是大家都看得清楚的，但是，人毕竟还是要生活下去。对的，无私是稀有的道德，因为从它身上是无利可图的。

你们知道那位圣徒马丁，
他不能忍受别人的苦难。
他看见雪地里有一个穷人，
就把他的大衣分给他一半，
最后两人都在雪里冻死。
尘世的报酬他并不希冀！
瞧吧，黑夜尚未来到，
这样的结论众人已经看到：
无私使他到了这种地步！
谁能解脱无私，真值得羡慕！

我们自己就是这样！我们都是些奉公守法的老百姓，大家聚在一起，不偷，不杀人，不放火！正因为这样，人们说，我们正在愈来愈堕落下去了，这首歌里所讲的在我们身上应验了，汤是稀奇的，但如果我们不这样，而去做贼或做凶手，也许肚子里就会吃得饱饱的！因为道德是不会给人带来好处的，除非邪恶，世界就是这样，但它并不是非这样不可的！

这里你们看到奉公守法的百姓，
他们遵守摩西的十条诫言。
我们至今没有得到半点好处。
你们，坐在温暖的火炉边，
帮助我们减轻一下苦难！
我们都是正直的人们！
瞧吧，黑夜还未来到，
这样的结论众人已经看到：
敬畏上帝使我们到了这种地步！
谁能从中解脱，真值得羡慕！

声　音　（从上面发出）下边的人哪！上来吧！你们可以喝一碗热汤。

大胆妈妈　朗泼，我什么也咽不下去。我不敢说你讲的话是没有道理的，但是否就是你最后的决定呢？我们彼此是很了解的。

厨　师　这是我的最后决定。你考虑考虑吧。

大胆妈妈　我再用不着考虑了，我不能把她一人留下。

厨　师　这也许真是没有道理，可是我可不能改变主意。我不是个不通人情的人，实在因为客店太小了。现在我们必须上去，否则我们就吃不到东西了，这样，我们岂不白喝了一通冷风。

大胆妈妈　我叫一下卡特琳。

厨　师　倒不如在上边藏一点东西带给她，要是我们突然去三个人，会把他们吓一跳的。

〔两人下。

〔卡特琳从车里爬出来，带了一卷行李。她打量四周，看看是否那两人走了。然后她把厨师的一条旧裤子和她母亲的一条裙子并列地放在车轮上，放得很触目，叫人一下就可看到。做完了这事后，拿了她的包袱想走掉，这时正好她母亲从牧师家里回来。

大胆妈妈　（端了一盆汤）卡特琳！站住！卡特琳！你想上哪儿去，带着包袱？你发昏啦？（检查包袱）都是她自己的东西！你偷听了我们的说话？我已经跟他说过了，不去乌特勒希特，不上他那爿肮脏的客店去，我们干吗要去呢？客店对你和我都是不合适的。在战争里我们还可以得到很多东西。（看见裤子和裙子）你真笨。如果你走掉了，让我看见了这副景象，你以为我会怎样？（卡特琳想走，她把卡特琳抓住）你不要以为我是因为你的关系才让他走。实在是因为这辆车子的关系。我不能离开这辆我在上边住过的车子，完全不是因为你，倒是为了这辆车子。我们走另一个方向吧，我们把厨师的东西拿出来，这笨蛋，他会找到它们的。（爬上车去，拿了几件东西扔在裤子旁边）好吧，他就不算是我们的人了，我也再不要什么人来了。现在我们两人继续走路吧。冬天就像往常一样也总要过去的，你套上车吧，可能会下雪。

〔她们在车前套紧车子，把它转过头来，拉着它走。当厨师回来的时候，愕然地看到了他的东西。

10

〔一六三五年整整一年中，大胆妈妈和她的女儿卡特琳一直跟随着愈来愈破烂的军队，拉着车子在德国中部的大路上。

〔大路上。大胆妈妈和卡特琳拉着车。她们经过一户农家，里边传出歌声。

声　音　（唱）

在花园的中心，

一棵玫瑰真可爱，

它开得十分美丽，
他们在三月把它栽，
他们没有白费力，
它开得这样的美，
有花园的人多么愉快。

严寒的风雪刮起来，
呼啸着吹过大森林，
我们却不受它侵犯：
我们用稻草和藓苔
已经铺厚了房屋顶。
这样的风雪刮起来，
有屋顶的人，多么愉快。

〔大胆妈妈和卡特琳倾听，然后又继续拉着车走。

11

〔一六三六年一月。皇家军队威胁着新教城市哈勒。石头开始讲话啦。大胆妈妈失去了她的女儿，一个人独自继续拉车。战争还是长久不能结束。

〔破烂不堪的篷车停在一所农民的茅屋旁边，茅屋紧紧挨近一块岩石。正值深夜。

〔从小丛林里走出一个准尉和三个带着武器的兵士。

准　尉　不准出声。谁叫喊，就给他一矛枪。

兵　士　但是我们要找一个向导，就得敲他们的门呀。

准　尉　敲门是一种自然的声响。牛在墙上擦痒也能发出这种声音来的。

〔兵士敲农家的门。一个农妇开门。他们按住她的嘴巴。两个兵士进去。

里边发出男人声音　这是干什么？

〔兵士带出了一个农民和他的儿子。

准　尉　（指着车子，车上出现卡特琳）那边还有一个呢。

〔一个兵士把卡特琳从车上拖出来。

准　尉　你们住在这里的人都在这儿了吧？

农民们　这是我们的儿子。——这是一个哑巴。——她的母亲进城买东西去了。——她去办货，因为有许多人要逃跑，出卖便宜东西——她们是随着军队做生意的。

准　尉　我警告你们，你们得保持安静，只要发出一小点声音，胸口就会挨到矛头。现在我需要一个带路进城的人。（指青年农民）你，过来！

青年农民　我不认得路呀！

兵士二　（狞笑）他不认得路。

青年农民 我不为天主教效劳。

准　尉 （向兵士二）拦腰给他一矛枪！

青年农民 （被迫跪下，受着矛枪的威胁）杀掉我的头也不干 。

兵士一 我知道怎样才能叫他聪明些。（他走向厩房）两头乳牛，一头牡牛。听着，要是你再不识相，我就刺死这些牲畜。

青年农民 不要动我的牲畜！

另一个农妇 （哭）上尉先生，饶了我们的牲畜吧，要不，我们就饿死了。

准　尉 要是他再顽固不化，牲口就得完蛋。

兵士一 我先弄死那条牡牛！

青年农民 （向老农）到底要不要给他们带路呢？

〔农妇点头。

青年农民 我带吧。

农　妇 求求您，军官大老爷，饶了我们吧！永远感谢您，阿门！

〔农民阻止她再做感谢。

兵士一 我早就知道，牛对你们比一切更重要！

〔青年农民领着准尉和兵士上路。

农　民 我倒想知道他们在打什么算盘。我看不会有好事情。

农　妇 也许他们只是些侦察兵——你干什么？

农　民 （拿了一张梯子靠住屋檐，爬了上去）我看看是不是就是这么些人。（在上边）从林里有人在动呢。一直到采石场那边全是人。在林里空地上是些穿戴铁甲的部队。还有一门大炮。有一团多人呢。愿上帝大发慈悲，保佑这个城市，保佑那些住在里边的人吧。

农　妇 城里有灯火吗？

农　民 没有。现在大家正睡得熟呢。（爬下来）要是他们攻进城里，他们会把所有的人都刺死。

农　妇 瞭望哨会及时发现他们的。

农　民 他们准是在山坡上把瞭望塔中的守兵弄死了，不然他一定会吹起号来的。

农　妇 要是我们人多的话……

农　民 这里就只有待在车上的那个废物……

农　妇 我们是一点办法也没有，你是不是认为……

农　民 毫无办法。

农　妇 在夜里我们走不下去呀！

农　民 下面山坡上全是他们的人。我们给城里人连打个信号也不可能。

农　妇 他们会把我们这里的人全部杀死吗？

农　民 会的，我们一点办法也没有。

农　妇 （向卡特琳）祈祷吧！可怜的东西，祈祷吧！我们对阻止流血是无能为力的。你不能说话，可是你总能祈祷呀。别人听不见你的话，上帝是可以听见的。来，我帮你。

〔大家跪下，卡特琳在他们后边。

农　妇　主呀——我们天上的父！听我们的祈祷吧，不要让这座城市，让那些还在里面睡觉、毫无所知的人们遭到灾难。唤醒他们，让他们起来到城墙上看看，让他们知道敌人在深夜里带着长矛和大炮从山坡上下来，经过草地正向他们进发。(回过头向卡特琳)保护我们的母亲吧，不要叫守望着的哨兵睡觉，让他醒来，否则就太晚了。救救我们的内弟，他和他的四个小孩在城里，不要叫孩子们遭难，他们都是无罪的，还一点什么也不懂呢。(向呻吟中的卡特琳)一个还不到二岁，最大的七岁。

〔卡特琳激动地站起来。

农　妇　我们的天父，请听我们的祈祷，只有你才能帮助我们，否则我们都会完蛋的，因为我们都软弱无能，我们没有长矛，什么也没有，我们什么也不敢做，我们的牲畜和全部财产都掌握在你手里，还有那座城市，它也在你手里，墙外的敌人是强大的。

〔卡特琳乘着别人不注意爬进了车子，拿了一件东西出来，把它藏在围裙里边，然后爬上梯子一直爬到牛厩的屋顶上。

农　妇　保佑那些受到生命威胁的小孩，特别是那些还在襁褓中的孩子，保佑那些不能动弹的老人，还有一切其他的生灵！

农　民　宽恕我们的罪孽吧，就像我们饶恕我们的罪人一样。阿门。

〔卡特琳坐在屋顶上，开始敲那只她藏在围裙里带上来的鼓。

农　妇　天哪，她在干什么呀？

农　民　她在发昏啦！

农　妇　赶紧把她拉下来。

〔另一个农民向梯子跑去，可是卡特琳把梯子拿了上去。

农　妇　她要连累我们遭殃了。

农　民　快停止敲鼓，你这个残废的人！

农　妇　皇帝的兵会来找上我们的！

农　民　(在地上找石头)我用石头砸你！

农　妇　你怎么没有同情心呀？你有没有心肝？要是他们跑来，我们就完啦，他们会把我们一个个刺死。

〔卡特琳凝视着远方，看着城市。继续敲鼓。

农　妇　(向农民)我早跟你说过，不要放这些亡命之徒到院子里来。如果我们的牲口被抢得精光也不会关他们的事。

准　尉　(同他的兵士及青年农民跑着过来)我砍死你们！

农　妇　军官大人，我们是无罪的，我们实在没有办法。是她自己偷偷地爬上去的。她是一个外地人。

准　尉　梯子在哪儿？

农　民　上边。

准　尉　（向上）我命令你，把鼓扔下来！

〔卡特琳继续敲鼓。

准　尉　你们都是勾结在一起的。这里的人一个也活不了。

农　民　他们在树林里砍了很多杉树。我们拉些树干，把她赶下来……

兵士一　（向准尉）请允许我出个主意。（他凑近准尉的耳朵说话，准尉点头）你听着，我们给你想个好主意。你下来，马上跟我们一起进城去。你可以指给我们看，哪个是你的母亲，我们饶她的命。

〔卡特琳继续敲鼓。

准　尉　（粗鲁地推开他）她不相信你，在你嘴里反正出不了什么奇迹。（往上叫喊）我跟你说话怎么样？我是一个军官，说话是算数的。

〔卡特琳敲得更响。

准　尉　她什么人也不相信。

青年农民　军官大人，她不光是为了她的母亲在敲鼓呀！

兵士一　不能再让她敲下去了。城里的人会听见的。

准　尉　我们得搞出些可以盖住鼓声的闹声来。我们用什么东西呢？

兵士一　可是我们不能搞出声响来的。

准　尉　笨蛋，只要不发出军事性的声音来，弄一些普通的声音是没有关系的。

农　民　我们可以用斧头劈木材。

准　尉　对，砍吧。

〔农民拿起斧头砍树枝。

准　尉　重点砍！再重点！为了保全你一条命，你好好地砍！

〔卡特琳听见砍木声，敲得轻了一点。不安地察看着周围，然后又继续敲鼓。

准　尉　（向农民）声音太轻了。（向士兵一）你也来砍。

农　民　我只有一把斧头。（停止了砍木。）

准　尉　我们放火烧房子。把她熏下来。

农　民　这不行，上尉先生。城里的人看见这儿起火，他们就什么都知道了。

〔卡特琳敲着鼓听他们说话。她笑了起来。

准　尉　瞧，她在笑我们。我受不了。不管一切，我要把她打下来。拿枪来！

〔两个兵士跑去。卡特琳继续敲鼓。

农　妇　我想起来了，上尉先生。她的车子在那边。我们打碎她的车子，她就不敲了。她们就有这一辆车子。

准　尉　（向青年农民）打碎它。（向上边）你再不住手，我们就打碎你的车子。

〔青年农民轻轻打了几下车子。

农　妇　不要敲了，畜生！

〔卡特琳绝望地凝视着她的车子，发出悲号。但她还是继续敲鼓。

准　尉　那些混蛋怎么还不把枪拿来？

兵士一　城里的人大概还没有听见，否则我们会听到他们放大炮了。

准　尉　（向上）他们压根儿就没有听见你打鼓。现在我们可要把你射死。这是我最后一句话。把鼓扔下来！

青年农民　（突然扔掉手里的木板）继续敲吧！不然大家全完啦！继续敲吧！敲吧……

〔兵士把他打倒并用矛枪打他。卡特琳开始哭泣，但她继续敲下去。

农　妇　不要打他的背脊！上帝呀，你们打死他啦！

〔兵士带着枪跑来。

兵士二　准尉，上校激动得满口吐白沫。我们要上军事法庭啦。

准　尉　架起来！架起来！（向上。）

〔这时枪已经放在架子上。

准　尉　这是我最后一句话：停止敲鼓！

〔卡特琳哭泣着，用尽全力敲鼓。

准　尉　开枪！

〔兵士开枪。卡特琳中弹，但是继续敲了几下，然后慢慢倒下。

准　尉　总算没有声音了！

〔可是卡特琳的最后一下鼓声为城里的大炮声所接替。远处传来混乱的警钟和大炮声。

兵士一　她终于达到目的了。

12

〔天亮前。传来部队开拔时的鼓声和哨声。在车子前边，大胆妈妈蹲在她女儿身旁。农民们站在旁边。

农　民　（敌意地）您得走，太太。后边只有一个联团了。一个人是走不了的。

大胆妈妈　也许她睡着了。（唱）

嗳，快睡吧，小宝宝！
草里沙沙响的是什么？
邻家的孩子在啼哭，
我的孩子在欢乐。
邻家的孩子穿破烂，
你却穿的是绸缎，
用一个天使的衣裳，
改制成你的新衣。

邻家孩子得不到面包皮，
你却吃的是大蛋糕，
你若觉得它太干，

说句话儿就行了。

嗳，快睡吧，小宝宝，
什么在草里沙沙地响？
一个长眠在波兰，
一个谁知在什么地方。

您真不应该对她讲起您内弟的小孩。

农　民　要是您不进城去抢买东西，也许什么都不会发生。

大胆妈妈　现在她睡了。

农　妇　她不是在睡，您要看清楚，她是死啦。

农　民　您自己也该走啦。这儿都是些狼，碰上抢劫为业的匪兵就更糟了。

大胆妈妈　对。（走到车里拿来一块遮布，把死人盖起来。）

农　妇　您还有什么人吗？您准备上哪儿去呢？

大胆妈妈　有，有一个人，哀里夫。

农　民　（在大胆妈妈用布盖死人的时候）您去找他吧。至于这个人可以由我们来管，我们把她好好埋掉。您可以完全放心。

大胆妈妈　那么，给你们这些钱作费用。（把钱放在农民手里。）

〔农民和他儿子跟她握手，抬了卡特琳走掉。

农　妇　（同样鞠着躬跟她握手。在走的时候）您赶快走吧！

大胆妈妈　（把自己套在车子前面）但愿我一个人拉得了这辆车子。行，里面东西装得不多了。我又得去做买卖了。

〔又走过来一个联团吹着哨子、打着鼓从后边走过去。

大胆妈妈　（拉车）带我一起走！

〔从后边传来歌声。

带着幸福，带着危险，
战争，它一直在延续。
战争，它延续一百年，
小人物哪能得到利益。
满嘴肮脏，破烂的上衣，
联团偷掉军饷的一半。
也许会发生什么奇迹：
可是仗还没有打完！
春来到！基督徒！你醒醒吧，
雪已融化！死者已安息！
凡是没有死去的，
赶紧开步打仗去！

——剧终

【法】萨特

让·保尔·萨特(1905—1980)，出生于巴黎一个中等资产阶级家庭，是法国杰出的存在主义哲学家、文学家。他一生写有近50部作品，包括哲学著作、戏剧、小说、评论等。萨特的主要哲学著作是《存在与虚无》，系统地阐述了其存在主义哲学观。他的文学创作包括长篇小说《恶心》、短篇小说《墙》、戏剧《禁闭》《死无葬身之地》《恭顺的妓女》《肮脏的手》《涅克拉索夫》等，其中以戏剧成就最高。他一生创作和改编剧本共11种。

萨特提出"介入文学"的口号，主张作家要干预生活，表明自己对各种社会问题和政治事件的见解。在这种思想的指导下，他把笔锋指向了令人厌恶的社会现实：灭绝人性的法西斯主义、侵犯人权的种族主义和置人民于痛苦深渊的殖民战争等。不管是他的哲学著作还是文学创作都没有脱离对人和现实生活的思考，特别是对战争中和战争后人的生存状态的关注。在艺术方法上，萨特的戏剧特别注重结构的完整和逻辑的缜密，戏剧冲突此起彼伏，剧情引人入胜。

《禁闭》是一部独幕剧。萨特虚构了地狱的一角，让三个死人居于其中，他们是胆小鬼兼虐待狂加尔散，同性恋者伊内丝，放荡的色情狂及杀婴犯艾丝黛尔。地狱里没有酷刑的折磨、冥王的审判，只有三个人之间的相互窥伺、彼此猜疑。他们中没有一人可以将自己的罪恶瞒过另外两个人，任何人想做什么都会被其他的灵魂注视而不得成功。他们都是彼此的受害者，也都是彼此的判官，所以不需要别的刽子手和审判员。正如结尾所说："何必用烤架呢，他人就是地狱。""他人就是地狱"，正是剧本的主题所在。作者通过对地狱景象的构建重现了现实中人类的生存环境，也隐晦地写出了每个人总被别人注视的处境。作品结构紧凑，想象奇特，体现出萨特对人生的独特思考。

本书所选的是剧本第五场。三个灵魂在交流彼此被投入地狱的原因，并形成三角关系。加尔散力图说服伊内丝相信自己不是胆小鬼，而憎恶一味追逐男性的艾丝黛尔；伊内丝爱上了同性的艾丝黛尔，总想摆脱异性的加尔散；艾丝黛尔却只喜欢男性，追求加尔散，非常厌恶同性的伊内丝。其结果是，加尔散没能说服伊内丝，反遭毒骂；伊内丝拥抱艾丝黛尔也以失败告终；为报复伊内丝，艾丝黛尔请加尔散帮忙把伊内丝拖出去被拒绝，她抓起刀子朝伊内丝猛刺，却忘记鬼魂是无法再被杀"死"的。

（杨小雨　撰稿）

禁闭(节选)[1]

第五场

伊内丝，加尔散，艾丝黛尔。

伊内丝 您很漂亮，我真想拿一束花来欢迎您。

艾丝黛尔 花？是的，我非常喜欢花。不过，在这儿花也会枯萎的，这儿太热了。算了！最主要的是得身心愉快，是吗？您是……

伊内丝 对，是上星期死的。您呢？

艾丝黛尔 我？我是昨天。葬礼都还没有结束哩。(讲话时十分自然，但仿佛看见了自己所描述的情景)风吹动了我姐姐的面纱。她竭力想挤出一点眼泪来。加油！加油！再使把劲。好了！终于挤出了两滴眼泪，两滴小小的眼泪在黑纱下面闪光。奥尔加·雅尔黛这天早上难看极了。她扶着我姐姐的胳膊。她因为睫毛上化了妆，没有哭泣。我得说，我要是她……她是我最要好的朋友。

伊内丝 您受过许多痛苦吧？

艾丝黛尔 没有。我那时是迷迷糊糊的。

伊内丝 您生的是……？

艾丝黛尔 肺炎。(跟刚才的表情相同，似乎又看见了阳间)好了，这会儿丧事办完了，他们纷纷散去了。您好！您好！人们频频地在握手。我丈夫悲痛欲绝，他守在家里。(对伊内丝)您呢？

伊内丝 煤气中毒死的。

艾丝黛尔 您呢，先生？

加尔散 十二颗子弹穿进了皮肉。(艾丝黛尔愕然)对不起，我可不是一个十分体面的死人。

艾丝黛尔 噢，亲爱的先生，您最好不要用这种生硬的字眼。这……这很刺耳。况且，说到底，这字眼又能说明什么呢？可能我们从来没有像现在这么有活气。如果一定要给这……这种事取个名儿，我建议大家称呼我们为“不在世的人”好了，这样比较准确。您不在世很久了吗？

加尔散 大约有一个月了。

艾丝黛尔 您是什么地方人？

加尔散 里约人。

艾丝黛尔 我是巴黎人。您那边还有亲人吗？

加尔散 我妻子。(叙述的表情跟艾丝黛尔刚才的一样)她跟往常一样到军营里来；人家不让她进门，她往门栅的空隙里张望着。她还不知道我已经不在世，但她已经意识到了。现在，她离开了。她全身穿着丧服。这倒好了，她用不着再换

---

① 选自[法]萨特：《萨特戏剧集》(上)，沈志明等译，合肥，安徽文艺出版社，1998。

服装。她不哭，她从来没有哭过。阳光是那样的明媚，她穿一身黑衣服走在冷冷清清的街道上，两眼忧伤。啊！她真叫我受不了。

静场。加尔散走过去坐在中间的椅子上，双手抱着头。

伊内丝　艾丝黛尔！

艾丝黛尔　先生，加尔散先生！

加尔散　什么事？

艾丝黛尔　您坐在我的躺椅上了。

加尔散　对不起。（站起来）

艾丝黛尔　您的神情多么专心致志。

加尔散　我正在把我的一生理出个头绪来。（伊内丝笑起来）有些人笑尽管笑，可做起来还不是跟我一样！

伊内丝　我的一生很有条理，完全有条有理。它自然而然就有条理了，在人世间，我用不着为生活操心。

加尔散　真的吗？您以为生活就那么简单吗？（用手擦擦额头）好热呀！你们允许我脱掉外衣吗？（准备脱掉外衣）

艾丝黛尔　啊，不！（稍缓慢）不要脱。我讨厌不穿外套、光穿衬衫的男人。

加尔散　（又穿上外衣）行。（稍停）我那时是在编辑部过夜的，那儿总是热得要命。（稍停，同样的语气）就是这会儿都热得吓人。现在是黑夜了。

艾丝黛尔　瞧，真的，已经是黑夜了。奥尔加正在脱衣服。在世上光阴过得真快。

伊内丝　现在是黑夜了，他们在我的房门上贴了封条。房间里黑洞洞、空荡荡的。

加尔散　他们把外衣搁在椅背上，把衬衫的袖子卷到肘弯上。那儿散发着一股男人味和雪茄味。（稍停）我喜欢生活在光穿衬衫的男人群里。

艾丝黛尔　（生硬地）那么，我们没有共同的爱好，您要说的就是这个意思喽。（向伊内丝）您，您喜欢光穿衬衫的男人吗？

伊内丝　不管是不是光穿衬衫，男人我都不太喜欢。

艾丝黛尔　（带着惊愕的神情注视他俩）可是，为什么，到底为什么我们要凑在一起呢？

伊内丝　（抿住嘴笑）您说什么？

艾丝黛尔　我看着你们俩，心里想，我们几个人以后要住在一起了……我本来还巴望着重新和朋友们、家里人团聚。

伊内丝　他脸孔中间有个窟窿，真是个出众的朋友。

艾丝黛尔　那个男人还不是一样。他跳起探戈舞来像个职业舞蹈家。可我们呢，我们，为什么人家把我们拉扯在一起呢？

加尔散　那有什么，这是机缘嘛。他们根据到达的先后次序，只要能够把人往一个地方塞就尽量塞。（问伊内丝）您笑什么？

伊内丝　因为您那个机缘把我逗乐了。您就那样急于要使自己心安理得吗？他们可一点儿都不讲什么机缘。

艾丝黛尔 （怯生生地）我们这几个人也许以前见过面吧？

伊内丝 从来没有。否则，我不会记不得你们的。

艾丝黛尔 或者，我们可能有共同的熟人吧？你们认识不认识迪布瓦·塞穆尔一家？

伊内丝 您说这话，我感到挺奇怪。

艾丝黛尔 谁上他们家，他们都接待。

伊内丝 他们是干什么的？

艾丝黛尔 （惊奇地）他们什么也不干。他们在科雷兹有座别墅，并且……

伊内丝 我么，我以前在邮局里当职员。

艾丝黛尔 （略往后退）啊！那么，真的吗？……（稍停）您呢，加尔散先生？

加尔散 我从来没有离开过里约。

艾丝黛尔 这样看来，您完全说对了。我们是碰巧相聚在一起的。

伊内丝 好一个碰巧。那么这些家具也是碰巧放在这儿喽。右边的椅子是墨绿的，左边的椅子是波尔多式的，这也是碰巧喽。反正都是碰巧，对不对？那么，请你们设法把它们的位置换一下，你们又会说我这个主意怪好的。那么这个青铜像呢？也是碰巧吗？还有这大热天呢？这大热天呢？（静默片刻）我告诉你们，他们把一切都安排好了，甚至连细微末节的东西，都精心安排好了。这个房间早在盼我们来了。

艾丝黛尔 可是有什么办法呢？所有东西都那么难看，那么硬邦邦的，有那么多棱角。我最讨厌棱角。

伊内丝 （耸耸肩）您以为我在第二帝国时代款式的客厅里生活过不成？

稍停。

艾丝黛尔 这么说来，一切都是预先安排好的喽？

伊内丝 全都安排好了。我们几个也是先搭配好了的。

艾丝黛尔 那么，您，您坐在我对面也不是偶然的啦？（稍停）他们究竟有什么打算呢？

伊内丝 我不知道，反正他们有他们的打算。

艾丝黛尔 要是别人在我身上打什么主意，我可不答应，这样，我马上会对着干的。

伊内丝 那么，干吧！您就干吧！可您甚至还不知道他们脑子里打的是什么主意呢。

艾丝黛尔 （跺脚）真叫人受不了。他们大概还会利用你们两人在我身上打什么主意吧？（注视他俩）就是利用你们两人。有些人，我一看他们的脸，马上就知道他们在想什么。而在你们的脸上，我可什么都看不出来。

加尔散 （突然对伊内丝）您倒说说看，为什么我们要在一块儿呢？您已经讲得太多了，干脆讲到底吧。

伊内丝 （惊奇）我们为什么在一起，我可一点儿都不知道呀。

加尔散 您得知道。（思索了一会儿）

伊内丝 只要我们每个人都敢于说出……

加尔散 说出什么？

伊内丝 艾丝黛尔！

艾丝黛尔 您说什么？

伊内丝 您干过什么事？为什么他们把您送到这儿来？

艾丝黛尔 （激动地）可是我不知道，我一点儿都不知道！我甚至想，这是不是弄错了。（对伊内丝）请您别笑。您想想每天有多少人……去世。他们成千上万地到这儿来，他们只跟下级办事员，一些没有受过教育的职员打交道。怎么可能不出差错呢？但请您别笑。（对加尔散）您倒说说看，他们要是把我的情况弄错了，也会把您的情况弄错的。（对伊内丝）您也是一样。我们到这儿来，是别人弄错了，难道这样想不更好吗？

伊内丝 您要跟我们说的就是这番话吗？

艾丝黛尔 您还想知道些什么呢？我没有什么好隐瞒的。我从前是个孤儿，很穷困，我抚养我弟弟。我父亲的一位老朋友来向我求婚。他有钱，人品也好，我就答应了。处在我的地位您会怎么做呢？我弟弟病了，他需要极其精心的治疗。我同丈夫和和睦睦地生活了六年。两年前，我遇到一个人，后来我爱上了他，我们立即就心心相印了。他要求我跟他私奔，我没有答应。这以后，我便生了肺炎。我要讲的就是这些。有些人也许满口讲什么原则，责备我把青春献给了一个老头子。（向加尔散）您认为我做错了吗？

加尔散 当然没有错。（稍停）那么您呢，您认为一个人按照自己的原则处世就是错误么？

艾丝黛尔 您这样做，谁又能责怪您呢？

加尔散 我办了一家和平主义的报纸。战争爆发了。怎么办呢？他们全把眼睛盯在我身上。"他有胆量么？"好吧，我就敢，我偏袖手旁观，他们把我枪毙了。我错在哪儿？错在哪儿？

艾丝黛尔 （把手搁在他手臂上）您没有错，您是……

伊内丝 （讽刺地接过话头）一位英雄。那么您妻子呢，加尔散？

加尔散 啊，什么？我把她从堕落的泥坑里拯救了出来。

艾丝黛尔 （对伊内丝）您瞧！您瞧！

伊内丝 我看明白了。（稍停）你们这场戏是演给谁看的？我们都是自己人呐。

艾丝黛尔 （傲慢地）什么自己人？

伊内丝 是一伙杀人犯。我们是在阴曹地府里，小娘儿们，这绝对没有弄错，他们绝不会无缘无故地把人打入地狱的。

艾丝黛尔 住口！

伊内丝 是在阴曹地府里！我们都是地狱里的罪人！罪人！

艾丝黛尔 住口！您住口不？我不许您说粗话。

伊内丝 小圣女，您是地狱里的罪人。完美无缺的英雄，您也是罪人。我们也曾有过快乐的时日，是不是？有些人一直到死都在受苦，还不是我们干的好事！那时，我们还以此为乐。现在，我们得付出代价了！

加尔散　(举起手)您住口不住口?

伊内丝　(看着他，毫不害怕，但非常惊讶)啊!(稍停)等一等!我明白了，我知道他们为什么把我们搞到一块来。

加尔散　当心，您别说漏了嘴。

伊内丝　你们会明白这道理是多么简单。简单得不能再简单了。这儿没有肉刑，对吧?可我们是在地狱里呀。别的人不会来了，谁也不会来了。我们得永远在一起。可不是这样吗?总之一句话，这儿少一个人，少一个刽子手。

加尔散　(低声地)我看也是的。

伊内丝　喏，他们是为了少雇几个人。就是这么回事。顾客自己侍候自己，就像在自助餐厅里一样。

艾丝黛尔　您想说什么呀?

伊内丝　我们当中的每一个人，都是另外两个人的刽子手。

停顿。他们咀嚼着这番话的涵义。

加尔散　(温和地)我不会做你们的刽子手的，我一点儿也不想害你们，我跟你们毫无牵涉，毫无牵涉。这是明摆着的事。那我们这样好了：各人都呆在自己的角落里，以便防一手。您在那儿，您在那儿，我在这儿。大家都别作声，别说一句话。这并不困难，是吧?我们每个人都有自己的事要操心。我相信我可以一万年不开口。

艾丝黛尔　我也得不开口吗?

加尔散　是的。这样我们……我们就有救了。别作声，自己在心里反省反省，永远不要抬起头来，好吗?

伊内丝　好。

艾丝黛尔　(犹豫片刻)好。

加尔散　那么，再见。

他回到躺椅上，把头埋在两手中。静场。伊内丝独自唱起来：

在布朗芒托街上，
他们竖起木架，
木桶里放了砻糠①;
这就是断头台，
架在布朗芒托街。

在布朗芒托街上，
刽子手很早起床，

---

① 木桶里放糠，疑是为了吸收受刑者流下的血。

因为他有活儿干，
要把将军们的脑袋砍，
再砍主教和海军上将，
在布朗芒托街上。

在布朗芒托街上，
来了些尊贵的太太，
穿着美丽的衣裳，
但是没有脑袋，
脑袋连同帽子，
已从颈部滚下来，
掉进布朗芒托河水。

这时，艾丝黛尔正在抹脂搽粉。她一面扑粉，一面带着焦急的神情在寻找镜子，她在包里搜寻了一番，然后转向加尔散。

艾丝黛尔 先生，您有没有镜子？（加尔散不回答）一面大镜子，或者一面小镜子，随您的便。（加尔散不回答）您要是让我一个人呆着，至少得给我一面镜子呀。

加尔散始终把头埋在手中，不答腔。

伊内丝 （殷勤地）我包里有一面镜子。（在包里寻找，气恼地）我的镜子没有了。大概在法院办公室里，他们就把镜子拿走了。

艾丝黛尔 真讨厌。

停顿。她闭上眼睛，身子摇晃起来，伊内丝奔过去，扶住她。

伊内丝 您怎么啦？

艾丝黛尔 （睁开眼睛，微笑）我觉得自己怪滑稽的。（摸自己的身体）不知您有没有这种感觉：当我不照镜子时，我摸自己也没有用，我怀疑自己是否真的还存在。

伊内丝 您真有福气。可我呢，我内心里总是感觉到自己的存在。

艾丝黛尔 啊！是的，从内心里……在脑子里闪过的东西都那么模糊，真叫人昏昏欲睡。（稍停）在我的卧室里有六面穿衣镜。我看得见镜子，我看得见镜子，可是镜子却照不见我。镜子里面映着双人沙发、地毯、窗户……镜子里照不见我，显得多么空洞无物！当我讲话时，我总设法在一面镜子中看到自己。我一边说话，同时看到自己在说话。就像别人看见我一样，我看见了我自己。这样我就头脑很清醒。（绝望地）我的口红！我可以肯定我把口红涂歪了。我总不能老是没有镜子啊。

伊内丝 要不要我来当您的镜子？来吧，我请您上我这儿来，坐在我的躺椅上。

艾丝黛尔 （指着加尔散）可是……

伊内丝 我们别管他。

艾丝黛尔 您不是说过，我们会互相伤害的。

伊内丝 我难道有存心害您的样子?

艾丝黛尔 这，我就不知道了……

伊内丝 倒是你会加害于我，但这又怎么样呢?既然得受折磨，让你来折磨我还不是一样。坐下来，挨近点儿。再挨近点儿。看我的眼睛，你在我瞳仁里看得到你自己吗?

艾丝黛尔 我在您的瞳仁里显得那么小，我看不清自己。

伊内丝 我可看得见你，整个身子都看见了。你问我好了，哪一面镜子也没有我这样忠实。

艾丝黛尔感到拘束，向加尔散转过身去，似乎想叫他来帮忙。

艾丝黛尔 先生!先生!我们这样叽叽喳喳讲话，您不讨厌吗?

加尔散不答理。

伊内丝 随他去!就当没他这个人，只有我们两人。你向我提问题吧。

艾丝黛尔 我的口红是不是涂得恰到好处?

伊内丝 让我看看，涂得不太好。

艾丝黛尔 我早就料到了。幸亏(向加尔散瞥了一眼)没有人看见我。我重新涂一下。

伊内丝 好多了。顺着嘴唇轮廓涂。我来帮你。这儿，这儿，这就好了。

艾丝黛尔 是不是跟我刚才进来时一样好?

伊内丝 比刚才更好。这样显得更浓，更残忍。你这张嘴巴完全是地狱里的。

艾丝黛尔 咳!这样行吗?真叫人受不了，我自己无法辨别。您能向我担保，这样行吗?

伊内丝 你不愿我们之间用“你”相称吗?

艾丝黛尔 您向我担保，这样行吗?

伊内丝 你很美。

艾丝黛尔 您有审美力吗?您的审美力与我的一样吗?这真叫人受不了，这真叫人受不了。

伊内丝 既然我喜欢你，我的审美力肯定与你一样。好好看着我，对我笑一笑。我也并不丑。难道我不比一面镜子更好吗?

艾丝黛尔 我不知道。您使我害怕。我在镜子里的形象是很温顺的。我多么熟悉它呀……我要笑了，我的微笑将映在您的瞳仁里，天知道我的笑容将会是什么样。

伊内丝 谁叫你不让我顺着你呢?(她们互相注视。艾丝黛尔微笑着，有点被迷住了)你真不愿意用“你”来称呼我吗?

艾丝黛尔 用“你”称呼女人，我可不大习惯。

伊内丝 用“你”称呼邮局的女职员，我想你更加不习惯。你脸颊下面是什么?一抹口红?

艾丝黛尔 (惊跳起来)一抹口红，真可怕!在哪儿?

伊内丝　那儿！那儿！我是面百灵鸟镜①。我的小百灵鸟，我逮住你了！没有口红了，一点儿都没有了。嗯？要是镜子也骗人呢？或者，要是我闭上眼睛，要是我不肯看你，你长得这样美又有什么用呢？不要顾虑，我一定会看你的，我的眼睛将睁得大大的。我会对你很和气，非常非常和气。但你要用“你”称呼我。（稍停）

艾丝黛尔　你喜欢我吗？

伊内丝　喜欢极了。（稍停）

艾丝黛尔　（用头指指加尔散）我希望他也能看看我。

伊内丝　哈！就因为他是个男人呗。（对加尔散）您赢了。（加尔散不理睬）您倒是看看她呀！（加尔散仍不理睬）别装模作样了；其实我们说的每句话，您都听见了。

加尔散　（突然抬起头）您可以这么说，每句话我都听见了。我用手指塞着耳朵，又有什么用，你们就像在我的脑袋里谈话一样，现在你们让我安静一会儿，好不好？我跟你们没有关系。

伊内丝　您是说我跟这个小娘儿们的关系吗？我早就看出您那一手了：您正是为了勾引她，才摆出那副正人君子的样子来。

加尔散　我跟你们说让我安静安静。报社有人正在谈论我，我想听听他们说什么。我才不管什么小娘儿们呢，这样您总可以放心了吧。

艾丝黛尔　多谢。

加尔散　我并不愿意显得粗鲁……

艾丝黛尔　粗胚子！

停顿。他们面对面站着。

加尔散　又来了！（稍停）我早就恳求你们静一静了。

艾丝黛尔　是她起的头。她来给我镜子，而我什么也没向她要。

伊内丝　什么也没要。你只是靠在他身上蹭来蹭去，摆出种种媚态让他来看你。

艾丝黛尔　您还有什么话没有？

加尔散　你们疯了吗？你们就不明白我们何去何从吗？你们住嘴！（稍停）我们去安安静静地坐着吧，闭上眼睛，每个人都尽量忘掉别人的存在。

停顿。他重新坐下。她俩犹豫不决地回到自己的座位上，伊内丝猛地转身。

伊内丝　啊！忘掉！多么天真！我浑身都能感到您的存在。您的沉默在我耳边嘶叫，您可以封上嘴巴，您可以割掉舌头，但您能排除自己的存在吗？您能停止自己的思想吗？我听得见您的思想，它像闹钟一样滴嗒滴嗒在响。我知道您也听得到我的思想。您蜷缩在椅子上有什么用，您无处不在，声音到达我的耳朵时已经污浊了，因为它传过来时，您已经先听到了它。您窃取了我的一切，甚至我的脸庞，因为您熟悉我的脸，而我自己却不熟悉。至于她呢？她呢？您把她也

---

①　一种镶了许多面小镜子的仪器，当它在太阳下转动时，发出的闪光会把无数百灵鸟吸引过来，猎人用这种方法来捕获百灵鸟。

从我手中抢走了：如果只有我们两人，您想她敢像现在这样对待我吗？不会的，不会的。您把手从您脸上拿开吧，我不会让您安静的，这太便宜您了。您麻木不仁地坐在那儿，像个菩萨似的在冥想。我闭着眼睛，就能感到她在向您倾吐她生命的全部款曲，甚至她裙子摩擦的窸窣声也是献给您的，她在向您频频微笑，而您却视而不见……不能这样！我要选择我的地狱，我要全神贯注地盯着您，我要撕破情面跟您斗。

加尔散 好吧。我预料到会有这一步的；他们像耍弄小孩一样耍弄我们。要是他们让我与男人们住在一起就好了……男人们可以熬住不说话。但不应当要求过多，(走向艾丝黛尔，用手托着她的下巴)那么，小娘子，你喜欢我了？你好像老向我做媚眼。

艾丝黛尔 别碰我。

加尔散 得了！让我们随便些吧！我从前很喜欢女人，你知道吗？女人们也非常喜欢我。你别扭扭捏捏了，我们什么也不会失去的，为什么还要讲礼貌呢？为什么还要来客套？我们都是自己人，不一会儿，我们就会像虫子那样一丝不挂的。

艾丝黛尔 放开我。

加尔散 像虫子那样！啊！我早就告诉过你们。我没有向你们要求什么，但求能和和平平，稍微有一点儿安静，所以我才把手指塞在自己的耳朵里。瞧，戈梅正在几张桌子之间说话，报社的全体同事都在听他讲话。大家都只穿着衬衫。我想弄清他们在说什么，然而，这很困难，因为人世间的事情稍纵即逝。你们难道不能不讲话吗？现在完了，戈梅不说话了，他对我的看法又收回到他的脑子里。好吧，我们只好一不做，二不休了。像虫子那样一丝不挂：我想弄明白我是跟谁在打交道。

伊内丝 您明白了，现在您明白了。

加尔散 我们为什么被罚下地狱呢，在各人没有坦白说出这点之前，我们什么都是稀里糊涂的。你，金发女郎，你先说吧，为什么？你坦率讲出来，就可以免遭厄运；要是我们能认识自己的魔鬼……说吧，为什么？

艾丝黛尔 我告诉你们我不知道。他们不愿意把情况告诉我。

加尔散 我明白。他们也不愿意告诉我。但我了解自己。你害怕第一个开口吗？很好，那就我先说吧。(稍停)我这个人并不很光彩。

伊内丝 您说下去呀。大家知道您当过逃兵。

加尔散 别提了。永远不要再提这件事。我到这儿来是因为我折磨过我的妻子。就是这么回事。折磨她有五年之久。当然，现在她仍在受苦。她就在那儿，我一讲到她，就看见她了。我关心的是戈梅，而我看见的却是她。现在戈梅在哪儿呢？事情达五年之久。这下好了，他们把我的东西还给她了；她坐在窗户旁边，把我的上装放在膝盖上。有十二个枪眼的上装，血迹斑斑，就像沾了铁锈一样，枪眼的边缘变得焦黄了。哈！这件具有历史意义的上装，可以进博物馆了。我可穿过它！你要哭了吧？你会哭一场吧？我像猪一样醉醺醺地回到家，身上散发着一股酒味和女人味，她等了我整整一夜；她没有哭。当然，她一句责备话都没有说，只是她的眼睛，她的一双大眼睛流露出责备的神色。我什么都不懊悔。我将付出代价，可我毫无悔恨。外面下雪了。你要哭了吧？这真是一个具有殉道者气质的女人哪！

伊内丝 （几乎温柔地）您为什么要折磨她呢？

加尔散 因为折磨她太容易了，你只要说一句话，她就会变脸，这是个多愁善感的女人。啊！连一句责备的话她都没说过！我喜欢逗弄人，我等待着，一直在等待着。可是她没有一滴眼泪，一滴都没有，也没有责备过我一句。当初是我把她从堕落中挽救出来的，懂吗？她现在用手抚摸着我的上衣，眼睛却不看它一眼。她的手指在摸索着衣服上的弹痕。你在等待什么？你希望什么呢？我告诉你，我毫无悔恨。她太崇拜我了。就是这么回事。你们明白吗？

伊内丝 不明白。别人可并不崇拜我。

加尔散 那再好没有了。这对您来说太好了。这一切对您来说大概是难以理解的。好吧，举一件小事：我把一个混血女人留在我房间里，我们度过了多少个甜蜜的夜晚！我妻子睡在二楼，她大概能听到我们的谈话。她总是最早起床，我们还在睡懒觉，她就把早饭送到我们的床头了。

伊内丝 下流胚！

加尔散 是的，是的，我是一个受人钟爱的下流胚！（显得心不在焉）不，有什么了不起！这是戈梅，但他没有谈论我。您说是下流胚吗？当然啦，要不，我在这儿又有什么事情可以做呢？那么您呢？

伊内丝 好吧。就像他们在人世间所称呼的那样，我是个该入地狱的女人。这不已经进地狱了吗？那么，没有什么可大惊小怪的了。

加尔散 你要说的就这些？

伊内丝 不，还有与弗洛朗丝的事。但这是个死人的故事，有三个死人，首先是他，然后是她和我。世上已没有活人留在那儿，我安心了，只剩下房间了。有时我眼前还浮现出房间的样子，空空荡荡的，百叶窗紧闭着。啊！啊！他们最后把封条撕掉了。房间是要出租的……要出租的。门上贴着一张告示。这真……荒唐可笑。

加尔散 三个人。您讲的是三个人吗？

伊内丝 是三个。

加尔散 是一男两女吗？

伊内丝 是的。

加尔散 哦。（稍停）他是自杀的吗？

伊内丝 他吗？他可不会干这种事。不过。他也没有少受痛苦。他不是自杀的，而是被有轨电车压死的。那还不容易！我以前住在他们家里，他是我的表兄弟。

加尔散 弗洛朗丝是金发女郎么？

伊内丝 金发女郎？（看艾丝黛尔）你们知道，我不懊悔什么，但对我来说，向你们说这个故事，并不是愉快的事。

加尔散 说下去！说下去！您后来讨厌他了吗？

伊内丝 慢慢地就讨厌他了。总之，这也不顺眼，那也看不惯，譬如，他喝酒时发出响声，他的鼻子向杯子里吹气。无非是一些鸡毛蒜皮的事。噢，这是个可怜的家伙，是个软骨头，您笑什么？

加尔散 因为我不是个软骨头。

伊内丝 那要日后见分晓了。我的看法逐渐影响了她，她便用我的眼光来看他……最后，她投入了我的怀抱，我们在城市的另一角租了个房间。

加尔散 后来呢？

伊内丝 后来就发生了有轨电车事故。我每天都对她说：这下可好了，我的小娘儿们，我们把他杀死了。（稍停）我很坏。

加尔散 是的，我也很坏。

伊内丝 不，您么，您并不坏。那是另一回事。

加尔散 什么事？

伊内丝 我等一会儿告诉您。我很坏，换句话说，我活着就需要别人受痛苦。我是一把火，是烧在别人心里的一把火。当然孤孤单单一个人时，我便熄灭了。半年来，我在她心中燃烧；我把一切都烧毁了。一天夜里，她爬起来，趁我没注意时把煤气管打开，然后又在我身边躺下来。就这样完结了。

加尔散 嗯！

伊内丝 什么？

加尔散 没什么。这不大道德。

伊内丝 是啊，这不道德。那又怎么样？

加尔散 噢！您说得对。（向艾丝黛尔）该你讲了。你干了什么呢？

艾丝黛尔 我告诉过你们了，我什么都不知道。我扪心自问，百思不得其解……

加尔散 行。那么，我们来帮你想想。那个脸上皮开肉绽的家伙是谁？

艾丝黛尔 哪个家伙？

伊内丝 你心里很明白。就是你进门时，你害怕的那个人。

艾丝黛尔 是位朋友。

加尔散 你为什么怕他？

艾丝黛尔 您没有权力盘问我。

伊内丝 他是为你而自杀的吗？

艾丝黛尔 啊，不，您疯啦！

加尔散 那么，为什么他叫你害怕呢？他朝自己脸上开了一枪，嗯？他就这样把脑袋搬家的吧？

艾丝黛尔 住口！住口！

加尔散 你是祸根！你是祸根！

伊内丝 他为你吃了颗子弹。

艾丝黛尔　让我安静一下，你们叫我害怕。我要走！我要走！（奔到门口，摇门）

加尔散　滚吧，我求之不得。可是门外边上了锁啦！

艾丝黛尔按铃，铃不响。伊内丝和加尔散笑。艾丝黛尔背靠着门，身子转向他俩。

艾丝黛尔　（声音嘎哑而缓慢）你们真卑鄙。

伊内丝　说得对，真卑鄙。那又怎么样？这样看来，那家伙确实是为你自杀的。他是你的情人吗？

加尔散　肯定是她的情人。他想独占她，这难道不是真的吗？

伊内丝　他跳起探戈舞来像个职业舞蹈家，但我想他很穷。

静场。

加尔散　有人问你他穷不穷？

艾丝黛尔　是的，他很穷。

加尔散　再说，你还想保全名声。一天他来了，他恳求你，而你尽打趣。

伊内丝　嗯？嗯？你打趣了没有？他就是为此而自杀的吧？

艾丝黛尔　你就是用这样的目光来看弗洛朗丝的吗？

伊内丝　是啊。

停顿。艾丝黛尔笑起来。

艾丝黛尔　有一件事你们还决计想不到哩。（挺直身子，看着他俩，背始终靠着门，用生硬而挑衅的口气说）他想跟我生个孩子，这下你们可满意了吧？

加尔散　那你呢，你不愿意？

艾丝黛尔　不愿意。不过孩子照样生下来了。我到瑞士去住了五个月。没有人知道这件事。这是个女孩子，她生下来时，罗歇正在我身边，他很高兴有个女儿，我可不高兴。

加尔散　后来呢？

艾丝黛尔　在湖面上方有个阳台，我拿了块大石头上去。他叫喊道："艾丝黛尔，我求求你，我恳求你。"我讨厌他。他什么都看见了。他俯在阳台上，看到了湖面漾起一圈圈水波。

加尔散　后来呢？

艾丝黛尔　就这些。我又回到了巴黎。他呢，他做了他愿意做的事。

加尔散　他把自己的脑袋崩了。

艾丝黛尔　是这样。他这又何必呢！我丈夫什么都没疑心。（稍停）我恨你们。（干哭了一阵）

加尔散　犯不着哭。在这儿，眼泪是流不出来的。

艾丝黛尔　我是个胆小鬼！我是个胆小鬼！（稍停）我恨死你们了！

伊内丝　（把她搂入怀里）我可怜的小乖乖！（对加尔散）查问到此为止。收起你那副刽子手的嘴脸吧！

加尔散　刽子手的……（环视四周）要是能照一下镜子，我什么都舍得拿出来。（稍停）天气多热呵！（机械地脱去外衣）噢！对不起。（又把外衣穿上）

艾丝黛尔　您可以光穿衬衫。现在……

加尔散　是。(把上衣丢在躺椅上)你别怪我，艾丝黛尔。

艾丝黛尔　我不怪您。

伊内丝　我呢，你怪我吗?

艾丝黛尔　是的。

静场。

伊内丝　怎么样?加尔散?我们现在像虫子那样一丝不挂了；您看清楚一些了吧?

加尔散　我不知道。可能清楚一点了。(怯生生地)我们难道不能设法互相帮助吗?

伊内丝　我不需要帮助。

加尔散　伊内丝，他们把所有的线都弄乱了。您只要做一个小动作，您只要举起手扇扇风，艾丝黛尔和我就能感到振动。我们当中任何一个人都不能独善其身。我们不是一起完蛋，就是一起摆脱困境。选择吧!(稍停)发生什么事啦?

伊内丝　他们把房间租下了，窗子开得大大的，一个男人坐在我床上。他们把房间租下了!他们租下来了!进来，进来，不要拘束。这是个女人，她朝他走过去，把手搭在他肩膀上……他们在等什么?为什么不开灯?什么都看不见了。他们是不是马上要拥抱了?这个房间是我的!它是我的!他们为什么不开灯?我已经看不见他们了。他们在低声说些什么?他是不是会在我的床上爱抚她?她对他说，现在是中午，烈日当空。那么，是我变成瞎子了。(稍停)完了，什么都不存在了：我既看不见，又听不见。那么，照我看，我与人间已经一刀两断了。再也不能挽回了。(颤抖)我感到空虚。现在，我完全死了。整个儿全在这儿了。(稍停)您刚才说什么来着?您说过要帮助我，是吗?

加尔散　是的。

伊内丝　帮什么?

加尔散　揭穿他们的诡计。

伊内丝　我能帮您什么呢?

加尔散　您也可以帮助我。要求不高，伊内丝，您只要表现出一点善意就行了。

伊内丝　善意……您要我到哪儿去找善意?我已经腐烂了。

加尔散　我还不是一样?(稍停)可是，我们不妨试试看，您说呢?

伊内丝　我已经枯竭了。我既不能受惠也不能施与，您要求我怎么帮助您呢?我好比一根枯枝，火快要烧着它了。(稍停，她注视着艾丝黛尔，艾丝黛尔把头埋在手掌中)弗洛朗丝是金发女郎。

加尔散　您知道这个小娘儿们会是您的刽子手吗?

伊内丝　也许是的，我也猜疑到这一点。

加尔散　他们是通过她来掌握您的。关于我，我……我……我对她一点儿也不感兴趣。如果从您那方面……

伊内丝　什么?

加尔散　他们设下了一个陷阱，他们窥视着您，看看您会不会上当。

伊内丝　我知道。您呢，您本身就是一口陷阱，您以为他们没有预料到您这番话吗？您以为其中就没有我们看不见的陷阱吗？一切都是陷阱，可是，这对我来说又有什么大不了呢？我自己也是一口陷阱，我对她来说是一口陷阱。也可能是我把她逮住。

加尔散　您什么也逮不住。我们像旋转木马似的一个追逐一个，永远也碰不到一块去，您可以相信，他们把一切都安排好了。不要管她，伊内丝，把手松开，放开她。否则，您会给我们三人都带来不幸的。

伊内丝　我是个肯松手的人吗？我知道我将会有什么报应。我这把火要烧了，我烧着了，我知道这是无休无止的，我全明白，您以为我会松手吗？我会把她抓在手里，她会用我的眼光来看待您，就像弗洛朗丝看待另一个人一样。您跟我诉说您的不幸有什么用呢？我告诉您，我全明白，我甚至不会怜惜我自己。陷阱，哈！陷阱。当然，我掉到陷阱里去了，那又怎么样？要是称他们的心，那再好也没有了。

加尔散　（搂住她的肩膀）我呀，我会怜惜您的。看着我，我们是一丝不挂的，从里到外都是赤裸裸的，我可以一直看到您的心底里。我们被一根线牵在一起。您以为我会损害您吗？我什么都不悔恨，什么都不抱怨。我跟您一样，也枯竭了。但是，我却怜惜您。

伊内丝　（在他说话时，她随他搂着，这时甩开他）别碰我。我讨厌别人碰我。收起您的怜悯心吧。算了，加尔散！这个房间里还有许多陷阱是为您设下的，是针对您的，是为您准备的。您最好多管管自己的事。（稍停）您如果让我和小娘儿们安安静静，我可以不损害您。

加尔散　（看了她一会儿，然后耸耸肩）行。

艾丝黛尔　（抬起头）救救我，加尔散。

加尔散　您要我干什么？

艾丝黛尔　（站起来，走近他）我，您来帮帮我。

加尔散　您跟她说去。

伊内丝走近。她站在艾丝黛尔背后，紧挨着她，但不碰到她。在以下的对话中，她几乎在她耳边私语。但是艾丝黛尔向加尔散转过脸去，就像加尔散在向她提问似的，她朝着他回答伊内丝的问话。加尔散看着艾丝黛尔，没说话。

艾丝黛尔　我求求您，您答应过的，加尔散，您答应过的！快点，快点，我不愿一个人留在这儿。奥尔加把他带到跳舞厅去了。

伊内丝　她把谁带去了？

艾丝黛尔　皮埃尔。他们在一起跳舞。

伊内丝　皮埃尔是谁？

艾丝黛尔　是个小傻瓜。他管我叫作他的“活水”。他爱过我。她把他带到跳舞厅去了。

伊内丝　你爱他吗？

艾丝黛尔　他们又坐下来了。她已经气喘吁吁。为什么她要跳舞呢？为了使自己瘦一些罢了。肯定没有，我肯定没有爱过他。他才十八岁哩，我又不是吃小孩的女妖精。

伊内丝　那你就随他们去吧，这关你什么事？

艾丝黛尔　他是我的。

伊内丝　人世间已没有任何东西属于你了。

艾丝黛尔　他是我的。

伊内丝　对，他以前是……那你想办法去抓住他呀，去摸他呀。奥尔加呢，她可以摸他，是不是？是不是？她可以拉他的手，抚摸他的膝盖。

艾丝黛尔　她把肥大的胸脯贴着他，她把气呵在他脸上。小拇指①，可怜的小拇指，你为什么还不讥笑她，你还等什么呢？啊！本来，只消我使一个眼色，她就决计不敢……而今，难道我真的化为乌有了吗？

伊内丝　化为乌有了。你在人间已一无所有，你所有的东西全在这儿了。你要不要裁纸刀？要不要巴尔布迪安纳青铜像？这张蓝躺椅是你的，还有我，我的小乖乖，我是永远属于你的。

艾丝黛尔　嘿，属于我的？那么，你们两人中谁敢叫我“活水”？我不骗你们，你们知道我是堆垃圾。惦记我吧，皮埃尔，你只惦记我一个人吧，保护我吧。只要你还这样想：“我的‘活水’，我亲爱的‘活水’，”那我就只有一半在这儿，我只有一半罪过，在那边，在你身边，我依然是“活水”。她脸红得像只番茄。瞧，我们曾经一起讥笑她上百次，这真难以相信。这是什么曲子？我过去多么爱听这个曲子啊！啊！他们奏起了《圣路易·布鲁斯》舞曲……好吧，跳吧，跳吧，加尔散，您如果看见她，一定会觉得有趣。她永远不会知道我看得见她。我看见你，看见你，你披头散发，歪着脸孔，我看见你踩在他脚上。真是笑死人啦。好呀！跳快些！再快一些！他拉她，推她，真不成样子。再快一些！他以前对我说过：您多么轻巧。好呀，好呀！（边讲边跳）我跟你说，我看见你了。她不理睬我。她就在我目光注视下跳着。我们亲爱的艾丝黛尔！什么，我们亲爱的艾丝黛尔？啊！住口。在我的葬礼上，你连一滴眼泪都没掉。她对他说：“我们亲爱的艾丝黛尔。”她居然厚颜无耻地跟他谈起我来。加油！跟上拍子。她哪能一面跳舞，一面聊天呢！可是为什么……不！不！别告诉他吧！我把他让给你好了，你把他带走吧，守着他吧，你愿意拿他怎样就怎样吧，但别告诉他……（停止跳舞）行。好吧，现在你可以把他留在身边了。加尔散，她把什么都告诉他了：罗歇呀，瑞士之行呀，孩子呀，她统统告诉他了。“我们亲爱的艾丝黛尔不在了……”不在了，不在了，真的，我不在了……他伤心地摇着头，可也说不上这消息叫他悲痛欲绝。现在你守着他吧。我与你争风吃醋的并不是他的长睫

① “小拇指”是法国著名童话作家沙·贝洛（1628—1703）的同名童话中的主人公，他是七兄弟中最小的一个，是全家欺负的对象。

毛，也不是他那副少女般的神态。哈！他把我称呼为他的“活水”，他的“水晶”。哎呀！“水晶”打碎了。“我们亲爱的艾丝黛尔。”跳吧！倒是跳呀！按拍子跳，一二，一二，(跳舞)为了能回到人间跳一会儿舞，我什么都舍得！只要能跳一会儿就行。(跳舞，稍停)现在我已听不大清楚了。他们把灯都熄灭了，好像是跳探戈舞的样子；为什么他们要不声不响地玩呢？响一些呀！距离太远了！我……我完全听不见了(停止跳舞)，再也听不见了。人间远离了我。加尔散，看着我，把我搂在你怀里吧。

伊内丝在艾丝黛尔背后示意加尔散离开。

伊内丝 (专横地)加尔散！

加尔散 (后退一步，向艾丝黛尔指着伊内丝)您对她说吧。

艾丝黛尔 (紧紧抓住他)不要走开！您配不配做男子汉？您倒是看看我呀，不要把眼睛背过去，这事就那么难办吗？我长着金发，不管怎样，到底还有人为我自杀呢！我恳求您，您总得看着点什么，您不看我，就看看青铜像吧，看看桌子或躺椅吧。看我总要比看别的东西惬意些。您听着，我已经从他们的心窝里掉下来了，就像一只小鸟从窝里掉下来一样。把我捡起来吧，把我放在你心上吧，你会看到我是多么可爱。

加尔散 (用力把她推开)我叫您对她说去。

艾丝黛尔 对她说吗？可是她不算数，她是个女人呀。

伊内丝 我不算数吗？可是，小鸟儿，小百灵鸟，你躲在我心里已有好久了呀，不要害怕，我会不停地瞧着你，连眼皮都不眨一下。你活在我的目光里，就像一块闪光金属片在阳光下闪烁一样。

艾丝黛尔 阳光？哈！还是让我安静些吧。您刚才想对我下手，您不是看到了，这下可扑空了。

伊内丝 艾丝黛尔，我的“活水”，我的“水晶”。

艾丝黛尔 您的“水晶”？这真可笑。您想骗谁？得了，每个人都知道我曾经把孩子从窗口摔下去。“水晶”在地上粉碎了，可我并不在乎。我只剩下一张皮了，就是我这张皮也不是献给您的。

伊内丝 来吧，你愿意当什么，我就喊你什么，“活水”呀，“脏水”呀，都行。你在我的眼底里想照见自己什么形象，你便会看见自己是什么形象。

艾丝黛尔 放开我！您没长眼睛！我要怎样才能叫您放开我呢？呸！

她朝伊内丝脸上啐口水，伊内丝突然松开她。

伊内丝 加尔散，我便宜不了您！

稍停。加尔散耸耸肩，走向艾丝黛尔。

加尔散 那么，你要一个男人喽？

艾丝黛尔 一个男人么？不，我要的是你。

加尔散 别不好意思了，随便哪个汉子都中你的意。我刚才就在那儿，那是我。好吧。(搂住她肩膀)我没有什么可讨你欢心的，你知道：我既不是小傻瓜，也不会跳探戈舞。

艾丝黛尔　我就是要你这样的人，我也许会把你变成另一个人的。

加尔散　我就不信。我会……我会心不在焉的。我脑子里想着别的事哩。

艾丝黛尔　什么事呀？

加尔散　这与你无关。

艾丝黛尔　我将坐在你的躺椅上，等你来照顾我。

伊内丝　（哈哈大笑）哈！母狗！趴在地上吧！趴在地上吧！他甚至都说不上漂亮呢。

艾丝黛尔　（对加尔散）别听她的。她没生眼睛，没长耳朵。就当没她这个人。

加尔散　我能给的，都给你。这并不多。我不会爱你的。因为我太了解你了。

艾丝黛尔　你要我吗？

加尔散　我要。

艾丝黛尔　这正是我梦寐以求的。

加尔散　那就……（把身子俯向她）

伊内丝　艾丝黛尔！加尔散！你们昏了头啦！可是我在你们面前呀，我！

加尔散　我明白。那又怎么样？

伊内丝　就当着我的面？你们不……你们办不到！

艾丝黛尔　为什么？我以前不也当着女仆的面脱衣服么。

伊内丝　（拉住加尔散）放开她！放开她！您那双男人的脏手，别碰她！

加尔散　（猛烈推开她）那可以，我又不是绅士，揍一个女人，我可不会有顾虑。

伊内丝　您答应过我的，加尔散，您答应过我的！我求求您，您答应过我的呀！

加尔散　是您自己出尔反尔的。

伊内丝挣脱身，退到房间底端。

伊内丝　你们爱怎么干就怎么干吧，反正你们比我强。可是你们得记住，我就在这儿，我在看着你们哩。加尔散，我一眼不眨地看着您哩。您得在我目光下拥抱她。我恨死你们两个人啦！你们相爱吧，相爱吧！我们是在地狱里，我也会来一手的。

在下面的戏中，伊内丝一声不响地注视他俩。

加尔散　（回到艾丝黛尔身边，搂住她的肩膀）把你的嘴巴给我。

停顿。他向她俯过身去。突然，又挺起身来。

艾丝黛尔　（做怨恨的手势）唉！……（稍停）我跟你讲不要去管她。

加尔散　可就是她在作怪呀。（稍停）戈梅在报社里。他们把窗户关上了，看来，现在是冬天了，离开人世已经半年了。半年前，他们把我……我不是早告诉你，有时我会心不在焉的？他们在瑟瑟发抖，他们还穿着上装……真滑稽，他们人间竟会这么冷，可我呢，我多热啊。这下，他们在讲我了。

艾丝黛尔　他们要讲很久吗？（稍停）至少你得告诉我他在说什么。

加尔散　没什么，他什么都没说。他是个混蛋，如此而已。（侧耳细听）一个不折不扣的混蛋。管它！（走近艾丝黛尔）还是干我们自己的事吧！你会爱我吗？

艾丝黛尔 （微笑）谁知道？

加尔散 你信得过我吗？

艾丝黛尔 多古怪的问题。你不是时时刻刻在眼前吗？你总不至于和伊内丝串通好来欺骗我吧？

加尔散 当然不会。（稍停。放开艾丝黛尔的肩膀）我指的是另一种信任。（倾听）说吧！说吧！你想说什么，都说出来，我并不想在这儿为自己辩护。（向艾丝黛尔）艾丝黛尔，你应当信任我才是。

艾丝黛尔 烦死了！我的嘴巴，手臂，整个身子，不都给你了吗！这一切不都很简单吗！……至于说我的信任么，我可没什么信任可给，你使我为难极了。啊！你大概做过一件很不光彩的事，所以才这么恳求我信任你。

加尔散 他们把我枪毙了。

艾丝黛尔 我知道，你拒绝上前线。还有呢？

加尔散 我……我也不是完全拒绝。（对看不见的人）他说得好，他指责得恰如其分，但他没有讲应当怎么办。难道我能够进将军府邸去对他说"我的将军，我不去"吗？多么愚蠢！这样做，他们早把我关起来了。我当时想表明观点，我，要表明观点！我不愿他们封住我的嘴，不让我说话。（向艾丝黛尔）我……我乘上火车，他们在边境上把我抓住了。

艾丝黛尔 你本来打算上哪儿呀？

加尔散 去墨西哥。我打算在那儿办一份和平主义报纸。（稍停）哎，你说点什么吧。

艾丝黛尔 你要我说什么呢？你做得对，因为你不愿意去打仗。（加尔散做了个恼怒的手势）啊，我亲爱的，我猜不透应当回答你什么话才好。

伊内丝 我的宝贝，你应当对他说，他像头雄狮般逃跑了。因为你那位了不得的亲人，他毕竟逃跑了，就是这点使他烦恼。

加尔散 逃跑，出走，您怎么说都行。

艾丝黛尔 你应当逃跑。如果你留下不走，他们就会逮捕你。

加尔散 当然喽。（稍停）艾丝黛尔，我是个胆小鬼吗？

艾丝黛尔 我不知道，我心爱的，因为我不处在你的地位。这该由你自己来断定。

加尔散 （厌倦的手势）我定不下来。

艾丝黛尔 总之，你应当记得起来，你这么做总是有理由的。

加尔散 是的。

艾丝黛尔 什么理由？

加尔散 那些理由是不是站得住脚呢？

艾丝黛尔 （气恼地）你思想真复杂。

加尔散 我想表明观点。我……我思考了很久……那些理由是不是站得住脚呢？

伊内丝 啊！问题就在这里。那些理由是不是站得住脚呢？你说大道理，不愿贸然去当兵，可是，恐惧，憎恶，种种见不得人的脏东西，这些也是理由呀！好吧，想一想吧，扪心自问吧！

加尔散　住口！你以为我等着你来开导吗？我在牢房里日日夜夜地踱来踱去，从窗边踱到门口，从门口踱到窗边，我审察着自己，我踩着自己的足迹来回踱步，我仿佛整整一辈子都在扪心自问，可是，到头来，做的事明摆在那儿，我……我乘上火车，这是肯定的。但为什么？为什么呢？最后，我想，我的死亡将对我做出定论，如果我是清清白白死的，那我就能证明自己不是胆小鬼……

伊内丝　你是怎么死的，加尔散？

加尔散　很糟。(伊内丝大笑)噢！只不过是肉体昏厥罢了。我并不感到羞耻。只是所有的事都永远悬而不决了。(向艾丝黛尔)你过来。看着我，当人间有人谈论到我时，我需要有人看着我。我喜欢绿眼睛。

伊内丝　绿眼睛？看您想到哪里去了！艾丝黛尔，你呢？你喜欢胆小鬼吗？

艾丝黛尔　你知道，这对我来说无所谓。胆小鬼也好，不是胆小鬼也好。只要他拥抱得甜甜蜜蜜就行。

加尔散　现在，他们在摇头晃脑地抽着香烟。他们感到无聊了。他们在想：加尔散是个胆小鬼。他们软绵绵地、有气无力地，仍然在想些什么事。加尔散是个胆小鬼！这就是我的伙伴们的结论。半年后，他们言谈中就会说：像加尔散那么胆小。你们两人运气真好，阳间人不再想起你们。我呢，我日子可不好过。

伊内丝　您妻子呢，加尔散？

加尔散　什么，我妻子？她死了。

伊内丝　死了？

加尔散　我大概忘了告诉您，她死了不久，大约两个月了。

伊内丝　她伤心死的吗？

加尔散　当然，伤心死的。她还能为别的原因死吗？好啊，一切都很顺利：战争结束了，我妻子死了，我载入史册了。

他抽泣了一声，用手捂住脸。艾丝黛尔双手搂住他。

艾丝黛尔　我亲爱的，我亲爱的！看着我，亲爱的！摸摸我，摸摸我。(握住他的手，把它放在自己胸脯上)把你的手放在我胸脯上。(加尔散动了一下，想把手抽出来)让你的手搁在这儿，让它搁着，不要动。他们一个个都要死的：管他们想什么，忘了他们。现在只有我爱你。

加尔散　(把手抽出来)可他们，他们忘不了我。他们虽然会死去，但别的人会接替他们。我的一生已捏在他们手里了。

艾丝黛尔　啊！你想得太多了！

加尔散　有什么法子呢？从前，我也脚踏实地干过……啊！假如我能回到他们中间，哪怕一天……我就能拆穿他们的说法，但我已经给刷掉了。他们根本不理会我就做了结论。他们是对的，因为我已经死了。我就像只进了捕鼠笼的老鼠，(笑)已经由不得自己了。

静场。

艾丝黛尔　(轻声地)加尔散！

加尔散 你在这儿？好吧，你听着，帮我一个忙。不，别往后缩。我知道：求你帮忙似乎很可笑，你也没有帮助人的习惯。但只要你愿意，只要你用心一点，我们可能会真的相爱吧？你看，有成千的人在不断地说我是胆小鬼。可是千把人算得了什么？只要有一个人，一个便行，全心全意地为我证实一下：我没有逃跑，我不可能逃跑，我是勇敢的，我是无辜的，我……我拿得稳能够得救。你愿意相信我吗？你对我来说，将比我本人更可贵。

艾丝黛尔 （笑）傻瓜！亲爱的傻瓜！你认为我会爱上一个胆小鬼吗？

加尔散 可是，刚才你还就……

艾丝黛尔 我那是取笑你的。我就爱男人，加尔散，真正的男子汉，粗糙的皮肤，刚劲的双手。你没有胆小鬼的下巴，没有胆小鬼的嘴巴，你没有胆小鬼的声音，也没有胆小鬼的头发。就是为了你的嘴巴、你的声音、你的头发，我才爱你。

加尔散 真的吗？这是真的吗？

艾丝黛尔 要不要我向你发誓？

加尔散 那我就敢向所有的人挑战，世上的人和这儿的人。艾丝黛尔，我们会从地狱里出去的。（伊内丝大笑，加尔散停止说话，看着她）怎么回事呀？

伊内丝 （笑）可是她对自己说的话连一个字都不相信，你怎么会这样天真？问什么“艾丝黛尔，我是不是胆小鬼？”你要知道，她根本不把你的话放在心上。

艾丝黛尔 伊内丝！（对加尔散）别听她的。你如果要我信任你，你先得信任我。

伊内丝 啊，是的，是的！你信任她吧。她需要男人，你可以相信这点，她需要男人的手臂搂着她的腰，需要男人的气味，需要男人的眼睛里流露着男人的欲望。至于别的东西……哈！如果能讨你欢心，她还会对你说，你是天神呢。

加尔散 艾丝黛尔！这是真的吗？回答呀，这是真的吗？

艾丝黛尔 你要我说什么呢？我真不明白她胡说些什么。（跺脚）这一切多么叫人气恼！即使你是胆小鬼，我也仍然爱你！这还不够么？

静场。

加尔散 （对两个女人）你们叫我心烦！（向门口走去）

艾丝黛尔 你干什么？

加尔散 我要走了。

伊内丝 （很快接着说）你走不远，门是关着的。

加尔散 应当叫他们开门。（按电铃，电铃不响）

艾丝黛尔 加尔散！

伊内丝 （对艾丝黛尔）你放心，电铃坏了。

加尔散 我告诉你们，他们会来开门的（把门敲得咚咚响），我对你们再也无法容忍啦，我再也受不了啦。（艾丝黛尔扑向他，他把她推开）滚！你比她更叫我厌烦，我不愿意在你目光监视下过日子。你黏糊糊、软塌塌的！你是一条章鱼，你是一片沼泽。（敲门）你们开不开门？

艾丝黛尔 加尔散，我求求你，不要走，我再也不跟你说话了。我让你完全安静，但你不要走。伊内丝伸出了爪子，我再也不愿与她单独留在这儿了。

加尔散 你自己设法对付吧，我并没有求你来。

艾丝黛尔 胆小鬼！胆小鬼！噢，你真是个胆小鬼。

伊内丝 （走近艾丝黛尔）那么，我的百灵鸟，你不高兴吗？为了讨好他，你朝我脸上吐口水；为了他，我们两个闹翻了。但是，这个捣蛋鬼要走了，他把我们两个女人留下来。

艾丝黛尔 你得不到什么好处；这扇门只要一打开，我就跑。

伊内丝 去哪儿？

艾丝黛尔 随便哪儿都行，离你越远越好。

加尔散 （不停地使劲敲门）开门！开开门！我一切都接受：夹腿棍、钳子、熔铅、夹子、绞具，所有的火刑，所有撕裂人体的酷刑，我真的愿意受这些苦。我宁可遍体鳞伤，宁可给鞭子抽，被硫酸浇，也不愿使脑袋受折磨。这痛苦的幽灵，它从你身边轻轻擦过，它抚摸你，可是从来不使你感到很痛。（抓住门环，摇）你们开不开？（门突然打开，他差一点儿跌倒）啊！

静场很久。

伊内丝 怎么样，加尔散？走吧。

加尔散 （慢慢地）我在想，为什么这门打开了。

伊内丝 您还等什么？走呀，快走呀！

加尔散 我不走了。

伊内丝 那你呢？艾丝黛尔？（艾丝黛尔不动，伊内丝大笑）怎么样？哪个要出去？三个人中间，究竟哪一个出去？道路是畅通无阻的，谁在拖住我们？哈，这真好笑死了！我们是难分难舍的。

艾丝黛尔 （从背后扑到伊内丝身上）难分难舍吗？加尔散，来帮帮我，快来帮帮我！我们把她拖出去，把她关在门外。有她好看的！

伊内丝 （挣扎）艾丝黛尔！艾丝黛尔！我求求你，把我留下来吧，不要把我扔到走廊里！不要把我扔到走廊里！

加尔散 放开她。

艾丝黛尔 你疯了，她恨你呢！

加尔散 我是为了她才留下来的。

艾丝黛尔放开伊内丝，惊愕地看着加尔散。

伊内丝 为了我？（稍停）好，那么，把门关上吧，门打开后，这儿热了十倍。（加尔散走去关门）为了我？

加尔散 是的，你，你知道什么叫胆小鬼。

伊内丝 是的，我知道。

加尔散 你知道什么是痛苦、羞耻、恐惧？有些时候，你把自己看得很透，这使你十分泄气。而第二天，你又不知怎么想了，你再也搞不清楚头一夜得到什么启示了。是的，你知道痛苦的代价，你说我是胆小鬼，那一定有正当理由的，嗯？

伊内丝 是的。

加尔散 我应当说服的正是你，你跟我是同一种类型的人。你以为我真的要走？你脑子里装着这些想法，有关我的种种想法，我不能让你这么洋洋得意地留在这儿。

伊内丝 你真的想说服我吗？

加尔散 除此以外我没有别的办法。你知道，我已听不见他们说话了。他们一定已跟我一刀两断了。一切都已经结束，我的事已经成为定局。我在人世间已化为乌有，甚至连胆小鬼也不是了。伊内丝，我们现在是孤零零的了，只有你们两人想到我，而艾丝黛尔呢，她这人等于没有。可你，你又恨我；只要你能相信我，你就救了我。

伊内丝 这可不容易。你看看我，我脑子不开窍。

加尔散 为了使你开窍，我花多少时间都可以。

伊内丝 噢，你有的是时间，所有时间都是你的。

加尔散 （搂着她肩膀）听着，每个人都有自己的目标，是不是？我以前就不在乎金钱和爱情，我要的是做一个男子汉，一个硬汉子。我把所有赌注都押在同一匹赛马上。当一个人选择了最危险的道路时，他难道会是胆小鬼吗？难道能以某一个行动来判断人的一生吗？

伊内丝 为什么不能？三十年来你一直想象自己很有勇气，你对自己的无数小过错毫不在乎，因为对英雄来说，一切都是允许的。这太轻松便当了！可是后来，到了危急时刻，人家逼得你走投无路……于是你就乘上去墨西哥的火车……

加尔散 我可没有幻想过这种英雄主义，我只是选择了它。人总是做自己想做的人。

伊内丝 拿出证据来吧，证明你这不是幻想。只有行动才能判断人们的愿望。

加尔散 我死得太早了，他们没有给我行动的时间。

伊内丝 人总是死得太早——或者太迟。然而，你的一生就是那个样，已经完结了；木已成舟，该结账了。你的生活就是你自己。

加尔散 毒蛇！你倒什么都答得上来。

伊内丝 得啦！得啦！不要泄气，你不难说服我。找一找论据吧，努力一下。（加尔散耸耸肩）怎么样？我早就说过你是个软骨头。啊！现在你可要付出代价了。你是个胆小鬼，加尔散，胆小鬼，因为我要这样叫你。我要这样叫你，你听好，我要这样叫你！然而，你看我是多么虚弱，我只不过是一口气罢了。我仅仅是一道盯着你的目光，一个想着你的平庸无奇的思想。（加尔散张开双手，逼近她）哈，这双男人的大手张开来了。可是你想要怎么样呢？用手是抓不住思想的。好了，你没有选择的余地了：你得说服我，我抓住你了。

艾丝黛尔 加尔散！

加尔散 什么？

艾丝黛尔 你报复呀！

加尔散 怎样报复？

艾丝黛尔 拥抱我，这样你就能听到她唱歌了。

加尔散 这倒是真的，伊内丝。我被你抓在手心里，但你也抓在我的手心里。

他向艾丝黛尔俯过身去，伊内丝大叫一声。

伊内丝 哈，胆小鬼，胆小鬼，去叫女人来安慰你吧！

艾丝黛尔 唱吧，伊内丝，唱吧！

伊内丝 多好的一对！你要是看到他的大爪子放在你的背上，弄皱你的皮肤和衣服就好了。他双手黏糊糊的，他在出汗。他会在你的连衣裙上留下一个蓝色的手印。

艾丝黛尔 唱吧，唱吧，把我搂得更紧些，加尔散，这样她会气炸的。

伊内丝 对，把她搂得更紧一些，搂紧她！把你们的热气混合在一起。爱情真甜美，对不对，加尔散？它像睡眠一样暖融融、深沉沉的，可是我不会让你睡觉。

加尔散打了个手势。

艾丝黛尔 别听她的。吻我的嘴，我全部都是属于你的。

伊内丝 怎么，你还在等什么？依她说的做呀，胆小鬼加尔散把杀婴犯艾丝黛尔搂在怀里了。胆小鬼加尔散会吻她吗？我倒要瞧瞧。我看着你们，我看着你们；我一个人就抵得上一群，一群人，加尔散，一群人，你听见吗？（嘀咕着）胆小鬼！胆小鬼！胆小鬼！胆小鬼！你别想从我这儿溜走，我不会放走你的。你在她的嘴唇上想寻找什么？寻找遗忘吗？但是我呀，我不会忘记你！你应当说服的是我，是我。来吧，来吧！我等着你。你看见了，艾丝黛尔，他松开你了，他像条狗一样听话……你不会得到他的。

加尔散 难道永远没有黑夜了吗？

伊内丝 永远没有。

加尔散 你永远看得见我吗？

伊内丝 永远。

加尔散离开艾丝黛尔，在房间里走了几步，他走近青铜像。

加尔散 青铜像……（抚摸它）好吧，这正是时候。青铜像在这儿，我注视着它，我明白自己是在地狱里。我跟您讲，一切都是预先安排好了的。他们早就预料到我会站在这壁炉前，用手抚摸着青铜像，所有这些眼光都落在我身上，所有这些眼光全在吞噬我……（突然转身）哈，你们只有两个人？我还以为你们人很多呢？（笑）那么，地狱原来就是这个样。我从来都没想到……提起地狱，你们便会想到硫磺、火刑、烤架……啊，真是莫大的玩笑！何必用烤架呢，他人就是地狱。

艾丝黛尔 我心爱的！

加尔散 （推开她）放开我。她夹在我们中间。只要她看见我，我就不能爱你。

艾丝黛尔 哈！那好，她再也别想看见我们了。（从桌上拿起裁纸刀，奔向伊内丝，把她砍了几下）

伊内丝 （挣扎，笑）你干什么，你干什么，你疯了吗？你很清楚，我是个死人。

艾丝黛尔　死人？

她的刀子落地。稍停，伊内丝拾起刀子，疯狂地用刀子戳自己。

伊内丝　死人！死人！死人！刀子，毒药，绳子，都不中用了。这是安排好了的，你明白吗？我们这几个人永远在一起。（笑）

艾丝黛尔　（大笑）永远在一起，我的上帝，这多么滑稽！永远在一起！

加尔散　（看着她俩笑）永远在一起！

他们倒在各自的躺椅里，坐着。长时间静场。他们止住笑，面面相觑。加尔散站起来。

加尔散　好吧，让我们继续下去吧！

——**幕落**

【法】尤内斯库

尤内斯库(1909—1994)是罗马尼亚裔法国剧作家，是与贝克特齐名的荒诞派戏剧作家。他一生写有40多部戏剧，重要作品有《秃头歌女》《椅子》《犀牛》《国王正在死去》等。此外，他还写有不少戏剧论文，收在《意见与反意见》等书中。

尤内斯库的戏剧主要揭示两次世界大战后西方社会人与人之间难以沟通，人被物排挤、异化的生存状态，以及由此导致的精神危机。他的创作突破了传统的戏剧模式，常常采用荒诞的形式表现怪诞人生，例如没有戏剧情节；人物是抽象的，没有个性和自我；语言缺乏逻辑性等。此外，尤内斯库的戏剧还写有大量的舞台提示语，以强调舞台效果。

《椅子》是一部独幕剧，主角是一对老年夫妇。老头一会儿像小孩一样哭，一会儿又说自己掌握了世界人生的“秘密”，要向全人类宣布，并为此举行了一场盛大的发布会，请来了许多宾客。通过划水声、门铃声，老人的接待和寒暄，可以知道宾客们陆续上门了，但在舞台上看不到人，只看到不断增加的椅子，渐渐摆满了大厅。老头还雇了一位演说家代替自己发言，然后与老太太一起从窗口跳海而死。结局却是演说家什么也没能表达出来。这样，老人的秘密只能永远成为秘密。作者本人对这部戏剧的解释是：“这部戏的主题不是老人的信息，不是人生的挫折，不是两个老人的道德混乱，而是椅子本身，也就是说，缺少了人，缺少了上帝，缺少了物质，是说世界的非现实性，形而上的空洞无物。戏的主题是虚无。”

本书选取的场景中，发布会上已来了许多客人，不断增加的椅子把老年夫妇挤得几乎没有立足之地，却看不见客人的身影。接着，皇帝驾临了，一样地看不见，只有两位老人激动而又惶恐地行着怪异的礼节，说着怪异的话，又哭又笑。最后，演说家出场，他是真人，穿着古怪，像机器人似的向皇帝行礼。之后，老人将传话的重任交给他，然后双双从窗口投水而死。舞台上只剩下演说家。面对一排排空座，演说家开口了，但没有声音，原来他是聋哑人。他借助粉笔写下了一些莫名其妙的话，随后便郑重地行礼，心满意足地离开会场，留下的是人们长长的唏嘘声。

（杨小雨　撰稿）

椅子(节选)[①]

……

〔门铃再次发出响声，接着又响了几次，过一会儿又连响了好几阵；老头儿已经有些手足无措；对着讲台摆着的那些椅子，背向着观众，现在已像戏院里的座位一样一排排摆开，一排比一排长；老头儿气喘吁吁，他用手擦着额头，从这个门边跑到那个门边，请那些看不见的人就座；老太太瘸着腿在台上跑着，她实际已经有些跑不动了，但仍尽自己的力量跑个不停，她从这个门穿进那个门到处去找椅子搬进来。现在台上已经有很多看不见的人；老头儿和老太太都尽量避免碰着他们，老在一排排的椅子中穿来穿去。这一段动作可以照下面的情况进行：老头儿走向四号门，老太太从三号门下又从二号门上；老头儿走过去打开七号门，老太太从八号门下，又搬着椅子从六号门上等等，这样就能使他们把所有的门都利用到，围着台团团转。

老太太　对不起……您说什么……什么……哦，是的……您说什么……对不起……

老头儿　先生们……请进……太太们……进来吧……这位是……让我来……是的……

老太太　(搬来更多的椅子)哦亲爱的……哦亲爱的……客人真是太多了……真是太多，太多……太多了，哦亲爱的，哦亲爱的，哦亲爱的……

〔我们听到从外面传来船行水上的声音越来越大，也越来越近；所有这些声音都是直接从台的两翼传来的。老太太和老头儿仍继续进行着上面所讲的活动；他们不停地推开门，搬进椅子来。门铃仍不停地响着。

老头儿　这桌子挡着咱们的路了。(他搬走一张桌子，或者说，由老太太帮着他做出搬桌子的动作，他并没有因此放慢他活动的节奏)这儿简直挤得一点儿空儿也没有了，实在对不起得很……

老太太　(做着擦桌子的动作，对老头儿)你穿上汗衫了吗？

〔门铃响。

老头儿　又有人来了！再去搬椅子！又有人来了！再去搬椅子！请进，请进，太太们，先生们……西米拉米斯，快点儿……我们一会儿就来帮您的忙……

老太太　对不起……对不起……晚安……太太……太太……先生……先生，是的，是的，这椅子……

〔门铃声越来越大，我们听到在很近处船只靠近码头的声音，而且这声音越来越密了。老头儿在那些椅子中间挤来挤去；连连的门铃声一次紧接着一次，简直不容他有时间从这个门走到那个门边去。

老头儿　是的，马上就来……你穿上你的汗衫了吗？是的，是的……马上就来，耐心点儿，是的，是的……耐心点儿……

---

① 选自人民文学出版社编辑部选编：《外国戏剧百年精华》(下)，黄雨石译，北京，人民文学出版社，2005。

老太太　你的汗衫？我的汗衫？……对不起，对不起。

老头儿　这边，太太们，先生们，我请您……我求您……对不起……求您……进来，请进……马上就看到……这边，有座儿……亲爱的朋友……别坐那边……当心点儿……您，我的朋友？

〔接下去很长一段时间没有对话。我们听到水浪声、行船声和继续不断的门铃声。舞台活动在这时达到最紧张的程度。所有的门都时刻不停地一会儿打开一会儿又关上。只有台中小间里的正门一直还关着。老头儿和老太太一声不响，从这个门跑到那个门，来去如穿梭一般；他们的样子真像脚下穿着滑冰鞋一样。老头儿出去迎接客人，把他们领进来，但很难陪他们多走几步，总是同他们走过来一两步，指给他们几张椅子就完了；他没有更多的时间。老太太不停地从外面搬进椅子来。老头儿和老太太有那么一两次彼此撞个满怀，但这也并没有打断他们的行动的节奏。然后，老头儿在台后的中心处站立下来，把身子从左边转到右边，又从右边转到左边……面向所有的门，用两条胳膊指着面前的座位请人就座。他的胳膊挥动得非常快。最后老太太也停住脚步，手里拿着一张椅子，她把它放下，接着又拿起来，接着又放下；好像她也要从一个门走到另一个门，她迅速地，从右到左，又从左到右，转动着她的头和脖子。他们的这种活动也绝不能破坏总的节奏；老头儿和老太太甚至站着不动的时候，也绝不能使人有活动停止的感觉；他们的手，他们的身子，他们的头，他们的眼睛都在进行激烈的活动，也许全都不停地在绕着小圈儿。最后，活动的节奏逐渐慢了下来，这过程最初很慢：门铃声已不那么响，也不那么频繁了，开门关门声也渐渐稀疏了；老头儿和老太太的动作也渐渐缓和下来。到我们完全听不见开门、关门和门铃声的时候，我们感觉到台上这会儿已经挤满了人。

老头儿　等我给你找个地方……耐心点儿……西米拉米斯，看在……

老太太　（空着手把两条胳膊一摊）再没有椅子了，我的亲爱的。（接着她忽然在这个紧闭着门坐满人群的大厅里卖起看不见的节目单来）节目单，这儿有节目单，今天晚上的节目单，请诸位买节目单！

老头儿　安静一些，太太们，先生们，我们会尽力来照顾诸位……按照诸位来到的先后，我们全会照顾到的……我们一会儿就给您找椅子。我马上就来给您找。

老太太　请诸位买节目单！请等一等，太太，我不能一下子把所有的人都照顾到，我并没有长着三十三只手，您知道，我并不是一头母牛……先生，请帮帮忙把这节目单传给您旁边的那位太太，谢谢，给我钱，给我钱……

老头儿　我跟您说过一定给您找地方！您别着急！这边，在这边，那儿，当心点儿……哦，亲爱的朋友……亲爱的朋友们……

老太太　……节目单……请买目单……目单……

老头儿　是的，我的亲爱的，她在那边，再往前去，她在卖节目单……任何一种生意买卖都是高尚的……那就是她……你瞅见她了吗？……您的座儿在第二排……靠右边……不，靠左边……这就对了！……

老人太　……目单……目单……节目单……请买节目单……

老头儿 您还要我怎么样？我已经尽了我最大的力量了！（对在座的看不见的人群）请朝这边挤一挤，对不起……还能挤出点儿地方来，这就够您坐的了吧……太太，请过来。（他被拥挤的人群挤上了讲台）太太们，先生们，请诸位原谅，家里实在再没有椅子了……

老太太 （她现在正对着老头儿，在第三号门和窗子的中间站在老头儿的对面）请诸位买节目单……谁要节目单？埃斯基摩饼，焦皮糖……水果汁……（老太太被人群挤住，她已无法活动，把她的节目单和糖果在那些看不见的人头上面撒得到处都是）这边有一些！在那儿！

老头儿 （站在讲台上，非常激动；他一走下讲台就被挤得不可开交，他只好又上去，接着又走下来，他在什么人的脸上碰了一下，被人用胳膊一推）对不起……请您原谅……请当心一点儿……

〔他被人推得摇摇晃晃，几乎站立不住，只好抓住了别人的肩膀。

老太太 这儿怎么这么多人？节目单，请到这儿来买节目单，埃斯基摩饼。

老头儿 太太们，年轻的太太们，先生们，请安静一会儿，我求你们……安静一会儿……有一件很重要的事情……那些没有座位的人请把过道儿让出来……就是说……不要站在椅子和椅子的中间。

老太太 （对老头儿，几乎是叫喊着）这些人都是谁，我的亲爱的？他们都在这儿干什么？

老头儿 请把过道儿让出来，太太们，先生们。为了大家方便，凡是没有座位的请一定靠墙站着，在那边，靠着左边或右边的墙……你们在那儿什么也能听见，什么也能看见，请不用发急，包你们一个字也漏不下，这儿所有的座位都不错！

〔舞台上一片混乱。老头儿被人群拥挤着，沿着台差不多绕了一整圈，最后在台右窗前的凳子边停了下来。老太太从相反的方向转了一圈，最后在台左的窗子下边，靠近那边的凳子停住。

老头儿 （一边转着）请不要挤，请不要挤。

老太太 （同样）请不要挤，请不要挤。

老头儿 （仍同前）请不要挤，请不要挤。

老太太 （仍同前）请不要挤，先生们和太太们，请不要挤。

老头儿 （仍同前）安静一点儿……别那么着急……请静一静……这儿是怎么啦？

老太太 （仍同前）不管怎样，咱们没必要像一群野人似的。

〔最后他们来到了上面所说的地点。一人靠着一个窗子。老头儿在左边，靠近讲台边的窗子。老太太在台的右边。直到剧终，他们始终没离开这个地方。

老太太 （对老头儿叫着）我的亲爱的……我看不见你了……你在哪儿？他们这些人是谁？他们要干什么？那边的那个人是谁？

老头儿 你在哪儿？你在哪儿，西米拉米斯？

老太太 我的亲爱的，你在哪儿？

老头儿 在这儿，在这窗户旁边……你听见我的声音吗？

老太太　是的，我听见你的声音！……这儿乱糟糟的声音太多了……我分辨不出哪是你的……

老头儿　可你，你在哪儿？

老太太　我也靠着窗子！……我的亲爱的，我害怕死了，这儿这么多人……咱们俩彼此离得这么远……到了咱们这年岁，可一定得当心一些……咱们可能会彼此总也找不到了……谁知道呢，咱们一定得老待在一块儿，我的亲爱的，我的亲爱的……

老头儿　啊！……我看见你了……哦！……咱们总会找到一块儿的，别害怕……我这会儿跟几位朋友在谈话。（对朋友们）我真高兴能跟你们握手……可当然，我是相信进步的，持续不断地进步，也有时跳跃，不管怎样……

老太太　那太好了，谢谢……这天气真讨厌！是的，天气本来很好的！（旁白）尽管这样，我还是害怕得很……我待在这儿干吗呢……（她尖声叫着）我的亲爱的，我的亲爱的！

〔老头儿和老太太分别和自己身旁的客人们谈着话。

老头儿　为了制止人对人的剥削，我们需要钱、钱，更多的钱！

老太太　我的亲爱的！（接着她被朋友们围住）是的，我丈夫在这儿，什么事都由他负责组织……在那边……哦！你那样过不去的……你一定得从那边绕着走，他在那儿陪着几位朋友……

老头儿　当然不……我常常说的……纯粹的逻辑是不存在的……我们所知道的只不过是貌似逻辑的东西。

老太太　可你们知道，世界上也的确有很幸福的人。他们早晨在飞机上吃早点，中午在火车上吃午饭，晚上在轮船上吃晚饭。夜里他们在大汽车上睡觉，大汽车永远不停地滚着，滚着，滚着……

老头儿　你们说人的尊严！至少咱们得想法顾顾脸面。尊严只不过是一种浮面的东西。

老太太　不要溜到阴暗的角落里去……（她说着说着忽然大笑起来）

老头儿　你们的同胞们问过我。

老太太　当然……把什么都告诉我吧。

老头儿　我邀请诸位到这儿来……是为了对大家说明……个人和本人完完全全是一回事。

老太太　他那副脸样子都像是借来的。他欠我们很多钱。

老头儿　我不是我自己。我是另一个人。我这人是在另一个人的身子里。

老太太　我的孩子们，一定记住，你们谁对谁也不要相信。

老头儿　有时候我在绝对的寂静中醒了过来。那是一个完整无缺的圆环。一切都非常圆满。可是尽管这样，咱们还是得非常当心。它的这种形体也可能会消失。再说也还有些漏洞可能让它从那儿溜掉。

老太太　鬼魂，你们知道，幽灵，不过全都是空的……我丈夫所完成的使命实在非常重要，非常崇高。

老头儿 对不起……那根本不是我的意见！等到有一个合适的机会，我一定把我对这个问题的看法对诸位讲一讲……这会儿我没有什么话可说的！……咱们得等着那位演说家，他会跟你们讲，他要代表我讲话，对大家把我们认为最有价值的东西解说清楚……他会把什么事都告诉大家……什么时候？……到时候就行……那时候很快就要来到了……

老太太 （对她那边的朋友们）越快越好……这一点是没有问题的……（旁白）他们待在这儿总也不会走的。让他们都走吧，他们干吗不走？……我的可怜的亲爱的丈夫，他在哪儿？我看不见他了……

老头儿 （一如老太太）不要着急。你们会听到我要向人类传达的信息的。再等一会儿就行。

老太太 （旁白）啊！……我听到他的声音了……（对她的朋友们）你们知道，所有的人一直都不理解我的丈夫。可到最后他的机会终于来到了。

老头儿 听我说，我对生活有非常丰富的经验。各式各样不同的生活，各种不同的思想……我不是一个唯我主义者。我一定要让人类从我所获得的经验中得到好处。

老太太 噢！你踩了我的脚……我脚上有冻疮！

老头儿 我已经设计了一个非常完善的真实的体系。（旁白）演说家应该来了。（大声）我受尽了各种苦难。

老太太 我们遭受的苦难实在太多了。（旁白）演说家应该来了。时间肯定已经到了。

老头儿 遭受了许多苦难，也学到了许多东西。

老太太 （像回声一般）遭到了许多苦难，也学到了许多东西。

老头儿 回头你们自己会看到，我的那个体系是非常完善的。

老太太 （像回声一般）回头你们自己会看到，他的那个体系是非常完善的。

老头儿 只要我对大家所讲的东西能够实现……

老太太 （如回声）只要他对大家所讲的东西能够实现……

老头儿 咱们就可以拯救世界！……

老太太 （如回声）通过拯救世界来拯救他的灵魂！……

老头儿 这是一个普遍适用的真理！

老太太 （如回声）这是一个普遍适用的真理！

老头儿 听我说！……

老太太 （如回声）听他说！……

老头儿 因为我可以百分之百地断定！……

老太太 （如回声）他可以百分之百地断定！

老头儿 永远不……

老太太 （如回声）永远永远……

〔从舞台的两翼忽然传来嘈杂的乐队声。

老太太　什么事？

〔声音越来越大，接着一声巨响，中间的正门忽然敞开；门开处，我们只看到一股非常强烈的光从正门和各个窗口照到舞台上来，这是因为皇帝来到，点起的灯亮。

老头儿　我不知道……我不能相信……这不可能……可只是……可只是……不能想象……可这的确是真的……是的……如果……是的……这是皇帝陛下！皇帝陛下光临了！

〔从敞开的正门和窗口射进来的光已经亮到了最大限度，但这是一种冷漠的空虚的光，越来越大的嘈杂声忽然停止。

老头儿　站起来！……皇帝陛下驾临了！皇上来到了我的家，来到了咱们的家……西米拉米斯……你明不明白这是何等的光荣？

老太太　（不明白）皇上……皇上？我的亲爱的！（接着她忽然明白了）啊，是的，皇上！陛下！陛下！（她发疯似的以各种奇奇怪怪的样子行着礼）在咱们家里！在咱们家里！

老头儿　（感动得哭起来）陛下！……哦！陛下！……小小的，伟大的陛下！……哦！这是一种什么样崇高的荣誉……这完全是一个神奇美妙的梦。

老太太　（像回声一般）一个神奇美妙的梦……奇美妙……

老头儿　（对看不见的人群）太太们，先生们，快站起来，皇上，我们的仁爱的君主驾临！万岁！万岁！

〔他站到凳子上去；他踮起脚来争着看皇帝；老太太也和他一样动作。

老太太　万岁！万岁！

〔顿足。

老头儿　陛下！……我在这儿！……陛下！您听见我的声音吗？您能看见我吗？请告诉陛下我在这儿！陛下！陛下！！！我在这儿，您的最忠顺的仆人！……

老太太　（仍像回声一样响应）您的最忠顺的仆人，陛下！

老头儿　您的仆人，您的奴隶，您的狗，汪汪，汪汪，您的狗，陛下！

老太太　（完全像一只狗大声叫着）汪汪……汪汪……汪汪……

老头儿　（搓着手）您看见我吗？……请回答我，皇上！……啊，我看见您了，我刚才一晃刚好看到了陛下的龙颜……陛下的神圣的额头……是的，尽管挡着一大排侍臣，我还是看见您了……

老太太　尽管挡着一大排侍臣……我们在这儿，陛下！

老头儿　陛下！陛下！太太们，先生们，不要让他——让皇帝陛下站着……您知道，陛下，我的确是真正对您和您的健康关心的唯一的一个人，我是您的最忠顺的子民……

老太太　（如回声）陛下的最忠顺的子民！

老头儿　让我过去，呐，太太们，先生们……这么多的人，我怎么过得去？……我一定得过去对皇上行一次最大的礼，皇帝陛下……快让我过去……

老太太　（如回声）让他过来……让他过来……过来……来……

老头儿 让我过去，求你们，让我过去。（非常生气地）啊！我总也不能到皇上的跟前去吗？

老太太 （如回声）跟前去吗……跟前去吗……

老头儿 可不管怎样，我的心和我的整个灵魂已经拜倒在他的脚下了，大堆的侍臣围绕着他，啊！啊！他们不让我接近他……他们知道得很清楚……哦！我懂了，我懂了……宫廷里的阴谋活动，这一套我是完全懂的……他们希望把我同陛下分开！

老太太 你安静一点儿，我的亲爱的……皇帝陛下看得见你，他这会儿正望着你……皇帝陛下刚才还对我眨了眨眼睛……皇帝陛下的心是向着咱们的！……

老头儿 一定得让他们把最好的座儿让给皇上……靠近讲台……那他回头才能完全听得清演说家要讲的话。

老太太 （爬到凳子上去，踮着脚，尽量仰头朝那边看着）他们总算在给皇上安排坐处了。

老头儿 谢天谢地！（对皇帝）皇上……陛下完全可以信赖他。他是我的朋友，站在陛下身边的那个人是我的代表。（站在凳子上，踮着脚）先生们，太太们，年轻的姑娘们，小孩子们，我求你们。

老太太 （如回声一般）求你们……求你们……

老头儿 ……我要看看……靠边一点儿……我要……亲眼一睹天颜，见见那高贵的脸，皇帝陛下的皇冠和龙颜……皇上，请赐恩把您的万民瞻仰的脸朝我这边转过来，朝着您的卑贱的仆人……无比卑贱……哦！刚才我清清楚楚地看到他的……我看到他的……

老太太 （如回声）刚才他看到他的……他看到他的……看到……他的……

老头儿 我现在真是高兴得不能再高兴了……我实在没有什么话能表达我的无限的感激……在我的寒舍，哦！陛下！哦！龙颜！……在这儿……在这儿……在我居住的寒舍，一点儿不错，我是一位总督……可是在您的军队的体制中，我不过是一个平常的家务总督……

老太太 （如回声）家务总督……

老头儿 我对这感到很骄傲……在同一个时候，骄傲而又卑贱……我正应该是这样……多糟糕！一点儿不错，我是一位总督，我很可以到宫廷里去，在这儿我只需要管理一个很小的天庭……陛下……我……陛下，我真不知道怎么说好……我本可以有……许多东西，不只是几样东西，如果我知道，如果我愿意，如果我……如果我们……陛下，请原谅我太激动了……

老太太 用第三人称说话！

老头儿 （声泪俱下的）求陛下宽恕我！您终于到这儿来了……我们本来已经完全放弃了希望……您很可能来都不来的……哦！我的救星，在我一生中，我已经受到了种种委屈……

老太太 （如回声，哭泣着）……委屈……委屈……

老头儿 我一生已经受尽了苦难……我本来是可以有些成就的，如果我早知道能得到陛下的支持……我不能指望任何别人的支持……如果您没有来，一切的一切也就再无法挽回了……皇上，您是我的最后的依靠……

老太太 （如回声）最后的依靠……皇上……后的依靠……上……依靠……

老头儿 我给我的朋友们，给所有帮助过我的人带来了不幸……闪电轰击着向我伸出的手……

老太太 （如回声）……伸出的手……伸出……出……

老头儿 他们永远有正当的理由仇恨我，不正当的理由热爱我……

老太太 这话不对，我的亲爱的，不对。我热爱你，我是你的小妈妈……

老头儿 所有我的敌人都得到了很好的酬报，我的朋友都出卖了我……

老太太 （如回声）朋友……出卖了……出卖了……

老头儿 他们对我非常不客气。他们迫害我。我要是跟他们说理，结果总是他们对……有时候，我想着要给自己报仇……我一直都报不了……我总也没能给自己报仇……我的心太仁慈了……我不肯把敌人打倒在地上，我为人老是太好了。

老太太 （如回声）他老是太好了，太好了，太好了，太好了，太好了……

老头儿 我的仁慈终于把我给毁了。

老太太 （如回声）我的仁慈……仁慈……仁慈……

老头儿 可他们对我从来没有一点儿仁慈。我扎他们一针，他们就拿棍子打我，拿刀杀我，拿大炮轰我，他们打碎了我的骨头……

老太太 （如回声）……我的骨头……我的骨头……我的骨头……

老头儿 他们夺取了我的位置，他们抢走了我的一切，他们把我刺杀了……我一直是无理待遇的收藏家，是带来惨祸的闪电……

老太太 （如回声）闪电……惨祸……闪电……

老头儿 为了忘掉这一切，陛下，我想着要出去玩玩……想着去爬山……可他们扯我的后腿，让我摔倒了，我要上楼梯，他们让楼梯全朽烂了……我结果摔了下来……我要旅行，他们拒绝给我护照……我要过河，他们把桥给烧掉了……

老太太 （如回声）他们把桥给烧掉了。

老头儿 我要过比利牛斯山……可是现在比利牛斯山已经不存在了。

老太太 （如回声）比利牛斯山已经不存在了……他很可能，陛下，他也很可能跟别的许多人一样，变成一个编辑头儿，演员头儿，大夫头儿，陛下，变成一个国王头儿……

老头儿 更可恨的是，从来没有人拿我当回事……从没有人下请帖请我……可是，我，听我说，我只对您讲一句话，只有我可以挽救正患着重病的人类。关于这个，陛下是同我一样了解的……或者，至少，我能够让人类免除它在最近这四分之一世纪里所遭到的那种惨祸，只要给我一个机会，让我向人类宣告我所得到的信息；在挽救人类方面我并不感到绝望，现在时间还来得及，我有一个计划……多糟糕，我简直不知道该怎么来说明我的意思……

老太太 （越过那些看不见的人头）演说家一会儿就来了，他可以替你讲话。皇帝陛下也在这儿，那么他也就可以听到你要说的话，你没有理由绝望，所有的王牌全在你手里，一切都变了，一切都变了……

老头儿 我希望陛下能够宽恕我……我知道您还有许多别的烦心的事……我一生都受着委屈……太太们，先生们，请让开那么一点点儿，别让我连陛下的鼻子都瞅不见，我要看皇冠上的宝石发光……可既然陛下屈驾来到我们的寒舍，这当然是因为您决定赐恩关心我这个可怜的人。这是一种多么异乎寻常的恩惠。陛下，如果我让我的肉体踮起脚来，这并不是由于骄傲，这完全只是为了瞻仰您的威仪！……精神上，我已经完全匍匐在您的脚下。

老太太 （哭泣着）您的脚下，皇上，我们匍匐在您的脚下，您的膝盖下，您的脚趾头下……

老头儿 我生过癣。我的老板因为我不肯对他的吃奶的孩子、他的马匹鞠躬，就把我辞退了。他在我屁股上踢了一脚，可是所有这些，皇上，现在已经无关紧要……既然……既然……皇上……陛下……看到……我在这儿……这儿……

老太太 （如回声）这儿……这儿……这儿……这儿……这儿……这儿……

老头儿 既然陛下到这儿来了……既然陛下关心到我要传达的信息……可那个演说家实在应该来了……他不应该让皇帝陛下等着……

老太太 如果陛下能够原谅他。他一定会来的。他一会儿就会来。他们已给我们来过电话了。

老头儿 皇帝陛下实在太仁慈了。皇帝陛下绝不会不听完我要讲的话就走掉的，他不会不听完我要讲的话的。

老太太 （如回声）听完要讲的话……听完……听着要讲的话……

老头儿 现在要让他以我的名义来讲话……我，我没法……我没有那种才能……他有一切必需的文件，一切必需的材料……

老太太 （如回声）他有一切必需的材料……

老头儿 请耐心等一等，陛下，我恳求您……他应该已经来了。

老太太 他应该马上就来了。

老头儿 （为了让皇帝不至于等得不耐烦）陛下，请听我说，很久很久以前，我得到了上天的启示……那会儿我才四十岁……我这话也是对你们诸位讲的，太太们和先生们……有一天晚上，在吃完晚饭之后，我们那会儿有一个习惯，在上床之前，我总在我爸爸膝头上坐一会儿……我的胡子比他的还长，也比他的更尖……我的胸脯上的毛也比他多……我的头发已经都灰白了，可他的头发还是棕黄色的……那天家里有几个客人，都是大人，他们围着桌子坐着，我们忽然开始大笑起来，笑啊，笑啊。

老太太 （如回声）笑啊……笑啊……

老头儿 我不是在开玩笑，我对他们说，我非常爱我的爸爸。有一个人就回答说：这会儿已经半夜了，一个孩子不应该这么晚还不睡觉。如果你现在还不说声再见，赶快睡觉去，那是因为你已经不是个孩子了。说不定我还不会相信他们的话，要是他们在对我说话的时候，不把我看成是个大人。

老太太 （如回声）是个大人。

老头儿 而不把我看成个孩子……

老太太 （如回声）看成个孩子。

老头儿 可不管怎样，我那会儿心里想，我还没结婚，所以我仍然还是个孩子。他们马上就让我结婚了，目的只是为了要证明我不对……很幸运，我太太同时又是我的爸爸和妈妈……

老太太 演说家会来的，陛下……

老头儿 演说家要来的。

老太太 他要来的。

老头儿 他要来的。

老太太 他要来的。

老头儿 他要来的。

老太太 他要来的。

老头儿 他要来的，他要来的。

老太太 他要来的，他要来的。

老头儿 他要来的。

老太太 他这就来了。

老头儿 他这就来了。

老太太 他这就来了，他已经在这儿了。

老头儿 他这就来了，他已经在这儿了。

老太太 他这就来了，他已经在这儿了。

老头儿和老太太 他已经在这儿了……

老太太 他来啦！

〔沉默；一切活动都完全停止。两个老人像发傻似的瞪着第五号门；这种痴呆状态延续了很久，差不多有三十秒钟；五号门一点声音没有很慢很慢地打开了；接着演说家出场了。他是一个真人。他的形象是典型的十九世纪的画家或诗人；他戴着一顶极大的宽边黑礼帽，松松地打着领结，长着上须和山羊胡，穿着一身画家的工作服，他那神态完全像历史上的人物，显得非常自负；正像那些看不见的人必须尽可能显得非常真实一样，演说家的样子一定要显得极其不真实。他沿着右边的墙，如滑行一般轻轻走过去，一直走到台后中间正门的前边，头一直向前，既不向左也不向右转；他紧擦着老太太的身子走过去的时候仿佛完全没有注意到她的存在，甚至当老太太为了证明他到底是不是真人摸他的胳膊的时候，他也完全没有理会。到这个时候，老头儿才叫着说："他来啦！"

老头儿 他来啦！

老太太 （一直用眼睛追随着演说家，现在仍然痴痴地望着他）这真是他，他是个活人。有血有肉的活人。

老头儿　(用眼睛追随着他)他是个活人。这真是他。咱们不是在做梦!

老太太　咱们不是在做梦，我早对你说过。

〔老头儿交抱着两手，抬头向天上望着；他沉静地表示出无限欢乐。演说家在走到台后中间以后，脱下帽子来一声不响地弯下腰去，像一个绿林豪客一样，对看不见的皇帝行礼；他的动作完全像个机器人。这时候：

老头儿　陛下……请容许我向您介绍这位演说家……

老太太　这就是他!

〔这时，演说家把帽子戴在头上，走到讲台上去，他站在那里望着挤在台上和坐在椅子上的看不见的人群；他摆出一副极其严肃的样子僵硬地站在那里。

老头儿　(对看不见的人群)你们可以请求他留下亲笔签名。(演说家静静地、机械地在无数的本子上签着名。老头儿这时交抱着双手，头望着天大声欢呼着说)任何一个人一辈子也不能希望有这么多……

老太太　(如回声)任何人也不能希望有这么多……

老头儿　(对看不见的人群)现在，如果陛下容许的话，我就要开始对诸位讲话了，对你们太太们，年轻的太太们，先生们，小孩子们，亲爱的同事们，亲爱的同胞们，尊贵的总统先生，亲爱的战友们……

老太太　(如回声)还有小孩子们……子们……子们……

老头儿　我要对你们所有的人讲话，不分年岁、性别、社会地位、官衔高低，或从事什么职业，我全心全意地感谢你们。

老太太　(如回声)感谢你们……

老头儿　还有演说家……也同样热情地感谢你们有这么多人来参加我们的会……安静一点儿，先生们!……

老太太　(如回声)安静一点儿，先生们……

老头儿　我同时深深地感谢那些协助我们，使今天的会议能够召开的许多组织家……

老太太　妙极了!

〔这期间，演说家一直严肃地站在台上，除了他的手不停地机械地签着名以外，全身一动也不动。

老头儿　感谢这所建筑的主人们，感谢工程师，感谢砌起这些墙壁的仁慈的泥水匠们!……

老太太　(如回声)……泥水匠们……

老头儿　感谢所有那些挖地基的人……安静一点儿，太太们和先生们……

老太太　……太们和先生们……

老头儿　最后，但绝不是最不重要的，我向木工们表示最热情的感谢，感谢他们做了这么多椅子让你们可以坐，也感谢木器工厂的老板……

老太太　(如回声)……板……

老头儿　……他做了这把安乐椅，让皇帝陛下您可以很舒服地坐着，而同时又并不妨碍您摆出一副庄严和勇武的姿态……我还要感谢所有的技术师、机械工程师和电刑执行者……

老太太　（如回声）……执行者……执行者……

老头儿　……感谢造纸工人和印刷工人，感谢校对和编辑，他们给我们印出了装潢得非常漂亮的节目单，感谢所有的人彼此之间的普遍关怀，感谢，感谢我们的国土，感谢（他转向皇帝坐的地方）由陛下掌着舵的这个国家，您的确具有一个真正舵手的高度技术……感谢在这儿的那些领座人……

老太太　（如回声）……领座人……领座人……

老头儿　（指着老太太）还感谢叫卖埃斯基摩饼和节目单的……

老太太　（如回声）……目单……

老头儿　……感谢我的太太，我的贤内助……西米拉米斯！……

老太太　（如回声）……太……助……米斯……（旁白）真是好乖乖，他绝不会忘了我的功劳。

老头儿　感谢所有那些为我提供宝贵的、重要的帮助，给我经济上或道义上援助的人们，由于他们的帮助，今天晚上的这个会才能获得如此惊人的成功……还要感谢，最最感谢我们的可爱的君主，皇帝陛下……

老太太　（如回声）……帝陛下……

老头儿　（在全然的寂静中）……安静一点儿……陛下……

老太太　（如回声）……陛下……下……

老头儿　陛下，我太太和我对于生活已不再有任何要求。在这行将羽化的时刻，我们的生命马上就会告一结束了……谢谢上天让我们平安无事地活过了这么长的岁月……我的生命简直丰富到了过火的程度。我已经完成了我的使命。我的一生绝不会是白活的，因为我现在要对整个世界传达我所得到的信息……（对演说家点头示意，演说家完全没有注意到；他挥手表示不再为大家签名了，样子非常严肃庄重）对整个世界，或者说，对世界目前还残留的一部分！（向着看不见的人群使劲一挥手）对你们，太太们和先生们，亲爱的同志们，你们是整个人类仅有的后代了，可是就用这剩下的一点点儿也足够做好大一碗汤的了……演说家先生，朋友……（演说家向他这边望过来）如果长期以来我一直没有被我的同时代的人所承认，他们一直没有看清我的真正的价值，那是因为事情必须……（老太太低声哭泣着）所有那一切，现在又还有什么关系呢？既然我已经决定把我的责任留下给你，给你，我亲爱的演说家和朋友（演说家又一次拒绝一个人要他签名的要求，然后摆出一副完全漠不关心的样子向四面八方望着）……让你替我用我的智慧之光照耀着人类的后代……这样让整个宇宙都能够理解我的哲学。请不要忽略掉我的私生活中的任何细节，那些细节，有些是可笑的，有些是痛苦的或者是使人感到温暖的，也不要忽略掉我的兴趣方面，我的有趣的大吃大喝方面的各种细节……把一切一切全都讲出来……谈一谈我的内人……（老太太的哭声越来越高了)谈谈她如何为我制作那些甜美无比的土耳其小饼和她的诺门达比式的罐焖兔子肉……也要谈谈我的出生地白利省……一切全依靠你了，伟大的艺术大师和演说家……至于我和我的贤良的内人，我们在为了人类的进步经过这么多年的努力之后，这么多年我们是一直不停地战斗着的，现在除了撤退之外，我们已经再没有任何事可做了……我们要马上撤退，以便做出并没有人向我们提出，而我们仍然一定要做出的最崇高的牺牲……

老太太　(哭泣着)对，对，让咱们在最大的光荣中死去……让咱们的死变成一种永远流传的神话……至少，他们会用咱们的名字给一条街道命名的……

老头儿　(对老太太)啊我的贤良的内人！……在这整整一个世纪里，你一直毫不犹豫地信任着我，从来也没有离开过我，从来也没有……可是今天，多么不幸啊，在这个最重要的时刻，这里的人群却毫不留情地把咱俩分隔开了……

我曾有个愿望
这样才最理想
咱俩活着一对
死了也成一双
骨头压着骨头
同一石下埋葬
你我肉皮相混
共把蛆虫喂养
然后一同腐烂……

老太太　一同腐烂……

老头儿　多不幸啊！……多不幸啊！……

老太太　多不幸啊！……多不幸啊！……

老头儿　……咱俩的尸体将要彼此远远地分离了，咱们将各自在寂静的深水中腐烂掉……请不要过分怜悯我们。

老太太　事情该怎样就得怎样！

老头儿　我们绝不会被人遗忘的。永恒的帝王将会记得我们，永远记得。

老太太　(如回声)永远记得。

老头儿　我们一定会在世界上留下一些痕迹的，因为我们是人，不是城市。

老头儿和老太太　(一起说)一定会有一条街道将用咱们名字命名。

老头儿　尽管现在情况对咱们不利，从空间来说，咱俩是被分开了，可是，让咱们在时间上、在永恒的观念上连结在一起吧：让咱们在同一个时间死去……(对演说家，他现在正一动也不动，呆若木石)现在最后一次……我把一切都嘱托给你……我完全信赖你。你一定要替我把所有的话都讲出来……把我的信息留给人类……(对皇帝)如果皇帝陛下容许的话……再见，所有的人。再见，西米拉米斯。

老太太　再见，所有的人……！再见，我的亲爱的！

老头儿　皇帝万岁！

〔他向看不见的皇帝撒着纸花，并向他扔过去五彩的长纸条；我们听到鼓号声，并看到像烟火一样的光亮。

老太太　皇帝万岁！

〔无数的纸花和长纸条向皇帝的方向扔去，接着又扔向痴呆的、一动也不动的演说家和那些空着的椅子。

老头儿　（如前）皇帝万岁！

老太太　（一如老头儿）皇帝万岁！

〔老大太和老头儿大声叫着“皇帝万岁”，同时从窗口跳了出去。台上忽然沉寂下来；烟火也停止了；我们只听到从台后两边传来一声叫喊“啊”和人体落在海水中的声音。从正门和窗口射进来的光完全消失了；台上只剩下和开始时一样微弱的光线；忽然显得一片阴暗的窗户依然大开着，窗帘在风中飘荡。

演说家　（在他们双双自杀的时候，他一直呆呆的一动也不动，现在，过了一会儿之后，他决定要说话了。他面对着一排排的空椅子；他让看不见的人群了解他是既聋且哑；他打着哑巴的手势，极力想要让大家了解他的意思；接着他咳嗽、叹息、发出一阵和哑巴一样的喉音）

嘿，姆，姆，姆姆。居，咕，呼，呼。嚯，嚯，居咕，勾。

〔因为实在没有办法，他只得绝望地把两只胳膊垂了下来；忽然，眼睛一亮，他想到了一个主意，他转向黑板①，从口袋里掏出一支粉笔，用极大的字体写下：

神　训

〔接着又写：

嗯嗯啊啊　嗯嗯姆　嗯呜嗯呜嗯　呜弗

〔他又转过身来，向着台上看不见的人群，用手指着他在黑板上写的字。

演说家　姆姆，姆姆，咯，咕。姆姆，姆姆，姆姆，姆姆。

〔接着，他自己感到很不满意，一挥手就把黑板上的字擦去，又写上另外许多字，在那些字中我们可以看出：

再见　啊再见　啊吧

〔演说家又一次转向台上的人群；他微笑着，做出询问的样子，意思表示希望大家已经了解了他的意思，听懂了他所讲的话；他对那些空椅子指着他所写的字。他一动也不动地待了一会儿，样子很严肃，也似乎很满意；可是接着，由于没有看到他所希望的反应，笑容逐渐消失，他的脸色阴暗下来；他又等待了一会儿；忽然他极不高兴地草草一鞠躬，就走下讲台来；他向台中间的正门走去，步子像一个幽灵一样；在走出正门之前，他又郑重其事地向那几排空椅子一鞠躬，向看不见的皇帝一鞠躬。现在台上除了椅子、讲台和满台的纸花和纸条以外，什么也没有了。正门大开，外边是一片黑暗。

---

①　最初演出时，在演说家发出哑巴的咕噜声中幕落。没有使用黑板。——原注

〔这时我们第一次听到看不见的人群发出了人的声音；他们大笑着，彼此交谈着，他们发出嘘声和表示轻蔑的咳嗽声；这声音一开始很低，随后慢慢高起来，接着又逐渐低了下去。这一切一定要持续较长时间，长到足以使观众——真正的看得见的观众——对这一结尾留下极深刻的印象。幕很慢很慢地落下。

——剧终

【美】威廉斯

田纳西·威廉斯(1911—1983)是战后杰出的美国剧作家之一。凯瑟琳·休斯在《当代美国剧作家》中曾如此评价他:“虽然偶尔可以听到人们推崇阿瑟·米勒，可是舆论普遍认为田纳西·威廉斯才称得上第二次世界大战结束时期出现的最杰出的美国剧作家。”他的戏剧代表作有《玻璃动物园》《欲望号街车》《热铁皮屋顶上的猫》《玫瑰纹身》等。其中的《欲望号街车》在1947年问世后，为他赢得了世界性的声誉。

威廉斯关注人类的心理世界，着力表现人类心灵所承受的精神折磨。他的作品常常表现“心与物的对抗”以及“灵与肉的冲突”的主题，书写了一出出现代社会中的精神悲剧。由于探及人类心理中隐秘的角落，其作品主题被认为是惊世骇俗的。在艺术手段上，他善于采用象征主义的方法，来揭示人类精神世界的多重性和复杂性。

《欲望号街车》分为十场。故事从南方旧式淑女布兰琪·杜布瓦搭乘“欲望号街车”，一路辗转换乘“公墓号”来到埃里西安投奔自己的妹妹一家开始。她身着白衣，“像是要去新奥尔良的花园区参加一次夏日茶会”一样。一踏进新奥尔良的工人区，她那优雅的打扮便与周围的环境显得格格不入。她的妹夫斯坦利·科瓦尔斯基举止粗野，充满了“野兽的力量”，他用事实一步步揭露了布兰琪离开故乡的真相，戳穿了她用以苦苦遮掩的谎言：布兰琪曾将祖传的大宅易主他人；在得知挚爱的丈夫是同性恋这一事实时，她备受打击，从此走上了一条充满放荡和谎言的不归路。在斯坦利的步步紧逼之下，布兰琪的伤口被一一揭开，精神崩溃。被斯坦利强暴后，她住进了精神病院。

本书选取的第四场主要写布兰琪与妹妹斯黛拉的对话。布兰琪深深憎恶斯坦利的野蛮与粗俗，力图利用想象中的爱慕者来拯救自己和妹妹；而斯黛拉则流露出对丈夫气质的强烈迷恋。显然，布兰琪一味沉湎于对过去优雅生活的幻想，而斯黛拉早已摆脱了不切实际的设想，冷静地接受了现实。姐妹之间的矛盾鲜明地跃然纸上。

第九场中，布兰琪的爱慕者米奇从斯坦利处获知她曾有过放荡的生活，在拒绝参加她的生日聚会后与她单独会面。在布兰琪生命中带有死亡意味的波尔卡舞曲《瓦瑟维扬纳》一直萦绕耳际，一个墨西哥妇女也一直在叫卖吊丧的花。在一片哀泣声中，布兰琪绝望地承认自己曾用放荡的生活方式来自我麻痹，而丈夫的自杀是她内心永远也无法摆脱的阴影。

（刘彦　撰稿）

欲望号街车(节选)①

第四场

第二天一大早。街上的叫卖声混杂在一起就像是唱诗班的合唱。

斯黛拉躺在卧室里。面色在清晨的阳光中分外安详。一只手搭在刚怀孕微微隆起的腹部。另一只手随便地握着本彩色漫画书。眼睛和嘴唇带有一种几乎处于麻醉状态的静谧，就像是东方神像的脸。

桌上狼藉地散落着早饭和昨晚的残剩，斯坦利那件俗丽的睡衣横躺在浴室的门口。开了一道缝的大门露出一角灿烂的夏日晴空。

布兰琪出现在门前。她昨晚整夜未眠，神情面色跟斯黛拉正好是两个极端。她先是紧张地把指关节压在嘴唇上，透过门缝看了看，然后才进屋。

布兰琪　斯黛拉？

斯黛拉　(懒洋洋地动了动)唔？(布兰琪发出一声呜咽的喊叫，跑进卧室，以一种歇斯底里的柔情一下扑倒在斯黛拉身旁。)

布兰琪　宝贝儿，我的宝贝妹妹！

斯黛拉　(从她身边缩回去)布兰琪，你怎么了？(布兰琪慢慢直起身，站在窗边，指关节压在嘴唇上朝下望着她妹妹。)

布兰琪　他走了？

斯黛拉　斯坦？走了。

布兰琪　他还回来？

斯黛拉　他去给汽车上油了。怎么啦？

布兰琪　怎么啦！，我都快疯了，斯黛拉！我发现你竟然糊涂到在发生了这种事情之后还跟他回来——我真想跟在你后头冲进来！

斯黛拉　我很高兴你没这么做。

布兰琪　你当时到底怎么想的？(斯黛拉做了个不确定的姿态)回答我！怎么想的？你怎么想的？

斯黛拉　拜托了，布兰琪！坐下，别嚷嚷了。

布兰琪　那好吧，斯黛拉。我现在就心平气和地来问你。昨天夜里你怎么还能回到这个地方来？为什么，你肯定还跟他睡了觉！(斯黛拉心平气和从容不迫地从床上起来。)

斯黛拉　布兰琪，我都忘了你是多么容易激动了。你对这件事太小题大做了。

布兰琪　是吗？

斯黛拉　是的。确实如此，布兰琪。我知道这在你看来是何等严重，我也非常遗憾发生了这样的事，不过这压根儿没有你想象的那么严重。首先，一帮男人凑在

---

①　选自[美]田纳西·威廉斯：《欲望号街车》，冯涛译，上海，上海译文出版社，2010。

一起又打牌又喝酒的，就极有可能闹出点事来。这种情形就像个火药桶，一点就着。他都不知道自己干了些什么……我回来以后他温顺得就像只小羔羊，而且他对自己的所作所为是真心实意地羞愧难当。

布兰琪 那这事儿——这事儿就算完了？

斯黛拉 不，不论是谁，像这样子闹得人仰马翻都不能说完就完，可是——人嘛，有时候总归会管不住自己的。斯坦利总是爱砸东西。咳，就在我们新婚之夜——我们刚刚进屋——他就一把拽下我的一只拖鞋，在屋子里转了个圈，把所有的灯泡都给砸了个稀巴烂。

布兰琪 他——怎么着？

斯黛拉 他用我的拖鞋的鞋跟把所有的灯泡都给砸了！（呵呵一笑。）

布兰琪 那你——你就让他这么做？没跑，也没叫？

斯黛拉 我当时——是有点儿——给吓坏了。（等了片刻）你跟尤妮斯吃过早饭了？

布兰琪 你以为我还会想吃什么早饭吗？

斯黛拉 炉子上还留了点咖啡。

布兰琪 你怎么这么——就事论事，斯黛拉。

斯黛拉 要不然我还能怎么着？他已经把收音机拿去修了。幸好没摔到人行道上，只摔坏了一根电子管。

布兰琪 而你还站在这儿笑眯眯的！

斯黛拉 你希望我怎么做？

布兰琪 振作起来，面对现实。

斯黛拉 照你看来，什么才是现实？

布兰琪 照我看来？你嫁了个疯子！

斯黛拉 不！

布兰琪 没错，就是这么回事，你的处境比我的还要糟！只不过你对此浑然不觉而已。我要行动起来。我要振作起来，为自己创造一种新生活！

斯黛拉 是吗？

布兰琪 可是你已经屈服了。这是不对的，你还年轻呢！你可以挣脱出来。

斯黛拉 （缓慢而强调地）我没有什么想要挣脱的。

布兰琪 （难以置信地）你说什么——斯黛拉？

斯黛拉 我说我没有什么想要挣脱的。你看看这个房间乱成什么样子！还有那些空酒瓶子！他们昨晚喝掉了整整两箱！今天早上他向我保证以后再也不搞这种牌局了，可你也知道这类保证能管多长时间。咳，算了，这是他的心头好，就像我喜欢看电影打桥牌一个样。我想，人嘛，得学会迁就彼此的习惯才好。

布兰琪 我真是搞不懂你了。（斯黛拉转向她）我搞不懂你怎么能这么无所谓。难道这是你——学到的一种中国哲学吗？

斯黛拉 一种什么——什么？

布兰琪 这种——敷衍了事和含糊其辞——什么“只摔坏了一根晶体管啦——啤酒瓶

子啦——厨房里一片乱糟糟啦!”——就像什么出格离奇的事儿都没发生过一样!(斯黛拉不确定地笑笑，拿起扫帚，在手里晃荡着把玩。)

布兰琪 你是故意在我脸前晃悠那个东西吗?

斯黛拉 没有。

布兰琪 别晃悠了。把扫帚放下。我才不要你给他打扫呢!

斯黛拉 那谁来打扫呢? 你吗?

布兰琪 我? 我!

斯黛拉 不，我不相信。

布兰琪 哦，让我想想，我的脑子要是管用就好了! 我们一定得弄到点钱，那才有出路!

斯黛拉 我猜能弄到钱总归是好的。

布兰琪 听我说。我有办法了。(哆哆嗦嗦地把一根香烟塞进烟嘴里)你记得谢普·亨特利吧? (斯黛拉摇了摇头)你当然记得谢普·亨特利。我大学里跟他约会过，我一度还戴过他的徽章①。咳——

斯黛拉 咳什么?

布兰琪 去年冬天我又碰到了他。你知道我圣诞假期的时候去了迈阿密?

斯黛拉 不知道。

布兰琪 咳，我去了。我把那次旅行当作一次投资，以为我能碰到个百万富翁什么的。

斯黛拉 碰到了?

布兰琪 碰到了。我碰到了谢普·亨特利——我在比斯坎湾大道上碰到了他，就在圣诞前夜，将近黄昏的时候……他正要上车——凯迪拉克敞篷车; 足有一个街区那么长!

斯黛拉 这么长的话恐怕——开起来多有不便吧!

布兰琪 听说过油井吗?

斯黛拉 听说过——模模糊糊地听说过。

布兰琪 他就有油井，遍及得克萨斯。得克萨斯是真真正正地在他口袋里往外喷金子呢。

斯黛拉 我的妈呀。

布兰琪 你该知道我对钱是多么的无所谓。我想到钱全都是为了你。可他能办得到，他肯定能办得到!

斯黛拉 办得到什么，布兰琪?

布兰琪 嗯——为我们开办一家——商店!

斯黛拉 什么样的商店?

---

① 大学里的男生经常将自己的大学联谊会会徽送给女生作为定情物。

布兰琪　哦，一家——总归是商店吧！他只要把他妻子在赛马上挥霍的钱拿出一半来就成了。

斯黛拉　他结婚啦？

布兰琪　亲爱的，这个人要是还没结婚的话我还会跑到这儿来吗？（斯黛拉笑笑。布兰琪突然一跃而起，跑到电话旁。尖声道）我怎么跟西联公司①通话？——接线员！西联公司！

斯黛拉　那是台拨号电话，亲爱的。

布兰琪　我不会拨，我太——

斯黛拉　拨“0”就行了。

布兰琪　0？

斯黛拉　是呀，拨“0”就能通接线员！（布兰琪思忖了一会儿，然后把电话放下了。）

布兰琪　给我支铅笔。有没有张纸条什么的？我得先把它写下来——我是说电文……（她跑到梳妆台前，抽出一张“舒洁”纸巾，抓起一支眉笔权当书写工具。）现在让我想想……（咬着眉笔）“亲爱的谢普。我和妹妹身陷绝境。”

斯黛拉　你说什么！

布兰琪　“我和妹妹身陷绝境。详情容后再叙。你有否——兴趣……”（再度咬着眉笔）“你有否——兴趣……”（她把眉笔往桌子上一摔，跳将起来）你直截了当地提要求是从来都不会如愿以偿的！

斯黛拉　（带笑道）别异想天开了，亲爱的！

布兰琪　再容我想想，我必须得想到——什么办法！别，别笑话我，斯黛拉！请你，求你别——我——我想请你去看看我的钱包里还有多少钱！就这么点儿了！（一把把钱包拉开）统共只有六十五个可怜的钢镚儿！

斯黛拉　（走到五斗橱前）斯坦利并不定期给我零用钱，他喜欢自己付账，不过——今儿早上他给了我十美金安慰我一下。你拿五美金，布兰琪，剩下的我留着。

布兰琪　哦，不。不行，斯黛拉。

斯黛拉　（坚持）我知道你口袋有点钱的话会多么有助于你振作精神。

布兰琪　不，谢谢你——我要去睡在大街上！

斯黛拉　讲点道理！你怎么会弄到如此拮据的？

布兰琪　钱就这么没了——就像流水一样。（她揉着前额）今天我得抽空去买片止痛药！

斯黛拉　现在我就可以给你找一片来。

布兰琪　现在还不要——我还得再好好想想！

斯黛拉　我看你还是想开点儿吧，顺其自然，至少过那么——一段时间……

布兰琪　斯黛拉，我不能跟他住在一起！你是可以，他是你丈夫。可经过了昨晚上那一出，我怎么还能跟他待在一起，中间就隔着道布帘子？

---

①　美国最著名的电报公司。

斯黛拉 布兰琪，昨晚你正赶上他表现最坏的时候。

布兰琪 恰恰相反，我正赶上他表现最好的时候！他这样的男人能够呈现的就是野兽的力量，而他就此做出了绝妙的表演！可是跟这样一个男人一起生活的唯一途径就是——跟他上床！而这是你的本职工作——不是我的！

斯黛拉 等你稍微休息一下，你会看到问题是可以解决的。你在这里什么都不用担心。我是说——开销啦什么的……

布兰琪 我得为咱俩打算，把咱们俩都——救出去！

斯黛拉 你想当然地就以为我陷入了什么困境当中，难以脱身似的。

布兰琪 我想当然地以为你对于贝拉里夫还有足够的记忆，所以会发现跟这整个地方还有这些玩牌的赌徒是没办法共处下去的。

斯黛拉 好了，你未免把这一切都过分想当然了。

布兰琪 我不相信你真是心甘情愿的。

斯黛拉 哦？

布兰琪 我可以理解这过程是怎么发生的——多多少少。你曾看到他身穿军装，是个军官，可那不是在这里而是——

斯黛拉 我不觉得具体在哪儿看到的他会有任何的不同。

布兰琪 请你千万别说人与人之间神秘的电力作用什么的！要不然我会当面笑话你。

斯黛拉 那么就此我不打算再多说一个字了！

布兰琪 好，那就别说了！

斯黛拉 可是在男女之间确实有那种暗地里发生的事儿——那会让别的任何东西都显得不再——重要了。（稍停。）

布兰琪 你说的就是野蛮的欲望——无非就是——欲望！——就是轰隆隆地开过本地区的那辆破烂电车的名字，从这条老旧的窄街开上去又从另一条……

斯黛拉 你不是也坐过那辆电车吗？

布兰琪 就是它把我带到这里来的。——这个既不欢迎我又让我引以为耻的地方……

斯黛拉 那么你不觉得你那副优越的谱儿有点摆错了地方吗？

布兰琪 我并没有摆什么，也没感觉到有什么好优越的，斯黛拉。相信我说的话！仅此而已。我就是这么看待这个地方的。一个那样的男人，在你鬼迷心窍的时候你可以跟他约会个——一次——两次——三次，可是跟他一起过日子？还要跟他生孩子？

斯黛拉 我跟你说过我爱他。

布兰琪 那我真要为你不寒而栗了！只能——为你不寒而栗……

斯黛拉 你要是非得不寒而栗，我也无能为力。（一阵冷场。）

布兰琪 你能恕我——直言吗？

斯黛拉 当然，说吧。把话说出来。怎么想的就怎么说。（外面有一列火车驶近。两人停下话头，一直等到隆隆的车声消歇。两人都在卧室里。）（在车声的掩盖下斯坦利从外面进来。姐妹俩都没看到他，他胳膊底下夹着几个包裹，听到了姐妹俩以下的谈话，他穿一件汗衫和一条油渍斑斑的泡泡纱裤子。）

布兰琪 好吧——请恕我直言——他实在是粗俗！

斯黛拉 噢，没错，我也觉得他很粗俗。

布兰琪 觉得！你不可能把咱们的出身教养全部忘记，斯黛拉，竟然会觉得他的天性中会有任何一点绅士的成分！一丁点儿都没有，没有！哦，如果他只是有点——平常！只是普通了点儿——但是善良而又健全，但他——不是。他身上有种彻头彻尾的——兽性！你恨我这么说，对不对？

斯黛拉 （冷冷地）继续把话都说完，布兰琪。

布兰琪 他的举止行动就像是野兽，他有野兽的习气！吃起来、动起来、说起话来都像是野兽！他身上有种——低于人类——还没进化到人类阶段的习性！是的，有一种——类人猿一样的东西，就像我在——人类学研究图片展上看到的某帧画面！多少万年的时间已经从他身边逝去，他——斯坦利·科瓦尔斯基——依旧岿然不动，他是石器时代的劫余！在丛林里猎杀以后将生肉带回家！而你——你就在这儿——等着他回家！他也许会打你，也许会咕噜几声再亲亲你！那还得是在亲吻已经被发明出来以后的事！夜幕降临，其他的类人猿也都跑了来聚会！就在洞穴前面，都像他一样地咕噜嘟囔，狼吞虎咽，拙手笨脚！他的扑克之夜！——你可以称之为——类人猿派对！有的咆哮起来——有的攫取了什么东西——于是大打出手！上帝啊！也许我们跟按照上帝塑造的那个形象还有很大的距离，可是斯黛拉——我的妹妹——自打有人类以来我们也取得了一些进步了呀！像艺术——比如诗歌和音乐——这类东西，这类新的光明也已经进入这个世界了呀！在某些类型的人当中，某些更加细腻温柔的情感也已经开始了萌芽！这才是我们必须促其成长的！必须紧握不放，当作我们的旗帜竖立起来！在这场黑暗的进军当中，不管我们在走向何方……都不要——千万不要自甘堕落，跟那些野蛮人一起退缩不前！（又一列火车驶过。斯坦利犹豫了一下，舔了舔嘴唇。然后他突然转过身，偷偷从前门退了出去。姐妹俩仍没有意识到他的存在。等火车驶过以后，他透过关闭的前门喊斯黛拉。）

斯坦利 嘿！嘿，斯黛拉！

斯黛拉 （一直神情严峻地听布兰琪讲话）斯坦利！

布兰琪 斯黛拉，我——（但斯黛拉已经跑去开门。斯坦利轻松随意地拿着几个包裹进来。）

斯坦利 你好呀，斯黛拉。布兰琪回来了？

斯黛拉 是呀，她回来了。

斯坦科 你好呀，布兰琪。（咧嘴朝她一笑。）

斯黛拉 你准是又钻到车底下去了。

斯坦利 弗里茨店里那些该死的机修工，真他妈屁都不懂——嘿！（斯黛拉已经伸出双臂热烈地抱住了他，就当着布兰琪的面，一点都不避讳。他哈哈一笑，把她的头紧紧地搂向自己。越过她的头，透过帘子，他对布兰琪咧嘴一笑。)(灯光渐暗，仍残留一束光照亮拥抱的两人，传来“布鲁斯钢琴曲”、小号和鼓合奏的乐声。)

第九场

当晚略晚些时候。布兰琪坐在卧室的一把椅子上，紧紧地缩成一团。她已经在椅子上罩上了绿白条子的斜纹布椅套。她身上换上了那件猩红的缎子睡袍。椅子旁边的桌子上摆着酒瓶和酒杯。传来迅急、狂热的波尔卡舞曲，正是“瓦瑟维扬纳”。舞曲是在她头脑中奏响，她喝酒正是为了逃避这首舞曲，摆脱紧紧包围住她的大难临头的预感，而她同时又像是在哼唱着歌词。电风扇摆着头来回吹动着她。

米奇转过街角，身上仍穿着工作服：蓝色工装衣裤。他胡子都没刮。他爬上台阶按响了门铃。布兰琪吓了一跳。

布兰琪　请问是哪位？

米奇　(粗声道)我。米奇。(波尔卡舞曲消歇。)

布兰琪　米奇！——等一小会儿。(她发疯似的乱转，把酒瓶藏在壁橱里，对镜蹲下，往脸上搽了点古龙水和香粉。她兴奋不已，来回跑动时喘气声都清晰可闻。最后她冲进厨房去开门，让他进来。)米奇！——你知道，今晚你竟然这么对待我，我真不该放你进来！竟然完全不顾骑士风度！不过你好，美男子！(她主动把嘴唇凑上去。他却置之不理，推开她走进房间。他大踏步朝卧室走去，她则满面惊恐地在后面望着他。)哎呀，哎呀，多么冷冰冰的肩膀！多么笨拙的衣着！咳，你连脸都没刮！这对一位淑女简直是不可原谅的无礼！不过我宽恕你。我宽恕你，因为我只要一见到你就会无比安慰。你把我头脑当中挥之不去的那波尔卡舞曲给叫停了。你头脑中可曾有过什么东西纠缠过你？没有，你当然不会有这种烦恼，你这个迟钝的天使小猫咪，你脑袋里从来就没有过什么可怕的东西缠住你不放！(她跟着他、跟他说话的整个过程中，他都紧盯着她。显然他在过来的路上已经喝了好几杯了。)

米奇　咱们一定得开着风扇吗？

布兰琪　当然不必！

米奇　我不喜欢风扇。

布兰琪　那咱们就把它给关了，亲爱的。我对风扇可没什么偏袒！(她按了下开关，电扇点着头慢慢不转了。米奇扑通一声倒在卧室的床上，还点了根烟，她不自在地清了清嗓子。)不知道家里有什么喝的。我——还没好好调查调查呢。

米奇　我不要喝斯坦的酒。

布兰琪　这不是斯坦的。这里的一切都不是斯坦的。家里的有些东西实际上是我的！你母亲怎么样了？你母亲好了吗？

米奇　干吗？

布兰琪　今晚上出了什么事吧？不过没什么。我可不想盘问当事人。我只不过——(她茫茫然抚摸着额头。波尔卡的曲调再度响起。)——假装我没注意到你有任何的不同！那——音乐又……

米奇　什么音乐？

布兰琪　这可真是天方夜谭！他说来是天方夜谭，你竟然还重复他的天方夜谭！我都懒得自降身份去回应这么低级的凭空诬蔑！

米奇　哈。

布兰琪　你心里在想什么？我从你眼睛里看出了点苗头。

米奇　（起身）这里太黑了。

布兰琪　我喜欢这里的黑。黑暗对我是一种抚慰。

米奇　我觉得我都从没在亮光底下看到过你。（布兰琪笑得上气不接下气）这是事实！

布兰琪　是吗？

米奇　我从没在下午看到过你。

布兰琪　这是谁的错？

米奇　你从来都不愿意在下午外出见人。

布兰琪　咳，米奇，你下午可是在厂里干活呢！

米奇　星期天下午可不用干活儿。我星期天也请你出去来着，可你总是找借口回绝。你六点以前从来都不想出去，天黑了以后你也总是待在灯光昏暗的地方。

布兰琪　你像是话里有话，可我又不明白其中的隐情。

米奇　我的意思是说，我从来都没真正好好地看过你，布兰琪。咱们把屋里的灯打开吧。

布兰琪　（惊恐万分）灯？什么灯？干吗要开灯？

米奇　这盏罩着纸罩子的灯。（他把灯泡上的纸灯笼扯下来，她吓得大声喘息。）

布兰琪　你干吗要开灯？

米奇　我好把你看个明白清楚！

布兰琪　你当然不是真想侮辱我吧！

米奇　不，我只想脚踏实地。

布兰琪　我可不想脚踏实地。我要魔法巫术！（米奇嘿嘿一笑）对，对，就是魔法巫术！我一心想给人的就是这个。我误导他们。我说的不是事实，我说的是应该的事实。如果这就是罪过，那就让我为此而永世不得超生吧！——别把灯打开！（米奇过去开灯。他把灯打开，然后不错眼地盯着她看。她大叫一声把脸遮住。他又把灯给关了。）

米奇　（缓慢而又悲苦地）我并不嫌你比我想象得要老。可是还有所有那一切——耶稣啊！你假装旧式淑女的那些拿姿作态，还有这整个夏天你炮制出来的那些胡言乱语。哦，我知道你已经不是年方二八了。可我真是个傻瓜，竟然就信了你是个规矩女人。

布兰琪　谁告诉你我不——“规矩”了？我那可爱的妹夫。你也就信了他。

米奇　我一开始骂他是血口喷人。后来我核对过了事实。我先是问了经常前往劳雷尔出差的我们的供销员。然后我打长途电话直接跟那个商人通了话。

布兰琪　这位商人又是谁？

米奇　基费伯。

布兰琪　劳雷尔的商人基费伯！我知道这个人。他对我吹过口哨。我断了他的非分之想。所以现在他就编造了故事来报复我。

米奇　有三个人，基费伯、斯坦利还有肖，你敢对着他们赌咒发誓！

布兰琪　咚咚呛，咚咚呛，三个大男人挤一缸！又脏又臭的一大缸！

米奇　你不是住在一家叫火烈鸟的旅馆？

布兰琪　火烈鸟？不！旅馆的名字叫大狼蛛！我住的旅馆叫大狼蛛纹章！

米奇　（傻乎乎地）大狼蛛？

布兰琪　没错，一种大蜘蛛！我就是把我的牺牲品往那儿带的。（她又给自己倒了杯酒）没错，我是跟陌生人有过很多次亲密关系。那是在艾伦——死后，跟陌生人缠绵悱恻对我而言是唯一能将我空洞的心填满的途径……我想我是出于恐慌，只是因为恐慌，我才像是被驱赶着，从一个人转向另一个，竭力寻求一点保护——从东到西，从南到北，在那些最——不靠谱的地方——最后甚至，找上了个十七岁的男生！可是——有人给校长写信告发了这件事——“这个女人毫无道德，根本不配担当教职！”（她仰头一阵痉挛的、哽咽的大笑。然后又气喘吁吁地重复一遍上面的话，接着又喝酒。）此话不假吧？是的，我想我大概——是不称职——管它呢……所以我才来到了这里。我已经没有别的地方可去了。我已经精疲力竭了。你知道什么叫精疲力竭吗？可是我的青春又突然涌动起来——我遇到了你。你说你需要个人。是呀，我也需要个人。我为了你感谢上帝，因为你好像很温柔——好像是这个乱石丛生的世界上我可以藉以藏身的一道缝隙！可是我大概是要求得，希望得——太多了！基费伯、斯坦利和肖已经在我这只风筝的尾巴上拴上了个旧铁皮罐。（沉默片刻。米奇木呆呆地盯着她看。）

米奇　你对我撒了谎，布兰琪。

布兰琪　别说我对你撒过谎。

米奇　撒谎，撒谎，里里外外，全是一派谎言。

布兰琪　从没有在里面，我从没有存心要撒谎……（一个小贩绕过街角。是个瞎眼的墨西哥女人，围着深色围巾，拿着几把俗气的锡纸花，那是下层墨西哥人在葬礼和其他节庆场合才用的。她的叫卖声几不可闻。她的身影隐在楼房的阴影里几不可见。）

墨西哥女人　Flores. Flores. Flores para los muertos. Flores. Flores.①

布兰琪　什么？哦！有人在外头……（她走到门前，开门望着那个墨西哥女人。）

墨西哥女人　（她就站在门口，把花儿递给布兰琪）Flores? Flores para los muertos?

布兰琪　（吓坏了）不，不！现在还不要！现在还不要！（她冲进屋内，把门摔上。）

---

①　西班牙语：花儿。花儿。吊丧的花儿。花儿。花儿。

墨西哥女人 （她转过身，又开始沿街叫卖）Flores para los muertos. （波尔卡舞曲渐歇。）

布兰琪 （仿若自言自语）揉碎了，衰败了，——悔不当初——反咬一口……“你要是能如此这般，我也就不会沦落至此！”

墨西哥女人 Corones para los muertos. Corones...①

布兰琪 遗产！哈……还有诸如血迹斑斑的枕套之类的玩意儿——“她的床单该换了”——“是的母亲。可是我们就不能找个黑人姑娘来干这种事吗？”不，我们当然不能，咱们什么都没了，只剩下——

墨西哥女人 Flores.

布兰琪 死——我一般就坐在这儿，她常常坐在那儿，死靠得就跟你一样近……我们甚至都不敢承认听说过死这件事！

墨西哥女人 Flores para los muertos，flores—flores...

布兰琪 死的反面是欲望。你觉得奇怪？你怎么会觉得奇怪呢！离贝拉里夫不远，在我们失去贝拉里夫以前，有座训练新兵的兵营。星期六的晚上，小伙子们就会进城去买醉——

墨西哥女人 （轻柔地）Corones...

布兰琪 ——回营的路上他们会摇摇晃晃地闯到我们家草坪上喊——“布兰琪！布兰琪！”——耳聋的老太太竟然一点都没起疑。不过有时候我就会溜出去，答应他们的召唤……事后警车就会开过来把他们都收罗了去，就跟收雏菊赛的……漫长的回家路……（墨西哥女人慢慢转过身来，一边轻柔哀伤地叫卖，渐渐离场。布兰琪走到梳妆台前，俯身趴在台上。过了一会儿，米奇起身，有所企图地跟了过来。波尔卡音乐消歇。他伸出双手搂住她的腰，想把她转过来。）

布兰琪 你想干吗？

米奇 （笨手笨脚地拥抱她）干我整个夏天都日思夜想的事。

布兰琪 那就娶我吧，米奇！

米奇 我不想娶你了。

布兰琪 不想了？

米奇 （双手从她腰间垂下来）你不够干净，我不能把你领回家跟我母亲住在一起。

布兰琪 那就走开。（他盯着她）马上从这儿滚出去，要不然我就要大喊失火了！（她因为歇斯底里，嗓子都发紧了）马上从这儿滚出去，要不然我就要大喊失火了。（他仍旧盯着她看。她突然冲到大窗子前，窗上还留有一圈淡蓝色的夏日余晖，她疯狂地大喊。）失火了！失火了！失火了！（米奇惊得喘了口粗气，转身跑了出去，跌跌撞撞地冲下台阶转过街角的楼房。布兰琪摇摇晃晃地离开窗前，跪倒在地。远处传来缓慢而又忧伤的钢琴曲。）

① 西班牙语：吊丧的花圈。

【美】米勒

阿瑟·米勒(1915—2005)是20世纪杰出的美国戏剧家，创作有《都是我的儿子》《推销员之死》《萨姆勒的女巫》等优秀剧作。《推销员之死》是他的成名作，也代表着他戏剧创作的最高成就，为他赢得了国际声誉。剧本在1949年首演时，就创下了连续上演742场的纪录，并获得纽约剧评界奖、普利策戏剧奖等六项戏剧奖励。

阿瑟·米勒是一位现实主义悲剧作家，他的作品大多以揭示人类的生存困境为主题，描写社会底层人物在现实生活中的艰难境遇，表现出强烈的社会批判特征，从而被誉为“美国戏剧的良心”。在创作艺术上，他注意运用现代派文学的手法，常常通过人物支离破碎的记忆和幻觉传达人物的经历和感受，大大丰富和增强了戏剧的艺术表现力。

《推销员之死》由两幕及最后的安魂曲组成，主要讲述落魄的推销员威利·洛曼的故事。威利深受“美国梦”的影响，渴望获得发财致富的机会。年轻时就立志要凭借良好的人缘和声誉成为一名最受人尊敬的推销员。几十年来，他为人忠厚，工作踏实。但在这个弱肉强食的社会里，他的理想不过是一种不切实际的幻想。当他年老体衰，无法在外忙碌奔波，要求一份办公室的工作时，却被老板霍华德辞退。洛曼家有两个儿子，但不务正业。威利在大儿子比夫身上寄托了自己最大的期望，可是比夫游手好闲，还有偷窃的癖好，自升学失败后便与父亲形同陌路，34岁了仍然一事无成。小儿子哈比世故狡猾，成天追逐女色。唯有温柔贤惠的妻子林达一直默默地支持着心力交瘁的威利。最后，为了儿子们的成功，威利不惜撞车自杀。

本书节选了剧本第二幕的部分内容。比夫发现父亲有了外遇，父亲曾在他心目中的美好形象彻底破碎。比夫后来还形成了不同于父亲的价值观，认为金钱不是一切，但他说服不了沉溺于美国梦中的威利。多年以来的父子之情与父子冲突互相交织。回家后，父子俩吵了一架。威利被比夫的眼泪软化，认识到儿子是爱他的。与在非洲一夜暴富的哥哥本的亡灵对话后，他选择了以牺牲自己的生命为代价去换得人寿保险费给儿子做生意。威利的自杀，意味着他的美国梦的破灭。

（刘彦　撰稿）

推销员之死(节选)①

第二幕

……

〔斯坦利捡起一把椅子，跟他们出去。台后左方传出叩门声。女人笑着上。威利跟着她。她穿着一身黑色套裙；他在扣着衬衫钮扣。赤裸裸的肉欲的音乐为他们的谈话伴奏。

威　利　你别笑了行不行？别笑了行不行？

女　人　你不打算去开门吗？他会把整个旅馆都吵醒的。

威　利　我又不在等什么人。

女　人　宝贝儿，你干吗不再喝一杯，不要再这么自顾自了？

威　利　我怪寂寞的。

女　人　你知道你把我毁了吗，威利？从现在起，你几时到办公室来，我就保证把你直接带到买主那里去。用不着再在我办公桌边等候啦，威利。你毁了我。

威　利　你这么说真是太好了。

女　人　哎呀，你真自顾自！干吗那么伤心？我从没见过像你这么伤心，这么自顾自的家伙。(她笑了。他吻她)快进来，旅行推销员。深更半夜的穿起衣服来可真好笑。(这时听到叩门声)你不打算去开门吗？

威　利　人家敲的不是这个门。

女　人　可我觉得是敲这里的门。他听到咱们在房里说的话啦。也许旅馆着火了！

威　利　(惊慌起来)搞错啦。

女　人　那叫他走开！

威　利　门外没人。

女　人　敲得我心烦死了，威利。有人站在门外那儿，弄得我心烦死了！

威　利　(把她推开)好吧，待在洗澡间里，别出来。我想，马萨诸塞州有条关于这种事的法律，所以别出来。也许是那个新来的旅馆职员。他看上去很坏。所以别出来。搞错了，没着火。

〔又听到敲门声。他扔下她，走了几步，她在舞台侧面消失了。灯光跟着他，这时他迎面碰到比夫，比夫拎着一只手提箱。比夫迎上前去。音乐声止。

比　夫　你干吗不开？

威　利　比夫，你在波士顿干什么？

比　夫　你干吗不开？我一直敲了五分钟，我还打电话找你——

威　利　我刚听到你。我在洗澡间里，门关上了。家里出什么事？

---

①　选自人民文学出版社编辑部选编：《外国戏剧百年精华》，陈良廷译，北京，人民文学出版社，2005。

比　夫　爹——我丢你脸了。

威　利　你这什么意思？

比　夫　爹……

威　利　比夫，这是怎么啦？（搂住比夫）快，咱们下楼去，给你来杯麦乳精。

比　夫　爹，我数学不及格。

威　利　不是学期考试吧？

比　夫　是学期考试。我学分不足，不能毕业。

威　利　你是说伯纳德不肯给你答案。

比　夫　他给了，他出过力了，可我只得了六十一分。

威　利　他们就此不肯给你四个学分？

比　夫　伯恩鲍姆死也不肯。我求他了，爸，可他就是不肯给这个学分。趁学校还没放假，你一定得去跟他谈谈。因为只要他看出你是什么人，你就施出浑身解数跟他谈，管保这一说他准帮我忙。他的课老是排在练球时间的前面，弄得我常常旷课。你跟他谈谈好吗？他会喜欢你的，爸。你精通商谈的诀窍。

威　利　放心吧。咱们马上开车回去。

比　夫　哎呀，爹，真太好了！他管保会看在你分上改变主意的！

威　利　下楼去，告诉旅馆职员我付清账就走了。快下去。

比　夫　是，遵命！你瞧，爸，他见我恨的原因是——有一天他上课迟到了，所以我就站在黑板前学他的样。我就斜着眼睛，大着舌头讲话。

威　利　（笑）真的啊？孩子们喜欢吗？

比　夫　他们差点笑死了！

威　利　哦？你怎么学的？

比　夫　柳丝儿（六十二）的冰（平）方根是……（威利哗的一声笑了出来；比夫陪着大笑）正巧学到一半他走进来了！

〔威利哈哈大笑，女人在台后陪着一起笑。

威　利　（毫不迟疑）赶快下楼去——

比　夫　里面有人？

威　利　没有，是隔壁房里。

〔女人在台后笑。

比　夫　你洗澡间里有人！

威　利　没有，是隔壁房间，有人请客——

女　人　（笑着，上。她大着舌头说话）我可以进来吗？澡盆里有什么东西，威利，这东西在动呢！

〔威利瞧着比夫，比夫张开嘴巴，大吃一惊，盯着女人。

威　利　哎呀——你还是回到自己房里去吧。这会儿人家一定粉刷好了。人家在粉刷她房间，所以我让她在这儿洗个淋浴。回去吧，回去吧……（他推着她）

女　人　（抵拒）可我还得穿衣服呀，威利，我不能——

威　利　滚出去！回去，回去……（突然拼命想恢复常态）这位是弗兰西斯小姐，比夫，她是个买主。人家在粉刷她房间。回去，弗兰西斯小姐，回去……

女　人　可我的衣服呢。我总不能光着身子走到过道里去呀！

威　利　（把她推到台后）滚出去！回去，回去！

〔比夫慢慢坐到手提箱上，台后还在继续争吵。

女　人　我的丝袜呢？你答应给我丝袜的，威利！

威　利　我这儿没有丝袜！

女　人　你有两匣九号尺码的透明丝袜要给我的，我就要嘛！

威　利　给，看在老天分上，你出去行不行？

女　人　（拿着一匣丝袜上）但愿过道里没人。但愿如此。（对比夫）你是踢橄榄球还是打棒球？

比　夫　橄榄球。

女　人　（生气，失面子）我也是。明天见。（她从威利手里夺过衣服就出去）

威　利　（静默片刻）得啦，还是走吧。我明天一早首先上学校去。把我的套头西服从壁橱里拿出来。我要整理旅行袋了。（比夫一动不动）怎么啦！（比夫还是纹丝不动，眼泪滚滚直流）她是一个买主。替西蒙斯买货的。她住在过道那头——人家在粉刷。你真想也想不到——（他突然住口。静默片刻）听我说，孩子，她不过是个买主。她在自己房里看货色，他们得拿货去看，这样就……（静默。摆出威风）得，收拾我的套头西服。（比夫一动不动）快别哭啦，照我的吩咐去做。我给你下道命令。比夫，我给你下道命令！我给你下命令，你就这样对待吗？你敢哭！（伸出胳臂搂住比夫）好好听着，比夫，等你长大了，你就会懂得这一切。你千万不能——你千万不能过分看重这种事情。我明天一早首先就去找伯恩鲍姆。

比　夫　没关系。

威　利　（坐在比夫旁边）没关系！他就要给你这些学分的。我保证叫他做到。

比　夫　他不会听你的。

威　利　他准会听我的。你需要这些学分才能进弗吉尼亚大学。

比　夫　我不上大学了。

威　利　咦？要是我没法叫他改变分数，你就进暑期学校补课。你有一整个大暑天好——

比　夫　（他忍不住失声痛哭）爹……

威　利　（受感动）噢，我的乖……

比　夫　爹……

威　利　她跟我一点关系也没有，比夫。我寂寞，我怪寂寞的。

比　夫　你——你把妈妈的丝袜给了她！（他眼泪滚滚直流，站起身想走）

威　利　（抓住比夫）我给你下道命令！

比　夫　别碰我，你——说鬼话！

威　利　快赔个不是！

比　夫　你这骗子！你这专说鬼话的下流骗子！你这骗子！（筋疲力尽，马上转过身去，放声痛哭，拿着手提箱就走，扔下威利跪在地上）

威　利　我给你下道命令！比夫，回到这儿来，不来我揍你！回到这儿来！我要揍你啦！

〔斯坦利立即从右方出来，站在威利面前。

威　利　（对斯坦利嚷嚷）我给你下道命令……

斯坦利　嗨，爬起来吧，爬起来，洛曼先生。（他扶威利站起身）你两个孩子带着窑姐儿走啦。他们说跟你在家里见。

〔另一个侍者在远处看着。

威　利　可我们原来说定一起吃饭的。

〔音乐声起，是以威利为主题的。

斯坦利　你走得了吗？

威　利　我——那还用说，我走得了。（忽然关心起自己的衣服）我——我看上去还行吗？

斯坦利　当然，你看上去还行。（他替威利掸掉翻领上一星污点）

威　利　给——这是一块钱。

斯坦利　噢，你儿子给过我啦。得了吧。

威　利　（把钱塞到斯坦利手里）不，拿着。你是个好小子。

斯坦利　噢，不要，你用不着……

威　利　给——这儿还有几块，我再也用不着它了。（稍停片刻）告诉我——附近有种子店吗？

斯坦利　种子？你是说想要种花草？

〔趁威利转过身去，斯坦利偷偷把钱塞回威利的茄克衫口袋里。

威　利　是啊，种点胡萝卜，豌豆……

斯坦利　噢，六马路有几家五金店，不过也许现在太晚了。

威　利　（急不可耐）噢，我还是赶紧去吧。我得去买点种。（他朝右面走去）我得马上去买点种子。没什么种。我不想让院子里空着。

〔灯光暗下来，这时威利匆匆出。斯坦利跟着他走到右面，目送他出去。另一个侍者一直盯着威利。

斯坦利　（对那个侍者）得了，你在看什么？

〔那侍者收拾椅子，从右面走掉了。斯坦利搬了桌子跟着他。舞台这一区的灯光渐隐。冷场了好一阵子，笛声起。厨房渐渐亮起灯光，里面空无一人。哈比出现在屋子门口，后面跟着比夫。哈比捧着一大把长梗玫瑰花。他走进厨房，四下找寻林达。没看见她，他回头看着比夫，比夫正站在门外，做着手势，表示“大概不在这里”。他朝起居室里张望，愣住了。原来林达在屋里坐着，只是看不见人。她膝上搁着威利的上衣。她有所预兆，悄悄站起身，向哈比迎上前去，哈比回到厨房去，心里害怕。

哈　比　嗨，你起来干什么？（林达一言不发，只是盛怒未息地向他走去）爸呢？（他一直朝右倒退，这时正好看到林达在起居室的门口）他睡了吗？

林　达　你们到哪儿去了？

哈　比　（拼命想打哈哈）妈，我们碰到两个姑娘，模样怪好的。喏，我们给你带来点花。（把花交给她）妈，把花插在你房里。

〔她一下把花扔在比夫脚边的地上。这时他进屋了，还顺手关上了门。她默默无言，盯着比夫。

哈　比　你这是干什么呀？妈，我想让你有点花——

林　达　（打断哈比的话，狠狠对比夫）你不顾他是死是活吗？

哈　比　（上楼梯）快上楼，比夫。

比　夫　（突然厌恶起来，对哈比）离开我远点！（对林达）你这是什么意思，死啊活的？这儿可没人要死呀，好妈妈。

林　达　滚开！滚开！

比　夫　我要见老头儿。

林　达　不准你走近他！

比　夫　他在哪儿？（他走进起居室，林达跟着）

林　达　（在比夫后面大声嚷着）你请他去吃饭。他一整天都在盼啊盼的——（比夫在他父母的卧室里，四下张望，又出来）——你倒好，把他扔在那儿。就是对外人你也不作兴这样做啊！

哈　比　什么？他跟我们玩得可美呢。听我说，我要扔下他——（林达回进厨房）我就活不过今天！

林　达　滚出去！

哈　比　你瞧你，妈……

林　达　你今晚非到女人那儿去不可吗？你跟你那些臭婊子！

〔比夫又走进厨房。

哈　比　妈，我们只是到处跟着比夫转，想办法逗他乐罢了！（对比夫）哎呀，这一夜你让我过得真够呛的！

林　达　你们两个都滚出去！再也别回来！我不准你们再来折磨他。快走，把你们东西都收拾好！（对比夫）你可以睡到他的公寓里去。（她动手捡起花，又住了手）把这些垃圾捡起来，我不再是你们的老妈子啦！你们这些二流子，捡起来，你们！

〔哈比背过脸去不睬她。比夫慢慢走过来，跪在地上，捡起花来。

林　达　你们真是一对畜生！没有一个人，没有第二个活人会这么狠心，竟然在家饭馆里把他扔下走了！

比　夫　（眼睛没看着她）他这么说的吗？

林　达　他什么话也没说。他脸也丢尽了，一进门人就差点瘫倒了。

哈　比　不过，妈，他跟我们玩得可痛快呢——

比　夫　（粗暴地打断他）住口！

〔哈比没二话，就此上楼。

林　达　你啊！你连进去看看他是不是好了都不肯！

比　夫　（还跪在林达面前的地板上，手里拿着花，自怨自艾）他才不干呢。屁个事都不干。嘿，你满意吗？让他留在厕所里胡言乱语。

林　达　你这下贱货，你……

比　夫　这下算说到点了上了！（他站起来，把花扔进废纸篓里）社会渣滓，你还正眼看着他！

林　达　滚出去！

比　夫　我得去跟老头儿谈谈，妈。他在哪儿？

林　达　不准你走近他！滚出屋去！

比　夫　（充满信心和决心）不。我们要开门见山地谈谈，就他跟我两个人。

林　达　不准你跟他谈！

〔台后右方，屋外传来笃笃笃声。比夫循声而去。

林　达　（突然央求他）请你别缠住他行不行？

比　夫　他在外面干什么？

林　达　他在种菜！

比　夫　（轻声轻气）这工夫？哎，我的天哪！

〔比夫走出去，林达跟着。照在他们身上的灯光熄灭，台口中心亮起了灯光，这时威利走进台口。他带着一个手电筒，一把锄头，几包种子。他笃笃笃地敲击着锄头柄，把它装装结实，然后走到左侧，用脚步丈量距离。他提着手电筒照着几包种子，念着上面的说明。他全身浴着蓝森森的夜色。

威　利　胡萝卜……株距四分之一英寸。行距……行距一英尺。（他量下尺寸）一英尺。（他放下一包种子，又量尺寸）甜菜。（他又放下一包种子，再量）莴苣。（他念着包装说明，放下一包种子）一英尺——（正说着，本在右侧出现，向他慢慢走来，他就突然住口）多妙的计划，啧，啧，了不得，了不得。因为她在受苦，本，老伴儿在受苦。你懂我意思吗？男子汉不能两手空空来，两手空空去呀，本，男子汉总得搞出点名堂来。你不能，你不能——（本迎上去仿佛想打岔）到如今，你总得考虑考虑啦。别一下子回答我。可别忘了，这是一笔保证有两万块钱收入的计划。看哪，本，我要他跟我好好合计一下这件事的利弊得失。我没人好商量。本，老伴儿在受苦，你听见我的话吗？

本　　　（一动不动站着，在考虑）什么计划？

威　利　就是两万块立刻照付的现款。完全是有政府保证的金边证券，你明白吗？

本　　　你别拿自己开玩笑了。他们不见得肯如数支付保险单。

威　利　谅他们也不敢不付。难道我不是拼死拼活的按期缴纳保险费的吗？如今他们竟然不肯付清！办不到！

本　　人家管这叫作胆小鬼干的事，威廉。

威　利　什么？难道我在这儿熬到老死还是两手空空反而需要更大的胆量吗？

本　　（让步）这话有理，威廉。（他走着，一边在想，转身）两万块——这倒是看得见、摸得着的硬货。

威　利　（这下放心了，越来越有力）噢，本，妙就妙在这一点上！我看到它就像颗金刚钻，在暗中闪闪发光，又粗又硬，我可以捡起来，放在手里摸。这可不是什么双方约好谈买卖！这绝不会是再叫人上当的事。本，这一来一切都要改观了。因为他当我窝囊废，瞧，他还因此存心羞辱我。不过这场葬礼——（挺起身）本，这场葬礼准会隆重！有的从缅因州来，有的从马萨诸塞州来，有的从佛蒙特州来，有的从新罕布什尔州来！全都是有汽车驾驶执照的老前辈——那小子准会吓得目瞪口呆，本，因为他根本不晓得——我是赫赫有名的，罗得艾兰州，纽约州，新泽西州——我在这些地方都是赫赫有名的。本，这一点他会亲眼彻底看清楚的。他会看清我是什么人，本，那小子，免不了会大吃一惊的！

本　　（走到园子边上）他会骂你胆小鬼。

威　利　（忽然害怕）不，那未免太可怕了。

本　　嗳。还骂你大傻瓜。

威　利　不，不，他骂不得。我受不了！（他精神沮丧，万念俱灰）

本　　他会痛恨你，威廉。

〔两个儿子的欢乐乐声起。

威　利　噢，本，咱们要是能回到过去那些欢乐的时代里去该多好啊！过去一向充满光明和友谊，冬天乘雪橇，脸蛋红彤彤。老是有什么好消息传来，老是有什么好事情上门。从来也不让我自己拎着旅行袋进屋，总是给我那辆小红汽车打蜡！哎呀，为什么我不能给他点什么，要他别恨我呢？

本　　让我想想看。（他看看表）我还有点时间。这计划高明，可你千万不能拿自己开玩笑。

〔本向舞台后方飘然而去，走得不见人影。比夫从左面走来。

威　利　（忽然注意到比夫，回过头去抬眼看他，随即慌慌张张，捡起地上一包包的种子）那种子到底在哪儿？（愤怒）这里什么都看不见！四面八方的街坊房子都把你困死了！

比　夫　四面八方都住人。这点你不明白吗？

威　利　我忙着。别打扰我。

比　夫　（从威利手里接过锄头）我来跟你告别的，爸。（威利看着他，默默无言，动弹不得）我再也不回来啦。

威　利　你明天不去找奥利弗了吗？

比　夫　他没有约我，爹。

威　利　他搂住你，还会没约你吗？

比　夫　爸，这点请注意，好吗？每回我离开家，总是吵上一架就把我撵走。今天我才算摸透自己一点，我尽量想跟你说说清楚，可我——我想，我还是不够聪明，没法把道理给你摆出来。管他妈的谁对谁错吧。(他抓住威利的胳臂)嘿，咱们就把事情瞒起来吧？快进去，咱们告诉妈。(他轻轻想把威利拖到左面去)

威　利　(冷漠，不动，声音里透着内疚)不，我不想见她。

比　夫　来吧！(他再拖，威利拼命想挣开)

威　利　(非常紧张)不，不，我不想见她。

比　夫　(拼命盯着威利的脸，仿佛想看透他的心思)为什么你不想见她？

威　利　(这时更粗鲁了)别烦我行不行？

比　夫　你不想见她，这是什么意思？你不想让人家骂你胆小，是吗？这不是你的过错；是我不好，我是个二流子。快进屋！(威利使劲挣脱)你没听到我对你说的话吗？

〔威利挣脱开身，马上独自进屋。比夫跟着。

林　达　(对威利)亲爱的，你在种菜？

比　夫　(在门口，对林达)好啦，咱们把话都说明了。我走啦，我不再写信回来。

林　达　(走向在厨房里的威利)我想这办法最好，亲爱的。事情拖下去没好处，你们就是永远也合不来。

〔威利不答理。

比　夫　人家问起我在哪儿，我在干什么，你们什么都不知道，反正你们也不在乎。这一来你们就可以眼不见为净，你们可以重新快活起来。行了吧？就此一了百了，对不对？(威利不作声，比夫走向他)你不想祝我一路顺风，老头？(他伸出手)怎么样？

林　达　握握手吧，威利。

威　利　(回头看她，怨气冲天)你也知道，根本用不着再提拿笔的事了。

比　夫　(轻声)人家没约我，爹。

威　利　(怒火爆发)他搂住你……？

比　夫　爹，你根本不想看看我是什么货色，争有什么用？要是我发了笔大财，我就寄给你一张支票。一方面请忘了我还在人世。

威　利　(对林达)瞧，存心羞辱我了不是？

比　夫　握握手吧，爹。

威　利　我不握。

比　夫　我希望不要这样分手。

威　利　哼，你只配这样滚蛋。再见。

〔比夫对他看了一会儿，随即突然转身上楼。

威　利　(喝住他)要是你离开这个家，但愿你烂死在地狱里！

比　夫　(回过头)敢情你巴不得我这样死呀？

威　利　我就是要你知道，不管你上哪儿，坐火车也好，在深山里也好，在幽谷里也好，存心羞辱我就叫你活不长！

比　夫　不，不。

威　利　你完蛋的原因就是存心羞辱我，存心羞辱我，等到你落魄江湖的时候，别忘了怎么会落到这个地步。等到你在贫民窟里发臭发烂的时候，记住可别怨我不好！

比　夫　我没怨你不好！

威　利　我决不承担这件事的责任，你听见吗？

〔哈比下楼，站在底下一级，眼巴巴看着。

比　夫　这话也用不着我多说了！

威　利　（一屁股坐在桌边一张椅子里，手里罪状充足）你就是尽量想对我捅上一刀子——别当我不知道你在干些什么！

比　夫　好吧，骗子！那就摊开来谈吧。（他从口袋里抽出橡皮管，放在桌上）

哈　比　你疯了——

林　达　比夫！（她过来要夺橡皮管，但比夫用手抓住不放）

比　夫　放在那儿！别动它！

威　利　（看也不看）那是什么？

比　夫　那是什么你心里雪亮。

威　利　（如入笼中，想要挣脱）那个我从没见过。

比　夫　这个你见过。耗子可不会把它拖到地下室里去！这算什么一出戏，把自己装扮成英雄？要我为此替你惋惜？

威　利　从没听说过。

比　夫　没有人会来可怜你，听到吗？没有人可怜！

威　利　（对林达）你听听又存心羞辱我啦！

比　夫　不，你就该听听真相——你是什么货色，我是什么货色！

林　达　住口！

威　利　存心羞辱我！

哈　比　（下楼对比夫）你快闭嘴！

比　夫　（对哈比）这家伙不知道我们是什么人！这家伙要知道就好了！（对威利）在这个家里咱们从没说过十分钟真话！

哈　比　我们一向说真话！

比　夫　（对他翻脸）你这吹牛大王，你是进货部主任助理吗？你不过是助理的两个助理中的一个，对不对？

哈　比　这个嘛，我实际上是——

比　夫　你实际上完全是吹牛！咱们全都是吹牛！我可吹腻啦。（对威利）你听着，威利，这就是我。

威　利　我认识你！

比　夫　你知道为什么我有三个月没有地址吗？我在堪萨斯城偷了一套衣服，就坐了牢。（对林达，她正在抽泣）别哭啦，我腻啦。

〔林达掉转身子背对他们，两手捧着脸。

威　利　看来那是我的不好！

比　夫　我自从出中学以来，每干一门活，都是因为偷东西给开除啦！

威　利　那又是谁的不好呢？

比　夫　我毫无长进，因为你净对我吹牛，吹得我神气活现，谁的话都听不进去！这件事到底是谁的不好！

威　利　这倒没听说过！

林　达　别，比夫！

比　夫　早就该让你听说听说了！什么我两星期里就得当上大人物啦，我可腻了！

威　利　那就上吊去吧！因为你存心羞辱我，上吊去吧！

比　夫　不！没人上吊，威利！今天我手里拿支笔一口气奔下十一段楼梯。忽然间我停下了，你听见吗？就在那座办公大楼的中间，你听见吗？我停在这座办公大楼的中间，竟看到了——天。我看到了这世界上我所热爱的东西。工作和食品，还有坐下抽口烟的时间。我瞧着那支笔，心里嘀咕说，我拿这支笔到底干什么？为什么我要勉强去做自己不愿意做的事呢？我在人家办公室里，对人家低声下气，哀求乞怜，这又是何苦来着？其实我无非只是想要出来，等候一个时机说说我知道自己是什么人罢了！为什么我不能说这句话，威利？（他想勉强使威利面对他，可是威利扭转身，往左走）

威　利　（怀恨在心，威胁着说）你生活的大门敞开着！

比　夫　爸！我这种人贱得很，你也是！

威　利　（这时忍不住大发脾气，对他大闹）我可不是贱货！我是威利·洛曼，你是比夫·洛曼！

〔比夫冲向威利，但被哈比拦住。在盛怒之下，比夫看来差点要打他爸爸。

比　夫　我不是当头头的料，威利，你也一样。你根本成不了气候，你只是一个勤勤恳恳的旅行推销员，像所有这类人一样，落得个给人家扔进垃圾堆的下场！我是干一个钟头拿一块钱，威利！我跑了七个州，还是加不到工钱。一个钟头一块！你明白我意思吗？我再也不往家里带横财了，你也休想等我往家里带。

威　利　（直接对比夫）你这忘恩负义、存心羞辱我的饭桶！

〔比夫挣脱哈比。威利吓得赶紧上楼。比夫抓住他。

比　夫　（正在火头上）爸，我是个窝囊废！我是个窝囊废，爸。这点你也不明白吗？这里可一点也没存心羞辱你。我就是我这个样子，就这一句话。

〔比夫的怒火消尽，情不自禁地痛哭流涕，拉住威利，威利默默无言，伸手去摸比夫的脸。

威　利　（吃惊）你这是干什么？你这是干什么？（对林达）他为什么哭呀？

比　夫　（哭着，神情沮丧）请你放我走吧！你还是趁早别做那个骗人的美梦，把那东西烧掉免得出事吧！（他拼命想克制自己，挣脱身，上楼）我明天一早就走。送他——送他去睡吧。（筋疲力尽，比夫上楼到自己房里）

威　利　（冷场了半晌，才又惊又喜）你说这件事——这件事怪不怪？比夫——他喜欢我！

林　达　他爱你，威利！

哈　比　（深深感动）一向如此，爸。

威　利　哎呀，比夫！（目不转睛地拼命看着）他哭了！对我哭了。（他憋着一肚子父爱，终于大声说出他的希望）那小子、那小子终究会大有出息！

〔本出现在厨房外的灯光部分。

本　　　是啊，死后留下两万块，可了不得呀。

林　达　（看出他思潮起伏，又害怕，又小心）快来睡吧，威利。这会儿一切都妥啦。

威　利　（觉得实在忍不住想冲出屋子去）嗯，咱们就睡。快来。去睡吧，哈普。

本　　　要砸开这个人吃人的世界真得有一种了不起的人才行啊。

〔本那田园诗的音乐声起，音调恐怖。

哈　比　（搂着林达）我就要结婚啦，爸，别忘了。我要改变一切现状。用不着等到过年我就要经管那个部门。你走着瞧吧，妈。（他吻吻她）

本　　　这个人吃人的世界虽然一片漆黑，倒是遍地金刚钻，威利。

〔威利掉转身，走着，倾听本说话。

林　达　乖乖地听话。你们俩都是乖孩子，只要一直这样乖就好了。

哈　比　晚安，爸。（他上楼去）

林　达　（对威利）来，亲爱的。

本　　　（以更大威力）男子汉总得出去发掘金刚钻。

威　利　（沿着厨房墙根慢慢走向门口，对林达）我只是想要过过太平日子，林达。让我自个儿坐一会。

林　达　（差点吐露出心里的恐惧）我要你上楼去。

威　利　（把她搂在怀里）再过一会儿，林达。眼下睡不着。去吧，你看上去怪疲倦的。（他吻吻她）

本　　　这可不是双方约好谈买卖。金刚钻又粗又硬，碰都碰不得。

威　利　快去。我立刻就上来。

林　达　我想这是唯一的办法了，威利。

威　利　可不，这是最好的事了。

本　　　最好的事！

威　利　唯一的办法。现在一切都好啦，宝贝，睡觉去吧。你看上去怪疲倦的。

林　达　立刻上来。

威　利　我马上就来。

〔林达走进起居室，随即又出现在卧室。威利就在厨房门外走着。

威　利　他爱我。（惊讶）他一向爱我。这事情怪不怪？本，他会因此崇拜我！

本　　　（许愿）那里虽然一片漆黑，倒是遍地金刚钻。

威　利　你能想象他口袋里一旦装上两万块钱那份气派吗？

林　达　(从房里喊着)威利，上来！

威　利　(对厨房里喊着)噢！噢。来了！这算盘多精明！你了解不了解，心肝？连本也看出来了。我得走啦，宝贝。再见吧！再见吧！(几乎手舞足蹈，走向本)想想看。等他拿到保险费，又胜过伯纳德了！

本　　　真是一个绝妙的好计划。

威　利　你看到他对我哭得多伤心啊？唉，要是我能吻他一下就好了，本！

本　　　到时候了，威廉，到时候了！

威　利　噢，本，我一向知道不管怎样我和比夫两个人总要成功的！

本　　　(看表)小船在等咱们。咱们要迟到了。(他慢慢走进暗里)

威　利　(哀伤地，掉转身子看着这个家)孩子，这回要是碰到你开球，我要你速度快如风，一脚踢过半个球场，要是碰到你射门，要射得低，射得猛，因为这一脚可紧要呢，孩子。(他迅速转过身来面对着观众)看台上有各种各样的大人物，你首先要知道……(忽然醒悟剩下自己一个人)本！本，我哪儿……(他突然做出一个寻找的动作)本，我怎么……？

林　达　(叫唤)威利，你上来吗？

威　利　(害怕得大声喘着气，猛地转过身来像是要她安静)嘘！(他掉转身，像是要探路；闹声、人脸、说话声，似乎蜂拥向他扑来，他一边挥拂，一边喊叫)嘘，嘘！(忽然间声调尖厉不清的音乐迎面拦住他。音乐声高度增强，几乎形成无法忍受的刺耳尖叫。他踮起脚尖走来走去，在屋子里绕了一圈就奔出去了)嘘，嘘！

林　达　威利？

〔没应声。林达等着。比夫起身离床。他没脱去衣服。哈比坐了起来。比夫站着静听。

林　达　(真正害怕了)威利，回答我！威利！

〔传来汽车发动声和全速开走声。

林　达　不行！

比　夫　(奔下楼)爸！

〔随着汽车疾驰而去，音乐发出一片乱七八糟的碰撞声，又变成大提琴一根琴弦轻柔而有节奏的拨动声。比夫慢慢回到自己的卧室。他和哈比肃穆地穿上茄克衫。林达慢慢走出自己房间。音乐发展为一支哀乐。白天。屋里笼罩着绿叶阴影。查利和伯纳德，穿深色衣服上，敲着厨房门。比夫和哈比慢慢下楼到厨房去，正好查利和伯纳德进门。大家静止了一会儿，这时林达穿着一身孝服，捧着一小束玫瑰花，走过挂门帘的门口，进了厨房。她走到查利身边，挽着他胳膊。这时大家全都穿过厨房的墙壁界限，走向观众。林达在台口边沿，放下花束，跪下，一屁股坐在自己脚跟上。大家都目不转睛地看着墓。

【英】品特

哈罗德·品特(1930—)是与贝克特、尤内斯库齐名的荒诞派戏剧代表作家，也是继萧伯纳之后最重要的英国剧作家。他一生写有30部剧本，代表作有《生日晚会》《送菜升降机》《看门人》《归家》《背叛》《大山的语言》和《月光》等。

品特的戏剧通常被称为"威胁喜剧"，着重表现人在这个世界上所受到的各种形式的外来威胁。品特对威胁的理解，受到存在主义思想的影响，但在表现这种威胁时，有其独特方式。通常这种"威胁"是什么，什么来源，什么性质，在剧中都不做明确交代，且难以界定。品特的戏剧还具有发展的特点，早期威胁喜剧的主题是空间的威胁，后期转向表现时间威胁的记忆戏剧；且品特后期戏剧的政治批判性明显增强，着重书写人世间的"权力关系"，把威胁的根源指向专制政体和集权统治。

品特的戏剧语言取自生活口语，但又不全照搬，而是利用生活口语即兴表达的特点，以颠覆书面语言的明晰性和逻辑性。这些语言虽有粗糙和破碎之嫌，但经过品特的重新组合，被置于独特的戏剧情景中，焕发出独特的光彩，反映了现实的破碎性和荒诞性。品特剧中还大量使用了潜台词，富于言外之意，增加了剧作的含蓄感。

三幕剧《看门人》(1960)是品特早期戏剧的代表作。戏剧故事发生在伦敦西区的一所公寓房间里。为人憨厚、但精神有点毛病的阿斯顿将在酒馆被打的流浪汉戴维斯领回住处，安顿他过夜，还给他拿烟叶，送他鞋子，又给他零钱，对他照顾有加。戴维斯起初不相信自己交上如此"好运"，不安全感使他对阿斯顿多有防范。但不久他开始得寸进尺，甚至准备联合阿斯顿的弟弟米克，将阿斯顿赶走。阿斯顿终于忍无可忍，向戴维斯下了逐客令。戴维斯这时又变着法子乞求阿斯顿让他留下来。阿斯顿面朝窗户静默着，戴维斯不停地唠叨着……

《看门人》是一部表现"空间威胁"的戏。在狭窄憋屈的房间里，三个人物相互提防，彼此争夺，上演了一场权力之战，都受到对方的裹胁和威迫。本书所选第二幕中，米克起先不断骚扰戴维斯，力图掌控场面，令初来乍到的戴维斯惊恐不安。后来戴维斯自以为被米克接纳，有了安全感，就转而向阿斯顿发难。他抱怨没睡好，报怨窗户没关上，让自己受了风。他不接受阿斯顿关于睡觉时头转向的建议，坚持要关上窗子，还提醒阿斯顿给自己弄一双鞋子，说没有鞋子无法出去喝茶。阿斯顿由此想到街角自己常去的一家咖啡馆，思绪进入一种缅想的状态，自说自话，引出对自己精神病发作，在医院遭电击的往事的回忆。

(谢江南　撰稿)

看门人(节选)[①]

第　二　幕

〔几秒钟后。

〔米克坐下来，戴维斯半坐在地板上，蜷着身子。

〔沉默。

米　克　怎么样?

戴维斯　没事，没事。没事。

〔一滴水砸在头顶的桶里。两人抬起头。米克回头看了看戴维斯。

米　克　你叫什么?

戴维斯　我不认识你。我不知道你是谁。

〔停顿片刻。

米　克　噢?

戴维斯　詹金斯。

米　克　詹金斯?

戴维斯　是的。

米　克　詹……金斯。

〔停顿一下。

你昨夜睡在这儿?

戴维斯　是的。

米　克　睡得好吗?

戴维斯　很好。

米　克　我很高兴。很高兴遇见你。

〔停了一下。

你说你叫什么?

戴维斯　詹金斯。

米　克　再说一遍?

戴维斯　詹金斯!

〔停顿片刻。

米　克　詹……金斯。

〔又一滴水砸在桶里。戴维斯抬头看了看。

你让我想起我叔叔的兄弟。那个家伙，他老是在旅游。从来都带着护照。对女孩子特别注意。身材很像你。有点像运动员。是个跳远能手。圣诞节时，他老

---

① 选自人民文学出版社编辑部选编:《外国戏剧百年精华》(下)，王改娣译，北京，人民文学出版社，2005。

在客厅周围做不同的助跑动作。他嗜好坚果，就那样，不是别的，就是嗜好而已。总是吃不够。花生米、核桃、巴西果，带壳花生，简直一块水果蛋糕都不愿碰。他有块很棒的秒表，是在香港弄的。是在他被赶出救世军的第二天搞到的。过去他在贝肯纳姆预备队排第四。在那之前，他还拿过金牌。他把小提琴背在背上的样子真可笑，像个小孩。我觉得他有点印第安血统。说实话，我一直弄不明白他怎么会是我叔叔的兄弟。我是说我叔叔是他兄弟，而他也是我叔叔。但我从不叫他叔叔。事实上，我叫他锡德。我妈妈也叫他锡德。

这很可笑。你和他简直一模一样。他娶了个中国人，到牙买加去了。

〔停顿一下。

我希望你昨夜睡得好。

戴维斯　听着！我不认识你！

米　克　你睡哪张床？

戴维斯　往这儿看——

米　克　噢？

戴维斯　那张。

米　克　不是另外那张？

戴维斯　不是。

米　克　真挑剔。

〔停顿一下。

你喜欢我的房间吗？

戴维斯　你的房间？

米　克　是呀。

戴维斯　这房间不是你的。我不认识你。我以前从没见过你。

米　克　信不信由你，你知道吧，你长得很像我以前在肖尔迪奇认识的一个家伙。事实上，他住在阿尔恰特。我和一个堂弟住在卡姆登镇。那个家伙过去在芬斯伯里公园有个货摊，就在公共汽车站旁。认识他后我才知道他是在帕特尼长大的。这对我来说没什么区别。我认识好几个在帕特尼出生的人。即使他们不生在帕特尼，也是生在富布哈姆。唯一的问题是他不是出生在帕特尼，他只是在那儿长大的。后来发现他出生在喀里多尼亚大街，就在马头前边。他老妈还住在安吉尔。所有的公交车都从她门前经过。她可以乘 38 路、581 路、30 路或者 38A 从艾塞克斯路到多尔斯顿交叉口，非常快。嗯，当然，如果她乘 30 路，他可以到上条街接她，转过海布利拐角就到圣保罗教堂了，但她最后也能到多尔斯顿交叉口。我过去在上班路上经常把自行车放在她家花园里。嗯，挺有趣的。你和他太像了。就是他的鼻子稍大点，但收拾得倒挺干净。

〔停顿一下。

你昨夜睡在这儿？

戴维斯　嗯。

米　克　睡得好吗？

戴维斯　很好！

米　克　你晚上不得不起来吧？

戴维斯　没有！

〔停顿片刻。

米　克　你叫什么？

戴维斯　（扭身，想站起来）喂！

米　克　叫什么？

戴维斯　詹金斯！

米　克　詹……金斯。

〔戴维斯突然移动了一下，想站起来。米克一声怒吼让他又缩了回去。

（吼道）你昨夜睡在这儿？

戴维斯　是的……

米　克　（继续快速地）睡得怎样？

戴维斯　我睡得……

米　克　睡得好吗？

戴维斯　喂——

米　克　睡在哪张床上？

戴维斯　那——

米　克　不是另外那张吧？

戴维斯　不是！

米　克　挑剔。

〔停一下。

（平静地）挑剔。

〔停一下。

（重又变得和蔼可亲）你在那张床上睡得怎么样？

戴维斯　（愤怒地击向地板）很好！

米　克　你不舒服？

戴维斯　（呻吟）我很好！

〔米克站起身，走向他。

米　克　你是外国人？

戴维斯　不是。

米　克　是在不列颠群岛出生长大的吗？

戴维斯　当然！

米　克　他们教了你些什么？

〔停一下。

你喜欢我的床吗？

〔停一下。

那是我的床。你要注意别受风。

戴维斯 在床上吗?

米　克 不，现在，起床后，笨蛋。

〔戴维斯留神看着米克，对方正转过身去。戴维斯爬向衣架，抓住他的裤子。米克迅速转过身，夺过裤子。戴维斯猛然冲过去抢夺。米克伸出手警告他。

你打算在这儿安营扎寨啊?

戴维斯 把裤子给我。

米　克 你要在这儿安营扎寨?

戴维斯 把我的裤子给我!

米　克 为什么给你，你要走吗?

戴维斯 给我我就走，我要去锡德卡普!

〔米克用裤子轻打了几下戴维斯的脸。戴维斯缩了回去。停顿片刻。

米　克 你知道，你让我想起以前碰到的那个家伙，就在吉尔福德旁道的另外一边。

戴维斯 我是被带到这儿的!

〔片刻停顿。

米　克 你说什么?

戴维斯 我是被带到这儿的!我是被带到这儿的!

米　克 被带到这儿的?谁带你来的?

戴维斯 住在这儿的人……他……

〔片刻停顿。

米　克 撒谎。

戴维斯 昨夜，我被带到这儿……我是在一家小餐馆碰到他的……我在那儿工作……我被解雇了……我在那儿工作……那小子把我从一场打斗中救了出来，带我到这儿，就把我带到这儿了。

〔片刻停顿。

米　克 恐怕你天生就会撒谎，对吧?你是在和房东讲话呢。这是我的房间。你站在我的房间里。

戴维斯 是他……他看到了我……他……

米　克 (指着戴维斯的床)那是我的床。

戴维斯 那又怎么样?

米　克 那是我妈妈的床。

戴维斯 可是昨晚她又没在!

米　克 (走向他)别得意，小子，别得意。离我老妈远点儿。

戴维斯 我没有……我又没有……

米　克 别太过分，朋友，不要对我老妈太随便，我们都要些敬意。

戴维斯 我充满了敬意，你不会发现谁能比我更有敬意。

米　克　好了，别跟我说这些谎话了。

戴维斯　好，你听我说，我从没见过你，是吧？

米　克　我想你也从没见过我妈？

〔停顿一下。

我想我能断定出你是个老流氓。你就是个老无赖！

戴维斯　等——

米　克　听着，小子。听着，小子。你真恶心。

戴维斯　你没权利——

米　克　你把这地方弄得臭烘烘的。你这个老强盗，还有什么可说的。你是个老混蛋。你不属于这么一个好地方。你这个没教养的野蛮人。老实点。你无权在一个还没装修的公寓里乱逛。要是我愿意，这个房子我一周可以租七镑。明天就找个人租出去。一年下来总共是三百五十镑。别废话。我是说，如果你拿得出这个钱就别怕开口。你看，家具和其他设备，我只要四百或将近四百就行了。每年有九十镑的房产税。你可以估算一下水、电、暖气差不多也就五十镑。要是感兴趣，你也就花个八百九十镑。你开个口，我马上让我的律师给你起草个合同。否则的话，我的车就在外边，我可以在五分钟之内把你送到警察局，告你非法侵入、徘徊观望伺机作案、光天化日下抢劫、偷窃、做贼、把屋子弄臭。你说什么？除非你真有意思把这房子直接买下来。当然，我会让我哥哥先给你装修好。我有个哥哥，他是个第一流的装潢师。他可以给你装修。如果你想要更大的地方，顺着楼梯平台还有另外四间屋子，分别是卫生间、客厅、卧室和婴儿室，这间你可以当书房。我提到的这位哥哥，他正要动手装修其他房间呢。嗯，正要动手。你还有什么要说的？八百镑租这间或者三千镑包下上面整个楼层。另外，如果你想长期承租的话，我知道西哈姆有个保险公司，他们会很乐意帮你操作这项交易的。无附带条件、光明正大、无不良记录；百分之二十的利息、百分之五十的押金；首付、逾期支付、家庭津贴、红利分成、行为良好减免条款、六个月租期、每年审查相关档案、提供茶水、出售股份、利益外延、终止赔偿，对于暴动、民众暴乱、劳工动乱、暴风雨、风暴、雷电、偷盗、害虫等的全面理赔统经过反复核查。当然需要一份你私人医生签署的声明来证明你拥有必要的身体素质来承担责任，对不对？你钱存在哪家银行？

〔停顿一下。

你钱存在哪家银行？

〔门开了，阿斯顿走进来。米克转过身放下裤子。戴维斯拿起裤子穿上。阿斯顿看了一眼他们两人，走到自己床前，放下手中的包坐了下来，又开始修起那个烤面包机。戴维斯缩回墙角。米克坐在椅子上。

〔静悄悄的。

〔一滴水砸到桶里，三个人都仰起头。

你还让它漏着呢。

阿斯顿　嗯。

〔停顿一下。

屋顶漏。

米　克　屋顶呀?

阿斯顿　嗯。

〔停顿一下。

我准备把它用沥青铺一下。

米　克　你要用沥青铺一下吗?

阿斯顿　嗯。

米　克　为什么?

阿斯顿　有裂缝。

〔停顿片刻。

米　克　你准备用沥青铺屋顶的裂缝。

阿斯顿　嗯。

〔片刻停顿。

米　克　你觉得行吗?

阿斯顿　行，暂时还可以。

米　克　哦。

〔片刻停顿。

戴维斯　(突然间)你怎么办——?

〔阿斯顿和米克都看着戴维斯。

你怎么办……要是桶满了的话?

〔片刻停顿。

阿斯顿　倒掉。

〔片刻停顿。

米　克　我刚才给我朋友说你要动手装修另外几个房间。

阿斯顿　是的。

〔停顿一下。

(向戴维斯说)我把你的包拿过来了。

戴维斯　哦。(走到阿斯顿跟前，拿过包)哦，谢谢，先生，多谢。他们把包给你了?

〔戴维斯拿着包回到原来的地方。

〔米克起身把包夺过去。

米　克　这是什么?

戴维斯　给我，那是我的包!

米　克　(架开他)我以前见过这个包。

戴维斯　那是我的包!

米　克　(躲开他)这包很眼熟。

戴维斯 你什么意思？

米 克 你从哪儿弄来的？

阿斯顿 （起身，走向他们俩）放开手。

戴维斯 那是我的。

米 克 谁的？

戴维斯 我的！告诉他那是我的包！

米 克 这是你的包？

戴维斯 把它给我！

阿斯顿 给他。

米 克 什么？给他什么？

戴维斯 那个他妈的包！

米 克 （把包塞到煤气炉后面）什么包？（问戴维斯）什么包？

戴维斯 （走过去）就在这儿！

米 克 （面对他）你要去哪儿？

戴维斯 我要去拿……我的……

米 克 小心点，小子！没人在的时候，你来敲门。别做得太过分了。你私闯民宅，乱翻东西。不要太过头了，小子。

〔阿斯顿拿起那个包。

戴维斯 你这个混蛋，小偷……你这个流氓，小偷……给我的……

阿斯顿 给你。（阿斯顿把包递给戴维斯）

〔米克夺过来。阿斯顿拿过去。

〔米克又夺过来。戴维斯伸手去抢。

〔阿斯顿拿过去。米克伸手去夺。

〔阿斯顿把包递给戴维斯。米克夺过去。

〔停顿一下。

〔阿斯顿又拿过来。戴维斯又拿过去。米克又夺过去。戴维斯伸手去抢。阿斯顿拿过去。

〔停顿片刻。

〔阿斯顿把包递给米克。米克把包递给戴维斯。

〔戴维斯从米克手中夺过去。

〔停顿片刻。

〔米克看着阿斯顿。戴维斯拿着包走开。

〔他放下包。

〔停顿片刻。

〔阿斯顿和米克看着他。戴维斯拿起包，走到床前，坐了下来。阿斯顿走到自己床前也坐下，他动手卷一支烟。米克静静地站着。

〔停顿片刻。

〔一滴水砸在桶里。三人都仰头看看。

〔停顿片刻。

你是怎样到温布利的?

戴维斯 哦，我没到那儿去。

〔停顿一下。

没到那儿。我去不了。

〔米克向门口走去，离开房间。

阿斯顿 我去买那个线锯，运气有点不好。等我到那儿，锯已经卖掉了。

〔停顿片刻。

戴维斯 那个家伙是谁?

阿斯顿 我弟弟。

戴维斯 他是你弟弟?他有点爱开玩笑吧?

阿斯顿 嗯。

戴维斯 是的……他可真会开玩笑。

阿斯顿 他很有幽默感。

戴维斯 是的，我已经注意到了。

〔停顿一下。

那个家伙，他可真会开玩笑，你是知道的。

〔停顿片刻。

阿斯顿 嗯，他会……他会看到事情可笑的一面。

戴维斯 嗯，他是有幽默感，对吧?

阿斯顿 是的。

戴维斯 嗯，你是明白这一点的。

〔停顿一下。

我一见到他，我就发现他有自己看问题的方式。

〔阿斯顿站起身，走到碗柜抽屉那儿，拾起佛像，放在煤气炉上。

阿斯顿 我要为他装修这幢房子的上面一层。

戴维斯 什么……你是说……你是说这是他的房子?

阿斯顿 是呀。我要给他装修这个平台。在这儿弄一个公寓。

戴维斯 他是做什么的?

阿斯顿 从事建筑行业。他有自己的货车。

戴维斯 他不住这儿吧?

阿斯顿 一旦我把外面的棚子搭好……我会把这个公寓弄得很好。也许我很快就会弄出一两样东西。(他走到窗前)你看，我能用手干活。这是我能做的事情。过去我不知道自己能做什么。但现在我能用手干各种活儿。你知道，是手工活儿。等我把外面的棚子搭好……我就有工作间了。我……会做一点木工。从简单的木工开始。用……好木头。

〔停顿一下。

当然，这儿有很多活儿要干。我想，我想在平台上其中的一个房间里……装上隔板。我觉得应该行。你知道……在东方……你知道……他们有屏风。那些东方人用屏风把房间隔开。把房间隔成两半。我也能那样做或者我可以装上隔板。你看，要是我有个工作间的话，我会很快做好。

〔停顿一下。

不管怎样，我都觉得应该把房间隔一下。

〔停顿片刻。

戴维斯　噢。喂，我觉得这不是我的包。

阿斯顿　嗯，不是你的。

戴维斯　不是，这不是我的包。你看，我的包是另外一种样子。我就知道是他们干的。是那些人干的，他们拿了我的包，然后给了你一个别的。

阿斯顿　不……事情是这样的，有人拿着你的包走掉了。

戴维斯　(站起身)我说的没错!

阿斯顿　总之，我从别的地方买下了这个包。里面也装着……几件衣服。整个包卖给我很便宜。

戴维斯　(打开包)有鞋子吗?

〔戴维斯从包里拿出两件格子衬衣，一件鲜红，一件亮绿。他手拿着衬衣。

格子的。

阿斯顿　是的。

戴维斯　哦……我知道这种衬衣。这样的衬衣在冬天不耐穿。我是说，这是我敢确定的事情。我不要这些，我需要的是一种条纹衬衣，很结实，带有向下的条纹。那才是我需要的。(他从包里拿出一件暗红色天鹅绒吸烟服)这是什么?

阿斯顿　吸烟服。

戴维斯　吸烟服?(摸了摸)这件衣服不错。我要看看合不合适。

〔他试了试。

你这儿没有镜子吧?

阿斯顿　没有。

戴维斯　哦，还挺合适。你觉得看起来怎么样?

阿斯顿　很好。

戴维斯　哦，那我就穿了。

〔阿斯顿拿起插头检查。

嗯，那我就穿了。

〔停顿片刻。

阿斯顿　如果你愿意的话，你可以……在这儿做个看门人。

戴维斯　你说什么?

阿斯顿　如果你愿意……你可以……照看这个地方。你看，你就负责楼梯、平台、前面的台阶，把铃儿都擦亮。

戴维斯　铃儿？

阿斯顿　我要在前门装几个铃，要黄铜的。

戴维斯　看门人？

阿斯顿　嗯。

戴维斯　哦，我……我以前从没做过看门人，你知道……我是说……我从来……我是说……我以前从没当过看门人。

〔停顿片刻。

阿斯顿　那你觉得做看门人怎么样？

戴维斯　哦，我想……哦，我想……你知道……

阿斯顿　什么样的……

戴维斯　哦，什么样的……你知道……

〔停顿片刻。

阿斯顿　好吧，我的意思是……

戴维斯　我的意思是，我要……我要……

阿斯顿　哦，我想告诉你……

戴维斯　那……那……你知道……你懂我的意思吗？

阿斯顿　到时……

戴维斯　我是说，那就是我所指的，你知道……

阿斯顿　大概要你……

戴维斯　你看，我要说的……我要说的……我是说，什么样的工作……

〔停顿片刻。

阿斯顿　哦，比如像楼梯……还有……铃……

戴维斯　可是需……需不需要……弄把扫帚？

阿斯顿　嗯，当然得要。你也需要有几把刷子。

戴维斯　你需要工具……你看……你需要好些工具……

〔阿斯顿从床上方钉子上取下一件白色罩衫，让戴维斯看看。

阿斯顿　如果你愿意，你可以穿上这个。

戴维斯　哦……挺好，不是吗？

阿斯顿　它能挡灰。

戴维斯　（穿上罩衫）嗯，好吧，它能挡灰。很好。多谢，先生。

阿斯顿　你知道，我们要做的，我们要……我要在前门外的下方装一个铃，上面标上“看门人”字样，然后你就可以应答所有的问题了。

戴维斯　哦，我不懂这个。

阿斯顿　怎么不懂？

戴维斯　哦，我是说，你不知道谁会从前面的台阶过来，不是吗？我要小心点。

阿斯顿　怎么，有人找你麻烦？

戴维斯　找我麻烦？哦，那个苏格兰混蛋可能会来找我吧？我要做的是，听到铃响后就下去开门。谁会来，任何人都可能来我可能很快就会累得要死，伙计。他们可能会按照我的卡来找我，我的意思是，你看，我的卡上只有四个戳，看，只有四个戳，就这么几个，一个也不多，就这几个。他们按铃叫“管家”，然后就会抓住我，他们会这样做的，我没救了。当然我还有很多别的卡片，但他们却不知道这些，我也不会告诉他们，我会吗？那样的话，他们就会发现我一直用的是假名。你知道，我的真名不是我现在用的这个。你知道，我没用我的真名。它和假名不一样。你知道，我现在用的不是我的真名。是个假名。

〔四周鸦雀无声。

〔灯渐渐暗了。

〔窗外微微透过一丝光。

〔门咣的一声。

〔门口传来钥匙的声音。

〔戴维斯走进来，关上门，按着灯的开关，打开，关上，打开，又关上。

戴维斯　(小声嘀咕着)怎么搞的？(他打开开关，又关上)这该死的灯是怎么回事？(他打开开关，又关上)啊。别跟我说这该死的灯现在要灭了。

〔停顿一下。

怎么办？这该死的灯现在要灭了。什么也看不见了。

〔停了一下。

现在怎么办？(他走动着，绊了一下)啊，老天，什么东西？开下灯。等一下。

〔他在口袋里摸火柴，掏出一盒，划了一根。火柴灭了，火柴盒掉到了地上。

啊！掉哪儿了？(弯下腰)那盒该死的火柴掉哪儿了？

〔火柴盒被他踢了一下。

什么东西？什么东西？是谁？什么东西？

〔停了一下。他开始走动。

火柴盒在哪儿呢？刚才掉这儿的。谁？谁在走动？

〔一片寂静。

喂，谁？谁拿了我的火柴？

〔停顿片刻。

谁在这儿！

〔停顿片刻。

我有刀。我拿着刀呢。喂，是谁？

〔他向前走，被绊了一下，跌倒在地，大叫起来。

〔四周鸦雀无声。

〔戴维斯小声咕哝了一下，爬起身。

还行！

〔他站在那儿，喘着粗气。

〔突然，吸尘器嗡嗡地响起来。有个身影操纵着吸尘器，来回移动着。吸尘器的喷嘴紧跟着戴维斯，在他身后的地板上移动着。戴维斯蹦起来，跳着脚躲避喷嘴，摔倒在地，累得上气不接下气。

啊，啊，啊，啊，啊，啊！走开——！

〔吸尘器停了下来。那个人跳到阿斯顿的床上。

来呀！我……我……我……在这儿！

〔那个人把吸尘器插头从电灯插座里拔出来，把电灯插上。灯亮了。戴维斯紧贴在右面墙上，手里拿着刀。米克站在床上，手里拿着插头。

米　克　我刚在大扫除。（他跳下床）过去墙上有个吸尘器插头，但不好用了，我不得不把吸尘器插在电灯插座上。（他把吸尘器塞到阿斯顿床下）你觉得这地方怎么样？我刚才把这儿好好整理了一下。

〔停顿片刻。

我和哥哥轮流打扫，半个月一次，把这儿彻底整理一下。我今晚干得有点晚了，我也是刚到。但我觉得我最好还是打扫一下，毕竟轮到我了。

〔停顿片刻。

其实我不住这儿。我住在别处。但我毕竟负责这个房子的维修保养，忍不住要整理整理。

〔他走向戴维斯，指了指那把刀。

你舞着它干什么？

戴维斯　你靠我那么近……

米　克　要是我吓着你了，对不起。但是你知道我没把你忘了。我是说，我记着我哥哥的朋友。我们要考虑到你，对吧？不能让你吸灰尘。顺便问一下，你打算在这儿住多久？事实上，我准备建议降低你的房租，只名义上收一点，直到你安顿下来。只是名义上收一点房租，仅此而已。

〔稍事停顿。

当然，如果你要是太难缠的话，我会重新考虑整件事情的。

〔稍事停顿。

哦，你没准备对我动粗吧？你不是那种暴力型的吧？

戴维斯　（激烈地）我谁也不惹。但如果谁要冒犯我，他们明白自己会得到什么。

米　克　我相信。

戴维斯　你明白了。我说完了。你懂我的意思吧？我不介意偶尔开个玩笑，但你要明白……没人惹我的。

米　克　嗯，我明白。

戴维斯　你可以逼我……可是……

米　克　不能太过分了。

戴维斯　是的。

〔米克直接坐在垃圾上。

你干什么？

米　克　不干什么。我只想说……我对刚才的话很感动。

戴维斯　哦？

米　克　你刚才的话很打动我。

〔停顿片刻。

是的，很感人。

〔停顿一下。

总之，我很感动。

戴维斯　你明白我刚才说的话？

米　克　嗯，我明白。我觉得我们之间彼此很了解。

戴维斯　噢？哦……我觉得……我……我愿意这么想。你知道，你一直都在耍我。我也不知道为什么，我从没得罪过你。

米　克　没有，你没得罪过我。但你知道为什么？我们一开头就很不对劲。就这样。

戴维斯　唉！是呀。

〔戴维斯和米克一块坐在垃圾上。

米　克　要三明治吗？

戴维斯　你说什么？

米　克　（从口袋里掏出一块三明治）来一块吧。

戴维斯　别糊弄人。

米　克　没有。你还是不理解我。我对我哥哥的任何朋友都很感兴趣。我是说，你是我哥哥的朋友，对吧？

戴维斯　嗯，我……我不能这么说。

米　克　那你不觉他很友好吗？

戴维斯　哦，我还不能说我们是朋友。我的意思是，他并没得罪我，但我不能说他是我的朋友。三明治里是什么？

米　克　奶酪。

戴维斯　我喜欢。

米　克　吃一块吧。

戴维斯　谢谢，先生。

米　克　听你说我哥哥不太友善，我挺难过的。

戴维斯　他很友善，他很友善，我没说他不……

米　克　（从口袋里掏出一个盐瓶）要盐吗？

戴维斯　不要，谢谢。（他大声嚼着三明治）我只是……弄不懂他。

米　克　（在口袋里摸着）忘了带胡椒了。

戴维斯　只是弄不懂他，就这些。

米　克　我还有点甜菜根。不知放哪儿了。

〔停顿片刻。

〔戴维斯嚼着三明治。米克看着他吃。然后米克站起身，朝舞台前方走去。

哦……听着……我能向你请教一下吗？我是说，你阅历深。我能请教你一些事情吗？

戴维斯 请便。

米　克 嗯，你看，是这样的，我……我有点担心我哥哥。

戴维斯 你哥哥？

米　克 是呀……你知道，他的毛病是……

戴维斯 你说什么？

米　克 哦，说这些不太好……

戴维斯 （起身，走到舞台前方）接着说，你说啊。

〔米克看着他。

米　克 他不喜欢工作。

〔停顿片刻。

戴维斯 说下去！

米　克 他不喜欢，他就是不喜欢工作，这就是他的毛病。

戴维斯 是真的？

米　克 说自己哥哥的坏话真不好。

戴维斯 唉。

米　克 他就是怕干活。非常怕。

戴维斯 我知道这种人。

米　克 你知道这类人？

戴维斯 我见过。

米　克 我的意思是，我想让他融入社会。

戴维斯 这是顺理成章的事，老兄。

米　克 假如你有个哥哥，你也会推着他往前走的，你也想看到他自力更生。你不能让他老闲着，那只会害了他自己。这就是我要说的。

戴维斯 对。

米　克 但他就是不认真工作。

戴维斯 他不喜欢干活。

米　克 怕干活。

戴维斯 听起来挺像我的。

米　克 你碰到过这种类型的人吧？

戴维斯 我？我知道这种人。

米　克 哦。

戴维斯 我知道这种人，我碰到过。

米　克 这让我很烦。你知道，我是个有工作的人，我是个生意人。我有自己的货车。

戴维斯　这是真的吗？

米　克　他在给我干点活儿……我让他在这儿干点活儿……可是我不知道……我推断他是个干活很慢的人。

〔稍事停顿。

你看该怎么办？

戴维斯　哦……你哥哥，他是个可笑的家伙。

米　克　你说什么？

戴维斯　我是说，你哥哥，他是……他是个有点可笑的家伙。

〔米克瞪着他。

米　克　可笑？为什么这么说？

戴维斯　哦……他是可笑……

米　克　他哪点可笑了？

〔片刻停顿。

戴维斯　不喜欢干活。

米　克　这有什么可笑的？

戴维斯　没什么。

〔片刻停顿。

米　克　我不认为是可笑。

戴维斯　我也不认为。

米　克　你不想变得吹毛求疵吧。

戴维斯　不，不想。我不是那样的人，我不是……我是说……

米　克　别那么油腔滑调。

戴维斯　你瞧，我不过是说——

米　克　打住吧！（尖锐地）看！我对你有个建议。我在考虑接手管理这个地方，明白吗？我想让这儿进行得更快一些。我有很多想法，很多计划。（他注视着戴维斯）你愿意留在这儿做一名看门人吗？

戴维斯　你说什么？

米　克　我对你非常开诚布公。我想找个像你这样的人，在这儿照管一下事情。

戴维斯　哦……等等……你知道，我……我以前从没做过看门人……

米　克　不要紧。你看起来刚好就是我要找的那种有才能的人。

戴维斯　我是挺有能力的。我是说，你知道，我一生中有很多机会，从来都是。

米　克　嗯，当你掏出刀子时，我能看出以前的你是什么样。你不会受任何人的摆弄的。

戴维斯　没人摆弄我，老兄。

米　克　我的意思是，你一直都从事服务性行业吧？

戴维斯　什么行业？

米　克　你一直都呆在服务性行业里，从你站立的姿势可以看出来。

戴维斯　哦……对。我半辈子都干那个，老兄。在国外……我也是……干服务行业……

米　克　你去过殖民地吗？

戴维斯　去过。我是首批去那儿的人之一。

米　克　这就对了。你正是我要找的人。

戴维斯　做什么？

米　克　当看门人。

戴维斯　哦，好的……不过……听我说……谁是这儿的房东，他还是你？

米　克　我，我是。我有契据能证明这一点。

戴维斯　啊……(果断地)好吧，听着，我不介意干点看管房子的活儿，我也不介意为你照顾好这个地方。

米　克　当然，我们要达成一个小小的金钱上的协议，对双方都有利。

戴维斯　留给你弄吧。

米　克　谢谢。还有一件事。

戴维斯　什么事？

米　克　能把你的证明给我吗？

戴维斯　哦？

米　克　只是给律师看看。

戴维斯　我有很多证明材料。我要做的就是明天去锡德卡普，我所有的证明都在那儿。

米　克　什么地方？

戴维斯　锡德卡普。他不仅拿着我的证明，也拿着我所有的文件。对那个地方，我了如指掌。总之，我要去那儿，你明白我的意思吧，我要去那儿，否则我就完了。

米　克　也就是说如果我们想要，我们随时可以得到这些证明。

戴维斯　我跟你说，我哪天都能去。今天我就准备去，可是我在……我在等天气转好。

米　克　哦。

戴维斯　听着。你不能给我弄双好鞋吗？我很需要一双好鞋子。没有好的鞋子，我哪儿也去不了，懂不懂？你觉得能给我弄一双吗？

〔灯光转暗。

〔灯亮了。早晨。

〔阿斯顿正往长内衣外套裤子。他做了个小小的鬼脸。向床头望望，他从横杆上取下条毛巾，挥了挥。阿斯顿垂下毛巾，走向戴维斯，把他叫醒。戴维斯一下子坐起来。

阿斯顿　你说让我叫你起床的。

戴维斯　干什么？

阿斯顿　你说你要去锡德卡普。

戴维斯　啊，如果我到了那儿，就太好了。

阿斯顿　看起来天不好。

戴维斯　哦，嗯，很快会变好吧？

阿斯顿　我……我昨晚睡得还是不好。

戴维斯　我也睡得不好。

〔停顿片刻。

阿斯顿　你弄出……

戴维斯　睡得很糟。夜里下了点雨吧？

阿斯顿　就下了一点。

〔阿斯顿回到床前，捡起一块木板，开始用砂纸打磨。

戴维斯　感觉下了。雨打到我头上了。

〔停顿一下。

风也正好吹到我头上。

〔停顿一下。

你难道就不能把麻袋后的窗户关上吗？

阿斯顿　想关也不行。

戴维斯　那，那怎么办？雨正打在我头上。

阿斯顿　要透点气。

〔戴维斯下床，穿上裤子、背心和马甲。

戴维斯　（穿上凉鞋）听着，小子，我一生都风里来风里去的。你不用跟我说透什么风。我要说的是，我睡着时，从那个窗户刮进来太多的风。

阿斯顿　窗子不开，房间会很闷。

〔阿斯顿走到椅子前，把木板放在椅子上，继续用砂纸打磨。

戴维斯　好吧，但是你听着，你不明白我跟你说的话。那该死的雨直接打在我头上了，伙计。让我睡不好。受了风，淋了雨，我会重感冒的。这就是我要说的。关上窗子，这样谁也不会感冒了，我说的就是这个。

〔停顿片刻。

阿斯顿　窗子关着，我没法在这儿睡。

戴维斯　好吧，但我怎么办？对于我，你……你说怎么办？

阿斯顿　你不会掉个头睡吗？

戴维斯　你什么意思？

阿斯顿　你脚朝着窗户睡。

戴维斯　那有什么用？

阿斯顿　雨就不会打在你头上了。

戴维斯　不，我不能那样睡。我不能那样睡。

〔稍停。

我是说，我习惯这样睡。该改变的不是我，是那扇窗。你瞧，正下雨呢，看，正下着呢。

〔片刻停顿。

阿斯顿　我准备到金鹰路散个步，和那儿的一个人谈谈。他有座锯台。我觉得那锯台看起来不错，但对他来说没多大用。

〔稍停。

我要到那儿散个步。

戴维斯　听着。这关系到我到锡德卡普的行程。哦，现在关上窗子怎么样？雨要进来了。

阿斯顿　暂时关上吧。

〔戴维斯关上窗子，看看外边。

戴维斯　那个帆布下面是什么？

阿斯顿　木材。

戴维斯　做什么的？

阿斯顿　搭棚子用的。

〔戴维斯坐在床上。

戴维斯　你还没找到要给我穿的那双鞋吧？

阿斯顿　哦，还没有。我看看今天能不能买一双。

戴维斯　我不能穿着这鞋出去吧？我甚至不能出去喝杯茶。

阿斯顿　这条街上有家小咖啡馆。

戴维斯　可能有一家，伙计。

〔阿斯顿说话的工夫，房间渐渐变暗。

〔话音快落时，只有阿斯顿一个人清晰可见。

〔戴维斯和其他东西都在阴影中。光线必须渐渐变暗，尽量慢一点，尽量显得自然。

阿斯顿　我过去常去那儿。哦，好几年前。但后来我不去了。我过去很喜欢那个地方。在那儿消磨了很多时间。那是在我离开之前。在那之前。我觉得那个地方和我的离开有很大关系。他们都比我大得多。但他们常听我说话。我觉得……他们懂我的话。我是说我过去常和他们说话。我说得太多了那是我的错误。在工厂，我犯了同样的错误。我过去老站在那儿，或者在休息时……滔滔不绝。那些人，不论我什么时候……讲话，他们就听我说。这没错。问题是我过去有种幻觉。他们没有幻觉，他们……我常感觉看东西……非常清楚……一切……都那么清楚……一切都……一切都非常安静……一切都非常安静……一切都……安静……并且……这种清晰的视觉……它……不过可能我错了。总之，有人肯定说了什么话。我不知道说的什么。于是……某种谣言大概就传播开了。于是谣言四起。我觉得人们变得很滑稽。在那个咖啡馆，在工厂。我不明白。然后有一天，他们把我送进医院，就在伦敦外边。他们……把我送到那儿。我不想去。总之……有好几次，我都试图出去。但……不太容易。在那儿，他们问我问题。把我弄进去，问我各种问题。于是，什么时候他们想知道……我的想法……我就告诉他们。嗯。然后有一天……那个人……大概是个大夫……是个头儿……他很有声望……尽管我对此不太确定。他来看我。他说……他告诉我我有问题。他说他们的检查有了结论。这是他说的。然后他让我看一摞纸说我有问题，有某种病。他说……你知道，他是那样说的。你长了……这个东西。那就是你的病。我们决定，他说，为你考虑，我们只能采取一种方式。他说……但我不能……确切地记得……他怎样说的……他说，我们要对你的头做手术。他说……如果我们不做，你就要终生呆在这儿。但如果我们做了，你就有希望了。你能出去，他说，和其他人一样正常生活。你要对我的头做些什么，我问他。但他只是重复着刚才的话。好吧，我也不是傻瓜。我知道我还未成年。我知道如果不经许可，他们不能对我做任何事。我知道他得经过我母亲的同意。于是我写信给她，告诉她这些人要做的事。但她在表格上签了字，你瞧，同意他们那样做。我知道这些，是当我提到这一点，他就让我看了我母亲的签字。于是，那天夜里，我试图逃出去，就在那天夜里。我花了五个钟头锯那个病房窗户上的一根窗棂。就在黑暗中。他们每隔半小时就用手电筒照一下病床。我把时间掐得好好的。然后就快成功了，有个人……他突发歇斯底里，就紧挨着我。总之，他们抓住了我。大约一周后，他们开始前来对脑子做这个手术。我们这个病房里的都要做。他们每次过来做一个。一晚上做一个。我是最后一个。于是我能清楚地看到他们对其他人做了什么。他们来时常带着……我不知那是什么东西……看起来像大钳子，上面有电线，电线一头连着一台小机器。机器是电动的。他们常把人摁倒，那个主治……主治大夫就像戴耳机一样把钳子卡到病人头颅两侧。有人操纵着机器，你知道，接着，他……他就把机器打开，那个主治大夫就把钳子往病人的头颅两侧压，并且让钳子一直都固定在那儿。然后他把钳子拿掉，他们就把病人蒙上……很久以后，他们才会再去碰他。一些人会反抗，但大多数都很顺从。他们就躺在那儿。然后，他们就来到我跟前。那天夜里，他们来了，我起身贴墙站着。他们让我躺回床上去。我知道他们得让我躺回去，如果我这样站着让他们做手术，他们会把我的脊椎骨弄断。因此我就站着。然后一两个人就朝我走来，那时我年轻，比现在壮得多，我当年相当强壮，一下就把其中的一个放倒在地，另一个也被我抓住喉咙，突然，那个主治大夫用钳子卡住我的头颅。我明白当我站着的时候，他不应该动手的，这就是我为什么……总之，他动手了。后来，我就出来了。我离开了那个地方……但我走路不很顺当。我想我的脊椎骨没受伤。它完全正常。问题是……我的思维……变得非常迟钝……我完全不能思考了……我不能……把……我的思想……集中……唉……我……再也不能集中……思想了。问题是我听不到别人在说什么。我不能向左右看，我得直直地望着正前方。如果我扭头……我就站……不住。我还头痛。过去我老坐在房间里不出去。那时我和母亲住在一起。哦，还有我弟弟。

他比我小。我把房间里的一切东西都收拾得井井有条，以备陪葬，我所有的东西，可是我没有死。问题是，我应该死的。我应该死的。无论如何，我现在感觉好多了。但我如今不和别人说话了。我避开像那家咖啡馆一类的地方。我再也没去过那些地方。我不和任何人说话……就像这样。我常想我要回去，尽力找到向我动手的那个人。但我想先把一些事情做完。我想在外边花园里搭一个棚子。